개정8판

인공지능 시대의 컴퓨터 개론

Introduction to Computers
for the Artificial Intelligence Era

김대수 · 김경동 지음

생능출판

저자 소개

김대수(金大洙)

미국 University of South Carolina의 Computer Science 학과에서 1990년 인공지능과 신경망 분야로 Ph. D(박사) 학위를 받은 컴퓨터공학 박사이다. 서울대학교 사대 수학과와 동 대학원을 수료한 후 미국에서 다시 석사와 박사 과정에서 컴퓨터공학을 전공하였다. 미국 Intelligent Systems Laboratory에서 Researcher로 근무하였고, 대한민국 해외유치 과학자로서 ETRI 컴퓨터연구단에서 인공지능 개발을 수행하였다. 한신대학교 컴퓨터공학과 교수를 거쳐 현재 명예교수이며, SCI 국제논문을 비롯한 수십 편의 논문을 발표하였다. 그동안 한국지능시스템학회 부회장과 국제학술대회 의장 등을 역임했다. 주요 저서로는 『신경망 이론과 응용(I)』, 『신경망 이론과 응용(II)』, 『이산수학』, 『선형대수학 Express』, 『소프트웨어와 컴퓨팅 사고』 (2017년 대한민국학술원 우수학술도서), 『창의공학설계』(2017년 대한민국학술원 우수학술도서), 『처음 만나는 인공지능』(2020년 문화관광부 학술부문 도서) 등 다수가 있다.

E-mail: daekim@hs.ac.kr

김경동(金敬東)

컴퓨터 소프트웨어 개발에 오랫동안 종사해온 IT 전문가로서 헬스케어 개발 분야의 서비스와 플랫폼 개발 등에 활동했으며, 모바일 프로그래밍 개발의 경험도 많다. 현재 다양한 영역의 IT 및 소프트웨어 개발과 관련된 전문가로 활동 중이며, 컴퓨터와 관련된 여러 응용 중 특히 인공지능을 이용한 분야와 최근에 주요 화두로 대두되고 있는 블록체인을 비롯한 암호화폐와 NFT 플랫폼 등의 분야에서 활동하고 있다. 저서로는 『인공지능 시대의 선형대수학 Express』가 있다.

인공지능 시대의 **컴퓨터 개론**

초판발행 2001년 11월 10일
제8판2쇄 2024년 2월 28일

지은이 김대수, 김경동
펴낸이 김승기
펴낸곳 (주)생능출판사 / **주소** 경기도 파주시 광인사길 143
출판사 등록일 2005년 1월 21일 / **신고번호** 제406-2005-000002호
대표전화 (031)955-0761 / **팩스** (031)955-0768
홈페이지 www.booksr.co.kr

책임편집 신성민 / **편집** 이종무, 최동진 / **디자인** 유준범, 노유안
마케팅 최복락, 김민수, 심수경, 차종필, 백수정, 송성환, 최태웅, 명하나, 김민정
인쇄 성광인쇄(주) / **제본** 일진제책사

ISBN 978-89-7050-617-3 93000
정가 28,000원

개정8판을 내면서

'컴퓨터 개론'의 첫 출간 이후 컴퓨터와 관련된 다양한 분야의 변화되고 발전된 기술들을 보완하며 개정을 거듭함으로써 많은 사랑을 받아왔음을 깊이 감사드린다.
날로 빠르게 발전하는 컴퓨터 관련 응용 기술의 특성상 그 사이에도 많은 변화와 발전이 지속되었으므로 보다 업데이트된 최신의 기술들을 소개하고자 개정8판을 출간하게 되었다.

개정8판의 주요 특징들은 다음과 같다.
첫째, **최근 새롭게 떠오르는 블록체인 기술 등 최신 기술 주제들을 신설하였다.** 요즘 우리 곁으로 성큼 다가온 인공지능 기술과 더불어 새롭게 떠오르는 블록체인, 암호화폐, NFT 기술, 메타버스의 세계, Web 3.0 등과 관련된 다양한 주제들을 신설하여 핵심적인 개념과 응용을 중심으로 일목요연하고 알기 쉽게 설명하였다.
둘째, **이전에 다루었던 기술들을 최신 정보를 바탕으로 전면적으로 업데이트하였다.** 새롭게 업데이트된 기술과 응용의 흐름을 사진과 함께 보완하였고, 일부 기술들을 현재의 통계와 경향에 맞추어 수정 보완하였다. 또 각 장마다 [알아보기 코너]를 신설하여 관심 내용을 해설하였다.
셋째, **연습문제와 실습/알아보기를 더욱 다양하고 풍부하게 보강하였다.** 다양하고 넉넉하며 핵심적인 내용을 담은 깔끔한 연습문제를 통해 본문에서 익힌 지식을 확인해볼 수 있게 하였다. 또 각 장마다 주제와 관련 있는 '실습/알아보기' 코너를 보강하였다. 이를 통하여 이론과 실습의 조화를 이루고 주요 논제에 대한 사고력 향상을 도모하였다.

앞에서 언급한 바와 같이 개정8판은 이전의 기술들을 새로운 관점에서 전면적으로 보완하여 업데이트하였고, 블록체인과 NFT 등 새롭게 떠오르는 주제들을 추가하여 해설함으로써 명실공히 최신의 앞서가는 컴퓨터 개론이 되도록 노력하였다.

이 책을 통해 보다 많은 분들이 컴퓨터와 관련된 최신의 정보와 다양한 논제들을 보다 쉽게 접하고 이해할 수 있는 계기가 되기를 바란다.

2023년 새해를 바라보며
저자 대표 金 大 洙

머 / 리 / 말

컴퓨터 기술의 발전과 정보통신 기술의 획기적인 발달은 불과 십여 년 전에는 미처 생각지도 못했던 생활환경이 우리 눈앞에 다가왔다. 최근에는 디지털 혁명을 바탕으로 인공지능과 사물인터넷 등의 4차 산업혁명이 시작되었으며, 블록체인, NFT, 메타버스, Web 3.0 등이 떠오르고 있다.
이 책에서는 이렇듯 급변하는 최신의 컴퓨터 관련 핵심 기술들을 중심으로 보다 체계적이고 포괄적으로 고찰할 수 있는 새로운 형태의 내용들을 선보이고자 노력하였다.

이 책은 다음과 같은 주요 특징들을 가지고 있다.
첫째, 컴퓨터와 관련된 최신의 지식들을 포괄적으로 이해하는데 도움이 되도록 다양한 주제들을 기술하였다. 최근에 널리 쓰이고 있는 인공지능, 블록체인, NFT 등을 비롯한 핵심적인 기술들과 응용까지 다양하게 기술하였다.
둘째, '百聞이 不如一見'이란 말도 있듯이 이 책에서는 시각적인 효과를 높이기 위해 컬러 영상들을 사용하여 멀티미디어 정보를 통한 학습의 효과를 최대한 높이도록 하였다.
셋째, 이 책은 컴퓨터 개론서로서 컴퓨터와 관련된 다양한 주제의 폭넓은 이해가 필요한 사람들을 위해 가급적 쉽고 간단명료하게 설명하였다. 또 '실습/알아보기' 코너, 풍부한 연습문제, 알아보기 코너를 만들었다.
넷째, 나날이 발전하는 컴퓨터 관련 기술들 중 표 형태로 요약할 수 있는 것들은 하나의 표에다 주요 특성들을 일목요연하게 볼 수 있도록 정리하였다.

이 책의 주요 내용은 다음과 같다.
제1장에서는 디지털 혁명과 4차 산업혁명의 시대를 다루었다. 인공지능 기술, 디지털 혁명을 비롯한 컴퓨터와 관련된 전반적인 이슈들을 개괄적으로 다루고, 4차 산업혁명 시대의 분야 등을 간략하게 고찰하였다.
제2장에서는 컴퓨터의 발전과 기반 지식을 주제로 하여 컴퓨터의 등장, 컴퓨터의 세대별 분류, 컴퓨터의 분류, 수의 표현과 연산, 데이터의 표현, 논리 회로를 다루었다.
제3장에서는 컴퓨터 시스템의 구조를 살펴보았는데, 컴퓨터 시스템의 기본 구조, 중앙처리 장치,

명령어, 기억 장치, 속도와 성능 등을 다루었다.
제4장에서는 새로운 주제인 소프트웨어와 변화하는 사회를 고찰하였다. 소프트웨어의 정의, 중요성과 역할, 다양한 응용, 코딩과 코딩 교육 등을 다루었다.
제5장에서는 컴퓨터 운영의 지휘자인 운영체제를 다루었다. 운영체제의 개념, Windows, Unix, Linux, Mac OS, 임베디드와 모바일 OS에 관해 설명하였다.
제6장에서는 컴퓨터 통신과 인터넷에 관련된 주제들을 다루었다. 통신의 개요, 네트워크, 통신 방법, 인터넷, 인터넷의 활용, Web 3.0의 개념과 응용 등을 살펴보았다.
제7장에서는 최근의 컴퓨터 응용 기술을 다루었는데, 유비쿼터스 컴퓨팅, 스마트홈, 증강현실과 가상현실, 웨어러블 디바이스, 지능형 로봇, 메타버스의 세계 등을 설명하였다.
제8장에서는 가까이 다가오는 인공지능에 대해 다루었다. 인공지능의 개요와 목표, 응용 분야, 딥러닝, 장단점 그리고 인공지능 윤리 등을 다루었다.
제9장에서는 멀티미디어와 전자상거래 관련 논제들을 다루었다. 멀티미디어 개요, 구성 요소와 특징, 멀티미디어 응용 기반과 활용, 전자상거래 등을 고찰하였다.
제10장에서는 떠오르는 4차 산업혁명 기술에 대해 살펴보았다. 4차 산업혁명 시대, 인공지능과 로보틱스, 사물인터넷, 빅데이터 등 핵심 기술들을 살펴보았다.
제11장에서는 IT 융합 기술 응용과 모바일 컴퓨팅을 다루었다. IT 융합 기술 응용과 모바일 컴퓨팅 기술, 최근의 모바일 정보통신 문화, 블록체인, 암호화폐, NFT 등을 설명하였다.
제12장에서는 프로그래밍 언어의 전반적인 사항들을 설명하였다. 주요 프로그래밍 언어들, 제4세대 언어, 객체지향 언어, 웹 기반 언어 등을 해설하였다.
제13장에서는 데이터베이스와 컴퓨터 보안 관련 주제들을 다루었다. 데이터베이스의 개념, 관계형 DB, 컴퓨터 보안, 보안 전략 등을 고찰하였다.

이 책을 통해 많은 사람들이 컴퓨터와 관련된 최신의 다양한 논제들을 쉽게 접하고 이해할 수 있기를 바라면서, 이 책이 완성되기까지 성원해준 사랑하는 가족들과 주위의 많은 분들께 감사드린다. 또 이 책의 출판을 위해 후원해준 생능출판사의 김승기 사장님을 비롯한 임직원들께도 크나큰 감사의 마음을 전한다.

2023년 새해를 바라보며

金 大 洙

강 / 의 / 계 / 획 / 안

강의 계획안은 중간고사와 기말고사를 포함하여 16주로 작성되었는데, 다음 표와 같은 순서와 진도로 진행하면 무난할 것이다. 참고로 각 장에서 중요도와 시간적인 측면에서의 판단에 따라 설명의 깊이를 조절할 수 있으며, 13장 4절의 MySQL 실습은 옵션으로 생략할 수도 있다. 또 학기 초 1주차에 강의 소개 등 시간 여유가 필요하므로 1장을 2주에 걸쳐 여유 있게 진행해도 좋을 것이다.

주차	해당 장	주요 내용
1	1장	강의 개요 소개 및 디지털 혁명과 4차 산업혁명의 시대
2	1장	디지털 혁명과 4차 산업혁명의 시대
3	2장	컴퓨터의 발전과 기반 지식
4	3장	컴퓨터 시스템의 구조
5	4장	소프트웨어와 변화하는 사회
6	5장	컴퓨터 운영의 지휘자 운영체제
7	6장	컴퓨터 통신과 인터넷
8	중간고사	
9	7장	최근의 컴퓨터 응용 기술
10	8장	가까이 다가오는 인공지능
11	9장	멀티미디어의 세계와 전자상거래
12	10장	떠오르는 4차 산업혁명 기술
13	11장	IT융합 기술 응용과 모바일 컴퓨팅
14	12장	컴퓨터와 소통하는 프로그래밍 언어
15	13장	데이터베이스와 컴퓨터 보안
16	기말고사	

강의자료 다운로드 안내

생능출판사 홈페이지(https://www.booksr.co.kr)에 회원으로 가입한 교수님과 강사님은 친절하고 깔끔하게 작성된 컴퓨터 개론 개정8판의 강의 Power Point 자료와 연습문제 전체 한글 파일과 해답 파일 등을 다운로드 받을 수 있습니다.

차 / 례

Chapter 01 디지털 혁명과 4차 산업혁명의 시대

Chapter 02 컴퓨터의 발전과 기반 지식

Chapter 07 최근의 컴퓨터 응용 기술

Chapter 08 가까이 다가오는 인공지능

Chapter 01

디지털 혁명과 4차 산업혁명의 시대

Contents

단원의 주요 목표

디지털 혁명과 4차 산업혁명 시대와 관련된 주요 논제들을 개괄적으로 학습한다.

- 인공지능을 비롯한 새로운 기술과 정보화의 물결과 정보화 사회의 특징을 살펴본다.
- 컴퓨터의 주요 특징과 스타트업 등 정보기술 산업의 주요 활용 분야들을 알아본다.
- 컴퓨터 기술의 발달로 인한 스미싱과 같은 개인정보 유출 등 역기능 등을 다룬다.
- 컴퓨터, 통신, 보안기술들의 IT 융합 기술인 블록체인이나 메타버스 등을 이해한다.
- 최근에 개발되는 스마트홈, 웨어러블, 증강현실 등 컴퓨터 응용 분야들을 살펴본다.
- 4차 산업혁명 시대의 핵심 기술인 인공지능, 사물인터넷, 자율주행차 등을 알아본다.

1.1 새로운 기술로 나날이 변화하는 세상

SECTION

최근 들어 컴퓨터와 정보통신의 눈부신 발달과 폭넓은 보급은 정치, 경제, 사회는 물론 개인의 삶의 방식까지도 바꾸고 있다. 근래에는 인공지능(Artificial Intelligence: A. I.)과 사물인터넷 등의 4차 산업혁명이 시작되고 있다. 그 결과 인공지능은 이미 우리들의 생활 속에서 다양하게 이용되며, 새롭게 변화하는 세상으로 이끌고 있다.

1.1.1 앞서가는 하드웨어와 소프트웨어 기술

(1) 인공지능을 구현하기 위한 반도체의 개발

인공지능을 구현하기 위한 하드웨어 개발이 시도되고 있다. 이에 따라 [그림 1.1]과 같은 차세대 반도체가 개발되어 여러 가지 복잡한 연산의 실시간 처리가 가능하게 되어 인간의 두뇌와 같은 역할을 할 수 있는 토대가 마련되고 있다.

그림 1.1 인간 두뇌를 구현하기 위한 반도체

(2) 물체를 알아보는 영상인식 기술

영상인식(Image recognition)이란 디지털 형태의 영상 파일을 분석하여 인식하는 것을 말하는데, 최근에는 [그림 1.2]와 같이 하나의 영상에서 여러 개의 물체나 얼굴들을 자동으로 추출하여 개별적으로 영상을 인식하는 기법까지도 개발되고 있다.

그림 1.2 물체와 얼굴을 인식하는 영상인식 기술

1.1.2 새롭게 변하는 산업의 혁신

(1) 신기술을 이용한 새로운 산업

산업용 로봇은 처음 개발된 이후 꾸준히 발전해왔는데, 최근에는 [그림 1.3]과 같이 인공지능 기술과 결합하여 정교하고 복잡한 작업을 수행한다. 또 드론(drone)을 이용한 혁신적인 농업이 시도되고 있는데, [그림 1.4]는 스마트폰으로 제어하는 드론을 나타낸다.

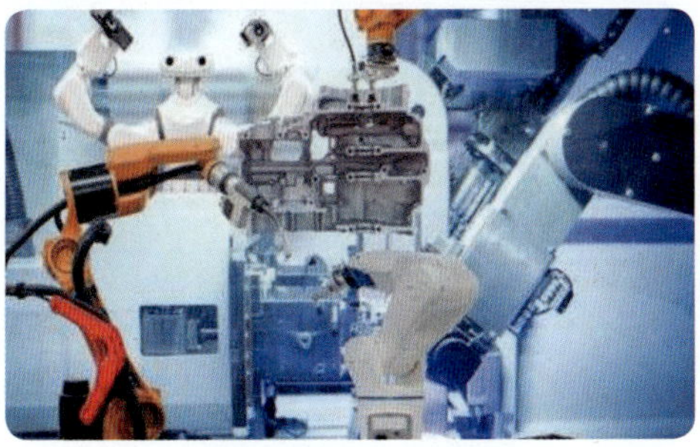

그림 1.3 정교한 산업용 로봇

그림 1.4 스마트폰으로 제어하는 드론

(2) 인공지능 로봇을 이용한 새로운 농업

[그림 1.5]는 인간의 일을 대신 수행하는 인공지능 로봇들이 익은 딸기와 토마토를 판별하고 수확하는 장면을 나타낸다. 익은 딸기와 토마토의 위치를 정확하게 인식하여 로봇 팔로 섬세하게 딸기와 토마토를 따는 능력은 인공지능과 로봇 기술과의 결합으로 여겨질 수 있다.

그림 1.5 딸기와 토마토를 수확하는 인공지능 로봇들

(3) 자율주행차와 인공지능 오디오 시스템

최근에는 인공지능 기술을 적용한 자율주행차(Autonomous Vehicle)의 개발이 한창 진행 중이다. [그림 1.6]과 같이 운전자가 잡지를 보고 있는 사이에 스스로 교통상황을 인식하고 제어하여 목적지까지 주행하는 것이다. [그림 1.7]은 최상의 음질을 제공하는 자동차용 인공지능 오디오 시스템인데, 음성으로도 조종이 가능하다.

그림 1.6 자율주행차

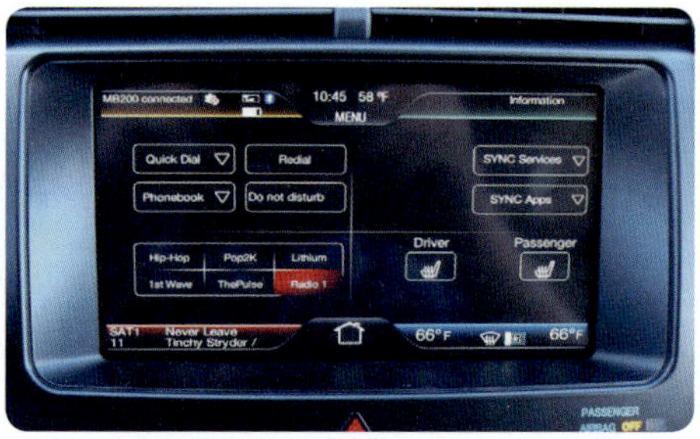

그림 1.7 자동차용 오디오 시스템

1.1.3 인간 능력에 도전하는 기술

(1) 새로운 예술의 세계

컴퓨터 기술과 인공지능이 융합된 미술과 음악의 세상이 열리고 있다. 인공지능 화가가 그린 [그림 1.8]의 '에드몽 드 벨라미(Portrait of Edmond Belamy)'는 뉴욕 크리스티 경매장에서 약 5억 원이란 거금에 낙찰되었다고 한다.

또 요즘은 [그림 1.9]와 같이 인공지능 작곡이 K-pop에도 적용되고 있다. K-pop 인공지능 프로그램은 원하는 장르와 분위기, 그리고 악기 구성을 입력하면 불과 30초 만에 곡 하나를 완성한다고 한다.

그림 1.8 에드몽 드 벨라미

그림 1.9 인공지능 작곡가

(2) 건강 백세 시대를 위한 의료 기술

건강을 위한 웨어러블(wearable) 디바이스들이 많이 개발되고 있다. [그림 1.10]은 손목시계 형태의 팔목에서 측정되는 심박수 등의 정보를 수집하여 나타내준다. [그림 1.11]은 MRI 영상을 인공지능 기반의 진단으로 정교하게 분석하는 시스템이다.

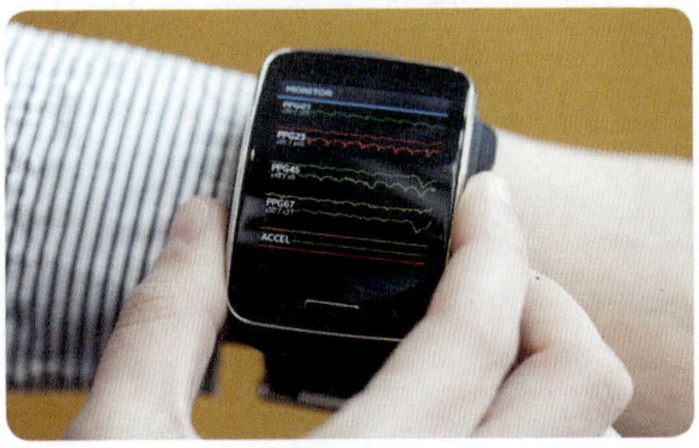

그림 1.10 심박수를 측정하는 웨어러블 디바이스

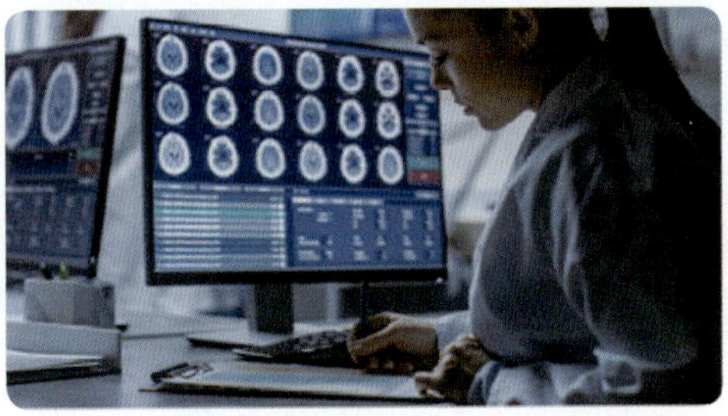

그림 1.11 인공지능 영상분석 시스템

1.1.4 편리해진 가사의 변화

(1) 인공지능 가사도우미

인공지능 기술의 이용은 우리의 가사에도 많은 변화를 가져오고 있다. [그림 1.12]와 같은 인공지능 청소기가 집안을 돌아다니며 먼지나 작은 알맹이들을 흡입하며 청소하는 것이다. [그림 1.13]은 KIST에서 개발한 휴머노이드 가사도우미 로봇인 '마루 Z'인데 자율보행 능력을 갖추고 있으며, 물건을 정확하게 집어 이동시킬 수도 있다.

그림 1.12 인공지능 청소기

그림 1.13 가사도우미 로봇 '마루 Z'

(2) 음성으로 작동하는 가전제품들

인공지능 영역 중의 하나인 음성인식은 [그림 1.14]와 같이 이미 스마트폰에 활용되고 있다. 최근에는 음성인식을 통해 작동되는 냉장고, 세탁기, 식기세척기, 와인쿨러 등이 개발되어 사용자에게 편리함을 제공하는데, [그림 1.15]는 음성인식을 통해 작동되는 가전제품들을 나타낸다.

그림 1.14 인공지능을 통한 음성인식

그림 1.15 음성인식 가전제품들

1.1.5 생활의 안전을 지키는 기술

(1) 유행병과 침수 위험 알림 서비스

인공지능 기술은 안전한 일상생활을 지키는 데에도 활용되고 있다. 유행병, 침수, 화재, 실종 등 일상 속 각종 위험 정보를 알려주는 애플리케이션이 ETRI에 의해 개발되었다. [그림 1.16]은 유행병과 침수 위험 알림 서비스를 나타낸다.

그림 1.16 유행병과 침수 위험 알림 서비스

(2) 치안과 일상생활 위험 알림 서비스

일상생활에서 있을 수 있는 다양한 위험을 미리 알아채는 것은 매우 어렵다. 그러나 인공지능 기술을 이용하여 위험을 미리 감지하여 알려줄 수 있다면 위험 회피에 큰 도움이 될 것이다. [그림 1.17]은 치안과 일상생활 위험 알림 서비스를 나타낸다.

그림 1.17 치안과 일상생활 위험 알림 서비스

1.1.6 인공지능 시대의 역기능

(1) 일자리를 걱정해야 하는 역기능

인공지능의 발달은 [그림 1.18]과 같이 인간의 일자리를 잃게 할 수 있다. 예를 들어 자율주행차 시대가 오면 수많은 택시나 버스 운전사들이 일자리를 잃을 수 있다. 최근 일본의 어느 보험회사에서는 인공지능 프로그램이 도입되자마자 몇백 명의 직원들이 일자리를 잃었다고 한다.

그림 1.18 일자리를 잃게 하는 인공지능

(2) 인공지능의 발달로 인한 일자리 감소

칵테일 바텐더 로봇은 [그림 1.19]와 같이 스마트폰으로 원하는 종류의 칵테일을 선택하기만 하면 2,000여 가지의 칵테일이 즉석에서 만들어져 고객에게 제공된다. 이런 경우 칵테일 전문가들의 일자리가 위협받게 된다.

최근의 OECD 보고서에 의하면 앞으로 20년 이내에 로봇, 자동화, 인공지능 기술의 영향으로 현재보다 약 14% 정도의 일자리가 감소할 것으로 전망했다. 따라서 많은 기존 직업들이 사라질 것이며, [그림 1.20]과 같이 일자리를 찾아 줄을 서는 경우가 흔할 것이다. 그러므로 로봇이나 인공지능 기술로 대체될 수 없는 직업을 선택하는 것이 바람직할 것이다.

그림 1.19 칵테일을 만드는 바텐더 로봇

그림 1.20 일자리 찾아 줄서기

1.2
SECTION

디지털 혁명과 정보화 사회

1.2.1 디지털 혁명과 디지털 정보

(1) 디지털 혁명

20세기 중반에 시작된 '디지털 혁명(Digital revolution)'의 물결은 [그림 1.21]과 같이 우리의 일상생활에 큰 영향을 미치고 있으며, 현대 사회의 다양한 변화를 주도하고 있다. 디지털 기술의 진화는 우리 생활에 많은 변화를 가져왔다. 디지털 세상은 우리가 일하고, 공부하며, 노는, 그리고 친구들과 소통하는 방식까지도 크게 변화시키고 있다.

0과 1의 조합으로 표현되는 디지털 정보는 놀라운 발전과 변화를 가져왔다. 디지털 정보를 사용하는 디지털 혁명은 디지털 기술의 축적을 통해 사회적 경제적 면에서 획기적인 변화를 유발시켰으며, IT 산업의 팽창, IT 기술의 여러 산업에의 적용, 전자상거래의 확산, 정보 공유의 확대 등 사회 전반에 걸친 패러다임(paradigm)을 근본적으로 변화시키고 있다.

그림 1.21 디지털 혁명의 물결

디지털 혁명은 [그림 1.22]와 같이 정보체계의 변화와 가상공간의 출현으로부터 비롯되었으며, 정보의 처리, 전송, 가공, 활용 등이 아날로그에서 디지털로 바뀌게 하였다. 또한 인간의 활동이 인터넷을 통한 가상공간으로 확대되어 시간과 공간의 제약이 극복되고, 서로가 주고받을 수 있는 쌍방향 대화 방식의 소통으로 변화하였다.

그림 1.22 디지털 정보 체계로의 변화

디지털 혁명의 실체는 아날로그에서 디지털로, 오프라인(off-line)에서 온라인(on-line)으로의 변화를 말한다. 디지털 기술의 고도화와 함께 전자 및 미디어 분야의 디지털화로 특화된 기능을 가진 다양한 디지털 정보단말기들은 [그림 1.23]에 나타나 있다.

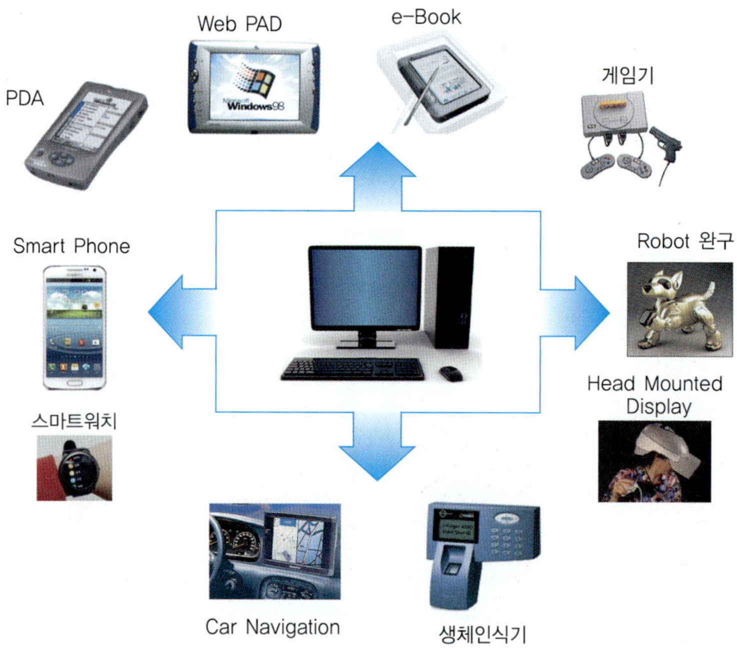

그림 1.23 다양한 디지털 정보단말기들

(2) 비트와 디지털 정보

디지털 정보를 구성하는 비트(bit)는 binary digit의 약자로서 정보 표현의 가장 기본적인 단위인데, 0 또는 1로 이루어지는 데이터의 최소 단위이다. 디지털과 아날로그의 특징을 차별적으로 잘 보여주는 예가 시계이다. [그림 1.24]와 같은 아날로그시계는 긴 바늘과 짧은 바늘이 문자판 위를 일정한 속도로 움직인다. 한편 [그림 1.25]와 같은 디지털시계는 12시 28분을 가리키던 문자가 1분이 지나야 갑자기 12시 29분으로 바뀌는 특성을 가지고 있다.

그림 1.24 아날로그시계

그림 1.25 디지털시계

(3) 아날로그 정보와 디지털 정보

아날로그(analog) 정보는 [그림 1.26]의 음성 정보와 같이 끊어지지 않는 연속성의 특징을 가지고 있다. 한편 컴퓨터에 쓰이는 디지털(digital) 정보는 2개 중 하나를 선택하거나 주사위를 던져 6개 중 어느 하나가 나오는 식으로 결과가 확연히 구분될 수 있는 이산적인(discrete) 정보를 말하는데, [그림 1.27]은 오실로스코프를 통한 0 또는 1 형태의 디지털 정보를 보여준다. 디지털은 통상 0과 1의 조합으로 표현되고 잡음에도 강하기 때문에 전자제품들에 널리 쓰이며 디지털 혁명의 상징이 된다.

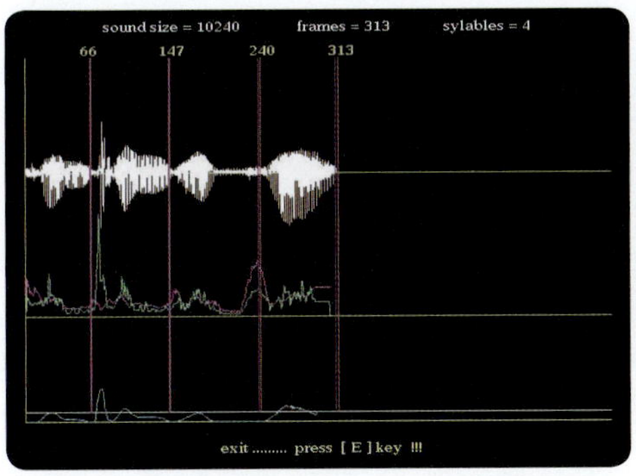

그림 1.26 아날로그 음성 정보

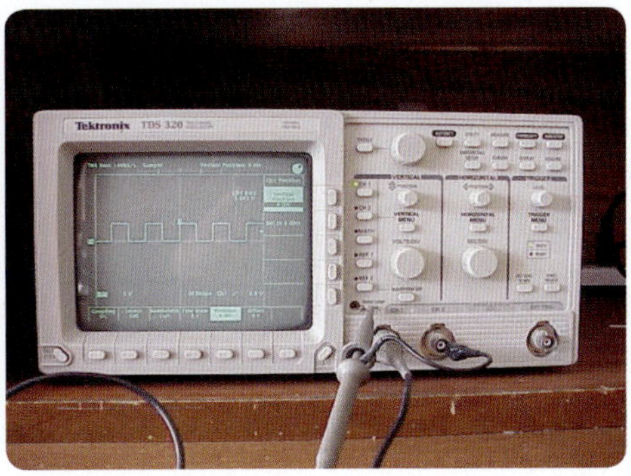

그림 1.27 디지털 정보

1.2.2 제3의 물결과 정보화 혁명

(1) 제3의 물결

미국의 저명한 미래문명학자 앨빈 토플러(Alvin Toffler, 1928~2016)는 21세기를 예언한 가장 대표적인 인물이다. 그는 [그림 1.28]의 「제3의 물결(The Third Wave)」이란 저서에서 '사회 발전의 성공과 실패를 좌우하는 요인은 과거처럼 교통수단이 아니라 컴퓨터와 통신 기술을 결합한 정보화 기술'이라고 예견하였는데 그의 예언은 지금 현실화 되었다.

그림 1.28 「제3의 물결」 저서와 앨빈 토플러

(2) 인류의 3대 혁명

토플러는 토지를 비롯한 자연물을 소유하는 것이 사회를 움직이는 힘이었던 농경 사회를 제1의 물결이라고 불렀다. 제2의 물결은 건물, 공장, 자본 등의 생산 수단을 소유 형태의 기본으로 가지는 산업 사회이고, 제3의 물결은 형태를 눈으로 볼 수 없는 첨단 기술과 정보가 중요한 소유 형태가 되는 정보화 사회라고 정의하였다.

토플러가 주장한 인류의 3대 혁명은 다음과 같다.

❶ **제1의 물결**: 약 1만 년 전에 시작된 농업 혁명
❷ **제2의 물결**: 18세기경 영국에서 시작된 산업 혁명
❸ **제3의 물결**: 20세기말의 컴퓨터를 중심으로 한 정보화 혁명

〈표 1.1〉은 3가지 물결에 따른 인류의 3대 혁명의 주요 특성을 나타낸다.

표 1.1 인류의 3대 혁명

혁명 변화	농업 혁명 (제1의 물결)	산업 혁명 (제2의 물결)	정보화 혁명 (제3의 물결)
변화의 원인	원시 도구	기계 엔진	디지털 기술
변화의 속도	정체적	점진적	급속적
변화의 주도	물리력(인력)	경제력(기업)	지식과 정보(지식 근로자)
통제의 구조	혈연과 지연의 가부장제	관료적 중앙집권제	상호소통의 수평적 관계

1.2.3 정보화의 물결

우리는 수없이 많은 정보를 접하며 살아가는데 현대는 정보의 홍수 속에서 살고 있다고 해도 과언이 아닐 것이다. [그림 1.29]는 폭넓게 분포되어 있는 다양한 정보매체를 통해 홍수처럼 밀려오는 정보화의 물결을 나타낸다.

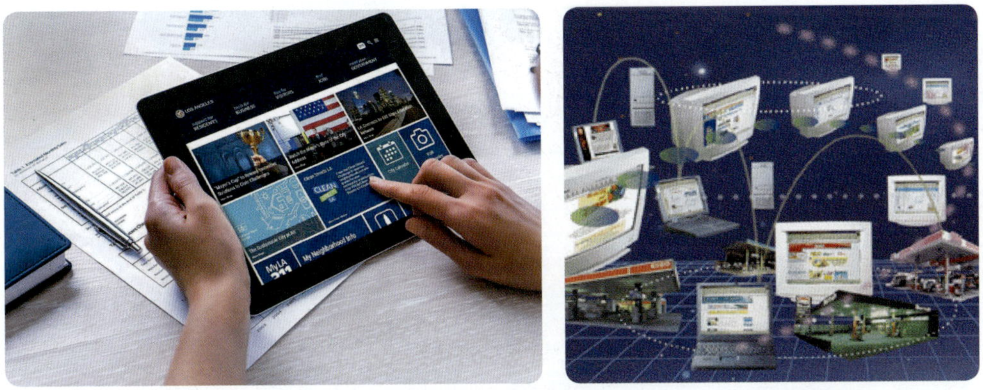

그림 1.29 정보화의 물결

(1) 정보와 정보처리

정보(information)란 '무엇이든지 알린다'는 뜻을 가지고 있고 한자어인 情報는 '정황의 알림'이란 의미를 가지고 있다. 컴퓨터가 일을 처리하기 위한 대상을 데이터(data)라고 하며, 어떤 데이터를 처리한 결과를 정보라고 한다.

즉, 데이터는 정보 소스(source)로부터 관측되거나 측정되어 얻어진 어떤 사실들의 집합이며, 어떤 목적을 위해 데이터가 평가되고 가공되어 가치를 가질 때 이것을 정보라고 한다. 특히 특정한 목적을 달성하기 위해 체계화시킨 정보를 지식 정보라고 한다. [그림 1.30]은 데이터, 정보, 지식 정보의 관계를 나타낸다.

그림 1.30 데이터, 정보, 지식 정보의 관계

정보처리(Information Processing)란 데이터를 정보로 변환하는 과정을 말하는데, 자료를 가공하고 처리하여 정보를 생산하는 과정을 말한다. 한편 정보화란 "고도의 정보통신 기술 혁신을 배경으로 정보를 사회 전 분야에 널리 확산시키는 것"으로 정의할 수 있다. 즉, 정보화의 핵심은 컴퓨터, 방송, 통신 기술의 발전과 더불어 네트워크 중심의 쌍방향 통신으로의 변혁에 있다고 볼 수 있다.

(2) 정보화 사회

정보화 사회(Information Society)라는 말은 제3의 물결 이후 정보의 가치가 매우 중요하게 인식되고 있는 현대 사회를 특징짓는 용어이다.

정보화 슈퍼하이웨이(Information Superhighway)란 집, 직장, 쇼핑몰, 학교, 도서관 등 어디서든 멀티미디어를 포함하는 고속의 데이터 전송이 가능한 정보통신 인프라(Infra: 기반, 환경)를 말한다. 정보화 슈퍼하이웨이는 초고속 정보통신망이라고도 불리며 광통신을 주축으로 영상, 음성, 데이터를 자유자재로 전송하고 처리할 수 있다.

[그림 1.31]은 정보화 슈퍼하이웨이를 통하여 엄청난 양의 정보를 이용하는 모습을 보여주며, [그림 1.32]는 정보화 사회에 대비하여 일반인들이 정보화 교육을 받는 모습을 나타낸다.

그림 1.31 정보화 슈퍼하이웨이를 통한 정보 검색

그림 1.32 정보화 교육의 현장

(3) 정보화 사회의 특징

정보화 사회의 특징은 다음과 같이 표현될 수 있다.

❶ 정보의 가치가 물질이나 에너지보다 더 큰 가치를 가지고 이용되는 사회이며, 정보의 가치가 사회의 중심 자원이 되는 고도의 지식 창조 사회이다.

❷ 컴퓨터와 정보통신의 결합으로 정보의 축적, 처리, 전달 능력이 크게 향상된 사회이다.

❸ 정보 시스템이 고도화된 사회로서 컴퓨터의 보급이 일반화되고 통신망이 구축되어, 사람들이 원하는 정보 서비스를 신속하고 편리하게 제공받을 수 있는 사회이다.

❹ 대량의 정보가 유통되는 사회이며, 제품의 생산보다는 정보의 가공, 처리, 정리가 더 많은 가치를 낳는 사회이다.

❺ 정보통신 기술의 혁명에 의해 정보가 차지하는 비중이 매우 큰 사회이며, 사회의 모든 구성원들 누구나 정보를 쉽게 접할 수 있는 사회이다.

컴퓨터의 개요

1.3.1 컴퓨터란 무엇인가?

컴퓨터(computer)란 지금까지 사람이 해 왔던 기억과 계산 등의 일을 빠르고 정확하게 처리해 주는 기계이며, 사람의 지시에 따라 여러 가지 일을 자동적으로 처리해주는 전자 장치이다. 따라서 필요한 사항들을 입력해 주면 컴퓨터 내에서 여러 장치들이 작동되어 원하는 결과를 출력하게 된다.

컴퓨터란 명칭은 원래 '계산을 수행하는 장치'라는 의미를 가지고 있는데, 초기의 컴퓨터가 단순히 수치 계산을 목적으로 만들어졌기 때문에 이러한 이름이 붙여진 것이다. 그러나 오늘날의 컴퓨터는 수치 계산뿐만 아니라 기억하고, 분류하고, 비교하는 것과 같은 여러 가지 일들을 한꺼번에 처리할 수 있다. [그림 1.33]은 초기의 컴퓨터를 나타낸다.

그림 1.33 초기의 컴퓨터

1.3.2 컴퓨터의 기능

컴퓨터는 어떤 데이터가 입력으로 들어오면 데이터를 해석하고, 수행하며, 결과를 출력하는 장치이다. 즉, 컴퓨터의 가장 기본적인 기능은 데이터를 입력받아서 기억하고, 해석하고, 연산하여 만들어진 명확한 결과를 출력 장치를 통하여 나타내는 것이다. 이러한 컴퓨터의 기능을 요약하면 다음과 같다.

❶ **입력 기능**: 처리할 데이터와 처리 방법, 절차를 지시하는 프로그램을 외부로부터 읽어 들여 기억 장치로 전달해 주는 기능이다.

❷ **기억 기능**: 읽어 들인 데이터와 절차를 지시하는 프로그램들과 처리된 결과 등을 기억 장치에 기

억시키는 기능이다.

❸ **연산 기능**: 데이터를 기억 장치에 기억된 프로그램을 통해서 산술 연산과 논리 연산을 하여 결과를 만들어 내는 기능이다.

❹ **제어 기능**: 기억된 프로그램들의 명령을 하나씩 읽고 해석하여 컴퓨터 각각의 기능이 유기적으로 동작하도록 장치들을 제어하고 지시하는 기능이다.

❺ **출력 기능**: 컴퓨터 내부에 기억된 내용과 처리된 결과를 문자, 도형, 음성 등의 형태로 외부에 보여주는 기능이다.

기억과 제어, 연산 기능은 컴퓨터의 기능 중 가장 핵심적인 것으로서 주기억 장치와 중앙처리 장치에서 이루어진다. 〈표 1.2〉는 컴퓨터의 기능과 이에 대응하는 인간의 감각 기관, 이에 해당하는 컴퓨터 장치들을 비교한 것이다.

표 1.2 인간과 컴퓨터의 기능 비교

기능	인간	컴퓨터	
입력 기능(외부 자료 입력)	감각 기관	입력 장치	
기억 기능(정보 기억)	두뇌	주기억 장치	
연산 기능(계산, 분류, 정렬 등의 기능)	두뇌	연산 장치	중앙처리 장치
제어 기능(동작의 지시 제어)	두뇌	제어 장치	
출력 기능(정보 출력)	반응 기관(입, 손, 발)	출력 장치	
보조기억 기능(대량의 정보 기억)	노트	보조기억 장치	

1.3.3 컴퓨터의 특징

컴퓨터는 [그림 1.34]와 같은 여러 가지 특징들을 가지고 있다.

❶ **신속성**: 자료를 빠르고 신속하게 처리한다. 컴퓨터가 하나의 명령어를 처리하는 데 필요한 시간은 1밀리초(millisecond: ms)보다 작다. 1ms는 10^{-3}초의 속도를 말하고, 현재의 컴퓨터는 10^{-9}초인 1나노초(nanosecond: ns)보다 빠르게 속도가 향상되었다.

❷ **정확성**: 계산 시에 에러나 오차를 최소화하고 정확하게 계산하고 판단한다. 컴퓨터의 전자식 회로는 거의 완전하게 설계되고 충분한 테스트를 거치기 때문에 정확한 프로그램과 정확한 자료가 입력된다면 정확한 결과를 낸다.

❸ **자동성**: 입출력을 비롯한 전체 처리 과정을 자동적으로 처리한다. 컴퓨터는 프로그램을 수행하는 기계로서 프로그램된 대로 자동적으로 수행한다.

❹ **대량성**: 대량 데이터의 처리가 가능하고 대량 데이터의 저장이 가능하다. 컴퓨터는 여러 가지 기억 장치들과 보조기억 장치들을 가지고 있으므로 대량의 자료를 저장하거나 계산하는 일을 하는데 매우 편리하다.

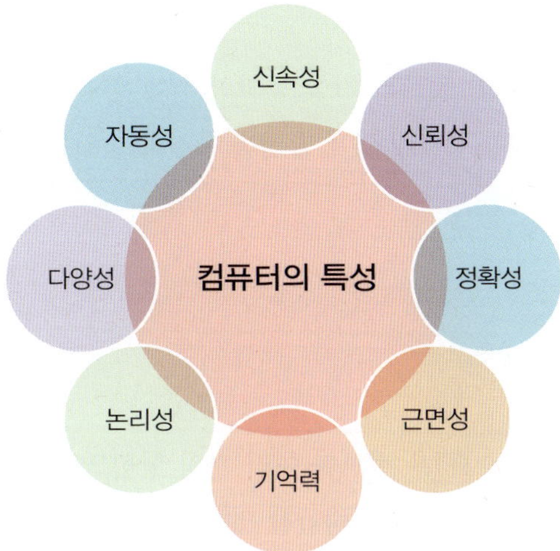

그림 1.34 컴퓨터의 여러 가지 특징

1.3.4 컴퓨터의 필요성

정보화 사회에서 컴퓨터의 필요성은 다음과 같이 요약될 수 있다.

❶ 과학 기술의 발달과 산업 사회의 급격한 변화에 따라 새롭고 다양한 정보를 신속하게 수집, 분석, 활용할 필요성이 생겼다.

❷ 사회 현상이 복잡하고 다양해짐에 따라 처리할 데이터양이 기하급수적으로 증가하였다.

❸ 편리한 생활을 위한 여러 가지 기계 및 전자 장치들을 제어하기 위해 컴퓨터가 필요하게 되었다.

1.4 SECTION

정보기술 산업

인터넷의 확산, 전자상거래의 성장, 컴퓨터 기술 등의 발전에 힘입어 정보기술 산업은 매우 빠른 속도로 성장하고 있으며 이러한 성장은 국내 경제 발전을 촉진하는 원동력이 되고 있다.

1.4.1 정보기술

(1) 정보기술

정보기술(Information Technology: IT)은 정보를 여러 가지 형식으로 생성하고, 저장하며, 교환하고, 사용하는 데 있어서 이용되는 모든 종류의 기술들을 말한다. 이것은 컴퓨터 기술의 급속한 발전과 개인용 컴퓨터의 폭넓은 보급으로 인한 정보 하드웨어의 확충을 기반으로 광케이블 통신 등 날로 발전하는 통신 기술의 발전에 바탕을 두고 있다.

미국의 경우 1990년대부터 실리콘 밸리를 중심으로 시작된 정보기술 산업이 미국 경제의 견인차 역할을 담당하고 있으며 미국 경제의 핵심 산업으로 자리 잡고 있다. [그림 1.35]는 정보기술 산업과 관련된 회사 사무실의 전경을 보여준다.

그림 1.35 정보기술 관련 회사 사무실

(2) 정보기술의 발전으로 인한 혁신

정보기술의 발전이 현대사회를 혁신하고 발전시키는 점들은 다음과 같다.

❶ 일상 업무에서의 혁신

현재 인터넷을 통한 빠르고 정확한 정보의 획득, 가공, 처리, 저장, 전달로 업무의 효율성이 극대화되고 있다. 우리는 이미 송금 등의 은행 업무를 집에서 스마트폰이나 인터넷을 통해 처리할 수 있는 홈뱅킹과 인터넷 뱅킹 시대에 살고 있다.

❷ 새로운 경영 기법과 제조업의 혁신

컴퓨터의 활용으로 고객 관리나 자원 관리 등 새로운 경영 기법의 도입으로 과거와는 달리 보다 효율적인 기업 경영이 가능하게 되었다. 생산비의 절감도 가능해졌으며, 시장의 변화에 대한 신속한 대응이 가능해졌다.

❸ 새로운 산업의 활성화와 일자리 창출

정보기술 산업의 발달로 인해 콘텐츠(Contents) 산업, 정보 유통, 전자상거래 등의 새로운 산업이 활성화되어 많은 일자리들이 창출되고 있다. [그림 1.36]은 인터넷 쇼핑몰의 예를 보여준다.

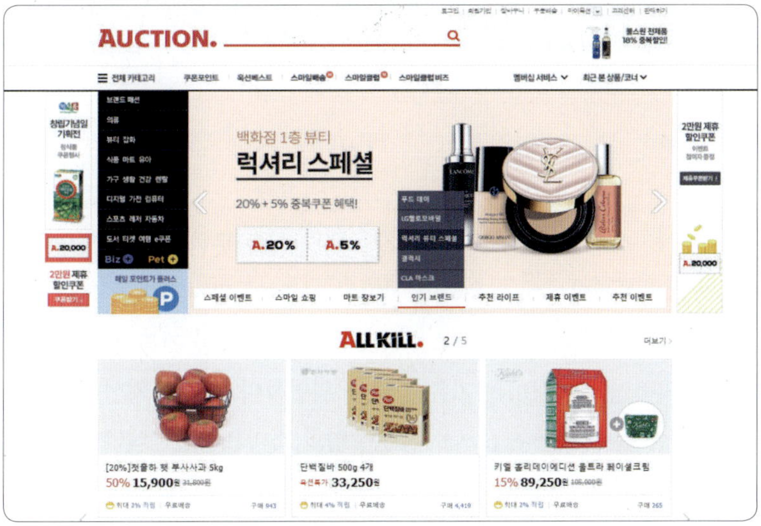

그림 1.36 인터넷 쇼핑몰

1.4.2 시스템 통합

시스템 통합(Systems Integration: SI) 산업은 서비스 제공자가 각종 하드웨어, 소프트웨어, 통신 기술에 대하여 전문가적인 서비스와 지식을 제공함으로써 포괄적인 정보처리 해결 수단을 제공하는 서비스 산업이라고 정의할 수 있다.

또한 시스템 통합은 시스템을 구성하는 요소들을 부분적으로 제공하는 것이 아니고 네트워크, 하드웨어, 소프트웨어 등 정보기술과 관련된 수많은 요소들을 결합시켜 하나의 시스템으로 함께 운영될 수 있도록 통합적인 서비스를 제공하는 것이다.

1.4.3 벤처 산업과 스타트업

(1) 벤처 산업

우리는 벤처(venture) 산업이나 벤처 기업이란 말을 흔히 듣고 있는데, 벤처 기업이란 소자본과 적은 인원으로 모험심을 가지고 핵심 기술을 개발하고자 하는 회사를 말한다. 우리나라에서는 IMF 사태를 극복하는 과정에서 인터넷 혁명으로 인하여 창업의 바람이 불면서 벤처 산업이 발달하게 되었다. [그림 1.37]은 벤처 사무실의 전경을 보여준다.

그림 1.37 벤처 사무실의 전경

(2) 스타트업

스타트업(Start-up)은 설립한지 오래되지 않은 신생 혁신기업을 뜻한다. 미국 실리콘밸리에서 생겨난 용어인데, 혁신적 기술과 아이디어를 보유하며 설립된 지 얼마 되지 않은 창업 기업을 말한다. 미국의 에어비앤비(Airbnb), 우버(Uber), 넷플릭스(Netflix) 등 이미 성공 가도를 달리는 스타트업들이 내세웠던 혁신적이고 창의적인 아이디어는 기존 강자를 위협하며 산업의 지형을 재편한다는 의미에서 이들을 '게임 체인저'로 부르기도 한다. [그림 1.38]은 영화 스타트업인 '넷플릭스'와 차량 공유 스타트업인 '우버'를 나타낸다.

그림 1.38 스타트업 '넷플릭스'와 '우버'

과거 국내에서는 '벤처'라는 용어 사용의 빈도가 훨씬 더 높았지만, 최근에는 스타트업과 벤처기업을 다르게 분류하고 있다. 기술 지향적인 면에서는 벤처와 스타트업은 별 차이점이 없지만, 스타트업은 대규모 자금을 유치하기 전이라는 점과 벤처기업처럼 제도화된 정부의 인증이 없다는 점이 다르다.

(3) 실리콘 밸리

실리콘 밸리는 미국 캘리포니아 주 팔로알토를 기점으로 직사각형 모양의 분지 타운을 말한다. 디지털 문명의 메카로 불리는 이 실리콘 밸리의 역사는 불과 70년 남짓인데, 실리콘 밸리의 스타트업 기업가들은 세상을 바꿔 놓았다.

현재 미국의 반도체와 컴퓨터 관련 산업은 미국 전체 경제 성장의 절반을 담당하고 있으며, 실리콘 밸리의 경제 규모는 대다수 유럽 선진 국가들의 전체 주식 시장의 규모와 맞먹는 천문학적인 가치를 가지고 있다. [그림 1.39]는 실리콘 밸리의 애플컴퓨터(Apple Computer)사의 모습을 보여주며, [그림 1.40]은 인텔(Intel)사의 모습이다.

그림 1.39 실리콘 밸리의 애플컴퓨터사

그림 1.40 실리콘 밸리의 인텔사 전경

1.4.4 북한의 정보기술 산업

북한의 정보기술 산업은 과학원, 평양정보센터, 김일성종합대학, 김책공과대학, 평양콤퓨터기술대학 등을 중심으로 소프트웨어와 하드웨어 기술을 개발하고 있다. 북한은 인공지능 인식, 자동제어 시스템, 한의학 의료정보 시스템, 자연어 처리 등의 분야에서 비교적 높은 기술 수준을 보유한 것으로 평가되고 있다.

(1) 북한의 정보기술 산업

북한의 정보기술 중에서 컴퓨터 하드웨어 및 통신 인프라는 수준이 낮은 상황이지만, 소프트웨어와 군사 정보기술 분야는 상대적으로 높은 수준인 것으로 알려지고 있다. 그 중 일부 게임 프로그램은 매우 높은 수준이며, 인력 수준도 상당히 우수한 것으로 보도되고 있다.

장거리 미사일 발사, 광명성 인공위성 개발 등은 북한이 이러한 분야에서 높은 수준의 정보기술 인력을 보유하고 있음을 짐작하게 하는 점이다. 북한은 국가 정보력 강화를 위한 IT 산업의 중요성을 인식하고 있는 것으로 보인다. 〈표 1.3〉은 북한 정보기술 산업의 연도별 현황을 요약한 것이다.

표 1.3 북한의 연도별 주요 정보기술 산업 현황

연도	내용
1983	과학원과 김책공대에 전자계산소 설립 각 대학 전자공학부 확대 개편
1986	평양정보센터 설립
1990	조선콤퓨터센터 설립, 평양정보센터 한글워드 프로그램 '창덕' 개발
1996	'창덕 2판' Windows 95용 한글 처리 프로그램 '단군' 개발
1998	'전국 음성 인식 프로그램 경연 및 학술발표회' 개최, '조선장기' 개발 '은바둑' 세계컴퓨터 바둑대회(일본개최) 우승
2004	남북한 음성인식 무인자동 교환 시스템 공동 개발 해킹 방지 프로그램 '릉라 방화벽' 개발
2009	3G 이동통신 서비스 개시
2010	'붉은별 2.0' OS 개발 판매
2017	북한의 이동통신 사용자수가 약 380만 명 정도
2022	북한의 이동통신 사용자수가 약 1,000만 명 정도
2024	북한의 이동통신 사용자수가 약 1,500만 명 이상으로 예상

(2) 북한의 소프트웨어와 스마트폰

북한의 정보기술 중에서 몇 가지 소프트웨어와 스마트폰을 소개한다. 북한에서는 음성인식과 영상인식을 위한 인공지능이 개발되고 있으며, 해킹 전문 인력이 많은 것으로 보도되고 있다. 또 '태권도 강자대결'과 '배드민턴 강자대결' 등 게임 앱도 인기를 끌고 있다.

[그림 1.41]은 북한의 Windows 환경을 지원하는 운영체제인 '만능 3.0'과 인공지능연구소에서 개발한 인공지능 소프트웨어를 나타낸다.

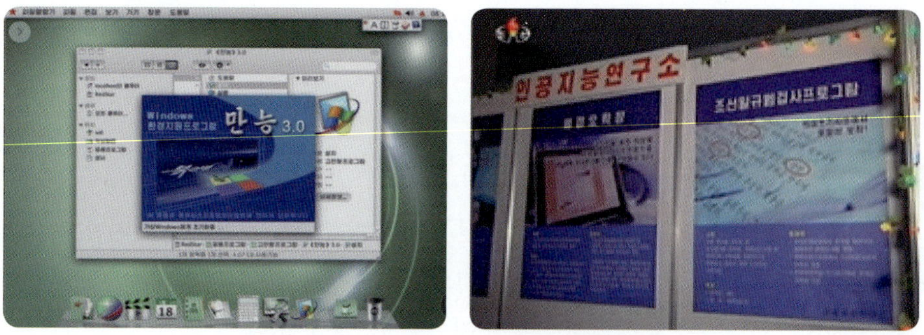

그림 1.41 '만능 3.0'과 인공지능연구소의 소프트웨어

북한의 스마트폰은 [그림 1.42]의 '진달래'와 '평양' 등인데, 아이패드 형태의 '룡흥 아이패드'도 사용하고 있다. 스마트폰 사용자가 2022년에는 1,000만 명이었다가 2024년에는 약 1,500만 명 정도로 증가할 것으로 추산된다. 이 경우 평양시민을 비롯한 대부분의 도시 거주자가 스마트폰을 사용한다고 볼 수 있다.

그림 1.42 북한의 스마트폰 '진달래 7'과 '룡흥 아이패드'

SECTION 1.5

컴퓨터의 활용 분야

최근 들어 컴퓨터의 급속한 발달과 폭넓은 보급으로 컴퓨터의 활용 분야는 점차 넓어지고 있으며, 심지어 컴퓨터가 없는 일상생활은 상상하기 어려울 정도로 컴퓨터는 이미 우리의 생활 속에 들어와 있다. 여기서는 재택근무, 인터넷, 블로그, 인터넷뱅킹, 컴퓨터 게임 등 컴퓨터의 활용 분야들을 간략하게 고찰한다.

1.5.1 재택근무

재택근무(Telecommuting)란 회사에 출근하여 업무를 수행하는 기존의 근무 형태와는 달리 통신 매체를 이용하여 집에서 업무를 수행하는 방법을 말한다. 이러한 재택근무가 늘어나게 된 배경은 사무실 공간 유지의 고비용, 대도시 교통 혼잡에 따른 출퇴근 문제, 집까지 연결된 초고속 통신망 등 정보통신의 발달에 기인한다. [그림 1.43]과 [그림 1.44]는 재택근무의 환경을 보여준다.

재택근무는 코로나-19의 발병으로 인해 회사에 출근하는 대신 가정에서의 근무로 확산되었으며, 앞으로 재택근무가 더욱 늘어날 것으로 예상된다.

그림 1.43 재택근무

그림 1.44 열린 재택근무 환경

소호(Small Office Home Office: SOHO)라는 신조어와 함께 노동법 개정으로 새롭게 도입된 '재량 근무제'라는 말의 개념은 모두 재택근무와 맥락을 같이 하고 있다. 즉, 업무 수행을 회사 사무실의 책상에 앉아서 수행하는 것으로 한정하지 않고, 근로자의 재량에 따라 그 장소와 방법을 정할 수 있게 한 것이 재량 근무제이다.

소호나 재택근무는 디자이너나 카피라이터, 연구원, 기자 등 창의력을 요하는 직업을 가진 사람들에게 열린 업무 환경을 제공하여 더욱 풍성한 업무 수행 결과를 얻어낼 수 있다는 점에서 관심이 집중되고 있다.

1.5.2 인터넷

인터넷(Internet)을 이용한 응용에는 컴퓨터 통신, 정보 검색, 전자상거래 등 매우 다양하다. 웹을 통해 멀티미디어 정보를 이용하여 영화를 보거나 음악을 즐길 수도 있다. 또한 e-메일의 교환과 인터넷 전화까지도 가능하다. [그림 1.45]는 검색엔진을 통해 찾은 대한민국정부 홈페이지를 나타낸다.

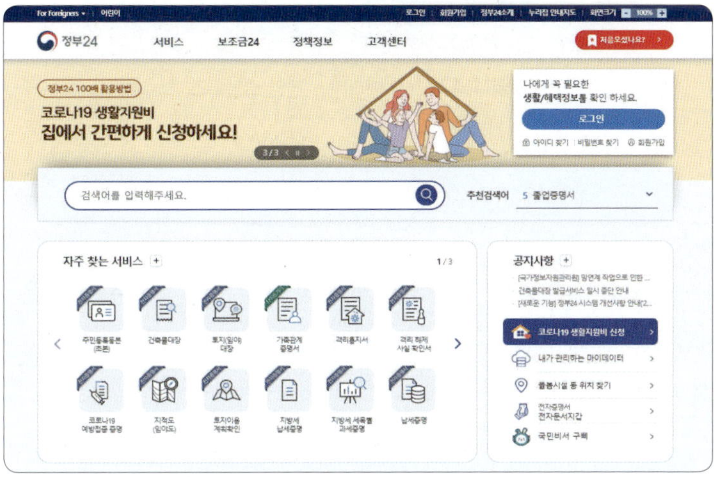

그림 1.45 대한민국정부 홈페이지

1.5.3 컴퓨터 게임

컴퓨터 기술과 소프트웨어 산업이 발전함에 따라 근래에는 더욱 발전된 형태의 게임들을 많이 볼 수 있다. 네트워크의 발달과 인터넷의 확산으로 다른 사람과 1 대 1로 게임을 하거나 여러 사람들과 동시에 게임을 하는 것이 가능해졌다. 바둑이나 장기, 체스 게임은 물론 퍼즐 게임, 그리고 최근에는 롤플레잉 게임, 액션 어드벤처 게임, 머드 게임, 전략 시뮬레이션 게임 등 수많은 게임들이 속속 출시되고 있다.

[그림 1.46]은 실시간 전략 시뮬레이션 게임으로서 많은 관심과 시선을 받아온 스타크래프트와 근래의 온라인 FPS 게임 장면을 나타내고, [그림 1.47]은 최근에 인기를 끌고 있는 가상 메타버스 게임인 '로블록스'를 나타낸다.

그림 1.46 스타크래프트와 온라인 FPS 게임 장면

그림 1.47 가상 메타버스 게임 로블록스

1.5.4 블로그

블로그(Blog)란 자기의 느낌이나 생각, 또는 남에게 알리고 싶은 견해나 주장 같은 것들을 웹에다 적어 올려서 다른 사람들도 보고 읽을 수 있도록 만들어 놓은 글모음 게시판이다. 블로그를 소유하며 관리하는 사람을 블로거(blogger)라고 하는데, [그림 1.48]은 국방부 블로그 '동고동락'의 한 화면이다.

그림 1.48 국방부 블로그 '동고동락'

1.5.5 인터넷뱅킹

인터넷뱅킹(Internet Banking)은 고객이 은행 점포를 직접 방문하지 않고 인터넷을 통해 각종 금융거래를 할 수 있는 서비스인데, 최근에는 오프라인보다 거래수수료가 상당히 싸거나 무료인 장점으로 인해 이용률이 급증하고 있다. [그림 1.49]는 어느 국내 은행의 인터넷뱅킹 화면이다.

그림 1.49 국내 은행의 인터넷뱅킹 화면

1.5.6 소셜 네트워크 서비스

소셜 네트워크 서비스(Social Network Service: SNS)란 친분 관계가 있는 소셜 네트워크를 인터넷이나 스마트폰을 통하여 연결해주는 서비스를 말한다. 트위터, 페이스북, 카카오톡, 라인, 인스타그램, 블로그, 싸이월드, 밴드, 유튜브 스트리밍 등의 SNS를 통하여 개인의 정보를 지인들과 공유할 수 있게 하고 의사소통을 도와준다. [그림 1.50]은 주요 SNS인 카카오톡과 라인을 나타낸다.

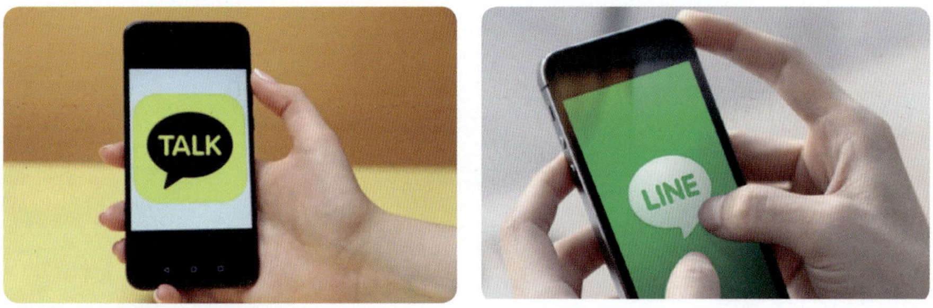

그림 1.50 카카오톡과 라인

1.6 SECTION 컴퓨터와 사회의 변화

컴퓨터 기술의 눈부신 발전과 다양한 응용은 인간에게 생활의 편리함을 제공해 주고 있다. 그러나 정보의 독점을 통한 통제, 사생활 침해, 게임 중독증 등의 역기능 또한 간과하지 않을 수 없다. 따라서 컴퓨터로 인해 마음의 평온을 깨뜨려지지 않도록 대비하는 것이 필요하다.

1.6.1 빅브라더와 텔레스크린

1949년에 발표된 조지 오웰의 공상 소설「1984년」을 보면 언제 어디서든지 개인의 침실까지 감시하는 '텔레스크린'이 나온다. '빅브라더'(Big Brother)라는 지배 계층은 감시 시스템을 이용하여 전체 사회를 통제한다. 즉, 개인 정보를 이용하여 소수가 다수를 감시하고 지배하는 사회에 대한 경고를 던져 주었는데 이러한 우려는 이미 우리 생활에서 현실화되고 있다.

우리의 일상생활도 곳곳에 설치된 CCTV에 수시로 노출되고, 신용카드의 사용을 살펴보면 사용한 시간과 장소까지 추적할 수도 있다. 앞으로 [그림 1.51]과 같은 위성 시스템이 개인의 사생활까지 감시하는 사회가 도래할지도 모른다.

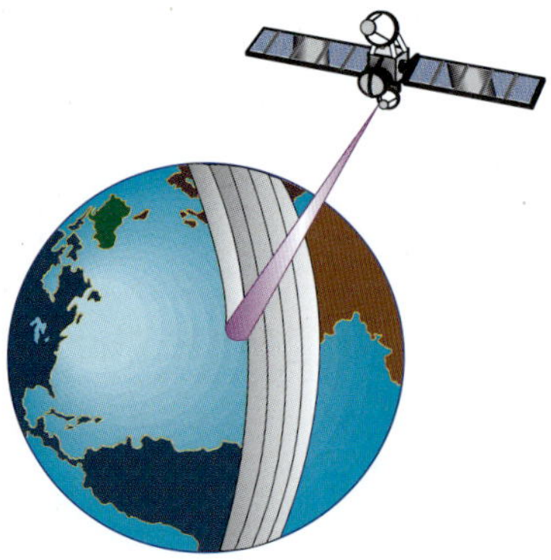

그림 1.51 지구 전체를 감시할 수 있는 위성 시스템

1.6.2 컴퓨포비아

컴퓨포비아(Compuphobia)는 컴퓨터(computer)와 공포라는 뜻을 가진 포비아(phobia)의 복합 단어이다. IMF 이후 컴퓨터에 익숙하지 않은 사람들을 '컴맹'(Com 盲)이나 '넷맹'(Net 盲)이라 칭하는 신조어가 등장하였다. 아직도 컴퓨터 문맹(Computer illiterate)에 속하는 상당수의 사람들이 느끼는 압박감과 거부감은 일반인들이 느끼는 것보다 훨씬 클 것이다. 따라서 이들 컴맹 중에는 컴퓨터에 대한 공포증이나 적대감을 느끼는 사람이 많다. [그림 1.52]는 컴퓨터 시대의 어두운 면을 상징한다.

그림 1.52 컴퓨터 시대의 어두운 면

1.6.3 개인 정보 유출

컴퓨터를 이용한 정보처리 기술의 획기적인 발달로 인해 개인에 관한 정보를 대량으로 수집하여 다른 목적에 사용하는 경우가 많아졌다. 따라서 불법적인 개인 정보 유출에 대한 우려가 점차 커지고 있다.

(1) 개인 정보 유출의 문제점

개인 정보의 유출은 근본적으로 프라이버시(privacy) 침해라는 우려를 증폭시키고 있다. 이와 같은 개인 정보 유출에 대한 우려를 반영하여 경제협력개발기구(OECD)에서는 프라이버시 보호에 관한 가이드라인을 채택하였다.

(2) '정보 도둑' 산업 스파이

본격적으로 정보화 시대에 접어들면서 산업 스파이와 같은 불법적인 정보 도둑들도 나타나고 있다. 기업의 측면에서 핵심 기술과 전략 정보가 유출되거나 침해되는 일은 기업의 생사를 좌우하는 문제인데, 이렇게 중요한 핵심 기술이나 전략정보를 불법적으로 훔치는 산업 스파이 사건이 가끔씩 일어난다.

최근에는 반도체, 조선, 휴대폰 관련 핵심 기술들이 중국을 비롯한 여러 나라로 상세한 설계도면 수준으로 누출되어 수조 원에 이르는 기술개발비의 유출과 국가 기술 경쟁력을 떨어뜨리는 요인으로 지적되고 있다.

(3) 피싱, 파밍, 스미싱

피싱(phishing)이란 금융기관 등의 웹 사이트나 거기서 보내온 메일로 위장하여 개인의 인증번호나 신용카드번호, 계좌정보 등을 빼내 불법적으로 이용하는 사기수법이다. 따라서 확신이 가지 않는 경우에는 개인정보 제공에 매우 신중해야 한다.

한편 파밍(pharming)은 합법적인 도메인을 탈취하거나 도메인 네임 서버의 주소를 변조함으로써 사용자가 진짜 사이트 주소를 입력해도 가짜 사이트로 접속하도록 유도한 뒤에 개인정보를 훔치는 사기 수법이다. 스미싱(smishing)은 문자메시지를 이용한 새로운 휴대폰 해킹 수법으로서, SNS와 피싱의 합성어이다. [그림 1.53]은 사이버경찰을 사칭한 스미싱 문자를 나타낸다.

그림 1.53 사이버경찰을 사칭한 스미싱

1.6.4 게임 중독증과 디지털 치매증후군

인터넷 공간에서의 사이버 중독 현상은 날로 심각해지고 있다. 인터넷이나 PC 게임에 탐닉함으로써 학교생활을 망치는 어린이와 가상공간에서 혼자만의 세계를 추구하다 대화 기피 증세를 보이는 사람들이 점차 늘어나고 있다. 병원의 정신과마다 대인 공포증과 게임 금단 증상을 호소하는 청소년들이 줄을 잇고 있으며, 전문가들은 게임 중독증이 이미 디지털 시대의 신종 마약 수준에 이르렀다고 경고하고 있다. [그림 1.54]는 PC 게임방의 전경이다.

그림 1.54 PC 게임방

많은 현대인들이 두뇌를 사용하지 않고 무의식적으로 디지털 기기에 의존하여 기억력 감퇴 현상이 나타나게 되는데, 이것이 바로 '디지털 치매증후군'이다. 전화번호를 기억하는 대신 스마트폰에 저장하고, 길 찾기는 내비게이션에 맡기다보니 기억력이 감퇴하는 것이다. 디지털 치매증후군은 디지털 기기를 자주 사용하는 10대 후반에서부터 30대 초반까지의 젊은 층에서 자주 발생한다.

1.6.5 컴퓨터 사용의 유의점

현대인들은 컴퓨터 앞에서 너무 오랫동안 몰입하는 경우가 많으며 불안전한 자세로 장시간 컴퓨터를 이용할 경우 자칫 건강에 위협이 되는 경우도 있다. 컴퓨터 사용의 건강 규칙은 〈표 1.4〉와 같고, 컴퓨터 사용의 올바른 자세는 〈표 1.5〉에 나타나 있다.

표 1.4 컴퓨터 사용의 건강 규칙

- 컴퓨터를 사용할 때는 1시간당 10~15분 정도 휴식을 취한다.
- 휴식을 취할 때는 가급적 얼굴을 씻고 몸을 많이 움직인다.
- 올바른 자세를 취한다.
- 모니터의 위치는 시선 아래로 약 10~20도를 유지한다.
- 컴퓨터는 가능하면 4시간 이하로 사용한다.
- 조명은 간접 조명으로 부드럽게 유지한다.

표 1.5 컴퓨터 사용의 올바른 자세

- 어깨의 긴장감을 풀고 팔꿈치는 90도 각도를 유지한다.
- 요추받침이 있는 의자에 앉고 발바닥은 지면에 닿아야 한다.
- 의자에 앉을 땐 엉덩이를 의자 안쪽까지 밀착시켜서 앉고 어깨는 곧게 편다.
- 눈과 모니터의 거리는 통상 45~70cm 정도가 적당하다.
- 팔목은 곧게 펴고 모니터가 너무 밝지 않게 한다.

SECTION 1.7 컴퓨터 환경의 단계적 발전 전망

개인용 컴퓨터 환경은 [그림 1.55]에서와 같이 상당히 빠른 속도로 변화하고 있다. 일반 PC에서 노트북 PC와 같은 모바일 컴퓨터로 대세가 바뀌었고, 2005년부터는 인터넷 정보가전, 오감기반 모바일 컴퓨터의 개발이 시도되었다. 2015년에는 편재형(ubiquitous) 컴퓨터 기반 착용형 컴퓨터, 2020년 이후에는 사물인터넷과 인공지능 컴퓨터 환경으로 발전하고 있다.

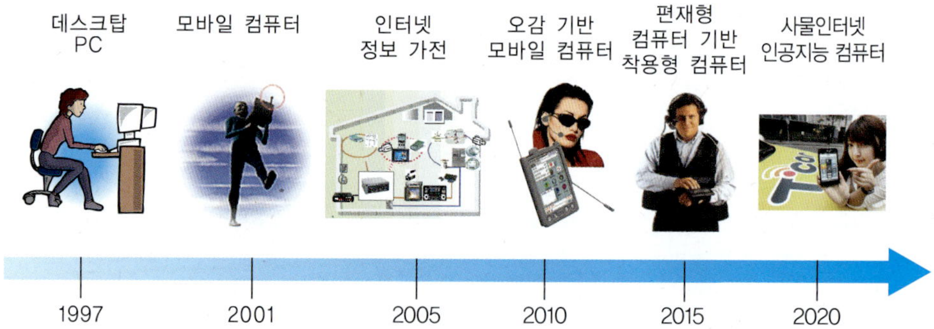

그림 1.55 개인용 컴퓨터 환경의 단계별 발전 전망

1.7.1 모바일 컴퓨팅

모바일 컴퓨팅(Mobile Computing)이란 말 그대로 컴퓨터의 기능을 모바일 환경에서 수행할 수 있는 컴퓨팅을 말하는데 그것의 장점은 언제, 어디서든지, 이동 중에도 자신이 필요로 하는 정보를 얻을 수 있다는 점이다.

1.7.2 정보가전 기기

컴퓨터 산업의 영역은 통신과 가전 분야의 융합 제품에 대한 연구와 개발로 지금보다 더욱더 확대되고 있다. 현재 우리가 쓰고 있는 대부분의 가전제품에는 어떤 형태로든지 컴퓨터의 기능이 들어가 있다. 이러한 컴퓨터 기능을 내장한 임베디드(embedded) 기기들의 종류가 더욱 더 늘어나고 다기능화 될 것이다.

[그림 1.56]은 냉장고에서 인터넷을 사용하는 모습을 보여주고 있는데 앞으로 대부분의 가전기기들이 컴퓨터의 기능을 접합한 정보가전으로 발전하여 널리 보급될 전망이다. [그림 1.57]은 TV에다 컴퓨터

의 기능을 결합한 디지털 융합 IPTV를 나타내고, [그림 1.58]은 냉장고, 세탁기, 전기오븐, 에어컨 등에 스마트폰을 연계하여 스마트 생활가전을 실용화하는 개념도를 나타낸다.

그림 1.56 냉장고에서 인터넷을 사용하는 장면

그림 1.57 디지털 융합 IPTV

그림 1.58 스마트 생활가전

SECTION 1.8 IT 융합의 몇 가지 예

최근 들어 IT(Information Technology) 기술과 정보통신, 무선인식 기술 등을 융합(fusion)한 융합 모델에 관한 연구개발이 급속하게 진행 중이다. 정보 기술과 유무선 통신 기술, 방송 기술 등의 분야에서 핵심 기술들이 서로 융합하여 서로 다른 기술이나 산업분야 간에 효율과 성능 개선 등을 목적으로 결합됨으로써, 기술 및 산업 차원에서 지금까지 존재하지 않았던 새로운 기능이나 서비스를 창출하는 현상이 그 중의 한 예이다. RFID, 와이브로(Wibro), 휴대폰 결제 시스템, DMB 등의 개발로 우리의 일상생활이 더욱 편리해지고 있다.

1.8.1 IT 융합의 칩 인식 응용

[그림 1.59]는 식품이나 약품에 RFID(Radio Frequency Identification: 무선 주파수 인식) 칩을 부착하여 생산한 제품의 이력관리 시스템을 구축함으로써 식약품 사고를 방지할 수 있는 IT 융합 시스템이다.

그림 1.59 RFID 칩을 부착한 식약품 관리용 IT 융합 시스템

1.8.2 IT 융합 시스템의 스마트카드 응용

스마트카드(Smart Card)란 교통카드, 신용카드와 같이 IC(integrated circuit:집적회로) 기억소자를 내장하여 대용량의 정보를 담을 수 있는 전자식 카드이다. 이것은 칩이 내장된 카드, PDA, 스마트폰 등을 이용하여 각종 결제 및 개인 금융용무를 언제 어디서나 이용할 수 있게 한다.

스마트카드의 구조는 접속단자와 IC칩, 플라스틱 카드로 이루어져 있으며, 메모리형 스마트카드, 마이크로프로세서 내장 스마트카드, 대화형 스마트카드로 나누어질 수 있다. [그림 1.60]은 스마트카드를 이용한 휴대폰 결재 시스템을 나타낸다.

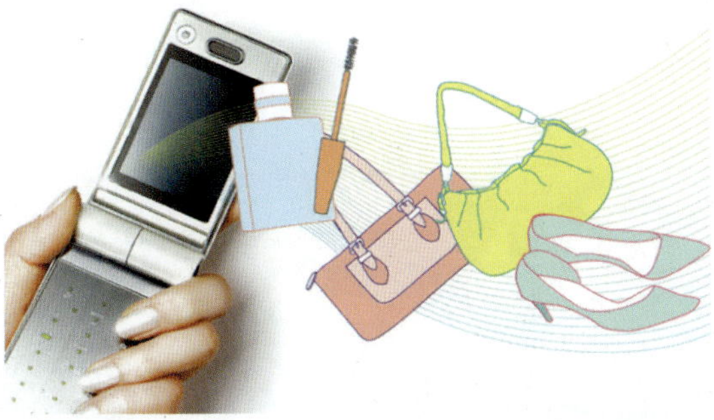

그림 1.60 스마트카드를 이용한 휴대폰 결재 시스템

1.8.3 블록체인과 NFT

최근에 주목받고 있는 신기술로는 블록체인, NFT, 메타버스 등이 있는데, 블록체인(Block chain)은 여러 개의 블록을 연결한 체인을 활용하는 시스템이다. 블록체인은 비트코인 등의 암호화폐에 매우 중요한 역할을 하고 있으며, NFT 발전에도 상당히 기여하고 있다.

NFT(Non-Fungible Token)는 '대체 불가능 토큰'인데 블록체인 기술을 이용하여 디지털 자산의 소유주를 증명하는 가상의 토큰이다. NFT는 블록체인 기술을 이용해 누구의 통제도 받지 않으며 복제 불가능한 고유성을 가지고 있으므로 희소성과 안전성이 있다. [그림 1.61]은 블록체인과 NFT를 나타낸다.

그림 1.61 블록체인과 NFT

1.8.4 암호화폐 – 비트코인

비트코인(Bitcoin)은 온라인 공간에서 거래되는 가상의 화폐인데, 2009년 나카모토 사토시라는 정체 불명의 개발자가 만든 것으로 알려져 있는데, 비트코인은 물건을 사거나 서비스 이용료를 결제할 수 있는 사이버 머니이다.

[그림 1.62]의 비트코인은 컴퓨터가 제시하는 매우 난해한 수학 문제를 풀면 그 대가로 획득할 수 있는데, MIT 라이선스를 적용하여 오픈소스로 공개했다. 사용자들은 인터넷에서 내려받은 '지갑' 프로그램을 통해 인터넷뱅킹으로 계좌 이체하듯 비트코인을 주고받을 수 있으며, 인터넷 환전사이트에서 비트코인을 구매하거나 현금화할 수 있다.

그림 1.62 비트코인과 비트코인 자동입출금기

1.8.5 메타버스

메타버스(metaverse)는 가상을 뜻하는 메타(meta)와 우주를 의미하는 유니버스(universe)의 합성어로, 아바타(avatar)를 통해 실제 현실과 같은 사회, 경제, 교육, 문화, 과학기술 활동을 할 수 있는 3차원 가상공간 플랫폼이다. 메타버스는 주로 게임, SNS, 교육, 의료 등에 활용되는데, [그림 1.63]은 3차원 가상세계 메타버스의 한 화면을 나타낸다.

그림 1.63 메타버스를 이용한 입학식

1.9 SECTION 최근에 개발되는 컴퓨터 응용 분야

최근 들어 미래성장 동력산업으로 스마트홈, 웨어러블 기기, 증강현실, 지능형 로봇, 사물인터넷, 빅데이터, 스마트카와 자율주행차 등이 떠오르고 있다. 이와 같은 몇 가지 주제들의 개략적인 윤곽을 먼저 살펴본다.

1.9.1 스마트홈

스마트홈(Smart Home)은 TV, 에어컨, 냉장고, 수도, 전기, 냉난방, 도어록, 감시카메라 등 다양한 분야에서 휴대폰으로 작동을 제어하는 장치를 말한다. 이러한 응용은 이미 상용화 되고 있으며 보다 편리한 생활에 도움을 줄 것이다. [그림 1.64]는 스마트폰을 이용하여 도어락을 제어하는 스마트홈 시스템을 보여준다.

그림 1.64 도어락을 제어하는 스마트홈 시스템

[그림 1.65]는 스마트폰을 이용하여 집에 있는 가전제품에게 작동 명령을 할 수 있는 시스템인데, 사용자가 외부에서 스마트폰으로 직접 가전제품들을 제어할 수 있다.

그림 1.65 스마트폰으로 가전제품들을 제어하는 스마트홈

1.9.2 웨어러블 디바이스

웨어러블 디바이스(Wearable Device)는 미국 MIT 미디어 랩의 정의에 따르면 '신체에 부착하여 컴퓨팅 행위를 할 수 있는 모든 것'을 지칭한다. 최근에는 다양한 형태의 웨어러블 기술이 눈부시게 발전하고 있다.

에릭 슈미트(Eric Schmidt) 구글 전 회장은 "컴퓨터와 기술이 점점 더 우리 몸과 연동하는 시대가 오고 있다"며 "10년 이내에 50억 인구가 모두 인터넷으로 연결되는 시대가 도래할 것"이라고 강조한 바 있다. [그림 1.66]은 다양한 형태의 웨어러블 디바이스를 나타낸다.

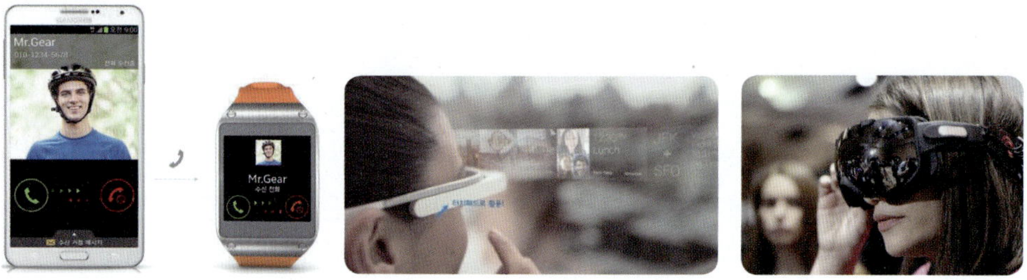

그림 1.66 다양한 형태의 웨어러블 디바이스

1.9.3 증강현실

증강현실(Augmented Reality: AR)이란 현실을 기반으로 가상 정보를 실시간으로 결합하여 보여주는 기술을 말하는데, 스마트폰을 이용한 길 안내, 자동차 전면 유리창의 상황 표현 등 많은 예가 있다. [그림 1.67]은 앞 유리창에 입출력 기능을 추가하여 운전에 필요한 지리정보, 차량 및 운전자 상태 정보, 메시지 서비스 등을 실시간으로 나타낸다.

그림 1.67 전면 유리에 표시된 차량 운행 정보

[그림 1.68]은 스마트폰을 통해 거리의 건물들에 대한 자세한 정보를 알 수 있는 매우 편리한 기능의 증강현실을 나타낸다.

그림 1.68 스마트폰을 통한 증강현실

1.9.4 지능형 로봇

지능형 로봇(Intelligent Robot)은 스스로 판단하고 행동하며, 외부 환경에 적응할 수 있는 로봇으로서 다양한 환경에서 여러 가지 업무를 수행할 수 있다. 따라서 지능형 로봇은 주변 환경을 인식하고 자율적으로 판단할 수 있는 능력이 필수적이다.

최근 일본의 IT기업 소프트뱅크는 인간과 대화를 나누고 감정까지 느끼는 세계 최초의 감성인식 로봇 '페퍼(pepper)'를 개발했다. [그림 1.69]의 페퍼는 발표회장에서 사회도 무리 없이 진행하였고 감정 엔진을 장착해 손정의 회장의 말을 알아들을 뿐만 아니라 표정을 살피고, 억양 변화로부터 마음을 유추할 수도 있었다고 한다.

그림 1.69 지능형 감성 로봇 '페퍼'

1.10 SECTION 4차 산업혁명 시대

1.10.1 4차 산업혁명

최근 들어 컴퓨터와 인터넷으로 대표되는 3차 산업혁명에서 한 단계 더 진화한 [그림 1.70]과 같은 4차 산업혁명의 불길이 타오르기 시작했다. '4차 산업혁명(The Fourth Industrial Revolution)'이란 용어는 2016년 1월 세계경제포럼에서 처음으로 언급되었으며 '3차 산업혁명을 기반으로 한 디지털과 바이오산업, 물리학 등의 경계를 융합하는 기술혁명'으로 표현되는데, 정보통신 기술 기반의 새로운 산업 시대를 대표하게 되었다.

그림 1.70 4차 산업혁명

4차 산업혁명은 [그림 1.71]과 같이 증기기관 기반의 기계화 혁명인 1차 산업혁명, 전기 에너지 기반의 대량생산 혁명인 2차 산업혁명, 그리고 컴퓨터와 인터넷 기반의 지식정보 혁명인 3차 산업혁명에 바탕을 둔다. 4차 산업혁명은 인공지능 소프트웨어, 빅데이터 등의 정보 기술, 그리고 빠른 통신 기술 등을 융합한 지능정보 기술이 핵심이 된다.

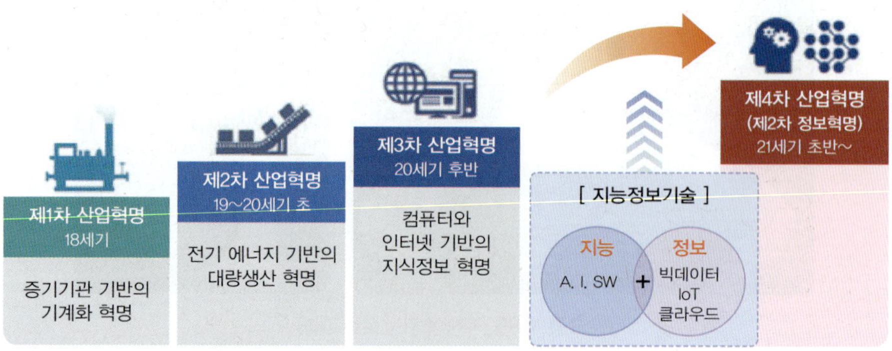

그림 1.71 1, 2, 3, 4차 산업혁명(출처: 미래창조과학부 블로그)

4차 산업혁명은 [그림 1.72]와 같이 인공지능, 사물인터넷, 빅데이터, 자율주행차, 드론 등의 지능정보 기술이 기존 산업과 서비스에 융합되거나 3D 프린터, 로봇공학, 생명공학, 나노기술 등 여러 분야의 신기술과 결합되어 모든 제품 서비스를 네트워크로 연결하고 사물을 지능화하는 의미를 가지고 있다.

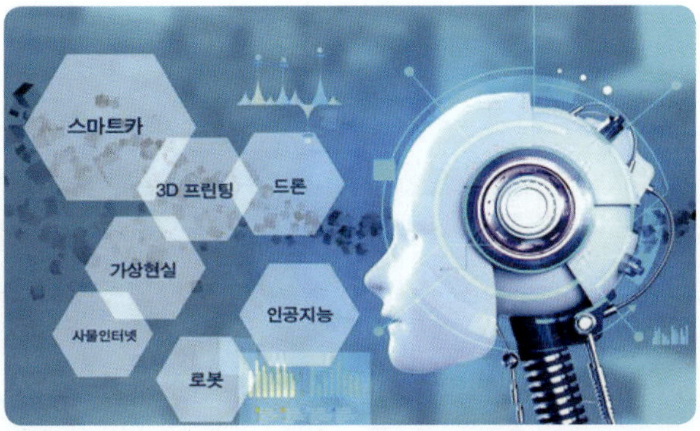

그림 1.72 4차 산업혁명의 여러 분야들

1.10.2 인공지능

인공지능(Artificial Intelligence: A. I.)을 간단하게 표현하면 인간의 지능을 컴퓨터에 적용시키는 기술이다. 4차 산업혁명의 한 단면을 보여 주는 계기는 [그림 1.73]과 같은 2016년 3월 인공지능 바둑 프로그램인 '알파고(AlphaGo)'와 이세돌 9단의 바둑 대결이었는데, 인공지능을 통한 새로운 영역이 개척되고 있음을 보여 주는 획기적인 사건이었다.

그림 1.73 인공지능 바둑 프로그램 알파고

알아보기 코너 **저명한 인공지능 관련 인물 탐구**

마빈 민스키(Marvin Minsky, 1927~2016) 박사는 규칙기반 인공지능 분야를 개척한 미국인 인공지능 과학자이다. MIT의 인공지능 연구소의 공동 설립자이며, 인공지능과 관련된 다수의 책을 저술했다. 뉴욕에서 태어나 1950년 하버드 대학교에서 수학 학사학위를 받고, 1954년에 프린스턴 대학교에서 수학박사 학위를 받았으며, 1958년부터 MIT 교수로 재직했다.

1969년에는 그의 제자 페퍼트와 함께 로젠블럿의 '퍼셉트론' 모델의 단점을 지적한 유명한 책인 『퍼셉트론즈』를 저술하였으며, 1970년의 컴퓨터계의 노벨상이라 불리는 튜링상 등 수많은 상을 받았다. 그는 인공지능과 관련된 수많은 어록을 남겼으며 2016년 타계하였다.

1.10.3 사물인터넷

사물인터넷(Internet of Things: IoT)은 기존의 유선통신을 기반으로 한 인터넷이나 모바일 인터넷보다 진화된 단계로 [그림 1.74]와 같이 인터넷에 연결된 기기가 사람의 개입 없이 상호간에 알아서 정보를 주고받아 처리한다.

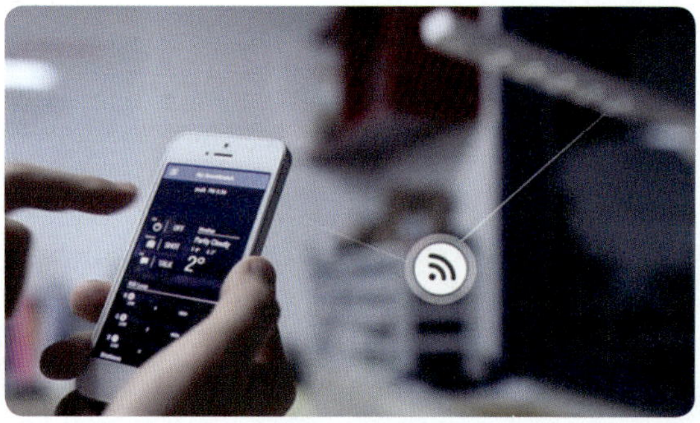

그림 1.74 사물인터넷

1.10.4 빅데이터

빅데이터(big data)란 기존 데이터베이스 관리도구의 능력을 넘어서는 엄청난 양의 정형 또는 비정형 데이터들로부터 가치를 추출하고 결과를 분석하는 기술인데 [그림 1.75]에 나타나 있다.

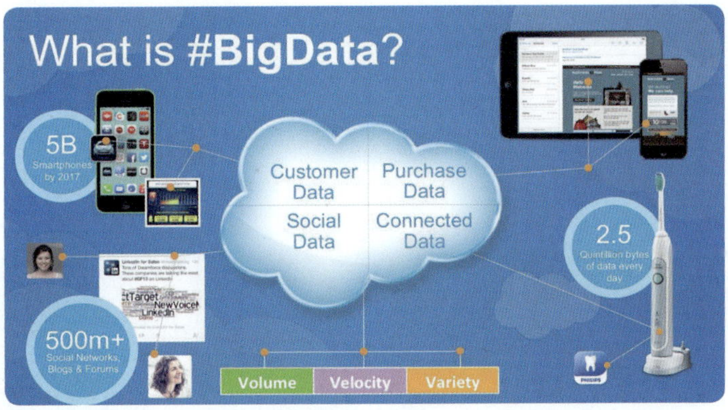

그림 1.75 빅데이터

1.10.5 로보틱스

4차 산업혁명의 한 주요 영역인 로보틱스(robotics)는 인공지능적인 능력을 갖춘 지능적인 로봇기술과 관련된 분야인데, 로보틱스의 예는 [그림 1.76]에 나타나 있다.

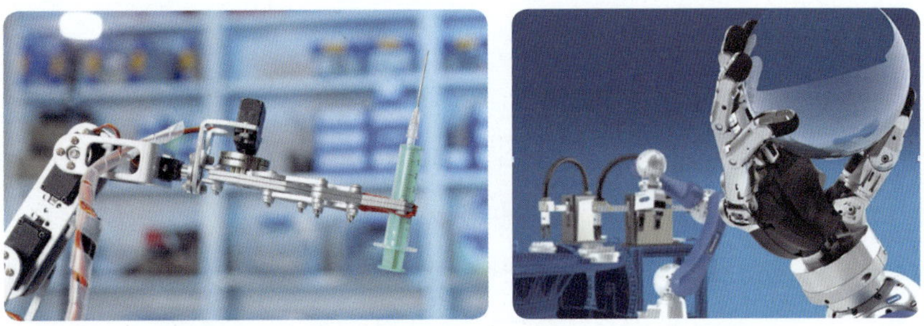

그림 1.76 로보틱스

1.10.6 3D 프린터

3D(3 Dimensional) 프린터는 일반적으로 사용되는 2차원 프린터의 차원을 뛰어넘어 3D 도면을 바탕으로 입체 물품을 만들어내는 4차 산업혁명 기술 중의 하나로서 [그림 1.77]에 그 예가 나타나 있다.

그림 1.77 3D 프린터

1.10.7 자율주행차와 드론

최근에는 [그림 1.78]과 같이 사람이 없이도 스스로 차량을 운행하는 자율주행차가 개발되어 시범 운행되고 있으며, [그림 1.79]와 같은 다양한 크기와 성능을 가진 무인 비행체인 드론(drone)이 개발되고 있다.

그림 1.78 구글의 자율주행차

그림 1.79 드론

1.10.8 양자 암호와 나노 기술

양자 비트의 상태 변화를 활용하여 매우 안전한 암호 체계를 이용할 수 있는 양자 암호(quantum cryptography)의 예는 [그림 1.80]에 나타나 있다. 또한 지금까지 알 수 없었던 극미세 세계에 대한 탐구를 통하여 DNA구조를 이용한 동식물의 복제나 강철섬유 등 새로운 물질들을 제조할 수 있게 하는 나노 기술(nano-technology)은 [그림 1.81]에 나타나 있다.

그림 1.80 양자 암호

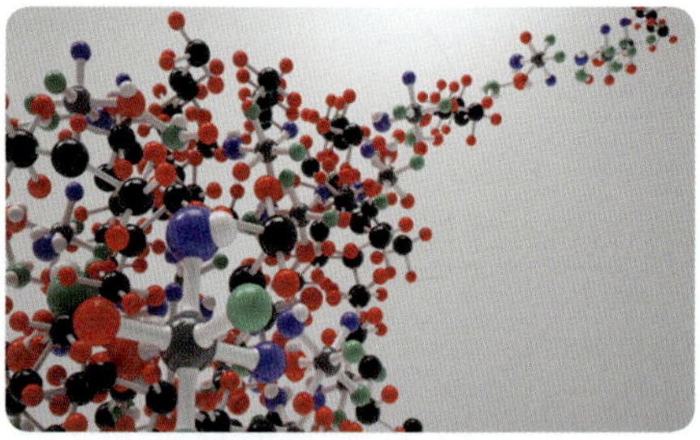

그림 1.81 나노 기술

4차 산업혁명과 관련된 보다 자세한 사항들은 10장 '떠오르는 4차 산업혁명 기술' 부분에 상세하게 나타나 있다.

실습/알아보기

1 인공지능을 적용한 파파고 번역기를 통해 서로 다른 언어 간의 번역을 실습해보자.

Naver나 Google 검색에서 '네이버 파파고(papago)'를 찾아 다음과 같은 문장을 영어로 번역해보자.

"디지털 혁명의 세계에 들어온 것을 환영합니다."

https://papago.naver.com/

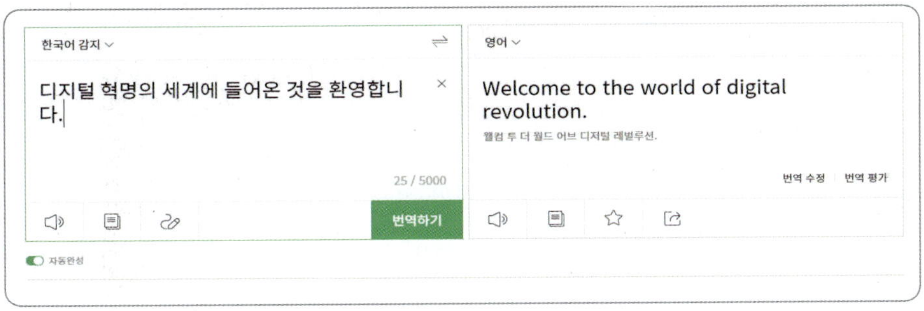

2 구글 번역기를 통해 서로 다른 언어 간의 번역을 실습해보자.

Naver나 Google 검색에서 '구글 번역기'를 찾아 다음과 같은 문장을 한국어로 번역해보자.

"I like BTS and Black Pink music very much"

https://translate.google.com/

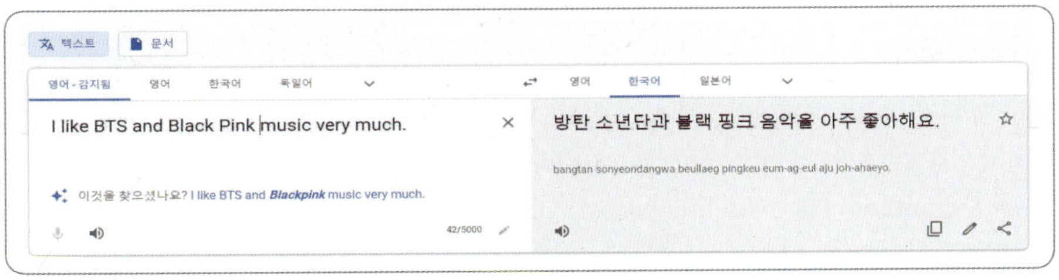

그 외에 영어로 "나는 이번 봄에 사랑에 빠지고 싶다." 등 다양한 문장을 번역기에 적용해 실습해보자.

참고문헌

1.1 새로운 기술로 나날이 변화하는 세상

안전한 일상을 지키는 기술, ETRI Webzine Vol. 207, September 2022.

https://interestingengineering.com/science/9-robots-that-are-invading-the-agriculture-industry

https://enterprise.kt.com/pd/P_PD_AI_RB_SM.do

1.2 디지털 혁명과 정보화 사회

https://en.wikipedia.org/wiki/Digital_Revolution

https://courses.minnalearn.com/en/courses/digital-revolution/the-digital-revolution/what-is-the-digital-revolution/

https://www.techopedia.com/definition/23371/digital-revolution

https://www.sciencedirect.com/topics/psychology/digital-revolution

1.3 컴퓨터의 개요

https://edu.gcfglobal.org/en/computerbasics/what-is-a-computer/1/

https://www.britannica.com/technology/computer

1.4 정보기술 산업

홍현기, 북한 소프트웨어 개발기관 현황

https://nkinfo.unikorea.go.kr/nkp/main/portalMain.do, 북한정보포탈

http://www.kmnanews.com/news/articleView.html?idxno=679

http://www.issuenbiz.com/news/articleView.html?idxno=10399

https://guri-guri.tistory.com/326

https://namu.wiki/w/%EC%8A%A4%ED%83%80%ED%8A%B8%EC%97%85

1.5 컴퓨터의 활용 분야

https://www.icicibank.com/Personal-Banking/insta-banking/internet-banking/index.pagehttps://www.ea.com/ko-kr/games/library/pc-download

https://www.techtarget.com/searchmobilecomputing/definition/telecommuting

1.6 컴퓨터와 사회의 변화

www.police.go.kr

https://www.naver.com/

https://newsroom.cha.ac.kr/cha-info-%ED%94%BC%EC%8B%B1-%ED%8C%8C%EB%B0%8D/

https://www.tandfonline.com/doi/abs/10.1080/08109028808631839

1.7 컴퓨터 환경의 단계적 발전 전망

https://www.google.com/

http://www.hani.co.kr/arti/economy/economy_general/737609.html

https://www.zebra.com/ap/en/products/mobile-computers.html

1.8 IT 융합의 몇 가지 예

https://en.wikipedia.org/wiki/Bitcoin

http://blueframe.co.kr/bbs/board.php?bo_table=news01&wr_id=2163

https://www.blockmedia.co.kr/archives/238225

http://www.asandesk.co.kr/news/articleView.html?idxno=10913

1.9 최근에 개발되는 컴퓨터 응용 분야

https://www.investopedia.com/terms/s/smart-home.asp

https://www.softbankrobotics.com/us/pepper

https://www.techtarget.com/whatis/definition/augmented-reality-AR

https://www.techtarget.com/searchmobilecomputing/definition/wearable-technology

1.10 4차 산업혁명 시대

김대수, 처음 만나는 인공지능(개정판), 생능출판사, 2020.

http://robot-tech.tistory.com/tag/%EB%A1%9C%EB%B3%B4%ED%8B%B1%EC%8A%A4

http://www.etnews.com/20140819000207

https://www.weforum.org/agenda/2016/01/the-fourth-industrial-revolution-what-it-means-and-how-to-respond/

https://3dprinting.com/what-is-3d-printing/

https://www.sas.com/ko_kr/insights/big-data/what-is-big-data.html

https://www.synopsys.com/automotive/what-is-autonomous-car.html

https://en.wikipedia.org/wiki/Quantum_cryptography

https://www.nano.gov/nanotech-101/what/definition

연습문제

정오식 문제

1 디지털 혁명은 아날로그에서 디지털로의 변환을 의미한다. ( )

2 디지털 신호를 구성하는 비트(bit)는 0 또는 1로 이루어지는 정보 표현의 가장 기본적인 단위이다. ( )

3 컴퓨터를 중심으로 한 정보화 혁명은 제2의 물결에 해당한다. ( )

4 아날로그 정보는 음성 정보와 같이 연속성이 있고 끊어지지 않는 특징을 가지고 있다. ( )

5 데이터는 일반적으로 관찰이나 측정을 통해 얻어진 사실이나 값을 의미한다. ( )

6 컴퓨터의 발명을 계기로 한 혁명은 4차 산업혁명에 속한다. ( )

7 정보란 어떤 목적을 위한 가공된 데이터로 일반적인 자료의 유효한 해석을 의미한다. ( )

8 현대의 컴퓨터는 입력 기능, 기억 기능, 연산 기능, 출력 기능과 같은 4가지 기능으로 이루어져 있다. ( )

9 시스템 통합은 시스템을 구성하는 요소들을 부분적으로만 제공하는 것이다. ( )

10 재량 근무제란 근로자의 재량에 따라 그 장소와 방법을 정할 수 있게 한 것이다. ( )

11 컴퓨터를 이용한 정보 도둑과 개인정보 누출이 점차 줄어들고 있다. ( )

12 스미싱이란 금융기관 등의 웹사이트나 거기서 보내온 메일로 위장하여 개인의 인증번호나 신용카드번호, 계좌정보 등을 빼내 불법적으로 이용하는 사기 수법이다. ( )

13 인터넷뱅킹은 고객이 은행 점포를 직접 방문하지 않고 인터넷을 통해 각종 금융거래를 할 수 있는 서비스다. ( )

14 증강현실은 미국 MIT 미디어랩의 정의에 따르면 '신체에 부착하여 컴퓨팅 행위를 할 수 있는 모든 것'을 지칭한다. ( )

15 스마트홈은 TV, 에어컨, 냉장고, 수도, 전기, 냉난방, 도어록, 감시카메라 등 다양한 분야에서 휴대폰으로 작동을 제어하는 장치를 말한다. ( )

16 지능형 로봇은 스스로 판단하고 행동하며, 외부 환경에 적응할 수 있는 로봇으로서 다양한 환경에서 여러 가지 업무를 수행할 수 있다. ( )

17 자율주행차와 드론은 3차 산업혁명의 영역에 속한다. ( )

18 블록체인은 비트코인 등의 암호화폐에 매우 중요한 역할을 한다. (　　)

단답식/선택식 문제

1 21세기를 예견한 학자 중 가장 대표적인 인물로서 「제3의 물결」이란 저서를 쓴 학자는 누구인가?

2 디지털 정보를 구성하는 가장 기본적인 단위로서 binary digit의 약자는 무엇인가?

3 20세기 말에 등장한 개념으로서 언제 어디서나 멀티미디어 등의 고속 정보의 통신이 가능한 인프라(Infra)를 의미하는 단어는 무엇인가?

4 조지 오웰의 「1984년」이란 소설에 등장하는 개념으로서, 대부분의 사람을 감시하고 지배하는 계층으로 묘사된 것의 명칭은 무엇인가?

5 컴퓨터에 대한 공포증이나 적대감을 느끼는 것을 일컫는 복합 단어는 무엇인가?

6 전화번호를 기억하는 대신 스마트폰에 저장하고, 길 찾기는 내비게이션에 맡기다보니 기억력이 감퇴하는 현상은 무엇인가?

7 자기의 느낌이나 생각 또는 남에게 알리고 싶은 견해나 주장 같은 것들을 웹에다 적어 올려서 다른 사람들도 보고 읽을 수 있도록 열어 놓은 글모음을 블로그라고 하는데, 이러한 블로그를 소유하며 관리하는 사람을 무엇이라 하는가?

8 사회적 관계를 인터넷이나 스마트폰을 통해 연결해주는 서비스의 영어 약자는?

9 (　　)을 간단하게 표현하면 인간의 지능을 컴퓨터에 적용시키는 기술이다.

10 (　　)은 합법적인 도메인을 탈취하거나 도메인네임 서버의 주소를 변조함으로써 사용자가 진짜 사이트 주소를 입력해도 가짜 사이트로 접속하도록 유도한 뒤에 개인정보를 훔치는 사기 수법이다.

11 인공지능 기술 중 디지털 형태의 영상 파일을 분석하여 인식하는 것을 (　　)이라 한다.

12 (　　)은 온라인 공간에서 거래되는 가상의 화폐인데, 2009년 나카모토 사토시라는 정체불명의 개발자가 만든 것으로 알려져 있다.

13 최근 들어 5세대 통신 기술의 개발이 진행 중이고, 사물들이 서로 연결되면서 인간에게 새로운 편의와 가치를 부여하는 (　　)이 많은 관심과 함께 떠오르고 있다.

14 (　　)는 블록체인 기술을 이용하여 디지털 자산의 소유주를 증명하는 가상의 토큰이다.

15 20세기 말에 컴퓨터를 중심으로 한 정보화 혁명과 관련이 큰 것은?
① 제1의 물결　② 제2의 물결　③ 제3의 물결　④ 제4의 물결

16 다음 중 컴퓨터의 주요 기능으로서 틀린 것은?

① 입력 기능　② 기억 기능　③ 연산 기능　④ 정리 기능

17 다음 중 컴퓨터의 특징으로 틀린 것은?

① 신속성　② 정확성　③ 수동성　④ 대량성

18 다음은 인간과 컴퓨터의 기능 중 컴퓨터에 속하는 부분이다. 연결이 틀린 것은?

① 입력 장치 – 마우스　② 출력 장치 – 스피커

③ 제어 연산 장치 – 중앙처리 장치　④ 보조 기억 장치 – 램(RAM)

19 다음 중 벤처기업과 관련이 가장 적은 것은?

① 대기업　② 적은 인원으로 시작

③ 소자본으로 출발　④ 모험심으로 핵심 기술 개발

20 컴퓨터와 인터넷 기반의 지식정보 혁명에 해당하는 것은?

① 1차 산업혁명　② 2차 산업혁명　③ 3차 산업혁명　④ 4차 산업혁명

21 다음 중 현재 스타트업과 관련이 가장 적은 것은?

① 에어비앤비　② 인텔　③ 우버　④ 넷플릭스

22 북한의 정보 기술 산업 중 하드웨어와 가장 관련이 많은 것은?

① 만능 3.0　② 컴퓨터

③ 인공지능 소프트웨어　④ 게임 앱

23 다음 중 다른 세 개와 차이가 있는 것은?

① 스미싱　② 피싱　③ 컴퓨토피아　④ 파밍

24 컴퓨터를 사용할 때 별로 바람직하지 않은 것은?

① 컴퓨터를 사용할 때는 3시간당 10분 정도 휴식을 취한다.

② 휴식을 취할 때는 몸을 많이 움직인다.

③ 조명은 가급적 간접 조명으로 부드럽게 유지한다.

④ 어깨의 긴장감을 풀고 올바른 자세를 취한다.

25 다음 중 인터넷이 발달된 시대의 근무 형태와 관련이 가장 적은 것은?

① SOHO　② 재량 근무제

③ 정시 근무제　④ 재택근무

26 다음 중 개발된 역사가 가장 오래된 것은?

① 데스크탑 컴퓨터　② 정보가전　③ 모바일 컴퓨터　④ 착용형 컴퓨터

27 다음 중 소셜 네트워크 서비스와 다소 거리가 있는 것은?

① 페이스북　③ 카카오톡　② 라인　④ 인터넷뱅킹

28 다음 중 메타버스의 응용과 가장 관계가 적다고 볼 수 있는 것은?
① 게임 ② 교육 ③ 의료 ④ 운영체제

29 다음 중 4차 산업혁명 기술과 가장 관련이 적은 것은?
① 인공지능 ② 사물인터넷 ③ 3D 프린터 ④ 웨어러블 디바이스

30 다음 중에서 인공지능과 가장 관련이 많은 것은?
① 알파고 ② 가상현실 ③ 인터넷 ④ 인터넷뱅킹

주관식 문제

1 디지털 혁명과 관련된 몇 가지 변화를 적으시오.

2 아날로그 정보와 디지털 정보의 차이점은 무엇인가?

3 앨빈 토플러는 21세기를 정보화의 시대가 될 것으로 예견한 미래학자이다. 그가 주장한 3가지 물결을 간략하게 기술하시오.

4 정보기술(IT)과 시스템 통합(SI) 산업에 대하여 간략히 설명하시오.

5 벤처 산업이란 무엇이며 발전 배경은 무엇인가?

6 정보화 시대에 개인정보 유출이란 무엇이며 이것의 문제점들을 설명하시오.

7 컴퓨터는 인간에게 무한한 편리함과 기술의 발전을 주었지만, 또한 어두운 면도 가져다주었다. 컴퓨터 시대의 대표적인 역기능을 3가지 이상 적으시오.

8 컴퓨터의 발전으로 사회에 미칠 수 있는 여러 가지 악영향이 우려되고 있다. 이러한 것들에는 어떤 것이 있는지 그리고 우리는 도래하는 정보화 사회에서 어떤 마인드(mind)를 가져야 할지를 논의하고 기술하시오.

9 4차 산업혁명의 주로 분야를 나열하시오.

10 나날이 발전하는 시대에 인공지능과 관련된 다양한 기술들을 말하시오.

11 빅데이터를 간단히 설명하시오.

12 메타버스를 간단히 설명하고 응용 분야를 적으시오.

Chapter 02

컴퓨터의 발전과 기반 지식

Contents

단원의 주요 목표

컴퓨터 발전에서의 다양한 주요 논제들과 컴퓨터 관련 핵심 기반 지식을 학습한다.

- 현대적 컴퓨터 발달 이전에 분석엔진과 기계식 계산기 등 발달 과정을 알아본다.
- 디지털 컴퓨터가 시작된 1세대부터 5세대까지의 컴퓨터 발달의 특징을 살펴본다.
- 사용 목적과 표현 방법, 그리고 처리 능력에 따른 컴퓨터의 특성들을 파악한다.
- 컴퓨터 연산에 쓰이는 2진법 변환과 1의 보수를 이용한 연산 방법을 점검한다.
- 수치 데이터를 표현하는 부동 소수점의 형식과 ASCII 코드의 표현 등을 학습한다.
- 부울 대수 기반의 AND 게이트 등 기본적인 논리 회로의 개념과 응용을 살펴본다.

SECTION 2.1

컴퓨터의 등장

2.1.1 초기의 계산기

인간 생활에 있어서 수와 양을 표시하고 계산하는 방법은 인류의 역사와 더불어 꾸준히 발전되어 왔다. 고대 인류는 작은 돌들을 이용하여 대상물의 수를 표시하고 그것을 이용하여 계산하였다. 그러나 생활수준의 향상으로 보다 큰 수를 자주 다룰 필요성에 따라 계산하는 도구를 개발하게 되었다. 초기 계산기의 발달 과정은 〈표 2.1〉과 같다.

표 2.1 초기 계산기의 발달 과정

연도	주요 발달 과정
기원전 26세기	중국의 주판
1617	네이피어의 봉
1642	파스칼의 톱니바퀴 계산기
1732~1834	재쿼드의 방직기 천공된 카드에 의해 원하는 색상의 실로 베를 짜도록 하는 장치
1823	배비지의 차분 엔진
1834	배비지의 분석 엔진
1889	홀러리스의 천공 카드
1944	에이킨의 마크-I 개발

(1) 고대의 계산 도구

서양에서는 원시적 수준의 서양식 주판이 기원전 3000~4000년에 고안되었다. 로마인들은 주판알을 'Calculi'라고 불렀으며, 오늘날 'Calculate'의 어원이 되었다. 중국의 주판(Abacus)은 기원전 26세기경에 개발되었는데 배우기 쉽고 사용이 용이하며, 조금만 숙련된다면 매우 빨리 계산할 수 있기 때문에 아시아권에서는 최근까지 널리 이용되었다.

(2) 네이피어의 봉

스코틀랜드의 귀족이며 자연대수(logarithm, 로그)의 창시자인 네이피어(John Napier, 1550~1617)는 번호가 매겨진 긴 봉(bones)을 고안해 내었다. [그림 2.1]의 네이피어의 봉은 곱셈의 계산에 매우 효율적이어서 이것이 개발된 후 약 300년간이나 애용되었다.

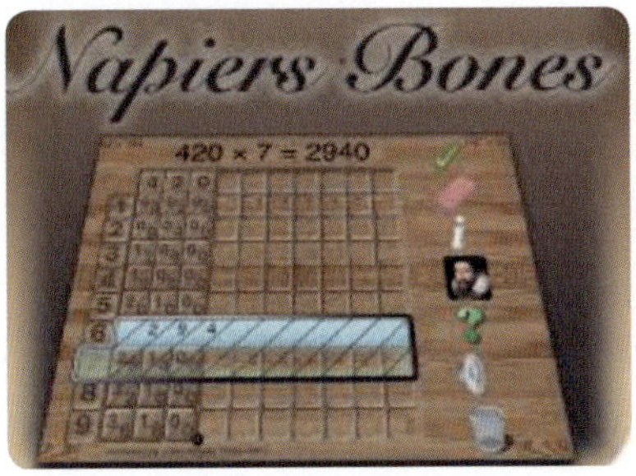

그림 2.1 네이피어의 봉

그림 2.2 파스칼의 계산기

(3) 파스칼의 톱니바퀴 계산기

17세기 프랑스의 저명한 수학자이자 철학자인 파스칼(Blaise Pascal: 1623~1662)은 그의 명상록「팡세」에서 "인간은 생각하는 갈대다"라는 말로 우리에게 친숙한데 톱니바퀴를 이용한 세계 최초의 계산기를 만들었다. 파스칼은 1642년에 0부터 9까지의 숫자를 톱니바퀴의 회전 원리를 이용하여 덧셈, 뺄셈, 자리 올림이 가능한 최초의 기계식 계산기의 원형을 고안하였다. [그림 2.2]와 같은 파스칼의 계산기는 최초의 기계식 수동 계산기로서 가감산이 가능하였다.

(4) 배비지의 분석 엔진

영국의 수학자인 배비지(Charles Babbage)는 프랑스의 재쿼드(Joseph-Marie Jacquard)와 함께 차분 엔진(Difference Engine)이라 불리는 계산기를 연구하였다. [그림 2.3]과 같은 차분 엔진은 대수표를 계산하는 데 사용되었으며, 나중에 기억, 연산, 입출력 장치 등을 갖춘 분석 엔진(Analytic Engine)이라는 이름으로 더욱 포괄적인 기능의 기계가 1834년에 고안되었다.

[그림 2.4]에 나타낸 분석 엔진은 오늘날의 계산기 원리와 같으며, 기계에 범용성을 가지도록 하기 위해 펀치 카드를 활용하였다.

그림 2.3 차분 엔진

그림 2.4 분석 엔진

(5) 홀러리스의 천공 카드

미국의 홀러리스(H. Hollerith)는 1889년에 개발한 천공 카드 시스템(Punch Card System: PCS)을 통해 정보처리의 관점에서 매우 중요한 업적을 남겼다. 천공 카드는 일괄 처리(Batch Processing)의 효시가 되었고, 1890년 미국 국세 조사 업무의 자료 처리에 사용된 후 1970년대 말까지 통계와 사무 처리를 비롯한 여러 분야에 이용되었다.

2.1.2 기계식 계산기

(1) 초기의 컴퓨터 ABC

최초의 전자식 컴퓨터는 1942년 아이오와 주립대학에서 아타나소프(John Atanasoff) 교수와 그의 조교였던 베리(Clifford Berry)가 복잡한 계산을 수행하는 전자식 디지털 계산기를 제작하였는데, 이 기계를 그들 두 명의 이름을 넣어 'Atanasoff-Berry Computer'라고 명명하였으며, 약자로는 'ABC'라고 칭하였다. [그림 2.5]는 ABC 컴퓨터를 보여주고 있다.

(2) 마크-I

1944년 IBM과 국방성의 공동 연구에 참여한 하버드 대학의 하워드 에이킨(Howard Aiken) 교수가 마크-I(MARK-I)이라 불리는 컴퓨터를 제작하였는데, 이것은 세계 최초의 전기 기계식 자동 계산기였다. [그림 2.6]의 마크-I은 천공된 종이테이프에 의해 제어되었으며 미국 해군의 탄도 계산에 이용되었다.

그림 2.5 ABC 컴퓨터

그림 2.6 마크-I

2.2 컴퓨터의 세대별 분류

SECTION

최초의 전자식 컴퓨터인 에니악(ENIAC)이 개발된 1946년 이후 오늘날까지 컴퓨터와 관련된 기술은 눈부실 정도로 발전해 왔다. 컴퓨터는 기술 발전의 단계에 따라 4~6단계의 세대로 구분된다. 제4세대까지는 대부분의 사람들이 동의하지만 제5세대와 제6세대의 구분은 아직까지도 정립되지 않았다. 〈표 2.2〉는 각 세대별 컴퓨터의 특징을 나타내는데, 여기서의 연도는 분류하는 사람에 따라 다소 차이가 있다.

표 2.2 각 세대별 컴퓨터의 특징

세대별	제1세대	제2세대	제3세대	제4세대	제5세대
연도	1951~1958	1958~1963	1964~1970	1971~현재	현재
크기	교실 크기	작은 방 크기	책상 크기	타자기 크기	소형/초대형
컴퓨터 회로	진공관(tube) 계전기	트랜지스터 (transistor)	집적 회로 (IC)	고밀도 집적 회로	초고밀도 집적 회로
주기억 장치	자기 코어	자기 코어	자기 코어, IC	LSI, VLSI	ULSI, 광소자
보조기억 장치	종이 테이프 자기 드럼	자기 테이프 자기 디스크	자기 테이프 자기 디스크	자기 디스크 광 디스크	자기 디스크 광 디스크
입력 장치	천공 카드 종이 테이프	천공 카드	테이프 디스크	키보드 마우스 스캐너	음성 입력 터치스크린
출력 장치	천공 카드 프린터	천공 카드 프린터	프린터 비디오	비디오 오디오	그래픽 음성
회로의 구성	1개	수백 개	수천 개	수십만 개	수백만 개
초당 명령 처리	수백 개	수천 개	수백만 개	수억 개	수십억 개
기억 용량	수천 자	수만 자	수십만 자	수억 자	수십억 자 이상
사용 언어	기계어 어셈블리 언어	FORTRAN ALGOL COBOL	BASIC Lisp Pascal PL/1	Ada 4GL 언어 객체지향 언어	Prolog, Python 자연어 인공지능 언어
종류	ENIAC EDVAC IBM 650	IBM 1401 CDC 3000	IBM S/360 PDP-11 Burroughs	IBM-PC APPLE II VAX 780	Cray XMP 스마트폰 A. I. 컴퓨터

2.2.1 제1세대(1951~1958)

제1세대 컴퓨터의 특징은 데이터의 저장과 처리에 진공관(vacuum tube)을 사용하였다는 점이다. 주기억 장치에는 자기 코어를 사용하였고, 입력, 출력, 보조기억 장치로는 천공 카드를 이용하였으며,

프로그램은 기계어를 사용하여 작성하였다. 이 시기에는 컴퓨터의 기억 장치를 이루는 회로 소자로서 진공관을 사용함으로써 전력 소모가 많고, 열이 많이 나며, 고장이 많고, 넓은 공간이 필요하고, 느리고, 불안정하고, 비쌀 뿐만 아니라 프로그래밍하기가 어려운 점 등 단점이 매우 많았다.

이때는 소프트웨어보다 하드웨어의 개발에 중점을 둔 시대로서 컴퓨터의 상품화와 실용화가 시작된 시기였으며, 대표적인 기종으로는 에니악, 에드박, IBM 650, Burroughs 220 등을 들 수 있으며, 이들 컴퓨터는 주로 기술적 계산과 자료 분류 등에 사용되었다.

(1) 최초의 전자식 컴퓨터 에니악

세계 최초의 전자식 컴퓨터인 에니악(The Electronic Numerical And Calculator: ENIAC)은 1946년 미국 펜실베니아 대학교의 모클리(John W. Mauchly)와 에커트(J. Presper Eckert, Jr.)에 의해 개발되었다. 미국 육군의 탄도 궤도의 수학적 도표를 계산하기 위해 만들어진 최초의 전자식 컴퓨터인 에니악은 전자식 작동을 위해 [그림 2.7]과 같은 진공관을 사용하였으며, 연결 회로를 수동으로 설치하거나 제거함으로써 연산을 제어하였다. 1만 8,800개의 진공관과 1,500개의 릴레이가 사용된 에니악은 소비전력 150kW에 무게는 약 30톤, 크기는 2층 건물 정도였다.

[그림 2.8]에 보이는 에니악은 매초 5천 번의 가감산과 360번의 곱셈, 170번의 나눗셈을 해냈다. 그러나 6천 개에 달하는 스위치와 배선반 때문에 계산이 매우 비능률적이었다.

그림 2.7 에니악에 사용된 진공관

그림 2.8 에니악

(2) 에드박

1952년 폰 노이만은 프로그램 내장 개념(stored program concept)을 최초로 도입한 컴퓨터인 에드박(The Electronic Discrete Variable Computer: EDVAC)을 개발하였다. 이 기계는 데이터가 저장되는 것과 같은 방법으로 연산 처리 제어 명령이 내장되는 프로그램 내장 방식의 컴퓨터였다. 에드박의 설계 방법과 동작 원리는 그 후 각종 컴퓨터에 도입되어 '폰 노이만식 컴퓨터'라는 말이 생겨날 정도로 컴퓨터의 역사상 중요한 위치를 차지하게 되었다.

알아보기 코너 현대 컴퓨터 모델의 창시자 폰 노이만

폰 노이만(John von Neumann, 1903~1957)은 헝가리의 부다페스트에서 태어나 부다페스트 대학에서 수학 박사학위를 받았으며, 1930년에 미국으로 이주하여 프린스턴 대학의 교수가 되었다. 폰 노이만은 '프로그램 내장 컴퓨터'의 개념을 최초로 도입하였는데, 한 프로그램에서 다른 프로그램으로의 전환이 가능했다. 따라서 컴퓨터가 다양한 업무를 수행할 수 있도록 해주는 획기적인 계기를 마련하였으므로 이러한 방식의 현대적 컴퓨터를 흔히 '폰 노이만 컴퓨터'라고도 한다. 아인슈타인과 더불어 인류 최고의 천재로 불리는 그는 인공지능이 인간의 두뇌를 뛰어넘는 특이점을 인류 역사의 구조를 단절시킬 수 있는 기술적인 개념으로 정의한 바 있다.

(3) 1세대 범용 컴퓨터

IBM사는 1952년 701이라는 모델명을 가진 상업용 컴퓨터를 내놓은 데 이어서 1953년에는 사무용과 과학 기술용으로 함께 쓸 수 있는 범용적인 컴퓨터인 IBM 650을 발표했다. 또한 NCR사의 NCR 100 계열, 레밍톤 랜드사의 유니박(UNIVAC) 80과 유니박 90 등이 계속적으로 발표되었다. [그림 2.9]는 IBM 650을 나타낸다.

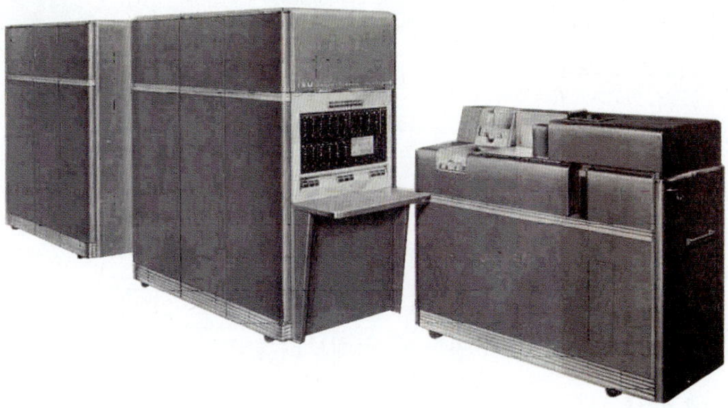

그림 2.9 IBM 650

2.2.2 제2세대(1958~1963)

제2세대 컴퓨터의 두드러진 특징은 회로 소자가 진공관에서 트랜지스터로 바뀌었다는 점이다. 트랜지스터는 1958년경부터 컴퓨터에 응용되기 시작했는데, 작고, 빠르며, 열 발생이 적고, 무엇보다도 가격이 저렴했기 때문에 컴퓨터 기술의 진보에 결정적인 계기가 되었다. 이에 따라 컴퓨터의 크기는 백 분의 일 이상으로 작아졌고, 기업들은 적극적으로 컴퓨터를 구입하였으며, 회계 기능, 판매 관리,

생산 통제, 재고 통제, 생산 설계 등으로까지 점차 용도를 확장해 나갔다.

주기억 장치에는 접근 시간이 짧은 자기 코어(magnetic core)가 이용되었으며, 기억 용량이 큰 자기 드럼, 자기 디스크가 보조기억 장치로 사용되었다. 계산 속도는 백만 분의 1초(μ second) 단위 정도까지 향상되었으며, 대표적인 기종으로는 IBM 1401, 7070, 유니박 1107, CDC 3000 계열 등을 들 수 있다.

입력과 출력에는 자기 테이프와 종이 카드가 사용되었고, 분당 600 라인의 속도를 가진 프린터가 개발되었다. 소프트웨어에 있어서도 FORTRAN이나 COBOL과 같은 프로그래밍 언어가 개발되었으며, 이 기종들은 운영체제(Operating System: OS) 개념을 도입하였고, 다중 프로그램 방식을 실현하였으며, 관리 업무나 과학 기술 계산 등 다양한 분야에 적용되었다. [그림 2.10]은 트랜지스터이고, [그림 2.11]은 트랜지스터 회로 소자를 사용한 유니박 1107 기종이다.

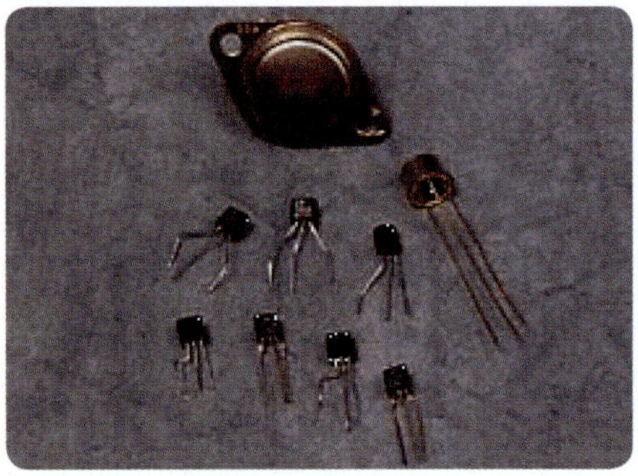

그림 2.10 트랜지스터

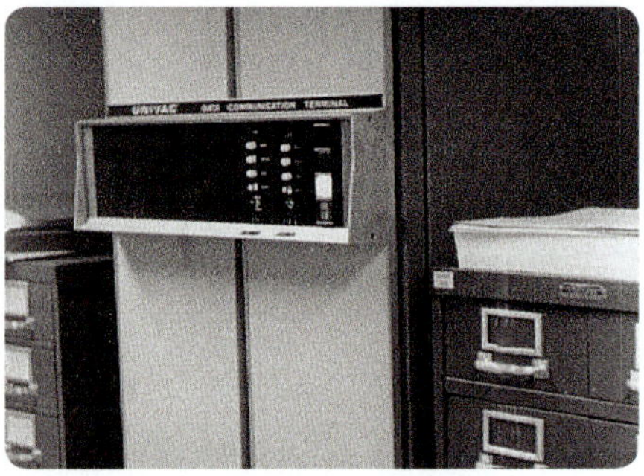

그림 2.11 UNIVAC 1107

2.2.3 제3세대(1964~1970)

IBM 사는 1964년 4월에 실리콘 칩에 집적 회로(Integrated Circuit: IC)를 기억 장치 소자로 사용한 'System 360'이라는 새로운 기종을 발표하였는데 이 때부터를 컴퓨터의 제3세대라고 부른다.

이 시기에는 컴퓨터에 IC를 사용함으로써 중앙처리 장치는 소형화되는 반면 기억 용량은 커졌으며, 다양한 소프트웨어를 구사할 수 있는 기능이 크게 개선되었을 뿐만 아니라, 관리 프로그램과 처리 프로그램 및 사용자 프로그램 등의 소프트웨어 체계가 확립되었다. 즉 이 시기에 다중 프로그래밍, 실시간 처리 시스템, 시분할 시스템 등의 운영 시스템이 실현되었다.

이 시대에는 프로그램의 호환성을 고려한 각종 컴퓨터 모델이 발표되었으며, 그 중에서도 IBM S/360 계열, 유니박 1108, CDC 6000 계열, Burroughs 5500, Honeywell 200 계열 등이 주목을 끌었다. 그 밖에 PDP-11, NOVA, HP 등의 미니 컴퓨터도 관심을 모았다.

(1) IC의 개발

1971년 인텔(Intel) 사는 최초의 초소형 전자 회로인 Intel 4004 마이크로프로세서를 개발하였는데, 한 번에 4자리 숫자의 정보를 처리할 수 있었다. [그림 2.12]에 나타난 이 마이크로프로세서 '칩(chip)'은 손톱만한 크기였고, 불과 몇 볼트의 전력만을 사용하였으며 양산될 수 있었다. 그 후 1974년에는 개인용 컴퓨터를 개발하기 위해 충분한 속도와 성능을 가진 [그림 2.13]과 같은 모양의 Intel 8080이 출시되었으며, 수년마다 지속적으로 더욱 강력하고 더욱 빠른 마이크로프로세서들이 개발되었다.

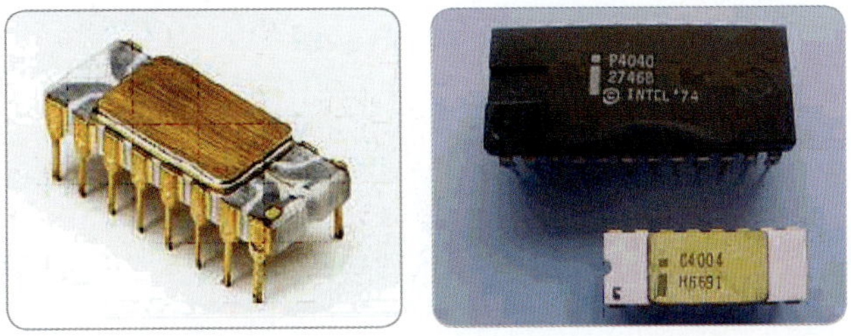

그림 2.12 Intel 4004

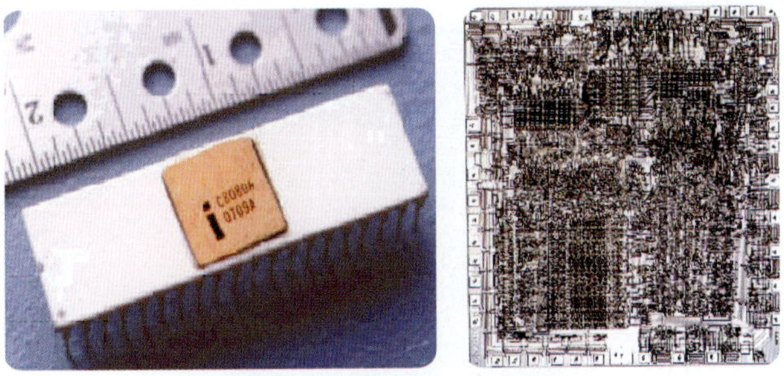

그림 2.13 Intel 8080 칩과 내부 구조

(2) IBM S/360

1964년 IBM은 IBM System/360(IBM S/360)이라는 매우 혁신적인 기종을 개발했으며, 이때가 제3세대 컴퓨터의 출발 기점으로 여겨지고 있다. 이 컴퓨터는 메모리의 크기가 16KB에서 1MB까지의 범위로 구성된 6대의 컴퓨터로 이루어졌다. 이 컴퓨터들은 시분할 방식을 사용하였고 기업, 정부, 기관들의 컴퓨팅 수요에 부응하여 엄청난 성공을 거두었으며, IBM은 S/360 컴퓨터 시리즈의 성공으로 대형 컴퓨터 시장의 60~70%를 점유하는 초일류기업으로 성장하게 되었다.

[그림 2.14]와 같은 IBM S/360은 과학 및 상업적 응용에 두루 적용할 수 있다는 의미의 '사방 360° 전천후로 사용할 수 있는' 컴퓨터를 만들겠다는 목표로 제작된 컴퓨터로서 매우 다양한 분야에 사용되었다. 특히 바이트 단위의 주소 지정이 가능하였으며, 4개의 8비트를 워드의 단위로 사용하였다. 이러한 컴퓨터 설계 방식은 이후 IBM과 그 외 거의 모든 컴퓨터 시스템에 기본으로 적용되었다.

그림 2.14 IBM S/360

(3) PDP-11

1960년대 말에는 대형 컴퓨터보다 작으면서도 기술 개발로 인해 성능이 별로 떨어지지 않는 PDP-11이 개발되었다. 초기의 PDP-8을 개량한 버전인 PDP-11은 대학의 학과용이나 중소 기업 업무 처리용으로 애용되었다. [그림 2.15]는 PDP-11을 나타낸다.

그림 2.15 PDP-11

2.2.4 제4세대(1971~현재)

제4세대 컴퓨터는 손톱 크기만한 칩에 수천 또는 수만 개의 전자회로 소자를 집적시킨 고밀도 집적 회로(Large Scale Integration: LSI)와 초고밀도 집적 회로(Very Large Scale Integration: VLSI)를 사용하였다. 초기의 컴퓨터인 에니악에 사용된 회로 소자가 18,000여 개였는데 그 후 VLSI 칩 하나에 압축되었다. [그림 2.16]은 LSI를 나타내며, [그림 2.17]은 80386 프로세서의 내부 회로를 보여준다.

제4세대 컴퓨터의 연산 속도는 초대형 컴퓨터인 경우 피코(pico) 초에 이르고 있으며, 크레이(CRAY)란 슈퍼컴퓨터는 1초에 백억 개 이상의 명령어를 수행할 수 있는 초고성능의 속도로 작동할 수 있다.

이 시기에는 개인용 컴퓨터의 급속한 보급으로 기업체에서는 OA(Office Automation: 사무 자동화), 공장에서는 FA(Factory Automation: 공장 자동화), 가정에서는 HA(Home Automation: 가정 자동화)의 경향이 거세게 일었다. 또한 인공위성을 통한 컴퓨터 통신망 및 인터넷의 발달로 전 세계가 수 초 안에 정보를 교환할 수 있는 정보권이 형성되었다.

그림 2.16 LSI

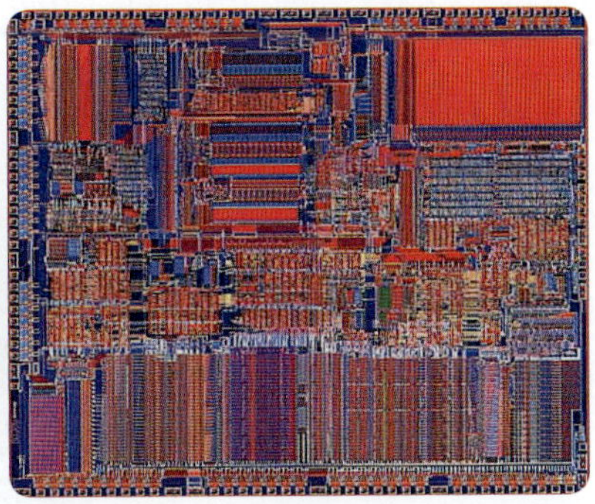

그림 2.17 80386의 내부 회로

(1) 최초의 상업적인 마이크로컴퓨터 – 알테어 8800

최초의 상업적인 마이크로컴퓨터는 1975년 로버츠(Roberts)가 처음 팔았던 알테어(Altair) 8800이다. 그 당시 알테어는 전자기기 애호가에게 359달러에 판매되었는데, 알테어의 혁신적인 가격과 성능은 이전에는 대기업이나 정부에서만 사용할 수 있었던 컴퓨터를 일반 대중도 구입할 수 있는 길을 열었다.

(2) 애플컴퓨터

1977년 미국의 스티브 잡스(Steve Jobs)와 스테픈 워즈니악(Stephen Wozniac)은 [그림 2.18]의 애플컴퓨터를 만들면서 애플컴퓨터(Apple Computer)사를 설립하였다. 애플컴퓨터는 널리 시판되었던 최초의 마이크로컴퓨터였으며, [그림 2.19]의 애플 Ⅱ 컴퓨터는 키보드와 모니터를 갖추고 미리 조립된 상태로 배달되었다. 회사 설립 후 불과 7년도 안 되어서 애플컴퓨터사는 학교와 대학에 수백만 대의 컴퓨터를 판매하여 포브스(Forbes)지가 선정한 500대 기업 안에 들게 되었다.

그림 2.18 최초의 애플 컴퓨터

그림 2.19 애플 Ⅱ 컴퓨터

(3) IBM PC

IBM은 1981년에 [그림 2.20]과 같은 개인용 컴퓨터(Personal Computer: PC)를 발표하였으며, 데스크탑(Desk-top) 컴퓨터를 통하여 마이크로컴퓨터의 표준으로 자리 매김을 하였다. 이후로는 일반인들에 의해서도 널리 사용되기 시작했다. 특히 IBM PC는 개방화 정책으로 컴퓨터 설계에 대한 모든 사항을 공개함으로써 IBM PC 호환 기종(clone) 업체들이 많이 생겨나게 되었다. 그 결과 많은 사람들이 저가격 고성능의 매력으로 IBM PC를 이용하게 되었다.

그림 2.20 IBM PC

2.2.5 제5세대 - 4세대 이후와 현재 진행형

제5세대 컴퓨터는 현재 완전히 상용화되어 있지는 않지만 앞으로 발전되어 갈 형태의 컴퓨터를 말한다. '2001년 스페이스 오딧세이'라는 공상 과학 영화에 나오는 HAL9000과 같이 인공지능을 갖추어 사람과 대화하고, 음성으로 명령을 내리는 등의 일을 처리할 수 있는 컴퓨터를 말한다. 현재 이러한 컴퓨터를 만들어 내기 위한 연구가 여러 분야에서 진행되고 있다.

제5세대 컴퓨터 시스템은 하드웨어, 지식중심 언어, 인공지능 소프트웨어, 코드화된 지식베이스로 구성된다. 지향하는 연구 개발 목표는 지식 정보처리를 가능하게 하는 것이다. 제5세대 컴퓨터를 만들기 위한 중요한 연구 분야로는 인공지능, 음성 인식, 전문가 시스템 등이 있다. [그림 2.21]은 연결이 필요 없는 병렬처리 인공지능 컴퓨터를 나타낸다.

그림 2.21 연결이 필요 없는 병렬처리 인공지능 컴퓨터

미국 국방성의 핵심 기술 프로젝트인 DARPA에서 제창한 제5세대 컴퓨터용 하드웨어의 4가지 특성은 다음과 같다.

❶ 초고속 장치이다. 소형이면서도 대규모로 집적된 ULSI급 이상을 이용한 빠른 장치로 시스템에 요구되는 속도를 얻을 수 있다.

❷ 대규모 병렬처리 시스템의 구조가 필요하다.

❸ 논리적 추론을 지원하는 연산 기능이 필요하다. 따라서 하드웨어는 가능한 한 효과적으로 그 연산을 구현하여야 한다.

❹ 논리 프로그래밍, 인공지능 기법, 병렬 처리 개념을 내포하는 추상적 언어가 제공되어야 한다. 그 언어를 지원하는 구조는 코드 밀도와 처리 속도에 장점을 제공한다.

1990년대에 일본에서 6세대 컴퓨터 프로젝트 개발이 진행된 적은 있으나 공식적인 6세대로 볼 수는 없다.

SECTION
2.3 컴퓨터의 분류

2.3.1 사용 목적에 따른 분류

컴퓨터는 사용 목적에 따라 특수용 컴퓨터, 범용 컴퓨터, 개인용 컴퓨터 등으로 분류된다.

(1) 특수용 컴퓨터

특수용 컴퓨터란 특정 분야의 문제 해결이나 제한된 범위의 문제만을 처리하기 위하여 설계되고 제작된 컴퓨터를 말한다. [그림 2.22]의 왼쪽은 군사용 컴퓨터, 오른쪽은 산업용 컴퓨터를 나타낸다.

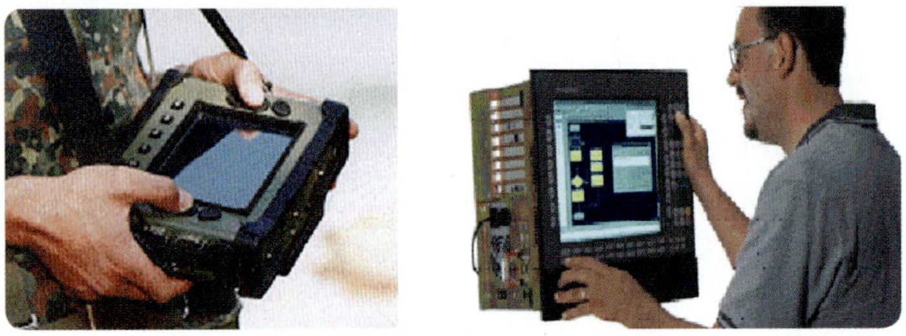

그림 2.22 군사용 컴퓨터와 산업용 컴퓨터

특수용 컴퓨터의 주요 이용 분야는 다음과 같다.

❶ **군사용**: 미사일이나 항공기의 궤도를 추적하는 군사용에 쓰인다.

❷ **산업용**: 핵반응 시설을 제어하거나 공장에서 생산 공정을 제어한다.

❸ **업무용**: 지하철의 운행이나 개찰, 의료 단층 촬영 등에 이용한다.

❹ **기타**: 항공기 및 선박의 자동 조정 장치 등에 이용한다.

(2) 범용 컴퓨터

범용 컴퓨터란 일반적인 자료 처리는 물론 여러 분야에서 광범위하게 사용할 수 있도록 설계되고 제작된 컴퓨터를 말한다. 일반 기업체나 공공 기관에서 사용하는 사무 처리용 컴퓨터는 많은 양의 데이터를 다루게 되므로 입력과 저장 및 검색 등에 효율성을 가지도록 하는 데 역점을 두고 있다.

범용 컴퓨터의 주요 이용 분야는 다음과 같다.

❶ 과학 기술에 필요한 수치 계산

❷ 수치 해석 분야, 선형 계획 프로그래밍, 모의 실험 등의 기술 계산용

❸ 자동차나 항공기의 설계, 제조, 관리

❹ 생산, 판매, 재고, 급여, 인사, 회계 등의 기업 업무나 행정, 금융 업무 등의 사무 처리 분야

(3) 개인용 컴퓨터

개인용 컴퓨터란 통상 PC라고 부르는 개인의 업무 처리용 컴퓨터를 말하는데, 개인의 업무 처리에 필요한 기능을 강화시켜 값싸고 편리하게 사용할 수 있도록 만든 컴퓨터이다. 가정에서는 취미, 오락, 통신, 가사 등에 이용하고 있으며, 학교에서는 컴퓨터 보조 교육에 이용하며, 공공 단체나 소규모 기업에서는 업무 처리용으로 이용한다. 이전에는 펜티엄 IV, 최근에는 Core i3, Core i5, Core i7 등의 프로세서를 장착한 컴퓨터 등이 쓰이고 있다.

2.3.2 자료의 표현 방법에 의한 분류

컴퓨터가 취급하는 자료의 형태는 불연속적인 성격을 가지는 이산 자료와 연속적인 표현 방법의 아날로그 자료로 나눌 수 있다. 이와 같이 처리하고자 하는 자료의 형태에 따라 디지털 컴퓨터와 아날로그 컴퓨터로 나누고 이 두 가지 기능을 절충한 하이브리드 컴퓨터도 있다.

(1) 디지털 컴퓨터

디지털(digital)은 아날로그(analog)의 반대 의미로 쓰이고 있다. 디지털 컴퓨터는 일반 사용자가 이용하는 대부분의 컴퓨터로서 숫자나 문자를 코드화시켜 연산 처리한 후 그 결과를 다시 숫자나 문자의 형태로 출력한다.

(2) 아날로그 컴퓨터

디지털이 '꼭 맞는', '정확한' 등의 의미를 가진다면 아날로그는 '유사한', '근사한' 등의 의미를 가진다. 아날로그 컴퓨터는 [그림 2.23]과 같이 우리가 흔히 접하기 힘든 컴퓨터로서 아날로그의 선형 데이터를 주로 다루는 컴퓨터이다.

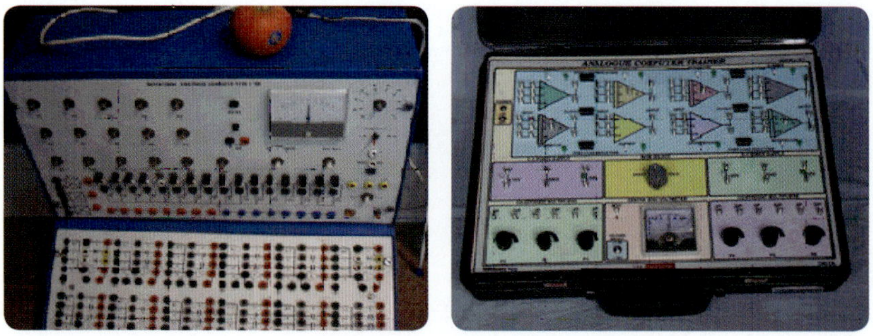

그림 2.23 아날로그 컴퓨터

디지털 컴퓨터와 아날로그 컴퓨터의 차이점은 〈표 2.3〉과 같다.

표 2.3 디지털 컴퓨터와 아날로그 컴퓨터 비교

구분	디지털 컴퓨터	아날로그 컴퓨터
데이터 형식	불연속적인 자료	연속적인 자료
입력 형식	부호, 코드화된 숫자, 문자, 기호	길이, 전압, 전류 등 연속적인 양
출력 형식	숫자, 문자, 부호	곡선, 그래프
연산 방식	사칙, 논리 연산	미적분 연산, 고속
대상 업무	범용	특수용, 미분방정식
회로 구성	논리 회로	증폭 회로, 릴레이
프로그램	필요함	필요 없음

(3) 하이브리드 컴퓨터

하이브리드 컴퓨터(Hybrid Computer)란 [그림 2.24]와 같이 디지털 컴퓨터와 아날로그 컴퓨터의 융합형 컴퓨터를 말한다. 하이브리드 컴퓨터는 디지털 컴퓨터와 아날로그 컴퓨터의 장점을 모아 만든 특수 목적용 컴퓨터로서 어떠한 형태의 데이터라도 처리가 가능한 컴퓨터이다.

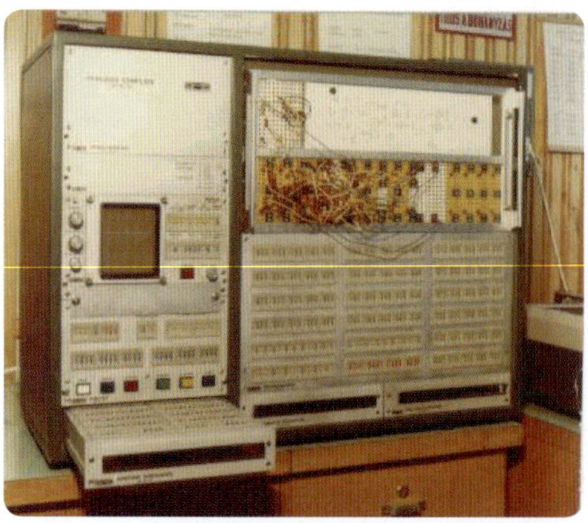

그림 2.24 하이브리드 컴퓨터

2.3.3 처리 능력에 따른 분류

(1) 슈퍼컴퓨터

슈퍼컴퓨터(Super Computer)란 일반적으로 그 당시의 가장 우수한 범용 컴퓨터보다 한두 단계 앞선 최첨단 컴퓨터를 지칭하는데, 우리나라에 처음 도입된 슈퍼컴퓨터는 [그림 2.25]와 같은 미국 크레이 리서치사에서 제작한 Cray 2S이다.

최근 처리 속도가 가장 빠른 슈퍼컴퓨터는 [그림 2.26]의 'Titan'이란 슈퍼컴퓨터인데, 연산 속도가 17.59페타플롭스(PFLOPS)로서(1PFLOP는 초 당 1,000조 번 계산 가능) 1초 당 1경 7,590조 번의 계산을 할 수 있다.

그림 2.25 Cray 2S 슈퍼컴퓨터

그림 2.26 Titan 슈퍼컴퓨터

엄청난 계산 능력을 가진 슈퍼컴퓨터는 비행기나 자동차의 설계, 일기 예보, 매우 복잡한 시뮬레이션 등 변수가 많고 연산이 복잡한 응용에 많이 쓰이고 있다. 최근 들어서는 증권 분석, 금융 분석, 석유화학, 3차원 그래픽 시뮬레이션, 기상 예측 모의실험, 자동차의 디자인, 영화의 특수 촬영 등에도 점차 쓰이고 있는 추세이다.

그 외에도 [그림 2.27]의 Cray 2 DSC03940와 [그림 2.28]의 IBM MIRA 등이 매우 강력한 슈퍼컴퓨터로 알려져 있다.

그림 2.27 Cray 2 DSC03940 슈퍼컴퓨터

그림 2.28 IBM의 MIRA 슈퍼컴퓨터

(2) 대형 컴퓨터

통상 메인프레임(Mainframe)이라고 불리는 대형 컴퓨터는 1초에 수억 개 이상의 명령어를 처리할 수 있는 고속의 컴퓨터로서 다수의 이용자가 공유하고 사용하는 분산 처리 시스템에서 주로 사용된다. 가격은 통상 수십만 달러에서 수백만 달러에 이른다. 따라서 수많은 데이터를 빠르게 처리할 필요성이 큰 공공 단체, 대기업, 병원, 은행, 보험 회사, 항공사, 정부의 회계 처리 등에서 주로 사용한다. [그림 2.29]는 IBM이 만든 최신 대형 컴퓨터의 한 기종을 나타낸다.

그림 2.29 IBM의 최신 대형 컴퓨터

(3) 미니컴퓨터

미니컴퓨터(Mini Computer)는 1960년대 말 연구, 기술, 교육을 목적으로 개발되었으며, 대형 컴퓨터보다 가격은 저렴하지만 처리 능력이나 기억 용량 면에서 우수한 편이었다. VAX 780과 PDP-11 등은 주로 중소 기업체, 학교, 연구소 등에서 업무 처리에 많이 이용되었는데, [그림 2.30]은 대표적 미니컴퓨터인 VAX 780을 나타낸다.

그림 2.30 VAX 780

(4) 워크스테이션

워크스테이션(Workstation)은 메인프레임이나 슈퍼컴퓨터와 연결되어 데이터와 기억 장치 등을 메인

프레임과 공유하면서 업무를 처리할 수도 있다. 워크스테이션은 개인용 컴퓨터와 미니컴퓨터의 중간 단계에 위치하는 컴퓨터를 통칭하는데, 대부분의 워크스테이션에서는 기본적으로 다중 작업(multi-tasking)을 지원하며, UNIX 계열의 운영체제를 사용하고, 통신망을 통한 데이터 처리 기능을 가지고 있다. [그림 2.31]은 SUN 워크스테이션의 본체와 모니터를 나타낸다.

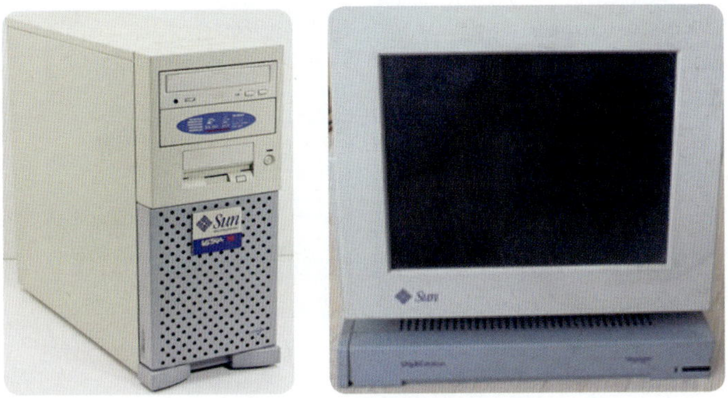

그림 2.31 SUN 워크스테이션

(5) 마이크로컴퓨터

마이크로컴퓨터(Micro Computer)는 마이크로프로세서를 사용하여 만든 것으로서 개인용 컴퓨터 또는 PC라고 불리는데, 별칭으로는 책상 위에 올려놓는다고 해서 데스크탑(Desk-top)이라고도 한다.

(6) 랩탑 컴퓨터와 팜탑 컴퓨터

[그림 2.32]의 랩탑 컴퓨터(Lap-top Computer)는 이름대로 무릎(lap)에 올려놓을 수 있는 소형 컴퓨터로서, 통상 노트북의 크기이기 때문에 노트북 컴퓨터(Notebook Computer)라고도 한다. 랩탑은 충전용 배터리를 이용할 수 있고, 이동성이 좋으며, 기능성 또한 우수하다. 팜탑 컴퓨터(Palm-top Computer)는 [그림 2.33]과 같이 손바닥(palm)에 들어갈 만한 크기의 매우 소형의 컴퓨터를 말한다.

그림 2.32 랩탑 컴퓨터

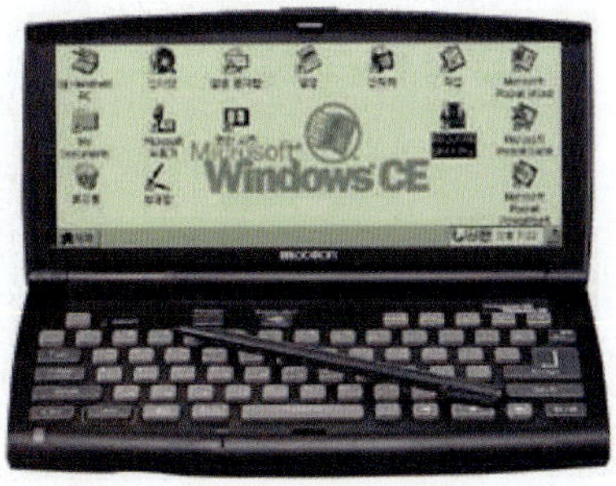

그림 2.33 팜탑 컴퓨터

(7) PDA

PDA는 거의 온종일을 이동 중에 일을 수행하는 세일즈맨, 보험 설계사, 증권 주문, 택배 등의 용도에 쓰이고 있다. [그림 2.34]는 언제 어디서든지 편리하게 사용할 수 있는 PDA를 보여준다.

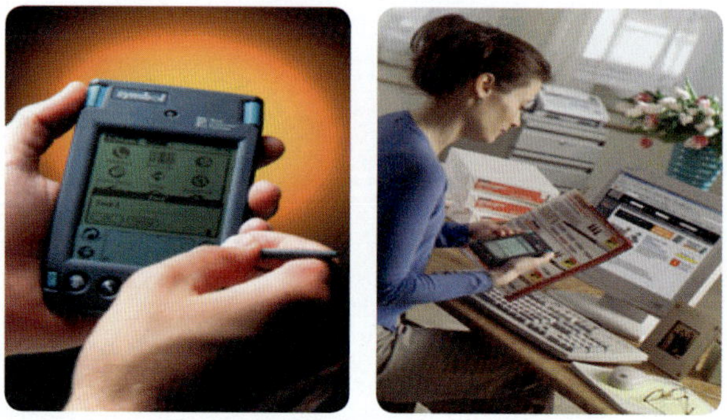

그림 2.34 PDA

(8) 스마트폰과 태블릿 PC

스마트폰은 항상 들고 다니면서 인터넷을 검색하거나 메일을 송수신하며, 동영상과 사진을 촬영하고 편집할 수도 있다. 또한 자신이 원하는 애플리케이션(줄여서 '어플', '앱'이라고도 한다)을 골라 설치한 후 사용할 수 있는 특징이 있다.

태블릿 PC는 터치스크린을 주입력 장치로 사용하는 소형의 휴대형 컴퓨터로, 키보드나 마우스 대신 손가락이나 터치펜으로 쉽게 조작할 수 있다. 납작하고 편평한 '판(tablet)'의 형상을 하고 있어서 태블릿 PC라는 이름이 붙었다.

[그림 2.35]와 [그림 2.36]은 스마트폰과 태블릿 PC를 각각 나타낸다.

그림 2.35 스마트폰

그림 2.36 태블릿 PC

2.4 SECTION 수의 표현과 연산

2.4.1 진법과 수의 구성

우리는 10진수 체계 안에서 살고 있다. 이러한 10진수 체계는 한 단위에서 0에서 9까지 가면 한 자리 왼쪽에 1을 더하고 다시 0이 되는 방식이다. 이러한 것을 10진수라고 하는데, 컴퓨터는 10진수보다는 2진수나 16진수를 더 많이 사용한다. 진법의 표현은 보통 숫자에 ( )를 하고 오른쪽 아래 부분에 진수를 작게 나타내는 것이 보통이다. 그러나 10진수의 경우 우리가 통상적으로 쓰는 수이기 때문에 별도의 표시를 하지 않는 것이 보통이다.

❶ **10진법**: 324, 440 등과 같이 0부터 9까지 사용하며, 10을 한 자리의 기본 단위로 하는 진법이다.

❷ **2진법**: $(1010)_2$, $(1110)_2$과 같이 0과 1의 조합으로 숫자를 표시하는 방법이다. 컴퓨터 내부에서 기본적으로 사용하는 방법으로 0은 전기가 흐르지 않는 상태를, 1은 전기가 흐르는 상태로 표시할 수 있으므로 컴퓨터에서 사용하기 편리하다.

❸ **8진법**: $(12)_8$과 같이 0에서 7까지의 수로 표시하는 것이 8진법이다.

❹ **16진법**: $(1F)_{16}$, $(4FD3)_{16}$과 같이 0부터 9, A부터 F까지를 사용하여 수를 표시하는 진법이다. 컴퓨터 내부에서는 2진수를 사용하지만 사람이 보고 관리할 때는 숫자의 길이가 길어 상당히 불편하므로, 2진수를 4자리씩 변환해서 16진수로 표시하기 때문에 많이 사용된다.

2.4.2 수의 변환

주어진 수를 다른 진법으로 변환하기 위한 가장 일반적인 방법은 일단 10진수의 해당 수로 변환한 다음 다른 진법의 수로 바꾸는 것이다. [그림 2.37]은 진법 변환의 관계를 간단히 나타낸 것이다.

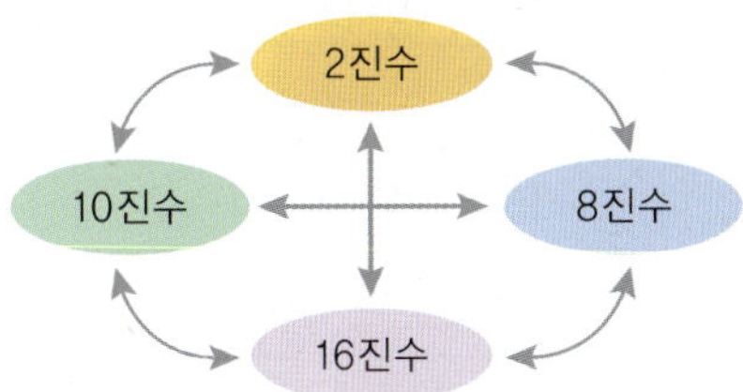

그림 2.37 진법 변환 관계

예를 들어 8진수 $(156)_8$이 있다고 하면 이 숫자를 다음과 같이 자릿값을 이용하여 10진수로 바꾸면 110이 된다.

$$1\times 8^2+5\times 8^1+6\times 8^0 = 110$$

위의 계산을 잘 살펴보면 진수에 자릿수에서 1을 뺀 숫자를 지수로 한 후 해당 숫자와 곱해 주는 방식으로 10진수로 변환한다. 2진수 $(11010)_2$을 다음과 같은 방법으로 10진수로 변환할 수 있다.

$$1\times 2^4+1\times 2^3+0\times 2^2+1\times 2^1+0\times 2^0 = 26$$

10진수에서 해당 진수로 바꾸는 방법은 10진수의 숫자를 해당 진수로 계속 나누어 나머지들을 역순으로 읽으면 된다. 10진수 26을 이진수로 변환하는 과정을 [그림 2.38]과 같은 예로 보자. 그 결과 $(11010)_2$으로 변환되었다. 위와 같은 방법은 8진수나 기타 다른 진수의 경우에도 적용할 수 있다.

분수나 소수인 경우에는 곱셈의 방법으로 구할 수 있다. 곱셈으로 소수점 이하가 0이 될 때까지 해당 진수로 곱해 주는 과정을 반복한다. 만일 0.6875가 있고 이 수를 2진수로 변환한다면 [그림 2.39]와 같은 계산으로 $(0.1011)_2$이 됨을 알 수 있다.

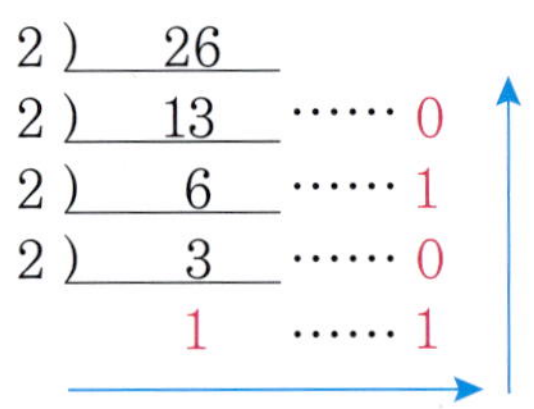

그림 2.38 10진수를 2진수로 변환

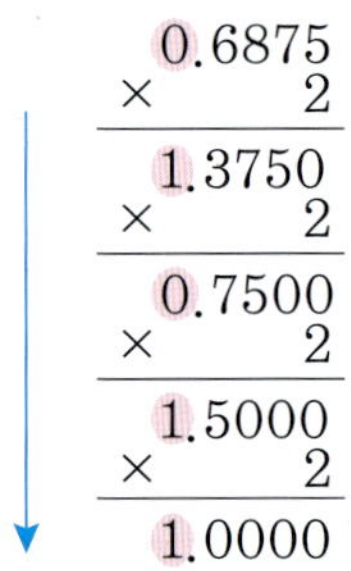

그림 2.39 소수를 2진수로 변환

컴퓨터에서 많이 사용하는 수는 2진수, 8진수, 16진수이다. 이 수들의 상호 변환을 위해서는 10진수를 거치지 않고 바로 바꿀 수 있는 방법이 있다. 8진수는 2진수 3자리로 변환이 되어 각 자리마다 오른쪽부터 1, 2, 4로 계산해서 더해 주고, 16진수는 2진수 4자리로 바로 변환하여 각 자리마다 오른쪽부터 1, 2, 4, 8을 사용하여 계산한다. 그러므로 별도의 자릿수 계산 없이 암산으로도 변환이 가능한데, [그림 2.40]을 보면 쉽게 이해할 수 있다.

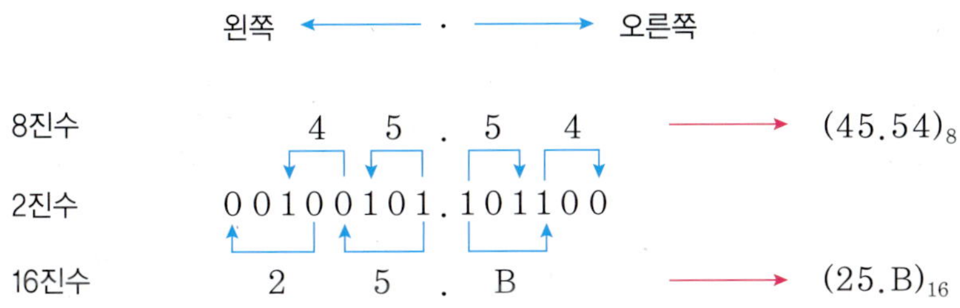

그림 2.40 2진수, 8진수, 16진수의 상호 변환 관계

2.4.3 2진수의 연산

(1) 덧셈

일반적인 10진수의 덧셈과 같다. [그림 2.41]에서와 같이 단지 자리 올림을 하는 숫자의 단위가 10진수에서는 두 수를 더해서 10이 되면 한 자리가 올라가지만, 2진수에서는 두 수의 합이 2가 되면 한 자리가 올라가고, 8진수에서는 두 수의 합이 8이 되면 한 자리가 올라간다는 것에 주의하면 된다.

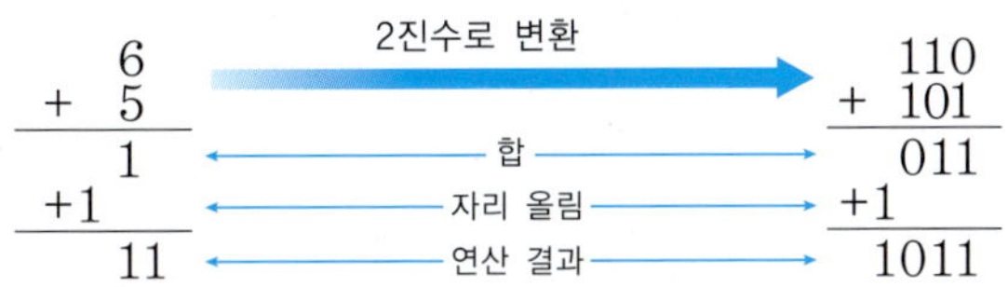

그림 2.41 덧셈에서의 올림수

(2) 보수의 개념

보수(complement)에는 두 가지 종류가 있다. 즉, 진수를 나타내는 수인 r의 보수와 (r−1)의 보수가 있는데, 2진수에서는 2의 보수와 1의 보수가 있고, 10진수는 10의 보수와 9의 보수가 있다.

❶ **(r−1)의 보수**: (r−1)의 값에서 수의 각 자리의 숫자를 빼면 (r−1)의 보수를 얻게 된다. 예를 들면, $(835)_{10}$의 9의 보수는 $(164)_{10}$이고, $(1010)_2$의 1의 보수는 $(0101)_2$이다. 일반적으로 2진수에서 보수라고 하면 1의 보수를 의미하고, 1의 보수를 쉽게 구하려면 0과 1을 서로 바꾸면 된다.

❷ **r의 보수**: (r−1)의 보수를 구하여 가장 낮은 자리에 1을 더한다. 예를 들면, $(835)_{10}$의 10의 보수는 164+1 = 165이고, $(1010)_2$의 2의 보수는 0101+1 = 0110이 된다.

(3) 1의 보수에 의한 뺄셈 처리 과정

컴퓨터에서는 덧셈만 가능하기 때문에 뺄셈의 경우 보수를 이용하여 덧셈으로 변환하여 결과를 얻는다.

▶ 피감수에 감수의 1의 보수를 취하여 더한다.

▶ 위의 결과에서, [그림 2.42]와 같이 맨 윗자리의 자리 올림수가 있으면 최하위 비트에 1을 더하고, 자리 올림수가 없으면 [그림 2.43]과 같이 위에서 얻은 결과에 다시 1의 보수를 취하고 − 부호를 붙인다.

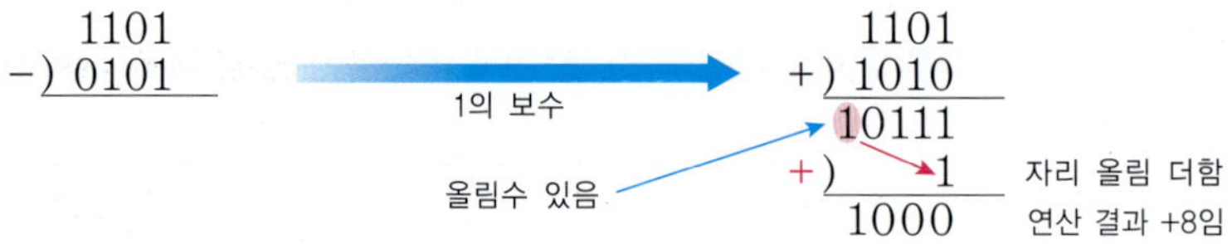

그림 2.42 1의 보수에 의한 뺄셈 과정

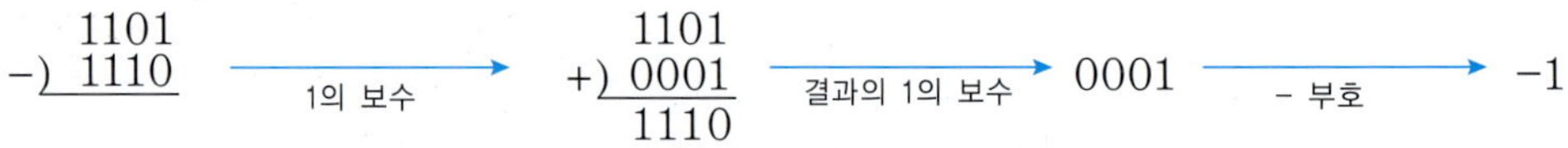

그림 2.43 자리 올림수가 없는 1의 보수에 의한 뺄셈

2.5 데이터의 표현
SECTION

2.5.1 수치 데이터 표현

컴퓨터에서 데이터를 처리할 경우 데이터는 기억 장치에 저장되거나 장치들 사이를 이동해야 하므로 이에 적합한 형태로 표현되어야 한다. 데이터는 수치 데이터, 문자 데이터 등 형태가 다양하므로 각각의 특성에 맞게 표현되어야 한다.

(1) 비트, 바이트, 워드

❶ **비트(bit)**: 컴퓨터에서 사용하는 최소의 단위로서 0이나 1을 나타낸다.

❷ **바이트(byte)**: 영문 1글자를 나타내는 단위로 8비트로 이루어진다.

❸ **워드(word)**: 워드의 크기는 컴퓨터의 종류에 따라 2바이트, 4바이트, 8바이트 등이 있는데 통상 4바이트를 말한다. [그림 2.44]는 일반적인 컴퓨터의 비트, 바이트, 워드의 크기를 비트 단위로 표현한 것이다. 또한 〈표 2.4〉는 기억용량의 크기 단위를 나타낸 것이다.

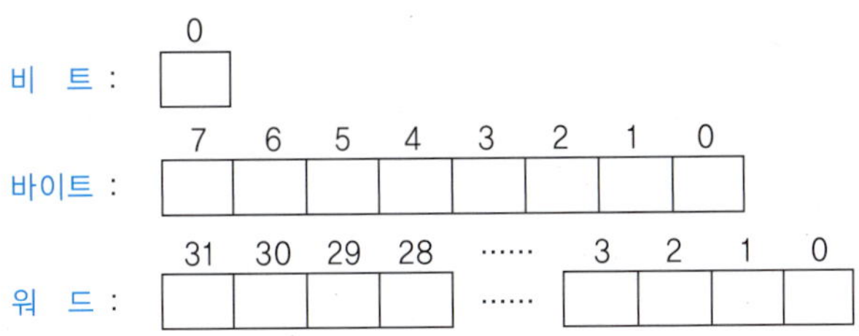

그림 2.44 비트, 바이트, 워드의 크기 비교

표 2.4 기억 용량의 크기 단위

- 1KB(Kilo Byte): 1,024바이트(2^{10}바이트)
- 1MB(Mega Byte): 1,048,576바이트 또는 1,024KB(2^{20}바이트), 약 백만 바이트
- 1GB(Giga Byte): 1,073,741,824바이트 또는 1,024MB(2^{30}바이트), 약 십억 바이트
- 1TB(Tera Byte): 1,024GB(2^{40}바이트), 약 1조 바이트
- 1FB(Feta Byte): 1,024TB(2^{50}바이트), 약 1,000조 바이트

(2) 고정 소수점 데이터 형식

고정 소수점(Fixed Point) 데이터 형식은 [그림 2.45]와 같이 정수를 표현하는데 사용되며 2바이트 또

는 4바이트 영역으로 표시한다. MSB란 Most Significant Bit(가장 중요한 비트)의 약자로서 제일 왼쪽에 위치하며 부호를 나타내는 비트이다.

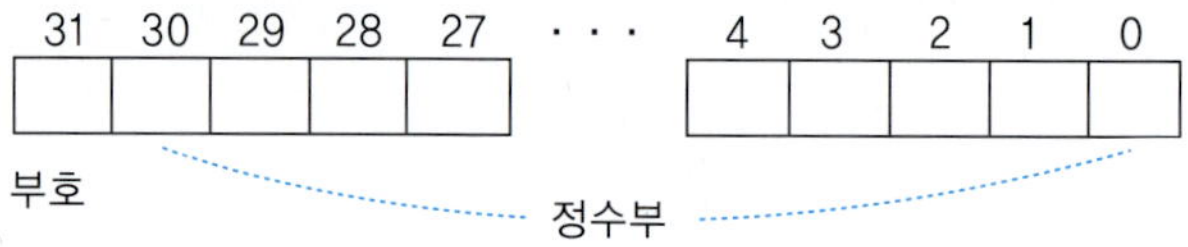

그림 2.45 고정 소수점 데이터 형식

❶ **MSB**: 부호 비트(양수: 0, 음수: 1)

❷ **양수의 경우 정수 부분**: 10진수를 2진수로 변환하여 표시한다.

❸ **음수의 경우 정수 부분**: 부호와 절댓값의 표현법, 1의 보수법이나 2의 보수법 중 하나를 쓰는데 보통 2의 보수법을 많이 사용한다.

(3) 부동 소수점 데이터 형식

부동 소수점(Floating Point) 데이터 형식은 [그림 2.46]과 같이 실수를 표현하는데 사용하며 4바이트 실수형과 8바이트 실수형이 있다. 부동 소수점은 영어 글자의 Floating Point라는 의미에서와 같이 '소수점이 떠다닌다'라는 의미이다. 지수부와 가수부로 나누어서 표현하므로 소수점의 위치가 바뀔 수 있다는 것을 나타내는 것이다.

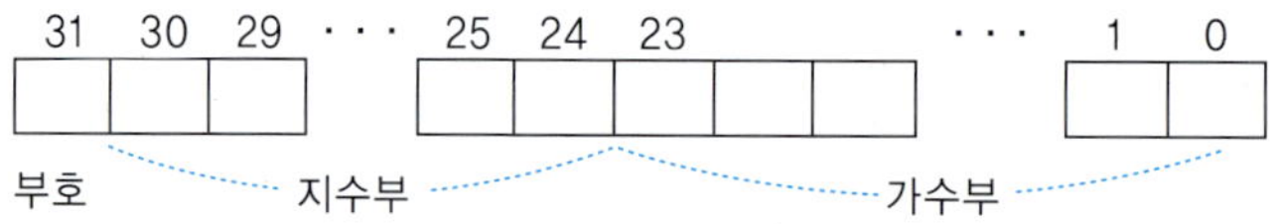

그림 2.46 부동 소수점 데이터 형식

❶ **MSB**: 부호 비트(양수: 0, 음수: 1)

❷ **지수부**: 지수를 2진수로 변환하여 표시한다.

❸ **가수부**: 소수점 안의 유효 숫자를 2진수로 표현한다. 이 때 소수점은 지수부와 가수부 사이에 있는 것으로 가정한다.

2.5.2 문자 데이터 표현

문자에는 한글, 영문자, 숫자, 부호 등이 있으며 문자를 서로 구별하기 위해 아스키 코드(ASCII), 확장 2진화 10진 코드(EBCDIC)가 있다.

(1) 아스키 코드

아스키(American Standard Code for Information Interchange: ASCII) 코드는 미국 정보 교환 표준 코드로서 미국표준협회가 제정한 데이터 처리 및 통신 시스템 상호 간의 정보 교환용 표준 코드이다. 한 문자를 나타내기 위해 7비트를 사용하나 실제는 앞에 패리티 비트(parity bit)를 하나 추가하여 8비트로 구성된다. 2^7(128)가지의 문자 종류를 나타낼 수 있으며 패리티 비트는 데이터를 전송할 때 오류 검사를 위해 사용된다.

❶ **구성**: 7개의 데이터 비트에 1개의 패리티 점검(parity check) 비트를 더하여 8비트로 코드화한 것이다.

❷ **아스키 코드의 구성**

▶ 패리티 비트: 1개

▶ 존(zone) 비트: 3개

- 001: 숫자
- 100: A ~ O
- 101: P ~ Z

▶ 디지트(digit) 비트: 4개

(2) BCD 코드(Binary-Coded Decimal Code)

BCD 코드는 6비트를 사용하여 하나의 문자를 표시하는 방식으로 기억 장치의 단어 길이가 6의 배수로 설계된 컴퓨터에 적합하다. 자료의 구조는 존 필드(zone field)와 디지트 필드(digit field)로 나뉘어 있으며 하나의 문자를 표현한다.

(3) EBCDIC 코드(Extended Binary Coded Decimal Interchange Code)

한 문자를 8비트로 나타내는 EBCDIC은 기존의 BCD 코드를 8비트로 확장한 코드로서 2^8개인 256개의 문자까지 표현할 수 있다. EBCDIC 코드는 16진수로 표기할 수 있는 특징을 가지고 있으며, 다양한 문자를 표현할 수 있고 IBM의 대형 컴퓨터에서 사용하였다.

(4) 한글과 한자 데이터의 표현

아스키 코드로는 한글과 한자를 전부 표현할 수 없으므로 2바이트 크기로 지정하여 사용하는데, 2^{16} = 65,536 종류가 가능하다.

❶ 완성형(KSC 5601)

한글 2,350자, 특수 문자 130자, 숫자 20자, 한글 낱자 40자, 기본 한자 4,888자, 외국 문자 및 특수 문자 830자의 모양을 미리 만들어 놓고 표현하는 코드이다. 정의된 글자 이외에 다른 글자를 사용할 수 없다는 점과 모든 글자의 모양이 이미 정의되어 있으므로 메모리를 많이 차지한다는 문제점이 있다. 그러나 모든 글자가 이미 정해져 있으므로 정렬의 문제와 글자체의 모양을 좋게 할 수 있는 장점을 가지고 있다.

❷ 조합형

현대 한글 음절 11,172개 모두를 표현할 수 있는 방식으로서 초성, 중성, 종성을 각각 별도로 처리하여 모든 글자를 조합해서 만들 수 있다는 장점을 가지고 있는 코드이다.

❸ 유니코드(UNICODE)

한글만을 위한 코드 체계가 아닌, 전 세계 언어를 하나의 코드 체계 안으로 통합하려는 컴퓨터 업체들의 협의에 의해 만들어진 코드이다. 2바이트를 사용하여 각 국가의 언어를 표시할 수 있으므로 유니코드를 지원하는 프로그램이면 프로그램 상에서 한글이나 일본어 등에 대한 별도의 처리가 없어도 아무런 도구 없이 한글이나 일본어를 자유롭게 볼 수 있다는 특징이 있다. 현재 Windows XP 이상에서 사용하고 있으며, Java에서도 유니코드를 사용한다.

2.6 논리 회로

SECTION

2.6.1 부울 대수

부울 대수(Boolean Algebra)는 영국의 조지 부울(〈표 2.5〉)이 제창하였는데 0과 1의 2진수 표현으로 명제의 참과 거짓, 전기 신호의 유와 무, 스위치의 ON과 OFF 등을 표현한다. 논리합(OR), 논리곱(AND), 논리부정(NOT) 등 3가지 연산 기호를 사용하며, 논리식 표현에서는 ‘+’, ‘·’, ‘′’ 등을 사용한다. 어떤 명제가 참인지 거짓인지를 논하기 때문에 논리 대수(Logic Algebra)라고도 하며, 전화 교환기나 컴퓨터의 논리 회로에 응용할 수 있기 때문에 스위칭 대수(Switching Algebra)라고도 한다.

표 2.5 부울(George Boole: 1815~1864)

영국의 수학자, 논리학자로서 판단, 추리 등의 작용을 표시하여 〈기호 논리학〉을 제창하였다. 인간의 지식이나 사고 과정을 수학적으로 해석한 것으로 2진 변수와 논리적인 동작을 취급했다. 가장 유명한 업적은 기호 논리학의 창시와 논리 대수의 전개였다. 부울 대수는 현대의 디지털 논리 회로의 설계와 구현의 기반이 되었다.

2.6.2 기본 논리 회로

논리 회로(Logic Circuit)란 부울 대수의 기본 연산인 논리합, 논리곱, 논리부정 등의 연산을 실행하기 위한 회로로서 논리 게이트(Logic Gate)라고도 한다. 2진 정보를 취급하며 보통 2개 이상의 입력 단자와 하나의 출력 단자로 구성되는데 디지털 시스템의 기본 요소가 된다. 디지털 논리 회로의 기본 연산은 OR, AND, NOT이지만 실제 컴퓨터에서는 NOR, NAND 게이트가 OR과 AND 게이트보다 더 쉽게 트랜지스터로 만들 수 있기 때문에 많이 사용되고 있다.

(1) 논리합 회로(OR gate)

논리합 회로는 논리합(OR) 조건을 만족시키는 회로로서 [그림 2.47]과 같이 2개의 조건이 있을 때 이 중 하나 이상을 만족하는 조건인데, 입력 A와 B 중 적어도 한쪽이 1이면 출력 Y가 1이 되는 논리 회로이다. 논리합 연산자는 ‘+’로 표현한다.

논리합 회로

입력		출력
A	B	A+B
0	0	0
0	1	1
1	0	1
1	1	1

[진리표]

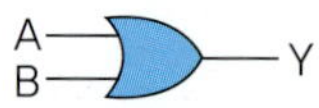

[기호]

Y = A+B
[논리식]

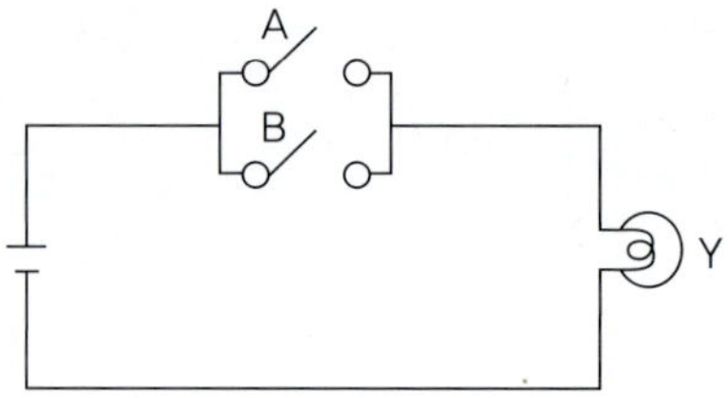

그림 2.47 논리합 회로(OR gate)

(2) 논리곱 회로(AND gate)

논리곱 회로는 논리곱(AND) 조건을 만족시키는 회로로서 [그림 2.48]과 같이 2개의 조건이 있을 때 모든 조건을 만족해야 되는 경우인데, 입력 A와 B가 모두 1인 경우에만 출력 Y가 1이 된다. 논리곱 연산자는 '·'로 표현된다.

논리곱 회로

입력		출력
A	B	A·B
0	0	0
0	1	0
1	0	0
1	1	1

[진리표]

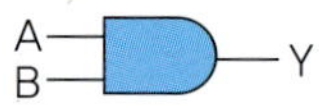

[기호]

Y = A·B
[논리식]

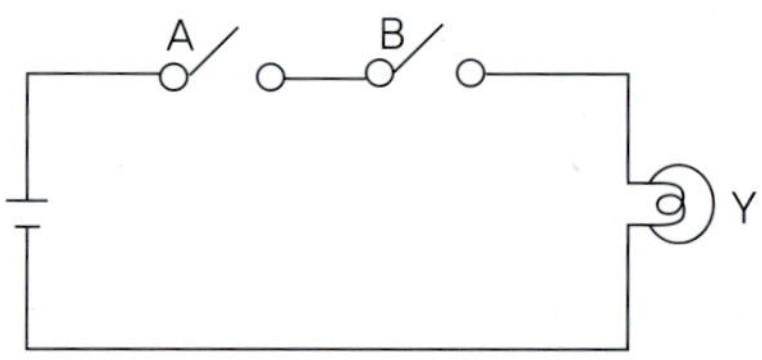

그림 2.48 논리곱 회로(AND gate)

(3) 논리부정 회로(NOT gate)

논리부정 회로는 논리부정(NOT) 조건을 만족시키는 회로로서 [그림 2.49]와 같이 출력 조건이 입력 조건의 반대가 되는 경우인데, 입력 A가 1이면 출력 Y는 0, 입력 A가 0이면 출력 Y는 1이 된다. 논리부정 연산자는 '‾' 또는 ' ' '로 표현된다.

논리 부정 회로

입력	출력
A	A'
0	1
1	0

[진리표]

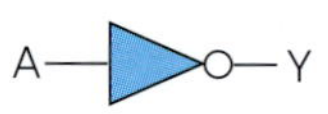

[기호]

Y = $\overline{A}$ 또는 Y = A'
[논리식]

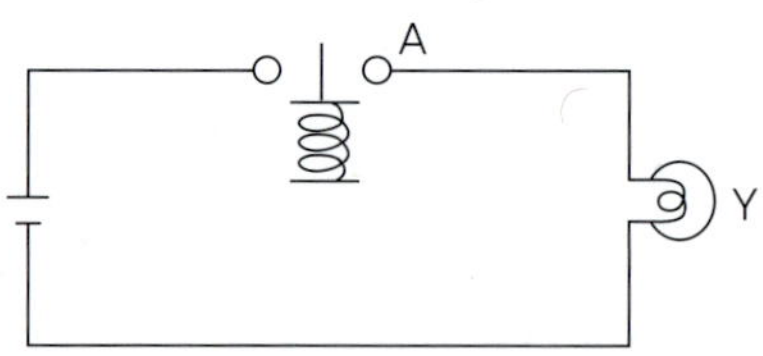

그림 2.49 논리부정 회로(NOT gate)

(4) 주요 논리 회로

현재 사용되고 있는 주요 논리 회로는 [그림 2.50]과 같다.

게이트	기호	수식	진리표
AND		x = A · B	A B | x 0 0 | 0 0 1 | 0 1 0 | 0 1 1 | 1
OR	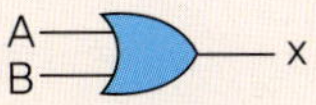	x = A+B	A B | x 0 0 | 0 0 1 | 1 1 0 | 1 1 1 | 1
NOT(inverter)	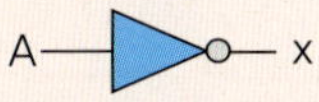	x = A'	A | x 0 | 1 1 | 0
NAND		x = (A · B)'	A B | x 0 0 | 1 0 1 | 1 1 0 | 1 1 1 | 0
NOR	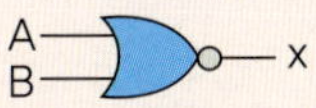	x = (A+B)'	A B | x 0 0 | 1 0 1 | 0 1 0 | 0 1 1 | 0
exclusive-OR(XOR)	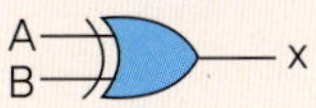	x = (A⊕B) or x = A'B+AB'	A B | x 0 0 | 0 0 1 | 1 1 0 | 1 1 1 | 0
exclusive-NOR	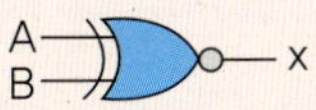	x = (A⊕B)' or x = AB+A'B'	A B | x 0 0 | 1 0 1 | 0 1 0 | 0 1 1 | 1

그림 2.50 주요 논리 회로

2.6.3 논리 회로의 응용

논리 회로의 응용 범위는 이루 다 말할 수 없을 정도로 넓다. 어느 제품이든지 회로가 들어가는 것은 모두 논리 회로를 응용한 것이다. 우리가 일상생활에서 사용하는 TV를 비롯한 가전제품들이 대부분 논리 회로를 이용한 것이며, 논리 회로는 엘리베이터를 비롯한 수없이 많은 제품에 응용된다.

(1) 전자레인지

우리가 가정에서 사용하는 전자레인지에서 이용되는 논리 회로를 생각해보자. 전자레인지는 우리가 사용하지 않을 때에는 문이 닫혀 있고(AND), 타이머가 준비되어 있으며(AND), 시작 버튼을 누르면(AND) 전자레인지가 작동하도록 되어 있다. 이와 같이 논리 회로는 우리 생활과 매우 밀접한 관계가 있다.

(2) 전자투표기

3명으로 구성된 어떤 위원회에서 의사결정을 할 때 '찬성' 또는 '반대' 중의 하나로 투표를 하는데 2명 이상이 '찬성'을 할 경우 안건이 통과된다고 한다. 이 때 안건이 통과되는지의 여부를 즉석에서 결정할 수 있는 [그림 2.51]과 같은 소규모 전자투표기의 논리 회로를 살펴보자.

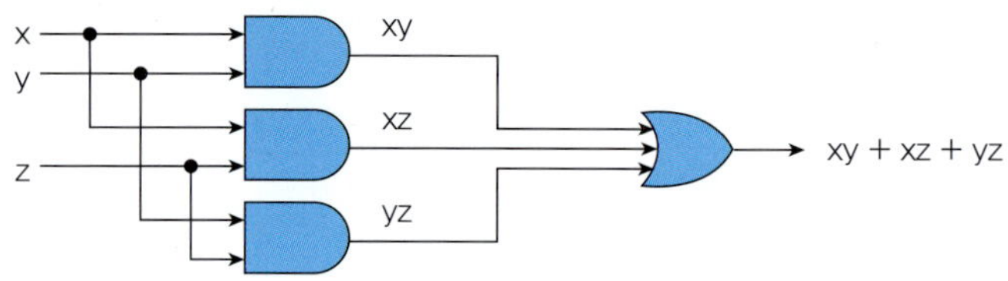

그림 2.51 전자 투표 회로

이 논리 회로에서 x, y, z 중 2개씩 묶어서 AND 회로들을 구성했기 때문에, 3개의 AND 게이트 중 어느 2개만 1이 되기만 하면 다음 단계인 OR 게이트에서는 1이 나오게 된다. 따라서 이 논리 회로는 우리가 원하는 바를 만족시킨다는 것을 확인할 수 있다.

실습/알아보기

1 다음과 같은 수의 변환을 실습해보자.

수의 변환

① 10진수 27을 2진수로 변환 ② 2진수 $11011_{(2)}$을 십진수와 8진수로 변환

2 다음과 같은 이진수의 뺄셈을 실습해보자.

반드시 이진수의 1의 보수를 통한 뺄셈하기

① $1011_{(2)} - 0110_{(2)}$ ② $0110_{(2)} - 1011_{(2)}$

3 컴퓨터의 세대별 분류에서 4세대와 5세대를 구분하는 연도가 명확하지 않고, 또 지금도 5세대인지 6세대인지 확실하지 않은 이유가 무엇인지를 알아보자.

참고문헌

2.1 컴퓨터의 등장

http://ko.wikipedia.org/wiki/%EC%BB%B4%ED%93%A8%ED%84%B0%EC%9D%98_%EC%97%AD%EC%82%AC

https://en.wikipedia.org/wiki/Mark_1

2.2 컴퓨터의 세대별 분류

http://www.fourmilab.ch/documents/univac/case1107.html

https://www.geeksforgeeks.org/generations-of-computers-computer-fundamentals/

https://www.webopedia.com/insights/generations-of-computers/

https://namu.wiki/w/IBM%20PC

http://www.fourmilab.ch/documents/univac/case1107.html

2.3 컴퓨터의 분류

https://www.ibm.com/it-infrastructure/z/education/what-is-a-mainframe

https://www.britannica.com/technology/supercomputer

https://www.britannica.com/technology/analog-computer

https://en.wikipedia.org/wiki/Laptop

2.4 수의 표현과 연산

http://terms.naver.com/entry.nhn?docId=1594798&cid=50315&categoryId=50315

https://www.tutorialspoint.com/one-s-complement

2.5 데이터의 표현

https://ko.wikipedia.org/wiki/%EB%B6%80%EB%8F%99%EC%86%8C%EC%88%98%EC%A0%90

https://www.geeksforgeeks.org/introduction-of-floating-point-representation/

https://ko.wikipedia.org/wiki/ASCII

https://theasciicode.com.ar/

2.6 논리 회로

김대수, 이산수학 Express, 생능출판사, 2014.

김대수, 4차 산업혁명 시대의 이산수학(개정판), 생능출판사, 2021.

https://www.google.com/.

http://ko.wikipedia.org/wiki/%EC%A1%B0%EC%A7%80_%EB%B6%88

연습문제

정오식 문제

1 천공카드는 미국의 홀러리스가 개발하였는데, 일괄 처리의 효시가 되었고 미국 국세 조사 업무의 자료 처리에 사용되었다. (　　)

2 차분 엔진은 대수표를 계산하는데 사용되었으며, 나중에 기억, 연산, 입출력 장치 등을 갖춘 분석 엔진이라는 이름으로 불리었다. (　　)

3 세계 최초의 전기 기계식 자동 계산기는 ABC 컴퓨터이다. (　　)

4 제2세대 컴퓨터에 사용된 컴퓨터 회로는 주로 진공관이다. (　　)

5 IBM S/360부터 제3세대 컴퓨터 시대로 분류되는 핵심적 동기는 기억 장치 소자로 집적 회로의 사용이다. (　　)

6 IBM S/360은 시스템분할 방식을 사용하였고 기업, 정부, 기관들의 컴퓨터 수요에 부응하여 엄청난 성공을 거둔 컴퓨터이다. (　　)

7 제4세대 컴퓨터는 통상 1971년부터 현재까지이고, 제5세대 컴퓨터는 현재 진행형이다. (　　)

8 디지털 컴퓨터는 연속적인 자료 데이터 형식을 가진다. (　　)

9 IBM은 데스크탑 컴퓨팅을 통하여 마이크로컴퓨터의 표준으로 자리매김하였다. (　　)

10 하이브리드 컴퓨터는 디지털 컴퓨터의 장점을 모아 만든 컴퓨터이다. (　　)

11 바이트(byte)는 컴퓨터에서 사용하는 최소의 단위로서 0이나 1을 나타낸다. (　　)

12 아스키(ASCII) 코드는 미국 정보 교환 표준 코드로서 미국표준협회가 제정한 데이터 처리 및 통신 시스템 상호 간의 정보 교환용 표준 코드이다. (　　)

13 컴퓨터에서는 덧셈만 가능하므로 뺄셈의 경우에는 보수를 이용하여 덧셈으로 변환하여 계산하게 된다. (　　)

14 10진수는 2진수, 8진수, 16진수로 항상 변환이 가능하다. (　　)

15 십진수 소수를 2진수로 변환할 경우 2로 나누어 나가고, 10진수 정수를 이진수로 변환할 경우 2로 곱해나가면서 결과를 얻는다. (　　)

16 부동 소수점 데이터 형식은 실수를 표현하는데 사용되며, 부호, 지수부, 가수부로 나누어 표현한다. (　　)

17 유니코드(UNICODE)는 한글만을 위한 코드 체계가 아닌, 전 세계 언어를 하나의 코드 체계 안으로 통합하려는 컴퓨터 업체들의 협의에 의해 만들어진 코드이다. ( )

18 논리곱 회로는 논리곱 조건을 만족하는 회로로서 2개의 조건 중 1개만 만족해도 되는 경우이다. ( )

단답식/선택식 문제

1 폰 노이만은 프로그램 내장 개념을 최초로 도입한 컴퓨터인 ( )을 개발하였다.

2 세계 최초의 ( ) 컴퓨터인 에니악은 미국 육군의 탄도 궤도의 수학적 도표를 계산하기 위해 만들어졌다.

3 디지털 컴퓨터와 아날로그 컴퓨터를 결합한 모델은 ( ) 컴퓨터이다.

4 제1세대 컴퓨터의 회로는 ( )이었으며, 제3세대 컴퓨터의 회로는 ( )이었다.

5 제2세대 주기억 장치에는 접근 시간이 짧은 ( )가 이용되었으며, 기억 용량이 큰 자기 드럼 및 자기 디스크가 보조기억 장치로 사용되었다.

6 ( )는 거의 온종일을 이동 중에 일을 수행하는 세일즈맨, 보험 설계사, 증권 주문, 택배 등의 용도에 특히 많이 쓰이고 있다.

7 개인용 컴퓨터로 알려진 ( )는 1980년대 초반에 IBM에 의해 처음으로 만들어졌다.

8 영문 1글자를 저장하는 단위로서 8개의 비트로 이루어지는 것은 ( )이다.

9 다음 중 컴퓨터의 사용 목적에 따른 분류에 해당하지 않는 것은?
① 특수용 컴퓨터 ② 범용 컴퓨터 ③ 디지털 컴퓨터 ④ 개인용 컴퓨터

10 다음 중 디지털 컴퓨터의 특징이라 할 수 있는 것은?
① 전압이나 전류 등의 양 ② 연속적 자료
③ 이진수의 코드화된 숫자 ④ 곡선의 그래프

11 다음 중 제3세대 컴퓨터의 회로에 속하는 것은?
① 집적 회로 ② 트랜지스터 ③ 진공관 ④ 초고밀도 집적 회로

12 다음 중 제3세대의 특징이 아닌 것은?
① 집적 회로(IC) ② VLSI
③ 테이프, 디스크 ④ BASIC, Lisp, Pascal

13 최초의 상업적인 마이크로컴퓨터는 무엇인가?
① 알테어 8800 ② 애플 II ③ IBM PC ④ PDP-11

14 다음 중 제4세대 컴퓨터의 특징이 아닌 것은?

① ULSI　② 고밀도 집적 회로
③ 초당 명령어 처리 개수는 수억 개　④ 4GL

15 다음 중 인공지능 언어가 사용되는 세대는?

① 제2세대　② 제3세대　③ 제4세대　④ 제5세대

16 다음 중 메모리의 용량이 가장 큰 단위는?

① TB　② FB　③ MB　④ KB

17 다음의 설명 중 맞지 않은 것은?

① 비트는 컴퓨터에서 사용하는 최소의 단위로 0이나 1을 나타낸다.
② 고정 소수점 데이터 형식은 정수의 표현에 사용되며 2바이트 또는 4바이트 영역으로 표시한다.
③ 1MB(Mega Byte)는 2^{20}바이트로 약 백만 바이트이다.
④ 바이트는 영문자 1글자를 나타내는 단위로 통상 16비트로 이루어진다.

18 다음 중 한글과 한자 데이터의 표현방식이 아닌 것은?

① 완성형(KSC 5601)　② BCD 코드
③ 조합형　④ 유니코드(UNICODE)

19 다음 중 2진수 $(11010)_2$을 10진수로 변환한 값은?

① 13　② 26　③ 30　④ 28

20 다음 중 10진수 15를 2진수로 변환한 값은?

① 1011　② 1001　③ 1010　④ 1111

21 다음 중 8진수 $(4450)_8$을 16진수로 변환한 값은?

① 92B　② 929　③ 92A　④ 928

22 다음 중 이진수 $(1010)_2$을 1의 보수로 변환한 값은?

① 1011　② 1001　③ 0101　④ 0110

23 다음의 설명 중 맞지 않는 것은?

① 아스키 코드는 패리티 비트 1개, 존 비트 4개, 디지트 비트 3개로 구성된다.
② 부동 소수점 데이터 형식은 4바이트 실수형과 8바이트 실수형이 있다.
③ 부동 소수점 데이터 형식의 가수부는 소수점 지수부와 가수부 사이에 있는 것으로 가정한다.
④ 고정 소수점 데이터 형식에서 음수의 경우 부호와 절댓값의 표현법으로 2의 보수법을 많이 사용한다.

24 미국 정보 교환 표준 코드로서 1개의 패리티 비트와 7비트로 이루어지는 코드는?

① BCD 코드　② ASCII 코드　③ EBCDIC 코드　④ UNICODE

25 다음에서 입력 A와 B의 값이 모두 1인 경우에만 출력이 1이 나오는 논리 회로는 무엇인가?
① OR gate ② AND gate ③ NOT gate ④ NAND gate

주관식 문제

1 폰 노이만 컴퓨터는 어떤 특성들을 가지고 있으며, 이것이 컴퓨터 발전에 끼친 영향은 무엇인가?

2 우리나라에 현재 도입되어 있는 슈퍼컴퓨터에는 어떤 것들이 있는지 살펴보고, 우리나라에 도입된 슈퍼컴퓨터는 세계에서 어느 정도 수준인지를 조사하시오.

3 진공관, 트랜지스터, LSI, VLSI의 개발은 컴퓨터의 발전에 어떠한 영향을 끼쳤는가? 크기, 성능, 가격 등의 면에서 설명하시오.

4 컴퓨터의 각 세대를 구분하는 핵심적인 특징들이 무엇인지를 설명하시오.

5 현재 우리가 사용하고 있는 컴퓨터는 몇 세대라고 볼 수 있는가? 또한 그 이유는 무엇인가?

6 다음 각 숫자를 다른 진수로 변환하시오.
(1) 10진수로 변환: $(100110)_2$, $(11101)_2$, $(354)_8$, $(4450)_8$, $(270F)_{16}$, $(F703)_{16}$
(2) 2진수로 변환: 65, $(452)_8$, $(3405)_8$, $(FFFE)_{16}$, $(270F)_{16}$
(3) 16진수로 변환: $(100110)_2$, $(11101)_2$, $(354)_8$, $(4450)_8$

7 다음 이진수의 1의 보수와 2의 보수를 각각 구하시오.
(1) $(11011)_2$ (2) $(1011)_2$

8 각 논리 연산자를 정리하고 이것이 컴퓨터에서 중요하게 쓰이는 이유가 무엇인지를 설명하시오.

9 1의 보수를 이용하여 다음 수들의 뺄셈 결과를 구하시오.
(1) $1110_{(2)} - 0100_{(2)}$ (2) $0100_{(2)} - 1110_{(2)}$

Chapter 03

컴퓨터 시스템의 구조

Contents

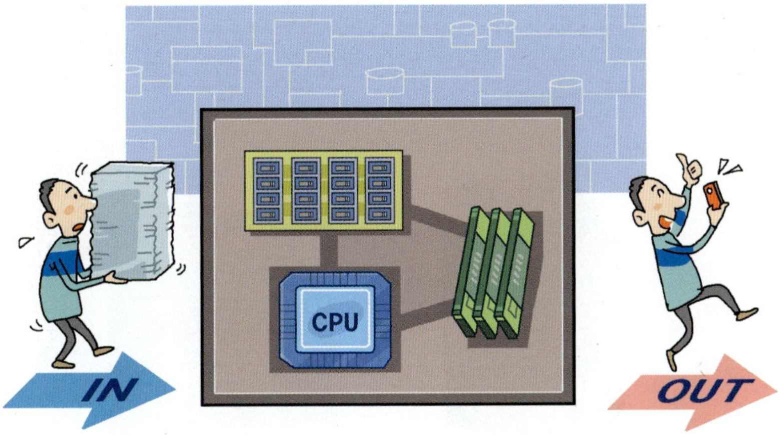

단원의 주요 목표

컴퓨터를 작동시키는 컴퓨터 시스템인 중앙처리 장치, 기억 장치 등을 학습한다.

- 컴퓨터 시스템의 기본 구조와 시스템 소프트웨어의 종류와 역할 등을 알아본다.
- 중앙처리 장치의 핵심인 마이크로프로세서, 연산 장치와 제어 장치 등을 살펴본다.
- 명령어의 페치 사이클 개념과 MAR, MBR 등 핵심 레지스터들의 역할을 이해한다.
- 주기억 장치의 개념과 구성, DRAM과 SRAM을 포함한 저장 장치 등을 파악한다.
- 낸드플래시 메모리, USB Flash Drive, SSD와 같은 보조기억 장치들을 알아본다.
- 인텔과 모토롤라 계열의 마이크로프로세서와 버스의 데이터 전송 방법을 살펴본다.

3.1 SECTION 컴퓨터 시스템의 기본 구조

컴퓨터 시스템은 기본적으로 하드웨어와 소프트웨어로 구분된다. 하드웨어는 전자 회로와 그 밖의 물리적인 장치들로 이루어지며, 소프트웨어는 이를 활용할 수 있는 기본적인 프로그램이나 이에 따르는 기술들을 말한다. [그림 3.1]은 하드웨어와 소프트웨어의 케이스(case)를 보여주고 있다.

그림 3.1 하드웨어와 소프트웨어의 케이스

3.1.1 컴퓨터의 외부 구조

컴퓨터는 본체와 여러 가지 주변 장치들이 복합적으로 연결된 집합체로서 본체는 케이스와 그 내부의 여러 장치들로 이루어지고, 주변 장치는 키보드, 모니터, 프린터 등으로 구성된다. [그림 3.2]는 개인용 컴퓨터의 하드웨어 구성을 나타낸다.

3.1.2 컴퓨터의 내부 구조

컴퓨터는 기본적으로는 입력 장치, 중앙처리 장치(Central Processing Unit: CPU), 주기억 장치(Main Memory), 보조기억 장치(Auxiliary Memory), 출력 장치 등으로 이루어져 있으며 내부적으로 가장 중요한 역할을 하는 부분이 중앙처리 장치이다. [그림 3.3]은 컴퓨터의 내부 구조를 보여주는 것으로 중앙처리 장치를 중심으로 한 자료 신호와 명령 신호들의 흐름을 나타낸다.

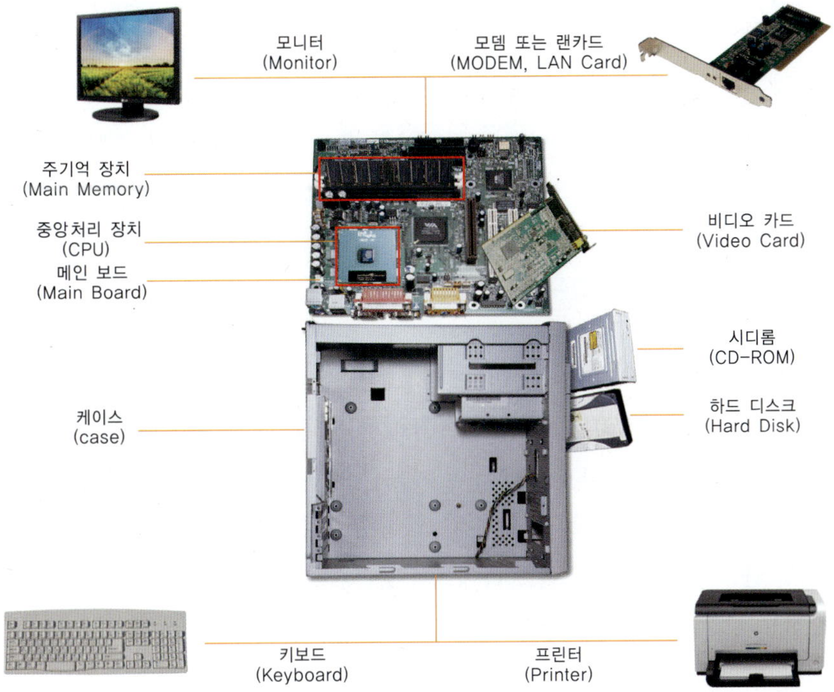

그림 3.2 개인용 컴퓨터의 하드웨어 구성

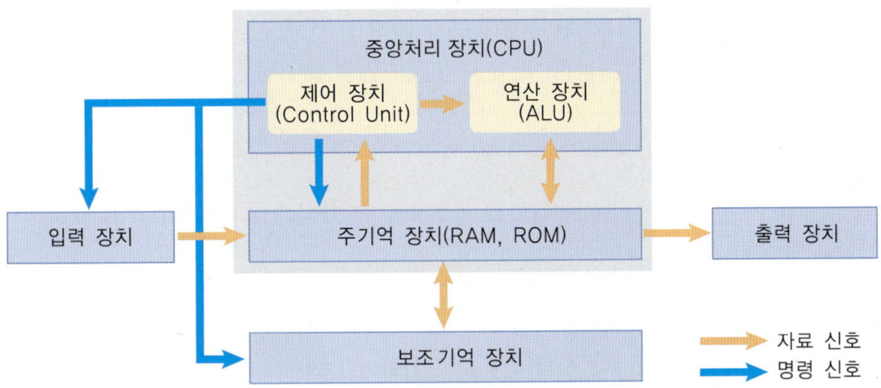

그림 3.3 컴퓨터의 내부 구조

중앙처리 장치는 연산 장치와 제어 장치로 이루어져 있다. 연산 장치(Arithmetic &Logic Unit: ALU)는 사칙 연산 및 논리 연산을 통해 프로그램의 명령을 실행하기 위한 장치로서 자료의 비교, 판단, 이동, 편집 등을 수행한다.

제어 장치(Control Unit)는 프로그램의 명령을 해석하고 명령에 따라 각 장치의 작업을 지시하고 감독한다. 즉, 각종 입출력 장치, 기억 장치, 연산 장치 등의 동작을 제어하며, 주기억 장치에 저장된 프로그램을 해독하고, 해독된 명령들을 각 장치에 보내 처리하도록 지시하는 일을 담당한다.

3.1.3 컴퓨터 시스템의 구성 요소

컴퓨터 시스템은 크게 하드웨어와 소프트웨어로 구별할 수 있으며, 경우에 따라서는 펌웨어(Firmware)를 따로 구분하기도 한다. 소프트웨어는 용도와 구성, 사용 목적에 따라 시스템 소프트웨어(System Software)와 응용 소프트웨어(Application Software)로 구분할 수 있다. 시스템 소프트웨어는 컴퓨터를 효율적으로 운영하고 제어하기 위한 프로그램으로 운영체제(Operating System) 등과 같은 소프트웨어를 의미하며, 응용 소프트웨어는 특정 분야의 업무를 처리하는 데 사용되는 소프트웨어를 말한다.

(1) 하드웨어

하드웨어(hardware)는 컴퓨터를 구성하는 물리적인 장치들의 집합체를 말하며 다양한 기능을 가진 장치들로 구성된다. 즉, 대표적인 하드웨어라고 할 수 있는 본체는 중앙처리 장치(CPU), 롬(ROM), 램(RAM) 등과 같은 핵심 부품들을 장착한 메인 보드(main board)와 주변 기기들로 이루어진다. 주변 기기는 메인 보드의 확장 슬롯에 장착하는 비디오나 I/O 카드와 같은 각종 제어 장치들과 사운드 카드 등과 같은 확장 카드를 말하고 디스크 드라이브와 같은 보조기억 장치도 포함된다. 또한 부품에 전기를 공급하는 전원 공급 장치와 입력 장치 그리고 출력 장치도 하드웨어에 속한다.

[그림 3.4]는 입출력 장치를 나타내며, [그림 3.5]는 중앙처리 장치를 나타낸다.

❶ 입력 장치

입력 장치는 문자나 기호와 같은 데이터를 컴퓨터가 이해할 수 있도록 전기적인 신호로 변환시켜 주는 장치이다. 주요 입력 장치로는 키보드, 마우스, 통신 포트, 센서 등이 있다.

❷ 출력 장치

출력 장치는 중앙처리 장치에서 처리된 결과를 출력하는 장치이다. 컴퓨터의 출력 장치로는 모니터, 스피커, 프린터, 플로터 등이 있다.

그림 3.4 입출력 장치

❸ 중앙처리 장치

중앙처리 장치는 제어 장치, 연산 장치, 레지스터(register) 등으로 구성되며, 개인용 컴퓨터에서는 중앙처리 장치를 마이크로프로세서라고도 부른다. 마이크로프로세서의 속도에 따라 80286, 80386, 80486, 그리고 펜티엄(Pentium) 시리즈, 최근에는 Core i3, Core i5, Core i7, Core i9 등의 이름을 사용한다.

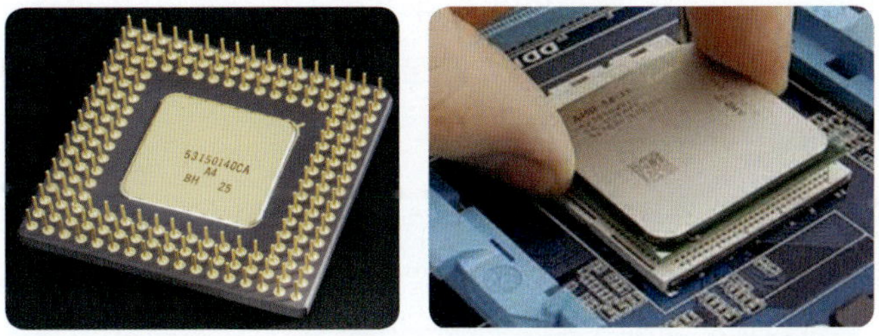

그림 3.5 중앙처리 장치

❹ 주기억 장치

주기억 장치는 컴퓨터 내에서 명령어와 데이터들을 기억하는 대규모 저장 장치로서 입력 장치로부터 들어온 자료는 주기억 장치에 저장된다.

❺ 보조기억 장치

보조기억 장치는 주기억 장치를 보조하는 기억 장치로서 자기 디스크, 자기 테이프, 디스켓, 하드디스크, CD-ROM, DVD, USB 등이 있다.

(2) 시스템 소프트웨어

❶ 시스템 소프트웨어

시스템 소프트웨어는 사용자가 복잡한 컴퓨터 하드웨어를 모르고서도 유용하게 사용할 수 있도록 도와주는 프로그램이다. 시스템 소프트웨어는 컴퓨터 사용자가 편리하게 사용할 수 있도록 환경을 조

표 3.1 시스템 소프트웨어 종류와 구분

<table>
<tr><td rowspan="7">시스템 소프트웨어</td><td rowspan="5">운영체제</td><td>감시 프로그램</td></tr>
<tr><td>작업 관리 프로그램</td></tr>
<tr><td>데이터 관리 프로그램</td></tr>
<tr><td>문제 처리 프로그램</td></tr>
<tr><td>MS-DOS, Windows XP/7/8/10, UNIX, Linux</td></tr>
<tr><td>언어 번역 프로그램</td><td>언어 번역 프로그램
• 어셈블러
• 컴파일러
• 인터프리터
• 프리프로세서</td></tr>
<tr><td>유틸리티</td><td>서비스/유틸리티
• 정렬, 조합, 편집 프로그램
• 파일 압축 유틸리티
• 디스크 관련 유틸리티</td></tr>
</table>

성하고, 사용자가 컴퓨터와 대화할 수 있는 사용자 인터페이스(user interface)을 제공한다.

시스템 소프트웨어의 종류에는 운영체제, 언어 번역 프로그램, 유틸리티(utility) 등이 있다. 운영체제는 컴퓨터의 전체적인 작동을 관리하는 프로그램으로서 사용자가 컴퓨터 시스템을 편리하고 효율적으로 사용할 수 있는 방법을 제공한다.

언어 번역 프로그램은 프로그래밍 언어로 작성된 프로그램을 컴퓨터가 이해할 수 있는 기계어로 번역하는 프로그램이다. 어셈블리 프로그램을 번역하는 프로그램을 어셈블러(Assembler)라고 하며, 고급 언어를 번역하는 프로그램을 컴파일러(Compiler)라고 부른다. 유틸리티 프로그램은 컴퓨터의 조작을 편리하게 해주는 프로그램으로서 기억 장치에 저장되어 사용자가 필요로 할 때 호출하여 사용한다. 대부분의 유틸리티 프로그램은 컴퓨터 제작 회사에서 제공하고 있다. 〈표 3.1〉은 시스템 소프트웨어의 종류와 구분을 나타낸다.

❷ 디바이스 드라이버

디바이스 드라이버(Device Driver)는 우리말로 장치 구동기라고 한다. 디바이스 드라이버는 하드웨어와 운영체제의 중간에 위치하여 장치를 동작시키는 일을 한다. 예를 들어 모니터 상에 화면을 출력시키는 비디오 카드 역시 화면을 출력시키기 위해서는 디바이스 드라이버를 필요로 한다.

(3) 펌웨어

펌웨어(Firmware)는 시스템의 효율을 높이기 위해 ROM에 들어 있는 기본적인 프로그램으로서 ROM에 고정되어 있기 때문에 하드웨어의 특성도 가지고 있으나, 실제로는 소프트웨어에 더 가깝다고 볼 수 있다. 그러나 하드웨어에 장착된 칩 속에 내장된 프로그램이란 점에서 일반적인 소프트웨어와는 다르다.

컴퓨터에 전원이 들어와서 초기 시작 시에 또는 동작 중에 영향을 미치게 되는 것으로 메인 보드에 장착된 바이오스(Basic Input Output System: BIOS)가 있다. 바이오스가 하는 일은 전원이 들어올 때 시스템을 초기화하고, 이상 유무를 점검하며, 운영체제를 적재하는(loading) 과정을 담당하게 된다. 운영체제 또한 동작 중에 바이오스의 일부 기능을 사용하게 된다.

이와 같이 펌웨어는 소프트웨어를 하드웨어화시킨 것으로서 소프트웨어와 하드웨어의 중간에 해당하는 것을 말한다. 그러나 펌웨어는 전형적인 처리 루틴, 비휘발성, 변경불가 등의 특징으로 특수한 영역에 많이 사용되고 있다. [그림 3.6]은 펌웨어의 일종인 FlashROM Unit의 모습이다.

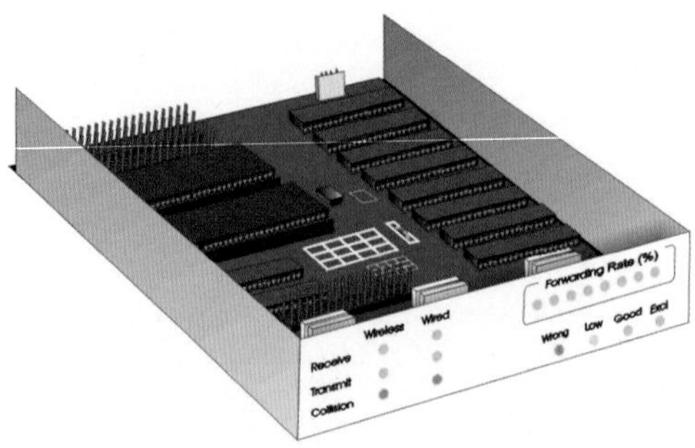

그림 3.6 FlashROM Unit

SECTION

3.2 중앙처리 장치

중앙처리 장치(CPU)란 명령을 수행하고 데이터를 처리하는 장치로서 사람의 두뇌에 해당된다. 컴퓨터 시스템의 데이터 처리에서 입력, 처리, 출력은 기본적인 처리 과정으로서 데이터는 처리되기 전에 입력 장치에서 주기억 장치로 읽어 들여져 기억된다. 주기억 장치에 입력된 데이터는 중앙처리 장치에 의해 처리되어 결과를 출력한다. 컴퓨터에서 중앙처리 장치는 어떠한 역할을 하며 어떤 구조로 동작하는지 살펴보자.

3.2.1 마이크로프로세서

마이크로프로세서는 중앙처리 장치를 한 개의 칩으로 구현한 것으로서 연산 장치, 제어 장치, 레지스터 등으로 구성되어 있다. 우리가 통상 16비트, 32비트, 64비트 컴퓨터라고 부르는 것은 마이크로프로세서의 비트 수에 의한 것으로, 비트 수가 클수록 성능이 좋다.

중앙처리 장치는 인텔사가 만든 80286, 80386, 80486, 펜티엄 시리즈, Core i3, Core i5, Core i7 등을 말하며, 또한 DEC가 만든 알파(Alpha), 모토롤라사(Motorola)가 만든 파워피시(PowerPC), 썬마이크로시스템즈사가 만든 울트라스팍(UltraSPARC) 등도 이에 속한다. [그림 3.7]은 최근 인텔사의 Core i3 마이크로프로세서의 모습이다.

그림 3.7 인텔 Core i3 마이크로프로세서

최근 정보통신 산업의 획기적인 발전은 중앙처리 장치의 눈부신 성능 향상과 주기억 장치 기술의 진보 덕분이라고 할 수 있다. [그림 3.8]은 모토롤라사의 68040 프로세서의 내부 구조이다.

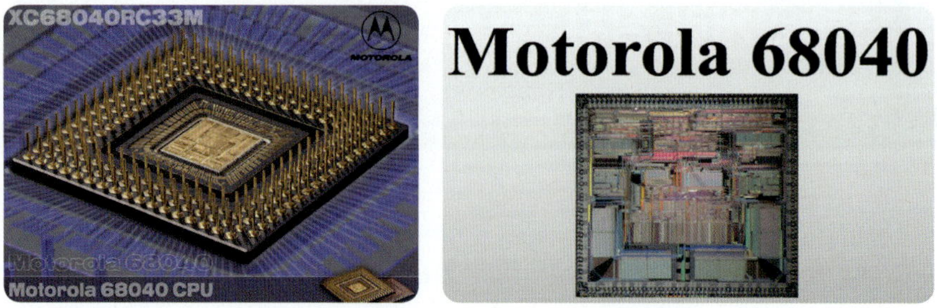

그림 3.8 모토롤라사의 68040 프로세서의 내부 구조

3.2.2 중앙처리 장치의 구성

중앙처리 장치는 연산 장치와 제어 장치로 구성된다. 이러한 장치들은 컴퓨터 시스템의 핵심으로 데이터 처리 과정에서 필수적으로 요구되는 요소들이다.

(1) 연산 장치

연산 장치(Arithmetic and Logic Unit: ALU)는 컴퓨터의 5대 기능 중에서 자료를 처리하고 계산하는 장치이다. 수행하는 연산에는 산술 연산과 논리 연산의 두 가지 종류가 있으며 산술 연산은 덧셈, 뺄셈, 곱셈, 나눗셈 등을 처리하며, 논리 연산은 논리합(OR), 논리곱(AND), 논리부정(NOT) 등을 기본 연산으로 수행한다.

연산에 사용되는 자료는 레지스터라는 임시기억 장치로 가져와서 연산이 수행된다. [그림 3.9]는 연산 장치와 다른 장치와의 관계를 보여준다.

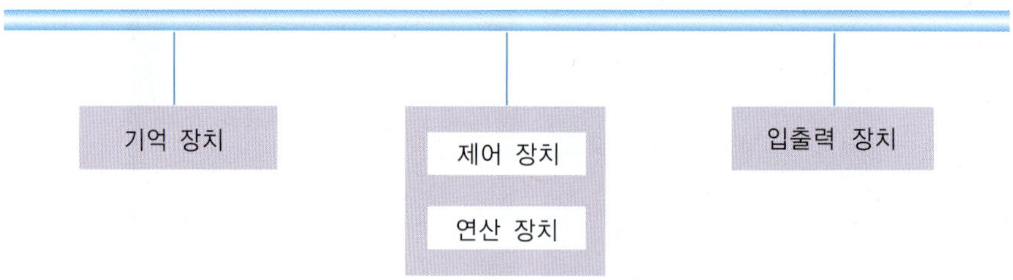

그림 3.9 연산 장치와 다른 장치와의 관계

(2) 제어 장치

제어 장치(Control Unit)는 프로그램에 의해 주어지는 연산의 순서를 차례대로 실행해 나가기 위해 기억 장치, 연산 장치, 입출력 장치에 제어 신호를 보내고, 또 이들 장치로부터 신호를 받아 다음에 처리해야 할 작업들을 제어하는 역할을 한다.

제어 장치의 첫 번째 동작은 명령어를 해독하여(decode) 제어 장치 내의 명령어 레지스터에 잠시 저장을 하는 단계이고, 두 번째 동작은 명령어 레지스터에 기억된 명령어에 따라 명령어를 실행하는 명령어 실행 단계(instruction execution cycle)이다.

프로그램을 제어하기 위해서는 페치 단계(fetch cycle)와 해독(decode cycle)실행 단계(execution cycle)의 두 가지 단계를 거쳐야 한다. 페치 단계는 기억 장치의 명령어를 호출하여 명령어 레지스터에 저장하는 단계이고, 실행 단계는 명령어를 해독하여 실행하는 과정이다.

3.2.3 중앙처리 장치의 종류

중앙처리 장치는 명령어의 구성 방식에 따라 CISC(Complex Instruction Set Computer)와 RISC(Reduced Instruction Set Computer) 방식으로 구분할 수 있다. CISC는 마이크로 프로그래밍을 통해 다양한 명령어 형식을 제공하지만 구조가 복잡하여 생산 단가가 비싸다는 단점이 있다. 반면에 RISC는 연산 속도를 향상시키기 위해 제어 논리를 단순화해서 CISC에 비해 가격이 저렴하며 주로 워크스테이션에 쓰인다.

(1) CISC

일반적으로 PC에서 사용되는 486, 586 등 인텔 계열의 중앙처리 장치의 대부분이 CISC에 속한다. 이 방식은 명령어의 수가 많고 내부적으로 복잡한 것이 특징인데, 이러한 특징 때문에 발전에 한계가 있다.

(2) RISC

RISC는 수행 속도를 높이기 위하여 처리할 수 있는 명령어의 수를 줄인 것을 말한다. 즉, CISC보다 단순화된 명령어 구조를 가지고 있으며, 자주 사용되는 명령어들만으로 구성되어 있기 때문에 실제적인 수행 능력의 차이는 나지 않으나 복잡한 구조를 단순화시킬 수 있고, 여러 가지 특별한 설계 방법을 통하여 속도를 최대한으로 높일 수 있도록 한 기법이다.

3.3 명령어

SECTION

컴퓨터의 중앙처리 장치는 주기억 장치에 기억되어 있는 프로그램 명령어(program instruction)를 호출하는 페치 과정을 수행하고 해독하며, 해독된 결과에 따라 자료를 이동하고(transfer) 연산과 입출력을 실행한다. 이 때 명령어를 페치하는 시간을 페치 사이클(fetch cycle)이라고 하며, 명령어의 내용에 따라 수행되는 시간을 명령어 실행 사이클(execution cycle)이라고 한다. [그림 3.10]과 같은 명령어 사이클은 한 개의 명령어가 실행되는 시간, 즉 명령어 페치 시간과 명령어 실행 시간의 합이 된다.

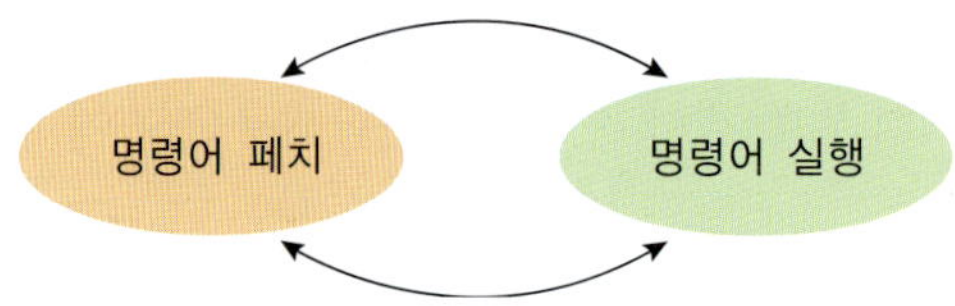

그림 3.10 명령어 사이클

명령어 수행 중에 실행이 잠시 중단되는 인터럽트(interrupt)가 발생하기도 한다. 인터럽트란 프로그램의 실행 도중 운영체제나 시스템에 의해서 실행 중인 프로그램이 잠시 중단된 후 특정한 작업을 수행하는 것을 말하는데, 입출력 장치로부터 입출력의 시작이나 종료를 알려 주는 I/O 인터럽트, 시스템 호출 인터럽트 등이 있다.

3.3.1 명령어의 실행 사이클

명령어가 실행되는 과정은 [그림 3.11]과 같으며 페치 사이클, 실행 사이클, 인터럽트 사이클을 거치게 된다.

(1) 페치 사이클

프로그램 카운터가 지시하는 명령을 명령 레지스터에 페치한다. 명령어를 해석하여 데이터에 대한 유효 주소(effective address)를 생성한다.

(2) 실행 사이클(execute cycle)

데이터를 페치하고 명령어를 실행한다.

(3) 인터럽트 사이클(interrupt cycle)

인터럽트가 발생하면 위의 두 사이클을 마친 후 인터럽트에 대한 처리를 한다.

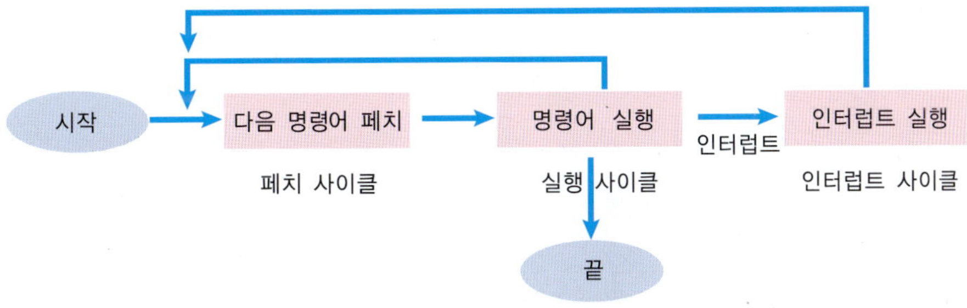

그림 3.11 명령어의 실행 사이클

3.3.2 명령어의 실행 과정

레지스터(register)는 명령어의 실행 과정에서 매우 중요한 역할을 담당한다. 레지스터는 실행의 중간 결과나 적은 양의 자료를 임시로 저장하는 [그림 3.12]와 같은 플립플롭(flip–flop)으로 구성된 중앙처리 장치 내의 임시기억 장치이다.

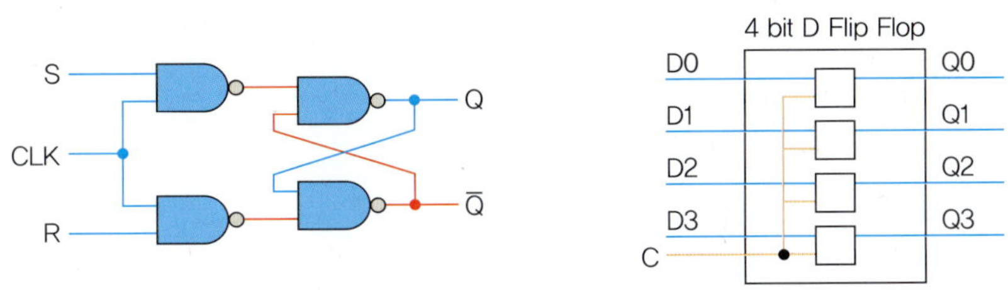

그림 3.12 플립플롭으로 이루어지는 레지스터

그림 3.13 8비트 레지스터

레지스터는 여러 개의 비트로 이루어진 기억 장치나 회로로서 지정된 목적에 사용되며 수시로 그 내용물을 이용할 수 있도록 되어 있다. [그림 3.13]은 8비트 레지스터를 나타내는데, 현재는 32비트나 64비트 레지스터를 많이 사용한다.

CPU 내부에는 MAR, MBR, IR, BR 등 여러 개의 레지스터가 있으며 각종의 명령을 실행할 때 명령의 내용 또는 자료를 일시적으로 유지하거나 하는데 사용된다. [그림 3.14]는 레지스터가 클럭(clock)에 맞춰 데이터들을 이동시키는 것을 보여준다.

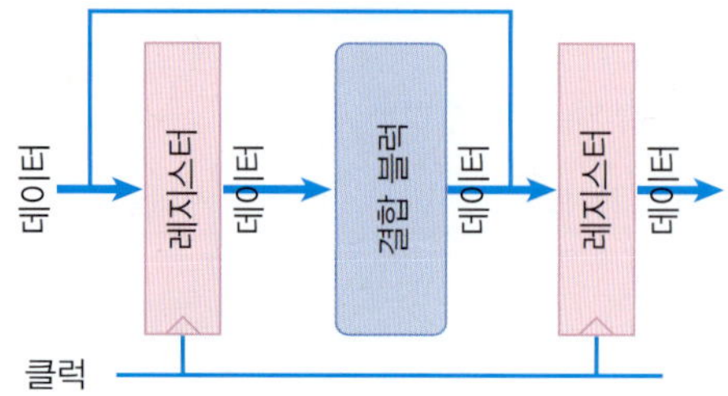

그림 3.14 레지스터들을 통한 데이터의 이동

중앙처리 장치 내의 임시기억 장치로서의 레지스터들은 다음과 같은 종류가 있으며, 명령어 페치 사이클에서의 상호관계는 [그림 3.15]와 같다.

❶ **메모리 버퍼 레지스터(Memory Buffer Register: MBR)**: 명령어는 동작을 지시하는 명령어 코드부와 데이터가 기억된 주소를 가리키는 주소부로 구성되어 있는 하나의 코드인데 MBR은 주기억 장치에 있는 명령어를 임시로 기억한다. MBR은 모든 자료가 거치게 되는 자료 출입용 레지스터이다.

❷ **메모리 어드레스 레지스터(Memory Address Register: MAR)**: 주소 해독기에 의해 해독된 실행 대상의 데이터 주소(data operand)를 임시로 기억한다. MAR은 기억 장치 내의 정보를 호출하기 위한 주소를 기억하는 제어용 레지스터를 말한다.

❸ **명령어 레지스터(Instruction Register: IR)**: MBR의 명령어 코드(Operation Code: OP code)를 기억한다. 현재 수행 중인 명령어를 임시로 기억해 두는 레지스터이다.

❹ **프로그램 카운터(Program Counter: PC)**: 다음에 실행될 명령어의 주소를 기억한다. 주소란 기억 장치의 특정한 위치를 지정하기 위하여 사용되는 숫자나 이름 등의 값이며, 바이트나 워드 등으로 지정된다.

❺ **명령어 해독기(Instruction Decoder)**: 명령어 코드를 해독하여 필요한 실행 신호를 발생시킨다. 해독기(decoder)는 부호화된 정보를 해독하는 장치로 명령어를 해독하기 위해 쓰이는 제어 장치의 일부로서 그 명령어가 어떤 일을 수행하기 위한 것인가를 알아내는 장치이다.

❻ **주소 해독기(Address Decoder)**: 주소를 해독하여 그 정보를 메모리 버퍼 레지스터로 전달한다.

❼ **인덱스 레지스터(Index Register: IR)**: 명령어 실행 중 상대 주소를 결정하는 레지스터를 말한다.

❽ 범용 레지스터(General Purpose Register: GPR): 사용자가 프로그램에서 다목적으로 활용할 수 있는 범용 레지스터이다.

❾ **베이스 레지스터(Base Register: BR)**: 프로그램의 기준 주소를 가지고 있는 레지스터를 말한다.

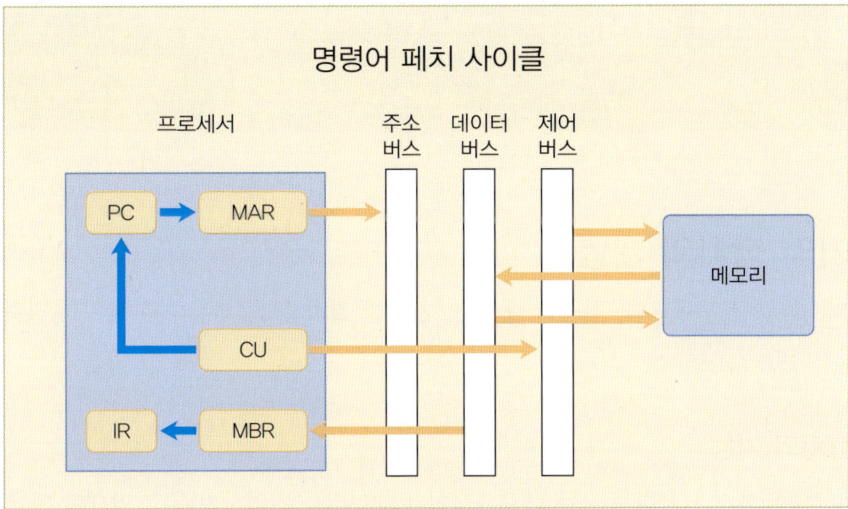

그림 3.15 명령어 페치 사이클에서의 상호관계

명령어 실행 과정은 [그림 3.16]과 같다.

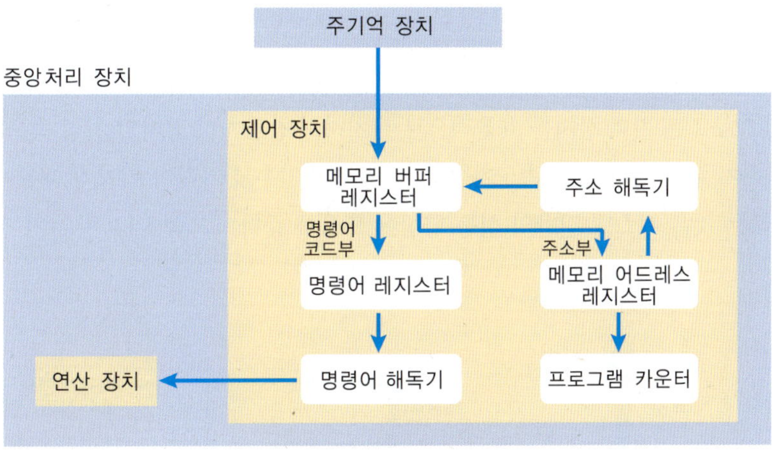

그림 3.16 명령어 실행 과정

3.4 SECTION

기억 장치

3.4.1 기억 장치의 개념

기억 장치(Memory)란 프로그램, 처리할 데이터, 처리한 결과 등을 저장하는 장치를 말하는데 통상 메모리라고도 한다.

(1) 기억 장치의 기능

기억 장치는 컴퓨터에서 사용하는 모든 프로그램이나 데이터를 기억시켜 두고 필요할 때에 이용할 수 있도록 해준다. 기억 장치는 처리 속도와 사용용도, 기억 용량의 크기에 따라 주기억 장치와 보조기억 장치, 레지스터, 캐쉬(cache) 등으로 나누어지며 계층적인 구조를 가지고 있다. 일반적으로 계층이 높을수록 기억 장치의 속도가 증가하고, 비트 당 기억 장치의 비용이 증가하며 기억 용량이 감소한다.

(2) 기억 장치의 분류

기억 장치의 계층 구조는 기억 장치를 효율적으로 배치하여 중앙처리 장치의 처리 속도와 I/O 속도와의 차이를 해소하기 위한 전략이다. 속도가 빠른 기억 장치일수록 가격이 비싸기 때문에 기억 장치를 적절하게 배치하는 것은 시스템 전반의 성능 향상에 도움을 준다. [그림 3.17]은 기억 장치의 계층 구조를 나타낸다.

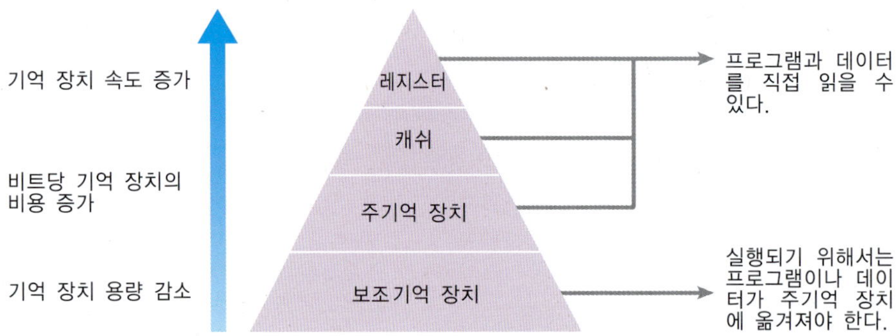

그림 3.17 기억 장치의 계층 구조

(3) 기억 장치의 종류와 특징

기억 장치의 종류에는 크게 주기억 장치와 보조기억 장치, 캐쉬기억 장치가 있다. 주기억 장치는 주로 RAM이 사용되며, 보조기억 장치로는 하드디스크, CD-ROM, 테이프, 플로피 디스크, DVD, USB, SSD 등이 쓰인다.

주기억 장치는 보조기억 장치와는 달리 접근 속도가 매우 빠르다는 장점을 가지고 있으며, 보조기억 장치는 주기억 장치보다 용량이 크고 비용 면에서는 매우 저렴하다는 특징을 가지고 있다.

캐쉬기억 장치는 중앙처리 장치와 주기억 장치 간의 속도 차이를 극복하기 위한 고속의 메모리로서, 주기억 장치보다 고가이지만 적은 용량으로도 빠른 처리 속도를 나타낸다. 주기억 장치에 있는 데이터나 내용들 중에 자주 사용되는 것을 속도가 빠른 캐쉬기억 장치에 미리 복사해 두었다가 필요할 때 중앙처리 장치에서 불러다 쓰기 때문에 매우 빠른 처리가 가능하다. [그림 3.18]의 캐쉬기억 장치는 통상 가격이 비싸고 처리 속도가 매우 빠른 정적 RAM으로 구성되며, 기억 용량은 주기억 장치의 용량보다 매우 작다.

그림 3.18 캐쉬기억 장치

〈표 3.2〉는 기억 장치의 종류와 특징을 보여준다.

표 3.2 메모리의 종류와 특징

	장치	접근 속도	메모리 용량에 따른 비용
주기억 장치	동적 RAM	빠름	높음
캐쉬기억 장치	캐쉬(정적 RAM)	가장 빠름	가장 높음
보조기억 장치	하드디스크	보통	보통
	CD-ROM	느림	낮음
	백업 테이프	매우 느림	매우 낮음
	USB	비교적 빠름	가장 낮음
	SSD	매우 빠름	보통

3.4.2 주기억 장치

주기억 장치는 중앙처리 장치와의 정보 교환을 위해 프로그램과 데이터를 기억하는 장치이다. 초기의 기억 소자는 자기 코어(magnetic core)를 사용하였으며, 지금은 대부분 초고집적도의 반도체를 사용한다. 주기억 장치는 중앙처리 장치와 직접 자료를 교환할 수 있는 기억 장치로서 프로그램 수행에 필요한 기본적인 명령어와 데이터를 기억하는데, 중앙처리 장치와 함께 컴퓨터에서 없어서는 안 될 중요한 장치이다.

(1) 기억 소자

초창기의 컴퓨터에서는 진공관을 주기억 장치의 기억 소자로 사용하였으나, 부피가 크고 전력 소모가 많으며 처리 속도가 매우 느렸다. 그 후 진공관보다 처리 속도가 빠른 자기 코어와 트랜지스터를 주기억 장치의 기억 소자로 사용하였다. 자기 코어는 아주 작은 자성 물질의 링(ring)을 말하며, 보통 페라이트 코어(ferrite core)를 많이 사용한다. 자기 코어는 한번 자기화되면 그 자성을 계속 보존하는 성질이 있는데 이를 이용하여 기억 장치로 사용한다. [그림 3.19]는 초창기 컴퓨터의 기억 소자로 널리 사용된 자기 코어를 보여준다.

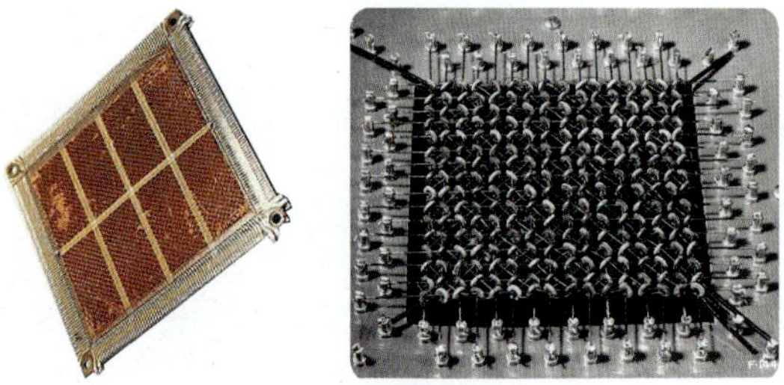

그림 3.19 자기 코어

그 후 1970년대 초에는 얇고 작은 실리콘 판에 트랜지스터를 집적한 반도체가 개발되었다. 현재의 주기억 장치로 이용되고 있는 반도체 기억 소자는 [그림 3.20]에서와 같은 RAM이 있다.

그림 3.20 RAM

조셉슨 소자(Josephson Junctions)는 반도체의 실리콘 대신에 니오브(Nb)와 같은 특수 금속을 사용하여 극저온에서 일어나는 초전도 현상을 이용한 기억 소자이다. 조셉슨 소자는 그 전의 반도체 소자보다 100배 이상 빠르며 소비 전력도 1,000배 정도가 적은 특성을 가지고 있다. [그림 3.21]은 조셉슨 소자를 나타낸다.

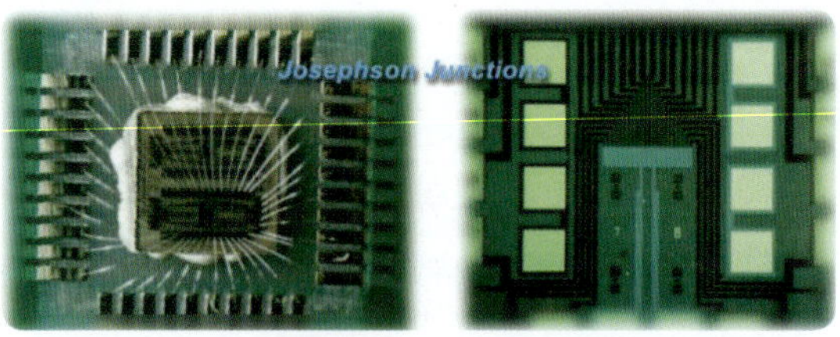

그림 3.21 조셉슨 소자

VRAM은 VGA 카드와 같은 비디오 회로에 사용하기 위해 설계된 칩으로서 컴퓨터의 비디오 회로뿐만 아니라 텔레비전에도 사용된다. VRAM은 데이터를 기록하는 핀과 읽는 핀이 따로 구분되어 있기 때문에 한 쪽에서 데이터를 기록하고 있는 동안 다른 핀으로는 데이터를 읽을 수 있는 장점을 가지고 있다. [그림 3.22]는 VRAM을 나타낸다.

그림 3.22 VRAM

(2) 주기억 장치의 구성

주기억 장치는 프로그램 기억 장소, 작업 장소, 입력 데이터 기억 장소, 출력 데이터 기억 장소로 구성된다. [그림 3.23]의 가운데 부분은 컴퓨터 시스템 내의 주기억 장치 구성을 보여주는데 프로그램 기억 장소는 실행할 프로그램 명령어가 기억되는 장소를 말하고, 작업 장소는 연산 장치에서 연산된 결과를 기억하는 장소이다. 또한 입력 데이터 기억 장소는 입력 장치로부터 입력된 데이터를 기억하는 장소를 말하며, 출력 데이터 기억 장소는 출력될 데이터를 기억하는 장소이다.

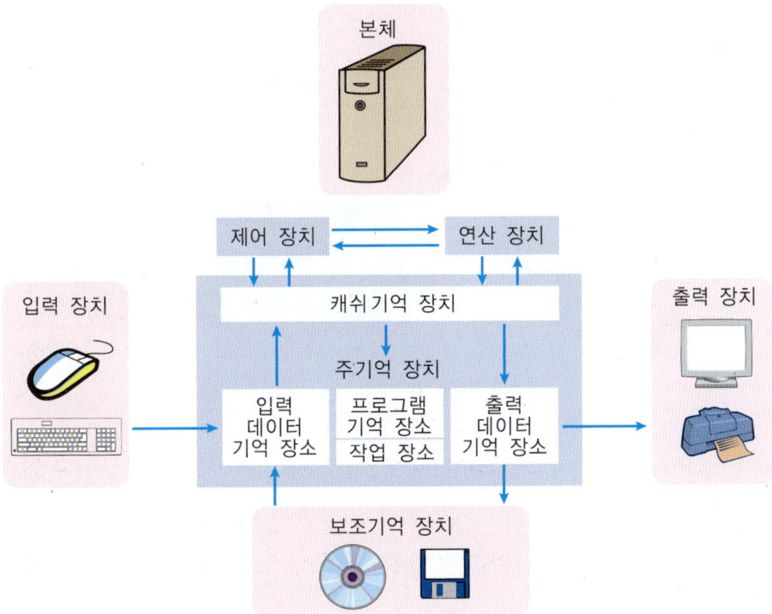

그림 3.23 컴퓨터 시스템 내의 주기억 장치 구성

(3) 주기억 장치의 종류와 특성

주기억 장치는 집적 회로라고 하는 작은 실리콘 판에다 기억 소자 회로를 대량 집적한 것으로 크기가 작고, 속도가 빠르며, 전력 소모가 작다. 또한 대량 생산이 가능하며, 성능에 비해서 저렴하다는 점이 집적 회로의 장점이다. 주기억 장치는 이러한 집적 회로로 만들어졌는데 ROM과 RAM으로 나누어진다.

❶ ROM

ROM(Read only Memory)의 특성은 기억된 내용을 자유롭게 읽을 수는 있지만, 데이터를 임의로 기억시킬 수 없는 읽기 전용의 비휘발성(nonvolatile memory) 기억 장치인데, 전자 회로로 기억하기 때문에 전원이 끊어져도 그 내용이 보관된다. 따라서 지워져서는 안 될 시스템 프로그램을 기록하는 데에 이용된다. ROM의 종류에는 Mask ROM, PROM, EPROM 등이 있다.

- ▶**Mask ROM**: 제조 과정에서 내용을 미리 프로그래밍하여 기억시킨 것으로, 사용자가 내용을 변경할 수 없다. [그림 3.24]는 Mask ROM을 보여준다.

그림 3.24 Mask ROM

- ▶**PROM(Programmable ROM)**: 사용자가 내용을 일단 기억시킨 후에도 필요에 따라 프로그램을 다시 기억시킬 수 있는 장치이다. 즉, 본래 ROM은 내용이 기억되면 변경할 수 없지만, PROM은 사용자가 원하는 논리 기능을 가지도록 할 수 있다. [그림 3.25]는 PROM을 보여준다.

그림 3.25 PROM

- ▶**EPROM(Erasable Programming ROM)**: PROM을 개량한 것으로 자외선이나 높은 압력을 이용하여 내용 변경이 가능하다. 즉, 전기나 자외선을 이용하여 내용을 지운 후 다시 프로그램을 기억하여 몇 번이고 반복 사용 가능한 특수한 ROM이다. [그림 3.26]은 EPROM을 보여주고 있다.

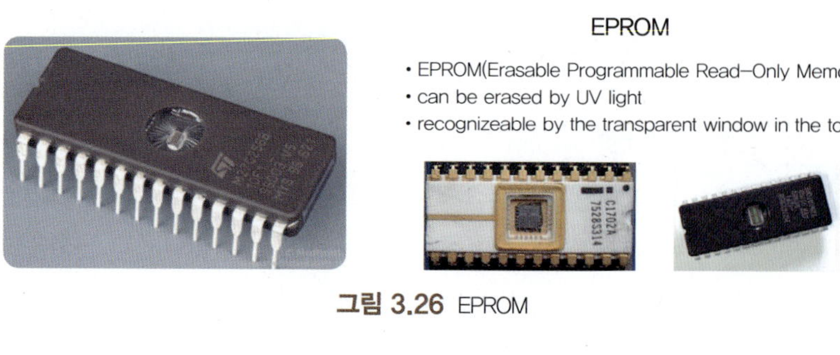

그림 3.26 EPROM

❷ RAM

RAM(Random Access Memory)은 사용자가 작성한 문장이나 프로그램이 기억되는 기억 장소로서, 임의의 메모리 주소에 기억되어 있는 데이터를 주소 지정에 의해 즉시 판독하고 기록할 수 있는 기억 장치이다. RAM은 전원이 끊어지면 기억된 내용이 모두 지워지는 휘발성(volatile memory) 메모리이므로 데이터를 지속적으로 유지하기 위해서는 보조기억 장치를 이용해야 한다. RAM의 종류에는 정적 RAM(SRAM), 동적 RAM(DRAM), VRAM이 있으며, 종류에 따라서 속도의 차이가 있는데 빠른 순서대로 나열하면 SRAM > VRAM > DRAM의 순서이다. [그림 3.27]은 RAM의 실제 모양을 나타낸다.

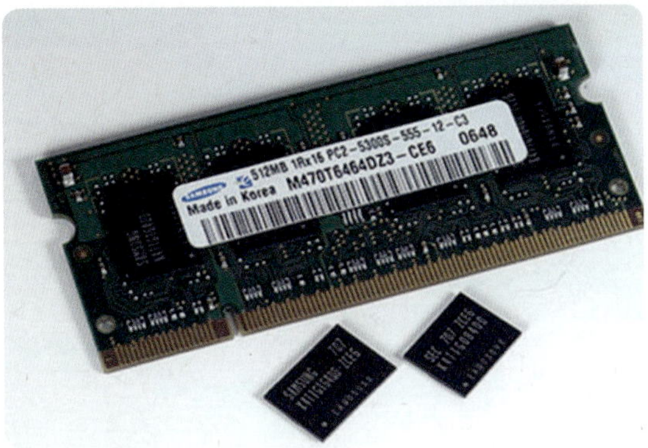

그림 3.27 RAM

▶ **정적 RAM(Static RAM: SRAM)**: 전원 공급이 되는 한 기억된 내용이 계속 남아 있는 RAM으로서 복잡한 재생 클럭이 필요 없어서 작은 용량의 메모리에 사용되는데, [그림 3.28]에 나타나 있다.

그림 3.28 정적 RAM

▶ **동적 RAM(Dynamic RAM: DRAM)**: 기억된 자료를 유지하기 위해 항상 재생용의 리프레시 펄스(refresh pulse)를 공급해 주는 방식의 RAM이다. 개인용 컴퓨터의 주기억 장치의 대부분은 동적 RAM이다. 동적 RAM은 정적 RAM보다 집적도, 소비 전력, 가격 면에서 우위를 보여 많은 RAM을 필요로 하는 경우에 주로 사용된다. [그림 3.29]는 동적 RAM을 나타낸다.

그림 3.29 동적 DRAM

〈표 3.3〉은 정적 RAM과 동적 RAM의 차이를 보여준다.

표 3.3 정적 RAM과 동적 RAM의 비교

	정적 RAM	동적 RAM
구성	플립플롭으로 구성된 기억 장치이다. 전원만 있으면 계속 기억된다.	콘덴서로 구성된 기억 장치이다. 일정한 주기로 재기억시켜야 된다.
사용	고속 처리가 요구되는 기억 장치에 사용된다.	주기억 장치로 사용된다.
장점	속도가 고속이다. 원하는 내용에 즉시 접근 가능하다. 특수 목적 기억 장치로 사용한다.	회로가 간단하고, 소비 전력이 적다. 집적도가 높다(LSI, VLSI, ULSI). 가격이 저렴하다.
단점	소비 전력이 크고 집적도가 낮다. 고가이다.	처리 속도가 느리다. 일정한 주기로 재생하여야 한다.

3.4.3 보조기억 장치

보조기억 장치란 주기억 장치의 제한된 용량을 지원하는 장치로서 중대형 컴퓨터에서는 과거에 자기 디스크, 자기 드럼 등이 쓰였고, 개인용 컴퓨터에서는 하드디스크(Hard Disk), CD-ROM, DVD, SSD 등이 쓰인다. [그림 3.30]은 보조기억 장치들인 하드디스크, CD-ROM, DVD를 차례로 보여주며 〈표 3.4〉는 보조기억 장치들의 성능이나 가격 등을 상대적 관점에서 비교하여 보여준다.

그림 3.30 중대형 컴퓨터의 보조기억 장치

표 3.4 보조기억 장치들의 특성 비교

보조기억 장치	내부/외부	속도	매체 용량	미디어 교체 가능	접근 방법	가격
하드디스크	내외부	고속	초대용량	불가능	직접 접근	중간
CD-ROM	내외부	중간	고용량	가능	직접 접근	낮음
USB	외부	고속	다양한 용량	가능	직접 접근	높음
SSD	내부	초고속	매우 고용량	가능	직접 접근	높음

(1) 중대형 컴퓨터 보조기억 장치

❶ 자기 디스크 장치

자기 디스크(Magnetic Disk)는 레코드판과 같은 금속 원판을 여러 장으로 동일 축에 고정시키고, 디스크에는 원주를 따라 동심원 트랙(track)이 있고 각각의 트랙은 섹터(sector)로 나누어진다. [그림 3.31]은 자기 디스크와 자기 드럼을 나타낸다.

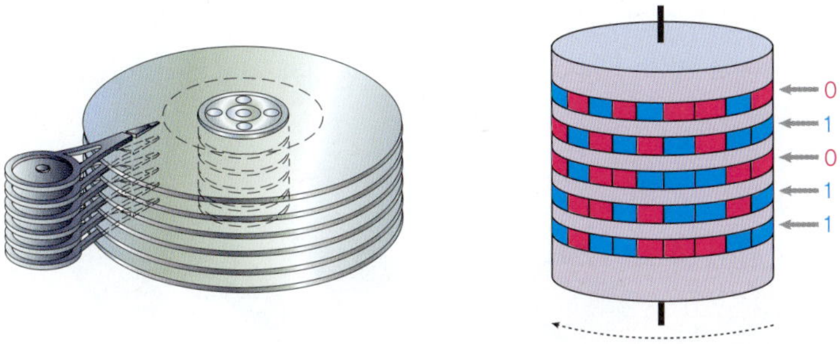

그림 3.31 자기 디스크, 자기 드럼

❷ 자기 드럼 장치

자기 드럼(Magnetic Drum)은 알루미늄 합금체의 지름 20~30cm, 길이 20~40cm의 원통형 표면에 자성 자료를 바른 기억 장치로서 트랙들은 각각 자신의 헤드를 가지고 있다.

(2) 개인용 컴퓨터 보조기억 장치

❶ 하드디스크와 CD-ROM

하드디스크(Hard Disk)는 많은 프로그램과 자료들을 저장하는 보조기억 장치로서, 단단한 금속 상자 바닥에 PCB 기판과 칩이 붙어 있는 형태를 가지고 있다. CD-ROM은 멀티미디어 시대의 저장 매체로서 텍스트, 그래픽, 소리 등을 저장할 수 있다. CD-RW는 읽기 전용 CD-ROM에 비해 쓰기와 읽기 기능을 동시에 만족시켜 주는 미디어인데, 가격이 저렴하고 사용법이 쉬우므로 많이 이용되고 있다. [그림 3.32]는 하드디스크와 CD-ROM 장치를 나타낸다.

그림 3.32 하드디스크와 CD-ROM 장치

❷ USB Flash Drive

USB Flash Drive(USB 플래시 드라이브)는 USB 포트에 꽂아 쓰는 플래시 메모리를 이용한 이동이 편리한 저장 장치를 말한다. 현재 32GB와 64GB가 널리 사용되고 있으며, 최근에는 TB(테라바이트) 등 다양한 용량의 제품이 판매 중인데 USB 메모리나 USB 디스크 등으로 불리기도 한다.

우리가 통상 USB라고도 말하는 USB Flash Drive는 [그림 3.33]과 같이 크기가 일회용 라이터의 절반 이하 정도에 불과해 휴대하기도 매우 간편하다. 또한 큰 용량의 파일을 가지고 다닐 때나 파일을 옮길 때 편리하며, 보안용 암호 장치도 있어 자료를 안전하게 보관할 수 있다. 특히 인터넷뱅킹 사용자가 회사나 PC방에서 거래할 때 필요한 공인인증서를 안전하게 사용할 수 있어 정보의 외부 유출 위험을 줄일 수 있다.

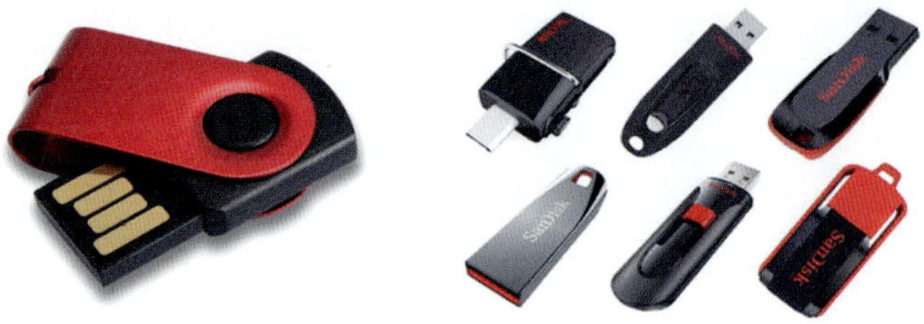

그림 3.33 USB Flash Drive

3.4.4 최근의 기억 장치와 보조기억 장치 동향

(1) 낸드 플래시 메모리

낸드 플래시 메모리(Nand Flash Memory)는 전기적으로 데이터를 지우고 다시 기록할 수 있는 비휘발성 컴퓨터 기억 장치로서 현재 가장 많이 사용되는 메모리 종류이다. 낸드 플래시 메모리는 USB 드라이버, MP3 플레이어, 인터넷폰, 디지털카메라, 디지털 캠코더 등 주로 휴대용 정보통신기기의 메모리로 사용되는데, 우리나라의 삼성전자와 하이닉스가 세계 시장을 주도하고 있다. [그림 3.34]는 삼성전자에서 개발한 3차원 수직구조 낸드플래시 메모리를 나타낸다.

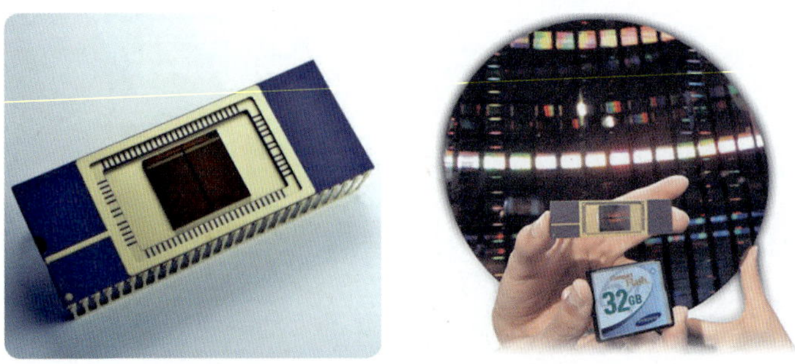

그림 3.34 3차원 수직구조 낸드 플래시 메모리

(2) SSD

SSD(Solid State Drive)는 하드디스크 드라이브(HDD)를 대체할 차세대 저장매체로서 HDD보다 가볍고 데이터 처리속도가 빠르며 낮은 전력 소모와 안정성이 장점이다. 현재 128GB에 이어 256GB, 512GB의 대용량 SSD가 개발되면서 애플 맥북에어 등 고사양의 노트북 등에 SSD가 이용되고 있는데, 다소 비싼 가격 문제를 해결한다면 HDD를 대체할 차세대 저장 장치가 될 것으로 전망된다. [그림 3.35]는 SSD와 내부 모습을 나타낸다.

그림 3.35 SSD와 SSD의 내부 모습

(3) 외장 하드디스크

외장 하드디스크는 외장 하드 또는 휴대용 하드디스크라고도 불리는데, 외장형 케이스에 하드디스크를 결합한 제품을 말한다. 최근에 활발하게 사용되고 있으며 [그림 3.36]과 같이 컴퓨터에 장착하면 하드디스크 형태로 인식한다. 일반적인 용도는 대용량 데이터 백업, 용량 확장, 휴대 등이다. 휴대성을 포기하고 직결 스토리지로서의 기능을 보강한 DAS(Direct Attached Storage)도 있다.

그림 3.36 외장 하드디스크

3.5

SECTION

속도와 성능

3.5.1 컴퓨터 처리 속도

인텔에서 만든 중앙처리 장치의 발전은 개인용 컴퓨터 처리 속도의 발전 역사라고도 할 수 있다. 중앙처리 장치를 기능이나 방식에 따라서 구분하는 것과 생산업체별로 구분하는 것은 다소 애매하고 중복되는 분류이지만 중앙처리 장치에 대한 전체적인 이해를 돕기 위해 3개의 계열로 나누어 간단히 고찰한다.

(1) 인텔 계열

인텔 계열은 제 2장에서 설명한 바와 같이 단계적으로 발전해 왔으며 최근에는 개량된 Core i3, Core i5, Core i7에 이어 Core i9까지 개발되었다. 〈표 3.5〉는 인텔 계열 프로세서의 변천사를 보여주며, [그림 3.37]은 인텔 계열의 인텔 Core i3 프로세서를 보여준다.

표 3.5 인텔 계열 프로세서의 변천사

연도	칩명칭	버스폭	클럭 속도	트랜지스터의 개수
1971	4004	4bit	740KHz	2,300
1974	8080	8bit	2MHz	6,000
1979	8088	16bit	최대 8MHz	29,000
1982	80286	16bit	최대 12MHz	134,000
1985	80386	32bit	최대 33MHz	275,000
1989	80486	32bit	최대 100MHz	1,600,000
1993	Pentium(original)	64bit	최대 200MHz	3.3million
1998	Pentium II	64bit	233MHz 이상	7.5million
1999	Pentium III	64bit	450MHz 이상(650MHz)	28million
2000	Pentium IV	64bit	1.3GHz 이상	42million
2008	Core i7	64bit	2.66GHz~3.2GHz	731million
2009	Core i5	64bit	1.06GHz~3.46GHz	850million
2010	Core i3	64bit	3.1GHz	950million
2022	Core i9	64bit	5.8GHz	Core i9-13900K

※ 이후 현재까지 성능이 개량된 칩들은 생산되고 있으나 획기적으로 업그레이드된 칩은 별로 없음

그림 3.37 인텔 Core i3 프로세서

인텔은 2022년 13세대의 개량된 i5-13600K(5.1GHz), i7-13700K(5.4GHz), 그리고 i-13900K(5.8GHz) 등을 출시했다.

근래에는 새로운 CPU 업그레이드보다는 14nm(나노) 제조 공정으로부터 7nm, 5nm 극미세 공정으로 개발과 생산이 진행 중인데, 최근 삼성전자는 세계 최초로 [그림 3.38]의 첨단 GAA 기술을 적용한 3nm 공정의 파운드리 칩 생산을 시작하였다. 참고로 1nm는 1/10억m인 첨단 반도체 공정이다.

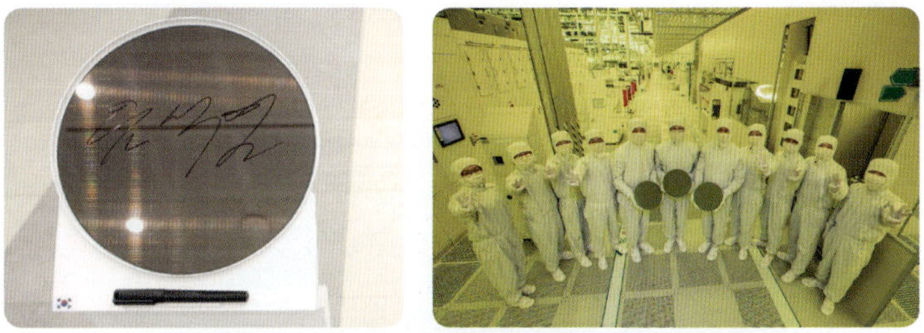

그림 3.38 삼성전자의 3nm 공정의 파운드리 칩

(2) X86 계열

X86 계열은 인텔 중앙처리 장치가 중앙처리 장치를 86으로 통합적으로 부르기 위하여 사용한 이름이다. 최근에는 오히려 비인텔 계열의 중앙처리 장치를 지칭하기 위해서 주로 사용하기도 하며, 대표적인 제품군으로는 AMD K5, AMD K6 제품군과 Cyrix 5x86, 6x86, M1, M2 제품이 있다.

(3) 모토롤라 계열

모토롤라 계열은 68xxx 계열 프로세서라고도 불리고 있다. 68000, 68020, 68030, 68040, 68050 등의 프로세서 명칭이 정해져 있고, RISC 방식이기 때문에 인텔 계열의 소프트웨어에 대한 호환성을 가지고 있지 않다. 위에서 코드명을 보면 인텔의 80x86의 X에 해당하는 숫자가 680x0으로 지정되어 있다는 것을 알 수 있다. 〈표 3.6〉은 모토롤라 계열의 마이크로프로세서의 변천사를 나타낸다.

이들 프로세서는 애플컴퓨터 사의 매킨토시에 내장되어 사용되고 있다. 최근에 등장한 PowerPC는 모토롤라를 중심으로 IBM 등이 모여서 인텔의 아성에 도전하기 위해 개발한 고성능 프로세서이다. [그림 3.39]는 PowerPC에 장착되는 모토롤라 계열의 마이크로프로세서의 구조를 나타낸다.

표 3.6 모토롤라 계열의 마이크로프로세서의 변천사

연도	칩명칭	버스폭	클럭 속도	트랜지스터의 개수
1979	68000	16bit	8MHz	68,000
1984	68020	32bit	16MHz	136,000
1986	68030	32bit	최대 40MHz	272,000
1988	68040	32bit	최대 40MHz	888,000
1993	PowerPC 601	64bit	최대 120MHz	2.8million
1994	PowerPC 603	64bit	최대 160MHz	1.6million
1995	PowerPC 603e	64bit	최대 300MHz	2.6million
1995	PowerPC 604e	64bit	최대 300MHz	3.6million
1998	PowerPC 750(G3)	64bit	200MHz 이상	6.35million
2000	PowerPC 7410(G4)	64bit	400MHz 이상	10.5million
2001	PowerPC 8500(G5)	64bit	800MHz 이상	68million

※ 이후 현재까지 Mac Pro용 응용 CPU로는 개량되고 있으나 획기적으로 업그레이드된 칩은 별로 없음

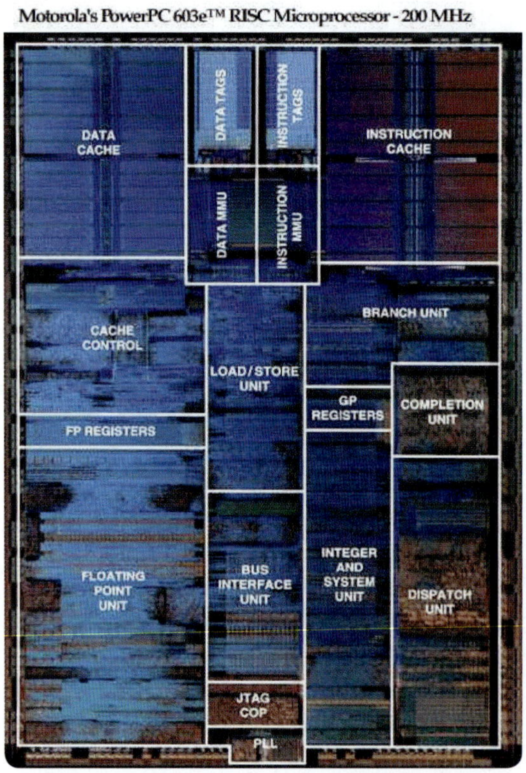

그림 3.39 200MHz PowerPC 프로세서의 구조도

알아보기 코너 무어의 법칙

무어의 법칙(Moore's Law)은 인텔의 고든 무어(Gordon Moore)가 마이크로칩의 성능이 매 24개월마다 2배로 증가한다는 이론이다. 1965년에는 마이크로칩의 성능이 매 18개월마다 2배가 될 것으로 예측하는 법칙이었다가 1975년에 매 24개월마다로 수정되었다. 이 법칙은 컴퓨터의 처리 속도와 메모리의 양이 2배로 증가하고, 비용은 상대적으로 떨어지는 효과를 가져왔다. 그러나 모바일 컴퓨팅 시대인 2016년 경부터 칩의 발열과 비용 증가 등의 문제가 발생하여 무어의 법칙이 점차 한계에 다다르고 이를 극복하기 위한 적극적인 노력이 진행되고 있다.

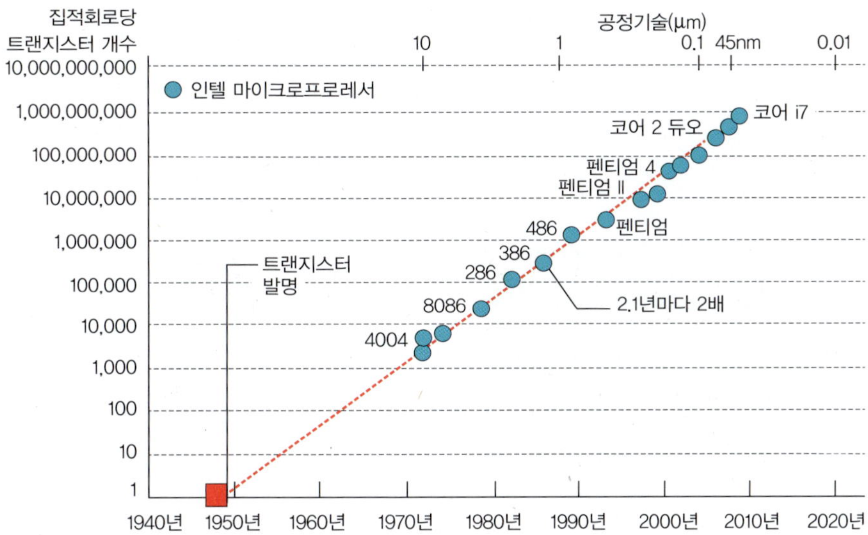

3.5.2 데이터 전송 방법

컴퓨터에서의 데이터 전송은 버스(bus)를 통하여 이루어진다. CPU 등의 시스템과 관련이 있는 시스템 버스에는 [그림 3.40]과 같이 데이터 버스, 주소 버스, 그리고 제어 버스가 있다. 데이터를 이동시키려면 반드시 버스를 사용해야 하는데 주변 장치나 주기억 장치와의 연결 시에는 모두 버스를 통하여 데이터의 전송이 이루어진다.

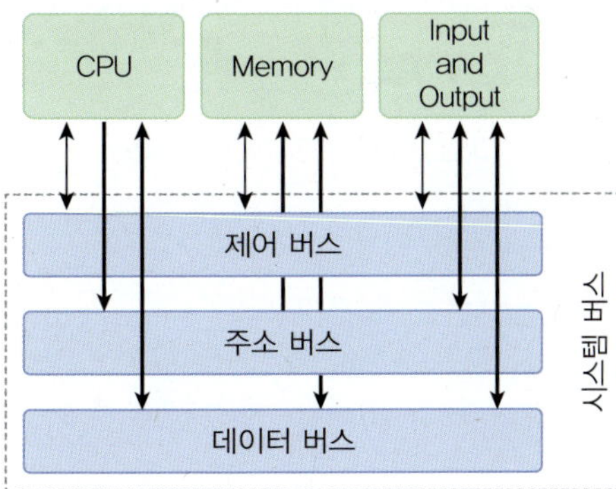

그림 3.40 데이터 버스와 시스템과의 관계

데이터 버스(data bus)란 컴퓨터의 각 장치 간에 데이터를 전달할 때 사용하는 도로를 말하는데, 16비트 데이터 버스는 16차선 도로에 비유할 수 있고, 32비트 데이터 버스는 32차선 도로를 사용하고 있다고 생각할 수 있다.

버스의 대역폭(bandwidth)은 버스의 전송량을 의미한다. 따라서 버스의 대역폭이 컴퓨터의 성능을 좌우하기도 한다. 펜티엄 중앙처리 장치의 경우 32비트 레지스터를 사용하지만 메모리를 액세스하는 데이터 버스는 64비트이다. 참고로 32비트 33MHz PCI(Peripheral Component Interconnect) 버스의 대역폭은 132MB/s인데 이것은 이론상 초당 최대 132MB를 전송할 수 있음을 나타낸다.

버스의 종류는 ISA(Industrial System Architecture), EISA(Enhanced Industrial System Architecture), Vesa Local Bus, PCI 등이 있다. [그림 3.41]에는 PCI 버스와 PDP-11에 사용되었던 버스 연결선의 예가 나타나 있고, [그림 3.42]의 기판 위에 버스 부분이 표시되어 있다.

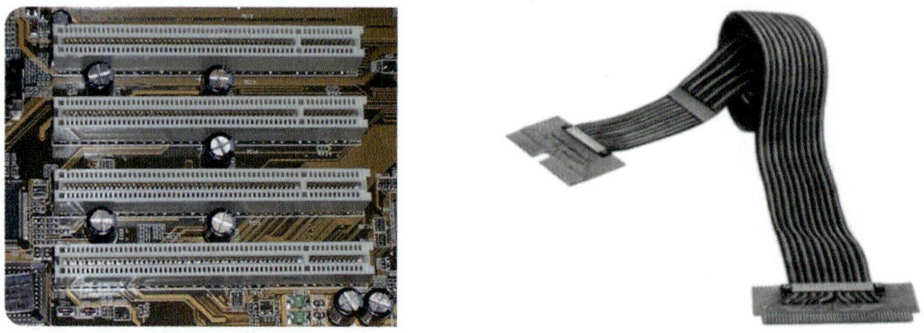

그림 3.41 버스와 버스 연결선의 예

그림 3.42 기판 내에서의 버스

실습/알아보기

1 자기가 사용하는 컴퓨터나 노트북의 사양을 자세하게 알아보자.

컴퓨터에 따라 약간 다를 수 있는데, 저자 컴퓨터의 경우에는 [설정 → 시스템 → 정보]를 거쳐 다음과 같은 정보를 얻을 수 있다. 각자 컴퓨터의 사양을 알아보자.
이 외에도 자기 컴퓨터에 쓰이는 그래픽 카드, 버스의 종류 등의 사양을 알아보자.

[예]

2 컴퓨터 부품에 대한 동영상 시청

유튜브에 들어가서 "컴퓨터 PC 부품 역할 알아내기 기본편"을 검색하여 아래의 동영상을 열어 컴퓨터 부품의 생김새와 역할 등을 살펴보자.

https://www.youtube.com/watch?v=nIe7w0GI4Fk

참고문헌

3.1 컴퓨터 시스템의 기본 구조

https://www.techopedia.com/definition/593/computer-system

https://www.youtube.com/watch?v=qfUZBKDh9BY

https://www.youtube.com/watch?v=qfUZBKDh9BY

https://www.learncomputerscienceonline.com/introduction-to-computer-system/

3.2 중앙처리 장치

http://en.wikipedia.org/wiki/Central_processing_unit

https://en.wikipedia.org/wiki/Pentium_FDIV_bug

https://ko.wikipedia.org/wiki/%EC%A4%91%EC%95%99_%EC%B2%98%EB%A6%AC_%EC%9E%A5%EC%B9%98

https://jhnyang.tistory.com/166

3.3 명령어

M. Morris Mano, Computer System Architecture, Prentice Hall, 2013.

https://www.techtarget.com/whatis/definition/instruction

https://www.javatpoint.com/computer-instructions

https://www.tutorialspoint.com/what-are-computer-instructions

https://www.youtube.com/watch?v=706aFmWa9ME

3.4 기억 장치

https://namu.wiki/w/SSD

https://en.wikipedia.org/wiki/Computer_memory

https://namu.wiki/w/외장%20하드%20디스크

http://review.chosun.com/site/data/html_dir/2008/10/09/2008100900723.html

3.5 속도와 성능

http://www.intel.com

https://en.wikipedia.org/wiki/Motorola_68000

https://namu.wiki/w/%EC%9D%B8%ED%85%94%20%EC%BD%94%EC%96%B4%20i%20%EC%8B%9C%EB%A6%AC%EC%A6%88

https://information-factory.tistory.com/34

https://velopers.tistory.com/5

연습문제

정오식 문제

1 시스템 소프트웨어의 종류에는 운영체제, 언어 번역 프로그램, 유틸리티 등이 있다. (　　)

2 컴퓨터의 내부 구조에서 가장 중요한 역할을 하는 부분은 주기억 장치뿐이다. (　　)

3 입력 장치란 사용자가 원하는 문자나 그림 등의 데이터를 컴퓨터로 전달하는 장치를 말한다. (　　)

4 보조기억 장치는 프로그램 기억 장소, 작업 장소, 입력 데이터 기억 장소, 출력 데이터 기억 장소로 구성되며 내부 기억 장치라고도 한다. (　　)

5 언어번역 프로그램인 컴파일러는 펌웨어에 속한다. (　　)

6 파일을 압축하거나 디스크를 효율적으로 관리하는 프로그램은 유틸리티에 속한다. (　　)

7 펌웨어는 시스템의 효율을 높이기 위해 RAM에 들어있는 기본적인 프로그램이다. (　　)

8 실행 사이클은 데이터를 페치하고 명령어를 실행하는 CPU의 사이클 중 하나이다. (　　)

9 MAR은 주소 해독기에 의해 해독된 실행 데이터 주소를 임시로 기억하는 제어용 레지스터이다. (　　)

10 MBR은 메모리 버퍼 레지스터의 약자로서, 모든 자료가 거치게 되는 자료 출입용 레지스터이다. (　　)

11 동적 RAM은 정적 RAM보다 접근 속도가 빠르다. (　　)

12 ROM은 전원이 끊어지면 기억된 내용이 모두 지워지는 휘발성 메모리이다. (　　)

13 CISC란 수행 속도를 높이기 위해, 처리하는 명령어의 수를 줄이고 단순한 명령어 구조를 취한 CPU를 의미한다. (　　)

14 마이크로프로세서 중 인텔 계열과 모토롤라 계열은 서로 호환이 가능하다. (　　)

15 PowerPC와 같은 마이크로프로세서는 인텔 계열이 아니라 모토롤라 계열에 속하며 주로 애플 컴퓨터의 매킨토시 계열에 주로 사용된다. (　　)

16 최근 삼성전자에서 첨단 공법으로 3nm 파운드리 칩이 생산되고 있다. 이때 나노는 1/10만 m에 해당한다. (　　)

17 버스의 대역폭이 크면 자료의 송수신이 더 빠르고 효율적이다. (　　)

단답식/선택식 문제

1 최근에 널리 쓰이기 시작한 (   )는 USB 드라이브, MP3 플레이어, 인터넷폰, 디지털카메라, 디지털 캠코더 등 주로 휴대용 정보통신기기의 메모리로 사용된다.

2 (   )는 프로그램 기억 장소, 작업 장소, 입력 데이터 기억 장소, 출력 데이터 기억 장소로 구성되는데, 내부 기억 장치라고도 한다.

3 (   )란 시스템의 효율을 높이기 위해 ROM에 들어 있는 기본적인 프로그램을 의미한다. 대표적인 예로 BIOS가 있다.

4 (   )는 하드디스크 드라이브를 대체할 차세대 저장 매체로서, HDD보다 가볍고 데이터 처리 속도가 빠르며 낮은 전력 소모와 안정성이 장점이다.

5 마이크로프로세서로 많이 쓰이고 있는 Core i3, Core i5는 (   ) 계열에 속한다.

6 컴퓨터의 (   )란 컴퓨터 내부에서 데이터가 전송되는 통로를 의미하며 16비트, 32비트 등이 있다.

7 기억 장치의 계층 중 최상위에 위치하며, 가장 속도가 빠른 기억 장치는 무엇인가?

8 기억 장치의 명령어를 호출하는 단계를 무엇이라 하는가?

9 주기억 장치에 있는 명령어를 임시로 저장하는 레지스터는 무엇인가?

10 소프트웨어를 하드웨어화 시킨 것으로서 소프트웨어와 하드웨어의 중간에 해당하는 것은 무엇인가?

11 하드웨어와 운영체제의 중간에 위치하여 장치를 동작시키는 장치는 무엇인가?

12 주어진 명령을 수행하고 데이터를 처리하는 장치로서 사람이 두뇌에 해당하는 컴퓨터 내의 장치는 무엇인가?

13 주기억 장치에 있는 명령어를 임시로 기억하며 모든 자료가 거치게 되는 자료출입용 레지스터는 무엇인가?

14 중앙처리 장치 내의 주요 장치로서 연산과 관련된 자료들을 처리하는 장치는 무엇인가?

15 개인이 간단히 휴대할 수 있는 소형의 기억 장치로서, 공인인증 등 보안인증서 보관에 많이 쓰이는 것은 무엇인가?

16 다음 중 컴퓨터의 기본 시스템에 해당하지 않은 것은?
① 중앙처리 장치　② 기억 장치　③ 입출력 장치　④ 소프트웨어

17 다음 중 시스템 소프트웨어에 속하지 않는 것은?
① 그래픽 툴　② 어셈블러　③ Windows 10　④ 파일 압축 유틸리티

18 다음 중 하드웨어적 성격이 가장 적은 것은?

① 중앙처리 장치 ② 펌웨어 ③ 입력 장치 ④ 보조기억 장치

19 다음 중 입력 장치에 속하는 것은?

① 모니터 ② 플로터 ③ 스피커 ④ 스캐너

20 다음 중 출력 장치에 속하는 것은?

① 키보드 ② 마우스 ③ 그래픽카드 ④ 터치스크린

21 다음 중 언어번역 프로그램의 종류가 아닌 것은?

① 어셈블러 ② 데이터 관리 프로그램
③ 컴파일러 ④ 인터프리터

22 다음 중 명령어 사이클에 해당하지 않는 것은?

① 실행 사이클 ② 페치 사이클 ③ 기억 사이클 ④ 인터럽트 사이클

23 다음 중 주로 주소를 저장하는 레지스터는 무엇인가?

① MBR ② IR ③ MAR ④ GPR

24 중앙처리 장치와 주기억 장치 간의 속도 차이를 극복하기 위한 고속의 메모리는 무엇인가?

① 캐시기억 장치 ② SRAM ③ DRAM ④ USB

25 다음 중 시스템 소프트웨어에 속하지 않은 것은?

① 운영체제 ② 유틸리티 ③ 펌웨어 ④ 언어 번역 프로그램

26 다음 중 정적 RAM의 특징으로 볼 수 있는 것은?

① 집적도가 높고 가격이 저렴하다.
② 일정한 주기로 재기억시켜야 한다.
③ 주로 주기억 장치로 사용된다.
④ 고속이며 전원만 있으면 계속 기억된다.

27 다음에서 프로그램의 내용을 지우거나 변경하기가 유연한 ROM은 무엇인가?

① ROM ② Mask ROM ③ PROM ④ EPROM

28 다음에서 주기억 장치로 별로 쓰이지 않는 것은?

① 동적 RAM ② USB ③ VRAM ④ 조셉슨 소자

29 다음의 보조기억 장치 중 처리 속도가 가장 빠른 것은?

① 하드디스크 ② SSD ③ USB ④ CD-ROM

30 다음 중 마이크로프로세서에 속하지 않는 것은?

① SSD ② 펜티엄 IV ③ Core i3 ④ 80386

31 다음 중 초기의 중대형 컴퓨터에 사용되던 보조기억 장치는?

① 자기 드럼 ② 하드디스크 ③ USB Flash Drive ④ CD-RW

32 플래시 메모리가 내장되어 있으며, 이동이 편리한 저장 장치로 크기가 작아 휴대하기도 매우 간편하며 큰 용량의 파일을 가지고 다닐 때나 파일을 옮길 때 편리한 보조기억 장치는 무엇인가?

① DVD-RAM ② CD-ROM ③ Zip ④ USB Flash Drive

33 다음 중 CISC 계열에 해당하는 것은?

① 명령어의 수를 줄인 것 ② 인텔 계열

③ 주로 워크스테이션에 쓰임 ④ 비교적 단순화된 명령어로 구성

주관식 문제

1 시스템 소프트웨어와 응용 소프트웨어를 설명하고 그 차이점을 밝히시오.

2 컴퓨터를 구성하는 하드웨어 장치에는 어떤 것들이 있으며 각각 그 역할은 무엇인지를 설명하시오.

3 MAR과 MBR을 각각 간단하게 설명하시오.

4 중앙처리 장치와 캐쉬기억 장치 사이의 관계를 설명하시오.

5 주기억 장치란 무엇이며 또 어떤 종류들이 있는지를 설명하시오.

6 ROM과 RAM을 각각 설명하고 차이점을 비교하시오.

7 기억 장치도 속도의 빠르기에 따라서 계층적인 구조를 가지는데 간략히 그림으로 그리고 설명하시오.

8 버스를 설명하고 버스의 종류를 나열하시오.

9 입력 장치와 출력 장치의 기능과 종류를 간단히 설명하시오.

10 최근 인텔과 삼성전자의 최신 칩 개발에 대해 간략하게 설명하시오.

24V

Chapter 04

소프트웨어와 변화하는 사회

Contents

단원의 주요 목표

소프트웨어의 개념과 소프트웨어 응용이나 코딩과 관련된 여러 주제들을 학습한다.

- 시스템 소프트웨어와 응용 소프트웨어를 알아보고 소프트웨어의 변화를 살펴본다.
- 소프트웨어의 중요성과 역할, 그리고 소프트웨어가 미치는 힘에 대해 알아본다.
- 교통 앱과 파워포인트 등 소프트웨어의 다양한 분야에의 응용과 융합을 파악한다.
- 소프트웨어 교육의 중요성과 소프트웨어와 디지털 인재 양성 계획을 알아본다.
- 코딩의 개념을 살펴보고 코딩 교육의 중요성과 스크래치 등에 대해 살펴본다.
- 코딩 교육에 쓰이는 파이썬 언어의 주요 특성과 다운로드와 실행 예를 경험한다.

4.1 SECTION 소프트웨어란 무엇인가?

소프트웨어란 하드웨어에 대응하는 개념으로 컴퓨터 프로그램 및 그것과 관련된 문서들을 총칭하는 용어로 정의될 수 있다. 여기서는 최근 들어 크게 주목받고 있는 소프트웨어의 정의, 분류, 열풍 그리고 변화 등을 살펴본다.

4.1.1 소프트웨어의 정의

소프트웨어(Software: S/W)란 '컴퓨터 프로그램과 그와 관련된 문서들'을 총칭하는 용어로서, 컴퓨터 기계 자체의 집합체인 하드웨어(Hardware: H/W)에 대응하는 개념이다. 즉 하드웨어가 컴퓨터 시스템의 물리적인 기반을 제공하는데 비해, 소프트웨어는 우리가 원하는 대로 컴퓨터를 작동하게 만드는 논리적인 바탕을 제공한다. 가령 인간에 비유하자면 하드웨어는 사람의 육체에 해당하며, 소프트웨어는 사람을 움직이는 두뇌 지식이라 할 수 있다.

컴퓨터 시스템은 기본적으로 하드웨어와 소프트웨어로 구분된다. 하드웨어는 전자 회로와 그 밖의 물리적인 장치들로 이루어지며, 소프트웨어는 이를 활용할 수 있는 기본 적인 프로그램이나 이에 따르는 기술들을 말한다. [그림 4.1]은 하드웨어와 소프트웨어의 케이스(case)를 보여주고 있다.

그림 4.1 하드웨어와 소프트웨어 케이스

소프트웨어는 컴퓨터 시스템을 가동시키는데 필수적인 운영체제 등의 시스템 소프트웨어(system software)와 문서작성이나 게임 등 특정 분야의 업무를 처리하는데 사용되는 응용 소프트웨어(applications software)로 나누어진다.

컴퓨터가 개발된 초창기에는 하드웨어만을 중요시하였으나, 그 후 소프트웨어의 중요성이 점차 커져 현재는 소프트웨어가 하드웨어보다 더 중요한 역할을 하는 경우가 많다. 따라서 소프트웨어를 분석, 설계, 개발, 운영, 유지보수 등 개발의 주기 전반에 걸친 계획, 개발, 검사, 보수, 관리, 방법론 등을 연구하는 분야인 소프트웨어공학(Software Engineering)도 발달하게 되었다.

소프트웨어는 흔히 컴퓨터 프로그램과 같은 의미로 사용되기도 하는데, 음악회나 각종 행사에서의 식순 프로그램과 마찬가지로 작업의 진행 순서를 논리적으로 표현한다. 이와 같은 논리적 표현은 컴퓨터가 실행할 수 있는 명령어(instruction)들로 이루어지는데, 컴퓨터로 하여금 어떤 기능을 수행할 수 있도록 지시하는 명령어들을 순서에 따라 차례로 나열해 놓은 것을 프로그램(program)이라 한다. [그림 4.2]는 간단한 C 프로그램의 예를 나타낸다.

```
#include<stdio.h>
#include<conio.h>
int main ()
    {
    clrscr();
    printf ("Welcome to C language");
    getch();
    return 0;
    }
```

그림 4.2 컴퓨터 프로그램의 예

프로그램에서 사용되는 명령어를 이용하여 프로그램을 작성하는 작업을 프로그래밍(programming)이라 하며, [그림 4.3]과 같이 프로그램을 작성하는 사람을 프로그래머(programmer)라 한다.

컴퓨터가 다방면에 걸쳐 점차 폭넓게 활용되고 있고 컴퓨터 프로그래머가 활약할 분야도 늘어남에 따라, 보다 많은 전문적인 프로그래머가 필요한 실정이다. 한편 단순히 취미 삼아 뭔가 프로그램을 작성해보는 아마추어 학생들도 많다.

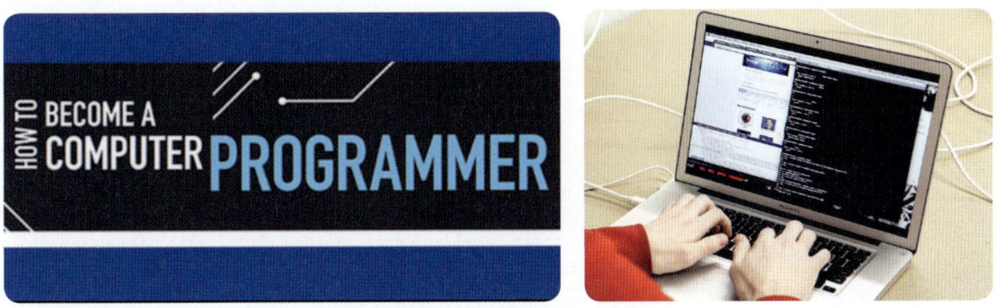

그림 4.3 컴퓨터 프로그래머

4.1.2 소프트웨어의 분류

소프트웨어는 [그림 4.4]와 같이 컴퓨터 시스템을 가동시키는데 필수적인 운영체제 등의 시스템 소프트웨어(system software)와 문서작성이나 게임 등 특정 분야의 업무를 처리하는데 사용되는 응용 소프트웨어(applications software)로 나누어진다.

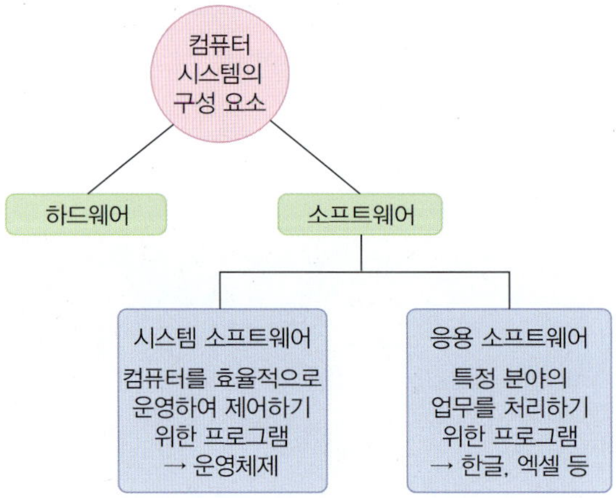

그림 4.4 시스템 소프트웨어와 응용 소프트웨어

(1) 시스템 소프트웨어

시스템 소프트웨어는 컴퓨터 사용자가 복잡한 하드웨어를 잘 모르고서도 편리하게 컴퓨터를 사용할 수 있도록 도와주는 동시에 컴퓨터 시스템들을 효율적으로 작동시키고 다룰 수 있는 기능을 갖춘 프로그램이다.

시스템 소프트웨어는 [그림 4.5]와 같이 운영체제, 언어번역 프로그램, 그리고 유틸리티의 3가지로 분류된다. 운영체제는 Windows, Unix/Linux, Mac OS 등으로 나누어지고, 언어번역 프로그램은 어셈블러, 컴파일러, 인터프리터로 이루어지며, 시스템 유틸리티는 정렬, 디스크 관리, 파일 압축 등을 담당한다.

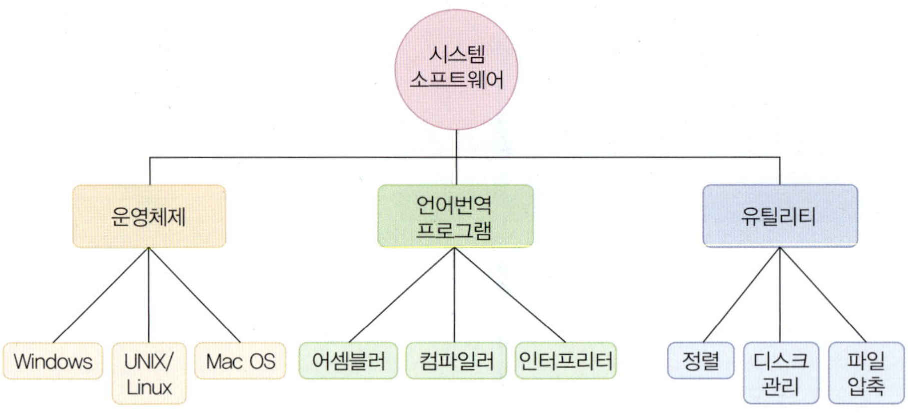

그림 4.5 시스템 소프트웨어 종류와 구분

시스템 소프트웨어 중 대표적인 것은 통상 OS라고 불리는 운영체제(Operating System: OS)인데 하드웨어와 응용 소프트웨어 사이에 위치하여 사용자가 컴퓨터를 원활하게 사용할 수 있는 환경을 제공해주고 컴퓨터의 자원(resource)을 관리하는 역할을 담당한다. [그림 4.6]은 현재 가장 많이 쓰이고 있는 Windows 8과 Windows 10을 나타낸다.

그림 4.6 Windows 8과 Windows 10

(2) 응용 소프트웨어

응용 소프트웨어는 통상 사용자가 특정 분야의 업무를 처리하기 위해 운영체제 위에서 작동되는 소프트웨어들을 뜻한다. 그 종류로는 워드프로세서, 엑셀, 파워포인트, 스프레드시트, 데이터베이스 관리, SAS, 동영상 플레이어, 각종 게임 등 수없이 많다. [그림 4.7]은 응용 소프트웨어에 속하는 한컴오피스와 파워포인트 화면을 나타낸다.

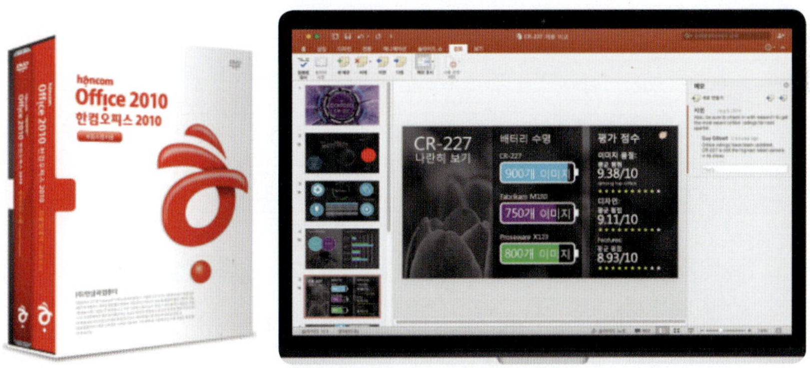

그림 4.7 한컴오피스와 파워포인트

응용 소프트웨어를 줄여서 애플리케이션(application)이라 하는데, 요즘에는 좀 더 줄 여서 어플 또는 앱(app)이라 부르기도 한다. 특히 최근에는 스마트폰에서 작동되는 앱의 수가 급증하고 있는 추세이다. 하드웨어, 시스템 소프트웨어, 응용 소프트웨어의 관계는 [그림 4.8]과 같은데, 사용자는 주로 응용 소프트웨어와 접하게 된다.

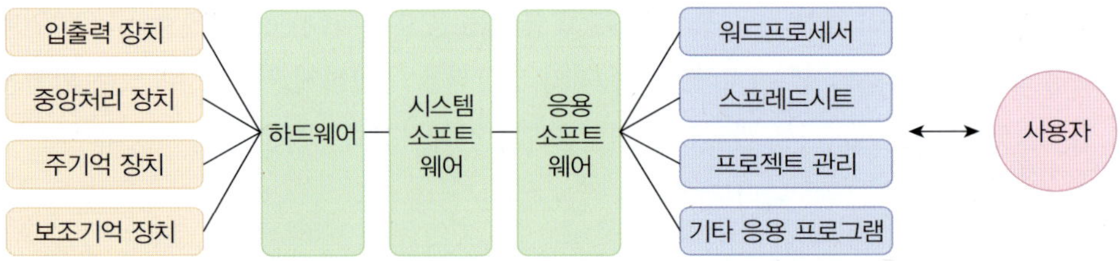

그림 4.8 하드웨어, 시스템 소프트웨어, 응용 소프트웨어의 관계

컴퓨터가 개발된 초창기에는 하드웨어가 중심이었으나, 그 후 소프트웨어의 중요성이 점차 커져 현재는 소프트웨어가 하드웨어보다 훨씬 더 큰 비중을 차지하고 있는데, 특히 응용 소프트웨어의 비중이 커지고 있다.

4.1.3 소프트웨어 열풍

전 세계적으로 소프트웨어 열풍이 불고 있다. 미국과 영국을 비롯한 여러 나라에서 소프트웨어의 중요성을 강조하며, 소프트웨어를 차세대의 시장 질서를 주도적으로 리드해 나갈 수 있는 핵심 기술로 주목하고 있다.

불과 10여 년 전까지만 해도 세계 휴대폰 시장의 선두주자였던 핀란드의 노키아가 극심한 실적 부진으로 구글에 흡수되어 버리고, [그림 4.9]와 같이 창의적이고 혁신적인 소프트웨어를 장착한 아이폰을 개발한 스티브 잡스의 애플사가 급부상할 것을 예상한 사람은 별로 없었을 것이다. 손가락으로 간단하게 조작할 수 있는 소프트웨어의 개발을 통해 손 안에 잡히는 조그마한 화면에서 무선으로 전화와 인터넷을 할 수 있는 엄청난 변혁을 이룩한 것이다.

그림 4.9 소프트웨어를 통한 혁신

또한 사회적으로 큰 물의를 일으킨 폭스바겐 사태의 주된 이슈도 자동차의 배기가스 관련 소프트웨어 조작이 문제가 된 것이다. 최근 자동차 산업에서도 소프트웨어를 많이 적용하여 성능을 향상시킴으로써 소프트웨어의 중요성 또한 점차 커지고 있다. [그림 4.10]은 운전자가 손을 대지 않고도 여러

가지 소프트웨어 프로그램을 이용하여 목적지까지 도착할 수 있는 자율주행차를 나타낸다.

그림 4.10 소프트웨어에 의한 자동 운전

4.1.4 소프트웨어를 통한 변화

소프트웨어는 우리의 일상생활에 큰 영향을 미치고 있으며, 앞으로 소프트웨어가 세상의 변화를 이끌 것으로 예측된다. 예를 들어 자율주행차를 개발하고 있는 BMW의 경우 연구개발비의 약 90%가 관련 소프트웨어 개발에 투입되고, [그림 4.11]과 같은 전기자동차를 개발하는 세계적인 기업인 테슬러(Tesler)의 경우와 구글(Google)의 자율주행차의 경우에도 소프트웨어 기술이 핵심을 차지하고 있다.

그림 4.11 테슬러의 전기자동차와 구글의 자율주행차

최근 통계에 따르면 미국의 소프트웨어 관련 기업이 낸 특허는 약 13% 정도이나 전통적인 제조 기업들이 낸 특허는 무려 87%에 달한다고 한다. 이 사실은 제조업체에서 소프트웨어를 융합하는 연구가 커지고 있다는 점이다. 따라서 이제부터는 제조업과 소프트웨어를 따로 분리해서 생각할 수 없게 되었으며, 제조업의 경쟁력을 결정하는 핵심요소는 소프트웨어에 달려있다고 해도 과언이 아닐 것이다.

4.2 SECTION 소프트웨어의 중요성과 역할

4.2.1 소프트웨어의 중요성

최근 들어 소프트웨어 개발의 중요성이 급격히 커지고 있다. 이제는 '소프트웨어가 미래'라거나 '소프트웨어는 영어만큼 중요한 21세기 세계 공용어'라는 표현이 자연스레 들리기 시작한다. 소프트웨어는 기존의 다른 산업 영역과의 융합을 통해 놀라울 정도의 파급 효과를 나타내며 발전하고 있다.

[그림 4.12]는 오바마 전 대통령이 소프트웨어의 중요성을 강조하는 장면이며, [그림 4.13]은 소프트웨어와 스포츠 및 자동차와의 결합을 나타낸다.

다음은 소프트웨어의 중요성을 강조하는 각계의 표현이다.

- "남이 만든 게임에만 열중하지 말고 자기가 직접 게임을 만들어 보라." – 미국 오바마 대통령
- "소프트웨어는 삼성의 새로운 문화이며 미래다." – 삼성전자
- "미래를 선도하기 위해서는 어릴 때부터 소프트웨어를 더 많이 경험할 수 있도록 해야 한다." – 미래창조과학부
- "소프트웨어와 스포츠의 결합을 통하여 소비자들은 지금과는 다른 경험을 할 것이다." – 마크 파커 나이키 회장
- "이제 자동차는 기름이 아니라 소프트웨어로 달린다." – 메르세데스 벤츠의 CEO 디터 제체(Dieter Zetsche) 회장

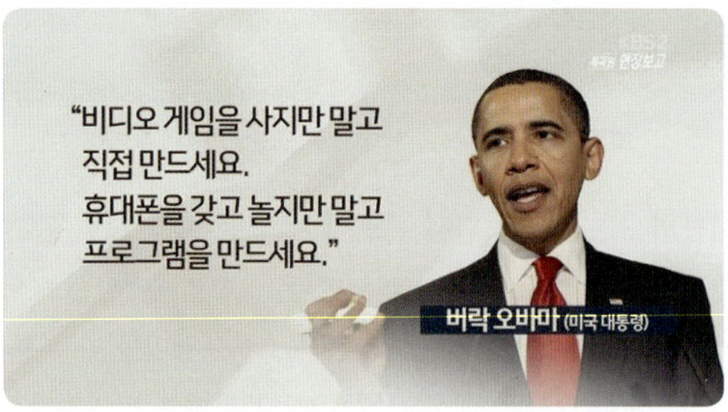

그림 4.12 오바마 전 대통령의 소프트웨어의 중요성 강조

그림 4.13 소프트웨어와 스포츠의 결합(Nike)

4.2.2 소프트웨어와 사회 변화

소프트웨어의 중요성을 알려주는 또 다른 표현은 미국의 앤드리센(Marc Andreessen)이 2011년 8월 월스트리트 저널 특집에 기고한 '소프트웨어가 세상을 지배하는 이유?(Why software is eating the world?)'란 글이다. 여기서 그는 [그림 4.14]와 같이 소프트웨어가 장차 모든 영역에서 세상을 지배할 것이며, 미래에는 거의 모든 회사가 소프트웨어와 관련을 맺을 것이라고 주장하였다.

그림 4.14 소프트웨어가 세상을 삼키는 이유

요즘 들어 우리나라에서도 소프트웨어가 다른 산업을 지배하거나 변화시키는 사례가 점차 증가하고 있는데, 소프트웨어의 영향력이 강력하고도 파괴적으로 진행된다는 점에 주목할 필요가 있다.

예를 들어 '카카오톡'은 휴대폰 회사들의 상당한 수입원이었던 문자 서비스를 무료로 대체했으며, 비록 통화 품질은 다소 떨어지나 국제전화를 무료로 통화할 수 있게 만들어 국제전화 서비스를 하는 회사의 수입을 크게 축소시켰다. 또한 구글이나 애플과 같은 IT 강자들이 소프트웨어 기술을 자동차에 접목시켜 머지않아 자율주행차의 시대가 오면 자동차 산업 영역에 큰 변화를 일으킬 것으로 예상된다. [그림 4.15]는 카카오톡을 통한 무료 통화와 문자 서비스를 나타낸다.

그림 4.15 카카오톡을 통한 무료 통화와 문자 서비스

4.2.3 소프트웨어의 힘

(1) 인스타그램

'소프트웨어가 세상을 지배할 것'이라는 말과 같이 소프트웨어의 힘은 점차 강해지고 있으며 그 영향력 역시 커지고 있다. [그림 4.16]에 적힌 숫자는 막강한 영향력을 가지고 있는 IT 기업의 종업원 수이다. 가장 아래에 있는 IBM의 종업원 수는 40만 명인데 비해, 트위터(Twitter)는 900명이고 인스타그램(Instagram)은 2012년 페이스북(현재 Meta)에 인수되기 전 불과 13명이었다. 표의 아래 부분에 있는 기업일수록 인프라를 제공하는 기업이고, 위로 갈수록 소프트웨어의 응용을 다루는 기업이라는 것을 알 수 있다.

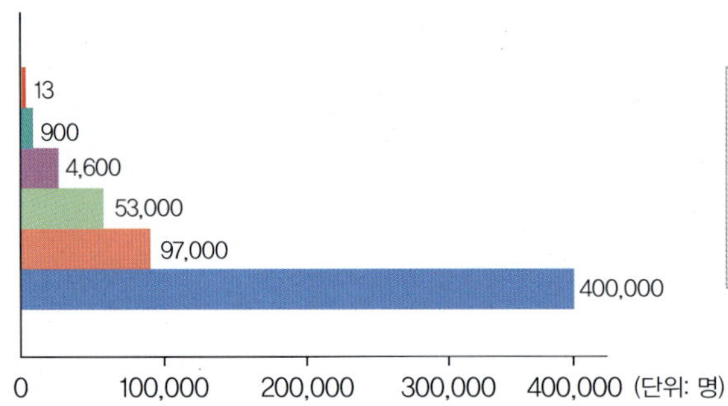

그림 4.16 주요 IT 기업의 종업원 수

이 중에서 인스타그램은 사진 및 동영상을 공유할 수 있는 소셜미디어 플랫폼으로 젊은 사람들 이 매우 선호하는 SNS이다. 인스타그램은 지난 2014년 말 전 세계 월간 활동사용자 수가 3억 명을 돌파했으며, 총 300억 장의 사진이 게재됐다고 밝혔다.

이렇게 막강한 파워의 인스타그램의 종업원 수가 불과 13명이라니 실로 놀라지 않을 수 없다. 이러한 것이 바로 '소프트웨어의 힘'이 대단함을 보여주는 단적인 예라 할 수 있다.

(2) 소프트웨어의 중요성

소프트웨어는 전 산업의 부가가치 향상에 매우 중요한 역할을 담당하여 다양한 분야의 산업을 발전시키고 있다. 최근 총 개발비 중 소프트웨어의 비중은 자동차는 56%, 항공기는 60%, 의료 서비스의 경우 50%를 차지할 정도가 되었으며, 그 비중이 점차 높아지고 있다.

[그림 4.17]의 차세대 전투기인 F35 기능의 92% 이상이 소프트웨어로 구현되고 있다니 놀라운 일이다. 또한 [그림 4.18]의 '아바타(Avatar)'란 영화 제작에서는 컴퓨터 그래픽 소프트웨어가 많이 사용되고 있다.

그림 4.17 차세대 전투기 F35

그림 4.18 아바타의 장면

(3) 소프트웨어와 관련된 직업들

최근 U.S.News&World Report에서는 미국에서의 유망 직업 1위는 소프트웨어 개발자(Software Developer)라고 발표하였다. 소프트웨어 관련 전문직은 현재와 미래의 유망한 직업인데, 근래에는 미래 지향의 인공지능과 블록체인 등도 주목을 받고 있다. 몇 가지 주요 분야를 나열하면 다음과 같다.

❶ 소프트웨어 개발자

게임, 앱, 웹 등의 소프트웨어와 관련된 다양한 응용 분야들을 개발한다.

❷ 데이터베이스 관리자

데이터베이스를 주기적으로 백업하며 효율적으로 관리한다.

❸ 정보보호 전문가

컴퓨터 바이러스의 발생과 해커의 침입에 대비해서 보안정책을 세우고 관리한다.

❹ 시스템 엔지니어

정보기술의 기술적 사항과 해당 업무를 종합적으로 분석하여 정보시스템을 구축한다.

❺ 인공지능 전문가

인공지능 기술을 이용하여 컴퓨터와 로봇 등이 인간처럼 생각하고 판단하는 기술을 개발한다.

❻ 빅데이터 전문가

빅데이터 기술을 활용하여 가치있는 정보를 빠르고 효율적으로 추출하고 결과를 분석한다.

❼ 블록체인 전문가

블록체인 기술을 활용하여 이를 적용하기 위한 소프트웨어를 설계하고 개발한다.

4.2.4 소프트웨어의 체험

정보기술(Information Technology: IT) 시대를 맞이하여 요즘에는 [그림 4.19]와 같이 소프트웨어 체험 교실이나 경진대회 참가의 기회도 많아졌으며, [그림 4.20]과 같이 교육용 소프트웨어를 활용하는 경우도 급속히 늘어나고 있다.

또한 컴퓨터 관련 전공자들뿐만 아니라 이공계 대학생들이 C언어나 파이썬(Python) 등을 이용하여 직접 프로그래밍하는 경우도 많아졌다. 초중고 학생들과 일반 대학생들도 스크래치나 파이썬과 같은 교육용 언어를 사용하여 게임이나 프로그램을 직접 작성 하는 등 소프트웨어 전반에 대한 관심이 점차 커지고 있다.

그림 4.19 소프트웨어 체험 교실

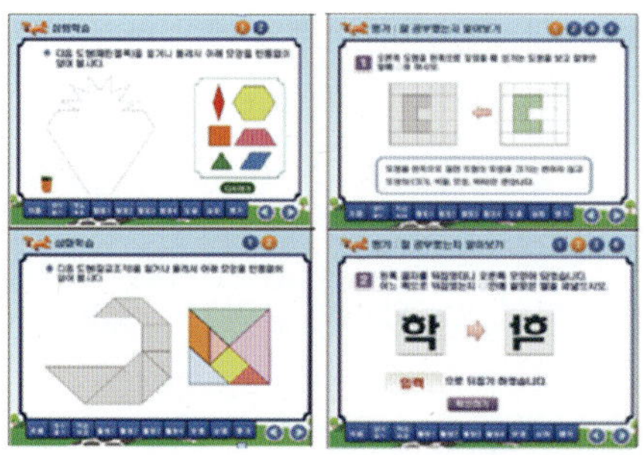

그림 4.20 교육용 소프트웨어의 활용

4.3 SECTION 소프트웨어의 다양한 응용

4.3.1 소프트웨어의 활용

(1) 고속도로 교통안내 앱

소프트웨어 기술이 발달함에 따라 우리는 예전보다 훨씬 편리한 환경 속에 살고 있다. 가령 자동차로 고속도로를 이용할 경우 [그림 4.21]과 같은 '고속도로 교통상황'이란 응용 프로그램(Application) 또는 앱(App)을 이용하면 CCTV을 통해 실시간으로 교통 상황을 볼 수 있다.

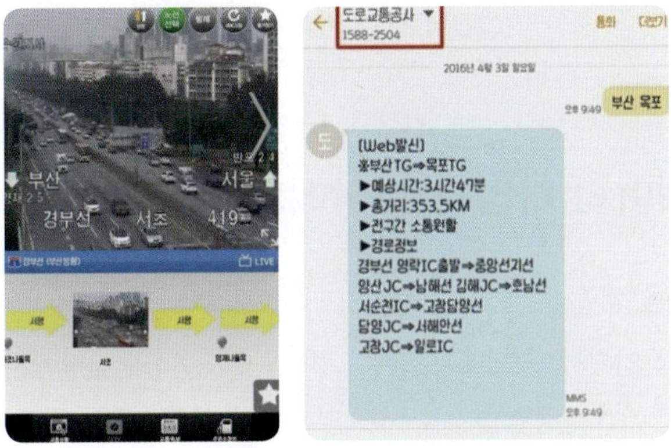

그림 4.21 실시간 고속도로 교통상황과 경로 안내

(2) 파워포인트를 이용한 프레젠테이션

파워포인트(PowerPoint: PPT)는 [그림 4.22]와 같이 정보를 기반으로 한 통합된 솔루션으로서 효과적인 작업을 할 수 있도록 플랫폼을 제공하는 오피스 시스템에 포함되어 있다.

그림 4.22 파워포인트

(3) 최근의 소프트웨어

최근에는 [그림 4.23]과 같이 인간의 음성정보를 추출하여 음성을 인식할 수 있는 음성인식(voice recognition) 소프트웨어도 개발되어 실용화 단계에 들어가고 있다.

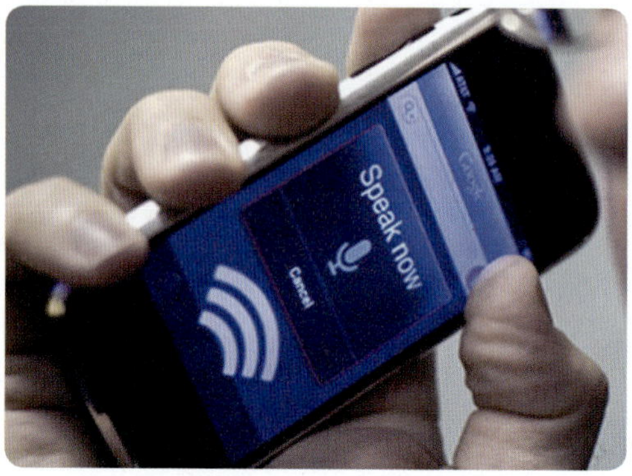

그림 4.23 음성인식 소프트웨어

4.3.2 소프트웨어의 다양한 분야에의 활용

(1) 의료기기에의 활용

최근 건강(health) 관련 산업에서 전 세계적으로 노령 인구의 증가와 건강에 대한 관심이 커져감에 따라 [그림 4.24]와 같은 컴퓨터 단층촬영기를 비롯한 의료기기들을 통한 소프트웨어와 융합된 산업이 급부상하고 있다.

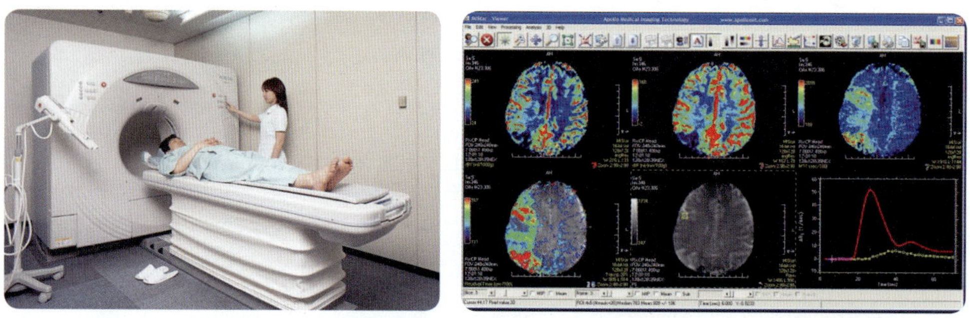

그림 4.24 컴퓨터 단층촬영기와 소프트웨어 분석

(2) 간호사 업무

병원에서 간호사의 업무는 실로 다양하고 복잡한데, [그림 4.25]는 소프트웨어를 활용하는 간호사 업무를 나타낸다.

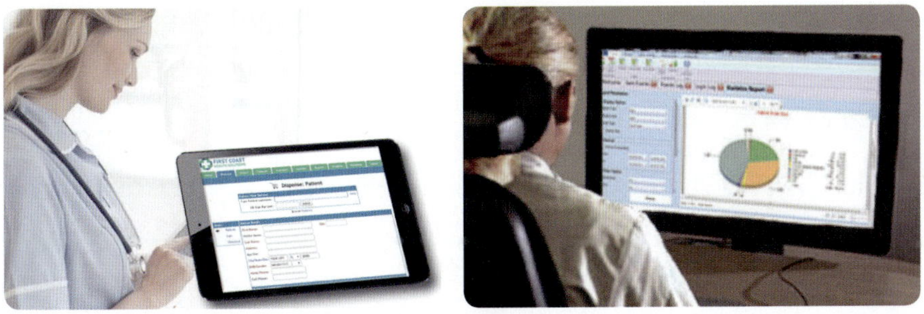

그림 4.25 소프트웨어를 활용하는 간호사 업무

(3) 콘텐츠에의 활용

소프트웨어를 통하여 음악, 미술, 동영상 등의 미디어 콘텐츠(contents)를 생산할 수 있으며, 또한 보다 편리하게 활용할 수 있다. [그림 4.26]의 디지털 콘텐츠와 관련된 소프트웨어를 통하여 양질의 문화 콘텐츠를 즐길 수 있으며, [그림 4.27]의 교육용 콘텐츠에서도 소프트웨어가 중요한 역할을 담당하고 있다.

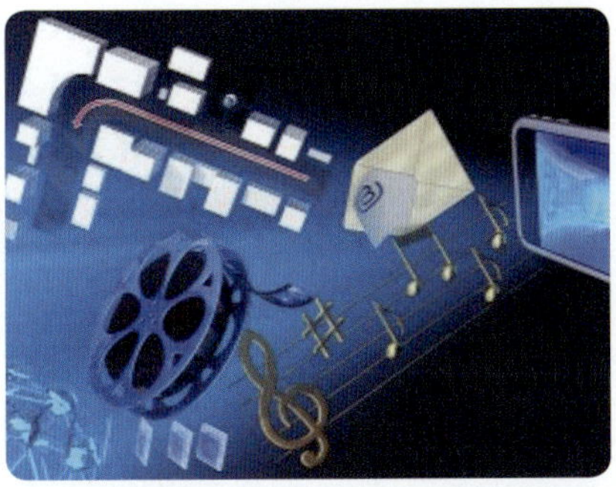

그림 4.26 디지털 콘텐츠

그림 4.27 교육용 콘텐츠

(4) 자동차 정비

최근에는 자동차 정비에 소프트웨어가 많이 활용되고 있는데, [그림 4.28]은 소프트웨어를 이용한 자동차 정비를 나타낸다.

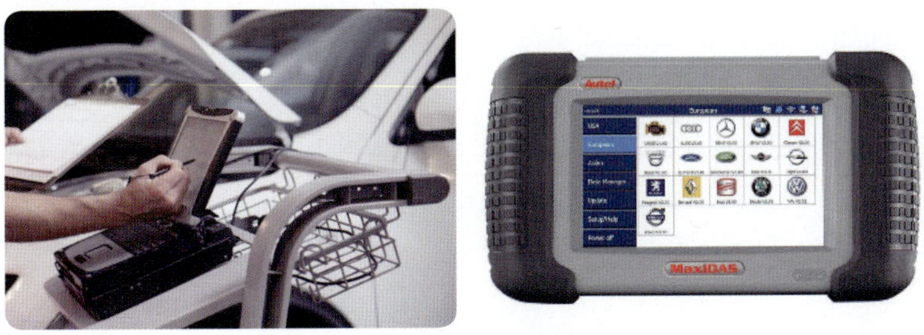

그림 4.28 소프트웨어를 이용한 자동차 정비

그 외에도 소프트웨어는 다양한 분야에서 폭넓게 응용되고 있다. 생활 속의 소프트웨어로는 문서편집, 인터넷 뱅킹 등이 있으며, 실용적인 소프트웨어로는 포토샵, 검색엔진 등이 있고, 멀티미디어 소프트웨어로는 컴퓨터 게임, 애니메이션 등 매우 다양하다.

한편 최근 들어 급격히 발전한 스마트폰에서 활용할 수 있는 응용 프로그램인 앱(app)이 크게 주목받고 있다. 지금까지 게임, 지도, 음악, 금융, 스포츠, 맛집, 날씨 등과 관련된 수많은 앱들이 개발되어 무료 또는 유료로 이용되고 있다.

4.3.3 소프트웨어의 전공별 융합

전공 분야에 소프트웨어와 코딩 지식을 융합하여 새롭고 창의적인 문제해결 방법을 개발할 수 있는 능력의 배양은 매우 중요하다. 지금은 거의 모든 전공에서 융합을 찾을 수 있는데, 몇 가지 전공별로 살펴본 융합의 예는 다음과 같다.

(1) 생물학 + 소프트웨어 → 바이오인포매틱스

생물학에다 유전자를 분석하는 소프트웨어를 활용함으로써 [그림 4.29]와 같이 바이오 인포매틱스(bio-informatics)란 새로운 생명정보과학 분야를 개척할 수 있다.

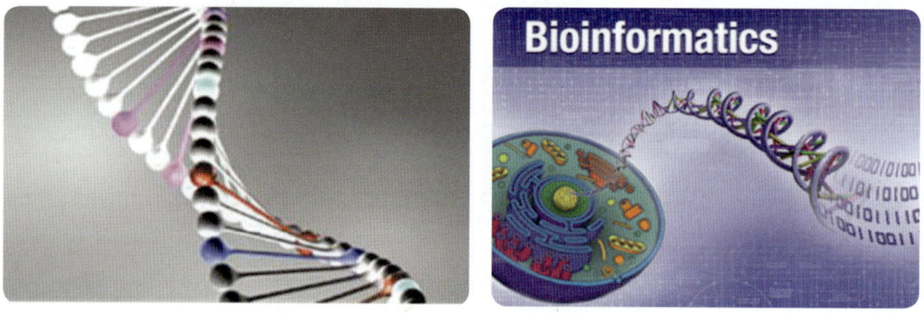

그림 4.29 유전자 분석과 바이오인포매틱스

(2) 항공학 + 소프트웨어 → 가상비행 시뮬레이터

항공학과 관련된 비행기 조종술에다 소프트웨어 기술을 융합함으로써 [그림 4.30]과 같이 안전한 이착륙 훈련이나 가상비행 시뮬레이션 훈련에 매우 유용하게 활용될 수 있다.

그림 4.30 가상 비행훈련 소프트웨어

(3) 음악 + 소프트웨어 → 컴퓨터 악보

음악에다 소프트웨어를 활용하여 [그림 4.31]과 같이 음악을 연주하거나 화성법을 적용하여 컴퓨터 악보를 만들어낼 수 있다.

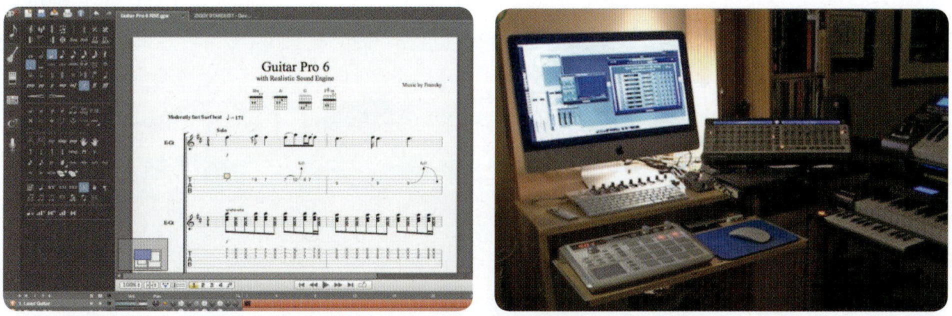

그림 4.31 소프트웨어의 음악에의 활용

(4) 화학 + 소프트웨어 → 가상현실 시뮬레이션

소프트웨어를 화학물질에 적용함으로써 [그림 4.32]와 같이 분자의 구성을 입체적으로 볼 수 있도록 해준다.

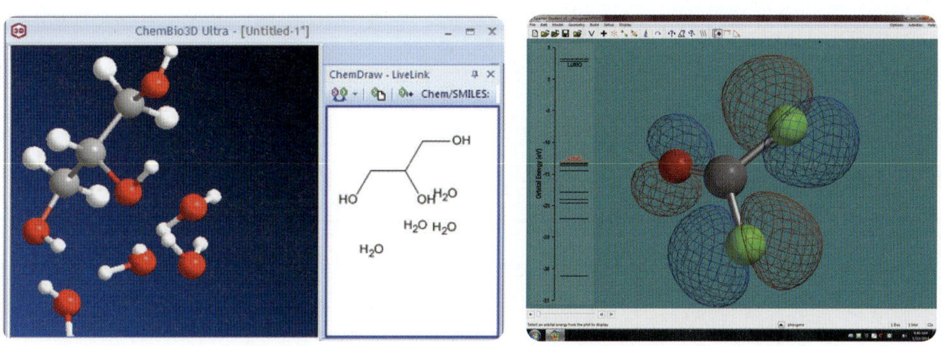

그림 4.32 화학물질의 가상현실

소프트웨어 교육

4.4.1 소프트웨어 교육의 필요성

(1) 소프트웨어 교육

소프트웨어 교육이란 [그림 4.33]과 같이 소프트웨어에 대한 지식, 프로그래밍, 코딩(coding), 컴퓨팅 관련 기초 등을 익히는 교육을 말한다. 이를 통해 학습자는 컴퓨터 시스템을 활용하여 생활에서 만나는 문제들을 효율적으로 해결하는 방법을 익히게 된다.

소프트웨어 교육은 복잡한 프로그래밍 언어 자체를 배우는 것이 위주가 아니라 소프트웨어를 이용하여 무엇인가 만들어가는 과정을 스스로 체험하는 것이다. 따라서 학생들은 소프트웨어 교육을 통해 '생각하는 힘(thinking power)'을 기르게 되어 논리적으로 문제를 해결하는 능력을 향상시킬 수 있다.

그림 4.33 소프트웨어 교육

소프트웨어 교육은 학생들이 만들고 싶은 소프트웨어를 스스로 구상하는 과정에서 사고력, 논리력, 창의력, 상상력, 그리고 문제해결 능력 등을 향상시킬 수 있으므로 앞으로 소프트웨어와 관련이 적은 분야로 진출할 사람에게도 나중에 큰 도움이 될 수 있다. 또한 친구들과의 팀 프로젝트 활동을 통해 의사소통 능력까지 키울 수 있는 장점을 가지고 있다.

(2) 소프트웨어의 확산

최근에는 대부분의 산업과 일상생활에 소프트웨어가 급속히 확산되고 있으며, 이러한 추세는 앞으로도 더욱 가속화될 전망이다. 미국 노동통계국에서 발표한 보고서에 따르면 소프트웨어 교육의 강화를 통해 미국의 소프트웨어 관련 일자리가 [그림 4.34]에서와 같이 2022년에는 약 210만 개 정도였지만 매년 꾸준히 증가하여 2025년에는 약 410만 개에 이를 것으로 예상하고 있다.

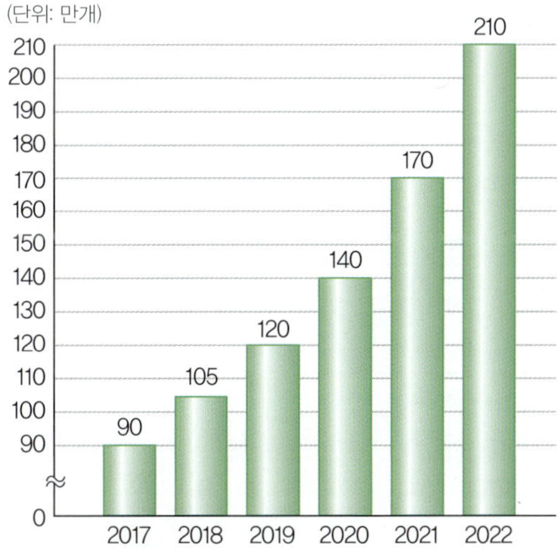

그림 4.34 미국의 소프트웨어 관련 직업 추세

(3) 소프트웨어 교육의 방법

현재 세계적으로 가장 많이 사용 되고 있는 C언어인 경우에는 학생들이나 일반인들이 배우기는 쉽지 않은 실정이다. 따라서 초등학생들이나 프로그래밍 경험이 없는 초보자도 쉽고 재미있게 배울 수 있는 [그림 4.35]와 같은 스크래치(scratch)와 같은 프로그래밍 언어가 개발되었다.

스크래치는 블록 형태의 아이콘을 마우스로 끌어다 놓기만 하면 명령어가 입력되어 애니메이션이나 게임까지도 만들 수 있다. 또한 [그림 4.36]과 같은 파이썬(Python)은 C언어보다 다소 쉽고 융통성이 있는 프로그래밍 언어로서, 대학생들의 코딩 교육에 유용하게 사용되기도 한다.

그림 4.35 스크래치

그림 4.36 파이썬

4.4.2 세계 각국의 소프트웨어 교육 동향

미국은 소프트웨어 교육에 있어 세계에서 가장 앞서나가는 나라로 평가 받고 있으며, 최근에는 소프트웨어 교육을 대폭 강화하고 있다. 미국은 2013년 말 오바마 전 대통령이 나서서 프로그래밍 교육을

지지하고, 빌 게이츠, 마크 저커버그 등 IT업계 주요 인사들이 프로그래밍 교육 캠페인에 나서 프로그래밍 교육을 확산시키는 붐을 이끌어 가고 있다.

미국 외에 영국, 이스라엘, 에스토니아, 핀란드, 일본, 중국 등도 일찌감치 소프트웨어 능력이 국가 경쟁력을 좌우할 것이란 점을 깨닫고 소프트웨어 교육을 실시하고 있다.

[그림 4.37]은 오바마 전 대통령이 학생들에게 "스마트폰으로 게임을 하는 대신에 직접 프로그래밍을 해보라."며 소프트웨어의 중요성을 설명하고 있는 장면이다.

그림 4.37 오바마 전 대통령의 소프트웨어 장려 활동

4.4.3 우리나라의 소프트웨어 교육 동향

(1) 소프트웨어 교육 동향

교육부와 미래창조과학부에서 주관하여 2015년 7월에 발표된 '소프트웨어 중심사회를 위한 인재양성 추진계획'에 따라 초중고 교육과정 개편 내용은 〈표 4.1〉과 같다. 우리나라는 2018년부터 중학생의 '정보' 과목이 34시간 이상 이수하는 필수 과목이 되었으며, 초등학교도 2019년부터 소프트웨어 기초 교육을 실시하고 있다.

표 4.1 초중고 교육과정 개편 내용(출처: 교육부, 미래창조과학부)

구분	연도	이전	개편 내용	주요 개편 방안
초등학교	2019년부터	실과 내 ICT 단원(12시간)	5~6학년 '실과' 내 소프트웨어 기초교육 실시(17시간 이상)	– 문제해결 과정, 알고리즘, 프로그래밍 체험 – 정보윤리 의식 함양
중학교	2018년부터	'정보' 과목 (선택교과)	'정보' 과목 34시간 이상 (필수교과)	– 컴퓨터 사고 기반 문제해결 실시 – 간단한 알고리즘, 프로그래밍 개발
고등학교	2018년부터	'정보' 과목 (심화선택 과목)	'정보' 과목 (일반선택 과목)	– 다양한 분야와 융합하여 알고리즘, 프로그램 설계

(2) 디지털 인재 양성 방안

교육부는 2022년 8월 [그림 4.38]과 같이 '디지털 인재 100만 명' 양성 방안을 확정하여 발표하였다. 교육부 발표에 따르면 초 · 중학교 코딩 교육을 필수화하고 대학 디지털 분야 학부 정원 규제를 푸는 등 관련 제도를 정비하여, 올해부터 2026년까지 5년간 100만 명의 디지털 인재를 육성하기로 했다. 디지털 영재를 육성하기 위해 초중고 SW 영재학급을 확대하고, 대학학사 운영을 개선하기로 하였다.

디지털 인재 양성 주요 내용

자료: 교육부

	내용	적용 시기
초 · 중학교 디지털 교육 강화	코딩 교육 의무화	2025년
	정보수업 확대 • 초등학교 17시간 → 34시간 • 중학교 34시간 → 68시간	
디지털 영재 육성	초중고 SW 영재학급 확대	2022년 40개 → 2025년 70개
대학 학사운영 개선	학 · 석 · 박사 통합과정 (5년 6개월 · 11학기) 신설	2023년
	졸업 전 집중 교육 프로그램 (부트캠프) 신설	
	첨단분야 정원 확대 요건 완화	이르면 2024년부터

그림 4.38 디지털 인재 양성 계획

구체적으로 2025년부터 초 · 중학교 소프트웨어와 A. I. 교육을 확대하며 코딩 교육을 필수화한다. 현재 초등학교 정보 수업을 17시간에서 34시간으로, 중학교 정보 수업을 현재 34시간에서 68시간으로 각각 2배로 편성한다고 발표하였다. 또 고등학교 A. I. 교육 선도학교를 2022년 1,000개에서 2027년 2,200개 학교로 늘리기로 하였다.

(3) 대학교 소프트웨어 교육

대학교 소프트웨어 교육의 경우 산업현장에서 요구하는 문제해결 역량을 갖춘 창의적 인재를 양성하기 위해 강화된다. [그림 4.39]와 같이 비전공자를 대상으로 하는 소프트웨어 기초교육이 확대되고, 소프트웨어 중심대학을 선정하여 산업현장에 필요한 인력 양성에 주력하고 있다.

한편 미래에는 소프트웨어가 전반적인 산업 분야의 기초가 될 것으로 생각된다. 따라서 컴퓨터 관련 전공이 아닌 비전공 대학생들에게도 소프트웨어 교육을 통하여 소프트웨어와 관련된 기본 지식을 익히는 것이 필요할 것이다.

최근에는 인공지능 관련 기초 이론과 소프트웨어 교육도 확산되고 있다.

대학 SW교육

01 기초교육 및 융합교육 확대

- 비전공자 대상 SW기초교육 확대
- SW복수전공 활성화
- 인문학 기반 SW융합교육 유도

02 전공교육 강화

- 경쟁력을 갖춘 SW전문인력 양성
- 현장맞춤형 인재양성
- 실무형 석 · 박사급 인력 양성

03 고급 연구인력 양성

- 산업현장 수요 기반 교과과정 전면 개편
- 타 전공지식과 SW소양을 갖춘 융합인재 양성
- 인재선발 및 교원평가 개선

04 SW중심대학 운영

- 산업현장 수요 기반 교과과정 전면 개편
- 타 전공지식과 SW소양을 갖춘 융합인재 양성
- 인재선발 및 교원평가 개선

그림 4.39 대학 소프트웨어 교육

(4) 디지털 인재 양성과 디지털 기술 개발

정부가 집중적으로 육성할 100만 명의 디지털 인재 양성 목표와 디지털 기술은 [그림 4.40]과 같다. 디지털 부문 인력이 필요할 부문은 인공지능(A. I.), 클라우드, 메타버스, 사물인터넷(IoT), 5세대(5G) · 6세대(6G) 통신, 사이버보안, 빅데이터, 일반 소프트웨어(SW) 등 8개 분야이다.

디지털 인재와 디지털 기술

| 디지털 인재

디지털 신기술을 개발 · 활용 · 운용하는데 필요한 지식과 역량을 갖춘 인재

| 디지털 인재 수요 전망 및 양성 목표

		초급 (고졸전문학사)	중급 (학사)	고급 (석박사)	총계
5년간 수요 ('22~'26)		9만 명	52만 명	12.8만 명	73.8만 명
양성	현재 ('21)	1.5만 명	6.6만 명	1.7만 명	9.9만 명
	5년간 ('22~'26) 목표	16만 명	71만 명	13만 명	100만 명

| 디지털 신기술 신산업

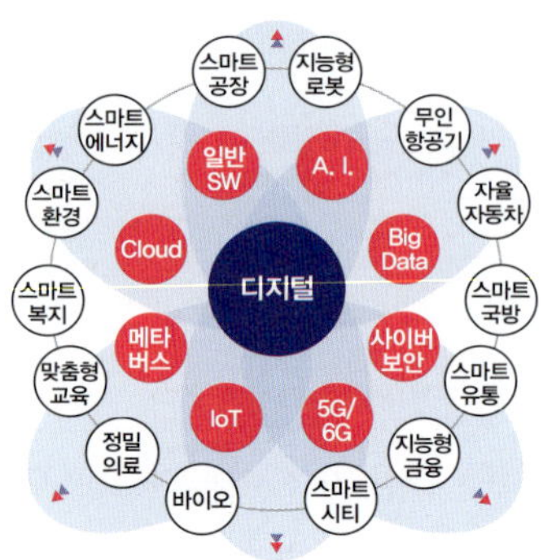

그림 4.40 디지털 인재 양성 목표와 디지털 기술

4.5 코딩과 코딩 교육

SECTION

4.5.1 코딩이란 무엇인가?

코딩(coding)이란 '컴퓨터 프로그램을 수행하는 절차를 적어둔 명령어들인 코드(code)를 작성하는 행위'를 말한다. 달리 표현하면 코딩이란 '문제해결을 위한 절차와 과정을 설정하고, 그것을 실행 가능한 프로그램으로 작성하는 일'이다.

즉 컴퓨터를 통해 어떤 목적을 달성하기 위한 수단으로서 프로그램을 작성하는 일을 코딩 또는 프로그래밍이라 한다. 따라서 코딩과 프로그래밍은 같은 의미를 가지고 있다. [그림 4.41]은 스크래치(Scratch)를 이용한 간단한 코딩과 결과를 나타낸다.

그림 4.41 스크래치를 이용한 코딩과 결과

우리가 코딩을 하는 궁극적인 목표는 주어진 문제를 제대로 해결하는 일이다. 따라서 코딩을 하기 전 문제해결을 위한 방법을 먼저 구상해야 하며, 그 후 코딩을 마치고 컴퓨터를 작동시켜 문제를 해결하게 된다. 이러한 과정은 [그림 4.42]에 나타나 있다.

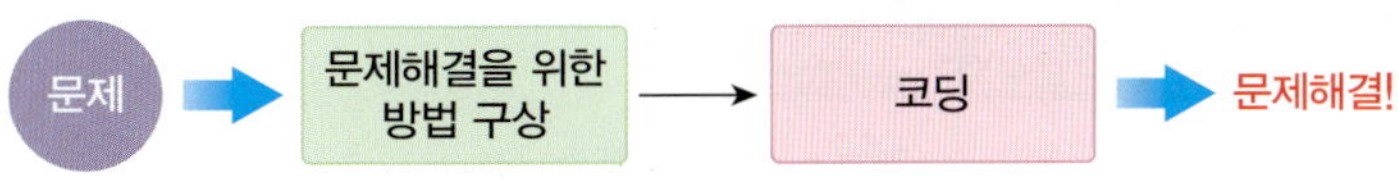

그림 4.42 문제해결과 코딩

4.5.2 코딩 중심의 조기 컴퓨터 교육

최근 들어 중학교에서의 소프트웨어 교육이 의무화되고 초등학교에서도 [그림 4.43]과 같은 컴퓨터 프로그래밍을 뜻하는 '코딩' 중심의 교육이 시작되었다. 일부 대학의 경우에도 모든 신입생에게 컴퓨터개론과 스크래치를 비롯한 코딩 교육에 나섰다. 우리나라를 비롯하여 영국, 미국, 일본 등 세계 각국들이 국가 경쟁력을 위해 컴퓨터 소프트웨어 관련 교육을 정규 교과과정에 포함시키거나 필수과목으로 지정하는 등 관심이 뜨겁다.

우리나라 교육부는 최근 초 · 중학교 학생들의 코딩 교육의 중요성을 인식하고 2025년부터 코딩 교육을 필수화하였다.

그림 4.43 코딩 교육

미국의 오바마(B. Obama) 전 대통령은 청소년들의 컴퓨터 교육의 중요성과 코딩을 통하여 앱(App)이나 게임을 직접 만들어보라는 메시지를 전달하였으며, "코딩 기술을 배우는 것이 여러분의 미래는 물론 조국의 미래에도 매우 중요하다"라고 연설하였다. 또한 애플의 창업자 스티브 잡스, 빌 게이츠, 마크 주커버그 등의 IT 거장들도 [그림 4.44]와 같이 코딩을 통한 컴퓨터 교육의 필요성을 강조하였다.

그림 4.44 코딩의 중요성

[그림 4.45]는 오바마 전 대통령의 청소년 컴퓨터 교육 연설과 빌게이츠를 비롯한 IT 거장들의 블록을 이용한 코딩의 중요성을 역설하는 동영상 사이트를 나타낸다.

그림 4.45 오바마 전 대통령과 IT거장들의 청소년 컴퓨터 교육 연설
(http://www.youtube.com/watch?v=6XvmhE1J9PY#t=19)

[그림 4.46]은 컴퓨터 교육에서 블록을 이용한 코딩 교육의 중요성을 설명하는 동영상인데, 프로그램에 대한 전문적인 지식이 없이도 다양한 앱이나 게임을 만들 수 있음을 강조하고 있다.

그림 4.46 블록을 이용한 코딩 교육의 중요성
(http://studio.code.org/hoc/1)

알아보기 코너 컴퓨팅 사고와 코딩의 구현

소프트웨어 교육이란 컴퓨터를 통해 문제를 해결하는 인재를 길러내는 교육으로 정의될 수 있다. 컴퓨팅 사고(computational thinking)란 컴퓨터의 능력을 바탕으로 문제를 효율적으로 해결하기 위해 깊은 사고력을 융합하는 것이다. 따라서 컴퓨팅 사고를 통해 문제를 분석하고, 분해하고, 패턴을 찾아내고, 추상화한 후 그것을 효율적인 문제해결 방안인 알고리즘으로 연결하는 것이다. 다시 말하면 주어진 문제를 해결하기 위해 먼저 컴퓨팅 사고를 통해 해결 방법을 분석한 후 스크래치나 파이썬과 같은 프로그래밍 언어를 사용하여 코딩하고 난 후 컴퓨터를 작동시켜 구현하게 된다.

4.5.3 코딩 교육의 선풍

(1) 스크래치

스크래치(Scratch)는 2007년 MIT 대학의 미디어랩이 어린이를 위해 개발한 시각적 교육용 프로그래밍 언어로서, 전 세계 청소년들이 코딩 개념을 배우는 데 주도적인 역할을 하고 있다. 무료 소프트웨어인 스크래치의 주요 이용 대상은 유치원에서 고등학교까지의 연령층인데, 초보자도 간편한 방법으로 레고 블록을 끼워 맞추듯 자신의 생각을 스크래치를 통하여 표현할 수 있다. 스크래치는 [그림 4.47]과 같이 상상하고, 프로그램하고, 나누자는 의미의 모토(motto)를 가지고 있다.

그림 4.47 스크래치와 스크래치 모토

스크래치는 [그림 4.48]과 같은 작업 화면과 프로그램처럼 코드를 작성하지 않고도 여러 가지 모양과 색깔의 코드 블록들을 끌어다 조합하여 캐릭터가 춤을 추게 하거나 스토리를 만들 수 있다. 놀이, 자기주도 학습, 디자인 등의 목적으로 만들어진 스크래치는 게임, 애니메이션, 음악, 미술, 프레젠테이션, 대화형 스토리텔링 등을 구현할 수 있다.

그림 4.48 스크래치 작업 화면과 간단한 프로그램

이를 통해 청소년들이 컴퓨터 프로그래밍의 개념을 쉽게 배울 수 있으며, 멋진 게임과 애니메이션을 간편하게 만들 수 있다. 또한 프로그램을 만드는 과정에서 중요한 수학적 개념이나 컴퓨터 개념을 익히게 되어 창의적 사고와 논리 추론, 문제 해결 능력, 협업 능력 등을 기를 수 있을 것이다.

스크래치는 다양한 문제들을 프로그래밍 할 수 있는데, 예를 들어 7!(팩토리얼)을 구하는 스크래치 프로그램과 결과는 [그림 4.49]에 나타나 있다.

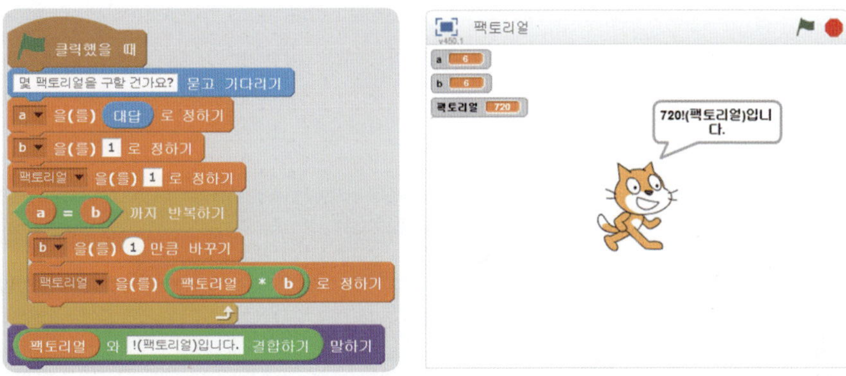

그림 4.49 7!을 구하는 스크래치 프로그램과 결과

또한 스크래치는 동영상을 프로그램 할 수도 있는데, [그림 4.50]은 무대 위에서 춤추는 동영상의 실행하기 전과 후를 나타낸다.

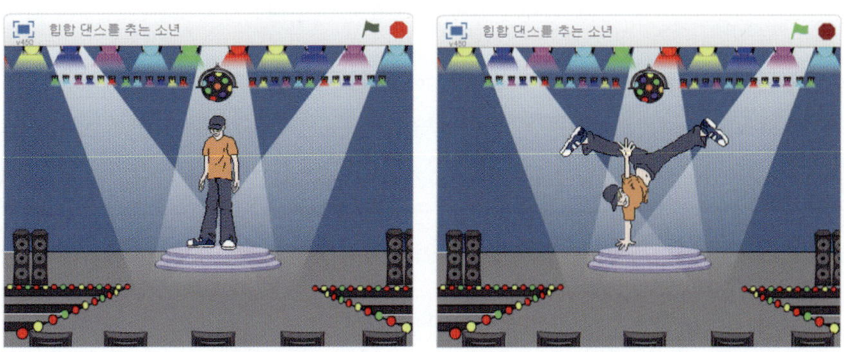

그림 4.50 춤추는 동영상의 실행하기 전과 후

최근에는 5~7세 사이 어린이를 위한 스크래치 주니어(Scratch Jr.)도 선보인 바 있는데, 스크래치보다 블록이나 문자의 수가 더 적고 대부분 일러스트 아이콘을 기반으로 삼는다. [그림 4.51]은 스크래치에서 쓰이는 다양한 캐릭터들과 주니어 스크래치 화면을 나타낸다.

그림 4.51 스크래치 캐릭터들과 주니어 스크래치 화면

(2) 파이썬

파이썬(Python)(www.python.org)은 1991년 귀도 반 로섬(Guido van Rossum)이란 프로그래머가 발표한 고급 프로그래밍 언어이다. [그림 4.52]는 뱀을 나타내는 파이썬 로고와 파이썬 다운로드 화면을 나타낸다.

그림 4.52 파이썬 로고와 다운로드 화면

프로그래밍 언어는 통상 C와 같은 절차적 언어, Java와 같은 객체지향 언어, 그리고 Lisp과 같은 함수적 언어로 분류되는데, 파이썬은 이 세 가지 특징들을 모두 가지고 있다. 따라서 파이썬이 인기 있는 프로그래밍 언어로 인정받으면서 최근에는 사용자가 꾸준히 늘고 있는 추세이다.

파이썬의 주요 특징을 요약하면 다음과 같다.

- 인터프리터 언어로서 실행결과를 즉석에서 확인할 수 있다.

• 일반 프로그래밍 언어들보다 문법이 비교적 간단하다.

• 문장의 끝을 표시하는 세미콜론(;) 기호가 없다.

• 들여쓰기를 사용하여 블록을 구분하는 독특한 문법을 채용하고 있다.

• C언어와는 달리 초보자들이 어려워하는 포인터 개념이 쓰이지 않는다.

파이썬을 이용하여 정육각형을 그리고 빨간색으로 색을 채우는 프로그램과 그 결과는 [그림 4.53]과 같다.

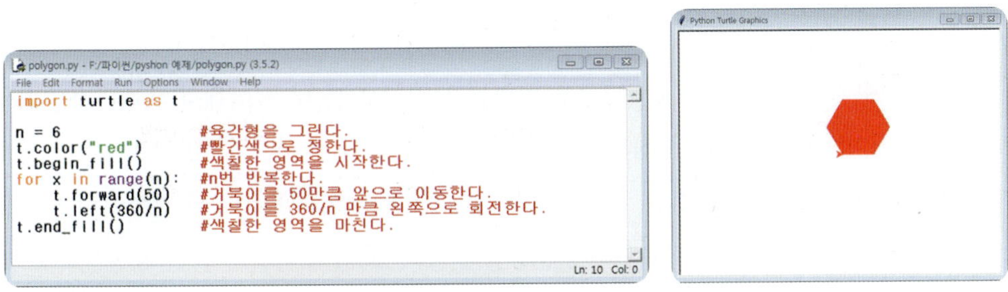

그림 4.53 빨간색 정육각형을 그리는 파이썬 프로그램

[그림 4.54]는 주어진 값의 절대값을 구하여 그 결과를 프린트하는 파이썬 프로그램의 예와 또 다른 파이썬 스크립트를 나타낸다.

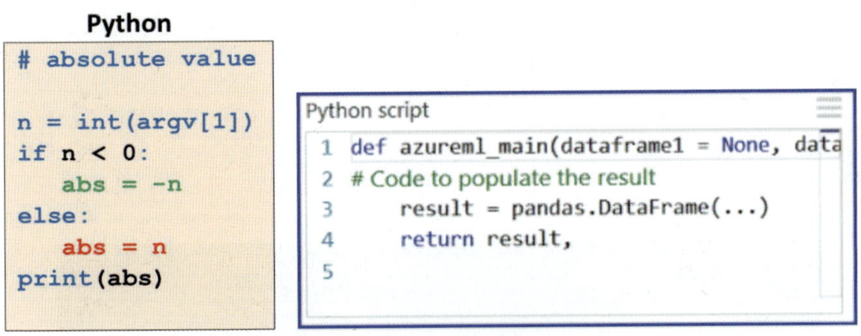

그림 4.54 파이썬 프로그램의 예

(3) 파이썬의 다운로드와 실행

요즘 코딩에 대한 큰 관심과 더불어 파이썬을 통해 프로그래밍하려는 수요가 많다. 더군다나 파이썬 인터프리터는 무료로 다운받을 수 있으므로 누구나 그리 어렵지 않게 간단한 프로그램을 시도해 볼 수 있다. 파이썬은 [그림 4.55]와 같이 공식 사이트인 http://www.python.org를 방문하여 다운로드 한다.

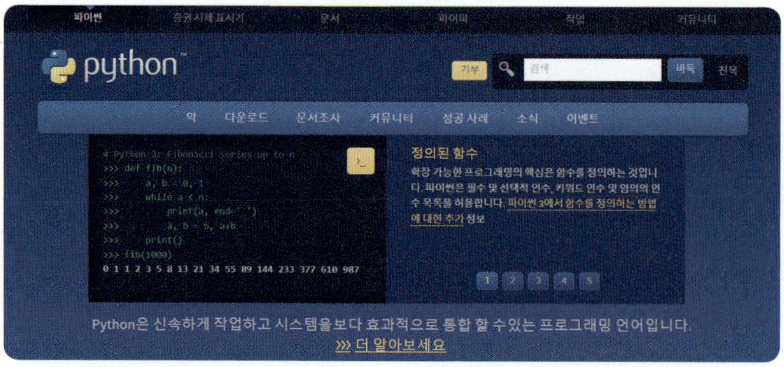

그림 4.55 파이썬 공식 사이트

그 후 컴퓨터 화면 가장 왼쪽 하단의 윈도우즈 마크를 눌러 스크롤 바를 아래로 내리다보면 [Python 3.10 새로 설치됨]이란 디렉터리가 생성되어 나온다.

그 안에 Python 3.10 (64bit)를 누르면 [그림 4.56]과 같은 검은 화면이 나타나서 실행하면 된다. 여기서는 "안녕하세요"와 같이 프린트하고자 하는 문장을 적을 수도 있고 다음과 같은 계산을 프로그래밍 할 수도 있다.

A = 3

B = 4

C = A + B라 할 때

print('A, B, C')를 실행하면

3, 4, 7이라는 결과가 나오게 된다.

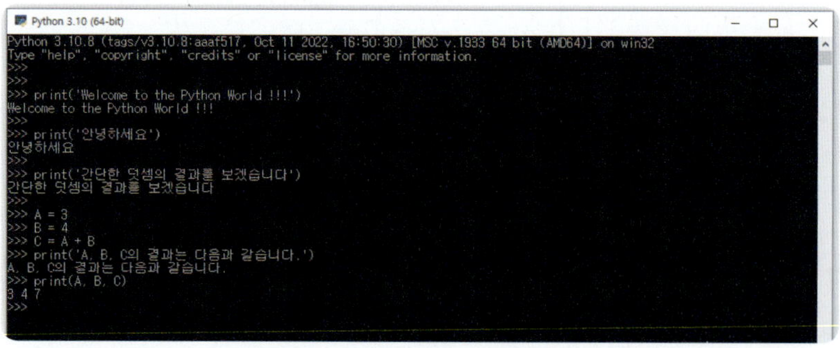

그림 4.56 Python 3.10 (64bit) 실행 예

또 다른 방법은 IDLE (Python 3.10 64bit)를 눌러 [그림 4.57]과 같이 IDLE shell 3.10.8 버전을 사용할 수 있는데 여러 줄의 프로그램을 파일로 편리하게 작성할 수도 있다. 보다 자세한 사항은 [파이썬 3.10] 디렉터리 아래 생성된 매뉴얼 파일에서 참조할 수 있다.

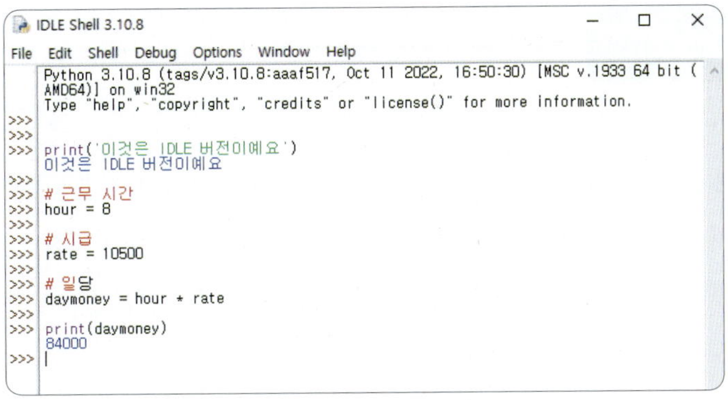

그림 4.57 IDLE (Python 3.10 64bit) 실행 예

참고로 가장 최신의 파이썬 버전은 공식 사이트에서 다운로드하는 시기에 따라 3.10, 3.11, 3.12 등으로 바뀔 수 있으나 그 기능은 별로 차이가 없다.

실습/알아보기

1 파워포인트를 이용하여 간단한 자기 소개 또는 어떤 주제에 대한 프레젠테이션을 만들어보자.

파워포인트(PowrePoint: PPT)는 마이크로소프트에서 만든 소프트웨어로서, 효과적인 프레젠테이션 작업을 할 수 있도록 플랫폼을 제공하는 MS의 '오피스(Office)'에 포함되어 있다.

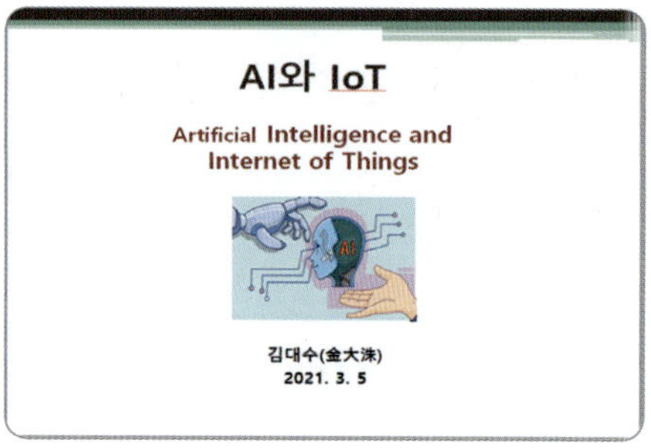

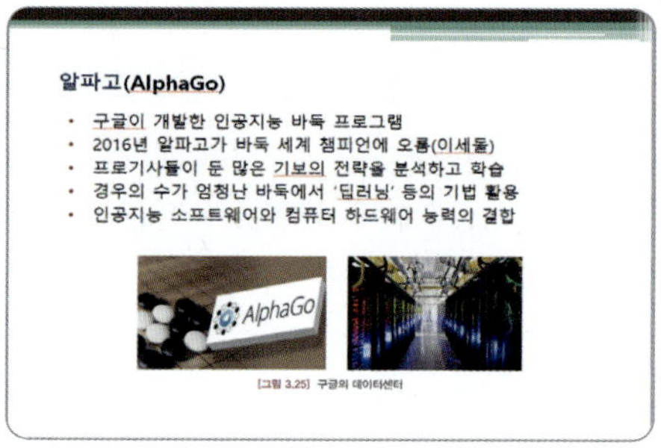

2 다음 문장의 의미를 살펴보고 물음에 대해 조사해보자.

"이제 자동차는 기름이 아니라 소프트웨어로 달린다."의 의미를 살펴보고, 최신 자동차에 적용된 소프트웨어의 기능에 대해 조사해보자. (자율 운전 기능, 자동 주차 기능 등)

3 미국의 중국에 대한 H/W와 S/W 기술 제재에 대해 알아보자.

최근 미국의 첨단 반도체와 인공지능 소프트웨어 관련 첨단기술의 중국에 대한 제재가 주요 이슈가 되고 있다. 이와 관련된 하드웨어와 소프트웨어 분야들을 알아보고, 중국이 상당한 타격을 받는 이유에 대해서도 알아보자.

참고문헌

4.1 소프트웨어란 무엇인가?

김대수, 소프트웨어와 컴퓨팅 사고, 생능출판사, 2017.

https://www.google.com/

http://terms.naver.com/entry.nhn?docId=1114228&cid=40942&categoryId=32837

4.2 소프트웨어의 중요성과 역할

교육부, 소프트웨어와 창의력 여행, 상권 & 하권, 2016.

김대수, 소프트웨어와 컴퓨팅 사고, 생능출판사, 2017.

정부, 「소프트웨어 중심사회 실현전략」 발표, "소프트웨어가 세상을 바꾼다.", 2014. 7.

https://opentutorials.org/course/1

http://www.gamemeca.com/news/view.php?gid=505133

4.3 소프트웨어의 다양한 응용

김대수, 소프트웨어와 컴퓨팅 사고, 생능출판사, 2017.

https://www.google.com/

https://www.britannica.com/technology/application-software

https://www.geeksforgeeks.org/what-is-application-software/

4.4 소프트웨어 교육

교육부, 「초중등 소프트웨어 교육 활성화 방안」, 2014. 7. 23.

김대수, 소프트웨어와 컴퓨팅 사고, 생능출판사, 2017.

http://www.kisa.or.kr/uploadfile/201410/201410161717293926.pdf

https://n.news.naver.com/mnews/article/001/0013389999?rc=N&ntype=RANKING

https://www.g2.com/categories/education

4.5 코딩과 코딩 교육

김대수, 소프트웨어와 컴퓨팅 사고, 생능출판사, 2017.

https://www.youtube.com/watch?v=6XvmhE1J9PY

https://wikidocs.net/43

https://www.daum.net

http://studio.code.org/hoc/1

https://www.ikosmo.co.kr/

http://www.python.org

https://www.w3schools.com/python/python_intro.asp

연습문제

정오식 문제

1 소프트웨어란 컴퓨터 프로그램과 그와 관련된 문서들을 말한다. (　　)

2 운영체제는 응용 소프트웨어에 속한다. (　　)

3 파일 압축 프로그램은 운영체제에 속한다. (　　)

4 최근에는 하드웨어의 비중과 응용 소프트웨어의 비중이 점차 작아지고 있다. (　　)

5 우리나라는 2018년부터 중학생의 소프트웨어 교육인 '정보' 과목이 34시간 이상 이수하는 필수 과목이 되었다. (　　)

6 파워포인트는 정보를 기반으로 한 통합된 솔루션으로서 효과적인 작업을 할 수 있도록 플랫폼을 제공하는 시스템 소프트웨어에 속한다. (　　)

7 컴퓨터를 통해 어떤 목적을 달성하기 위한 수단으로서 프로그램을 작성하는 일을 코딩 또는 프로그래밍이라 한다. (　　)

8 구글에서 개발하고 있는 자율주행차는 현재 실용화 준비 단계로서 몇 년째 시험주행 중이다. (　　)

9 최근 어떤 전공과 소프트웨어의 융합을 통해 새로운 세부 전공이 나타나고 있다. (　　)

10 코딩과 컴퓨터 프로그래밍은 거의 같은 의미로 쓰이고 있다. (　　)

11 "남이 만든 게임에만 열중하지 말고 자기가 직접 게임을 만들어 보라."는 말은 스티브 잡스의 말이다. (　　)

12 파이썬은 인터프리터 언어로서 실행결과를 즉석에서 확인 가능하다. (　　)

13 스크래치는 시각적 교육용 프로그래밍 언어이며 MIT에서 개발되었다. (　　)

14 스크래치는 그림, 애니메이션, 사운드 등 다양한 형식의 프로그램 작성에 쓰이며, 유료 소프트웨어이다. (　　)

15 에스토니아와 핀란드는 일찍부터 소프트웨어 교육을 실시하고 있는 편이다. (　　)

16 정보보호 전문가는 소프트웨어와 관련된 직업에 속하지 않는다. (　　)

17 2025년부터 초 · 중학교 디지털 교육 강화 정책의 일환으로 코딩 교육이 의무화된다. (　　)

18 파이썬은 C언어보다는 일반적으로 훨씬 더 어려운 편이다. (　　)

19 파이썬에서는 C언어와는 달리 초보자들이 어려워하는 포인터 개념이 쓰이지 않는다. (　　)

20 소프트웨어를 화학물질에 적용함으로써 분자 구성을 입체적으로 하여 가상현실 시뮬레이션도 가능할 수 있다. (　　)

단답식/선택식 문제

1 소프트웨어는 시스템 소프트웨어와 (　　) 소프트웨어의 2가지로 분류된다.

2 사회적으로 큰 물의를 일으킨 폭스바겐 사태의 주된 이슈도 자동차의 배기가스 관련 (　　) 조작이 문제가 된 것이다.

3 컴파일러, 인터프리터, 어셈블러는 모두 (　　) 프로그램에 속한다.

4 소프트웨어의 파워를 보여주는 예로 종업원 수가 불과 13명이면서도, 사진 및 동영상을 공유할 수 있는 세계적인 SNS 플랫폼인 (　　)이 있다.

5 소프트웨어 교육이란 소프트웨어에 관한 지식, 프로그래밍, (　　), 컴퓨팅 관련 기초 등을 익히는 교육을 말한다.

6 우리가 코딩을 하는 궁극적인 목표는 (　　)를 해결하는 일이다.

7 컴퓨터를 통해 어떤 목적을 달성하기 위한 수단으로서 프로그램을 작성하는 일을 코딩 또는 (　　)이라 한다.

8 "모든 미국 사람들은 코딩(coding)을 배워야 한다. 코딩은 생각하는 방법을 가르쳐주기 때문이다."란 말을 남긴 사람은 (　　)이다.

9 절차적 언어, 객체지향, 그리고 함수적 언어의 특징을 모두 포함하고 있는 프로그래밍 언어는 (　　)이다.

10 파이썬은 실행 결과를 즉석에서 확인할 수 있는 (　　) 언어에 속한다.

11 컴퓨터의 능력을 바탕으로 문제를 효율적으로 해결하기 위해 깊은 사고력을 융합하는 사고를 무엇이라 하는가?

12 소프트웨어는 시스템 소프트웨어와 응용 소프트웨어로 나누어진다. 다음에서 시스템 소프트웨어에 들어가지 않는 것은?

① 유틸리티　② 운영체제　③ 번역 프로그램　④ 파워포인트

13 다음 중 유틸리티에 속하는 것은?

① Mac OS　② 디스크 관리 프로그램

③ 엑셀　④ 컴파일러

14 다음 중 응용 소프트웨어와 관련이 가장 큰 것은?

① 파워포인트 ② 인터프리터 ③ 컴파일러 ④ 운영체제

15 다음 중 멀티미디어 소프트웨어에 가까운 것은?

① 애니메이션 ② 인터넷뱅킹 ③ 엑셀 ④ 문서편집기

16 다음 중 소프트웨어의 활성화와 비교적 관련이 적은 것은?

① 게임이나 프로그램을 직접 작성

② 초고속 컴퓨터의 발달

③ 초중고생들과 일반대학생들의 스크래치나 파이썬 교육

④ 소프트웨어 체험 교실이나 경진대회 참가 기회가 많아짐

17 다음 중 소프트웨어의 역할과 관계가 적은 것은?

① 다른 시스템들과의 융합을 통해 생활을 편리하게 해줌

② 소프트웨어는 가상공간을 통하여 인간의 소통 방식을 혁신

③ 소프트웨어는 콘텐츠(contents)의 생산과 유통에 기여

④ 자동차와 영화 제작 등의 개발비 중에서 소프트웨어의 비중이 점차 줄어들고 있음

18 일반 대학생들의 소프트웨어 융합과 관계가 가장 자연스러운 것은?

① 소프트웨어와 관련된 기초 지식을 익힌다.

② 컴퓨팅 사고를 통한 문제해결 방법을 익힌다.

③ 코딩을 통하여 프로그래밍의 기초를 익힌다.

④ 각자의 전공 분야와 소프트웨어와의 융합의 기초를 닦는다.

19 다음 중 소프트웨어 관련 직업과 관련이 가장 적은 것은?

① PC 수리 전문가 ② 데이터베이스 관리자

③ 인공지능 전문가 ④ 소프트웨어 개발자

20 소프트웨어 교육은 학생들이 만들고 싶은 소프트웨어를 스스로 구상하는 과정에서 다양한 능력을 배양할 수 있다. 그런 능력과 관계가 상대적으로 작은 것은?

① 논리력 ② 계산력 ③ 사고력 ④ 문제해결 능력

21 다음 중 코딩 교육에 많이 쓰이지 않은 언어는 무엇인가?

① 스크래치 ② 파이썬 ③ C# ④ 스크래치 주니어

22 다음 중 스크래치와 관련이 가장 적은 것은?

① 초보자도 쉽게 접근할 수 있는 텍스트 기반의 언어

② 미국 MIT에서 프로그래밍 초보자용으로 개발

③ 시각적 교육용 프로그래밍 언어

④ 작은 명령 단위인 블록 조각을 서로 조립하여 프로그래밍함

23 다음 중 파이썬의 주요 특성이라 보기 어려운 것은?
① 일반 프로그래밍 언어들보다 문법이 비교적 간단하다.
② 문장의 끝을 표시하는 세미콜론(;) 기호가 없다.
③ 들여쓰기를 사용하여 블록을 구분하는 독특한 문법을 채용하고 있다.
④ 컴파일러 언어로서 실행 결과를 나중에 한꺼번에 알 수 있다.

24 다음 중 파이썬과 관련이 가장 큰 것은?
① 문법이 어려움 ② 어셈블리 언어 ③ 스크래치 ④ 인터프리터 언어

주관식 문제

1 소프트웨어 교육의 목표는 무엇인가?

2 소프트웨어가 다른 산업을 지배하거나 변화시키는 사례는 점차 증가하고 있다. 우리나라의 카카오톡의 경우를 예로 들어보시오.

3 최근 소프트웨어가 대부분의 산업에 폭넓게 활용되고 있다. 그 중에서 대표적인 것을 3가지 들고 간단히 설명하시오.

4 언어번역 프로그램과 시스템 유틸리티는 각각 어떤 것들로 이루어지는지를 설명하시오.

5 대학생들의 소프트웨어 교육이 필요한 몇 가지 이유를 적으시오.

6 최근 스마트폰에서 활용할 수 있는 응용 프로그램인 앱(app)의 종류를 적으시오.

7 대학교 소프트웨어 교육의 목적 4가지를 적으시오.

8 코딩 교육의 주요 목적을 논하시오.

9 스크래치의 주요 특징이나 기능을 적으시오.

10 파이썬과 관련된 주요 사항이나 특징을 5가지 정도 적으시오.

Chapter 05

컴퓨터 운영의 지휘자 운영체제

Contents

단원의 주요 목표

컴퓨터를 효율적으로 운영하는 운영체제의 개념과 여러 종류의 특성을 학습한다.

- 운영체제의 개념, 목표, 기능, 유형, 기억 장치 등의 자원 관리에 대해 알아본다.
- 마이크로소프트 Windows의 배경과 다양한 버전에 따른 주요 특성들을 이해한다.
- 서버용으로 많이 쓰이는 UNIX와 유사 계열인 LINUX의 장단점에 대해 살펴본다.
- 애플사의 매킨토시 컴퓨터 계열에만 사용되는 Mac 운영체제의 특징을 알아본다.
- 가전제품에 많이 쓰이는 임베디드 시스템과 최근 임베디드 운영체제를 파악한다.
- 안드로이드 OS와 아이폰 OS 등 다양한 운영체제의 특성들을 점검하고 살펴본다.

5.1 SECTION

운영체제의 개념

컴퓨터가 개발된 후 운영체제는 하드웨어와 소프트웨어를 보다 원활하게 연결하는 징검다리의 역할을 충실히 수행해 왔으며, 지금도 끊임없이 변화와 발전을 거듭하고 있다. 초기의 대형 시스템에서는 IBM 제품이 위주가 된 VM(Virtual Machine) 등 여러 가지 운영체제들이 사용되었으며, 1980년대 이후의 개인용 컴퓨터에는 MS-DOS, Windows 98, Windows XP, Windows 7, Windows 8, Windows 10, Mac OS 등이 쓰여 왔다. 또 미니컴퓨터에는 UNIX가 많이 쓰이고 있으며, 최근에는 무료 버전인 Linux에 대한 관심과 사용이 커지고 있다.

5.1.1 운영체제

운영체제(Operating System: OS)란 컴퓨터의 주기억 장치 내에 상주하면서 컴퓨터 시스템의 자원(resource)들인 중앙처리 장치, 주기억 장치, 보조기억 장치, 입출력 장치, 네트워크 등을 효율적으로 관리하고 운영함으로써 사용자에게 편의성을 제공해 주는, 인간과 컴퓨터 간의 인터페이스 역할을 담당하는 프로그램이다.

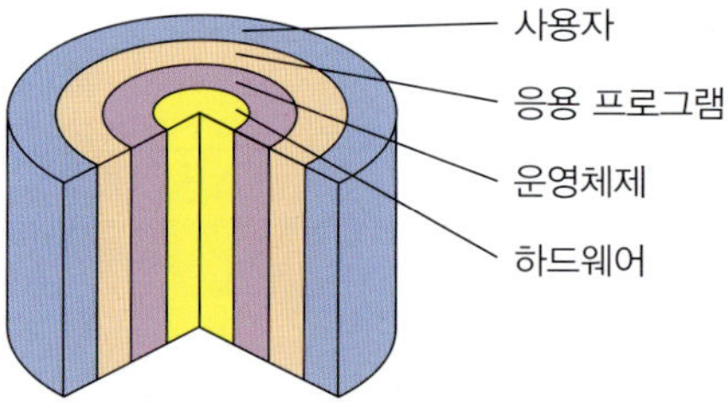

그림 5.1 운영체제의 개념도

운영체제는 부트스트랩(bootstrap) 프로그램에 의해 컴퓨터에 적재된 후 컴퓨터 내의 다른 응용 프로그램들을 관리하는 프로그램으로서 통상 약자로 OS라고 하는데, 하드웨어와 소프트웨어 자원들을 관리하고 제어하는 역할을 담당한다. 따라서 어떤 종류의 컴퓨터에도 한 개 이상의 운영체제가 존재한다. [그림 5.1]은 운영체제의 개념도이고, [그림 5.2]는 운영체제와 관련된 보다 구체적인 시스템 구조를 나타낸다.

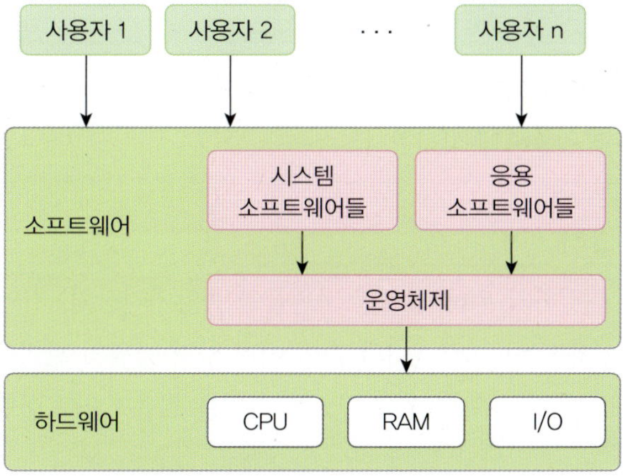

그림 5.2 운영체제와 관련된 시스템 구조

5.1.2 운영체제의 목표와 기능

(1) 운영체제의 목표

운영체제의 주된 목적은 컴퓨터 시스템을 편리하게 이용하는 것이고, 부수적인 목적은 컴퓨터 하드웨어를 효율적으로 관리하는데 있다. [그림 5.3]은 운영체제가 관리하는 시스템들을 나타낸다.

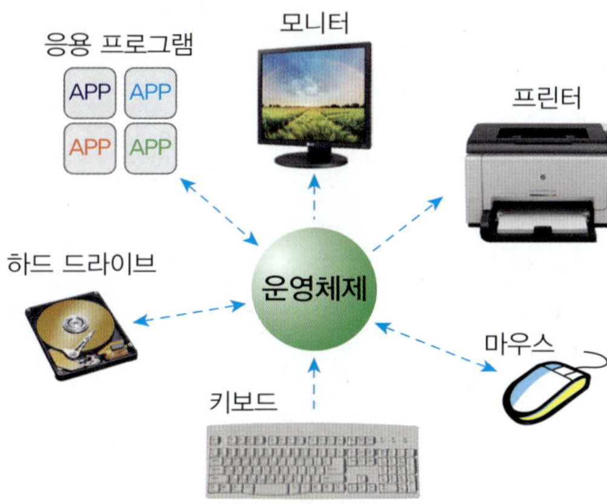

그림 5.3 운영체제가 관리하는 시스템들

운영체제의 보다 구체적인 주요 목표들은 다음과 같다.

❶ 컴퓨터 내의 하드웨어와 소프트웨어 자원들을 관리하고 제어하는 일을 담당한다.

❷ 사용자가 컴퓨터에 쉽게 접근할 수 있도록 편리한 인터페이스를 제공한다.

❸ 수행 중인 프로그램들의 효율적인 운영을 도와준다.

❹ 작업 처리 과정 중에 데이터를 공유한다.

❺ 입출력에서 보조적인 기능을 수행한다.

❻ 오류가 발생하면 오류를 원활하게 처리한다.

(2) 운영체제의 자원 관리

컴퓨터 시스템은 문제를 해결하기 위해 필요한 자원들인 중앙처리장치, 기억 장치, 파일, 입출력 장치 등을 가지고 있다. 운영체제는 [그림 5.4]와 같이 여러 가지 자원의 관리자로서 자원의 상태를 파악하며, 특정 프로그램과 사용자 간의 작업에 필요한 자원을 효율적으로 할당해 주고 자원을 회수하는 기능을 담당한다.

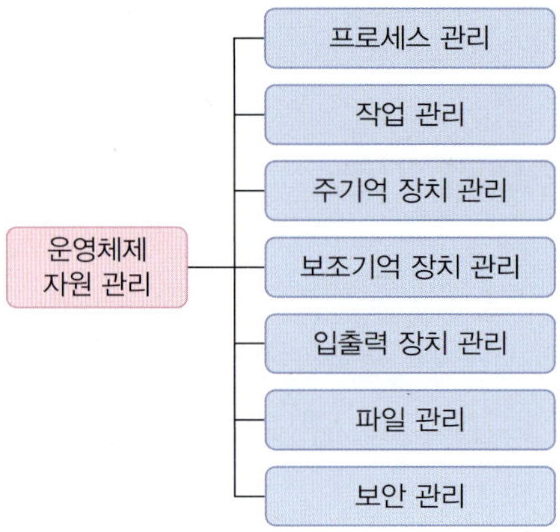

그림 5.4 운영체제 자원 관리

보다 구체적인 자원 관리의 영역은 다음과 같이 설명될 수 있다.

❶ **프로세스(process) 관리**: 프로세스란 현재 컴퓨터 기억 장치 상에서 실제로 실행 중인 프로그램의 상태를 말하는데 운영체제는 프로세스의 생성과 삭제, 프로세스의 중지와 계속, 프로세스의 동기화, 프로세스 간의 통신 등을 관리한다.

❷ **작업(job) 관리**: 주어진 업무를 처리하는 작업과 관련된 순서, 우선순위, 프로세스 할당 등 전반적인 사항들을 관리한다.

❸ **주기억 장치 관리**: 주기억 장치의 어느 부분이 사용되고 있는지와 누가 사용하는지에 대한 정보를 유지한다. 또한 주기억 장치 공간의 할당과 회수를 담당하며 주기억 장치 공간의 사용이 가능할 경우 어느 프로세스를 주기억 장치에 적재할 것인지를 결정한다.

❹ **보조기억 장치 관리**: USB, CD-ROM, 하드 디스크, 자기 디스크, 디스켓, 자기 드럼 등의 보조기억 장치의 효율적인 사용을 관리한다.

❺ **입출력 장치 관리**: 입출력 장치들을 관리한다. 입출력 장치는 기계적인 작동의 특성에 기인하여

중앙처리 장치와는 수행속도 면에서 차이가 나므로 운영체제의 관리가 매우 중요하다. 대표적인 것으로는 입출력 제어기(I/O traffic controller)가 있다.

⑥ **파일 관리**: 기억 장소의 할당, 빈 공간의 관리, 디스크 스케줄링, 사용 여부 등을 담당하는데, 이러한 총제적인 기능을 파일 시스템(File system)이라 한다. 파일 시스템은 어떤 작업(job)에게 자원을 사용하도록 할 것인지를 결정하며, 정보 보호를 위한 대책도 수립하게 된다.

⑦ **보안(security) 관리**: 시스템 내의 외부로부터의 불법 침입과 정보 탈취 등 보안과 관련된 사항들을 관리한다.

(3) 프로세스와 커널 관리

운영체제에서 매우 중요한 개념인 프로세스(process)는 중앙처리 장치(CPU), 파일, 입출력 장치 등과 관련된 역할을 수행하는데, 실행과 비실행 프로세스로 구분된다. 프로세스는 실행중인 프로그램과 주기억 장치에 저장된 프로그램, 그리고 PCB(Process Control Block)와 결합된 형태의 코드를 말하는데, PCB란 프로세스가 작업 도중 필요한 정보나 스케줄에 필요한 여러 가지 정보를 기억하고 있는 구조체이다. 프로세스는 작업 스케줄러(job scheduler)에 의해서 생성되어 주기억 장치에 진입한다. 프로세스는 처리기를 의미하는 프로세서(processor)와 구분되어야 한다.

[그림 5.5]의 프로세스 상태에서 준비(ready)는 프로세스가 CPU를 할당받기 위해 준비하는 상태이고, 실행(running)은 프로세스가 CPU를 할당받아 수행되는 상태로서 명령어들이 실행되는 상태를 말한다. 대기(waiting)는 입출력의 시작이나 종료와 같은 외부 신호를 기다리는 상태이다.

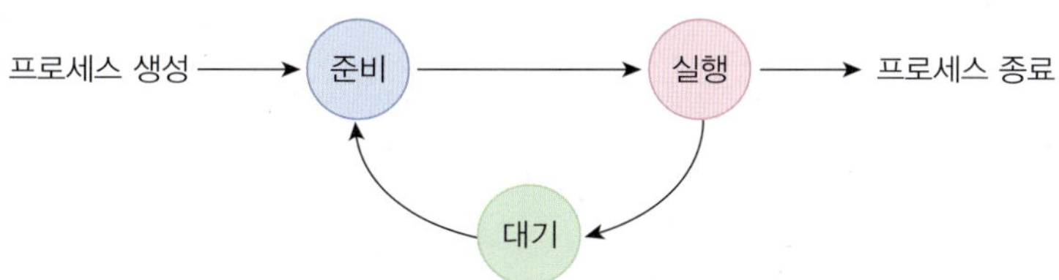

그림 5.5 프로세스 상태

커널(kernel)은 자원을 관리하는 모듈의 집합으로 운영체제 기능의 핵심적인 부분을 모아 놓은 부분이다. 커널은 메모리 관리 및 스케줄링 인터럽트 처리 등의 기능을 담당하며 사용자는 직접 커널의 기능을 제어할 수 없으며 단지 셸(shell)에 의뢰할 뿐이다. 커널은 항상 필요로 하는 부분이므로 메모리에 적재되어 있다.

커널은 [그림 5.6]과 같이 응용 소프트웨어와 컴퓨터 하드웨어를 연결하는 역할을 담당한다. 커널은 장치 드라이버들의 도움을 받아 컴퓨터 하드웨어 장치들을 기본적으로 제어할 수 있다. 커널은 RAM을 통해 프로그램을 위한 메모리 접근을 관리하며, CPU의 동작 상태를 최적으로 설정 및 초기화하고 디스크, 테이프, 플래시 메모리 등의 기억 장치들을 위한 데이터를 정리하는 역할을 담당한다.

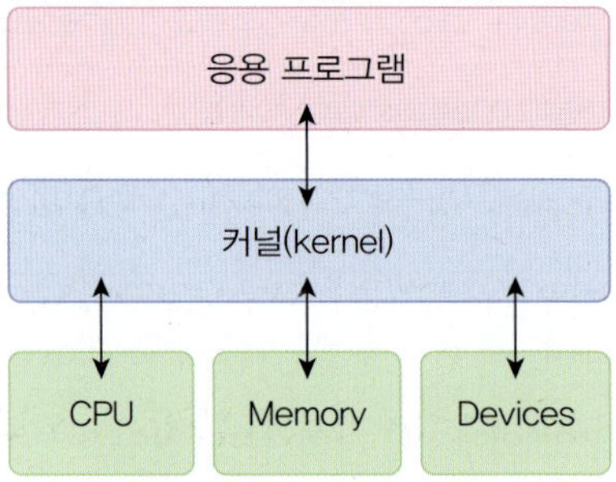

그림 5.6 커널의 위치와 역할

(4) 기억 장치 관리

운영체제는 각 프로세스가 사용하고자 하는 한정된 기억 장치 자원을 효율적으로 사용할 수 있도록 조정하는 역할을 담당한다. [그림 5.7]은 기억 장치 관리 관계와 역할을 나타낸다.

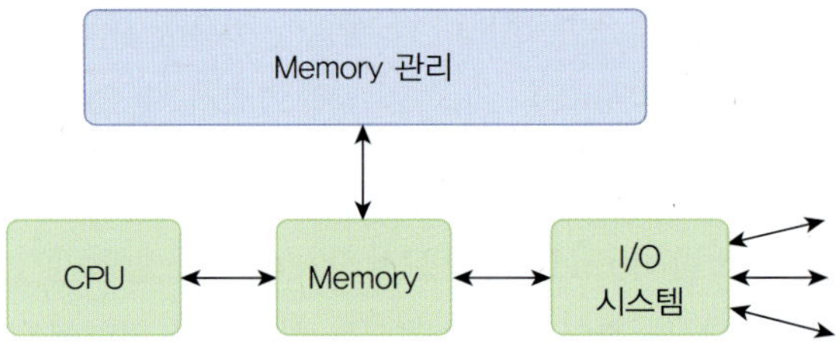

그림 5.7 기억 장치 관리 관계와 역할

기억 장치 관리는 주기억 장치 내에서 메모리를 다루거나 주기억 장치와 보조기억 장치 사이의 정보 교환을 조정한다. 어떤 프로세스에게 할당되었거나 빈(empty) 상태이건 간에 모든 기억 장소를 추적한다. 기억 장치 관리는 어떤 프로세스가 언제 메모리를 사용할 수 있을지를 결정하고, 상태의 바뀜에 따른 기억 장치 할당(allocation)과 빈 기억 공간을 추적한다.

개인용 컴퓨터와 같은 단일 사용자 시스템의 경우에는 하나의 프로세스 실행을 마치고 난 후 그 공간을 비우고 다시 다른 프로세스를 불러 실행할 수 있다. 그러나 다중 프로그래밍 시스템에서 여러 개의 작업(job)을 수행해야 할 때는 [그림 5.8]과 같이 기억 장치 영역을 할당하고, 주어진 작업을 끝마쳤을 때는 빈 기억 공간을 활용할 수 있도록 관리한다.

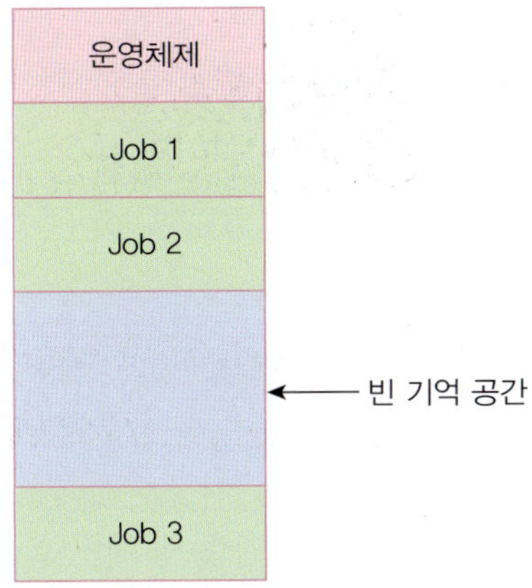

그림 5.8 다중 프로그래밍 시스템에서의 기억 장치 관리

5.1.3 운영체제의 유형

운영체제의 유형은 다음과 같이 매우 다양하다.

❶ **일괄 처리**(Batch Processing): 1970년대까지의 초기 운영체제로서 [그림 5.9]와 같이 여러 사용자들의 작업들을 모아서 일괄적으로 차례대로 처리하는 방식이다.

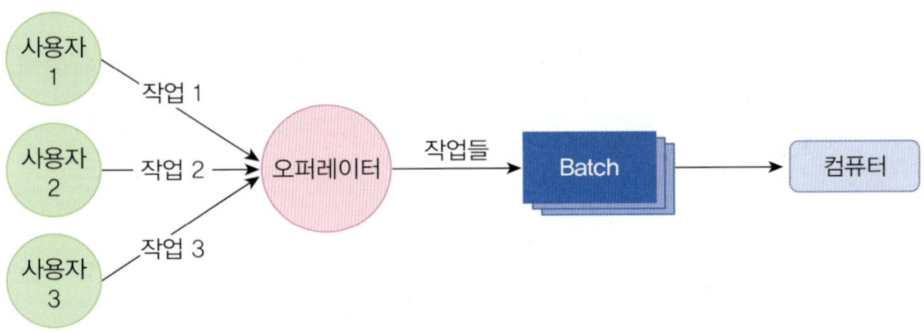

그림 5.9 일괄 처리 시스템

❷ **대화 처리**(Interactive Processing): 여러 사용자들이 컴퓨터와 직접 대화하면서 처리하는 방식으로 사용자 위주의 처리 방식이다. [그림 5.10]과 같이 중앙의 대형 컴퓨터에 여러 개의 단말기를 연결하여 여러 사용자들의 요구를 대화식으로 처리하는 형태이다.

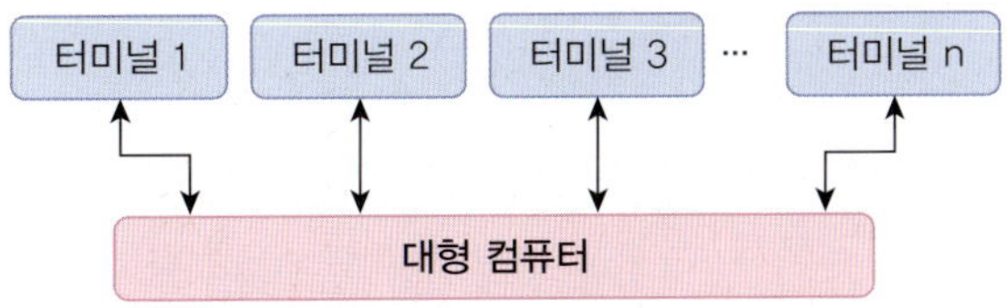

그림 5.10 대화 처리 시스템

❸ **다중 처리(Multi-processing)**: [그림 5.11]과 같이 두 개 이상의 프로세서로 구성된 시스템의 운영체제로서, 단일 처리 시스템에 비해 보다 많은 양의 작업을 동시에 처리할 수 있다.

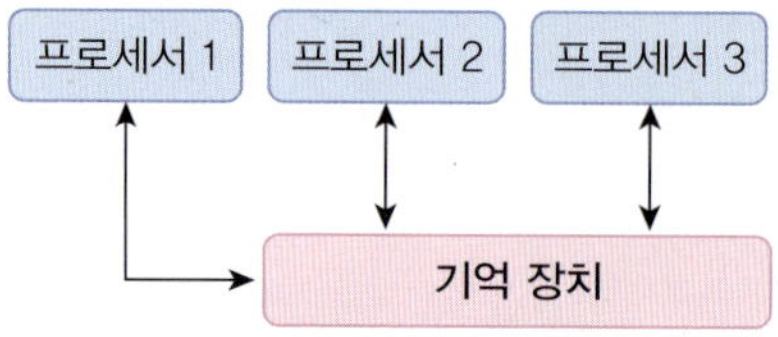

그림 5.11 다중 처리 시스템

❹ **다중 프로그래밍(Multi-programming)**: 중앙처리 장치를 효율적으로 운영하기 위하여 [그림 5.12]와 같이 여러 개의 프로그램들을 동시에 주기억 장치에 적재하여, 한 프로그램이 입출력 등의 작업을 할 때 중앙처리 장치를 쉬게 하지 않고 다른 프로그램을 수행하게 하여 전체적인 성능을 올리는 방식이다.

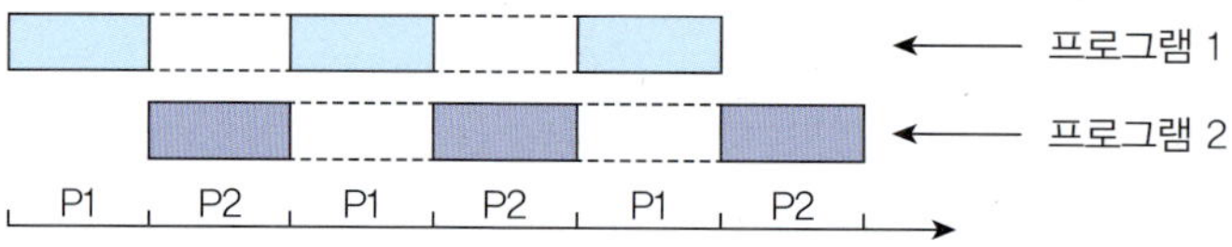

그림 5.12 다중 프로그래밍 시스템

❺ **시분할 시스템(Time-sharing System)**: 여러 사용자들이 하나의 컴퓨터를 동시에 이용할 수 있도록 하기 위해 [그림 5.13]과 같이 CPU 운영 시간을 잘게 쪼개어서 여러 사용자들에게 골고루 처리 시간을 제공하는 방식이다. 이 방식을 적용하면 특정한 사용자가 오랫동안 기다리는 것을 방지할 수 있다.

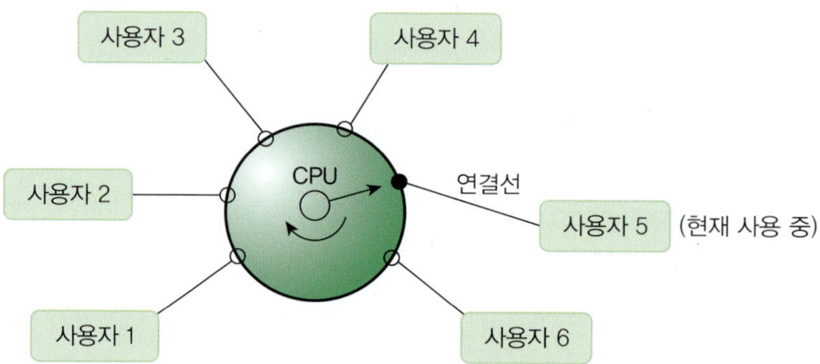

그림 5.13 시분할 시스템

❻ **실시간 시스템(Real-time System)**: 정해진 짧은 시간 내에 응답하는 시스템 방식으로서 [그림 5.14]와 같이 군사용, 공업용 프로세서 제어, 예약 시스템, 은행 업무 처리, 증권 서비스 등에 이용한다. 이를 위해서는 대용량 파일의 고속 접근이나 프로세서의 고속화 등의 기술이 필요하다.

그림 5.14 실시간 레이더 시스템

❼ **분산 시스템(Distributed System)**: 네트워크를 통해 연결된 여러 컴퓨터들이 사용자에게는 마치 하나의 컴퓨터처럼 보이는 기능을 제공한다. 중앙 집중식 방식과는 달리 [그림 5.15]와 같이 여러 컴퓨터들의 업무를 지리적 또는 기능적으로 분산시켜 데이터를 생성 장소에서 처리하는 방식이다.

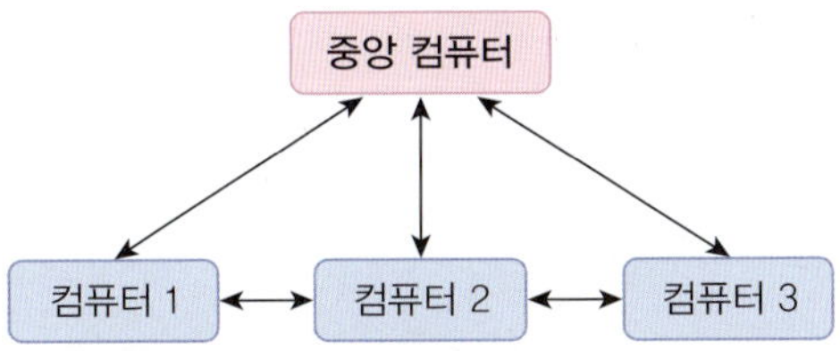

그림 5.15 분산 시스템

❽ **결함 허용 시스템(Fault-tolerant System)**: 부분적으로 일어나는 장애를 시스템이 즉시 찾아내어 순간적으로 복구함으로써 시스템의 처리 중단이나 데이터의 유실 또는 훼손을 막을 수 있는 시스템 방식이다. [그림 5.16]과 같은 이 시스템은 자원의 중복성에도 불구하고 특별한 관리를 필요로 하는 정보처리에 매우 유용하다.

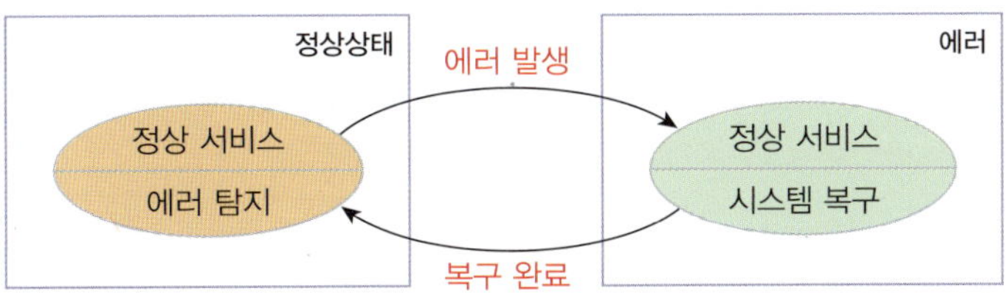

그림 5.16 결함 허용 시스템

5.1.4 입출력 프로그래밍

중앙처리 장치와 입출력 장치 사이의 효율적 처리를 위한 입출력 프로그래밍은 다음과 같다.

❶ **버퍼링(buffering)**: 통상적으로 입출력 장치나 보조기억 장치는 기계적 요인으로 인해 중앙처리 장치보다 훨씬 느린 속도로 작동한다. 버퍼링은 입출력 장치의 이와 같이 느린 속도를 보완하는 방법 중의 하나로서 [그림 5.17]과 같이 버퍼(buffer)들을 사용하여 임시 보관함으로써 중앙처리 장치와 입출력 장치들의 작동에 지연이 없도록 해준다.

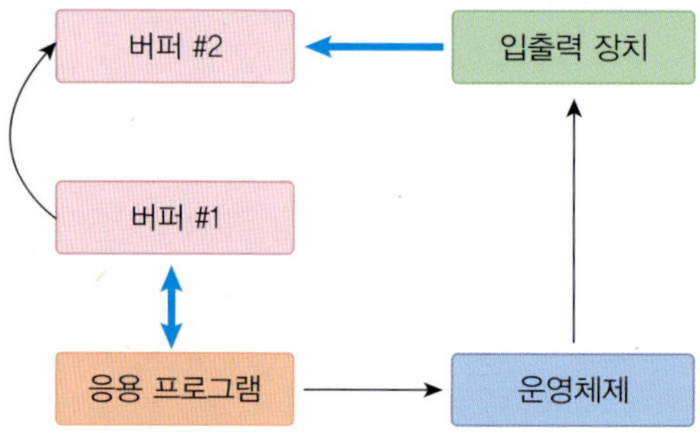

그림 5.17 입출력 장치 버퍼링

❷ **스풀링(SPOOLing)**: Simultaneous Peripheral Operation On-Line의 첫 글자를 모은 것으로서 특히 다중 프로그래밍 환경 하에서 더욱 유용하다. 버퍼링은 주기억 장치를 버퍼로 사용하는 반면 스풀링은 [그림 5.18]과 같이 디스크를 매우 큰 버퍼처럼 사용하게 된다.

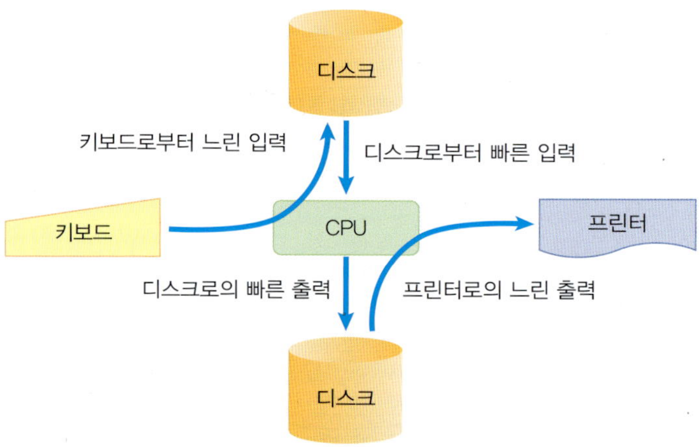

그림 5.18 스풀링의 예

❸ **채널(channel)**: 속도 차이를 극복하기 위해 입출력 장치와 중앙처리 장치 사이에 [그림 5.19]와 같이 입출력 전담 처리기인 입출력 채널(I/O channel)을 두는데, 다중처리 시스템에 매우 유용하다.

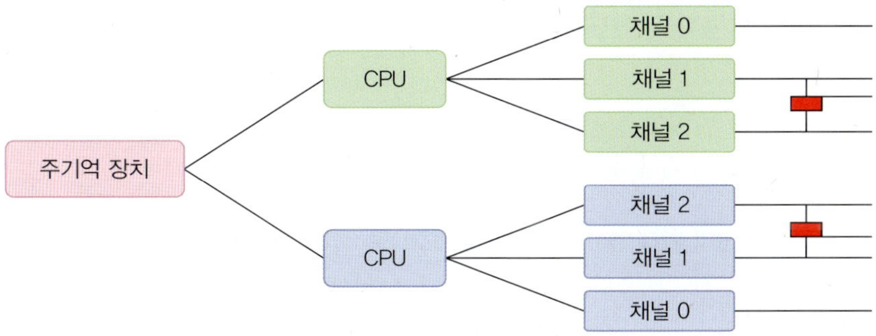

그림 5.19 입출력 채널의 예

❹ **인터럽트(interrupt)**: 시스템에 예상치 못한 상황이 발생하였을 때 그것을 운영체제에 알려주는 메커니즘이다. 입출력 인터럽트, 외부 인터럽트, 프로그램 에러 인터럽트, 재시작 인터럽트 등이 있다. [그림 5.20]은 입출력 인터럽트의 예를 나타낸다.

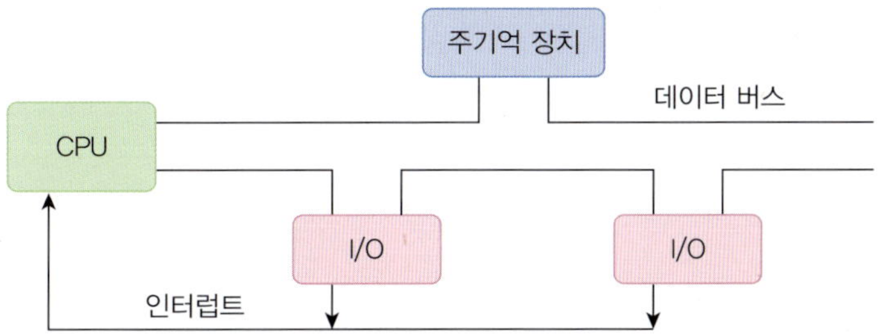

그림 5.20 입출력 인터럽트의 예

5.1.5 최근 운영체제의 특징

최근 운영체제의 특징은 다음과 같다.

❶ **멀티미디어 자원의 관리**: 텍스트뿐만 아니라 MIDI, MPEG, BMP, JPEG 등의 멀티미디어 파일들을 관리하고 처리한다.

❷ **Windows 및 그래픽 사용자 인터페이스의 일반화**: Windows의 메뉴와 마우스 클릭으로 컴퓨터와 인간의 편리한 상호 작용이 가능하다.

❸ **보안 기술 강화**: 컴퓨터들이 네트워크를 통해 개방형으로 운영되므로 접근 제어 기술 및 보안 기술이 강화되고 있다.

❹ **객체지향 기술 이용**: GUI(Graphic User Interface), OLE 등의 기술에서 객체지향 기술이 일부 적용되었다.

❺ **UNIX의 기능 확장 및 다중화**: UNIX의 기능이 확장되었고 다양한 버전이 출현하였다.

❻ **Windows의 대중화**: 마이크로소프트사의 운영체제인 Windows 제품군이 대중화되어 PC들 사이에 호환성이 유지되고 있다.

❼ **Linux의 확대**: PC용 UNIX라고 할 수 있는 Linux가 소스(source) 공개 정신을 바탕으로 급속히 확산되어 서버 시장의 상당 부분을 차지하고 있다.

❽ **임베디드와 모바일 OS의 확대**: 임베디드 OS와 모바일 OS가 확대되어 사용되고 있다.

5.2 SECTION

DOS

5.2.1 DOS의 배경

그림 5.21 MS–DOS 6.22 최종 버전

DOS(Disk Operating System)는 디스크에서 구동되는 시스템이라는 뜻을 가진 단일 사용자 단일 태스크(task)의 운영체제를 말한다. 1981년 초 16비트 개인용 컴퓨터인 IBM PC를 개발한 IBM에서는 자신들의 PC를 운영할 만한 운영체제를 찾던 중 마이크로소프트사와 손잡고 새로운 운영체제인 MS–DOS를 채택하였다.

마이크로소프트사의 MS–DOS는 지금까지 전 세계적으로 수십억 명이 사용하였다. MS–DOS는 이후 발전하는 컴퓨터의 기능에 맞추어 버전을 업그레이드(upgrade)해 오다가 1994년에 발매된 [그림 5.21]의 DOS 6.22를 마지막으로 개발이 중단되었다.

5.2.2 DOS의 특징

DOS는 초기 IBM PC를 위해 만들어진 운영체제인 만큼 요즘의 Windows와는 달리 텍스트를 기반으로 명령어를 직접 입력하는 방식으로 작동하게 되어 있다. 보통 C:\>, D:\>의 형태인 DOS의 프롬프트(prompt) 명령어 입력 위치에 DOS의 명령어를 직접 입력하는 방식이다. [그림 5.22]는 DOS 화면의 예를 나타낸다.

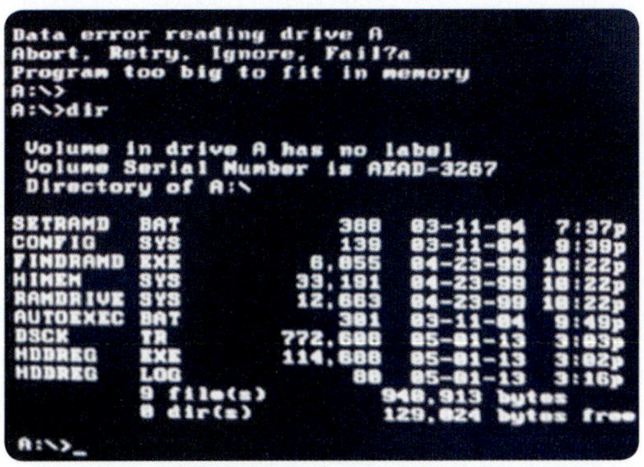

그림 5.22 DOS의 디렉터리 화면

5.3 Windows 계열

SECTION

Windows는 마이크로소프트사에서 만든 그래픽 사용자 인터페이스 운영체제의 제품명이다. 우리가 대부분 사용하고 있는 Windows라는 용어는 마이크로소프트사의 등록 상표인 Windows 제품들을 나타낸다. [그림 5.23]은 Windows XP의 바탕 화면을 나타낸다.

5.3.1 Windows의 역사

마이크로소프트사의 Windows는 1985년에 처음으로 발표되었는데, 당시만 하더라도 Windows는 [그림 5.24]와 같이 단순한 모습이었다. 아이콘도 없었지만 단지 글자와 그림이 함께 나온다는 사실만으로도 사람들은 신기해했다.

그림 5.23 Windows XP의 바탕 화면

그림 5.24 Windows 1.0의 시작 화면

1995년에는 Windows 95라는 이름으로 정식 운영체제의 모습을 갖추었다. Windows 95는 Windows 중 최초로 DOS를 설치할 필요도 없고 DOS를 기동할 필요도 없이 바로 Windows가 실행되는 방식을 사용하였다. 그 후 인터넷의 인기가 폭발적으로 증가하고 새로운 기기들이 등장하게 되면서 마이크로소프트사는 Windows 95에다 Internet Explorer를 포함시키고 기능을 추가한 Windows 98을 출시하게 되었다.

2001년에는 Windows XP가 출시되었으며, 2009년에는 Windows 7이 출시되었다. 그 후 2012년에는 Windows 8을 발표했으며, 2015년 7월에는 Windows 10을 발표하였다.

Windows 버전의 변천 과정은 [그림 5.25]에 나타나 있다.

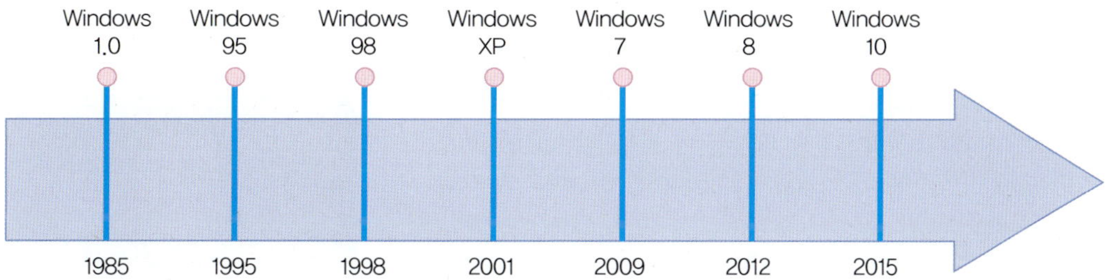

그림 5.25 Windows의 변천 과정

5.3.2 Windows XP와 Windows 7

2001년에 출시된 Windows XP는 최장 2019년까지 오랫동안 사용되었는데, 다음과 같은 주요 특징들을 가지고 있었다.

❶ Windows XP는 인터넷을 사용하는 것을 기반으로 제작되었다.

❷ Windows XP는 이전 버전에 비해 훨씬 뛰어난 안정성을 가지고 있다.

❸ Windows XP는 화면에 보이는 인터페이스와 그 기능을 중심으로 화려한 사용자 인터페이스를 가지고 있다.

❹ Windows XP를 원활하게 사용하기 위해서는 최소한 펜티엄 III 450MHz 이상에 메모리는 128MB 이상이어야 한다.

Windows 7은 2009년에 출시되었는데 빠르고 안정적인 성능과 함께 사용자가 보다 편리한 방법으로 PC를 사용하여 작업할 수 있도록 설계되었다. 특히 파일을 찾고 관리하는 효과적인 방법을 사용하여 작업의 속도를 향상시킨다. 2020년 말 기준으로 마이크로소프트사에서는 Windows 7을 더 이상 업데이트를 하고 있지 않으므로 보안 문제 등으로 사용 중지를 권고한 상태이다.

따라서 현재에는 Windows 8, 10이 함께 사용되고 있다. [그림 5.26]은 Windows XP와 Windows 7을 차례대로 나타낸다.

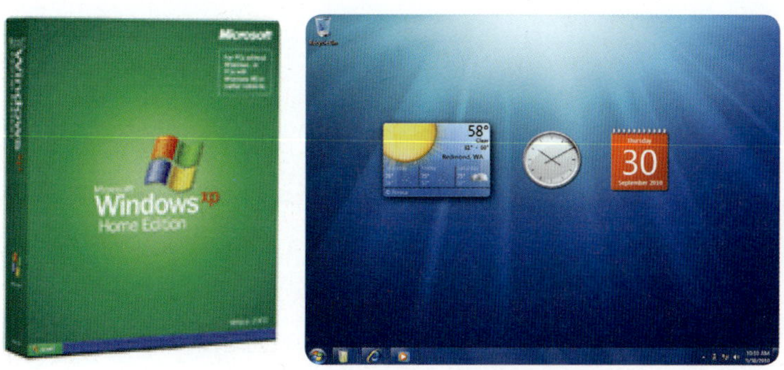

그림 5.26 Windows XP와 Windows 7의 바탕 화면

알아보기 코너 컴퓨터를 움직인 빌 게이츠

마이크로소프트(Microsoft)의 빌 게이츠(Bill Gates, 1955~) 회장은 미국의 기업인이자 소프트웨어 개발자, 프로그래머, 자선가이다. 그는 하버드 대학교를 중퇴하고 마이크로소프트의 창업주로서 MS-DOS와 Windows 시리즈로 성공 신화를 이어갔으며, 현재 전 세계 PC 운영체제 시장의 무려 74%를 점유하고 있는 IT업계의 유명 인물이다. 그는 세계적 부호로서 은퇴 후 파격적인 자선사업으로 세계에서 가장 큰 자선재단을 운영하고 있으며, 1년에 두 차례씩 한적한 통나무 별장에서 혼자서 조용히 생각하는 'Think Week' 기간을 가지는 동안 새로운 발상의 사업을 구상해내곤 했다.

5.4 SECTION Windows 8과 Windows 10

5.4.1 Windows 8

Windows 8은 2012년에 마이크로소프트의 새로운 운영체제로 발표되었다. 컴퓨터를 부팅했을 때 첫 실행 화면은 [그림 5.27]과 같이 타일 형태로 바로가기 아이콘들이 직사각형으로 나열되어 있는데, 윈도우폰에 쓰인 메트로 사용자 환경(UI)이 PC에 적용된 것이다. 윈도우즈 스토어(Windows Store)라는 애플리케이션 장터가 장착되어 있어 응용 프로그램들을 쉽게 내려 받을 수 있다.

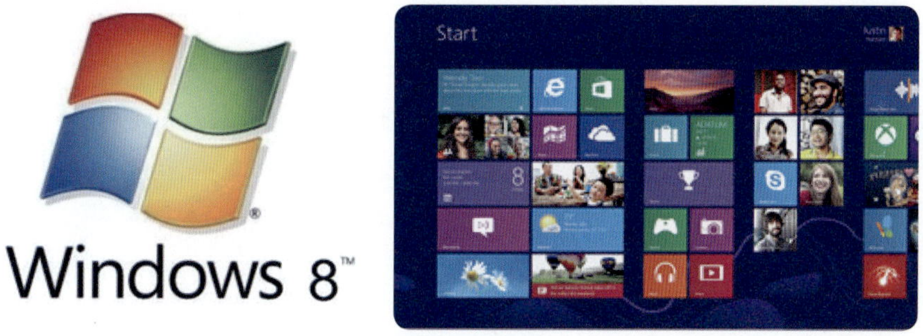

그림 5.27 Windows 8

Windows 8의 주요 특징은 다음과 같다.

❶ PC, 노트북 외에 태블릿이나 스마트폰과 같은 모바일 기기에서도 사용할 수 있는 MS의 첫 번째 통합 운영체제이다.

❷ 컴퓨터의 부팅 시간과 종료 시간이 종전의 절반으로 짧아졌다.

❸ 첫 화면 타일 모양의 아이콘으로 구성되어 있어 한 번의 클릭으로 원하는 애플리케이션과 콘텐츠에 바로 접근할 수 있다.

❹ 터치에 최적화된 새로운 인터넷 익스플로러(IE) 10을 탑재했으며, 클라우드 서비스인 SkyDrive도 기본으로 제공한다.

5.4.2 Windows 10

마이크로소프트는 2015년 7월말에 Windows 10을 발표했다. 이 때 Windows 7, Windows 8에 이어 Windows 9가 나오리라는 예상을 깨고 Windows 10이 발표된 점에 많은 사람들이 놀랐지만 마이크로

소프트는 정작 10이라는 이름에는 별다른 설명을 하지 않았다.

[그림 5.28]의 Windows 10은 기존의 PC, 노트북, 태블릿뿐만 아니라, 대형 TV를 비롯한 가전제품, 사물인터넷까지 다양한 플랫폼을 위한 운영체제라는 장점을 가지고 있다.

그림 5.28 Windows 10

Windows 10의 주요 특징은 다음과 같다.

❶ Windows 7과 Windows 8의 시작 버튼을 혼합시킨 새로운 형태의 시작 버튼

❷ 창 화면으로 작동되는 메트로 앱

❸ 새로운 테스크 뷰 버튼과 멀티 데스크탑

❹ 스냅 기능과 빠른 파일 검색

Windows 10을 효율적으로 사용할 수 있는 최소한의 하드웨어 요구사항은 〈표 5.1〉과 같으며, 터치 입력을 이용하려면 멀티터치 화면도 필요하다.

표 5.1 Windows 10의 하드웨어 사양

구조	IA–32(32비트)	x86–64(64비트)
프로세서	1GHz 이상	
메모리(RAM)	1GB	2GB
그래픽카드	DirectX 9 그래픽 장치(WDDM 드라이버 포함)	
HDD	16GB 이상의 공간	
기타	Microsoft 계정과 인터넷	

5.5 SECTION UNIX

UNIX는 역사가 매우 오래된 운영체제로서 우리가 흔히 접하기 어려운 대기업의 서버 컴퓨터와 통신용 서버 컴퓨터가 UNIX 계열의 운영체제를 사용한다. UNIX는 여러 기관들에 의해 개발되었으며, 각기 다른 이름을 가지고 있으므로 여기서는 UNIX 계열의 운영체제를 통틀어서 UNIX라고 한다.

5.5.1 UNIX의 역사적 배경

UNIX는 〈표 5.2〉와 같이 처음에 벨연구소(Bell Lab)에서 MULTICS 운영체제를 개발한 경험을 바탕으로 만들어졌다. 이 프로젝트에 참가했던 켄 톰슨(Ken Thompson [그림 5.29])과 데니스 리치(Dennis Ritchie [그림 5.30])가 이 MULTICS보다 더 작고 일관성 있는 운영체제를 목표로 하여 만든 것이 UNICS이고, 이것이 UNIX의 효시가 되었다.

그림 5.29 켄 톰슨

그림 5.30 데니스 리치

표 5.2 UNIX의 발전 도표

시기	내용
1960년대 초	MIT, Bell Lab, GE 등이 공동으로 MULTICS 개발을 시작함
1969년	Bell Lab에서 Ken Thompson이 MULTICS를 작게 만들고자 함
	Dennis Ritchie와 함께 첫 버전 개발, UNICS라고 부름
1973년	Dennis Ritchie가 C 언어로 다시 씀
1976년	미국의 각 대학으로 퍼짐
	BSD 계열과 System V 계열로 나뉘게 됨
1978년	버클리 대학의 Bill Joy가 기능을 확장하여 3BSD(Berkeley Software Distribution)로 만들었음
1983년	버클리 대학에서 4.3 BSD 발표
	AT&T가 System V 발표

1971년 벨연구소의 UNIX 시스템은 PDP-11에 장착되었는데, 이것이 버전 1로서 이 시스템의 특징은 크기가 작다는 것이다. 이 시기에 BCPL에 영향을 받은 'B' 언어가 고안되었으며, 리치는 B언어를 C 언어로 발전시켰다.

이후 리치가 UNIX를 C언어로 고쳐 만들었는데, 이것은 어셈블리 언어가 아닌 고급 언어로 작성한 최초의 운영체제였다. 또한 운영체제를 고급 언어로 만드는 것은 다른 기종에 이식될 수 있는 기틀을 마련하게 되었고, 이런 이유로 UNIX는 벨연구소에서 급속히 번져가게 되었다.

UNIX가 공식적으로 세상에 알려진 것은 1974년 톰슨과 리치가 UNIX 시스템에 관한 논문을 발표하면서부터였으며, 1977년도에는 UNIX가 PDP 기종이 아닌 IBM S/370에 이식되었다. 1980년대 이후에는 많은 UNIX 버전들이 생겨났으며 또한 애플사나 IBM에서도 매킨토시나 IBM PC 등에 사용 가능한 UNIX를 발표하였으며, UNIX들 간의 데이터와 소프트웨어 호환을 위한 표준화 작업이 이루어졌다.

5.5.2 UNIX의 특징

UNIX의 주요 특징들을 요약하면 다음과 같다.

❶ 전문 프로그래머용으로 개발되었다. 프로그래머들이 자신들이 쓰기 편하도록 만들었으므로 일반 초보자가 사용하기에는 조금 어려운 경향이 있지만, 일단 익숙해지면 상당히 직관적이고 효율적이다. 그 이유는 UNIX가 단순성, 정연성, 명확성, 강력성, 유연성 등을 가지고 있기 때문이다.

❷ 고급 언어로 작성되었다. 이전의 운영체제는 하드웨어와 밀접한 관련성을 가지고 있기 때문에 통상 어셈블리 언어로 작성되었다. 그러나 UNIX의 경우 C언어로 만들어졌기 때문에 어디서든지 사용할 수 있다.

❸ 연구용으로 소스를 공개하였다. Windows 계열의 운영체제에서는 볼 수 없는 소스 공개의 특징을 가지고 있다. 누구나 연구용 소스를 어렵지 않게 접할 수 있으므로 운영체제의 특징을 쉽게 경험할 수 있고, 이런 점이 대학이나 연구소에서 많이 사용하게 된 이유 중의 하나이다.

❹ 다중 사용자 시스템이다. 하나의 컴퓨터로 여러 명이 동시에 여러 가지 작업을 할 수 있도록 되어 있다.

❺ UNIX 이전에는 없었던 다양한 도구(tool)들을 지원하였다. UNIX 운영체제에서는 C언어와 여러 가지 다른 언어, 그리고 프로그래밍에 필요한 도구들까지 상당히 다양한 분야의 도구들이 기본적으로 제공된다.

❻ 강력한 네트워크 기능을 지원한다. 대부분의 UNIX는 그 자체가 네트워크를 기본적으로 사용하는 것으로 되어 있다.

❼ X Window라는 강력한 Window 시스템을 제공한다. UNIX는 통상 텍스트 위주로 작업하지만, 요즘의 UNIX는 [그림 5.31]과 같은 X Window를 사용하여 그래픽 환경에서 작업한다.

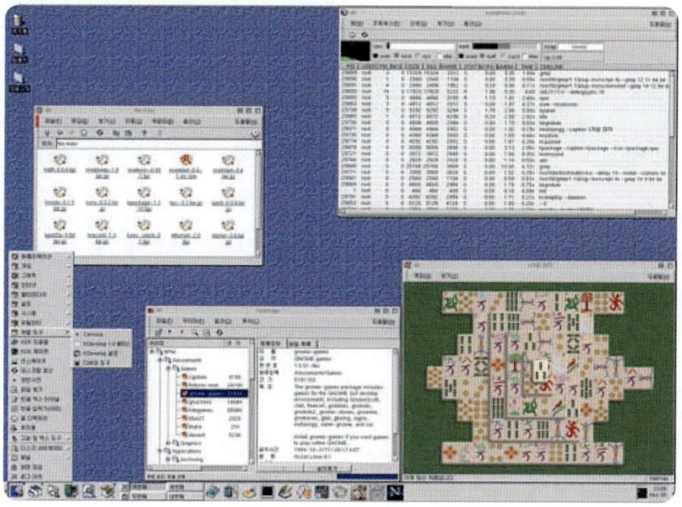

그림 5.31 CDE X Window 화면

5.5.3 UNIX의 장점과 단점

여러 가지 항목에 따른 UNIX 시스템의 장점과 단점을 요약하면 〈표 5.3〉과 같다.

표 5.3 UNIX의 장점과 단점

항목	장점	단점
이식성, 호환성, 공개성	개발에 용이함	다양한 버전이 있음
파일 시스템	트리 구조로 사용이 편리함	처리 속도 지연
시분할 방식	모든 사용자에게 컴퓨터 자원을 균등 분배	업무의 우선 순위 결정이 어려움
명령어 축약	최소로 최대의 효과	초보자는 사용이 어려움
통신	다양한 유틸리티 제공(UUCP, e-메일 등)	–
분산처리	서로 다른 기종 간에도 가능	–
프로그램 개발 도구	다양한 도구 제공	–
한글 지원	자국어 처리 시스템 이용	–
에러 메시지	–	간단하고 불분명함

최근에는 UNIX가 대형 컴퓨터 서버의 운영체제로 사용되는 경우 보안 기능이 매우 강화되어 은행업무용 등으로도 사용되고 있다.

5.6 Linux

SECTION

Linux는 UNIX와 유사한 형태의 운영체제로서 GNU라는 팀으로부터 계속적으로 지원받으면서 발전되고 있다. Linux는 UNIX와 비슷한 기능과 장점을 가지고 있으며, 무료 소프트웨어이다.

5.6.1 Linux의 역사

Linux는 1991년 당시 핀란드의 헬싱키 대학생이던 [그림 5.32]의 리누스 토발즈(Linus Torvalds)가 자신이 수강하던 UNIX 과정의 교재였던 한정판 UNIX인 미닉스(Minix)를 보고 단지 재미로 자신의 PC에서도 써보고자 하는 의도에서 만든 운영체제이다. Linux의 첫 공식 버전은 1991년 10월에 발표되었다.

그림 5.32 리누스 토발즈와 Linux 로고

Linux가 뉴스 그룹을 타고 공개되면서 많은 사람들이 이 공개용 Linux에 대해 관심을 가지기 시작했다. 더욱이 이 소스 코드(source code)는 AT&T의 UNIX 관련 저작권에도 저촉되지 않는 것이었다. 그 후 스톨만 교수([그림 5.33])가 주축이 된 GNU 그룹에서 이 Linux 소스 코드를 가지고 프로젝트를 진행하게 되었고, 이 일을 계기로 전 세계의 수많은 개발자들이 Linux의 소스 코드를 받아 자신이 원하는 기능을 추가하고 다시 인터넷에 공개하는 방식으로 발전해갔다.

이와 같은 전 세계적인 개발 방식이 Linux의 급속한 성장의 계기가 되었다. 현재 IBM과 같은 대기업에서도 Linux에 대해 상당한 관심과 투자를 아끼지 않고 있으며, Windows와 인텔사에 대해 반대하는 회사들의 투자와 지원으로 많은 관심을 끌고 있다.

GNU란?

GNU 프로젝트는 GNU 시스템이라고 불리는 유닉스 형태의 자유 소프트웨어 운영체제를 개발하기 위해 1984년부터 시작되었다.(GNU라는 단어는 "GNU's Not UNIX"를 의미하는 재귀적 약어이며 '그-뉴'라고 발음한다.) 이 모임은 소프트웨어의 배포와 개발의 자유를 추구하는 그룹이며, CopyLeft 운동으로도 잘 알려져 있다.

그림 5.33 GNU 운동의 창시자 리차드 스톨만 교수

5.6.2 Linux의 특징

Linux는 자유로운 정신의 산물이라고도 불리는 새로운 사상을 가진 운영체제로서 다음과 같은 주요 특징들을 가지고 있다.

❶ 무료판이며 소스 코드가 완전히 공개된 운영체제이다.

Linux는 우수한 성능의 운영체제임에도 불구하고 완전히 무료 버전이다. 더군다나 소스 코드가 공개되어 있으므로 사용자들은 자신이 원하는 기능을 추가하거나 변경할 수 있다.

❷ UNIX와 유사한 형태를 가지고 있다.

Linux는 명령어 체계나 사용법, 심지어는 대부분의 도구들까지도 UNIX와 유사한 형태를 띠고 있으므로 학생들이나 UNIX를 접하기 어려운 사람들이 UNIX를 익히는 데 도움이 된다.

❸ 서버용 소프트웨어를 기본으로 제공한다.

Linux는 Windows 시리즈와 대등한 정도의 서버용 프로그램들을 기본적으로 가지고 있다.

❹ 누구나 다운받아 설치할 수 있으며 수많은 배포판이 있다.

사용자들의 취향에 맞도록 관련 유틸리티들을 포함하고 특징을 살린 Linux 배포판이 [그림 5.34]와 같이 상당히 많다.

그림 5.34 Linux 배포판들

5.6.3 Linux의 단점

Linux의 단점은 UNIX가 가지고 있는 단점들과 유사한 점이 많다. 그 외의 추가적인 단점들은 다음과 같다.

❶ 책임지고 개발하는 사람들이 적다.

Linux는 전 세계 개발자들이 자신들이 좋아서 개발에 참여한다. 그러므로 만일 어떤 프로그램이 필요할 경우 누군가 그 프로그램을 만들어 제공하지 않는다면 자기가 직접 만드는 수밖에 없다. 개발을 대행해 주는 회사가 별로 없으므로 기업에서 사용하기에 큰 장애가 된다.

❷ 현재도 개발되고 있는 운영체제이다.

Linux는 지금 이 순간에도 어디선가 개발이 진행되고 있는 운영체제이다. 이 말은 우리가 Linux를 잘 사용하기 위해서는 끊임없이 관심을 가지고 관리를 해야 한다는 것을 말한다.

❸ Linux는 컴퓨터에 대한 많은 지식을 요구한다.

Linux는 전 세계 개발자들이 자발적으로 참여하고 만들어 나가는 운영체제이기 때문에 사용자가 곧 개발자인 경우가 많다. 또한 Linux는 DIY(Do It Yourself)의 정신이 강하기 때문에 어떤 문제가 생겼을 경우 대부분의 경우 스스로 문제점을 찾고 해결해야 한다.

그러나 예외는 있다. 레드햇(Redhat) 엔터프라이즈 리눅스는 유명한 유닉스 계열 서버 운영체제인데, 기술지원 비용을 내는 경우 레드햇에서 직접 유지보수를 지원해준다. 이 경우 어떤 문제가 생겼을 때 레드햇에서 가장 빠르게 문제를 해결할 수 있도록 도와준다.

5.7 Mac OS

SECTION

5.7.1 매킨토시의 역사

스티브 잡스(Steve Jobs)는 1984년 애플사에서 새로 만든 개인용 컴퓨터의 이름을 매킨토시(Macintosh)라고 명명하였는데 통상 맥(Mac)이라고도 불린다. 매킨토시는 [그림 5.35]와 같은 모양으로서 최초의 매킨토시는 8MHz의 모토롤라 MC68000 CPU와 128KB의 메모리를 가지고 있었다. 모니터는 9인치의 조그마한 크기였고, 저장 장치는 하드 디스크 없이 오직 400KB의 플로피 드라이브를 사용하였다.

그림 5.35 매킨토시 컴퓨터와 스티브 잡스

1984년에 처음으로 세상에 선을 보인 매킨토시는 그래픽 사용자 인터페이스 방식을 최초로 도입한 개인용 컴퓨터의 효시로 Windows 95와 유사한 성능의 운영체제를 이미 십여 년 전에 사용하고 있었다. 그 당시 80286 프로세서를 장착한 IBM PC는 마이크로소프트사의 DOS 환경을 사용하고 있었다. 따라서 매킨토시는 문서 편집이나 그래픽을 많이 사용하는 분야에서 큰 인기를 끌었다.

매킨토시란 Mac OS가 탑재된 컴퓨터 시스템 자체를 의미하는 말로서 그 운영체제의 버전이나 시스템 사양을 나타내는 말은 아니다. 매킨토시는 Mac OS라는 자체 운영체제를 가지고 있으며, 매킨토시 전용 컴퓨터 또는 매킨토시 호환 시스템에서만 작동한다. 매킨토시와 일반 PC의 가장 큰 차이점은 사용하는 CPU의 차이이다. 매킨토시는 모토롤라사에서 제작된 CPU를 사용하고 일반 PC는 인텔사의 X86계열의 CPU를 사용한다.

[그림 5.36]은 Mac OS와 Mac OS X의 박스를 각각 나타낸다.

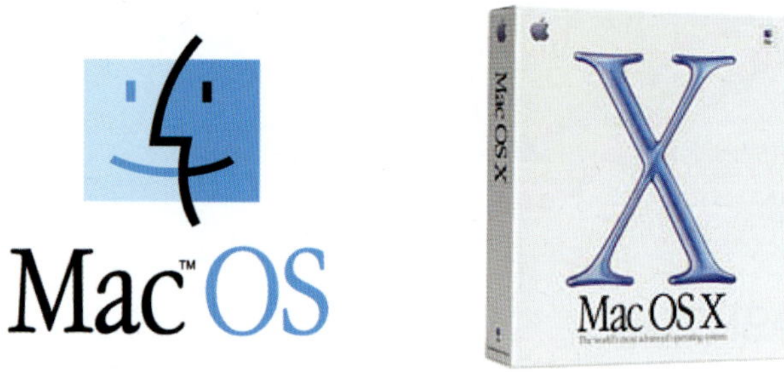

그림 5.36 Mac OS와 Mac OS X의 박스

최근에는 애플의 매킨토시 계열 컴퓨터가 [그림 5.37]과 같은 Mac Studio와 MacBook Pro 시리즈와 같은 고성능의 컴퓨터와 노트북으로 발전했다.

그림 5.37 애플의 Mac 컴퓨터들

5.7.2 Mac OS

매킨토시가 가진 장점은 그것의 운영체제인 Mac OS가 사용자의 입장을 가장 잘 반영한 OS 중의 하나라는 점이다. 매킨토시는 컴퓨터를 사용하는 데 있어서 복잡한 구조는 감추고, 누구나 사용하기 쉽도록 만들어져 있다. 따라서 일반 사용자는 DOS 명령어와 같은 것들을 배울 필요도 없이 마우스 클릭만으로도 간단하게 사용할 수 있다. [그림 5.38]은 Mac의 바탕 화면과 Mac의 폴더를 나타낸다.

그림 5.38 Mac 바탕 화면 Mac의 폴더

Mac OS의 주요 특징들을 요약하면 다음과 같다.

❶ 셜록(sherlock)을 제공한다. 셜록 기능은 여러 개의 창으로 나누어져 있던 것을 하나의 창으로 합쳤고 채널별로 검색이 가능하도록 구성되었다.

❷ 다수 사용자(multi-user) 기능을 제공한다. 하나의 매킨토시를 여러 명이 공유할 수 있도록 해주는 기능으로서 수십 명까지 함께 사용할 수 있다.

❸ 열쇠고리(keychain) 기능의 편리한 보안 기능을 가지고 있다.

❹ 자동 업데이트(auto updating)를 지원한다. 인터넷을 통하여 Mac OS와 관련된 업데이트나 드라이버를 자동적으로 다운받고 장착해 준다.

❺ 인터넷과 다국어 지원 등 다양한 기능을 가지고 있다. 또 음성 인식 기능도 사용할 수 있다.

2020년 11월에 발표된 애플의 차세대 운영체제인 [그림 5.39]와 같은 Mac OS 11 빅서(Big Sur)는 강화된 보안과 백업 기능 등 17가지의 새로운 기능을 가지고 있다.

그림 5.39 Mac OS 11 빅서

5.8 임베디드 OS

SECTION

5.8.1 임베디드 시스템

임베디드 시스템(embedded system)이란 어떤 제품에 추가로 탑재되어 그 제품 안에서 특정한 작업을 수행하도록 하는 솔루션(solution)을 말한다. 가령 전화가 주요 용도인 스마트폰에 TV 기능이 들어가 있는 경우 TV 기능이 곧 임베디드 시스템이다. 즉 본 시스템에 내장된(embedded) 시스템을 말한다.

대개 각 시스템은 그 자체로도 작동할 수 있지만, 다른 제품과 결합하여 부수적인 기능도 수행할 수 있을 때 임베디드 시스템의 효과가 크게 나타난다.

최근 들어 첨단 기능이 포함된 냉장고와 세탁기 등 가전제품, 스마트폰, 엘리베이터, 자동차, 전기밥솥 등에는 임베디드 시스템이 포함되는 경우가 많아졌다. 또 임베디드 시스템은 공장자동화나 가정자동화와 같은 분야에서는 필수적인 요소로 부각되고 있다.

[그림 5.40]은 삼성전자의 인공지능 기반의 음성으로 작동하는 냉장고용 임베디드 시스템을 나타낸다.

그림 5.40 냉장고용 임베디드 시스템

스마트폰에서의 음성인식 솔루션, TV, 냉장고, 자동차 등에 내장된 웹(web) 기능 등도 임베디드 시스템에 속한다. 컴퓨터의 경우 리눅스를 적용한 임베디드 리눅스 등을 활용하는 경우도 많다. [그림 5.41]은 차량에 사용되는 임베디드 시스템의 예를 나타낸다.

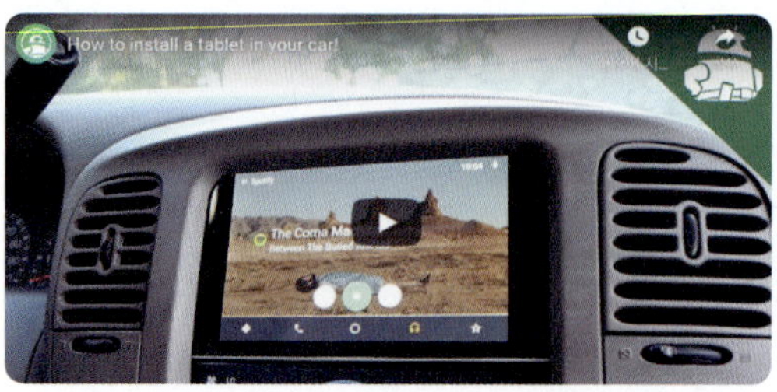

그림 5.41 차량용 임베디드 시스템

5.8.2 임베디드 OS

임베디드 시스템에는 그것을 효율적으로 운영할 수 있는 운영체제가 필요한데, 실시간 운영체제(RTOS : Real-Time Operating System)나 리눅스가 설치되는 경우가 많다.

임베디드 OS 중 일상생활에서 쉽게 발견할 수 있는 형태는 펌웨어(firmware)에 가까운 형태이다. 그것은 냉장고, 디지털 카메라, TV, MP3 플레이어, 차량 등의 기계에 완전히 통합되어 있으므로, 하드웨어와 일체형이라 일반 사용자들은 그 속을 함부로 뜯어볼 수 없게 되어 있다.

임베디드 OS의 종류로는 리눅스 기반의 라즈베리파이(Raspberry Pi) OS 등이 있으며, [그림 5.42]와 같은 마이크로소프트의 Windows 임베디드 계열 OS도 많이 사용되고 있다. 또 [그림 5.43]의 마이크로소프트가 개발한 Windows CE 등이 있고, 그 외 스마트폰에 사용되는 애플의 iOS와 구글의 안드로이드 등도 있다.

그림 5.42 Windows 기반의 임베디드 OS

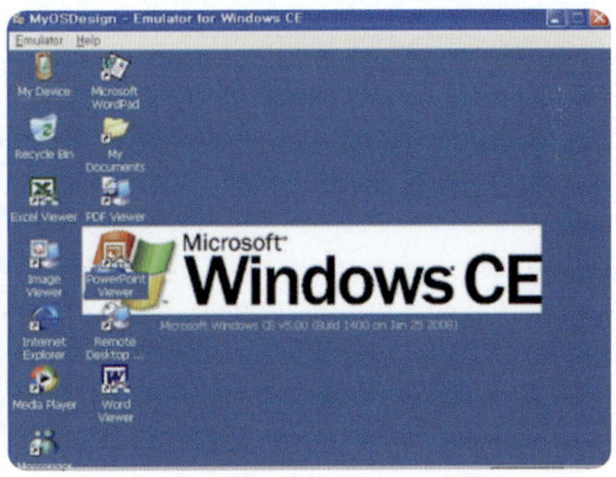

그림 5.43 Windows CE OS

라즈베리파이 OS는 라즈베리파이 전용 운영체제이다. 2015년 이후로 라즈베리파이 재단에 의해 라즈베리파이 단일 보드 컴퓨터 계열을 위한 주 운영체제로서 공식적인 지원을 받고 있다. [그림 5.44]의 이 운영체제는 2012년 6월에 최초로 완성되었으며, 라즈베리파이 계열의 저성능 ARM CPU에 상당히 최적화되어 있다. 라즈베리파이 OS는 라즈베리파이 공식 사이트인 https://www.raspberrypi.com/에서 다양한 OS를 다운받을 수 있다.

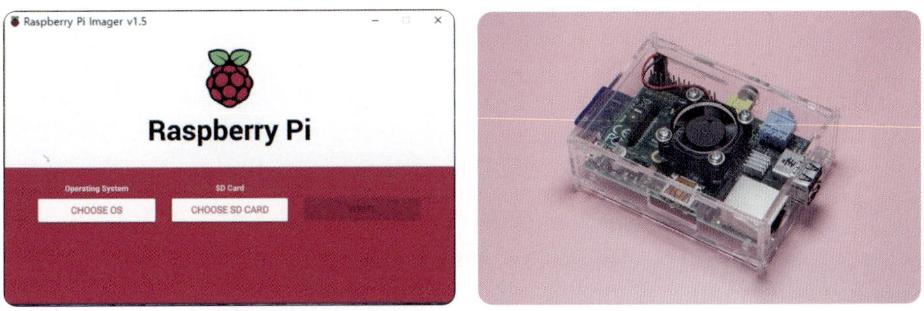

그림 5.44 라즈베리파이 OS와 라즈베리파이로 작동하는 보드

5.9 모바일 운영체제

SECTION

우리가 통상 말하는 운영체제(Operation System: OS)는 컴퓨터를 효율적으로 작동시키기 위한 일종의 시스템 소프트웨어인데 비해, 스마트폰 OS는 스마트폰을 효율적으로 작동시킬 수 있는 모바일 운영체제를 말한다.

5.9.1 안드로이드 OS

안드로이드(Android) OS는 구글이 개발한 리눅스 기반의 개방형 모바일 운영체제이다. 따라서 누구든지 휴대폰 개발자의 의도에 따라 소스 코드(source code)를 수정하며 개발할 수 있는 오픈 플랫폼이다. 특히 구글의 검색엔진, G메일, 유튜브 등의 서비스와 연계되어 그 효율성이 인정받고 있다.

현재 삼성전자와 모토로라를 비롯한 여러 기업들의 스마트폰 OS로 탑재되어 있으며, 지금도 수많은 애플리케이션들이 만들어지고 있다. [그림 5.45]는 안드로이드 OS 로고와 2022년 8월에 출시된 안드로이드 13을 나타낸다. 구글이 발표한 가장 최신 버전인 안드로이드 13의 새로운 주요 기능과 변화는 사용자 보호와 보안 유지, 텍스트 지원 강화, 그리고 사용자의 성향 맞춤 등이다.

그림 5.45 안드로이드 OS 로고와 안드로이드 13

5.9.2 아이폰 OS

아이폰 OS(iOS)는 애플이 개발한 Mac 기반의 모바일 운영체제이다. 아이폰 OS는 2007년 아이폰, 아이팟, 아이패드 등을 위한 운영체제로서 공개되었는데, 소스 코드를 외부에 전혀 공개하지 않는 폐쇄형 OS이다. 아이폰 OS의 사용자 인터페이스는 멀티터치 제스처에 의한 직접 조작 개념에 기반하고 있으며, 아이폰과 아이팟 터치에 내장된 중앙 처리 장치는 ARM 기반 프로세서이다.

[그림 5.46]은 iOS 로고와 2022년 9월에 출시된 최신 버전인 iOS 16을 나타낸다. 주요 특징으로는 아이폰에 자신만의 잠금 화면을 만들 수 있는 새로운 사용자 기능, 집중 모드 필터, 공유 사진 보관함, 획기적인 메시징 기능, 협업 기능과 접근성 강화 등이 있다.

그림 5.46 아이폰 OS 16

5.9.3 블랙베리 OS

블랙베리 OS는 캐나다의 스마트폰 제조업체인 RIM(Research In Motion)이 블랙베리 스마트폰을 위해 개발한 운영체제이다. 블랙베리 스마트폰은 업무에 특화된 비즈니스용 전문의 스마트폰이라고도 알려져 있다. [그림 5.47]은 블랙베리 OS의 로고를 나타낸다.

그림 5.47 블랙베리 OS

5.9.4 윈도우즈 모바일 OS

윈도우즈 모바일 OS는 마이크로소프트가 개발한 모바일용 운영체제로서, 일반 컴퓨터에서 사용하는 윈도우즈 OS와 인터페이스가 매우 유사하여 사용자에게 익숙하며, 편리하고 호환성이 높다는 장점을 가지고 있다. 이 OS는 [그림 5.48]과 같은 로고를 가지고 있다.

그림 5.48 윈도우즈 모바일 OS

5.9.5 바다 OS

바다 OS는 삼성전자가 독자적인 기술로 개발한 모바일용 운영체제로서, 구글 안드로이드에의 편중을 피하는 효과도 누리고 있다. 삼성전자는 지난 2009년 바다 OS를 처음으로 선보였으며, [그림 5.49]와 같은 '바다 2.0'을 발표한 데 이어 바다 OS를 장착한 '바다폰'을 출시하였다.

현재 안드로이드 운영체제를 제공하는 구글과의 관계와 개발의 어려움으로 개발이 잠정 중단되었으나 한국형 OS의 자체 개발은 기술 독립을 위해 하루 빨리 재개되는 것이 바람직스러울 것이다.

그림 5.49 바다 OS

5.9.6 타이젠 OS

타이젠(Tizen) OS는 리눅스 기반의 스마트폰 운영체제로서 HTML5 기반으로 개발되고 있다. 타이젠은 스마트폰, 스마트워치, 스마트 TV, IoT 기기 및 센서, 가전제품, 스마트 카메라 등 OS를 탑재할 수 있는 모든 종류의 스마트 기기에 대응하는 OS이다. [그림 5.50]과 같이 삼성전자와 인텔을 비롯한 타이젠협회 회원사들 주도로 개발되고 있으며, 2012년에 정식 버전이 발표됐다.

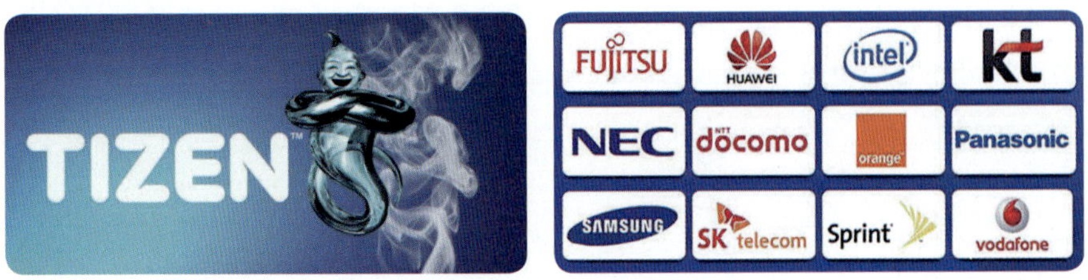

그림 5.50 타이젠 OS

실습/알아보기

1 자기가 사용하고 있는 운영체제들을 확인해보고, 그것을 원활하게 작동시킬 수 있는 프로세서, 메모리 용량 등의 최소한의 사양을 알아보자.

Windows 10, Windows 8, UNIX, Linux, Mac OS 등 사용하고 있는 OS

2 미국 외에 독자적인 운영체제를 완성하지 못하는 이유를 알아보자.

우리나라, 일본, 중국, 유럽은 IT 관련 기술이 상당히 발전된 나라로 알려져 있다. 그러나 독자적인 운영체제를 제대로 완성하지 못하는 이유는 무엇일까? 우리나라에서의 시도와 가능성에 대해서도 알아보자.

참고문헌

5.1 운영체제의 개념

Harvey Deitel, An Introduction to Operating Systems, Addition-Wesley, 2011.

https://www.techtarget.com/whatis/definition/operating-system-OS

5.2 DOS

https://coding-factory.tistory.com/316

5.3 Windows 계열

https://www.google.com/

http://www.microsoft

5.4 Windows 8과 Windows 10

http://windows.microsoft.com/ko-kr/windows/home

http://www.microsoft

5.5 UNIX

https://en.wikipedia.org/wiki/Unix

http://www.ee.surrey.ac.uk/Teaching/Unix/unixintro.html

5.6 Linux

https://www.linux.com/what-is-linux/

https://en.wikipedia.org/wiki/Linux

5.7 Mac OS

http://www.apple.com

https://www.macrumors.com/roundup/macos-sierra/

5.8 임베디드 OS

https://www.techtarget.com/iotagenda/definition/embedded-operating-system

https://www.raspberrypi.com/

5.9 모바일 운영체제

http://www.android.com/

http://it.donga.com/24551/

연습문제

정오식 문제

1 운영체제에서 프로세스와 커널은 비슷한 개념이다. ( )

2 주기억 장치는 기억 장소의 할당, 빈 공간의 관리, 디스크 스케줄링 등을 담당한다. ( )

3 운영체제는 부트스트랩 프로그램에 의해 컴퓨터에 적재된 후 컴퓨터 내의 다른 응용 프로그램들을 관리하는 프로그램으로서 통상 약자로 OS라고 한다. ( )

4 일괄 처리 방식은 여러 가지 형태의 업무들을 모아서 일괄적으로 차례대로 처리하는 방식이다. ( )

5 다중 프로그래밍 시스템에서 여러 개의 작업을 수행해야 할 때는 기억 장치 영역을 할당하고, 주어진 작업을 끝마쳤을 때는 빈 기억 공간을 활용할 수 있도록 관리한다. ( )

6 Windows 10은 기존의 PC, 노트북, 태블릿뿐만 아니라, 대형 TV를 비롯한 가전제품, 사물인터넷까지 다양한 플랫폼을 위한 운영체제라는 장점도 가지고 있다. ( )

7 GNU는 소프트웨어의 자유로운 배포와 개발의 자유를 추구하는 모임이라 할 수 있다. ( )

8 UNIX는 대부분 유료이며 그 구조가 거의 알려지지 않았다. ( )

9 Linux는 소스 코드가 공개되지 않은 운영체제이다. ( )

10 Mac은 그래픽 전문가를 위해 많이 쓰이는 편이며, Mac OS는 초기에도 사용이 비교적 쉬운 편이었다. ( )

11 리눅스 기반의 라즈베리파이(Raspberry Pi) OS는 임베디드 OS의 종류에 속한다. ( )

12 최근의 일부 운영체제들은 컴퓨터들이 전산망을 통해 개방형으로 운영되므로 보안 기술의 중요성이 감소하였다. ( )

13 마이크로소프트가 개발한 Windows CE는 임베디드 OS의 종류에 속한다. ( )

14 일반적으로 스마트폰 OS는 스마트폰뿐만 아니라 컴퓨터에서도 사용되는 운영체제이다. ( )

15 모바일 칩과 메모리 등 하드웨어에 강한 삼성전자가 구글의 안드로이드에의 편중을 해소하고자 독자적으로 개발한 OS가 바다 OS이다. ( )

16 안드로이드는 일반 스마트폰뿐만 아니라 아이폰에도 적용되는 모바일 운영체제이다. ( )

17 타이젠 OS는 리눅스 기반의 스마트폰 운영체제로서 HTML5 기반으로 개발되고 있다. 삼성 전자와 구글을 비롯한 회원사들 주도로 개발되고 있으며 2012년 4월에 정식 버전이 발표됐다. (   )

단답식/선택식 문제

1 (   )란 인간과 컴퓨터 간의 중간 인터페이스 역할을 담당하는 프로그램이다.

2 (   ) 관리는 어떤 프로세스가 언제 메모리를 사용할 수 있을지를 결정하고, 상태의 바뀜에 따른 기억 장치 할당과 빈 기억 공간을 추적한다.

3 (   )란 현재 컴퓨터 기억 장치 상에서 실제로 실행 중인 프로그램의 상태를 말한다.

4 (   )란 프로세스가 작업 도중 필요한 정보나 스케줄에 필요한 여러 가지 정보를 기억하고 있는 구조체이다.

5 (   )은 입출력 장치의 느린 속도를 보완하는 방법 중 하나인데, 버퍼들을 사용하여 임시 보관함으로써 중앙처리 장치와 입출력 장치들의 작동에 지연이 없도록 해준다.

6 시스템에 예상치 못한 상황이 발생하였을 때 그것을 운영체제에 알려주는 메커니즘은 (   ) 이다.

7 (   )은 응용 소프트웨어와 컴퓨터 하드웨어를 연결하는 역할을 담당한다.

8 여러 개의 프로그램을 동시에 주기억 장치에 적재하여, 한 프로그램이 입출력 등의 작업을 할 때 중앙처리 장치를 쉬게 하지 않고 다른 프로그램을 수행하게 함으로써 전체적인 성능을 올리는 방식을 (   ) 프로그래밍이라 한다.

9 (   )은 2015년 말에 출시된 마이크로소프트사의 최근 OS 중 하나이다.

10 (   )는 UNIX와 유사한 형태의 OS로 GNU란 단체가 지지하고 있으며, 무료이고 발전 속도가 빠르다.

11 안드로이드 OS는 구글이 개발한 리눅스 기반의 (   ) 모바일 운영체제이다.

12 어떤 제품에 추가로 탑재되어 그 제품 안에서 특정한 작업을 수행하도록 하는 솔루션을 (   )시스템이라 한다.

13 여러 사용자들이 한 컴퓨터를 동시에 이용할 수 있도록 하기 위해 CPU 운영 시간을 잘게 쪼개어서 여러 사용자들에게 골고루 처리 시간을 제공하는 시스템 방식은 무엇인가?

14 부분적으로 일어나는 장애를 시스템이 즉시 찾아내어 순간적으로 복구함으로써 시스템의 처리 중단이나 데이터의 유실 또는 훼손을 막을 수 있는 시스템 방식은 무엇인가?

15 최근 들어 첨단 기능이 포함된 냉장고와 세탁기 등 가전제품, 스마트폰, 엘리베이터, 자동차, 전기밥솥 등에 들어가는 운영체제는?

16 다음 중 순서가 맞는 것은?
① 하드웨어 → 운영체제 → 응용 프로그램 → 사용자
② 하드웨어 → 응용 프로그램 → 운영체제 → 사용자
③ 운영체제 → 하드웨어 → 응용 프로그램 → 사용자
④ 하드웨어 → 사용자 → 운영체제 → 응용 프로그램

17 다음 중 운영체제의 목표로 가장 거리가 먼 것은?
① 수행 중인 프로그램들의 효율적인 운영을 도와준다.
② 오류가 발생하면 오류를 원활하게 처리한다.
③ 작업 처리 과정 중에 데이터를 공유한다.
④ 컴퓨터 내의 하드웨어 자원들만 관리하고 제어하는 일을 담당한다.

18 다음 중 운영체제가 관리하는 자원에 속하지 않는 것은?
① 프로세스 관리　② 사용자 관리
③ 주기억 장치 관리　④ 입출력 장치 관리

19 다음 중 운영체제가 상주하는 곳은 어디인가?
① 중앙처리 장치　② 주기억 장치　③ 보조기억 장치　④ 입출력 장치

20 다음 중 컴퓨터 시스템의 자원이라 보기 어려운 것은?
① 중앙처리 장치　② 주기억 장치　③ 알파고　④ 입출력 장치

21 다음 중 커널과 관련이 적은 것은?
① 자원을 관리하는 모듈의 집합이다.
② 메모리 관리 등을 담당한다.
③ 응용 소프트웨어와 하드웨어를 연결하는 역할을 담당한다.
④ 운영체제와 관련이 없다.

22 다음의 운영체제 유형 중 가장 초기에 사용된 것은?
① 일괄 처리 시스템　② 시분할 시스템
③ 실시간 시스템　④ 결함 허용 시스템

23 정해진 짧은 시간 내에 응답하는 시스템 방식으로서 군사용이나 공업용 프로세서의 제어, 예약 시스템, 은행 업무 처리, 증권 서비스 등에 이용하는 운영체제 시스템은?
① 결함 허용 시스템　② 일괄 처리 시스템
③ 시분할 시스템　④ 실시간 시스템

24 다음의 운영체제 유형 중 여러 사용자들이 CPU 운영 시간을 골고루 나누어서 사용하는 방식은?

① 시분할 시스템 ② 일괄 처리 시스템 ③ 실시간 시스템 ④ 결함 허용 시스템

25 다음 중 모바일 운영체제가 아닌 것은?

① 블랙베리 ② 안드로이드 ③ Windows 10 ④ 바다

26 다음 중 임베디드 OS에 속하는 것은?

① Windows CE ② 안드로이드 ③ 타이젠 ④ Windows 10

27 다음 중 현재 거의 사용되지 않는 운영체제는?

① Windows 8 ② Windows 10 ③ DOS ④ Linux

28 다음에서 소스 프로그램이 외부에 공개되는 운영체제는?

① UNIX ② Windows 8 ③ iOS ④ Windows 10

주관식 문제

1 운영체제란 무엇인가? 하드웨어, 소프트웨어, 운영체제 사이의 관련성을 중심으로 설명하시오.

2 주요 운영체제의 종류를 나열하고, 각각에 대해 간단히 설명하시오.

3 운영체제의 처리 형태 중 다중 처리를 설명하시오.

4 UNIX는 다른 운영체제에 비해 독특한 면들을 상당수 가지고 있다. UNIX의 주요 특성들을 나열하고 설명하시오.

5 Linux의 장단점을 간략하게 설명하시오.

6 Windows 10의 주요 특징을 3가지 정도 적으시오.

7 자신이 현재 사용하고 있는 컴퓨터의 운영체제를 살펴보고 주요 특징들을 설명하시오.

8 모바일 OS에는 어떤 것들이 있으며, 각각에 대해 간단히 설명하시오.

9 임베디드 시스템을 설명하고 간단한 예를 드시오.

10 입출력 프로그래밍에서의 버퍼링을 설명하시오.

Chapter 06

컴퓨터 통신과 인터넷

Contents

단원의 주요 목표

컴퓨터 통신의 기초를 이해하고 인터넷 관련 지식과 Web 3.0에 대해 학습한다.

- 컴퓨터 통신의 기반 지식을 이해하고 현대적인 통신망의 발달 과정을 알아본다.
- 네트워크의 종류와 특성들을 알아보고 LAN과 WAN의 개념과 특성을 파악한다.
- 모뎀을 비롯한 통신 하드웨어의 종합통신망과 블루투스 등의 기능을 살펴본다.
- 1세대부터 6세대에 이르는 세대별 이동통신 방법과 특성 및 서비스를 이해한다.
- 인터넷의 역사, 주소 체계, 현황, 웹 브라우저, 인터넷의 활용에 관해 알아본다.
- 기존의 Web을 넘어서는 개인화 지능화된 Web 3.0의 장점과 활용을 살펴본다.

6.1 SECTION 통신의 개요

통신이란 한 지점에서 원하는 다른 지점까지 의미 있는 정보를 보다 빠르고 적절하게 상대방이 이해할 수 있도록 전송하는 것을 의미하고, 컴퓨터 통신이란 통신회선에 연결된 하나 또는 그 이상의 컴퓨터나 단말기를 이용한 정보의 전달을 의미한다.

통신망은 통신 시스템들을 통신 회선으로 연결하여 통신이 가능하도록 한 시스템을 말하는데 여러 가지 기준에 의해 분류할 수 있다. 최근에는 통신 기술의 발달로 [그림 6.1]과 같은 통신 위성도 사용되고 있다.

그림 6.1 통신 위성

6.1.1 통신의 역사

(1) 컴퓨터 이전의 통신

소리를 제외한 인류 최초의 데이터 통신은 봉화일 것이다. 불빛이나 연기로 멀리 떨어진 지역에 정보를 전송할 수 있는 봉화는 전화가 발명되기 전까지 중요한 통신 수단이었다. 그 후 체계적으로 정립된 최초의 근대적 통신 방법은 모스(morse) 부호였다. 모스 부호는 멀리 떨어져 있는 상대방에게 전기 신호의 길고 짧음, 끊김으로 메시지를 전송하는 방법이었는데, 모스 부호는 정보를 전달하는 규칙인 프로토콜(protocol)이라 볼 수 있다.

〈표 6.1〉은 통신 관련 기본 용어를 설명한 것이고, [그림 6.2]는 프로토콜의 개념도이다.

표 6.1 통신 관련 기본 용어 설명

- **프로토콜(protocol)**: 통신과 관련된 형식과 절차에 따른 규정으로서 메시지의 종류와 형식, 메시지 교환 절차, 흐름 제어, 에러 제어 등의 기능을 미리 정한 규칙을 말한다.
- **대역폭(bandwidth)**: 한 선(채널)을 통해 전달되는 초당 정보의 양이다. 단위는 대개 bps(bits per second)이며, 100bps이면 초당 100비트의 데이터를 전송한다. 구리선을 사용할 경우 수십 Mbps까지도 전송이 가능하다.
- **모뎀(MODEM)**: 컴퓨터 통신의 데이터는 디지털이고 전화선 데이터는 아날로그이기 때문에 그 중간에서 필요에 따라 디지털 또는 아날로그 신호로 변환시켜 주는 장치이다.
- **DTE(Data Terminal Equipment)**: 통신망에서 네트워크의 끝에 붙은 장비들을 총칭한다. 일반적으로 컴퓨터를 지칭하지만 컴퓨터 외에 프린터, 중계기, 단말기 등을 통틀어서 DTE라고 부른다.

그림 6.2 프로토콜의 개념도

(2) 컴퓨터 통신의 시초

컴퓨터가 개발된 초창기에는 컴퓨터에 통신 기능이 거의 없었다. 그 후 컴퓨터 기술의 발달로 하나의 컴퓨터에 여러 개의 터미널(모니터와 키보드)을 연결하여 사용하게 되었고, 가까운 거리내의 사용자들끼리 통신의 필요성을 느끼게 되었다. 이와 같이 인접한 건물 내의 학교나 연구 기관에서 컴퓨터 사용자들끼리 통신을 시작하게 된 것이 컴퓨터 통신의 시초라고 할 수 있다.

(3) 현대적인 통신망

초기의 컴퓨터 통신망은 하나의 대형 컴퓨터에 여러 개의 컴퓨터 터미널들을 온라인으로 연결하여 사용할 수 있는 방식인데, 1960년대에 그 개념이 발표되었다. 1969년에는 미국 국방성의 ARPANet이 출현하였다.

그 다음 세대 컴퓨터 통신망의 주자는 1974년 제록스(Xerox)에 의해 개발된 이더넷(Ethernet)이었다. 이더넷은 네트워크 구조를 호스트-터미널 구조로부터 오늘날과 같은 클라이언트-서버(Client-Server) 구조로 전환하는 데 큰 역할을 담당하였다. 1982년에는 TCP/IP가 도입되었으며, 1992년에는 WWW(World Wide Web) 서비스가 본격적으로 시작되었다.

그 후 인터넷의 급격한 성장과 더불어 WWW를 중심으로 한 인터넷 서비스가 더욱 다양해지고

ISDN, ADSL 등 새로운 연결 방법이 제안되었고, IMT-2000 등 새로운 통신망의 개발로 멀티미디어 기반의 통신망이 확충되었다.

최근에는 초고속 통신망의 보급으로 각 가정에서도 속도가 매우 빠른 인터넷을 사용하고 있고, LTE 등 무선통신이 활성화되 있으며, 2020년부터는 사물인터넷을 가능케 하는 5세대 이동통신(5G)이 개시되었다.

1960년대 후반부터 최근까지의 통신망의 발달 과정은 〈표 6.2〉에 정리되어 있다.

표 6.2 통신망의 발달 과정

연대	발달 과정
1960년대 후반	• 대형 컴퓨터와 터미널들 간의 온라인 이용 • 미국 국방부의 ARPANet 출현
1970년대	• 컴퓨터 간의 통신 필요성 증대로 통신 장비 및 통신 S/W 개발 • 이더넷 개발 • 고도의 조직적인 네트워크의 필요성 대두(원거리 통신망의 출현 배경)
1980년대	• 기기들 간에 정보를 교환할 수 있는 체계의 필요성 증대로 TCP/IP 도입 • 근거리 통신망이 등장하게 되는 배경 형성
1990년대	• 인터넷의 급격한 성장 • WWW를 중심으로 한 인터넷 서비스의 일반화 • ISDN, ADSL 등 새로운 방식의 디지털 연결 방식 연구
2000년대	• ISDN, ADSL 등 인터넷 연결 방식의 상용화 • 무선 네트워크 사용의 확산 • IMT-2000 등 새로운 통신 방식 연구 • 각 가정에 초고속 통신말 보급 • 멀티미디어 기반의 네트워크 구축
2010년대	• 스마트폰과 태블릿 PC를 통한 지능적인 무선통신의 활성화 • 초고속의 LTE(롱텀 에볼루션) 및 LTE-A 통신의 실용화
2020년대	• 초연결(hyper-connected)의 5세대 이동통신(5G) 개시 • 사물인터넷을 위한 다중연결성, 효율성 향상, 6세대 이동통신(6G) 연구개발

6.1.2 통신 방식

각 DTE 간의 통신 방식은 자료 흐름의 방향과 동시성 여부에 따라 단방향 통신, 반이중 통신, 전이중 통신의 3가지로 분류될 수 있다.

❶ 단방향 통신

단방향 통신(Simplex)이란 한 DTE는 송신 기능만 가지고 있고 다른 DTE는 수신 기능만 가지고 있어서 데이터가 한 방향으로만 전송되는 통신 방식을 말한다. [그림 6.3]과 같은 단방향 통신 방식은 일반적인 데이터 통신에서는 없으며 TV나 라디오 방송에서 볼 수 있다. TV나 라디오 방송의 경우 방송국에서는 일방적으로 송신만 하고 가정에 있는 TV나 라디오는 수신만 하게 되어 있다.

그림 6.3 단방향 통신

❷ 반이중 통신

반이중 통신(Half Duplex)은 통신하는 두 DTE가 시간적으로 교대로 데이터를 교환하는 방식의 통신이다. 이러한 예는 한 DTE가 명령을 전송하면 다른 DTE가 이를 처리하여 그에 대한 응답을 전송하는 트랜잭션(transaction) 처리 시스템에서 볼 수 있다. 무전기에서와 같이 두 DTE가 동시에 데이터를 전송하지는 않으므로 단방향 통신의 경우처럼 한 쌍의 채널만 있으면 된다. [그림 6.4]는 반이중 통신을 나타낸다.

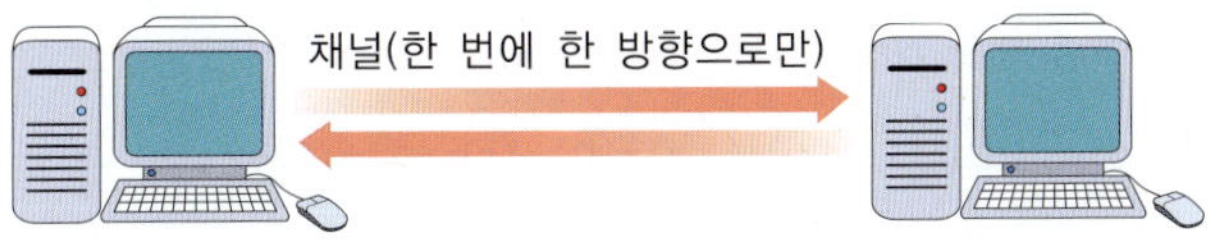

그림 6.4 반이중 통신

❸ 전이중 통신

전이중 통신(Full Duplex)은 [그림 6.5]와 같이 통신하는 두 DTE가 동시에 데이터를 주고받는 방식으로 전화와 같은 일반적인 데이터 통신에서 이 방식을 사용한다. 전이중 통신을 위해서는 송신과 수신을 독립적으로 할 수 있는 두 개의 채널이 필요하다.

그림 6.5 전이중 통신

6.2 네트워크

SECTION

6.2.1 네트워크의 접속 종류

네트워크(network)와 통신망이라는 용어는 오늘날 서로 호환적으로 쓰이고 있다. 네트워크란 여러 대의 컴퓨터가 서로 정보를 교환하는 것인데, 네트워크 접속의 종류는 크게 회선 교환 네트워크와 패킷 교환 네트워크로 구분된다.

(1) 회선 교환 네트워크

전화망과 같은 원리로 운영되는 통신망을 회선 교환 네트워크(Circuit Switching Network)라고 부른다. 현재 우리 주변에서 가장 일반적이면서도 안정적으로 구현된 통신망은 공중망(Public-Switched Telephone Network: PSTN)이라고도 불리는 전화망이다. 전화망에서는 일대일 통신만이 가능하며 아날로그 통신용으로 설치되었기 때문에 데이터 통신을 하기 위해서는 모뎀이 필요하다. 이것보다 조금 더 발달한 것이 공중데이터망(Public-Switched Data Network: PSDN)으로 아날로그가 아닌 디지털 데이터가 전달되며 모뎀이 따로 필요 없다.

[그림 6.6]과 같은 회선 교환 네트워크에서는 A와 C가 어떤 정보를 주고받으려고 할 경우 스위치의 한쪽 끝은 A에게, 다른 한쪽 끝은 C에게 연결되어야 하며 이 때 나머지 B, D, E, F는 전혀 통신을 할 수 없다. 일단 한번 연결이 이루어지면 다른 가입자들에 대해 연결이 폐쇄되기 때문에 폐쇄 회로(Closed Circuit) 네트워크라고도 한다.

이 시스템의 장점은 연결이 형성된 A와 C 간에는 라인이 허용하는 최고 속도의 데이터 통신이 가능하다는 점이고, 단점으로는 B, D, E, F는 그 동안 네트워크를 사용할 수 없다는 점이다.

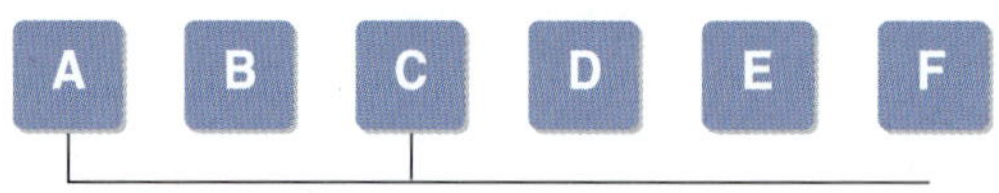

그림 6.6 회선 교환 네트워크

(2) 패킷 교환 네트워크

회선 교환 네트워크에서는 동시에 2쌍 이상의 통신이 불가능하다. A와 C가 통신을 하고 있을 때 B도 D와 통신을 하고 싶다면 어떻게 해야 할까? 이 경우 데이터를 잘게 쪼개서 사용할 수 있으며 이 잘게 쪼갠 데이터들을 패킷(packet)이라고 부른다. 보통 패킷은 헤더(header), 데이터, 테일러(tailor)로 구성되는데, 헤더에는 데이터가 전달될 곳의 주소와 패킷의 순서 등이 기록되고 테일러에는 오류

(error) 점검 정보가 기록된다. 이와 같이 패킷을 이용한 방식을 패킷 교환 네트워크(Packet Switching Network)라고 한다. 패킷 교환 네트워크에는 TDMA, ALOHA, Ethernet-CSMA/CD 방식 등이 있다.

6.2.2 근거리 통신망

LAN은 보통 같은 사무실이나 공장, 연구소, 학교 등 비교적 가까운 지역 내에 분산 설치되어 있는 개인용 컴퓨터, 워크스테이션, 호스트 컴퓨터 등을 상호 접속하여 구성한다. 그러나 단지 가깝다는 거리 개념보다는 한 조직이 소유하는 인접 지역 내의 통신망을 LAN이라고 한다.

(1) LAN의 특징

LAN은 WAN과 비교할 때 컴퓨터 간에 정보를 교환한다는 점에서는 동일하나 세부 기술이나 응용면에서는 서로 다른 특성들을 가지고 있다. LAN은 이더넷을 사용할 경우 통상 10Mbps, 고속 이더넷이나 FDDI를 사용할 경우 100Mbps 이상의 속도를 내기도 한다.

LAN의 특징들은 다음과 같이 요약될 수 있다.

❶ LAN은 고품질의 전용선을 별도로 설치하여 사용한다.

❷ 전송 속도가 대단히 빠르다.

❸ 고품질의 선로를 사용하기 때문에 에러율이 매우 낮다.

❹ 전송 거리가 가깝기 때문에 전송 지연이 작다.

❺ 다양한 통신 장치와의 연결이 가능하여 확장과 재배치가 용이하다.

(2) LAN의 구성 형태

WAN이 주로 점 대 점 연결을 이용하고 구성 형태는 트리(tree) 또는 그물(mesh) 구조를 많이 사용하는 데 비해 LAN에서는 주로 다음과 같은 3가지의 구성 형태가 주로 이용된다.

❶ 버스형

버스(bus)형은 [그림 6.7]과 같이 버스라는 하나의 공통 선에 각 노드들이 접속되어 있는 형태로서, 버스형은 근본적으로 방송 특성을 가지므로 여러 노드가 동시에 전송을 원할 때 발생하는 충돌 문제를 해결할 수 있는 적절한 방법이 필요하다.

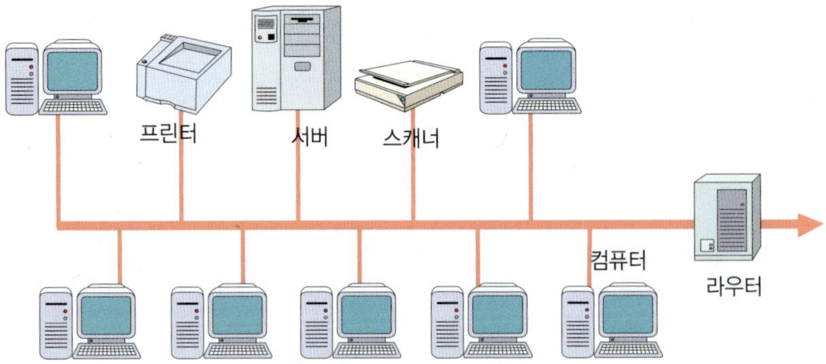

그림 6.7 버스형

❷ 링형

링(ring)형은 노드들을 점 대 점 형태로 차례대로 연결하여 [그림 6.8]과 같이 전체적으로 링 모양으로 구성하는 방법으로서, 각 노드는 수신된 신호를 인접 노드로 재전송한다. 링 상의 신호는 일정 방향으로만 전송되는데, 만약 링 상의 한 노드에 장애가 발생하면 링이 단절되어 전체 네트워크가 동작하지 못하는 단점을 내포하고 있다.

❸ 스타형

스타(star)형은 중앙의 제어 노드를 중심으로 각 노드들이 점 대 점 형태로 연결되는데 각 노드들 간의 직접적인 연결은 없다. [그림 6.9]에서와 같이 배선이 용이하다는 것과 중앙 제어 노드를 이용하면 시스템의 관리가 용이하다는 장점은 있으나, 중앙 제어 노드의 신뢰도와 성능이 전체 시스템의 신뢰도와 성능을 지배하게 된다.

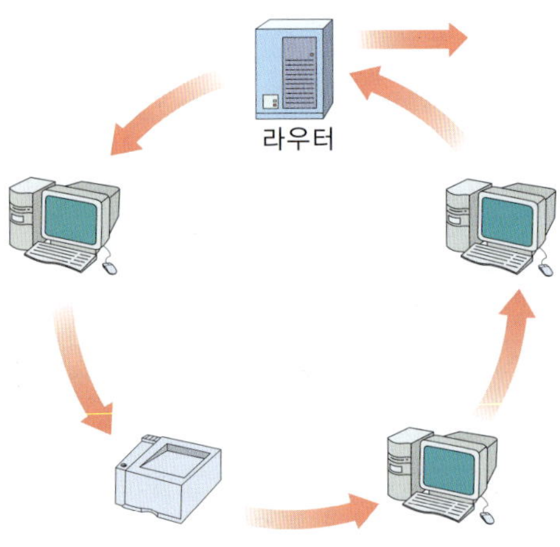

그림 6.8 링형

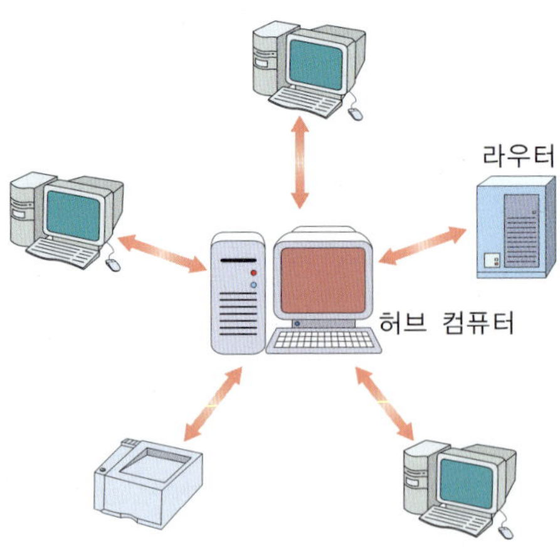

그림 6.9 스타형

6.2.3 원거리 통신망

WAN은 넓은 지역에 걸쳐 분포하는 많은 스위칭 노드(switching node)들과 DTE들로 구성되는데, LAN이 보편화되면서 WAN은 주로 LAN과 LAN을 연결하는 수단으로 사용된다. 어떤 WAN은 한 국가의 범위를 벗어나 여러 국가들을 포함하는 경우도 있다. WAN은 통신 서비스 회사에 의해 통상 공중망(Public Network) 형태로 운영되며 원거리 통신을 필요로 하는 가입자는 WAN에 가입하여 요금을 지불하고 원거리 통신 서비스를 받는다.

(1) WAN의 특징

WAN은 회선 교환 방식과 패킷 교환 방식으로 구현될 수 있는데 최근의 데이터망은 모두 패킷 교환 방식으로 구현된다. 초기의 WAN에서는 X.25 프로토콜을 이용하는 공중 데이터망이 주로 사용되었으나, 그 후 ISDN, 프레임 릴레이(Frame Relay), ATM 등 더 우수한 기술을 사용하여 성능과 품질이 더욱 좋은 통신 서비스를 제공하는 네트워크들이 나타났다.

WAN의 주요 특징들은 다음과 같다.

❶ 일반적으로 WAN은 LAN보다 훨씬 속도가 느리다. 회선의 증가 및 회선의 개선으로 점차 빨라지고 있으나 가까운 거리에서 사용하는 LAN보다는 속도가 훨씬 떨어진다.

❷ LAN에 비해 상대적으로 먼 거리를 연결한다. WAN 기기들은 LAN 기기에 비해 비싼 편이고 회선 구축비용도 비교할 수 없을 정도로 많이 든다. 그러므로 LAN으로는 불가능한 먼 거리에 대해서만 WAN을 구축하게 된다.

[그림 6.10]은 LAN과 WAN의 개념을 나타낸다.

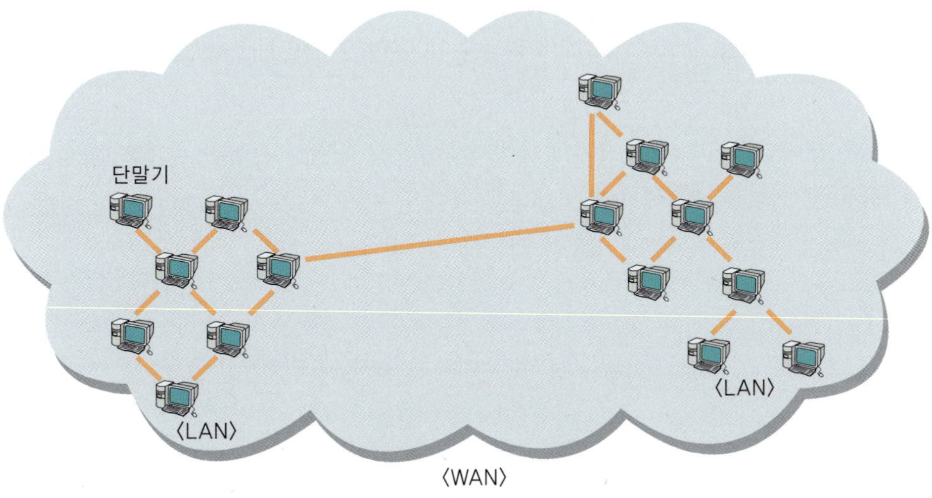

그림 6.10 LAN과 WAN의 개념

(2) WAN의 연결 방식

❶ 점 대 점 방식

점 대 점(point-to-point) 방식의 WAN은 두 개의 지점만을 연결하는 네트워크로서 속도와 대역폭이 지정되어 있으며 안정성 면에서 뛰어나다. 그러나 네트워크를 구축하려면 상당한 비용을 감수해야 한다. 점 대 점 방식의 대표 주자는 전용선 네트워크이며 매우 빠른 전송 속도를 제공한다.

❷ 그물 방식

그물(mesh) 방식은 구름(cloud) 형태의 공중망을 활용하여 WAN을 구성하는 것으로서, X.25, 프레임 릴레이, ISDN, ATM, B-ISDN 등이 이에 해당한다. 그물 방식 WAN의 장점은 점 대 점 방식을 사용하는 것보다 비용을 상당히 줄일 수 있다는 점이다.

❸ X.25망

데이터 통신은 초기에는 일반 전화선을 통해서도 가능했으나, 음성 전용으로 설계된 일반 전화망이 데이터 통신에 부적합하다는 견해가 대두되기 시작했다. 이 문제를 극복하기 위해 CCITT(국제전신전화 자문위원회)가 'X.25 권고안'을 1970년대 중반에 제정하였다.

❹ 프레임 릴레이

프레임 릴레이(Frame relay)는 X.25의 복잡한 기능을 상당 부분 단순화시켜 데이터의 고속 전송이 가능하도록 고안된 네트워크이다. 프레임 릴레이는 X.25보다 빠른 속도를 보유하게 된다.

❺ ATM

LAN이 고속 이더넷으로 이전하는 과정에서 새롭게 등장한 것이 비동기 전송 방식(Asynchronous Transfer Mode: ATM)이다. WAN 기술에 뿌리를 둔 ATM이 각광받는 LAN 연결망으로 데뷔한 것은 1989년이다.

ATM의 장점은 데이터를 53바이트 크기의 데이터 묶음으로 전송하는 한편 비디오, 음성 등 각종 멀티미디어 데이터를 할당된 대역에 따라 보낸다는 점이다. 이러한 이유로 ATM은 영상 회의, VOD 등 멀티미디어 관련 소프트웨어 전송에 적합한 네트워크로 평가받고 있다.

6.3 SECTION 통신 하드웨어

6.3.1 모뎀

모뎀(MODEM)이란 MOdulator/DEModulator의 준말로서 '변복조기'를 나타낸다. 컴퓨터에서 사용하는 통신 신호는 디지털이고 전화망의 경우는 아날로그이므로, 디지털 신호와 아날로그 신호를 필요에 따라 상호 변환해 주는 역할을 하는 기기를 모뎀이라고 부른다. [그림 6.11]은 모뎀을 나타낸다.

그림 6.11 모뎀

(1) 모뎀의 필요성

모뎀의 필요성은 다음과 같이 요약될 수 있다.

❶ 디지털 신호의 감쇄

디지털 신호는 아날로그 신호에 비해 감쇄가 심하다는 문제점이 있다. 디지털 신호의 감쇄는 선로가 신호 레벨의 급격한 변화를 방해하기 때문에 생기는 현상이다. 이러한 디지털 신호의 왜곡을 줄이기 위해 디지털 데이터를 아날로그 신호로 변환하여 전송하게 된다.

❷ 전화망의 사용

수십 또는 수백 킬로미터 떨어진 컴퓨터들 간의 통신은 직접 연결이 불가능하므로 통상 전화망을 임대하여 사용한다. 이 전화망은 아날로그 회선이므로 디지털 신호를 아날로그 신호로 변환하여 전송해야 하는데, 이러한 변환의 역할을 담당하는 장치가 바로 모뎀이다. [그림 6.12]는 모뎀의 작동 원리를 나타낸다.

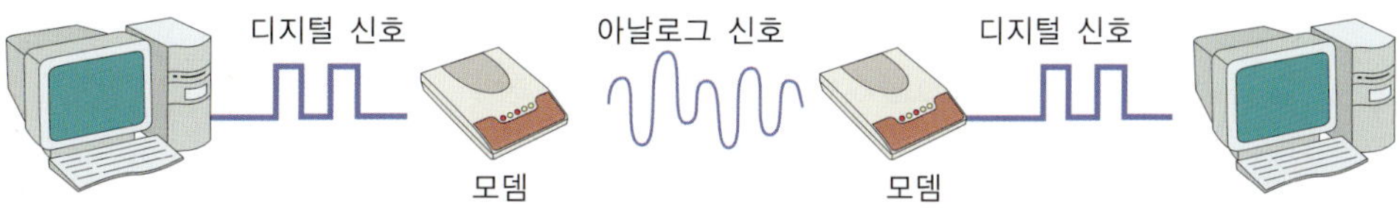

그림 6.12 모뎀의 작동 원리

(2) 신호의 변환

디지털 신호를 아날로그 신호로 바꾸거나 아날로그 신호를 디지털 신호로 바꾸는 방법을 각각 변조(Modulation)와 복조(Demodulation)라고 한다. 그 기본 원리는 어떤 기준 신호(carrier)를 미리 정해 두고, 전송할 신호에 따라 기준 신호의 형태를 변화시키는 것이다.

다음은 3가지 주요 변조 방식을 나타낸다.

❶ 진폭 변조

진폭 변조란 기준 신호의 진폭을 바꾸는 방법이다. 만일 신호가 1이면 진폭을 높게 하고 0이면 진폭을 낮게 하는 방법으로 신호를 구분한다.

❷ 주파수 변조

주파수 변조란 기준 신호의 주파수를 바꾸는 방법이다. 만일 신호가 1이면 주파수를 좁게 하고 신호가 0이면 주파수를 넓게 하는 방법이다.

❸ 위상 변조

위상 변조란 기준 신호의 위상을 바꾸는 방법이다. 이 방법을 사용하여 2개의 비트씩 쌍으로 사용하면 4가지 다른 신호로 사용할 수 있다. 이렇게 함으로써 신호 변화율의 한계가 있는 전화선에서 고속의 전송이 가능하다.

6.3.2 네트워크 인터페이스 카드

네트워크 인터페이스 카드(Network Interface Card: NIC)란 이더넷 네트워크와 컴퓨터를 연결해 주는 기기를 말한다. NIC의 다른 이름으로는 랜 카드, 이더넷 카드 등으로도 불린다. [그림 6.13]은 일반적인 NIC의 모습들이다.

그림 6.13 네트워크 인터페이스 카드

6.3.3 허브

허브(hub)는 원래 버스형인 이더넷의 망 구성을 스타형으로 구성할 수 있도록 하는 장비인데 허브와 DTE는 최대 50m 거리까지 떨어져 있을 수 있다. 대부분의 허브는 [그림 6.14]와 같은 모양을 가지는데 허브는 한 선의 입력 신호를 다른 모든 선으로 그대로 전달하는 리피터 기능을 한다. 반면 [그림 6.15]의 스위칭 허브(switching hub)는 단순히 전달하는 기능을 넘어 목적지 주소에 해당하는 라인으로 전송하는 기능까지 가지고 있다.

그림 6.14 허브

그림 6.15 스위칭 허브

6.3.4 라우터

인터넷은 여러 네트워크가 연결되어 있는 네트워크의 네트워크이다. 이렇게 각 네트워크를 연결해 주는 역할을 하는 것이 [그림 6.16]과 같은 라우터(router)이다. 네트워크에 연결하는 라우터는 수신되는 인터넷 주소를 보고 경로를 정하는 역할을 한다. 이와 같이 경로를 결정하는 방법을 라우팅(routing)이라고 한다.

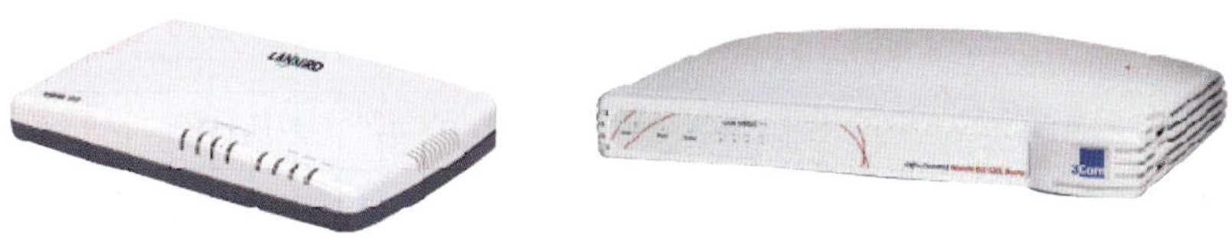

그림 6.16 라우터

6.4 통신 방법

SECTION

6.4.1 종합정보통신망과 ADSL/VDSL

종합정보통신망(Integrated Service Digital Network: ISDN)은 기존의 대표적인 두 통신망인 전화망과 데이터 통신망을 서비스 및 기술적 관점에서 통합한 것이다. ISDN은 많은 가입자를 수용하면서 기존의 음성 통화의 한계를 넘어 데이터, 영상, 비디오 등의 통신 서비스까지 하나의 통신망으로 제공한다.

종합정보통신망은 기존의 각 통신망이 제공하던 서비스, 즉 [그림 6.17]과 같이 전화망의 음성 서비스, 데이터 통신망의 데이터 전송 서비스 등 모든 서비스를 하나의 망으로 제공한다.

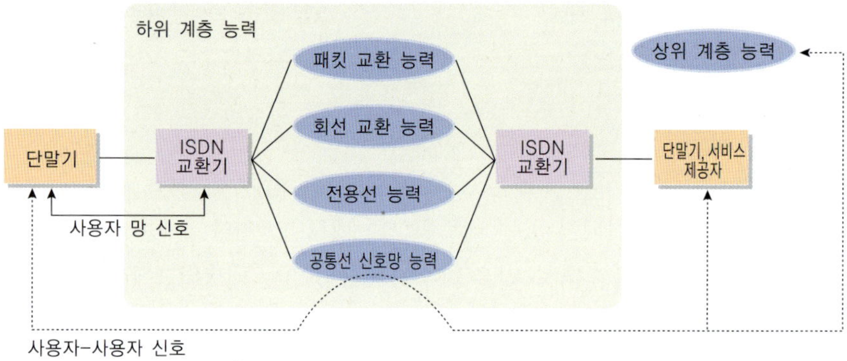

그림 6.17 ISDN의 구조

ADSL(Asymmetric Digital Subscriber Line)은 비대칭 디지털 가입자 회선의 약자인데 음성 통화와 고속 인터넷 통신이 동시에 가능한 차세대 접속 서비스로서, 음성과 데이터를 동시에 사용할 수 있게 하는 기술 중 하나이다. VDSL(Very high-bit rate Digital Subscriber Line)은 ADSL에 이어 우리나라에서 2002년부터 상용화된 초고속 디지털 가입자 회선이다.

6.4.2 기가 인터넷

기가 인터넷(GIga Internet)은 데이터 전송 속도가 1Gbps 정도로 일반 초고속 인터넷보다 10배쯤 빠르며 [그림 6.18]과 같이 가정에서도 이용된다. 2012년 시범사업자 선정이후 초고선명, 적응형 멀티스크린 협업 체계, 클라우드 컴퓨팅 기반 플랫폼 미디어 등을 구현하고 있다.

그림 6.18 기가 인터넷

6.4.3 기타 통신 방법

(1) 케이블 라인 방식

케이블 라인(Cable Line) 방식은 전화망과 더불어 전국에 가장 많이 설치되어 있는 [그림 6.19]와 같은 케이블이나 광케이블(optical cable) 망을 이용하는 서비스인데, CATV와 인터넷을 동시에 사용할 수 있도록 [그림 6.20]의 케이블 모뎀(Cable Modem)과 [그림 6.21]에서와 같이 케이블 인터넷 서비스를 할 때 분배기를 사용한다. 일반적으로 케이블 모뎀은 서비스 업체에서 고객들에게 임대 방식으로 제공한다.

그림 6.19 케이블

그림 6.20 케이블 모뎀

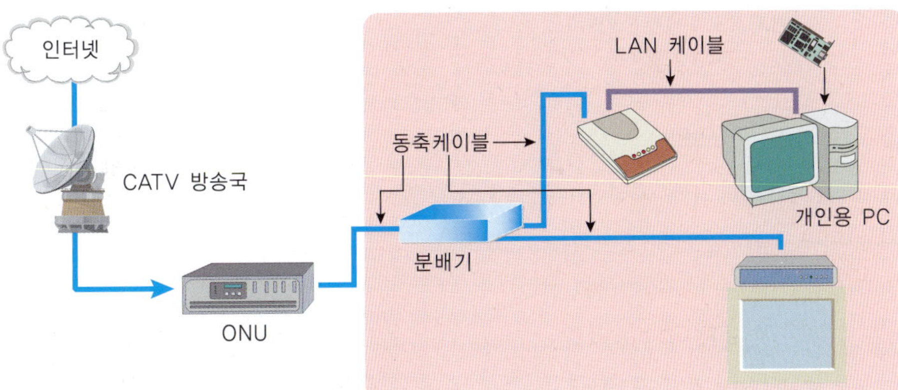

그림 6.21 케이블 인터넷 서비스의 구조

(2) 위성 인터넷

우리나라의 무궁화위성을 사용하여 인터넷에 연결하는 통신이다. [그림 6.22]의 오른쪽과 같은 하향은 무궁화위성에서 오는 자료를 [그림 6.23]의 위성 수신 카드와 [그림 6.24]와 같은 위성 안테나를 이용하여 수신하고, 상향은 전화선을 이용한 지상망으로 인터넷 제공업체를 거쳐 지구국의 위성 통신 장치를 통해 무궁화위성으로 송신하게 된다. 위성 인터넷은 산간벽지나 작은 섬 등 케이블이나 ADSL이 서비스되지 않는 지역에서 사용할 수 있는 방법이다.

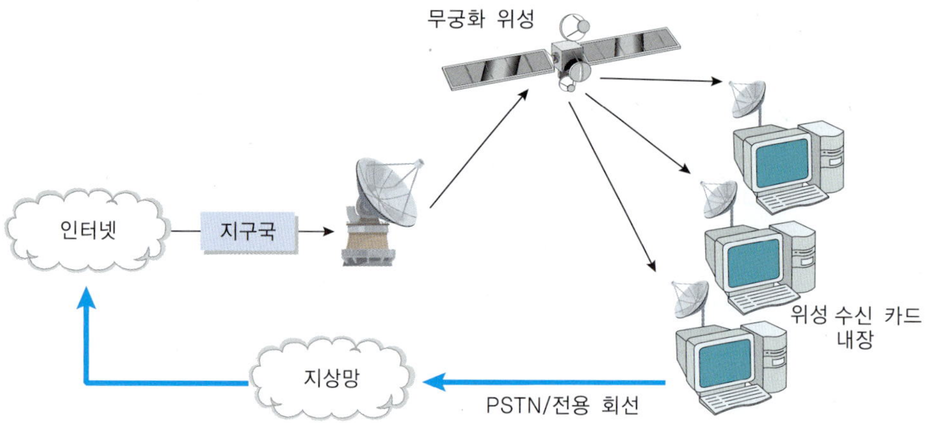

그림 6.22 위성 인터넷

그림 6.23 위성 수신 카드

그림 6.24 위성 안테나

(3) 직렬 포트와 병렬 포트

한 바이트 또는 워드 단위에 속하는 각 요소들을 동시에 전송하는 방법을 병렬 전송(Parallel Transmission)이라 하고, 한 단위에 속하는 각 요소들을 한 번에 한 비트씩 순차적으로 전송하는 방법을 직렬 전송(Serial Transmission)이라고 한다.

PC에는 RS-232C라는 직렬 전송 포트가 사용되는데, 이를 보통 직렬 포트라고 부른다. 직렬 포트에는 프린터 포트 등이 [그림 6.25]와 같은 커넥터로 접속된다. 병렬 포트는 고속 전송을 필요로 하는 외장 기기에 사용되는데, [그림 6.26]은 병렬 포트 커넥터를 나타낸다.

최근에는 직렬 전송 방식의 개선으로 USB(Universal Serial Bus)나 IEEE 1394(Fire Wire)라는 새로운 직렬 전송 포트들이 등장하여 PC의 병렬 포트의 속도보다 빠르게 자료를 전송할 수 있다.

그림 6.25 직렬 포트의 커넥터 모양

그림 6.26 병렬 포트의 커넥터 모양

(4) 블루투스

블루투스(Bluetooth)는 1994년 에릭슨이 최초로 개발한 PANs(Personal Area Networks: 개인 근거리 무선통신)를 위한 산업 표준이다. 블루투스는 IEEE 802.15.1 규격을 사용하며 전 세계적으로 사용할 수 있는 무선 주파수를 이용하여 서로 다른 다양한 장치들이 안전하고 저렴한 비용으로 서로 통신할 수 있게 한다.

블루투스는 USB를 대체하는 개념이며, 와이파이(Wi-Fi)는 이더넷(ethernet)을 대체하는 개념이다. [그림 6.27]은 블루투스 이어폰과 로고를 나타낸다.

그림 6.27 블루투스 이어폰과 로고

6.5 SECTION 세대별 이동통신 방법

이동통신(Mobile communications)이란 사용자가 자유롭게 이동하는 중에도 계속적인 통신이 가능하도록 해 주는 통신 시스템을 말하는데, 일반적으로 무선통신(wireless communications) 기술을 사용한다. 여기서는 이동통신의 각 세대별 특징들을 살펴본다.

6.5.1 1세대 이동통신

1세대(First Generation: 1G) 이동통신은 아날로그 타입의 셀룰러(cellular) 방식을 사용한 음성통화만 가능한 서비스인데, 국내에서는 1984년에 처음으로 상용 서비스가 시작되었다. 참고로 셀룰러 시스템은 서비스 지역을 작은 크기의 셀들로 분할하고 셀 내의 사용자들은 셀 중앙에 설치된 기지국(base station)과 통신하는 구조의 이동통신 시스템이다. [그림 6.28]은 소위 '벽돌' 또는 '망치'란 별명으로 불리던 1세대 휴대폰을 나타낸다.

그림 6.28 1세대 휴대폰

그림 6.29 2세대 휴대폰

6.5.2 2세대 이동통신

2세대(Second Generation: 2G) 이동통신은 미국의 퀄컴(Qualcomm) 사가 개발한 디지털 방식의 코드 분할 다중화 접속 방식(CDMA: Code Division Multiple Access)이란 통신 방식 을 사용하였다. 한국의 전자통신연구원(ETRI)과 퀄컴은 공동으로 1996년 세계 최초로 한국에서 CDMA 기술을 상용화한 바 있다. [그림 6.29]는 2세대 휴대폰을 나타낸다.

6.5.3 3세대 이동통신

3세대(Third-Generation: 3G) 이동통신은 1990년대 말부터 문자, 음성, 동화상 등 멀티미디어 데이터를 현재의 유선 인터넷과 비슷한 속도와 화질로 전송할 수 있는 특징을 가지고 있다. 보다 구체적으로는 3G 서비스는 휴대폰을 통해 음성 데이터와 비음성 데이터(데이터 다운로드, 메일 주고받기, 메시지 보내기 등)를 모두 전송할 수 있게 한다.

3세대 이동통신은 흔히 말하는 IMT-2000(International Mobile Telecommunication-2000)을 포함하는데, 2GHz 주파수 대역을 이용하여 2~2.4Mbps의 속도를 제공한다.

<표 6.3>은 이동 전화 세대별 진화 내용을 나타낸다.

표 6.3 이동 전화 세대별 진화 내용

구분	1세대: 아날로그	2 세대: 디지털	3세대: MT-2000	4세대: LTE-Advanced	5세대: 5G
주파수 효율	• 1배	• 3~8배	• 10배 이상	• 3세대보다 5배 이상 (1,280~1,720Hz)	• 28GHz
서비스 유형	• 음성위주 (낮은 통화 품질)	• 음성(통화 품질 향상) • 저속 데이터	• 음성(유선 품질과 동등) • 영상, 고속 데이터 등 • 멀티미디어 서비스	• 음성(고품질 음성서비스) • 영상통화(3차원) • 3세대보다 10배 이상 빠른 고속 멀티미디어 서비스	• 4세대 보다 1,000배 이상 빠른 트래픽 처리 • 1~10Gbps 초고속 처리 속도 • 사물인터넷 통신 가능
서비스 지역	• 국내	• 국내 및 제한적 국제 로밍	• 국제로밍	• 국제로밍	• 국제로밍

3세대에 개발된 와이파이(Wi-Fi)는 와이파이 얼라이언스(Wi-Fi Alliance)의 상표명으로, IEEE 802.11 기반의 무선랜 연결과 장치 간 연결(와이파이 P2P), PAN/LAN/WAN 구성 등을 지원하는 일련의 기술을 의미한다. 즉, 와이파이는 무선접속장치(AP)가 설치된 곳으로부터 몇 미터에서 몇백 미터 거리 내에서 초고속 인터넷을 무선으로 연결할 수 있는 근거리통신망(LAN) 기술이라고 말할 수 있다. [그림 6.30]은 와이파이 표시와 로고를 나타낸다.

와이파이의 장점으로는 3G보다 훨씬 빠른 11Mbps의 빠른 데이터 전송속도와 유선공유기가 있는 가정에서 마음껏 쓸 수 있다는 점이다. 반면에 단점으로는 무선접속장치(AP)가 있는 곳에만 신호가 잡힌다는 점과 굴곡이 심한 장애물이 있을 경우에 속도가 저하된다는 점이다.

그림 6.30 와이파이 표시와 로고

알아보기 코너 스티브 잡스의 아이폰 혁명

애플의 창업자인 스티브 잡스(Steven Paul Jobs, 1955~2011)는 2007년 1월 샌프란시스코 맥월드 개막식에서 "아이폰은 혁명적이고 매력적이다. 다른 휴대폰보다 최소 5년 이상 앞선 제품이다."라며 아래 사진과 같이 처음으로 아이폰을 소개했다. 그는 키보드를 대신한 아이폰의 터치스크린 기능을 혁신성이라며 강조했는데, 이것이 스마트폰의 시작인 셈이다. 최근 초기에 판매된 미개봉 아이폰이 경매에서 3만5000달러(약 4,700만 원)에 팔렸다고 한다.

그 후 아이폰은 점진적으로 향상된 하드웨어를 채용했으며, 소프트웨어를 계속 업데이트하며 발전하였다. 몇 년 후 삼성전자도 갤럭시 모델을 출시하고 발전시키면서 일어난 '스마트폰 혁명'은 전 세계 사람들의 소통과 일하는 방식을 바꿨으며 기존의 여러 산업들을 뒤흔들었다.

6.5.4 4세대 이동통신

4세대(Fourth Generation: 4G) 이동통신은 무선 이동통신의 네 번째 표준으로 '4G 통신'이라고 한다. 하나의 단말기를 통해 위성망, 무선랜, 인터넷을 모두 사용할 수 있다. 4세대 이동통신은 정지 상태에서 1Gbps(1,000Mbps), 60km 이상 고속 이동 시 100Mbps 이상의 속도를 제공한다.

2011년 7월 도입된 LTE(long term evolution)가 4세대 이동통신에 해당되는데, 3세대 이동통신(3G)을 장기적으로 진화시킨 기술이라는 뜻에서 붙여진 명칭이다. LTE는 다운로드 속도가 3G에 비해 12배가 빠른 최대 173Mbps에 이르는 전송속도를 가지고 있으므로 와이브로 에볼루션과 더불어 [그림 6.31]에 나타난 바와 같이 4세대 이동통신(4G) 기술의 하나로 꼽힌다. LTE는 1.4MHz에서 20MHz까지의 반송파 대역을 사용하는데 주파수분할과 시분할을 지원한다. LTE의 요건 중 하나는 최소한 100Mbps의 최대 하향 링크 속도를 구현해야 한다는 점이다.

그림 6.31 LTE 로고

2012년 1월 국제전기통신연합(ITU)은 LTE-advanced와 WiBro-advanced를 4세대 이동통신 국제표준으로 채택하였다. [그림 6.32]는 LTE-A를 지원하는 스마트폰을 나타낸다.

그림 6.32 LTE-A 스마트폰

6.5.5 5세대 이동통신

5세대(Fifth Generation: 5G) 이동통신은 초당 1기가비트(Gbps) 이상의 데이터가 전송되는 초고속 통신 서비스를 말한다. 2020년부터 상용화가 시작되어 전 세계적으로 연구개발과 주파수 할당 등의 표준화 협력 움직임이 활발하다.

5세대 이동통신은 2GHz 이하의 주파수를 사용하는 4G 롱텀에볼루션(LTE)과 달리 28GHz의 초고대역 주파수를 사용하게 된다. 이로 인해 LTE보다 빠른 속도로 초고화질 영화를 1초 만에 전달할 수 있다. 저대역 주파수는 도달거리가 길고 속도는 느린 반면 고대역 주파수는 직진성이 강해 도달거리는 짧지만 속도는 빠르다.

5세대 이동통신은 사물인터넷의 구현에 필요한 초고용량, 초고속의 처리속도, 저비용과 저전력, 저지연과 안정성을 기술적 요구 사항으로 여기고 있다. 보다 구체적으로는 다음과 같은 사양들이 지목되고 있다.

- 4G보다 1,000배에서 1만배 가량의 고용량 트래픽(traffic)의 수용
- 최대 1~10Gbps의 초고속 데이터 처리속도
- 1밀리초(msec) 이하의 저지연(low delay)과 품질 안정성
- 수많은 디바이스의 다중연결성
- 10년간의 저전력 배터리 수명과 뛰어난 에너지 효율성
- 확장, 운용, 진화가 용이한 유연성과 저비용의 경제성

또한 5G 통신에서 추구할 5가지 핵심 가치들은 하드웨어적 발전 외에도 고객 경험(User Experience), 연결성(Connectivity), 지능화(Intelligence), 효율성(Efficiency), 그리고 신뢰성(Reliability)을 들 수 있다.

6.5.6 6세대 이동통신 연구의 시작

2020년대 초 5G 시대가 시작되자마자 차세대 이동통신 기술 선점을 위한 움직임이 나타나고 있다. 2020년 8월 우리나라 정부는 '6G R&D 전략'을 발표했으며, 미국이나 중국 등도 6G 개발 경쟁에 돌입한 상황이다.

6G에서는 최대 전송속도 1,000Gbps, 무선 지연시간 100μsec로, 5G 대비 속도는 50배 빨라지고 무선 지연시간은 10분의 1로 줄어드는 등 다양한 면에서 획기적 성능 개선을 학계에서 예상하고 있다.

이를 통해 실시간 원격수술, 하늘을 나는 자동차 플라잉카(flying car), 그리고 공상 과학 영화에 나올 법한 일들이 6G에서 가능해질 것이며, 원하는 모든 곳에서 사람과 사물 구분 없이 통신할 수 있는 사물인터넷 시대를 기대하고 있다.

6.5.7 이동통신을 이용한 각종 서비스들

이동통신에서의 서비스는 3세대 이동통신인 IMT-2000부터 매우 다양해졌는데, 이는 빨라진 속도와 멀티미디어 정보를 다룰 수 있다는 점의 영향일 것이다. 지금도 많이 쓰이고 있는 4G와 5G의 주요 휴대폰 서비스들은 〈표 6.4〉와 같다.

표 6.4 주요 휴대폰 서비스

서비스	내용
교통정보	주요 도로마다 설치되어 있는 무인 영상 카메라를 통해 도로의 교통 상황을 실시간으로 보여줌으로써 원활한 교통 소통에 일조를 함
원격진료	응급처치가 필요한 경우 스마트폰을 이용하여 병원 담당의사에게 위급한 상황을 영상으로 보여주고 현장에서 적절한 응급조치를 받음
신용카드	신용카드의 모든 정보를 휴대폰에 입력한 후 휴대폰을 신용카드처럼 사용함. 또한 휴대폰에 개인 사진과 지문을 입력하여 도용을 방지토록 함
영상통화	필요에 따라 서로 상대방의 얼굴을 쳐다보거나 물건을 보여주면서 통화할 수 있음
초고속 무선인터넷	유선인터넷에 버금가는 전송속도를 기반으로 인터넷 접속과 상하향의 업로드 및 다운로드 서비스가 가능함
모바일 방송	모바일 IPTV를 통해 다양한 개인 방송형 콘텐츠 제공이 가능해짐
위치검색	실시간 위치 정보에 기반한 편리한 서비스 제공이 가능함
모바일 건강 서비스	U-헬스 기반으로 노령화, 장애인 보호에 활용이 가능하여 삶의 질을 제고함
모바일 재난관리	응급상황에 훈련된 실시간 영상 및 정보전송을 통해 재난이나 재해관리가 가능함

6.6 인터넷

SECTION

인터넷(Internet)이란 전 세계에 걸쳐 수많은 컴퓨터들이 연결된 네트워크들의 집합체를 말한다. 인터넷에 연결된 컴퓨터들은 TCP/IP(Transmission Control Protocol/Internet Protocol)라는 통신 프로토콜을 사용하여 연결되어 있다. 인터넷을 이루는 각 컴퓨터들은 IP 주소라고 부르는 고유의 컴퓨터 주소를 가지고 있으며, 전화선이나 케이블 또는 인공위성 등의 통신 수단을 통해 서로 연결되어 있다.

전 세계의 컴퓨터 사용자들은 인터넷을 통하여 언제 어디서나 필요한 정보를 쉽게 획득할 수 있다. 기존에는 책, 신문, TV 등의 매체를 이용해야만 얻을 수 있었던 다양한 정보들을 이제는 [그림 6.33]과 같이 사무실이나 안방에서 인터넷을 통하여 검색할 수 있을 뿐 아니라, e-메일을 주고받을 수도 있으며 음악을 듣거나 집에서 쇼핑을 하는 것도 가능하게 되었다.

그림 6.33 인터넷 묘사도

세계를 하나로 묶는 인터넷은 새로운 인프라로 급부상하면서 이용자도 급증하고 있다. 전 세계 인터넷 사용 인구는 2022년에는 약 46억 명 이상으로 증가하였는데, 이와 더불어 인터넷 비즈니스의 규모도 폭발적으로 커지고 있다.

6.6.1 인터넷의 역사

인터넷의 시작은 미국 국방성의 ARPANet(Advanced Research Project Agency Network)이 처음으로 등장한 1969년으로 거슬러 올라간다. 초기의 ARPANet은 핵전쟁 발발 시 어느 한 시스템이 파괴되어도 다른 시스템들을 통하여 완벽하게 연결하여 보완할 수 있는 네트워크로서 시작되었다. 그 후 미국의 주요 정부 기관과 교육 기관들을 연결하면서 점차 확대되어 갔고, 1983년 ARPANet에서 군사적인 목적으로 사용되던 부분이 MILNet으로, 민간용도 부분은 인터넷으로 분리되었다.

1992년에는 본격적인 WWW 서비스가 시작되어 인터넷을 보다 쉽고 편리하게 사용할 수 있게 되었다. 1994년에는 고성능 웹 브라우저인 넷스케이프(Netscape), 1995년에는 익스플로러(Explorer)가 등장하여 인터넷의 대중화에 결정적인 기여를 하였다.

세계 인터넷의 역사는 주요 내용을 중심으로 〈표 6.5〉에 나타나 있으며, 국내 인터넷의 역사는 〈표 6.6〉과 같이 1982년에 시작되었고, 1994년 한국통신에서 본격적인 상용 접속 서비스를 시작으로 IPTV, DMB, WiBro, 모바일 3G, LTE와 LTE-A 서비스 등의 거듭된 발전으로 2022년에는 약 4,544만 명이 인터넷을 사용하며 인터넷 강국으로 대두되었다. 2020년에는 모바일 5G 서비스가 시작되었으며, 그 후 활성화되고 있다.

표 6.5 세계 인터넷의 역사

연도	내용
1969	미국 국방부의 ARPANet 출현
1972	e-메일 프로그램 개발/Telnet 표준안/30개 이상의 노드를 접속
1973	FTP 표준안 제정
1982	TCP/IP 도입
1983	ARPANet이 ARPANet(연구용)과 MILNet(군사용)으로 분리/인터넷 시작
1992	WWW(World Wide Web) 시작
1994	넷스케이프 내비게이터의 등장. 인터넷에서의 전자상거래가 시작됨. 3백만 호스트 연결
1995	인터넷 익스플로러 등장. 4백만 호스트 연결
2004	205개국, 4천 2백만 대 이상의 호스트 컴퓨터가 연결되어 있는 최대 통신망으로 발전
2020	전 세계 인터넷 이용자 수 약 41억 명, 전 세계 인터넷 이용률 약 52.0%
2022	전 세계 인터넷 이용자 수 약 46억 명, 전 세계 인터넷 이용률 약 56.4%(추정)
2024	전 세계 인터넷 이용자 수 약 52억 명, 전 세계 인터넷 이용률 약 56.4%(추정)

표 6.6 국내 인터넷의 역사

연도	내용
1982	서울대-KIET 간 TCP/IP로 SDN구축
1987~1989	교육연구망 구성(ARPANet, BITNet과 연결)
1992	교육전산망, BITNet, MAIL Gateway 구축
1994	한국통신에서 본격적인 상용 접속 서비스 제공
2000	초고속인터넷 보급
2005	위성 DMB와 지상파 DMB 사업 시작, 인터넷전화(VoIP) 상용서비스 개시
2016	IPTV, DMB, WiBro, 모바일 3G, LTE 서비스 활성화 등 점차 고속화, 대용량화, 다양화. 약 4,205만 명의 사용자가 인터넷에 연결
2018	모바일 4G LTE 활성화, 4,334만 명의 인터넷 사용자
2020	모바일 5G 서비스 시작, 4,424만 명의 인터넷 사용자
2023	모바일 5G 서비스 활성화, 4,620만 명의 인터넷 사용자(추정)

6.6.2 인터넷 접속과 이용

인터넷은 컴퓨터 네트워크를 구성하는 통신 회선과 컴퓨터를 비롯한 장비들로 구성된다. 인터넷을 이루는 네트워크는 근거리 통신망, 원거리 통신망, 백본(backbone)으로 이루어진다.

백본은 네트워크의 최하위 레벨로서 네트워크의 중심을 이루는 주요 간선인데 기간망이라고도 한다. 이 기간망에 의해 멀리 떨어진 원거리 통신망이나 근거리 통신망들이 연결되고 정보를 교환하게 된다. 따라서 백본의 속도에 의해 인터넷 통신망의 속도가 좌우되는데 통상 128Mbps 이상의 속도를 가진다. 우리나라의 초고속 통신망이 바로 백본에 해당된다.

인터넷 접속 방법으로는 [그림 6.34]와 같이 과거에는 가정에서 모뎀을 이용한 전화선이나 ADSL을 많이 사용하였으나, 지금은 주로 케이블 모뎀을 사용하고 있다. 한편 규모가 큰 회사나 대학교에서는 전용선을 사용하기도 한다.

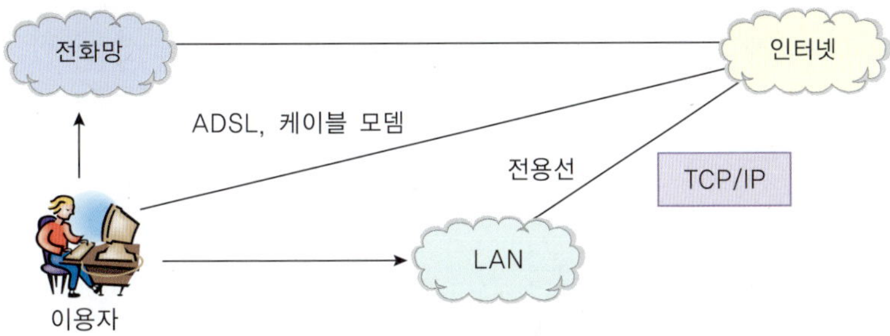

그림 6.34 인터넷의 접속 방법

인터넷을 이용하여 사용자들은 전 세계에 분산되어 있는 정보들을 자신이 원하는 해당 사이트들로 이동하면서 검색하거나 교환할 수 있으며, 그 활용 사례는 [그림 6.35]와 같이 매우 다양하다. 기업들은 사이버 마켓, 인터넷 무역, 회사 홍보, 예약 업무, 온라인 사원 모집 등을 할 수 있으며 교육 기관에서는 가상 교실, 가상 대학 등이 가능하다. 또한 가정에서는 홈쇼핑, 홈뱅킹, 재택근무 등 인터넷을 이용한 활용 분야가 매우 넓다.

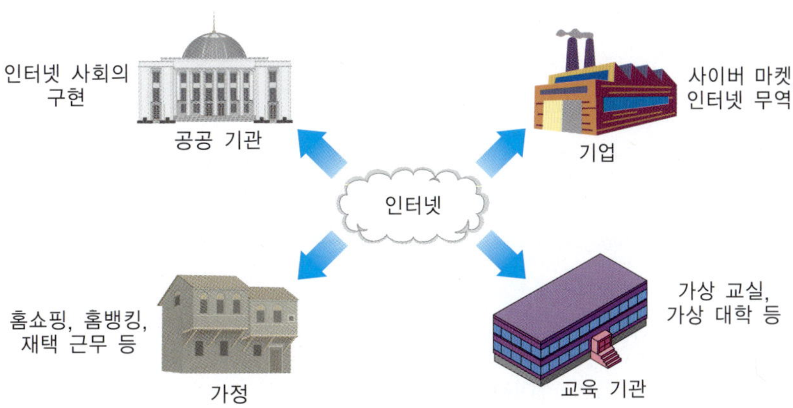

그림 6.35 인터넷의 활용 사례

6.6.3 인터넷의 주소 체계

인터넷에서 정보를 교환하기 위해서는 각각의 컴퓨터에게 주소나 이름을 부여하여 구분할 필요성이 있다. 인터넷에서 제공하는 주소 체계로는 IP 주소와 도메인네임이 있다.

인터넷을 유지하기 위해서는 인터넷 주소를 관리해야 하며 새로운 인터넷 기술 개발과 표준화를 담당할 기관이 필요한데, NIC(Network Information Center)는 IP 주소와 도메인네임과 같은 네트워크와 컴퓨터들의 주소를 등록하고 관리하는 국제적인 기관으로서 우리나라에서는 NIC의 산하 기관인 KRNIC가 인터넷 주소와 관리를 담당한다.

(1) IP 주소

IP 주소는 컴퓨터의 주소를 숫자로 나타내는 방식이다. 그 구성은 최상위 주소로부터 '.'으로 구별하여 4개의 영역을 차례로 나열하는 방식이다. 예를 들어 저자의 IP 주소는 '203.252.16.7'과 같이 나타낸다. 그러나 이 방식은 외우거나 사용하기에 불편하여 통상 도메인네임을 사용한다.

(2) 도메인네임 시스템

도메인네임은 통상 '호스트.서버도메인(기관 이름).서브도메인(기관 성격).최상위 도메인'의 순서로 나타낸다. 예를 들어 서울대학교의 경우에는 'www.snu.ac.kr'로 나타내며, 청와대의 경우에는 'www.bluehouse.go.kr'이다.

최상위 도메인은 기관이나 국가를 약어로 나타내는데 미국의 경우에는 국가명을 생략하는 대신 〈표 6.7〉의 왼쪽에 있는 도메인으로 끝나는 경우가 많다. 예를 들어 백악관의 도메인네임은 'www.whitehouse.gov'이다.

표 6.7 최상위 도메인의 종류

도메인	기관명	도메인	국가명
edu	교육 기관	kr	대한민국(Korea, South)
com	회사(사업체)	kp	북한(Korea, North)
gov	정부 기관	jp	일본(Japan)
int	국제 기구	ca	캐나다(Canada)
org	비영리 공공 기관	de	독일(Germany)
net	네트워크 관련 기관	uk	영국(United Kingdom)
mil	미국 국방성 관련 기관	fr	프랑스(France)

서브도메인은 최상위 도메인과 호스트 이름 사이에 있는 영역으로서, 〈표 6.8〉과 같이 기관의 이름과 성격을 의미한다. 기관의 성격을 나타내는 서브도메인은 ac, re, co, go, ne 등으로 각각 학교, 연구소, 회사, 정부 기관, 네트워크 관련 기관을 나타낸다.

표 6.8 서브도메인의 종류

서브도메인	출처	의미	예제
ac	Academy	교육/학술 기관	http://www.snu.ac.kr
re	Research	연구소	http://etri.re.kr
co	Company	회사	http://www.samsung.co.kr
go	Government	정부 기관	http://bluehouse.go.kr
ne	비영리 공공 기관	네트워크나 게이트웨이	http://hana.ne.kr

6.6.4 인터넷의 현황

연도별 인터넷 이용자 수의 국내 현황과 국외 현황은 다음과 같다.

(1) 국내 현황

국내 유선과 무선 인터넷 이용자의 수와 그 추이는 2022년 말을 기준으로 우리나라에서 월 평균 한 번 이상 인터넷을 이용하는 7세 이상의 사람은 모두 4,544만 명 수준이다. [그림 6.36]은 국내 인터넷 이용자의 연도별 이용 측정치를 보여준다.

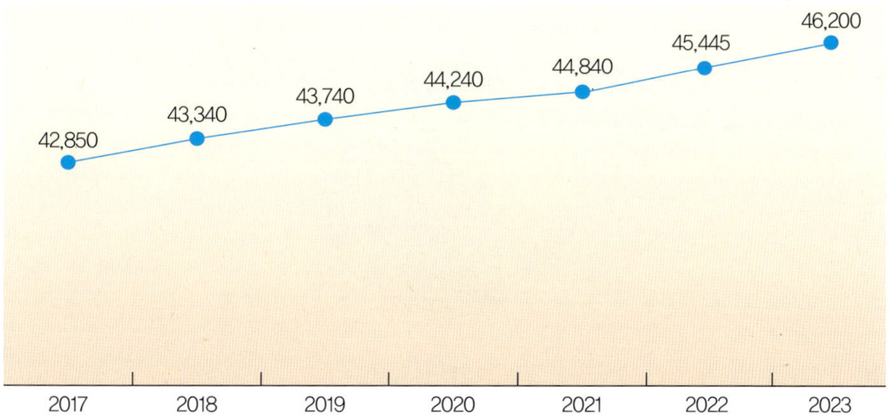

그림 6.36 연도별 국내 인터넷 이용자 수(단위: 1,000명)

2022년 4월에 발간된 과학기술정보통신부와 한국지능정보사회연구원의 2021년 인터넷 이용 실태조사에 의하면 가구 인터넷 접속률은 2,057만 가구 중 99.7%가 인터넷 접속이 가능하다. 또 만 3세 이상의 국민 5,090만 명 중 93%가 인터넷을 이용하고 있다. 세대별로는 3~9세는 92%, 10~50대는 99.5%, 60대는 94.5%, 70대 이상은 49.7%라고 하는데, 해마다 60대와 70대의 이용률이 증가하는 추세이다.

(2) 국외 현황

인터넷 사용자는 전 세계적으로 2000년 말 약 4억 명에서 2022년도에는 46억 명 정도로 늘어났으며, 2024년도에는 52억 명 이상으로 추정된다. 한편 인터넷 사용자의 인터넷 이용률은 2000년도에는 8.5%, 2010년도에는 25.7%, 2020년도에는 52.0%, 2022년도에는 56.4%로 점차 늘어나고 있는 추세이다.

6.6.5 웹

(1) 웹이란?

인터넷 이용 시에 가장 자주 접하는 용어는 월드 와이드 웹(World Wide Web: WWW)이다. 웹은 영어 단어의 첫 글자를 따서 WWW 또는 웹(Web)이라고도 부른다. [그림 6.37]은 '거미줄'이라는 뜻을 가진 웹을 상징한다.

웹은 그래픽으로 구현되어 있기 때문에 정보 검색이 편리하다는 것이 가장 큰 장점 중의 하나이며, 화면에 텍스트와 그래픽을 동시에 표현할 수 있고, 뛰어난 사용자 인터페이스의 덕분으로 텍스트, 그래픽, 사운드, 동영상 등을 브라우저상에서 쉽게 처리할 수 있게 되었다.

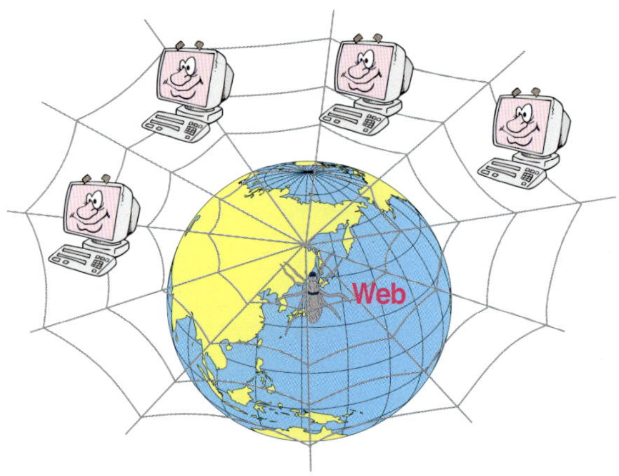

그림 6.37 웹 묘사도

(2) 웹 브라우저

웹 브라우저(Web Browser)란 사용자가 인터넷을 이용하여 웹 서버의 하이퍼텍스트 문서를 볼 수 있도록 해주는 클라이언트(client) 프로그램으로서, 문자뿐만 아니라 멀티미디어 자료를 처리할 수 있는 하이퍼미디어의 기능도 가지고 있다.

지금까지 마이크로소프트에서 제작한 [그림 6.38]과 같은 '인터넷 익스플로러(Internet Explorer: IE)'가 전 세계적으로 가장 널리 애용되어왔으나, 최근에는 마이크로소프트가 인터넷 익스플로러의 후속으로 에지(Edge)를 개발하였으며, 구글의 크롬이 큰 인기를 끌고 있다.

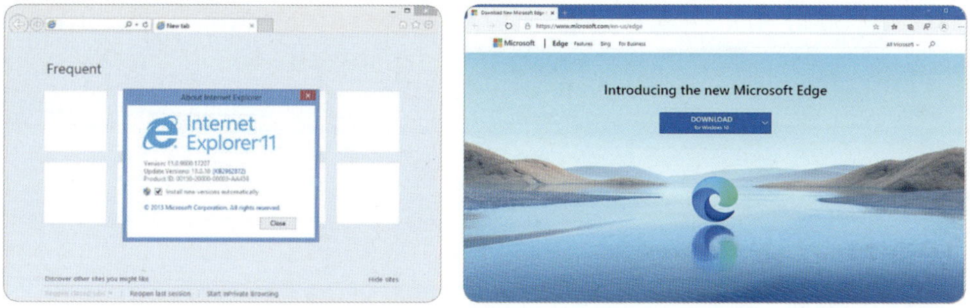

그림 6.38 인터넷 익스플로러와 최근의 에지 브라우저

(3) 최근의 웹 브라우저 크롬(Chrome)

크롬은 구글(Google)에서 개발하여 오픈 소스로 배포 중인 웹 브라우저이다. 크롬은 2008년 12월에 정식 버전이 출시되었는데, 현재 세계에서 가장 많이 사용하는 웹 브라우저가 되었다. 크롬은 윈도우즈 계열, OS X 계열, 리눅스 계열 등의 OS에서 모두 사용 가능하며, 구글의 안드로이드와 애플의 iOS 모두를 지원하여 어떠한 스마트폰에서도 같은 웹 브라우저를 사용할 수 있다는 장점을 가지고 있다.

세계 웹 브라우저 시장에는 크롬뿐만 아니라 '파이어폭스', '사파리', '오페라'도 등장해 경쟁이 뜨겁다. 한국에선 IE(인터넷 익스플로러)가 독점적 지위를 유지하고 있다가 점차 크롬으로 변경되는 추세이다. [그림 6.39]는 크롬에 관한 개략적 특징을 나타낸다.

그림 6.39 크롬의 개략적 특징

6.7 SECTION

인터넷의 활용

6.7.1 정보 검색

인터넷상에 있는 엄청난 양의 정보들 중에서 자신이 원하는 정보를 빠른 시간 내에 찾기란 쉬운 일이 아니다. 특히 WWW 서비스를 통해 원하는 정보를 찾을 수 있는 수단이 반드시 필요한데 이를 위한 도구가 바로 검색 엔진(Search Engine)이다. 검색 엔진은 인터넷 호스트들에 흩어져 있는 수많은 정보들을 분류하고 정리하여 이용자가 원하는 종류의 정보에 대한 주소인 URL을 제공한다. 정보 검색을 위한 검색 엔진은 여러 가지가 있으며 각각 고유의 특징을 가지고 있으므로 이를 잘 숙지하면 원하는 정보를 빠른 시간 안에 찾을 수 있을 것이다.

6.7.2 검색 사이트

(1) 검색 사이트의 종류

주요 검색 사이트의 해당 홈페이지는 [그림 6.40]의 네이버(Naver), [그림 6.41]의 구글(google) 등에 나타나 있다.

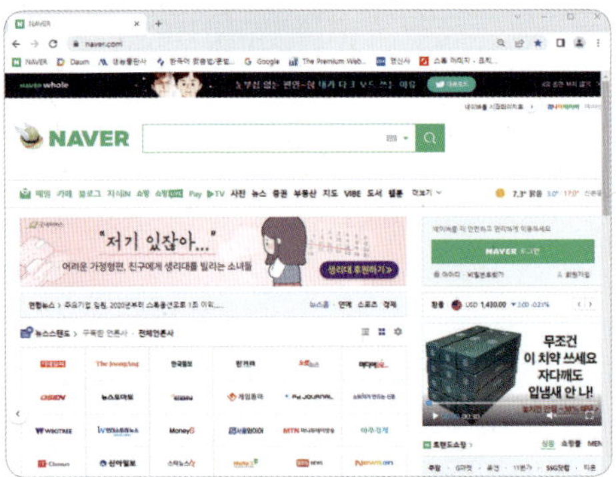

그림 6.40 네이버(http://www.naver.com)

그림 6.41 구글(www.google.co.kr/)

(2) 검색 사이트의 동작

검색 사이트는 호스트 안에 많은 양의 사이트와 웹 문서 정보를 저장한 데이터베이스를 가지고 있으며, 이것을 바탕으로 사이트를 검색한다. 이때 전 세계의 수많은 사이트 정보들을 데이터베이스화하기 위해 여러 가지 방법들이 사용된다.

❶ 정보 검색 로봇

정보 검색 로봇은 인터넷을 돌아다니면서 각 사이트의 정보를 검색 사이트로 가지고 와서 이를 데이터베이스화할 수 있도록 해주는 일종의 정보 검색 프로그램이다. 일반적으로 정보 검색 로봇은 해당 홈페이지에 접속한 후, 홈페이지와 연결된 링크들을 찾아다니면서 수많은 사이트를 돌아다닌다.

❷ 주소 등록

전 세계의 홈페이지 제작자들에게 자신의 홈페이지에 대한 정보를 검색 사이트에 직접 입력하도록 하여 이를 체계적으로 분류하고 저장된 데이터베이스를 바탕으로 정보를 검색한다. 홈페이지 제작자들이 정보를 제공하므로 로봇에 의한 검색보다 정확하다는 장점이 있다.

6.7.3 e-메일

e-메일은 인터넷을 이용하여 편지를 주고받을 수 있는 서비스를 말하는데, Web 기반 e-메일과 POP3를 사용한 e-메일로 나눌 수 있다.

Web 기반 e-메일로는 gmail이나 Hanmail 등을 꼽을 수 있다. 한편 POP3 서버의 경우 Outlook Express와 같은 POP3 지원 e-메일 클라이언트를 이용하여 메일을 주고받을 수 있다. e-메일 주소는 'daekim@hs.ac.kr'과 같이 자신의 ID, '@' 기호, 호스트 이름으로 나타낸다.

6.7.4 포털 사이트

인터넷에서 자료를 찾을 때 대부분의 사용자들이 찾기 시작하는 기점이 되는 사이트를 보통 포털(portal) 사이트라고 부른다. 포털 사이트는 다른 사이트에 가지 않더라도 그 사이트에서 원하는 것을 해결할 수 있도록 뉴스, 오락, TV, 교통, 부동산, 스포츠 등 각종 자료들을 종합적으로 제공하고, 다른 사이트로 이동할 경우에 대비하여 사이트 검색 기능도 갖추고 있다.

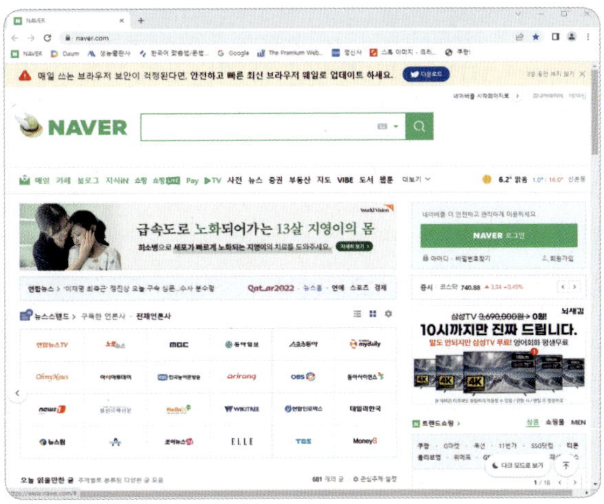

그림 6.42 NAVER의 초기 화면

요즘 들어 대부분의 검색 사이트가 포털 사이트라고 불러도 좋을 정도로 검색 서비스뿐만 아니라 포털 사이트 서비스에도 많은 지원을 하고 있는데, [그림 6.42]는 우리나라의 대표적 포털/검색 사이트인 NAVER의 초기 화면이다.

6.8 웹 3.0으로의 발전

SECTION

6.8.1 웹 1.0, 웹 2.0, 웹 3.0

1994년경부터 시작된 웹(Web)은 [그림 6.43]과 같은 웹 1.0과 웹 2.0을 거쳐 현재는 웹 3.0에 도전하여 블록체인과 EFT 등의 신기술과 융합하여 웹 3.0으로 발전하여 웹 기반 기술에 일대 혁신을 불러일으키고 있다.

웹 1.0은 인터넷이 처음 보급되던 시절부터 이용하던 검색 기술로서 WWW 웹을 말하는데, 사용자들이 웹페이지를 통해 관련 카테고리로 자료를 검색하는 비교적 단순한 정보제공 형태라 볼 수 있다. 웹 1.0은 HTML로 만들어지고, 데이터를 변경할 수 없으며, 구글, 네이버 등과 같이 운영자 중심으로 일방적인 정보 전달방식 형태이다.

그림 6.43 웹 1.0과 웹 2.0

웹 2.0은 2004년부터 시작된 웹 기술로서 단순한 정보제공에서 벗어나 네티즌들의 적극적인 참여로 정보를 만들고 공유하며, 개방으로 확대되어 페이스북, 유튜브, 트위터 등 SNS 기반의 소통으로 확대되었으며 사용자 중심으로 구축되어 가고 있는 동적인 웹의 시작이다.

웹 1.0이 읽기만 가능(Real Only)했다면 웹 2.0은 읽고-쓰기(Read-Write)가 가능하도록 발전하였다. 웹 2.0은 가상 커뮤니티인 SNS 대화에서 서로 간의 상호 작용과 협업을 허용한다. 핵심 기술로는 AJAX, XML, Tagging 등이 사용된다. [그림 6.44]는 웹 1.0, 웹 2.0, 웹 3.0의 단계적 발전과 주요 서비스를 나타낸다.

그림 6.44 웹 1.0, 웹 2.0, 웹 3.0의 단계적 발전과 주요 서비스

6.8.2 웹 3.0

Web 3.0은 개인화 지능화된 웹으로 진화하여 개인 중심으로 모든 것을 판단하고 추론하는 방향으로 개발되어 활용되고 있다. 즉 인터넷에서의 엄청난 양의 정보 중 인공지능을 이용하여 내가 지금 필요한 정보와 지식만을 추출하여 보여주는 맞춤형 웹인 셈이다. [그림 6.45]는 웹 1.0, 웹 2.0, 웹 3.0의 개략적 차이점을 나타낸다.

	Web 1.0	Web 2.0	Web 3.0
소통방식	읽기만 가능	읽기 · 쓰기	읽기 · 쓰기 · 소유
운영주체	회사 · 개인	거대 플랫폼	네트워크
인프라	개인컴퓨터	클라우드 · 모바일	블록체인 · 메타버스
운영권한	탈중앙화	중앙화	탈중앙화

그림 6.45 웹 1.0, 웹 2.0, 웹 3.0의 개략적 차이점

예를 들어, 웹 3.0에서는 우리가 여행을 가고 싶을 때 그 여행지에 대한 정보를 찾기 위해 여러 웹사이트를 일일이 들어가서 정보를 모으고 예약하는 과정 대신, 우리의 휴가 일정과 좋아하는 여행 스타일 등을 입력하면 컴퓨터가 정보를 다 찾아보고 조건에 맞는 것들을 알려주게 된다. [그림 6.46]은 블록체인이나 암호화폐 등과 소통하는 웹 3.0을 나타낸다.

그림 6.46 블록체인, 암호화폐 등과 소통하는 웹 3.0

웹 3.0에서는 시맨틱(semantic) 데이터를 활용하여 인간 두뇌처럼 똑똑한 웹을 추구한다. 시맨틱 웹은 인공지능 기술을 이용하여 키워드 수준을 넘어 단어의 의미까지 파악하는 능력을 바탕으로 검색과 분석을 통해 콘텐츠를 만들고 공유하며 연결한다.

웹 3.0은 기존 웹 2.0에서의 읽고-쓰고 기능을 확장하여 읽고-쓰고-소유(Read-Write-Own)하여 개인이 콘텐츠를 소유하는 것이 특징이다. 〈표 6.9〉는 단계별 웹의 특징들을 구체적인 측면에서 보다 자세하게 비교한 것이다.

표 6.9 웹 1.0, 웹 2.0, 웹 3.0의 구체적 특징 비교

구분 / 특징	웹 1.0	웹 2.0	웹 3.0
시기	1994~2004년	2004년 이후	2010년 이후 현재 개발 중
기능	읽기만 가능(Real Only)	읽고-쓰기(Read-Write)	읽고-쓰고-소유(Read-Write-Own)
기본 개념	디렉터리 검색	쌍방향 소통 채널	지능화된 앱 기술
서비스 예	구글, 네이버, 다음	블로그, 페이스북, 크롬	스팀잇, 디튜브
핵심 기술	HTML, Active-X, JavaScript	AJAX, XML, Tagging	시맨틱 앱, 인공지능 기술
정보 이동	검색을 통한 일방적 이동	참여, 공유, 개방 플랫폼	맞춤형 인공지능 앱

6.8.3 웹 3.0의 장점

웹 3.0은 [그림 6.47]과 같이 블록체인과 결합하여 중앙 통제가 없어진다. 또 인공지능 기술과 결합하여 더욱 고도화된 기능을 발휘할 수 있다. 이 경우 다음과 같은 장점을 가질 수 있다.

❶ 중앙 통제가 없어진다. 데이터는 블록체인 기술을 이용하여 암호화되고 해킹 가능성이 급격히 줄어 중앙 통제 없이도 믿고 거래할 수 있는 플랫폼이 제공된다. 사용자는 데이터에 대한 완전한 권리를 가진다.

❷ 원하는 정보를 보다 효율적으로 브라우징한다. 인공지능 기술을 사용하여 개별 사용자들의 특정한 요구를 충족시키는 효율적인 정보 제공이 가능하다.

❸ 광고와 마케팅 부분에서의 개선이 가능하다. 똑똑한 인공지능 시스템을 활용하여 광고를 개선하며 소비자 데이터를 기반으로 특정 대상을 목표로 집중적으로 광고할 수 있다.

그림 6.47 블록체인과 결합하여 중앙 통제가 없어지는 웹 3.0

웹 3.0에서 중앙 통제가 없어짐에 따라 누구나 아이디어만 있으면 앱이나 프로그램을 만드는 시대가 오고 있다. 대표적인 예가 코딩 없이 앱이나 프로그램을 개발하는 '노코드(No-code)'와 코딩을 최소화하는 '로코드(Low-code)'가 확산되고 있다. 글로벌 노코드와 로코드 시장 규모는 2025년에는 455억 달러로 크게 성장할 전망이다.

6.8.4 웹 3.0의 활용

웹 3.0에서는 사용자가 데이터에 대한 완전한 소유 권한을 가질 수 있으며, 데이터가 암호화되어 중개인 없이도 제3자와 믿고 거래할 수 있는 플랫폼을 제공한다. 따라서 정보의 슈퍼 강자인 구글이나 애플이 더 이상 사용자의 데이터를 지배하고 소유할 권리가 없어진다.

이에 따라 많은 기업들이 그들이 필요로 하는 웹 3.0을 개발하기 위한 프로젝트를 수행 중에 있으며, 지금도 새로운 기업들이 웹 3.0 프로젝트를 위한 시도가 진행 중이다. <표 6.10>은 기업별 웹 3.0 프로젝트 현재 진행 현황을 나타낸다.

표 6.10 기업별 웹 3.0 프로젝트 진행 현황

기업	업종	웹 3.0 프로젝트
구글	글로벌 포털사이트	클라우드 사업부에 웹 3.0팀 신설
네이버	포털사이트	자체 블록체인, 라인 NFT 출시 등
카카오	포털사이트	가상화폐 '클라이튼' 개발
모두투어	여행	여행 시장 관련 자체 솔루션 개발
컴투스	국내 게임	다양한 3.0 게임 개발
넥슨	국내 게임	자체 NFT 코인 개발
인스타그램	글로벌 SNS	NFT 기능 활성화 등

실습/알아보기

1 최근에 많이 사용되는 웹 브라우저인 구글 크롬의 설치를 실습해보자. 그리고 실제로 사용해보자.

검색 엔진에서 크롬을 검색하여 구글 크롬을 클릭하면 다음과 같은 안내가 나온다. 그 후 Chrome 다운로드를 눌러 설치한 후 사용할 수 있다. 설치 후 웹 브라우저를 사용할 때는 Windows 또는 Chrome 중 선택하여 사용할 수 있다.

www.google.com/chrome

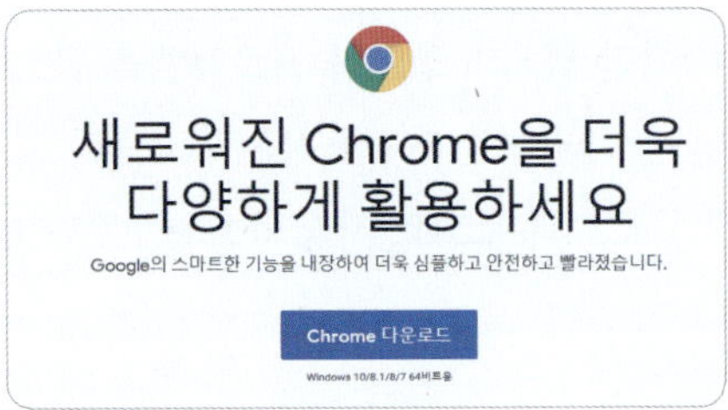

2 최근에 도입된 새로운 웹 브라우저인 에지 설치를 실습해보자. 그리고 또 실제로 사용해보자.

검색 엔진에서 마이크로소프트 에지를 검색하여 설치한 후 사용할 수 있다.

http://www.microsoftedge.com/

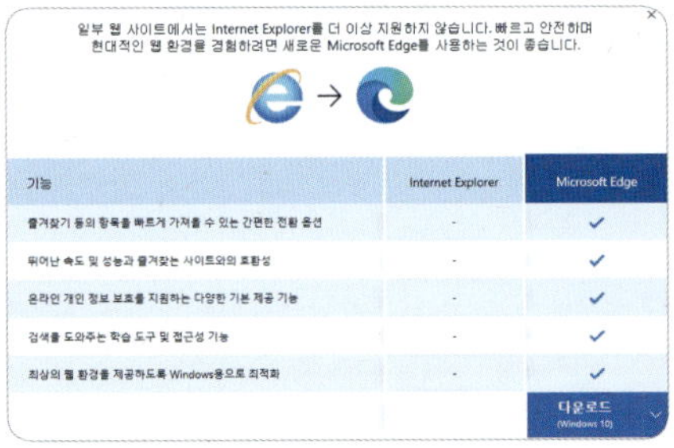

참고문헌

6.1 통신의 개요

https://www.skillsyouneed.com/ips/what-is-communication.html

https://en.wikipedia.org/wiki/Duplex_(telecommunications)

6.2 네트워크

https://ko.wikipedia.org/wiki/%EA%B4%91%EC%97%AD_%ED%86%B5%EC%8B%A0%EB%A7%9D

https://fcit.usf.edu/network/chap1/chap1.htm

6.3 통신 하드웨어

https://ko.wikipedia.org/wiki/%EB%AA%A8%EB%8E%80

http://www.lanbird.com

6.4 통신 방법

http://www.ktword.co.kr/abbr_view.php?m_temp1=242

https://ckmakers.com/79/?idx=12430934&bmode=view

6.5 세대별 이동통신 방법

http://word.tta.or.kr

6.6 인터넷

인터넷 이용 실태조사, 과학기술정보통신부와 한국지능정보사회연구원, 2022년 4월

http://www.kisa.or.kr/main.jsp(한국인터넷진흥원)

https://namu.wiki/w/Chrome

6.7 인터넷의 활용

http://www.naver.com

www.google.co.kr

6.8 Web 3.0으로의 발전

https://namu.wiki/w/%EC%9B%B93.0

https://blog.naver.com/ryc3030/222680735362

https://kasper1030.tistory.com/790

https://blog.naver.com/pink75jang/222598600327

연습문제

정오식 문제

1 대역폭이란 한 채널을 통해 전달되는 초당 정보의 양으로서, 단위는 대개 bps이며 100bps이면 초당 100비트의 데이터를 전송하는 것이다. ( )

2 DTE란 통신망에서 네트워크의 끝에 붙은 장비들을 총칭한다. ( )

3 전이중 통신은 통신하는 두 DTE가 시간적으로 교대로 데이터를 교환하는 방식의 통신이다. ( )

4 LAN의 구성 형태로는 버스형, 링형, 스타형, 프레임 릴레이 방식이 있다. ( )

5 허브는 각 네트워크를 연결해주는 기능을 하는 것으로, 수신되는 인터넷 주소를 보고 경로를 정하는 역할을 한다. ( )

6 인터넷의 시초는 미국 국방성의 ARPANet이라 할 수 있다. ( )

7 미국을 제외한 국가에서는 인터넷 주소의 마지막 부분에 국가명에 해당하는 3자리 영문자를 붙이게 된다. ( )

8 5세대 이동통신은 초당 1기가비트(Gbps) 이상의 데이터가 전송되는 초고속 통신 서비스로서, 2014년 말에 상용화되었다. ( )

9 LAN은 WAN보다 통상 훨씬 빠른 속도를 가진다. ( )

10 디지털 신호를 아날로그 신호로 바꾸는 것을 복조라고 한다. ( )

11 와이파이는 11Mbps의 전송 속도를 가지며 3G보다는 전송 속도가 느리다. ( )

12 도메인네임 시스템은 컴퓨터의 주소를 숫자로 나타내는 방법을 의미한다. ( )

13 도메인 이름이 go는 정부 기관, co는 회사나 사업체, ac는 교육 기관을 나타낸다. ( )

14 웹 브라우저란 사용자가 인터넷을 이용하여 웹 서버의 하이퍼텍스트 문서를 볼 수 있도록 해주는 클라이언트 프로그램의 일종이다. ( )

15 인터넷에서 자료를 찾을 때 대부분의 사용자들이 찾기 시작하는 기점이 되는 사이트를 통상 포털 사이트라 부른다. ( )

16 웹 2.0과 웹 3.0에서는 사용자가 데이터에 대한 완전한 소유 권한을 가질 수 있다. ( )

단답식/선택식 문제

1 (　　　)은 통신의 한 채널을 통해 전달되는 초당 정보의 양을 말하는데, 단위가 대개 bps이다.

2 (　　　)은 통신과 관련된 형식과 절차에 따른 규정으로 메시지의 종류와 형식, 메시지 교환 절차, 흐름 제어, 에러 제어 등의 기능을 미리 정한 규칙을 말한다.

3 통신하는 두 DTE가 동시에 데이터를 주고받는 방식으로, 송신과 수신을 독립적으로 할 수 있는 두 개의 채널이 필요한 통신 방식을 (　　　) 방식이라 한다.

4 인터넷에 연결된 컴퓨터들은 (　　　)라는 통신 프로토콜을 사용하여 연결되어 있다.

5 인터넷을 이루는 네트워크는 근거리 통신망, (　　　) 통신망, 그리고 (　　　)으로 이루어져 있다.

6 (　　　)는 무선접속장치(AP)가 설치된 곳으로부터 몇 미터에서 몇백 미터 거리 내에서 초고속 인터넷을 무선으로 연결할 수 있는 근거리 통신망 기술이라 말할 수 있다.

7 인터넷의 주소 체계로는 IP 주소 방식과 (　　　) 시스템이 있다.

8 우리나라의 기관을 나타내는 서브도메인으로 회사는 (　　　), 교육기관은 (　　　), 정부기관은 (　　　)이다.

9 미국의 교육기관을 나타내는 도메인은 edu이고, 회사를 나타내는 도메인은 (　　　)이다.

10 컴퓨터 통신의 데이터는 디지털이고 전화선 데이터는 아날로그이기 때문에 그 중간에서 필요에 따라 디지털 또는 아날로그 신호로 변환시켜 주는 장치는 무엇인가?

11 사용자가 인터넷을 이용하여 웹 서버의 하이퍼텍스트 문서를 볼 수 있도록 해주는 프로그램으로서 하이퍼미디어의 기능도 가지고 있는 것은?

12 인터넷상에 있는 엄청난 양의 정보 중에서 WWW 서비스를 통해 원하는 정보를 찾을 수 있는 도구는 무엇인가?

13 최근 마이크로소프트가 인터넷 익스플로러의 후속으로 에지를 개발하였고, 또 구글에서 개발한 (　　　)이 큰 인기를 끌고 있다.

14 (　　　)는 인터넷에서 자료를 찾을 때 다른 사이트에 가지 않고도 그 사이트에서 원하는 것을 해결할 수 있도록 뉴스, 오락 등 각종 자료들을 종합적으로 제공한다.

15 웹 1.0은 (　　　)로 만들어지고, 데이터를 변경할 수 없으며, 운영자 중심으로 일방적인 정보 전달방식 형태이다.

16 웹 3.0에서 데이터는 (   ) 기술을 이용하여 암호화되고 해킹 가능성이 급격히 줄어 중앙 통제 없이도 믿고 거래할 수 있는 플랫폼이 제공된다.

17 시멘틱 웹은 (   ) 기술을 이용하여 키워드 수준을 넘어 단어의 의미까지 파악하는 능력을 바탕으로 검색과 분석을 통해 콘텐츠를 만들고 공유하며 연결한다.

18 다음 중 자료 흐름의 방향과 동시성 여부에 따른 통신 방식에 해당하는 것이 아닌 것은?

① 단방향 통신　　② 근거리 통신　　③ 반이중 통신　　④ 전이중 통신

19 다음 중 통신망의 발달 과정으로 맞지 않는 것은?

① 1970년대에는 고도의 조직적인 네트워크의 필요성이 대두되었다.
② 1980년대에는 근거리 통신망이 등장하게 되는 배경이 형성되었다.
③ 1990년대에는 멀티미디어 기반의 네트워크가 구축되었다.
④ 2000년대에는 무선 네트워크의 사용이 확산되고 있다.

20 다음 중 LAN의 특징이 아닌 것은?

① 전송 속도가 대단히 빠르다.
② 다양한 통신 장치와의 확장과 재배치가 어렵다.
③ 고품질 선로를 사용하기 때문에 에러율이 낮다.
④ LAN은 방송 형태의 선로를 이용한다.

21 모뎀 신호의 변환 방식이 아닌 것은?

① 패킷 변조　　② 진폭 변조　　③ 주파수 변조　　④ 위상 변조

22 USB를 대체하는 개념으로 IEEE 802.15.1 규격을 사용하며 무선 주파수를 이용하여 서로 다른 다양한 장치들이 안전하고 저렴한 비용으로 서로 통신할 수 있게 하는 기술을 무엇이라 하는가?

① Bluetooth　　② VDSL　　③ CDMA　　④ ADSL

23 다음 중 인터넷의 역사 중 가장 오래된 것은?

① ARPANet　　② WWW　　③ Explorer　　④ WiBro

24 다음 중 4세대 이동통신에서 처음 적용된 기술과 관련 있는 것은?

① LTE　　② 5G　　③ 3G　　④ Wifi

25 다음 중 도메인-기관명이 잘못 연결된 것은?

① org – 비영리 공공 기관　　② gov – 정부 기관
③ net – 회사(사업체)　　④ edu – 교육기관

26 다음 중 국가를 나타내는 도메인이 아닌 것은?

① kr – 대한민국　　② uk – 영국　　③ jp – 일본　　④ de – 네델란드

27 다음 중 웹 2.0의 핵심 기술로 볼 수 없는 것은?

① Tagging　② XML　③ AJAX　④ HTML

28 다음 중 블로그 서비스와 관련이 큰 것은?

① 웹 1.0　② 웹 2.0　③ 웹 2.5　④ 웹 3.0

29 다음 중 시맨틱 데이터를 활용하는 웹은?

① 웹 1.0　② 웹 2.0　③ 웹 2.5　④ 웹 3.0

30 다음 중 웹 3.0의 특징으로 볼 수 없는 것은?

① 중앙화　② 읽기-쓰기-소유

③ 탈중앙화　④ 인공지능을 이용한 효율적인 브라우징

주관식 문제

1 통신에 있어서 프로토콜의 중요성은 무엇인가?

2 각 DTE 간 통신 방식은 자료의 흐름과 동시성 여부에 따라 크게 3가지로 분류될 수 있다.

3 LAN의 3가지 주요 구성 형태를 설명하시오.

4 LAN과 WAN의 차이점을 설명하고 WAN의 주요 특성들을 설명하시오.

5 4세대 이동통신과 5세대 이동통신의 특징을 각각 설명하시오.

6 IP 주소 방식과 도메인네임 방식의 차이점을 말하시오.

7 자기가 속한 학교의 홈페이지를 방문하여 URL을 적으시오.

8 최근의 웹 브라우저인 크롬(Chrome)에 대해 설명하시오.

9 웹 3.0의 기능과 핵심 기술을 간단히 설명하시오.

10 웹 3.0의 장점을 5가지 정도 적으시오.

Chapter 07

최근의 컴퓨터 응용 기술

Contents

단원의 주요 목표

최근의 컴퓨터 응용 기술에 속하는 유비쿼터스, 증강현실, 메타버스를 학습한다.

- 유비쿼터스의 개념을 알아보고 유비쿼터스 컴퓨팅의 개념과 종류들을 알아본다.
- 홈 네트워킹의 개념과 홈 네트워킹의 등장 배경 및 스마트홈의 응용을 살펴본다.
- 증강현실, 가상현실, 혼합현실, 디지털 트윈의 개념과 다양한 응용을 파악한다.
- 웨어러블 디바이스의 개념과 우리 몸에의 적용, 그리고 활용을 학습한다.
- 인공지능과 공학을 결합한 로봇과 지능형 로봇의 개발 현황과 미래를 예상한다.
- 최신 기술인 메타버스 세계의 개념, 특징, 유형, 현황과 응용 등을 살펴본다.

7.1 SECTION 유비쿼터스 컴퓨팅

7.1.1 유비쿼터스의 개념

유비쿼터스(ubiquitous)란 '어디든지 존재한다' 또는 '편재한다'라는 의미를 가진 라틴어이다. 20세기 중반에 발명된 컴퓨터는 대형에서 소형으로 바뀌었고 이제는 언제 어디서나 사용이 가능한 컴퓨터 환경으로 바뀌어 가고 있다. 노트북 컴퓨터의 일반화, 무선 컴퓨터 접속, 휴대폰의 개발, 스마트폰의 지능화로 인해 언제 어디서나 정보를 원활하게 보내고 받을 수 있는 환경이 바로 유비쿼터스의 세계인 셈이다.

유비쿼터스 컴퓨팅을 최초로 정의한 미국의 마크 와이저(Mark Weiser)는 유비쿼터스 컴퓨팅을 "인간이 언제 어디에 있든지 네트워크에 접속된 컴퓨터를 자신의 컴퓨터로 사용할 수 있는 환경이다"라고 정의한 바 있다.

[그림 7.1]은 유비쿼터스 기술의 다양한 응용을 나타내고 [그림 7.2]는 가정 내의 유비쿼터스 환경을 나타낸다.

그림 7.1 유비쿼터스 기술의 다양한 응용

과거의 네트워크들은 서버, PC, 노트북 컴퓨터 등이 연결된 기존의 네트워크가 주류를 이루었으나 '편재형'이라고도 불리는 유비쿼터스 환경에서는 서버, PC들 뿐만 아니라 인터넷 TV, 셋톱박스, 비디오 게임, PDA, 키오스크 단말기, 휴대폰, 차량 내비게이션(navigation) 등이 차세대 인터넷과 연결되어 사용자가 어디에 있든지 자신에게 필요한 정보를 언제든지 얻을 수 있다.

그림 7.2 가정 내의 유비쿼터스 환경

7.1.2 유비쿼터스의 특징

유비쿼터스의 주요 특징들은 다음과 같다.

❶ 유비쿼터스는 네트워크에 접속되어야만 한다. 초고속 통신망에 연결되거나 무선 LAN을 통하여 자기가 가지고 있는 컴퓨터 외에 다른 서버나 컴퓨터들과 반드시 연결되어 사용할 수 있어야 한다.

❷ 유비쿼터스는 사용자에게 잘 보이지 않아야 한다. 사용자가 컴퓨터를 사용하고 있다는 인식조차 느끼지 않는 것이 유비쿼터스 컴퓨팅이 지향하는 것이다.

❸ 유비쿼터스 컴퓨팅은 사용자에 따라 제공될 수 있는 서비스가 달라야 한다. 예를 들면 현재 자기 위치에서 가장 가까운 프린터를 통해 자기가 검색한 파일을 선택적으로 인쇄할 수도 있어야 한다.

[그림 7.3]은 유비쿼터스의 다양한 활용 분야를 나타내고, [그림 7.4]는 유비쿼터스 아파트인데, 집주인이 현관 옆에 있는 기기에 스마트폰을 대는 순간 출입인증 시스템이 작동하면서 문을 열어주고 또한 집을 비운 동안 누가 집을 방문했는지를 스크린을 통해 보여준다.

그림 7.3 여러 가지 유비쿼터스 활용 분야

그림 7.4 유비쿼터스 아파트

[그림 7.5]는 유비쿼터스 응용의 다양한 예를 나타낸다.

그림 7.5 유비쿼터스 응용의 다양한 예

7.1.3 유비쿼터스 컴퓨팅의 개념과 종류

유비쿼터스 컴퓨팅은 전자공간과 물리공간을 연결해주는 차세대 기반 컴퓨팅 기술로서 이동성, 인간성, 기능성 등에 따라 여러 가지 컴퓨팅 기술들로 구분될 수 있다. [그림 7.6]은 유비쿼터스 컴퓨팅의 개념도를 나타낸다.

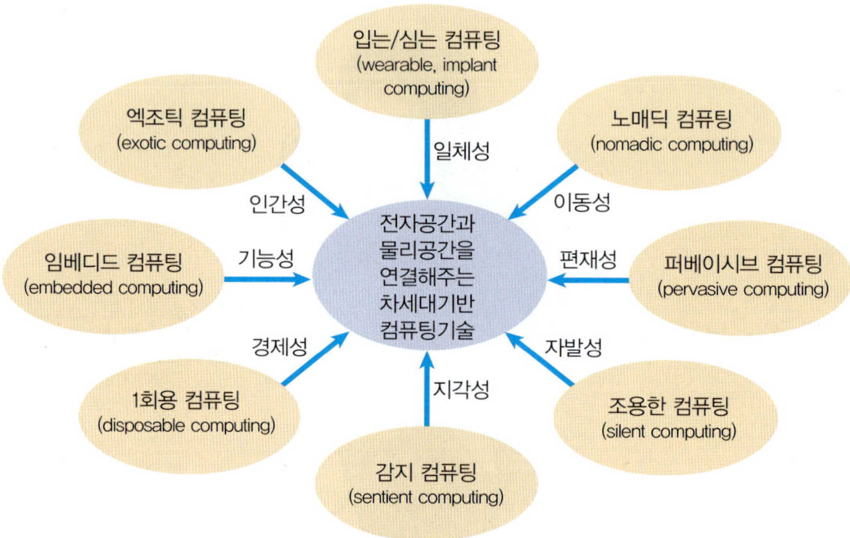

그림 7.6 유비쿼터스 컴퓨팅의 개념도

유비쿼터스 컴퓨팅은 다음과 같은 다양한 종류의 응용 컴퓨팅으로 나타낼 수 있다.

❶ 웨어러블 컴퓨팅(Wearable computing)

웨어러블 컴퓨팅은 유비쿼터스 컴퓨팅 기술의 출발점으로서 컴퓨터를 옷이나 안경처럼 착용할 수 있게 해줌으로써 컴퓨터를 인간의 몸의 일부로 여길 수 있도록 기여하는 기술이다. 웨어러블 컴퓨팅 기술은 앞으로 체내 이식형 컴퓨팅(implant computing) 기술로 발전해 나갈 것이다.

❷ 임베디드 컴퓨팅(Embedded computing)

임베디드 컴퓨팅은 사물에다 마이크로칩(microchip) 등을 심어 사물을 지능화하는 컴퓨팅을 말한다. 예를 들면 다리, 빌딩 등과 같은 건축물에다 컴퓨터 칩을 장착하여 안정성 진단이나 조치가 가능할 것이다.

❸ 감지 컴퓨팅(Sentient computing)

감지 컴퓨팅은 컴퓨터가 센서 등을 통해 사용자의 상황을 인식하여 사용자가 필요로 하는 정보를 제공해 주는 컴퓨팅 기술이다.

❹ 노매딕 컴퓨팅(Nomadic computing)

노매딕 컴퓨팅 환경은 어떠한 장소에서건 이미 다양한 정보기기가 편재되어 있어 사용자가 정보기기를 굳이 휴대할 필요가 없는 환경을 말한다. 사용자는 장소와 상관없이 일정한 사용자 인증을 거쳐 다양한 정보기기를 이용하여 동일한 데이터에 접근하여 사용할 수 있다.

❺ 퍼베이시브 컴퓨팅(Pervasive computing)

퍼베이시브 컴퓨팅은 1998년 이후 IBM을 중심으로 착안되었으며, 유비쿼터스 컴퓨팅과 비슷한 개념이다. 어디든지 어떤 사물이든지 도처에 컴퓨터가 편재되도록 하여 현재의 전기나 가전제품처럼 일상화된다는 비전을 담고 있다.

❻ 1회용 컴퓨팅(Disposable computing)

1회용 컴퓨팅은 1회용 종이처럼 한 번 쓰고 버릴 수 있는 수준의 싼값으로 만들 수 있는 컴퓨터 기술인데, 1회용 컴퓨터의 실현은 어떤 물건에라도 컴퓨터 기술을 활용할 수 있음을 지향한다.

❼ 엑조틱 컴퓨팅(Exotic computing)

엑조틱 컴퓨팅은 스스로 생각하여 현실세계와 가상세계를 연계해주는 컴퓨팅을 실현하는 기술이다.

[그림 7.7]은 주사위의 크기와 비교한 유비쿼터스용 세계 최소형 하드 디스크를 나타내고, [그림 7.8]은 유비쿼터스용 I/O 칩, [그림 7.9]는 유비쿼터스용 미디어 컵을 각각 나타낸다.

그림 7.7 유비쿼터스용 세계 최소형 하드 디스크

그림 7.8 유비쿼터스용 I/O 칩

그림 7.9 유비쿼터스용 미디어 컵

7.1.4 국내외 유비쿼터스 연구

미국과 일본을 비롯한 기술 선진국에서는 유비쿼터스와 관련된 최신 기술의 연구와 응용에 박차를 가하고 있다. 미국의 MIT Media Lab에서는 '인간의 상상력을 실제 현실로 연결시키는 기술'을 실현시키기 위한 프로젝트들이 진행 중에 있다. 그 외에도 AT&T, IBM, Microsoft, Intel 등이 연구개발에 참여하고 있다.

일본에서는 총무성을 중심으로 초소형 칩 네트워크, 무엇이든 MY단말, 어디에서든 네트워크 등의 프로젝트가 진행 중이고 노무라 종합연구소, SONY, Toshiba, Sharp 등이 유비쿼터스 관련 연구를 진행 중이다.

우리나라는 유비쿼터스 환경의 기본적인 인프라(Infra)를 가지고 있으며, 현재 유비쿼터스 시대로 진입하기 위한 연구개발에 박차를 가하고 있다. 정부 부처별, 민간기업, 연구소 등이 유비쿼터스 연구개발에 돌입하였는데 한국전자통신연구원(ETRI)의 주도로 각 기업, 대학 등 산학연이 모인 'U-Korea 포럼'이 형성되어 유비쿼터스 관련 연구개발을 진행 중이다. 또한 산업자원부는 유비쿼터스 프로젝트를 통해 소형 전력 칩, 무선통신 기술 등을 개발 중이다.

7.2 홈 네트워킹과 스마트홈

SECTION

7.2.1 홈 네트워킹의 개념

홈 네트워킹(Home Networking)이란 가정 내의 정보를 처리, 관리, 전달 및 저장함으로써 집안의 여러 계산, 관리, 감시 및 통신 장치들을 연결 및 통합할 수 있도록 해주는 구성 요소들의 모임이다.

홈 네트워킹은 1990년대 초부터 주목을 받기 시작했던 홈 오토메이션(Home Automation)을 통해 발전된 '가정 내 정보화'에서 시작되었다. 최근 인터넷을 이용하는 사용자들이 급속히 늘어나고, 또한 초고속으로 인터넷에 접속할 수 있는 다양한 솔루션(solution)의 등장과 PC와 스마트폰 등 개인 정보 단말기들의 대중화 등 여러 요인들이 복합적으로 작용하여 홈 네트워킹의 기본적인 개념이 형성되었다.

홈 네트워킹의 유형들은 데이터 네트워크, 엔터테인먼트 네트워크, 홈 오토메이션 네트워크, 하이브리드 네트워크 등으로 구분될 수 있다. [그림 7.10]은 가정 내의 홈 네트워킹의 기본 구성을 보여 준다.

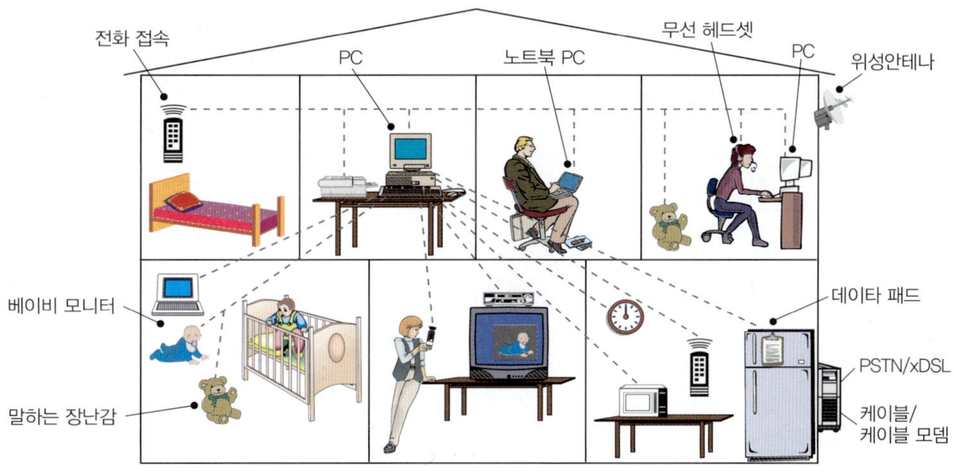

그림 7.10 가정 내의 홈 네트워킹 기본 구성

7.2.2 홈 네트워킹의 등장 배경

홈 네트워킹의 등장 배경 요인들은 다음과 같다.

❶ 다양한 형태와 기능을 가진 각각의 정보가전들이 초고속 인터넷 서비스의 발전에 따라 정보가전을 통한 가정 내 정보전달의 효율화의 필요성이 대두하였다.

❷ 멀티미디어 통신 환경의 구축 및 일반 사용자들의 가정 내 PC의 보급과 가전장치들 간의 통신 환경의 변화에 따른 정보가전의 네트워크화 요구가 증가하였다.

❸ 가정에서의 멀티미디어 PC의 대중적인 보급과 디지털 TV, 디지털 오디오 등 디지털 정보가전의 사용이 급속히 증가하고 있다.

홈 네트워킹에 대한 요구 증가와 이에 따른 성공 여부에 영향을 미칠 수 있는 주요 요인들로는 재택근무의 증가, 멀티미디어 PC의 폭넓은 보급, 스마트 기기의 관리, 홈 네트워킹 제어의 단순성과 신뢰성의 증가 등을 들 수 있다. [그림 7.11]은 홈 네트워킹의 연결도를 나타낸다.

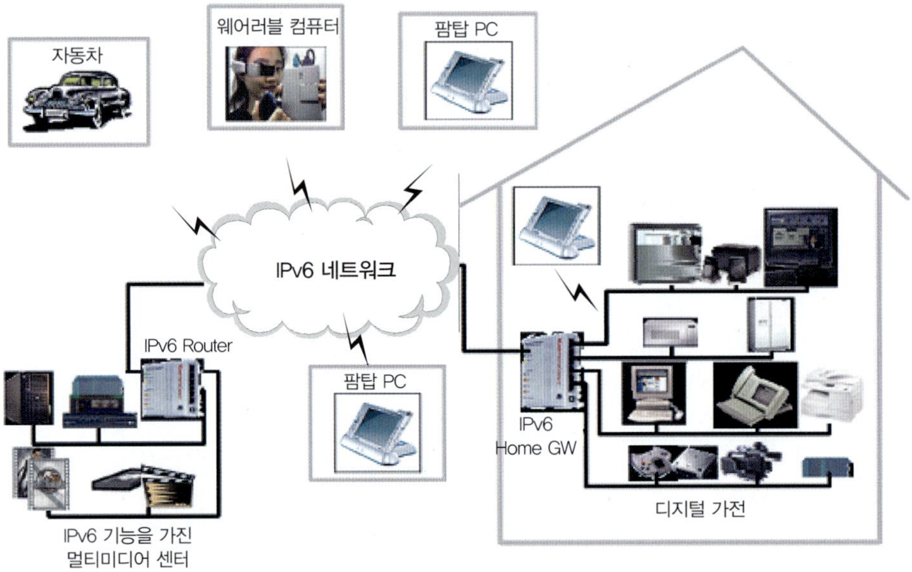

그림 7.11 홈 네트워킹의 연결도

7.2.3 스마트홈

스마트홈(Smart Home)은 가전제품을 비롯해 에너지 소비장치, 의료시스템 접속, 보안기기 등 다양한 분야에서 통신망으로 연결하여 모니터링하고 제어할 수 있는 기술을 말한다. 요즘에는 사용자의 설정에 따라 자동으로 작동하거나 원격으로 조종할 수도 있다. 현재 활성화되고 있는 응용으로는 TV, 에어컨, 냉장고, 수도, 전기, 냉난방, 도어록, 감시카메라 등이다. 우리나라의 경우에는 스마트폰과 와이파이 보급율이 매우 높으므로 스마트홈 시장 활성화가 기대된다.

스마트홈 서비스의 예로 다음과 같은 상황을 생각해보자. 고객이 집을 비울 경우 휴대폰에다 "나 외출해"라고 말하면 스마트홈 인터페이스가 자동으로 조명과 에어컨을 끈다. 로봇청소기는 탑재한 전용카메라를 통해 집안을 모니터하다가 특이한 움직임이 감지되면 사진을 찍어 스마트폰으로 전송해 준다. 그 후 집에 돌아와 휴대폰에 "나 왔어"라고 말하면 조명이 다시 켜지고 에어컨은 다시 사용자가 선호하는 온도를 설정하여 작동한다.

[그림 7.12]는 스마트폰으로 냉장고와 세탁기 등의 가전제품들을 원격 제어할 수 있는 시스템을 소개하고 있으며, [그림 7.13]은 스마트홈 영역의 지능적인 로봇 청소기를 나타낸다.

그림 7.12 가전제품 제어 스마트홈 시스템

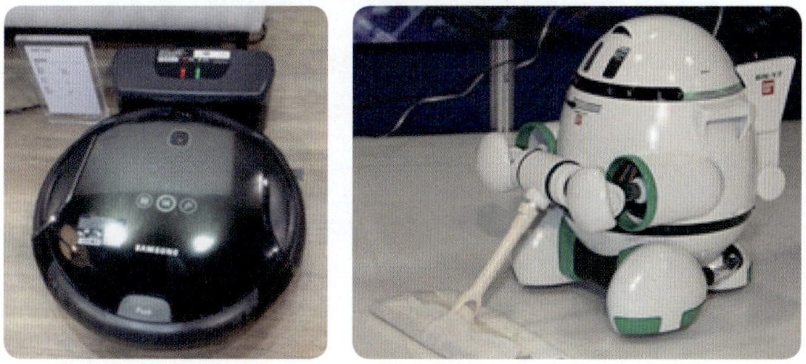

그림 7.13 로봇 청소기

[그림 7.14]는 스마트폰으로 현관문을 여는 스마트홈 서비스인데, 스마트폰의 근거리 무선통신(NFC)으로 출입 관련 정보를 주고받아 비밀번호를 외우거나 눌러야 하던 기존 도어록 (door lock)서비스의 불편함을 개선했다. [그림 7.15]는 얼굴인식 보안시스템을 나타내는데, 이 시스템은 화면을 바라보기만 하면 즉각 인증되어 출입문을 열어주는 제품이다. 열쇠나 비밀번호의 분실, 복제 우려도 없고 범죄 예방에도 도움이 되는 스마트홈 제품이다.

그림 7.14 스마트폰 제어 도어락

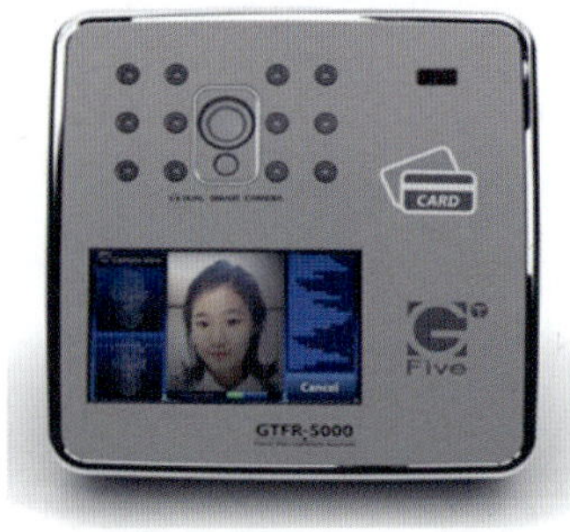

그림 7.15 얼굴인식 보안시스템

또한 최근에는 [그림 7.16]과 같은 사물인터넷과 연동된 스마트홈 시스템이 LG전자에서 개발되었다.

그림 7.16 사물인터넷과 연동된 스마트홈 시스템

7.3 증강현실과 가상현실

SECTION

7.3.1 증강현실의 배경 및 기술

증강현실(Augmented Reality: AR)이란 사용자가 눈으로 보는 현실 화면이나 실제 영상에다 컴퓨터가 재현하는 문자나 그래픽 같은 가상 정보를 합성하여 함께 체험할 수 있도록 하는 기술이다. 증강현실은 'Head Mounted 3차원 디스플레이'를 시발점으로 연구가 시작되었고, 최근 들어 기술 환경이 갖추어지면서 실용화 단계에 접어들었다.

증강현실은 컴퓨터 그래픽스, 인간과 컴퓨터 간의 상호작용, 영상 및 상황 인식, 위치기반 서비스 등의 기술과 깊은 관련성을 가진다. [그림 7.17]은 증강현실과 관련된 주요 기술 분야를 나타낸다.

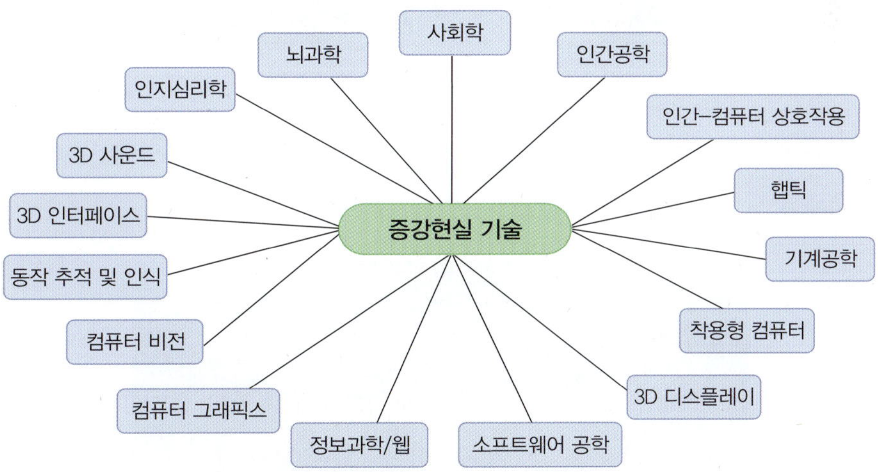

그림 7.17 증강현실 관련 주요 기술 분야

가상현실(Virtual Reality: VR)이 자신과 환경이 모두 현실이 아닌 가상의 이미지를 사용하는데 반해, 증강현실은 현실의 이미지나 배경에 3차원 가상 이미지를 겹쳐서 하나의 영상으로 보여주는 기술이다. 따라서 증강현실이 가상현실에 비해 현실감이 뛰어나다는 특징이 있다. [그림 7.18]에서는 가상현실과 증강현실의 차이점을 보여준다.

그림 7.18 현실 세계, 증강현실 세계, 가상현실 세계의 비교

증강현실 기술을 적용하기 위해서는 몇 가지 장치들이 필요한데, 지리와 위치 정보를 송수신하는 GPS 장치, 자이로스코프와 같은 중력 센서, 인터넷과 연결된 위치정보시스템, 상세 정보를 수신하여 현실 배경에 표시하는 증강현실 애플리케이션, 그리고 이를 디스플레이로 출력할 스마트폰이나 태블릿 PC와 같은 IT 기기 등이다.

실제 환경과 가상의 객체가 혼합된 증강현실 기술은 사용자에게 보다 나은 현실감과 부가 정보를 제공한다. 예를 들어 스마트폰 카메라로 주변을 비추면 인근에 있는 건물, 상점의 위치, 전화번호 등의 정보가 [그림 7.19]와 같이 표기된다.

그림 7.19 스마트폰으로 본 주변 정보 증강현실

또한 [그림 7.20]과 같이 스마트폰을 이용한 증강현실 앱이 KAIST에 의해 개발되었는데 창덕궁과 관련된 역사, 규모 등 다양한 정보를 알려준다.

그림 7.20 관광 지원을 위한 증강현실 앱

한편 증강현실 기술로 인한 단점도 간과할 수 없다. 증강현실에 완전히 매혹되어 현실과 가상을 구분하지 못하는 상황이 발생할 수도 있으며, 컴퓨터 온라인 게임에 빠져 정상적인 생활을 영위하지 못하는 경우도 있으므로 유의해야 한다.

7.3.2 증강현실의 응용

증강현실은 현재 다방면에 널리 활용되고 있는데, [그림 7.21]의 F-18 전투기 조종석의 시뮬레이터와 게임 증강현실을 비롯하여 인터넷을 통한 지도 검색, 위치 검색, 대중교통 환승 정보 등도 넓은 의미에서는 증강현실에 포함된다.

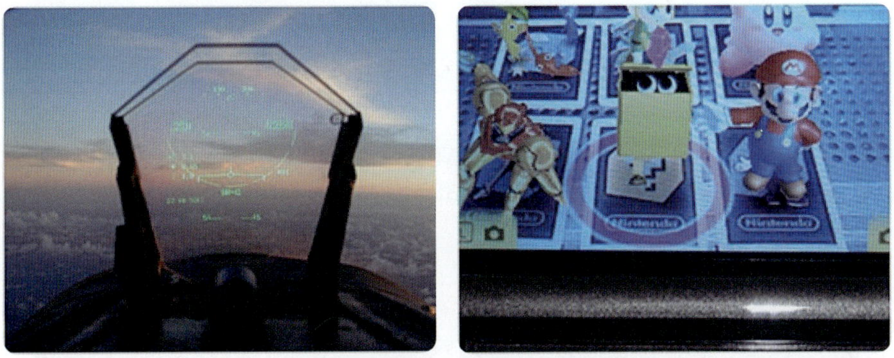

그림 7.21 조종석의 증강현실과 게임에 적용된 증강현실

또한 도보로 이동 시 가상 내비게이션 기능도 제공된다. 즉 [그림 7.22]와 같이 스마트폰 카메라를 길거리에 비추면 증강현실 애플리케이션이 남은 거리와 가는 방향을 가상의 화살표 등으로 표시해 준다.

그림 7.22 거리와 방향을 알려주는 증강현실

[그림 7.23]은 테이블 위에 올려놓은 손이 게임 화면에 표현되는 것을 보여주며, [그림 7.24]는 손바닥에 자료를 비추는 프로젝션을 나타낸다.

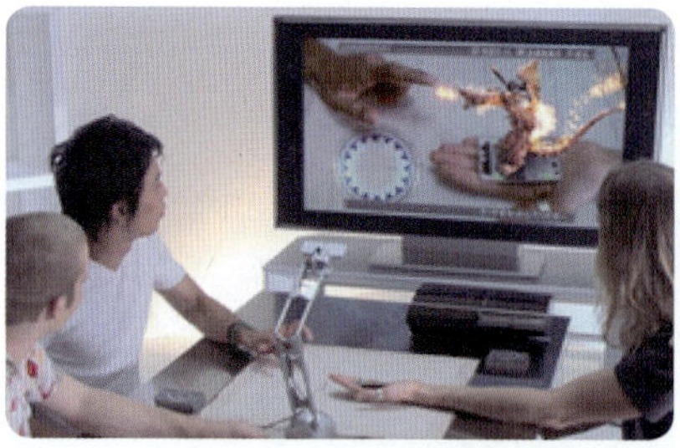

그림 7.23 게임 증강현실

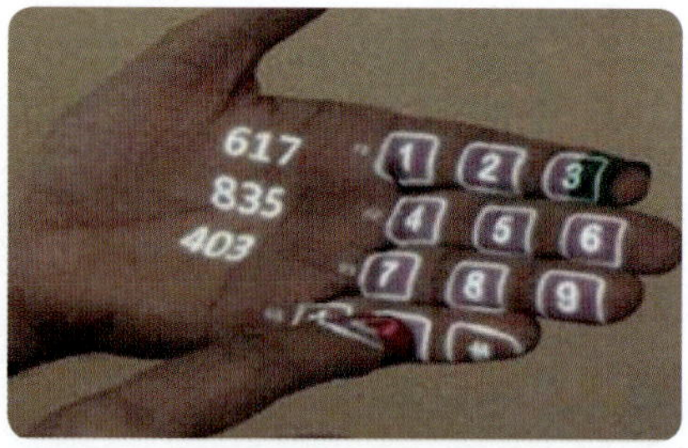

그림 7.24 프로젝션 기술

[그림 7.25]는 축구 경기 중계에서 현재 위치에서 골대까지 남은 거리와 방향을 보여주는 증강현실을 보여주며, [그림 7.26]은 자동차 앞 유리창으로 보이는 도로 위에 화살표를 표시하는 내비게이션을 보여준다.

그림 7.25 가상 거리 표시

그림 7.26 유리창 차량 운행 정보

7.3.3 가상현실

가상현실(Virtual Reality: VR)은 컴퓨터를 이용하여 현실처럼 느낄 수 있도록 해주는 기술이다. 가상현실 시스템은 3차원의 그래픽 속에서 사용자가 직접 그 상황 속에 물리적으로 빠져 들어가는 듯한 시각적인 감각을 제공하기도 한다. 따라서 사용자는 실제로 경험하기 어려운 환경을 컴퓨터 그래픽을 통해 경험하게 된다. [그림 7.27]은 가상현실의 체험을 나타낸다.

그림 7.27 가상현실의 체험

가상현실이란 '실제로 존재하진 않으나 꼭 실제로 존재하는 것 같은 현실'을 말하는데, 가상현실 화면은 실제 현실 상황이 아닌 만들어진 현실만으로 채워진다. 가상현실과 증강현실과의 차이는 증강현실 화면 속에는 실제 현실이 모두 들어있고 거기에 추가하여 현실에 없는 부분이 덧붙여진다는 점이다. [그림 7.28]은 가상현실 게임을 나타내고, [그림 7.29]는 가상현실 영상과 시뮬레이션을 나타낸다.

그림 7.28 가상현실 게임

그림 7.29 가상현실 영상과 시뮬레이션

가상현실 시스템은 사용자의 동작의 변화를 감지하여 그에 대응하는 적절한 변화를 가상환경에 줄 수 있다. 가상적인 환경에서 일어나는 일을 참여자가 시각, 청각, 촉각으로 현실감 있게 느낄 수 있도

그림 7.30 가상현실 VR 장비들(VIVE, SONY, OCULUS, 삼성전자)

록 [그림 7.30]과 같은 가상현실 VR 장비들인 입체표시장치, 헤드마운트 디스플레이(Head-mounted display)들과 더불어 데이터 장갑(data glove), 위치센서 등의 센서(sensor)를 사용하기도 한다.

가상현실의 사용 목적은 사람들이 일상적으로 경험하기 어려운 환경을 직접 체험하지 않고서도 그 환경에 들어와 있는 것처럼 보여주고 조작할 수 있게 해주는 것이다. 주요 응용 분야는 게임, 수술 실습, 항공기나 탱크의 조종법 훈련을 비롯한 교육, 가구의 배치 설계, 원격조작, 원격위성 표면탐사 등 매우 다양하다.

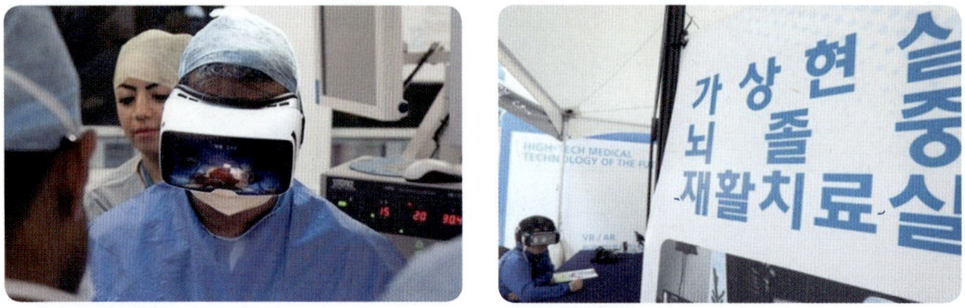

그림 7.31 가상현실을 이용한 수술과 치료

[그림 7.31]은 가상현실을 이용한 수술과 치료를 나타내고, 가상현실을 이용한 가구의 배치와 원격조작은 [그림 7.32]에 나타나 있다.

그림 7.32 가상현실을 이용한 가구의 배치와 원격조작

[그림 7.33]은 가상현실로 분자 구조를 시뮬레이션하고 있는 장면을 나타내며, [그림 7.34]는 인터넷 쇼핑몰 등에서 사용하는 가상 착의 시스템을 나타낸다. 옷을 구입하고자 하는 사용자가 다양한 옷과 색상들을 컴퓨터상에서 결합시켜 봄으로써 사용자가 마치 옷을 입어본 것과 같은 느낌으로 자기 취향에 맞는 옷들을 선택할 수 있다.

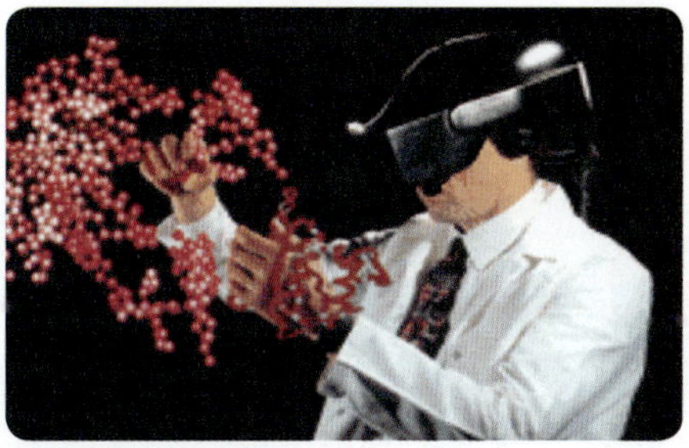

그림 7.33 가상현실에 의한 분자 구조

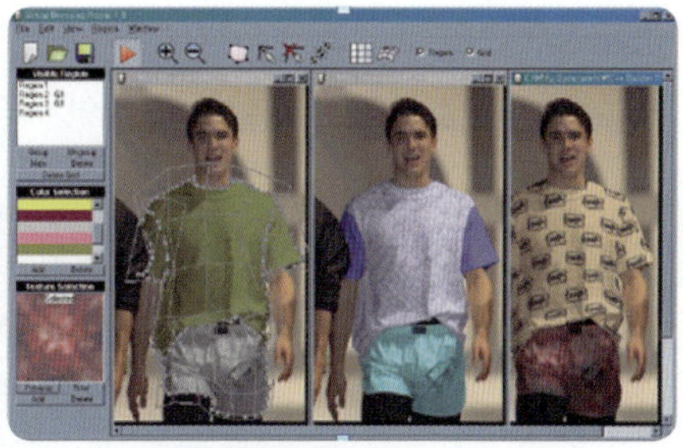

그림 7.34 가상 착의 시스템

7.3.4 혼합현실

혼합현실(Mixed Reality)은 현실 세계와 가상 세계가 혼합된 상태로서, [그림 7.35]와 같이 현실을 기반으로 가상 정보를 부가하는 증강현실과 가상 환경에 현실 정보를 첨가하는 증강가상(Augmented Virtuality)의 의미를 포함한다. 혼합현실은 1994년 폴 밀그램(Paul Milgram)에 의해 처음으로 구체화되었다.

그림 7.35 NASA의 화성 탐사 혼합현실

혼합현실은 [그림 7.36]과 같이 가상현실과 증강현실의 장점들을 취한 기술로서, 증강현실처럼 현실을 바탕으로 가상현실처럼 3차원 입체공간으로 구동되어 몰입감이 매우 뛰어나다. 따라서 혼합현실을 이용하면 현실공간을 게임공간이나 드라마 속의 공간으로 변화시킬 수 있는 장점을 가지고 있다.

그림 7.36 현실과 가상현실 사이의 혼합현실

영화와 같은 혼합현실의 장면은 [그림 7.37]에 나타나 있으며, [그림 7.38]은 3차원 영상의 '마이크로 소프트 홀로렌즈'를 비롯한 홀로그램을 이용한 혼합현실을 나타낸다.

그림 7.37 영화와 같은 혼합현실의 장면

그림 7.38 3차원의 홀로그램을 이용한 혼합현실

혼합현실은 완전 가상현실이 아닌 현실과 가상이 자연스럽게 연결된 스마트 환경을 사용자에게 제공하여 풍부한 체험을 제공하는데, [그림 7.39]와 같이 일기 예보나 뉴스 전달을 위한 방송국의 가상 스튜디오를 예로 들 수 있다. [그림 7.40]은 혼합현실과 혼합현실용 헤드셋을 나타낸다.

그림 7.39 날씨 방송 3D 가상 스튜디오

그림 7.40 혼합현실과 혼합현실용 헤드셋

7.3.5 디지털 트윈

디지털 트윈(digital twin)이란 현실 세계의 물리적 시스템과 기능 및 동작을 그대로 가상공간에 만들어 연결함으로써 마치 거울을 앞에 두고 쌍둥이처럼 동작하도록 하는 기술이다. 따라서 디지털 트윈 기술은 가상공간에서의 시뮬레이션을 통해 현실에서의 문제를 발견하고 대비하거나 해결할 수 있다. 디지털 트윈은 2010년 나사(NASA)에서 우주선의 물리 모델 시뮬레이션을 위해 최초로 시작되었다.

그림 7.41 석유 굴착 시설 및 기계 설비 제작을 위한 디지털 트윈

즉 디지털 트윈은 현실에 존재하는 사물, 공간, 환경, 공정, 절차 등을 컴퓨터상에 디지털 데이터 모델로 표현하여 똑같이 복제하고 실시간으로 서로 반응할 수 있도록 한 것이다. 예를 들어 석유 굴착 시설이나 정교한 기계 설비를 제작할 때 [그림 7.41]과 같이 디지털 트윈을 이용하여 물리적 제품과 디지털 가상 제품을 동기화시켜 똑같은 제품을 효율적으로 만들어낼 수 있도록 한다.

7.4 SECTION

웨어러블 디바이스

7.4.1 웨어러블 디바이스의 개념

웨어러블 디바이스(Wearable Device)란 말 그대로 '착용할 수 있는 기기'라는 뜻으로 일반적인 PC나

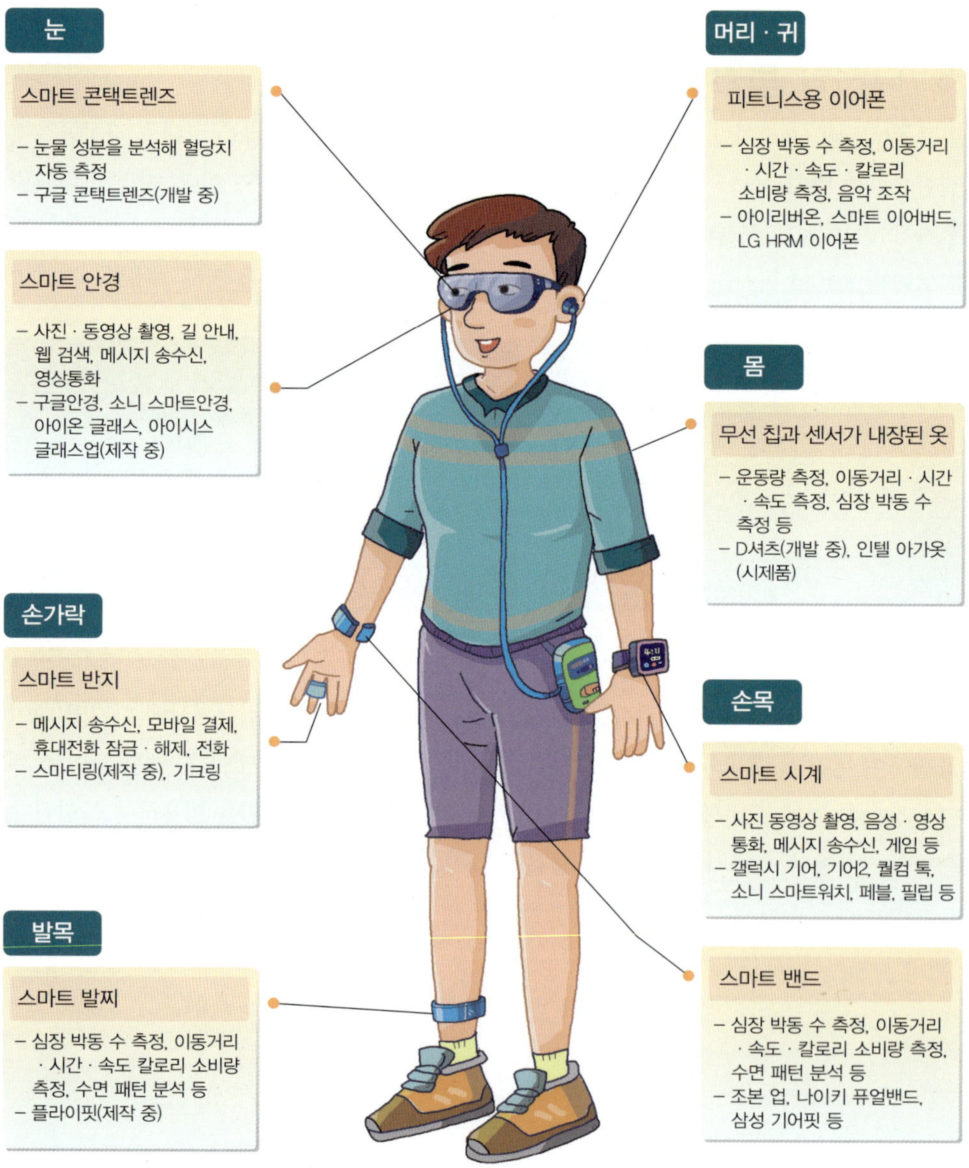

그림 7.42 신체 부위별 웨어러블 디바이스

노트북과 달리 신체 특정부위에 간편하게 착용하여 악세서리를 포함한 다양한 기능을 가진 IT 기기인데, 웨어러블 컴퓨터(Wearable Computer)라고도 불린다.

최근 안경이나 시계 등 몸에 착용할 수 있는 제품 중 구글 글래스, 갤럭시워치, 아이워치 등 다양한 제품이 등장하면서 주목을 받고 있는데, 소형화와 경량화를 비롯하여 음성인식 등 다양한 기술이 적용된다.

[그림 7.42]는 신체의 여러 부위에 적용될 수 있는 웨어러블 디바이스를 나타낸다.

7.4.2 웨어러블 디바이스의 활용

대표적인 웨어러블 디바이스로는 손목시계, U-헬스, 안경 형태 등의 기기가 있는데, 여러 회사의 개발한 다양한 형태의 손목시계 웨어러블 디바이스는 [그림 7.43]에 나타나 있다.

그림 7.43 삼성전자의 갤럭시와 연동되는 기어2와 LG전자의 G와치

한편 건강을 위한 U-헬스 웨어러블 기기로는 [그림 7.44]와 같이 팔목에서 측정되는 여러 정보를 수집하여 관리해주고, 간단히 맥박 측정 등 의료 정보를 측정해 줄 수 있는 나이키에서 개발한 퓨얼밴드(Nike fuelband)가 있다.

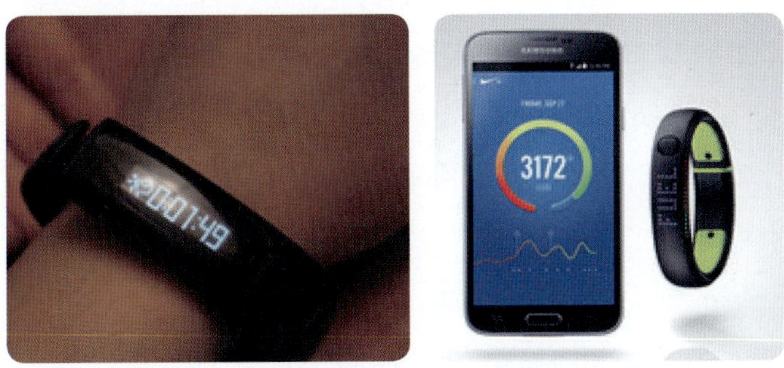

그림 7.44 나이키의 fuelband

또한 안경 형태의 대표적인 제품은 [그림 7.45]의 구글 글래스(Google Glass)인데, 2014년 일반인에게도 판매가 확대되었다. 이것은 안경 형태에 증강현실(Augmented Reality) 아이디어가 접목된 제품으로, 음성 인식을 통해 사진 및 비디오 촬영, 내비게이션 등 다양한 기능을 가지고 있다.

그림 7.45 구글 글래스와 구글 글래스 내 전자 부품

웨어러블 디바이스는 다양하게 응용되고 있는데, [그림 7.46]과 같이 자세교정이나 [그림 7.47]과 같이 애완견용으로도 활용되고 있다.

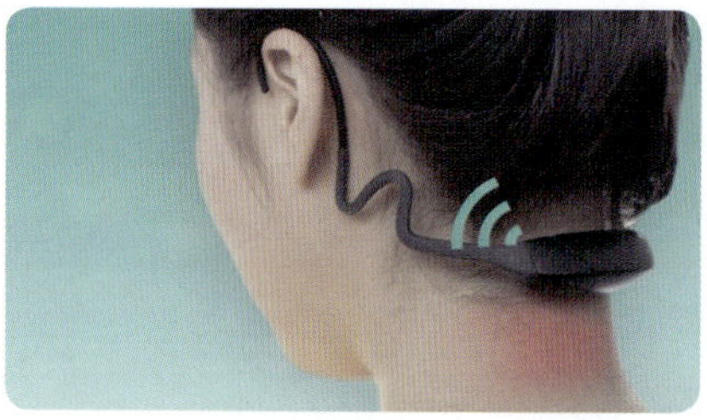

그림 7.46 자세교정 웨어러블 디바이스

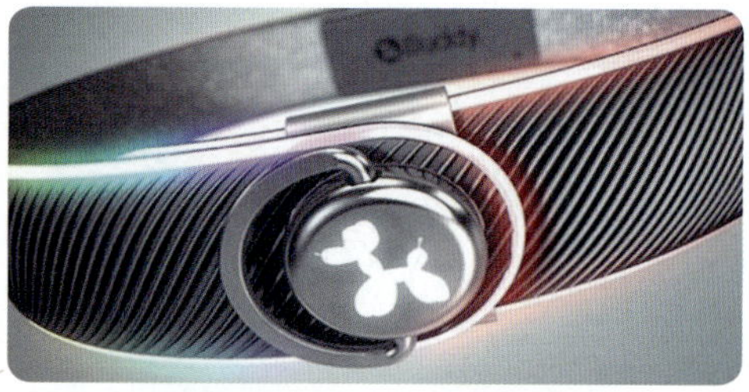

그림 7.47 애완견용 웨어러블 디바이스

그 외 웨어러블 제품은 반지, 벨트, 장갑, 팔찌, 목걸이 등 매우 다양하다.

7.5
SECTION

지능형 로봇

7.5.1 지능형 로봇의 정의

현재 산업 생산 현장에서 많이 활용되고 있는 로봇(Robot)은 용접, 조립 등 비교적 단순한 반복 작업에 많이 쓰이고 있는데 이러한 로봇을 '제1세대 로봇'이라고 하며, 인간의 음성을 이해하고 사람에 가까운 인식과 판단을 기능을 가진 인공지능형 로봇을 '지능형 로봇'(Intelligent Robot)이라고 한다.

지능형 로봇은 무선 네트워크 등 별도의 조작이 없이도 스스로 판단하고 행동하며, 외부 환경에 적응할 수 있는 로봇으로서 인공지능, 신경망, 퍼지 이론, 지능형 제어 등 지능시스템 전반에 걸친 첨단 컴퓨터 기술들의 활용이 필수적이다. [그림 7.48]은 지능형 로봇의 하나인 R3-M(일명 로차르트)인데 국내 최초로 KBS 교향악단을 지휘하고 있는 장면이다.

그림 7.48 R3-M 로봇

알아보기 코너 **지능형 로봇과 손회장의 인공지능 사랑**

손정의(1957~) 회장은 6만 명의 직원이 일하는 일본의 거대 IT 기업인 소프트뱅크를 창업한 재일교포 기업인이며, 세계 굴지의 반도체 설계회사인 영국의 ARM의 소유자이다. 소프트뱅크는 인간과 대화를 나누고 감정까지 느끼는 세계 최초의 감성인식 지능형 로봇인 '페퍼(pepper)'를 개발했다. 페퍼는 발표회장에서 사회도 무리 없이 진행하고, 사람의 표정을 살피고 억양 변화로부터 감정을 유추할 수 있다.

그는 한국을 방문하여 인공지능은 인류역사상 최대 수준의 혁명을 불러올 것이라며, 인공지능의 중요성을 강조했다. 또한 "앞으로 한국이 집중해야 할 것은 첫째도 인공지능, 둘째도 인공지능, 셋째도 인공지능!"이라며 인공지능 분야에 대한 전폭적 투자 및 육성을 권유한 바 있다.

7.5.2 국내외 지능형 로봇의 개발 현황

현재의 로봇 기술은 산업용에서 비산업용으로 급격하게 확장되고 있으며 비산업용 로봇 중 지능형 서비스 로봇의 시장이 크게 주목받고 있다. 또한 앞으로는 정보화 기술 발달에 따른 네트워크의 접목을 통한 유비쿼터스 기반 인간 적응형 서비스 로봇으로도 발전될 전망이다.

로봇 강국인 일본에서는 이미 통신을 이용한 로봇 개발이 간단한 분야에서는 일부 구현되었으며 계속 개발 중에 있다. 또한 일본은 감성공학과 인간공학적 측면에서 기본적인 기술을 확보하고 있으며 두 발로 걷는 휴머노이드(Humanoid)형 로봇기술이 매우 발전해있다.

미국도 로봇의 능력을 감정 표현 및 인식에까지 확대해 가고 있는 추세이다. 또한 네트워크 기술을 이용한 서비스 로봇 및 원격 제어 로봇의 개발과 실용화를 위해 연구개발에 박차를 가하고 있다.

국내에서도 로봇 관련 기술 개발이 활발하게 진행 중인데 비교적 간단한 인터넷 제어 및 자율이동 로봇도 연구되고 있다. 선진국과 비교할 때 사람을 식별하고 감정을 인식하는 부분이 다소 부족한 상태이고, 인터넷을 통한 원격 제어는 시작 단계에 있다고 할 수 있다. 〈표 7.1〉은 국외 지능형 로봇의 개발 현황을 나타내고, 〈표 7.2〉는 국내 지능형 로봇의 개발 현황을 나타낸 표이다.

표 7.1 국외 지능형 로봇의 개발 현황

연구기관 또는 제작자 (국가)	로봇 및 개발내용	비고
소니 (일본)	• 강아지 모양 엔터테인먼트 로봇 – 아이보(Aibo) • 사람의 음성 이해 • 완벽한 춤동작을 구사하는 댄스로봇 – SDR-4X	최초의 장남감 로봇
미쓰비시 중공업 (일본)	• 집안의 이상유무를 통보–와카마루(Wakamaru) • 사람 얼굴을 10명까지 식별, 1만 단어의 대화 능력	네트워킹 활용
혼다 (일본)	• 보행 로봇 Humanoid series – P2, P3, 아시모(Asimo) • 음성의 화자 식별, 몸동작 인식, 얼굴 인식, 감정 표현	최초의 보행 로봇
어질리티 로보틱스 (미국)	• 2족 보행 로봇 '캐시' • 100m 달리는데 24초로 주파(기네스 신기록)	달리는 로봇 2022년
아이로봇 (미국)	• 춤을 추듯이 움직이며 집안 곳곳을 청소해주는 원형 로봇 – 룸바(Roomba)	청소 로봇
테슬라 (미국)	• 휴머노이드 로봇인 '옵티머스'/테슬라봇 개발 • 걷는 동작, 무거운 물건을 들어 올리는 동작, 길 찾기 인공지능 등의 기술 보유 • 2만 달러 내외에 판매 예정	2022년 발표

표 7.2 국내 지능형 로봇의 개발 현황

연구기관 또는 제작자	로봇 및 개발내용	비고
KAIST, KIST	• 휴머노이드 로봇 '마루-Z' 개발 • 얼굴 표정 인식 및 감정 표현 로봇 개발 • 집안 청소 등을 수행할 수 있는 차세대 지능형 로봇 개발	네트워킹 가능
삼성전자	• '로보'와 '파워볼'은 자동청소 기능, 인터넷으로 제어하는 네트워킹 기능, 자기위치 인식 기능, 소형 카메라를 통한 보안 기능	네트워킹 가능

우리기술, KIST	• 비서 로봇인 '아이작' 개발 • 날씨, 증권 시황, 교통상황을 실시간으로 검색 • 간단한 지시어를 알아듣고 웹 문서 음성변환/비서 기능	지능적인 비서 로봇
유진로보틱스	• 노인용 실버케어 로봇 개발 • 어린이 영어 학습용 로봇인 '페가서스'를 개발	실버케어 로봇
현대차	• 미국 소재의 '보스톤 다이나믹스'사를 최근에 인수 • 다목적 휴머노이드 로봇 '아틀라스' • 2족 및 4족 보행 로봇/보행, 회전, 점프도 가능 • 달리는 로봇 개 등	2020년 인수

최근 현대차가 미국에서 인수하여 우리나라 기업이 된 '보스톤 다이나믹스'는 상당한 수준의 휴머노이드 로봇인 '아틀라스'를 보유하고 있는데, [그림 7.49]와 같이 회전과 점프도 할 수 있고 산길을 자유자재로 걷기도 한다.

그림 7.49 현대차의 아틀라스 로봇

미국 전기차 제조사인 테슬라가 2022년 가을에 휴머노이드 로봇인 '옵티머스'를 발표했다. 소위 '테슬라봇'이라 불리는 옵티머스는 걷는 동작, 무거운 물건을 들어 올리는 동작, 길 찾기 인공지능 등의 기술을 가지고 있다. [그림 7.50]의 테슬라봇은 2만 달러에 판매될 예정이다.

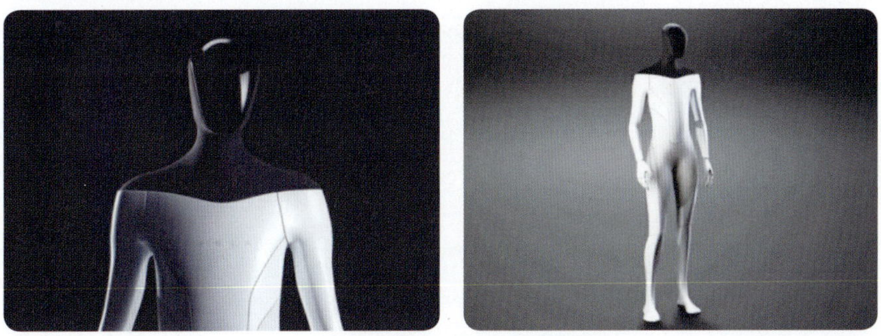

그림 7.50 테슬라봇 '옵티머스'

[그림 7.51]은 일본 토요타에서 만든 트럼펫과 바이올린을 각각 연주하는 로봇을 나타낸다.

그림 7.51 트럼펫과 바이올린을 각각 연주하는 로봇

[그림 7.52]는 KIST에서 개발한 지능형 로봇인데 꽃을 전해주는 등의 기능을 할 수 있으며, [그림 7.53]은 탁구를 치는 로봇으로서 매우 빠른 인식과 판단 능력을 갖춘 지능형 로봇이다.

그림 7.52 꽃을 전해주는 지능형 로봇

그림 7.53 탁구를 치는 지능형 로봇

7.5.3 한국형 지능형 로봇

한국전자통신연구원(ETRI)에서는 '지능형 로봇 개발' 사업으로 영상인식 기술, 문자인식 기술, 음성 합성 기술이 결합된 IT 기반 지능형 서비스 로봇인 '에트로(ETRO)'를 개발하였다. '에트로'는 사람의 얼굴 생김새로 신분을 인증하고 문자를 인식해 책을 소리 내어 읽어줄 수 있으며 채팅을 통해 교통, 날씨 등 사용자의 질문에 대한 답을 인터넷에서 검색해 말소리로 응답할 수 있다. [그림 7.54]는 ETRI가 개발한 에트로 로봇을 나타낸다.

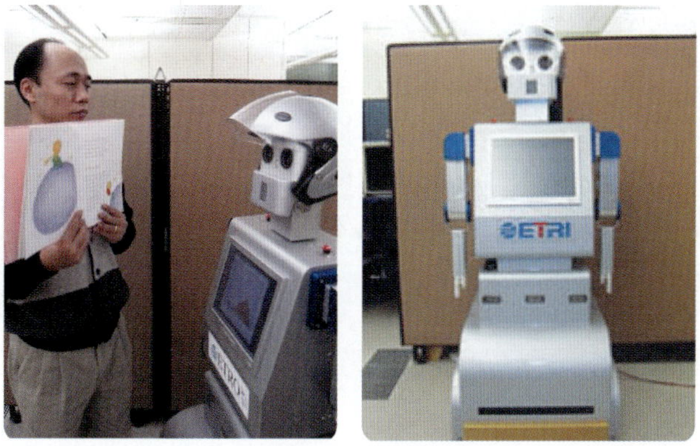

그림 7.54 에트로 로봇

7.5.4 지능형 서비스 로봇

지능형 서비스 로봇이란 인간에게 각종 지식과 정보 서비스를 제공하는 소프트웨어 기술 중심의 로봇으로서, 사람을 인식하고 문자도 읽을 수 있으며 사람의 행동에도 적절하게 반응하는 지능형 로봇을 말한다.

최근 지능형 서비스 로봇들이 많이 개발되고 있다. [그림 7.55]의 왼쪽은 일본의 혼다(Honda)에서 개발한 '아시모(Asimo)'란 로봇인데 식당에서 주문 및 음식 서빙을 통해 손님 접대도 가능한 지능형 서비스 로봇이고, 오른쪽은 카페를 찾은 손님에게 음료수를 전하고 있는 지능형 서비스 로봇을 나타낸다.

그림 7.55 음식과 음료 서빙 지능형 서비스 로봇들

최근에는 [그림 7.56]과 같이 원격회의와 치매 관리를 할 수 있는 지능형 간호 로봇인 '실벗 3'이 우리나라에서 개발되었으며, [그림 7.57]과 같이 공항에서 출입국 관리를 하는 지능형 서비스 로봇인 'TIRO'도 활용되고 있다.

그림 7.56 지능형 간호 로봇

그림 7.57 출입국 관리용 지능형 서비스 로봇

7.5.5 지능형 로봇의 미래

로봇과 인간의 관계는 로봇이 인간 명령체계에 순응하는 지금까지의 수직적 단계에서 점차 로봇과 인간과의 공존 및 협조의 관계로 진전될 것이다. 이러한 관계의 진전은 인간과 컴퓨터의 대화 기술이 발전함에 따라 급속한 진전을 보일 것이다. 여기에다 IT와 인터넷 관련 정보기술과 컴퓨터 S/W에 기반한 지식관리 및 지능화 기술의 접목 형태로 발전될 것이다. [그림 7.58]은 유비쿼터스 환경을 기반으로 한 지능형 공간에서의 서비스 로봇의 개념도를 나타낸다.

정보의 개방화, 네트워크화에 의한 작업 정보 유통과 재이용, 로봇의 자율성을 통합하여 작업과 관련된 실세계 정보들이 엄청난 속도의 5세대 이동통신 네트워크에 연결되어 사물인터넷의 발전과 함께 에이전트(Agent)를 통한 인간과의 긴밀한 상호 작용을 가능케 하는 지능형 로봇 시스템이 머지않은 장래에 실현될 것으로 예상된다.

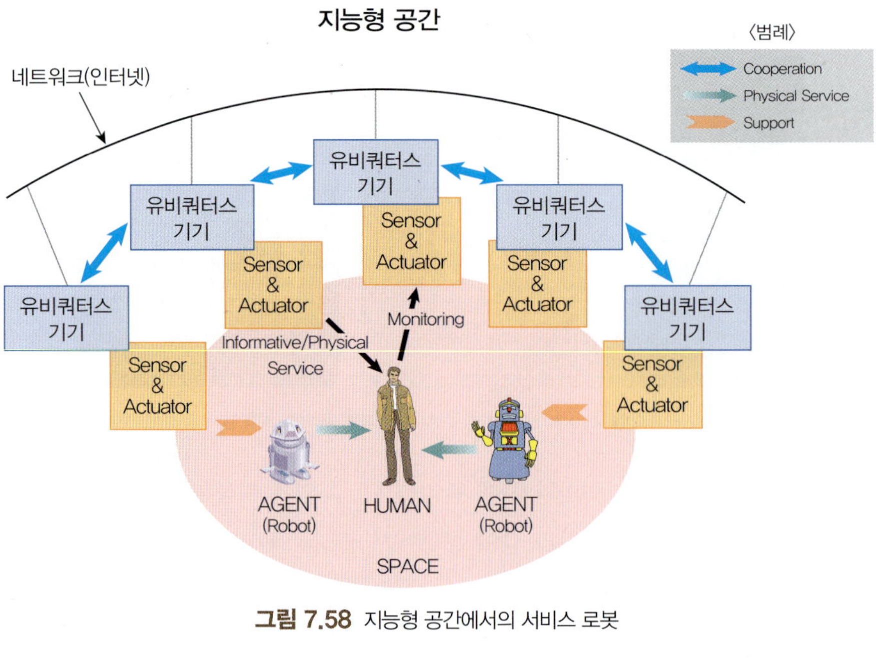

그림 7.58 지능형 공간에서의 서비스 로봇

7.6 새롭게 열리는 메타버스의 세계

SECTION

7.6.1 메타버스의 개념

메타버스(metaverse)는 '가상'과 '초월' 등을 뜻하는 영어 단어 '메타(meta)'와 우주를 의미하는 '유니버스(universe)'의 합성어로, 1992년 미국 닐 스티븐슨의 공상과학 소설인 「스노우 크래쉬」에서 처음 사용되었다.

메타버스는 아바타(avatar)를 통해 실제 현실과 같은 사회, 경제, 교육, 문화, 과학기술 등의 활동을 할 수 있는 3차원 가상공간 플랫폼(platform)이다. 따라서 현실과 가상의 결합이 현실 세계가 되어 그 안에서 상호 작용하고 활동할 수 있다. [그림 7.59]는 3차원 가상세계 메타버스의 한 화면을 나타낸다.

그림 7.59 3차원 가상세계 메타버스 화면

메타버스는 가상현실보다 진보된 개념으로 볼 수 있는데, 주로 게임, SNS, 교육, 의료 등의 서비스 플랫폼에서 특정 설정 환경과 아바타를 보다 정교하게 구현하여 메타버스 내의 아바타가 상호 교류를 하고 쇼핑도 하며 현실처럼 활동한다.

메타버스의 사례로는 최근 세컨드라이프(Second life), 트위니티(Twinity) 등의 SNS 서비스가 미래에는 인터넷이 3차원 네트워크로 진화하고 있으므로, 앞으로 메타버스는 IT산업의 핵심 키워드 중 하나가 될 전망이다. 국내의 대표적인 메타버스 플랫폼인 [그림 7.60]의 네이버 Z의 제페토(Zepeto)가 큰 인기를 끌고 있다.

그림 7.60 제페토 홈페이지와 제페토 메타버스의 예

7.6.2 메타버스의 특징

메타버스는 기존의 플랫폼이나 애플리케이션과는 차별화된 5가지의 고유한 특징을 가지고 있는데, 이를 5C라고 부른다. 즉, 세계관(Canon), 창작자(Creator), 디지털 통화(Currency), 일상의 연장(Continuity), 연결(Connectivity)이다.

세계관은 현실 세계와 다른 법칙으로 흘러가는 '새로운 세계'라는 뜻이다. 창작자는 메타버스를 창작해낸 주체이며, 디지털 통화는 가상세계에서 통용되는 화폐를 말한다. 일상의 연장은 가상세계 안의 활동이 마치 인생 여정처럼 연속적으로 진행된다는 뜻이고, 연결은 메타버스가 공간과 공간, 사람과 사람, 세계와 세계를 연결시켜 주는 매개체가 된다는 뜻이다.

[그림 7.61]의 로블록스(Roblox)는 사용자가 게임을 프로그래밍하고, 다른 사용자가 만든 게임을 즐길 수 있는 온라인 게임 플랫폼 및 게임 제작 시스템이다.

그림 7.61 로블록스

7.6.3 메타버스의 유형

메타버스는 증강현실과 현실모방(simulation)의 정도, 내부와 외부적 접근 방법에 따라 [그림 7.62]와 같이 4가지 유형으로 나눌 수 있다.

(1) 증강현실(augmented reality)

현실의 공간과 상황 위에 상상의 이미지나 환경 등을 덧입혀서 현실을 기반으로 새로운 세상을 보여주는 것이다. 예를 들면 '포켓몬'과 'IKEA 플레이스' 등이 있다.

(2) 라이프로깅(life logging)

자신의 생활에 대한 다양한 경험과 정보를 기록하고 저장하여 여러 사람들과 공유하는 세상을 말한다. 예를 들면 블로그, 페이스북, 인스타그램 등이 있다.

(3) 거울세계(mirror world)

현실 세계의 모습을 이용하여 복사하듯이 만들어낸 세상을 말한다. 예를 들면 네이버 지도, 구글어스, 음식배달 앱 등이 있다.

(4) 가상세계(virtual world)

현실과는 다른 공간, 배경, 인물 등을 디자인해놓고 그 속에서 활동하는 메타버스를 말한다. 예를 들면 가상현실 기반의 협업 플랫폼인 스페이셜, 세컨드라이프, 로블록스, 제페토 등이 있다.

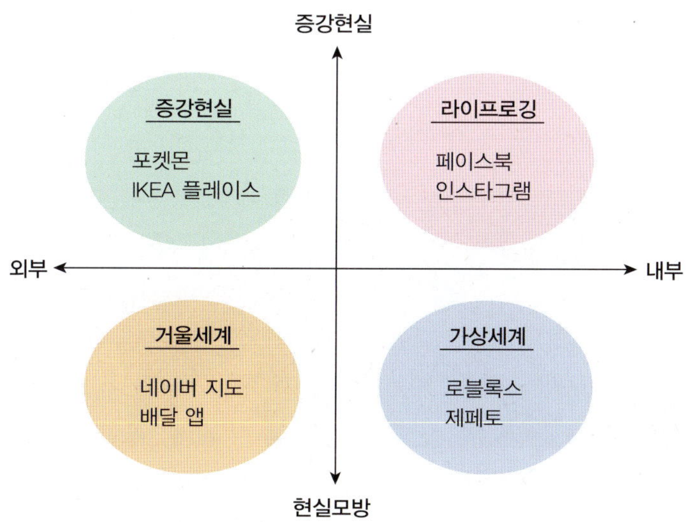

그림 7.62 메타버스의 4가지 유형

7.6.4 메타버스의 활용 사례

메타버스는 다양한 분야에 폭넓게 활용되고 있다. 현재 수많은 게임이나 은행과 같은 상업적 용도로도 확산되는 중인데 몇 가지 예를 들면 다음과 같다.

미국의 바이든 대통령은 대통령 선거 때 가상현실 메타버스 게임인 [그림 7.63]의 '동물의 숲(Animal Crossing)'에서 가상현실 속에서 VR 안경을 끼고 메타버스를 활용한 선거 유세를 통해 큰 성과를 거둔 것으로 알려졌다.

그림 7.63 선거 유세에서 메타버스의 활용

한편 국내에서는 미국 빌보드 차트 1위에 오른 방탄소년단(BTS)의 신곡인 다이너마이트(Dynamite)가 메타버스 기반의 온라인 공간인 '포트나이트(Fortnite)'에서 [그림 7.64]와 같이 실제 콘서트 현장처럼 발표되었다. 또한 코로나로 인해 비대면 추세가 계속되면서 대학교 입학식을 메타버스 환경에서 진행하기도 하였다. 메타버스의 세상을 쉽게 화면으로 느낄 수 있는 다음의 유튜브 사이트에 들어가 보자.

https://www.youtube.com/watch?v=6Oo473VCfHE

그림 7.64 '포트나이트' 메타버스에서의 BTS 공연

7.6.5 메타버스의 현황와 미래

요즘 메타버스에 대한 관심이 매우 뜨겁다. 가상세계를 만드는 것이 주요 사업인 게임회사부터 가상세계와는 전혀 관계가 없어 보이는 금융권까지 최근 메타버스를 활용하는 업계가 증가하고 있다. 메타버스는 가상 교육, 가상 졸업식, 가상 입학식, 가상 매장, 가상 공연, 비대면 치료 등 메타버스 서비스 적용이 확산 중이다. [그림 7.65]는 삼성전자가 메타버스 플랫폼 로블록스에 '삼성 슈퍼스타 갤럭시'라는 가상공간을 구축한 화면을 나타낸다.

그림 7.65 메타버스 플랫폼에 구축된 '삼성 슈퍼스타 갤럭시' 가상공간

메타버스는 최근 블록체인이나 가상화폐를 적극적으로 활용하며 놀라운 성장을 이끌어냈다. 여기에다 인공지능 기술이 가미되어 가상세계의 효용과 즐거움이 더 커진다면 메타버스는 장차 더욱 놀라울 정도로 성장할 것이다.

실습/알아보기

1 증강현실을 보다 잘 이해하기 위해 증강현실을 경험해보자.

유튜브에서 "구글 ARCore를 이용한 증강현실 모음"을 치고 자동차, 공룡, 태양계 행성 등의 증강현실의 예를 시청하며 경험해보자. 또 그 동영상 인근의 증강현실 동영상을 열어 증강현실 관련 기술들을 경험해보자.

https://www.youtube.com/watch?v=zX1crsCQrWI

2 최근 메타버스가 출현하여 센세이션을 일으키고 있다. 다음의 유튜브 사이트에서 'BTS의 다이나마이트' 메타버스 공연을 감상하며 메타버스의 세계를 체험해보자.

https://www.youtube.com/watch?v=bJHvCah5CP0

참고문헌

7.1 유비쿼터스 컴퓨팅

https://en.wikipedia.org/wiki/Ubiquitous_computing

https://www.merriam-webster.com/dictionary/ubiquitous

https://www.vocabulary.com/dictionary/ubiquitous

7.2 홈 네트워킹과 스마트홈

https://www.sktsmarthome.com/html/services.html

https://www.samsungsds.com/global/ko/solutions/off/hms/SamsungSmartHome.html

https://www.investopedia.com/terms/s/smart-home.asp

7.3 증강현실과 가상현실

가상현실 진전 - 디지털 트윈(digital twin) 기술, ETRI, 2022.

http://blog.lgdisplay.com/2016/05/mixed-reality/

https://www.reliableplant.com/Read/31897/digital-twins-ai

7.4 웨어러블 디바이스

http://www.apple.com/kr/watch/apple-watch/

https://www.amazon.com/Nike-WM0105-008-Parent-FuelBand-First-Generation/dp/B00JTS1LK2

7.5 지능형 로봇

http://en.wikipedia.org/wiki/ASIMO

https://www.google.com/

https://www.youtube.com/watch?v=uhND7Mvp3f4

https://zdnet.co.kr/view/?no=20210820130308

7.6 새롭게 열리는 메타버스의 세계

https://journal.kiso.or.kr/?p=10985

zepeto.me

https://www.dailyimpact.co.kr/news/articleView.html?idxno=80364

https://blog.naver.com/nara212/222454285871

https://www.businesspost.co.kr/BP?command=article_view&num=251691

https://www.sciencetimes.co.kr/news/bts BTS 신곡 발표 '메타버스'

연습문제

정오식 문제

1 유비쿼터스 컴퓨팅은 사용자에 따라 제공될 수 있는 서비스가 달라야 한다. ( )

2 유비쿼터스는 네트워크에 반드시 접속되어야 할 필요는 없다. ( )

3 노매딕 컴퓨팅은 어떠한 장소에서건 이미 다양한 정보기기가 편재되어 있어 사용자가 정보기기를 굳이 휴대할 필요가 없는 환경을 말한다. ( )

4 임베디드 컴퓨팅은 컴퓨터를 옷이나 안경처럼 착용할 수 있게 해줌으로써 컴퓨터를 인간의 몸의 일부로 여길 수 있도록 기여하는 기술이다. ( )

5 홈 네트워킹의 유형들은 데이터 네트워크, 엔터테인먼트 네트워크, 홈 오토메이션/컨트롤 네트워크, 하이브리드 네트워크 등으로 구분될 수 있다. ( )

6 홈 네트워킹에 대한 요구 증가와 이에 따른 성공 여부에 영향을 미칠 수 있는 주요 요인들로는 재택근무의 증가, 멀티미디어 PC 기반의 가정, 스마트 기기의 관리, 단순성과 신뢰성을 들 수 있다. ( )

7 가상현실은 자신과 환경이 모두 현실이 아닌 가상의 이미지를 사용하는데 반해, 증강현실은 현실의 이미지나 배경에 3차원 가상 이미지를 겹쳐서 하나의 영상으로 보여주는 기술이다. ( )

8 가상현실은 혼합현실과 증강현실의 장점들을 취한 기술로 볼 수 있다. ( )

9 대표적인 웨어러블 디바이스로는 손목시계, U-헬스, 안경 형태 등의 기기가 있다. ( )

10 구글 글래스는 웨어러블 디바이스에 속하지 않는다. ( )

11 지능형 로봇에는 인공지능, 신경망, 퍼지 이론, 지능형 제어 등 지능시스템 전반에 걸친 첨단 컴퓨터 기술들의 활용이 필수적이다. ( )

12 지능형 로봇은 비교적 단순한 반복 작업에 많이 쓰이며, 조작이 필요하다. ( )

13 현재 우리나라는 세계 최고의 로봇 기술 국가라 할 수 있다. ( )

14 포켓몬과 같이 현실의 공간과 상황 위에 상상의 이미지나 환경 등을 덧입혀서 현실을 기반으로 새로운 세상을 보여주는 것을 가상현실이라 한다. ( )

15 로블록스와 제페토 등은 가상현실 기반의 가상세계에 속한다. ( )

단답식/선택식 문제

1 (　　　) 컴퓨팅은 전자공간과 물리공간을 연결해주는 차세대 기반 컴퓨팅 기술로서 이동성, 인간성, 기능성 등에 따라 여러 가지 컴퓨팅 기술들로 구분될 수 있다.

2 (　　　) 컴퓨팅은 다리, 빌딩 등과 같은 사물에다 마이크로칩 등을 심어 사물을 지능화하는 컴퓨팅을 말한다.

3 (　　　) 컴퓨팅은 스스로 생각하여 현실세계와 가상세계를 연계해주는 컴퓨팅을 실현하는 기술이다.

4 컴퓨터가 센서 등을 통해 사용자의 상황을 인식하여 사용자가 필요로 하는 정보를 제공해 주는 컴퓨팅 기술은 (　　　) 컴퓨팅이다.

5 (　　　) 컴퓨팅은 1998년 이후 IBM을 중심으로 착안되었으며, 유비쿼터스 컴퓨팅과 비슷한 개념이다. 어디든지 어떤 사물이든지 도처에 컴퓨터가 편재되도록 하여 현재의 전기나 가전제품처럼 일상화 된다는 비전을 담고 있다.

6 (　　　)이란 가정 내의 정보를 처리, 관리, 전달 및 저장함으로써 집안의 여러 계산, 관리, 감시 및 통신 장치들을 연결 및 통합할 수 있도록 해주는 구성 요소들의 모임이다.

7 가전제품을 비롯하여 에너지 소비장치, 의료시스템 접속, 보안기기 등 다양한 분야에서 통신망으로 연결하여 모니터링하고 제어할 수 있는 기술을 (　　　) 기술이라 한다.

8 (　　　)은 완전 가상현실이 아닌 현실과 가상이 자연스럽게 연결된 스마트 환경을 사용자에게 제공하여 풍부한 체험을 제공하는데, 일기 예보를 위한 방송국의 가상 스튜디오를 예로 들 수 있다.

9 손목시계, U-헬스, 안경 형태 등의 기기들은 대표적인 (　　　) 디바이스이다.

10 나이키에서 개발한 (　　　)는 건강을 위한 U-헬스 웨어러블 기기에 속한다.

11 사용자가 눈으로 보는 현실 화면이나 실제 영상에다 컴퓨터가 재현하는 문자나 그래픽 같은 가상 정보를 합성하여 함께 체험할 수 있도록 하는 기술을 (　　　)이라 한다.

12 (　　　)은 무선 네트워크 등 별도의 조작 없이도 스스로 판단하고 행동하며, 외부 환경에 적응할 수 있는 로봇이다.

13 지능형 (　　　) 로봇이란 인간에게 각종 지식 및 정보 서비스를 제공하는 소프트웨어 기술 중심의 로봇이다.

14 최근에 발표된 지능형 로봇으로는 현대차가 미국에서 인수한 기업의 상당한 수준의 휴머노이드 로봇인 (　　　)와 테슬라가 발표한 옵티머스가 있다.

15 메타버스는 (　　　)를 통해 실제 현실과 같은 사회, 경제, 교육, 문화, 과학기술 등의 활동을 할 수 있는 3차원 가상공간 플랫폼이다.

16 메타버스의 특징 중 (　　　)은 메타버스가 공간과 공간, 사람과 사람, 세계와 세계를 연결시켜 주는 매개체가 된다는 뜻이다.

17 현실 세계의 물리적 시스템과 기능 및 동작을 그대로 가상공간에 만들어 연결함으로써 마치 거울을 앞에 두고 쌍둥이처럼 동작하도록 하는 기술은?

18 메타버스에서 네이버 지도, 구글어스, 음식배달 앱 등과 같이 현실 세계의 모습을 이용하여 복사하듯이 만들어낸 세계를 무엇이라 하는가?

19 유비쿼터스의 주요 특징이 아닌 것은?
① 유비쿼터스는 네트워크에 접속되어야만 한다.
② 유비쿼터스는 사용자에게 잘 보이지 않아야 한다.
③ 유비쿼터스 컴퓨팅은 사용자에 따라 제공될 수 있는 서비스가 달라야 한다.
④ 유비쿼터스 컴퓨팅은 가정 내에서만 사용이 가능하다.

20 다음 중 유비쿼터스 환경의 예가 아닌 것은?
① 컴퓨터로 문서를 작성
② MP3 재킷 입고 걸으면서 음악 감상
③ 두루마리 디스플레이로 신문 구독
④ 원하는 곳까지 자동 운전

21 다음 중 웨어러블 디바이스에 속하지 않는 것은?
① 퓨얼밴드　② 구글 글래스　③ 로봇 청소기　④ 스마트워치

22 다음 중 지능형 로봇으로서 현재 가능한 기술을 모두 고르다면?
① 트럼펫 연주　② 탁구 치기　③ 음료 서빙　④ 공항 출입국 관리

23 다음 중 두발로 걷는 휴머노이드(Humanoid)형 로봇과 가장 가까운 것은?
① 아시모　② 에트로　③ TIRO　④ 간호 로봇

24 다음 중 가상현실과 가장 가까운 것은?
① 비행기 조종석 시뮬레이션　② 분자구조 시뮬레이션
③ 내비게이션에서의 거리와 방향 지시　④ 축구장 가상거리 표시

25 다음 중 현실과 가장 거리감이 있는 것은?
① 증강현실　② 증강가상현실　③ 혼합현실　④ 가상현실

26 다음 중 증강현실과 가장 관련이 깊은 것은?
① 포켓몬　② 구글어스　③ 로블록스　④ 제페토

27 메타버스에서 5가지의 고유한 특징과 거리가 먼 것은?

① 창작자 ② 디지털 통화 ③ 시뮬레이션 ④ 연결

28 다음 중 메타버스의 유형에 속하지 않는 것은?

① 상상 세계 ② 증강현실 ③ 라이프로깅 ④ 거울세계

29 다음에서 라이프로깅과 관련이 있는 것은?

① 로블록스 ② 제페토 ③ 포켓몬 ④ 페이스북

30 다음 중 메타버스의 활용과 관련이 별로 없는 것은?

① 동물의 숲 ② 유비쿼터스 컴퓨팅

③ 가상 입학식 ④ 다이나마이트

주관식 문제

1 유비쿼터스의 3가지 주요 특징들을 말하시오.

2 유비쿼터스 환경에서 가능한 주요 응용들을 기술하시오.

3 1회용 컴퓨팅 기술에서 꼭 필요한 기술을 한 개만 설명하시오.

4 자기 집 내의 홈 네트워킹을 나름대로 구상해 보시오.

5 유비쿼터스와 홈 네트워킹이 결합한 응용들을 기술하시오.

6 스마트홈의 정의와 예를 들고 최근에 적용되는 응용들을 적으시오.

7 웨어러블 디바이스를 활용할 수 있는 기기들을 3가지 정도 말하시오.

8 증강현실과 가상현실 그리고 혼합현실의 차이점을 설명하시오.

9 우리나라의 지능형 로봇 산업의 수준과 전망에 대해 기술하시오.

10 앞으로 10년 후, 20년 후의 지능형 로봇의 수준을 각각 예측해 보시오.

11 디지털 트윈 기술이 적용될 수 있는 응용 분야들을 나열하시오.

12 메타버스의 4가지 유형을 설명하고 각 경우의 예를 적으시오.

Chapter 08

가까이 다가오는 인공지능

Contents

단원의 주요 목표

인공지능의 개념과 규칙기반 및 신경망 기반 인공지능의 특성과 응용을 학습한다.

- 인공지능의 기본 개념, 목표, 다양한 응용 분야와 인공지능의 장단점을 살펴본다.
- 인공지능의 역사와 분류, 규칙기반 인공지능과 신경망 기반 인공지능을 알아본다.
- 인공지능 시스템과 주요 모델, 그리고 Bixby와 같은 응용 도우미 등을 점검한다.
- 최근 인공지능에서 핵심을 이루는 딥러닝 기반 신경망과 소프트웨어를 살펴본다.
- 음성과 영상을 인식하고 자동번역을 하는 인공지능 분야의 응용 기술을 파악한다.
- 인공지능의 발전 수준과 특이점 도래에 따른 문제점과 인공지능 윤리를 알아본다.

8.1 SECTION

인공지능 개요

8.1.1 인공지능의 개념

인공지능(Artificial Intelligence: A. I.)이란 컴퓨터를 사용하여 인간의 지능을 모델링하는 기술을 말한다. 따라서 인공지능이란 '사람이 수행했을 경우와 유사한 지능이 요구되는 기계 장치를 만드는 기술'이라고도 할 수 있다.

즉 인공지능은 인간의 지능으로 수행할 수 있는 다양한 인식, 사고, 추론, 음성인식, 영상인식, 자연어 이해, 학습 활동 등을 컴퓨터가 할 수 있도록 하는 방법을 연구하는 분야이다. 인공지능을 기계 지능(Machine Intelligence)이라고도 표현하는데 컴퓨터와 같은 기계 장치들을 통해 지능을 구현할 수 있는 방법론이나 실현 가능성 등을 연구하는 분야이기 때문이다.

인공지능은 [그림 8.1]과 같이 인간 두뇌와 컴퓨터 기술의 결합으로 볼 수 있는데, 인공지능은 '컴퓨터를 더욱 가치 있게 만드는 일'이며, '지능적인 원리를 이해하는 것'이다.

그림 8.1 인간 두뇌와 컴퓨터 기술의 결합인 인공지능

인공지능의 영역 중 하나인 음성인식은 이미 스마트폰에 적용되어, 음성으로 명령하고 검색하여 그 결과를 즉시 알 수 있는 수준에 이르렀다. 또한 CCTV로 촬영된 영상으로부터 누구의 얼굴인지를 판단할 수 있는 영상인식 기술도 개발되었으며 그 수준이 점차 높아지고 있다. [그림 8.2]는 음성인식 시스템과 영상인식 시스템을 나타낸다.

앞으로 컴퓨터가 인간의 언어를 상당한 수준으로 인식하고, 스스로 학습하는 능력까지 갖추게 되며, 좀 더 나아가 인간의 감정까지 이해하는 수준 높은 인공지능 시대가 전개될 전망이다.

그림 8.2 음성인식 시스템과 얼굴인식 시스템

8.1.2 인공지능의 목표와 응용 분야

인공지능의 주요 목표 중의 하나는 인간 두뇌와 관련 있는 '지능적인 원리를 이해하여 컴퓨터에 적용하고 다양한 응용을 현실 생활에 활용하는 것'이다.

인공지능은 컴퓨터공학을 비롯한 여러 학문 분야와 밀접한 관련을 맺고 있으며, 최근에는 사회과학과 인문학에 이르는 다양한 분야에도 인공지능적인 요소가 도입되어 새로운 활기를 불어넣고 있다.

인공지능은 그 외에도 영화, 미술, 음악, 문학, 법학, 인문학, 농업, 지능 로봇, 비즈니스, 광고 등 현대 사회의 거의 모든 분야와도 이미 연관성을 가지기 시작했다. [그림 8.3]은 인간의 두뇌를 닮은 지능적인 로봇을 나타낸다.

그림 8.3 지능적인 로봇

다음은 인공지능이나 인공지능 시대를 나타내는 표현인데, 인공지능의 목표이기도 할 것이다. [그림 8.4]는 인간의 두뇌를 닮은 인공지능과 인간의 인공지능과의 협력을 나타낸다.

- 인류는 이제 인공지능을 이용하여 두뇌의 한계를 넘어서려고 한다.
- 인공지능의 시대는 이미 시작됐다. 이런 흐름은 이제 바꿀 수도 없고 막을 수도 없다.
- 인공지능은 똑똑한 기계가 스스로 작동하도록 하는 고차원의 기술이다.
- 인공지능은 가까운 미래에 사람의 말을 이해하고 상황에 적절한 문장을 만들 것이다.
- 인간은 산업혁명에서 근육의 한계를 극복했고, 인공지능으로 두뇌의 한계를 뛰어넘으려 시도한다.

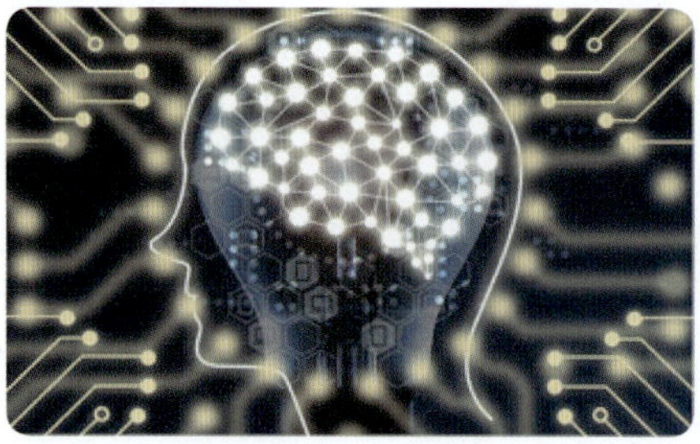 

그림 8.4 인간의 두뇌를 닮은 인공지능과 협력

8.1.3 인공지능의 장단점

급속히 발전하고 있는 인공지능은 언젠가는 인간의 지능에 육박하거나 추월할 것이라고 예상하는 전문가들이 많다. 인공지능은 여러 가지 장점과 함께 단점도 가지고 있다.

인공지능의 장점을 몇 가지 들면 다음과 같다.

첫째, 인공지능은 상당 부분 인간의 역할을 대신 담당할 수 있다. 인공지능은 지금 개발되고 있는 자율주행차를 통해 인간 대신에 운전을 해주는 등 일상적인 업무에서 편리함을 제공한다.

둘째, 인공지능은 인간의 상황 판단과 의사결정에 도움을 줄 수 있다. 컴퓨터를 활용한 인공지능을 통해 복잡한 상황에서 의사결정을 할 때, 빠른 판단과 올바른 결정을 할 수 있도록 도움으로써 인간에게 혜택을 줄 수 있다.

셋째, 인공지능은 인간의 실수를 피하게 하고 위험을 줄여줄 수 있다. 요즘은 인공지능을 가진 로봇이 우주 탐사, 정교한 용접, 방사능 진단 등과 같은 위험한 일을 대역함으로써 인간이 위험에 노출되는 경우를 줄일 수 있다.

인간과 인공지능 로봇의 협력과 인공지능 로봇이 용접과 같은 위험한 일을 대신 수행하는 예는 [그림 8.5]에 나타나 있다.

그림 8.5 인공지능 로봇과의 협력

〈표 8.1〉은 인공지능의 장단점을 요약하여 나타낸 것이다.

표 8.1 인공지능의 장단점

장점	단점
인간의 역할을 대신하여 편리함을 제공	인간의 일자리를 잃게 함
로봇이 24시간 일함으로써 생산성 향상	인공지능에 의지하는 습관에 종속될 가능성
빠르고 올바른 판단에 도움을 줌	인공지능에 의해 감시받거나 조종받을 가능성
인간의 실수와 위험을 줄임	연구와 개발이 어려움
개인 비서 역할 담당 가능	인간관계가 줄어들 수 있음

8.2 인공지능의 역사와 분류

SECTION

8.2.1 인공지능의 간략한 역사

인공지능은 20세기 중반에 시작되어 지금까지 꾸준히 발전되어 왔다. 1956년 여름 다트머스 워크샵에서 '인공지능'이란 이름이 탄생한 이후의 요람기를 비롯하여 두 번의 어려운 겨울을 맞으면서 현재의 부흥기로 발전해온 것이다. 인공지능의 역사를 시작부터 지금까지 요약 정리하면 〈표 8.2〉와 같이 7단계로 나눌 수 있다.

표 8.2 인공지능의 간략한 역사

연도	구분	주요 내용	기타
1943년 ~ 1956년	준비기	맥컬럭과 피츠 앨런 튜링 프린츠	명제 논리의 개념 튜링 테스트 최초의 체스 프로그램 작성
1956년 ~ 1974년	요람기	다트머스 회의 로젠블럿 매카시 와이젠바움 민스키와 페퍼트	'인공지능'이란 이름 탄생 '마크 I 퍼셉트론' 신경망 개발 Lisp 언어 개발 ELIZA 발표 『퍼셉트론즈』란 책 출간
1974년 ~ 1980년	첫 번째 겨울기	미국과 영국	『퍼셉트론즈』 이후 신경망 쇠퇴로 연구 기금 급격히 줄어듬
1980년 ~ 1987년	발전기	DEC사 일본 러멜하트 등	'XCON'이란 전문가 시스템 개발 제5세대 컴퓨터 프로젝트 수행 다층 신경망으로 부활
1987년 ~ 1993년	두 번째 겨울기	신경망의 정체 미국 미국방성(DARPA)	제한적 성능과 컴퓨팅 파워 부족 300개 이상 인공지능 시장 붕괴 인공지능 관련 정부 연구 기금 고갈
1993년 ~ 2011년	안정기	IBM Deep Blue IBM Watson	세계 체스 챔피언 제퍼디 퀴즈쇼 챔피언
2011년 ~ 현재	부흥기	힌튼 앤드류 응 구글의 알파고	딥러닝 기반의 ImageNet 고양이 인식 구글 프로젝트 딥러닝 기법의 세계 바둑 챔피언

여러 단계를 거쳐 비교적 최근의 인공지능 기술 개발은 다음과 같다.

2012년 구글(Google)은 심층신경망(DNN)을 구현하여 유튜브에 등록된 동영상들로부터 심층신경망의 고양이 영상인식에 성공했다. 2016년에는 인공지능 바둑 프로그램인 알파고(AlphaGo)와 우리나라 프로기사인 이세돌 9단의 바둑 대결이 벌어졌다. 전 세계인의 관심 속에 벌어진 바둑 대결이 끝난 뒤 인공지능에 대한 기대와 관심이 폭발적으로 커지게 되었다. 그 후 다양하고 정교한 인공지능 기술이 개발되고 있다.

8.2.2 인공지능의 분류 체계

인공지능은 인간의 지능을 컴퓨터를 비롯한 기계에 부여하는 것이다. 이때 인공지능 기법은 지능을 실현하는 방법에 따라 여러 가지로 분류될 수 있다.

우리가 통상 일컫는 인공지능에는 [그림 8.6]과 같이 3가지 계열의 흐름이 있는데, 하나는 기호주의(symbolism) 계열의 인공지능이고 다른 하나는 연결주의(connectionism) 계열의 인공지능이다. 이 2가지는 인공지능의 주류를 형성한다. 통계적 인공지능은 1990년대에 이르러서야 많이 사용되기 시작했다.

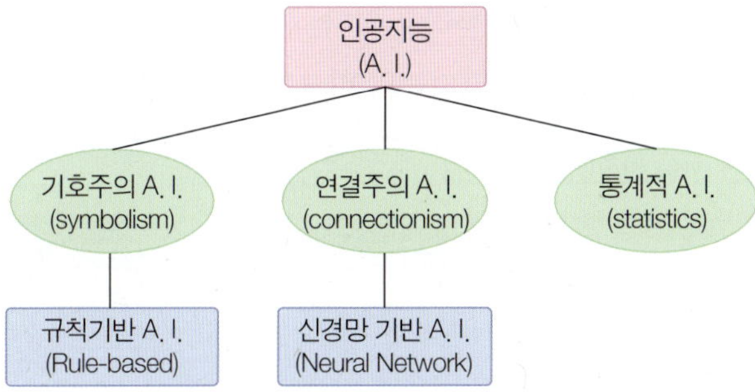

그림 8.6 3가지 계열의 인공지능

기호주의 계열의 대표적인 모델은 주로 기호(symbol)와 규칙(rule)을 사용하는 규칙기반 인공지능이고, 연결주의 계열의 대표적인 모델은 인간의 두뇌 세포인 뉴런(neuron)의 연결을 모방하는 신경망 기반 인공지능이다. 규칙기반 인공지능은 인간의 좌뇌 작용과 유사하고, 신경망 기반 인공지능은 인간의 우뇌 작용에 대응한다.

8.2.3 규칙기반 인공지능과 신경망 기반 인공지능

규칙기반 인공지능(Rule-based A. I.)과 신경망 기반 인공지능(Neural Network A. I.)은 1950년대 중후반 거의 같은 시기에 연구를 시작하며 치열하게 경쟁해왔으며, 지금도 서로 강력한 라이벌 의식으로 인공지능의 구현을 위해 경쟁하며 발전하고 있다.

초기에는 퍼셉트론(Perceptron) 신경망을 제외하고는 규칙기반 인공지능 연구가 훨씬 활성화되었으나, 1980년대에는 신경망 기반 인공지능이 다소 우세했다. 그 후에는 각각 독자적으로 발전 중인데, 2000년대에 들어와서 신경망 기반의 딥러닝이 인기를 끌고 있는 편이다.

[그림 8.7]과 같은 이 두 가지 방법은 인공지능을 구현하고 접근하는 방법이 전혀 다르므로 서로 적절하게 결합함으로써 상승적인 효과를 누리는 경우도 많다.

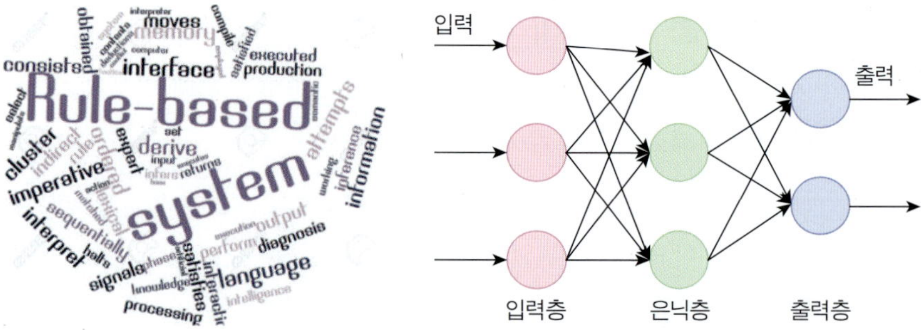

그림 8.7 규칙기반 인공지능과 신경망 기반 인공지능

신경망 기반 인공지능은 통상 '신경망'으로 불리고 있다. 〈표 8.3〉은 영역, 도구, 핵심 기술 등의 측면에서 신경망 기반 인공지능과 규칙기반 인공지능의 비교를 나타낸다.

표 8.3 신경망 기반 인공지능과 규칙기반 인공지능의 비교

	신경망 기반 인공지능	규칙기반 인공지능
영역	연결주의	기호주의
도구	뉴런의 연결	기호와 규칙
대표적 개발자	로젠블럿, 힌튼 등	민스키와 매카시 등
핵심 기술	머신러닝, 딥러닝	규칙기반의 추론
응용 분야	음성인식 등 패턴인식	문제 해결, 전문가 시스템

8.3 인공지능 시스템

SECTION

8.3.1 인공지능 시스템의 구성

인공지능 시스템을 구성하는 4가지 핵심 요소는 모델 형태, 하드웨어와 소프트웨어, 프로그래밍 언어, 응용 분야이다. 그중 신경망, 머신러닝(Machine learning) 등은 인공지능의 주요 모델 형태에 속하고, GPU나 병렬처리 장치 등은 하드웨어에 속한다. [그림 8.8]은 인공지능용 하드웨어와 소프트웨어를 나타낸다.

그림 8.8 인공지능 하드웨어와 소프트웨어

인공지능 언어로는 Python, Lisp, Prolog 등이 많이 사용되며, 인공지능은 음성인식이나 지식 처리 등에 널리 응용되고 있으며, 점차 그 영역이 넓어지고 있다.

❶ 모델 형태

신경망, 머신러닝, 다층 퍼셉트론, 전문가 시스템 등

❷ 하드웨어와 소프트웨어

GPU, SPARK와 같은 병렬처리 장치, 클라우드 저장 장치, 컴퓨터 플랫폼, 응용 소프트웨어 패키지, 텐서플로(Tensor flow) 등

❸ 학습과 실행에 사용되는 프로그래밍 언어

Python, Lisp, Prolog, Java, C 등

❹ 응용 분야

음성인식, 영상인식, 챗봇, 자연어 처리, 지식 처리, 감정 분석 등

8.3.2 세계를 놀라게 한 5개의 인공지능 시스템

인공지능이 발전하는 과정에서 세계를 깜짝 놀라게 한 5개의 주요 인공지능 시스템을 고른다면 다음과 같다.

❶ 마크 I 퍼셉트론(Mark I Perceptron)

1957년 미국의 로젠블럿이 개발한 최초의 신경망 모델인 [그림 8.9]의 '마크 I 퍼셉트론'은 A, B, C 등의 문자를 인식할 수 있는 초기의 학습 모델로서 인공지능의 선풍적인 붐을 일으킨 시스템이다.

그림 8.9 마크 I 퍼셉트론과 MYCIN 전문가 시스템

❷ 마이신(MYCIN)

1972년 미국의 스탠퍼드 대학에서 개발을 시작하여 1976년에 개발을 완료한 [그림 8.9]의 '마이신'은 최초의 전문가 시스템으로서, 혈액의 세균 감염에 대한 치료를 진단하고 처방하기 위해 의학 전문가 시스템이다.

❸ 딥 블루(Deep Blue)

1997년 IBM이 만든 인공지능 슈퍼컴퓨터인 [그림 8.10]의 '딥 블루'가 체스 게임에서 세계 체스 챔피언에 등극하였다. 딥 블루는 체스 챔피언들의 대국 기록과 대국에서의 모든 전략적 경우의 수를 분석하고 검토한 지식을 활용하였다.

그림 8.10 딥 블루와 인간 체스 챔피언 카스파로프의 게임 장면

❹ 왓슨(Watson)

2010년 IBM의 인공지능 컴퓨터인 [그림 8.11]의 '왓슨'은 미국의 유명 퀴즈쇼 챔피언에 등극하였다. 왓슨은 마치 인간처럼 기억력, 판단력, 언어 능력, 그리고 백과사전과 같은 다양한 지식을 가진 전문가 시스템을 활용하였다.

그림 8.11 왓슨 컴퓨터

❺ 알파고(AlphaGo)

2016년 구글의 인공지능 바둑 프로그램인 [그림 8.12]의 '알파고'가 바둑 세계 챔피언 등극하였다. 알파고는 프로기사들이 둔 수많은 기보의 전략을 분석하고 학습하는 신경망 기법인 '딥러닝(Deep learning)'을 활용하였다.

그림 8.12 알파고와 알파고를 작동시킨 구글의 데이터센터

인공지능 기술에서 큰 혁신을 이룬 5개의 주요 인공지능 시스템을 요약하면 〈표 8.4〉와 같다.

표 8.4 5개의 주요 인공지능 시스템

연도	이름	사건	특징
1957년	마크 I 퍼셉트론	최초로 문자인식	미국의 로젠블럿이 개발한, 문자를 인식하는 시스템으로 최초의 신경망 학습 모델
1976년	마이신	최초의 전문가 시스템	미국 스탠퍼드 대학에서 개발한 혈액 질병을 진단하고 처방하는 의학 전문가 시스템
1997년	딥 블루	세계 체스 챔피언	IBM의 인공지능 슈퍼컴퓨터로서 체스 전용 규칙기반의 전문가 시스템
2010년	왓슨	퀴즈쇼 챔피언	IBM의 인공지능 컴퓨터로서 다양한 지식을 가진 퀴즈 전문가 시스템
2016년	알파고	세계 바둑 챔피언	구글의 인공지능 바둑 프로그램으로서 딥러닝 기법의 신경망 학습 소프트웨어

8.3.3 인공지능 도우미들

스마트폰이나 컴퓨터를 보다 편리하게 사용하거나 다양하게 활용할 수 있는 '전자 비서'라고도 불리는 인공지능 도우미(Assistants)들이 등장하고 있다. 이는 [그림 8.13]과 같이 인간과 전자기기 사이의 음성인식을 통한 대화를 통하여 이용자의 편의성을 제공하는 것이다.

인공지능 도우미는 사용자가 인공지능 도우미를 켜자마자 반갑게 인사하고, 사용자가 원하는 성향까지 파악하여 필요한 정보를 검색하여 알려주는 친절한 시스템이다.

그림 8.13 인공지능 도우미들

❶ 구글의 구글 어시스턴트

'구글 어시스턴트(Google Assistant)'는 구글이 개발한 인공지능 비서 시스템인데, 사용자의 음성을 인식하여 질문을 파악하고, 음악 재생, 예약, 일정 조회, 메시지 전송 등을 수행한다.

구글 어시스턴트는 [그림 8.14]와 같이 스마트폰 이용자를 위해 e-메일을 읽고, 이용자의 동작을 파악하며, 질문을 검색하여 그 결과를 이용자에게 알려 주며, 양방향 대화에 참여할 수 있다.

그림 8.14 구글 어시스턴트

❷ 애플의 시리

'시리(Siri)'는 애플사의 인공지능 비서 역할을 하는 애플 스마트폰용 소프트웨어로서, 2011년 아이폰 4S와 함께 세상에 소개된 애플의 음성인식 서비스이다.

시리는 스마트폰 사용자의 음성명령을 인식하여 실행하고 간단한 대화까지 가능하다. 가령 [그림 8.15]와 같이 음성명령으로 문자메시지를 전송하거나 조건에 맞는 식당을 검색하여 길을 안내해주는 등 개인 비서 역할을 할 수 있다.

그림 8.15 애플의 시리

❸ 삼성전자의 빅스비

'빅스비(Bixby)'는 2017년에 공개된 삼성전자의 갤럭시 S8 이후에 탑재된 인공지능 가상 비서 소프트웨어인데, [그림 8.16]의 빅스비는 음성뿐만 아니라 카메라로 이미지, 텍스트, QR 코드 등을 인식하여 유용한 정보를 주기도 한다.

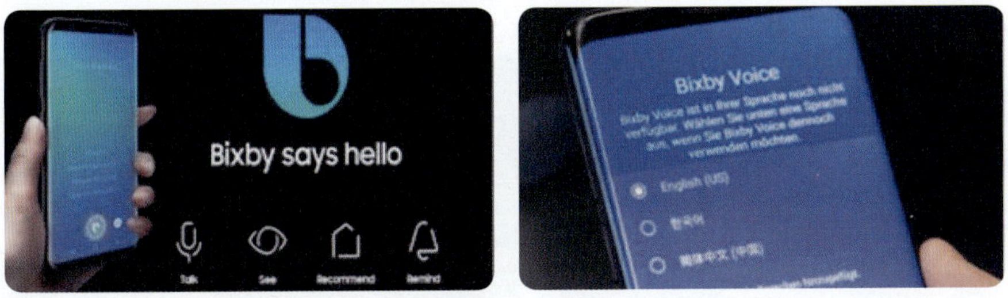

그림 8.16 빅스비와 빅스비의 언어 선택

8.4 SECTION 규칙기반 인공지능

8.4.1 규칙기반 인공지능

규칙기반 인공지능 연구와 관련된 3가지 주요 분야는 다음과 같다.

❶ 게임

인공지능 기술은 [그림 8.17]과 같은 게임(game) 분야에서 매우 유용하고 다양하게 활용되고 있다. 게임에서 플레이어가 원하는 대로 게임상의 캐릭터들이 반응하고 움직이게 만드는 데에 인공지능 기술이 적용된다. 최근에 출시되는 게임을 보면 보다 정교한 인공지능 기술이 적용되어 상당히 지능적인 수준으로 발전하고 있음을 알 수 있다.

그림 8.17 Connect-4 게임과 최근 게임

❷ 자연어 처리

자연어 처리(natural language processing)는 인간이 언어로 컴퓨터와 대화할 수 있도록 하는 기술이다. 주요 연구로는 자연어의 구문(syntax)을 분석하고, 그것의 문맥까지 이해하는 의미론(semantics)에 대한 것이다. 이를 바탕으로 [그림 8.18]과 같이 컴퓨터를 통해 서로 다른 언어들 사이의 번역을 기계번

그림 8.18 기계번역과 번역의 예

역(machine translation)이라 하는데, 아직도 인간의 수준에는 훨씬 미치지 못하므로 지속적인 연구가 진행 중이다.

❸ 전문가 시스템

전문가(expert)란 어떤 분야에서 오랫동안 그 일에 종사하여 그 분야에 상당한 지식과 경험을 가진 사람을 말한다. 따라서 인공지능을 활용한 전문가 시스템은 컴퓨터가 인간 전문가를 대신할 수 있는 유능한 시스템을 말하는데, 주로 전문적인 직업이나 업무와 관련이 많다.

예를 들면, [그림 8.19]와 같은 자동차 진단, 의사의 질병 진단, 화합물의 구조 분석, 광물의 매장량 추정, 손해 배상의 비율판정, 개인 교사 시스템 등인데 현재도 다양한 분야에서 활용되고 있다.

그림 8.19 자동차 전문가 시스템

8.4.2 인간 전문가를 대신하는 전문가 시스템

전문가 시스템(Expert System)은 어떤 특정 분야에서의 인간 전문가들의 전문 지식을 수집 정리하여 주어진 특정 전문영역에 관한 문제를 인공지능의 추론 능력을 이용하여 해결하고자 하는 컴퓨터 자문 시스템의 일종이다.

전문가 시스템의 개념도는 [그림 8.20]과 같이 표현될 수 있다. 전문가 시스템에서는 전문가가 가지고 있는 지식을 정리하여 시스템에 입력하여 지식베이스를 구축한다. 그 후 사용자가 질문하면 추론기구가 지식베이스를 이용하여 추론하고 그 결과를 사용자에게 전해주게 된다.

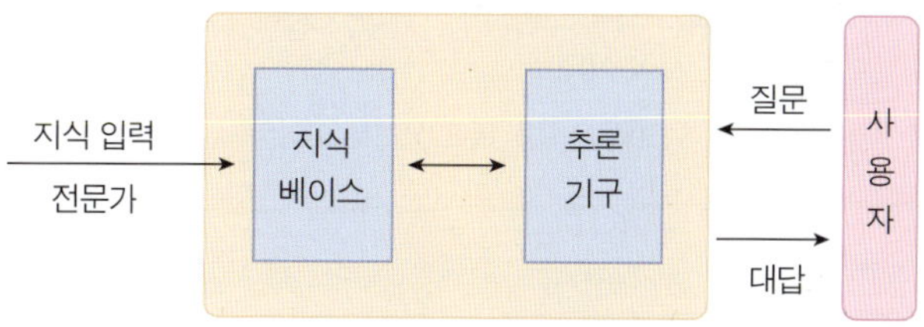

그림 8.20 전문가 시스템의 구조

8.4.3 인공지능 게임 '8-puzzle 게임'

인공지능에서 규칙을 이용하는 간단한 예로는 8-puzzle 게임을 들 수 있다. 8-puzzle 게임은 3×3 크기의 박스 안에서 인접한 숫자를 빈 곳으로 계속 움직여서 목표 상태로 만드는 서양식 게임이다. 이 게임판의 숫자는 플라스틱 조각으로 되어 있어 비어 있는 공간을 향해 상하좌우로 움직일 수 있는데, 미국에서 유치원이나 초등학교 학생들의 두뇌 향상을 위해 학부모들이 권하는 게임 중 하나이다.

[그림 8.21]의 왼쪽과 같은 시작 상태에서 목표 상태로 가는 방법을 살펴보자. 이 문제에서 흔히 사용되는 인공지능 기법은 위치에 맞는 숫자의 개수를 증가시키는 방향으로 이동시키면서 최종적으로는 [그림 8.21]의 오른쪽과 같이 8개의 위치가 모두 목표 상태와 일치하도록 만드는 것이다.

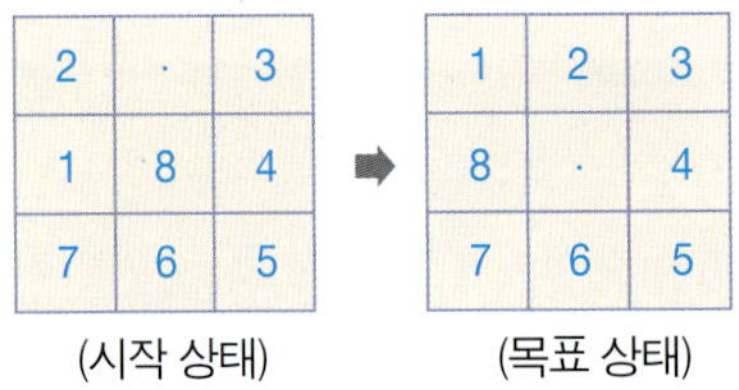

그림 8.21 8-puzzle의 시작 상태와 목표 상태

이 경우에는 [그림 8.22]와 같이 단 3번의 움직임만으로 목표 상태에 이를 수 있다. 이동할 때 해당 숫자와 비어 있는 공간을 나타내는 점(.)의 위치를 맞바꾸면서 진행한다. 복잡한 경우에는 머리로 해결하기가 매우 어려우며 인공지능 프로그램으로는 쉽게 해결할 수 있다.

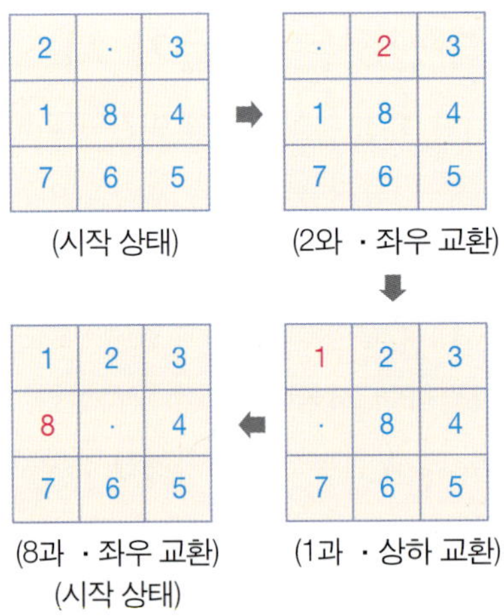

그림 8.22 목표 상태로의 이동

8.5 신경망 개념과 응용

SECTION

8.5.1 신경망의 개요

신경망(Neural Networks)이란 [그림 8.23]과 같이 인간 두뇌의 생물학적 뉴런의 작용을 모방하여 여러 뉴런들로부터 들어오는 입력을 일정한 함수를 거쳐 출력 노드를 통해 결과를 얻는 네트워크로서, 인공신경망(Artificial Neural Networks)이라 불리기도 한다.

신경망은 각 뉴런이 독립적으로 작동하는 처리기의 역할을 하므로 병렬성(parallelism)이 뛰어나다. 따라서 신경망은 문자인식, 음성인식, 영상인식, 자연어 처리 등 여러 분야에 이용되고 있다.

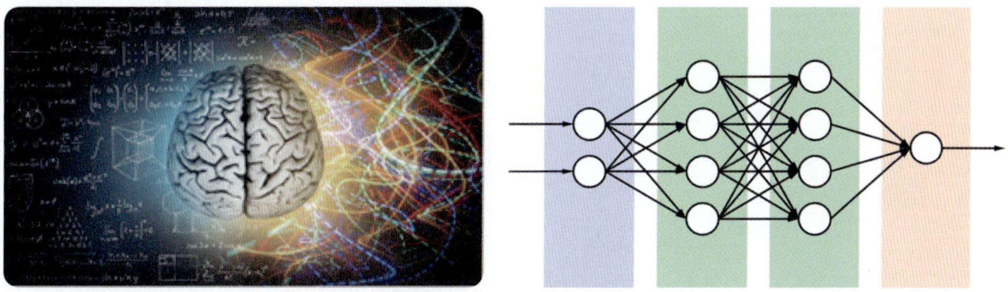

그림 8.23 뉴런과 신경망

지금까지의 신경망 모델과 이에 대응하는 알고리즘은 다음과 같이 크게 3단계로 나눌 수 있다.

- 1957년 로젠블럿의 퍼셉트론 모델(퍼셉트론 알고리즘)
- 1984년 PDP 그룹 이후의 다층 퍼셉트론 모델(역전파 알고리즘)
- 2006년 힌튼 이후의 심층신경망(딥러닝 알고리즘)

이 세 가지 단계에서 수행하는 공통적인 역할은 [그림 8.24]와 같은 신경망의 '학습(learning)' 기능이다. 특히 신경망은 문자, 숫자, 음성, 영상, 동영상 등을 학습한 후 그것을 인식할 수 있는 두뇌 능력과 직결되어 있다.

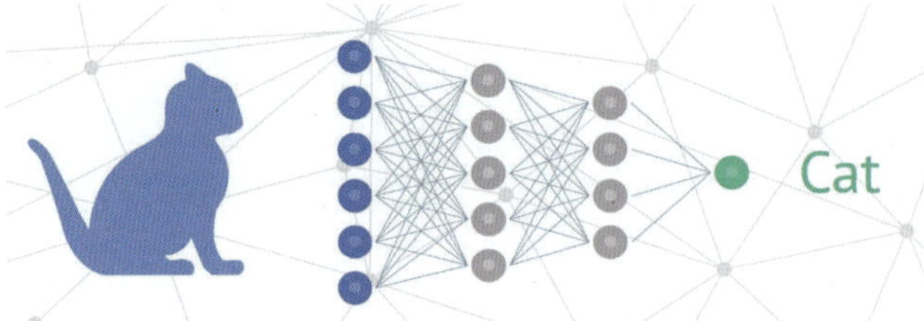

그림 8.24 학습을 통한 고양이 영상인식

8.5.2 신경망의 연구 분야

신경망은 인간의 두뇌 세포인 [그림 8.25]의 뉴런의 작용을 기반으로 모델링하는 인공지능 기법으로서, 인간의 두뇌를 모방하여 [그림 8.26]과 같은 수많은 신경망 처리기들의 네트워크로 구성된다. 신경망은 초기의 신경망, 다층 신경망, 그리고 딥러닝의 차례로 연구가 이어지고 있다.

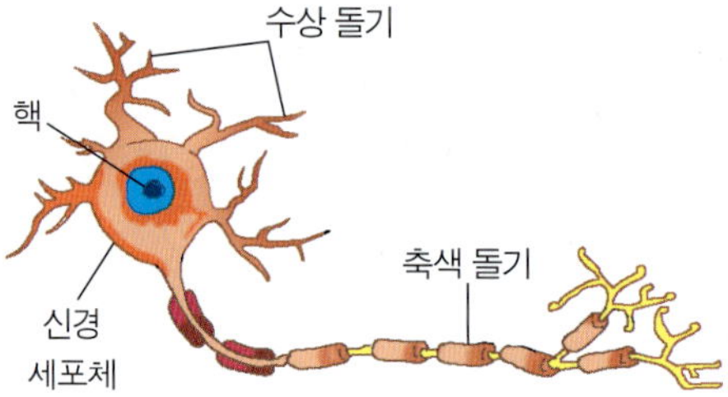

그림 8.25 뉴런의 구조

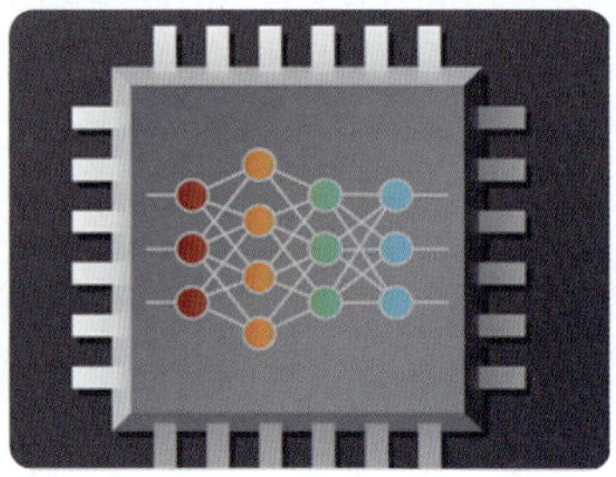

그림 8.26 신경망 처리기

신경망은 학습을 통한 패턴인식(pattern recognition) 분야에서 상당한 능력을 발휘한다. 문자의 인식, 음성의 인식, 영상이나 물체와 같은 패턴의 인식 등에 적합한 방법으로 여겨진다. 신경망 기법은 [그림 8.27]과 같이 목소리를 듣고 그것을 인식하여 문장으로 변환시키거나, 카메라를 통해 입력된 영상을 컴퓨터를 이용하여 영상을 분석하는 등의 일을 할 수 있다. 이러한 인식 기능은 현대의 로봇공학 등에 널리 활용된다.

신경망 연구와 관련된 3가지 주요 분야는 다음과 같다.

❶ 문자인식

❷ 음성인식

❸ 영상인식

그림 8.27 음성인식과 영상인식

8.5.3 딥러닝 기반의 심층신경망

딥러닝(Deep Learning)이란 머신러닝과 신경망의 한 분야로서 [그림 8.28]과 같이 여러 개의 은닉층을 가진 심층신경망(Deep Neural Network: DNN)을 기반으로 하는 신경망 계열의 학습 방법이다. 일반적으로 딥러닝 학습은 영상이나 음성 등 대량의 데이터로부터 특징을 추출하여 학습을 통해 음성인식, 영상인식 등 패턴인식 등에 좋은 성과를 나타낸다.

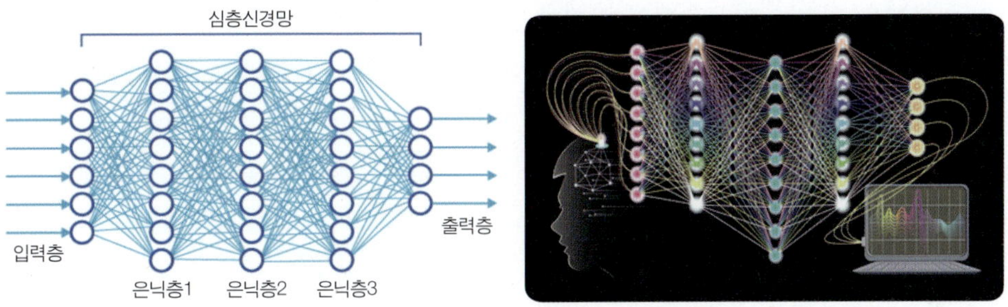

그림 8.28 심층신경망

2006년 캐나다의 힌튼(Hinton) 교수는 다층 신경망에다 학습을 통한 전처리 과정을 추가한 딥러닝 기법을 발표하였다. 그는 [그림 8.29]와 같은 새로운 신경망은 기본적으로 여러 개의 은닉층을 사용하였는데, 이를 심층신경망이라 불렀으며 이를 위한 학습 방법을 딥러닝이라 한다.

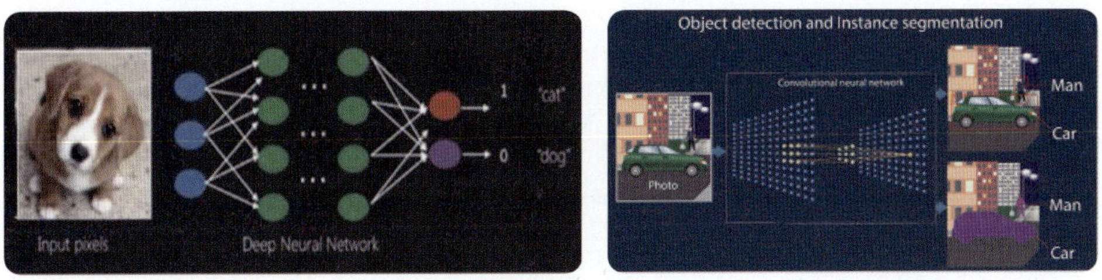

그림 8.29 심층신경망

알아보기 코너 **저명한 인공지능 관련 인물 탐구**

제프리 힌튼(Geoffrey Hinton, 1947~) 교수는 인공지능 영역 중 딥러닝(Deep Learning) 분야를 개척한 영국 출신의 캐나다 컴퓨터과학자이자 인지심리학자이다. 그는 영국의 캠브리지 대학에서 실험심리학을 전공했으며, 에딘버러 대학에서 인공지능으로 박사학위를 받았다. 그 후 미국으로 건너와 1984년에는 볼쯔만머신이란 신경망 모델을 제안하였으며, 러멜하트 등과 다층 신경망에서의 학습 알고리즘인 역전파 알고리즘의 논문 공동 저자이기도 하다. 그는 토론토 대학교 교수이자 2013년부터 구글에서 딥러닝 프로젝트에서 큰 역할을 담당하고 있다. 그는 딥러닝의 창안자로서 '딥러닝의 대부'라고 불린다.

8.5.4 딥러닝을 지원하는 소프트웨어들

딥러닝을 지원하는 소프트웨어는 여러 가지가 있는데, 그중 [그림 8.30]의 구글 텐서플로(Tensor Flow)가 가장 널리 이용되고 있는 라이브러리(library)이다. 즉 이미 틀이 짜여진 라이브러리에다 정보를 넣으면 결과가 나오는 편리한 소프트웨어인 것이다.

TensorFlow™

그림 8.30 구글의 텐서플로(http://www.tensorflow.org)

텐서플로는 오픈소스이므로 누구나 이 소프트웨어와 관련 자료들을 무료로 다운받아 사용할 수 있다. [그림 8.31]은 딥러닝을 위한 간단한 텐서플로인데 입력층, 은닉층, 그리고 출력층을 가지고 있다.

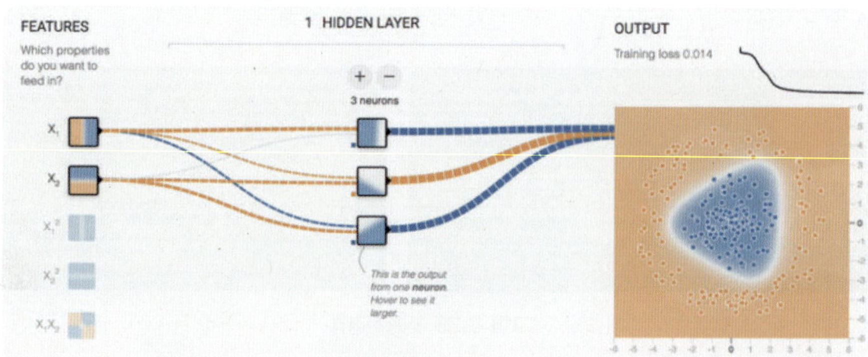

그림 8.31 간단한 텐서플로

파이토치(PyTorch)는 페이스북의 인공지능팀이 개발한 Python 기반의 오픈소스 머신러닝 라이브러리이다. [그림 8.32]의 파이토치는 Torch를 기반으로 하며 자연어 처리와 같은 애플리케이션을 위해 사용된다.

그림 8.32 PyTorch

파이토치와 관련된 최신 정보와 설치 등의 안내는 [그림 8.33]과 같이 다음의 웹사이트에서 제공된다.

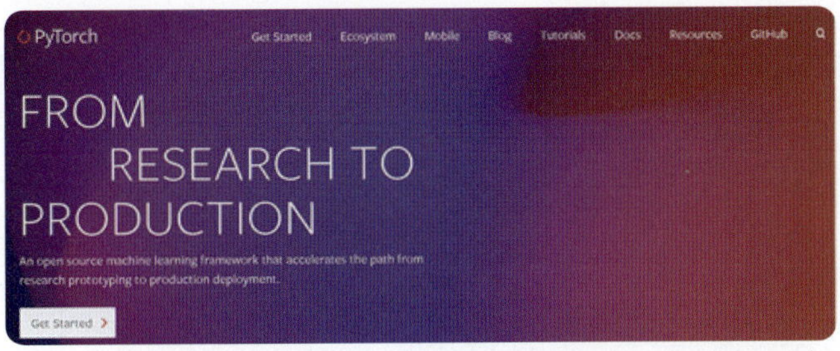

그림 8.33 PyTorch 웹사이트(https://pytorch.org/)

SECTION 8.6

인공지능 분야의 응용 기술

8.6.1 인공지능 자동 번역기

컴퓨터를 이용하여 문맥을 파악하고 영어를 한글로, 한글을 영어로 바꾸어 주는 등의 기능을 가진 [그림 8.34]와 같은 인공지능 자동 번역 프로그램은 아직 까지는 많은 부분에서 다소 어색한 문장으로 번역된다. 그러나 날이 갈수록 번역 수준이 점차 향상되고 있으므로 머지않은 미래에는 훨씬 더 자연스러운 자동 번역 시스템이 구현될 것으로 전망된다.

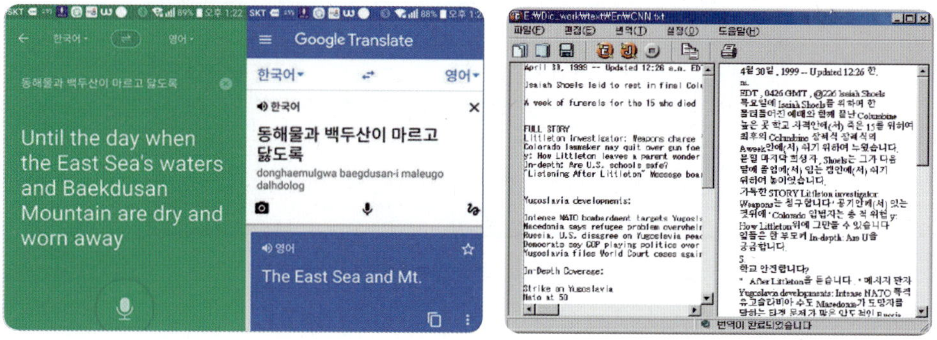

그림 8.34 인공지능을 이용한 자동 번역 프로그램

8.6.2 음성인식

음성인식(Voice Recognition)이란 인간의 음성에 포함된 언어적인 정보를 추출하여 인간이 해독할 수 있는 표현 방법으로 바꾸는 과정을 말한다. 음성인식은 발성자의 성별이나 나이, 지속 시간의 차이, 주위의 잡음 정도 등에 따라 인식 결과가 다르다. [그림 8.35]는 음성인식 소프트웨어를 나타낸다.

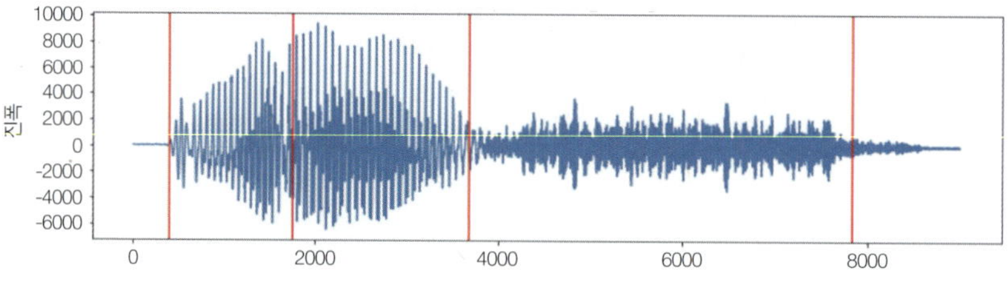

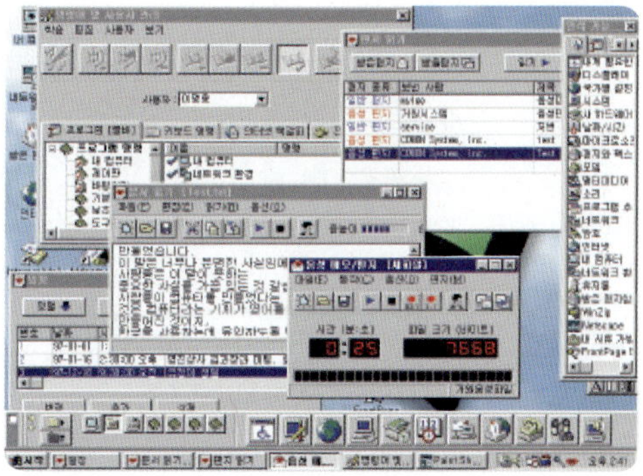

그림 8.35 음성인식 데이터와 음성인식 소프트웨어

음성인식은 스마트폰뿐만 아니라 가전제품의 작동에도 활용되고 있다. 삼성전자에서 만든 인공지능 음성인식 시스템인 빅스비(Bixby)는 [그림 8.36]과 같이 스마트폰, 에어컨, 냉장고, 세탁기 등 가전제품의 음성인식에 적용된다. 그러나 누구에게나 적용되는 화자독립의 높은 인식률을 위해서는 앞으로도 더욱 많은 시간과 노력이 필요할 것이다.

그림 8.36 가전제품의 음성인식

8.6.3 영상인식

영상인식(Image Recognition)은 카메라로 들어온 영상을 컴퓨터로 분석하여 인식하거나 해석하는 것을 말한다. 컴퓨터를 통한 영상인식은 엄청난 양의 2차원이나 3차원 영상 정보를 처리해야 하는데, [그림 8.37]은 얼굴의 영상을 데이터베이스화하여 이를 통해 얼굴을 인식하는 보안 프로그램을 보여준다.

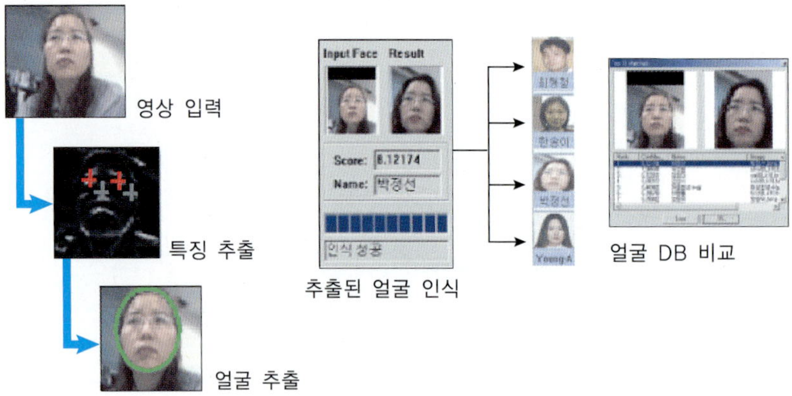

그림 8.37 얼굴인식을 이용한 보안 시스템

8.6.4 의료 분야와 인공지능

최근 들어 인공지능의 의료 분야에서의 활용도 늘어나고 있다. IBM의 인공지능 컴퓨터인 '왓슨'은 의료 분야에서도 놀라운 성과를 거두고 있다. 왓슨은 암 환자의 데이터와 각종 의료 데이터를 이용하여 암 발견과 최적의 암 환자 치료를 수행하는 시스템으로 발전하고 있다. [그림 8.38]은 인공지능 로봇을 이용하여 수술하는 장면이다.

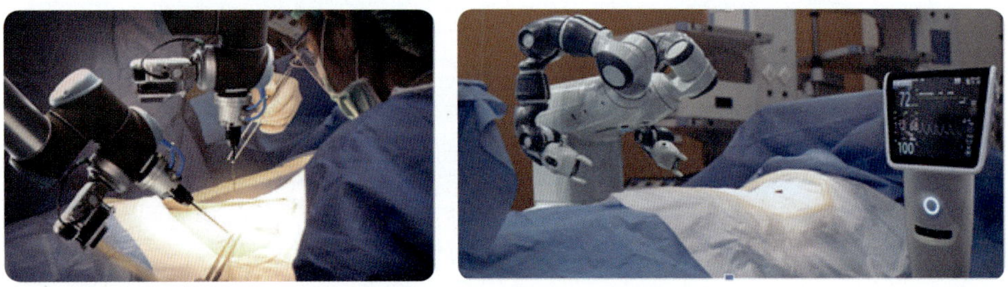
그림 8.38 인공지능 로봇에 의한 수술

8.6.5 인공지능 서비스 로봇

인공지능 로봇은 서비스업에도 활용되고 있다. 독일의 맥주 바에서 종업원이 주문을 받으면 로봇이 [그림 8.39]와 같이 맥주를 잔에다 채워서 종업원에게 전달한다. 바텐더 로봇(Robot bartender)은 맥주병과 맥주잔의 기울기가 자동으로 조절되어 맥주가 넘치지 않도록 정교하게 설계되어 있다. 또 바텐더 로봇은 섬세하게 커피를 따르기도 한다.

그림 8.39 맥주와 커피를 따르는 바텐더 로봇

인공지능 서비스 로봇은 식당에도 활용되고 있다. [그림 8.40]은 식당에서 음식을 날라다 주는 인공지능 서비스 로봇이다. 이와 같은 서비스 로봇은 특히 유럽이나 일본에서 점차 증가하고 있으며, 인간의 서비스 영역이라 여겨졌던 직업들도 인공지능 로봇이 그 역할을 담당하기 시작하고 있다.

그림 8.40 식당에서의 서비스 로봇

8.7 SECTION 인공지능의 수준과 윤리

8.7.1 약한 인공지능과 강한 인공지능

인공지능의 수준을 분류하는 방법은 여러 가지가 있으나, 가장 간단한 방법은 '약한 인공지능'과 '강한 인공지능'으로 나누는 것이다.

약한 인공지능(weak A. I.)은 '특정 분야 내에서 인간의 지능을 흉내 내는 지능적인 활동'이라 말할 수 있는데, 현재까지 대부분의 연구 성과는 약한 인공지능에 해당한다. 예를 들어 [그림 8.41]과 같이 다른 언어로 번역하는 일이나 체스 로봇 등과 같이 현재 수준에서 개발되고 있는 대부분의 인공지능 기술은 약한 인공지능에 속한다.

그림 8.41 약한 인공지능에 속하는 언어 번역과 체스 로봇

한편 강한 인공지능(strong A. I.)은 '인간과 같은 지능을 가지고 다양한 일을 할 수 있는 인공지능'이라 표현할 수 있다. 인간과 비슷한 수준의 능력을 바탕으로 생각하고, 판단하며, 더 나아가 상황을 이해할 수 있다.

현재로서의 강한 인공지능의 예는 공상 소설이나 [그림 8.42]의 〈Avengers: Age of Ultron〉 등과 같은 SF 영화에서 등장하는 가상적인 로봇들일 것이다. 강한 인공지능이 언제 개발될 수 있을지에 대한 예측은 매우 어려우며, 강한 인공지능이 과연 실제로 구현될 수 있을 것인가에 대해서도 의견이 분분하다.

그림 8.42 강한 인공지능 수준의 SF 영화 〈어벤저스〉와 〈Blade Runner 2049〉

약한 인공지능과 강한 인공지능과의 비교는 〈표 8.5〉와 같다.

표 8.5 약한 인공지능과 강한 인공지능과의 비교

약한 인공지능	강한 인공지능
특정 분야에서만 활용 가능	다양한 분야에서 활용 가능
인간의 지능을 흉내 내는 수준	인간과 유사 또는 뛰어넘는 지능 수준
인간 두뇌의 제한된 일부 기능	인간 두뇌의 일반 지능
현재의 인공지능 수준	미래지향적 인공지능 수준
제작자나 소유자가 책임	인공지능 자체가 대부분 책임
지능적인 것같이 행동	실제로 지능적인 행동
시리, 알파고, 전문가 시스템 등	공상 소설이나 SF 영화에 등장
느낌이나 감정이 없음	자아의식과 감정도 가짐
특정 분야(바둑)에서 인간 능가	아직도 요원하며 예측 어려움

8.7.2 특이점과 지능의 폭발

기술적 특이점(technological singularity)은 간단히 줄여서 특이점(singularity)이라고도 불리는데, 인공지능 기술이 인간 능력을 뛰어넘어 새로운 문명을 만들어내는 미래의 시점을 말한다. 즉 급격한 기술적 발달의 결과 제어가 어렵고 다시는 되돌릴 수 없을 정도의 인류 문명 변화를 가져올 가설적인 미래 시점이다.

미래학자들은 인간의 지능을 닮은 인공지능이 통제 불가능한 수준으로 발전되어 [그림 8.43]과 같은 '지능의 폭발(intelligence explosion)'이 일어나는 특이점이 다가올 것이라 예견하고 있다.

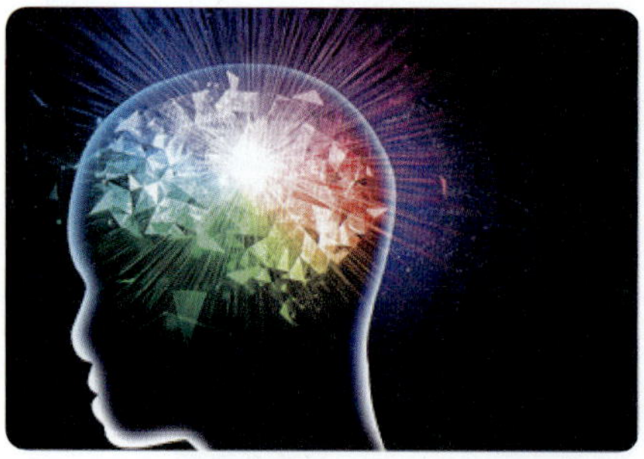

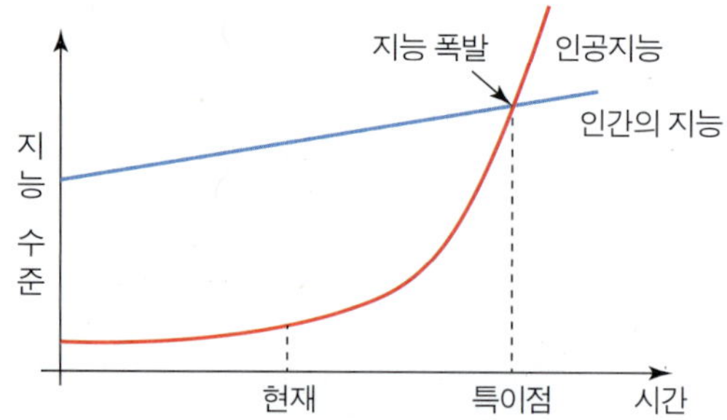

그림 8.43 지능의 폭발과 특이점

지능의 폭발은 특이점에서 일어나는데, 인공지능이 비약적으로 발전하여 인간의 지능을 뛰어넘는 기점을 말한다. 다시 말하면 인간의 지능에 육박하는 강한 인공지능의 수준을 질적으로 훨씬 뛰어넘는 강력한 슈퍼 인공지능이 출현하는 시기인 것이다.

8.7.3 인공지능 윤리

인공지능이 발달함에 따라 인공지능에 대한 윤리 기준의 제정과 이를 지키기 위한 대책이 필요하다. 즉 첨단의 인공지능 기술이 [그림 8.44]와 같이 나쁜 의도로 사용되지 않도록 경계하고 대비해야 한다. 만약 기술적 우위를 가진 강대국들이 인공지능 기술을 적용한 무기를 개발한다면 더욱 끔찍한 일이 될 것이다.

그림 8.44 인공지능 로봇을 통한 공격과 공격용 자율 드론

인공지능 윤리란 '인공지능 연구자나 개발자들이 전문가의 역할 수행에 있어, 그들의 행위를 제어하는 규칙들과 기준들'로 정의될 수 있다. 따라서 [그림 8.45]와 같은 인공지능 윤리나 인공지능 규정의 중요성이 점차 커지고 있으며, 인공지능 윤리 규범의 실천이 매우 중요하다.

그림 8.45 인공지능 윤리와 규정

인공지능 윤리와 규정은 다음과 같은 인공지능 연구 개발과 관련된 사항들을 포함한다.

- 연구 대상자들이 지켜야 할 기본적인 윤리
- 연구 과정이나 내용을 조작하지 않을 윤리
- 연구 결과가 사회적 문제를 일으킬 가능성을 고려하면서 연구할 윤리
- 예방적인 차원에서의 윤리 의식

2017년 미국 캘리포니아주 아실로마(Asilomar)에서 열린 [그림 8.46]의 인공지능 콘퍼런스에서 '인공지능 기술 23원칙', 이른바 '아실로마 인공지능 원칙(Asilomar A. I. Principles)'이 발표되었다. 아실로마 원칙은 "인공지능 연구의 목적은 인류에게 유익한 지능을 만드는 것이어야 한다.", "인공지능 기반 무기 경쟁을 피해야 한다." 등 인공지능 기술이 내포한 위험에 대처하기 위한 전반적인 원칙들을 포함하고 있다.

그림 8.46 아실로마 콘퍼런스에서의 인공지능의 23가지 아실로마 원칙

실습/알아보기

1 신경망 기술을 이용한 숫자인식을 실습해보자.

4차 산업혁명은 인공지능을 바탕으로 이루어지는 경우가 많다. 그 중에서 신경망 기술을 이용한 숫자인식 프로그램을 작동시켜 마우스로 직접 필기체 숫자를 적어 넣어 그 숫자를 인식하는 프로그램을 실습해보자.

여기서 신경망 계열의 딥러닝을 이용하여 숫자를 인식하는 것을 다음의 URL을 연결하여 직접 실습해보자. 네모 안에 마우스로 숫자를 적고 'recognize'(인식)란 버튼을 누르면 된다, 다시 시도하려면 그 옆의 'clear'를 누르고 다시 적으면 된다. 다양한 크기와 변형으로 시도해보자.

https://erkaman.github.io/regl-cnn/src/demo.html

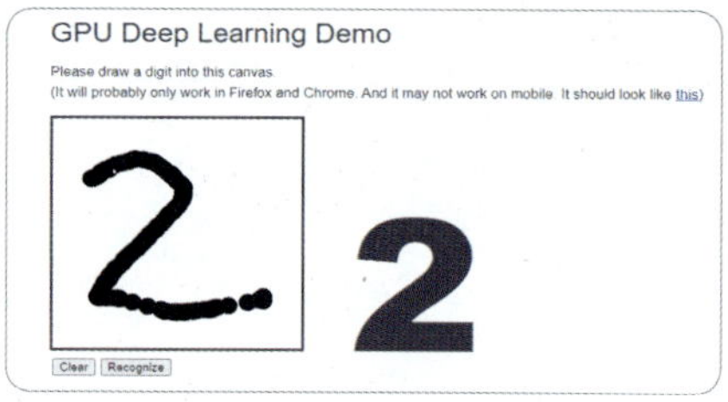

2 미래에는 인공지능의 역할이 매우 중요한데 그 이유는 무엇인지를 알아보자.

3 지능의 폭발이 일어나는 특이점의 시기는 과연 언제가 될지 토론해보자.

참고문헌

8.1 인공지능 개요

김대수, 처음 만나는 인공지능(개정판), 생능출판사, 2020.

https://medicalfuturist.com/artificial-intelligence-will-redesign-healthcare/

https://www.youtube.com/watch?v=JMUxmLyrhSk AI 강좌 코스

8.2 인공지능의 역사와 분류

김대수, 처음 만나는 인공지능(개정판), 생능출판사, 2020.

http://news.mt.co.kr/mtview.php?no=2015022514490867206

8.3 인공지능 시스템

https://en.wikipedia.org/wiki/Perceptron 퍼셉트론

https://www.ibm.com/watson 왓슨

https://en.wikipedia.org/wiki/Deep_Blue_(chess_computer) 딥블루

8.4 규칙기반 인공지능

김대수, 처음 만나는 인공지능(개정판), 생능출판사, 2020.

https://www.oreilly.com/library/view/ai-for-game/0596005555/ch11.html

http://terms.naver.com/entry.nhn?docId=1136027&cid=40942&categoryId=32845

8.5 신경망 개념과 응용

김대수, 처음 만나는 인공지능(개정판), 생능출판사, 2020.

김대수, 신경망 이론과 응용(II), 하이테크정보, 1993.

https://pytorch.org 파이토치 본부

https://www.tensorflow.org/?hl=ko 텐서플로

8.6 인공지능 분야의 응용 기술

김대수, 처음 만나는 인공지능(개정판), 생능출판사, 2020.

https://www.kardome.com/blog-posts/difference-speech-and-voice-recognition

8.7 인공지능의 수준과 윤리

김대수, 처음 만나는 인공지능(개정판), 생능출판사, 2020.

https://www.ibm.com/cloud/learn/strong-ai

https://www.techtarget.com/searchenterpriseai/definition/narrow-AI-weak-AI

연습문제

정오식 문제

1 인공지능이 컴퓨터와 같은 기계 장치들을 통해 지능을 구현할 수 있는 방법론이나 실현 가능성 등을 연구하는 분야이기 때문에 기계 지능이라 표현하기도 한다. (　　)

2 인공지능은 법학, 인문학, 농업, 지능 로봇, 비즈니스, 광고 등 현대 사회의 거의 모든 분야와도 이미 연관성을 가지기 시작했다. (　　)

3 소프트웨어는 인공지능과 별로 관련성이 없다. (　　)

4 인공지능은 '컴퓨터를 더욱 가치 있게 만드는 일'이며, '지능적인 원리를 이해하는 것'이다. (　　)

5 인공지능에 의해 감시받거나 조종 받을 가능성은 거의 없다. (　　)

6 신경망은 각 뉴런이 독립적으로 작동하는 처리기의 역할을 하므로 병렬성이 뛰어난 편이다. (　　)

7 1956년 다트머스 대학에서의 워크샵에서 인공지능이란 용어가 처음으로 제안되었다. (　　)

8 인공지능은 크게 규칙기반 인공지능과 신경망 기반 인공지능으로 나누어진다. (　　)

9 연결주의 인공지능 계열에 속하는 것은 규칙기반 인공지능이다. (　　)

10 인공지능 컴퓨터인 왓슨은 암 발견과 치료에 도움을 주는 시스템으로 발전하고 있다. (　　)

11 규칙기반 인공지능은 인간의 우뇌 작용과 유사하고, 신경망 기반 인공지능은 인간의 좌뇌 작용에 대응한다. (　　)

12 전문가 시스템에서는 전문가가 가지고 있는 지식을 정리하여 시스템에 입력하여 지식베이스를 구축한다. (　　)

13 2006년 캐나다의 힌튼 교수는 다층 신경망에다 학습을 통한 전처리 과정을 추가한 딥러닝 기법을 발표하였다. (　　)

14 텐서플로는 누구나 무료로 다운받아 사용할 수 있는 소프트웨어가 아니다. (　　)

15 파이토치와 텐서플로는 둘 다 누구나 무료로 다운받아 사용할 수 있는 오픈소스이다. (　　)

16 강한 인공지능은 특정 분야 내에서 인간의 지능을 흉내 내는 지능적인 활동이다. (　　)

단답식/선택식 문제

1 인공지능이란 이름이 처음 탄생한 것은 (　　　) 회의 때이다.

2 인공지능은 지금 개발되고 있는 (　　　)를 통해 인간 대신에 운전을 해주는 등 일상적인 업무에서 편리함을 제공한다.

3 신경망은 학습을 통한 문자의 인식, 음성의 인식, 영상이나 물체와 같은 (　　　)의 인식 등에 적합한 방법으로 여겨진다.

4 2016년 이세돌 9단과 (　　　)와의 세기적인 대국은 큰 관심을 불러일으켰으며, 이를 계기로 인공지능에 대한 관심이 급증하게 되었다.

5 규칙기반 인공지능은 인간 두뇌의 (　　　) 작용과 유사하고, 신경망 기반 인공지능은 인간 두뇌의 (　　　) 작용에 대응한다.

6 인공지능 시스템을 구성하는 4가지 핵심 요소는 모델 형태, 하드웨어와 소프트웨어, (　　　), 응용 분야이다.

7 2011년 미국의 유명한 퀴즈쇼에서 역대 인간 우승자들과의 대결에서 승리를 차지한 컴퓨터 시스템은 (　　　)이다.

8 애플의 인공지능 도우미는 (　　　)이고, 구글의 인공지능 도우미는 (　　　)이다.

9 인간 전문가를 대신할 수 있는 유능한 인공지능 시스템은 무엇인가?

10 인공지능의 영역 중 하나인 (　　　)은 이미 스마트폰에 적용되어, 음성으로 명령하고 검색하여 그 결과를 즉시 알 수 있는 수준에 이르렀다.

11 CCTV로 촬영된 영상으로부터 누구의 얼굴인지를 판단할 수 있는 (　　　) 기술도 개발되었으며 그 수준이 점차 높아지고 있다.

12 현재까지 인공지능에서 대부분의 연구 성과는 (　　　) 인공지능 수준에 해당한다.

13 (　　　)는 페이스북이 개발한 Python 기반의 오픈소스 머신러닝 라이브러리이다.

14 1957년 로젠블럿이 개발하여 A, B, C 등 문자를 인식할 수 있었던 시스템은?

15 1997년 IBM이 만든 인공지능 슈퍼컴퓨터인 '딥 블루'가 세계 챔피언에 등극한 게임은 무엇인가?

16 삼성전자의 스미트폰에 탑재되어 음성이나 QR 코드 등을 인식할 수 있는 인공지능 가상 비서 소프트웨어는 무엇인가?

17 인공지능에서 규칙을 이용하는 간단한 예 중 하나로서, 3×3 크기의 박스 안에서 인접한 숫자를 빈 곳으로 계속 움직여서 목표 상태로 만드는 서양식 게임은 무엇인가?

18 신경망의 한 분야로서 여러 개의 은닉층을 가진 심층신경망을 기반으로 하는 신경망 계열의 학습 방법은 무엇인가?

19 딥러닝을 지원하는 대표적인 소프트웨어 2개는 무엇인가?

20 다음 중 인공지능의 장점에 해당하는 것은?

① 인간의 일자리를 잃게 함

② 인공지능에 의존하는 습관에 종속될 가능성

③ 인간관계가 줄어들 가능성이 큼

④ 위험을 줄이고 편리해짐

21 다음 중 인공지능과 관계가 적은 것은?

① 영상인식 ② 자연어 처리 ③ 논리 회로 ④ 음성인식

22 다음 중 인공지능의 요람기에 기여했던 대표적인 인물은?

① 로젠블럿 ② 앨런 튜링 ③ 러멜하트 ④ 힌튼

23 다음 중 인공지능의 3가지 계열에 속하지 않는 것은?

① 기호주의 인공지능 ② 합리주의 인공지능

③ 통계적 인공지능 ④ 연결주의 인공지능

24 다음 중 규칙기반 인공지능 연구와 관련된 분야가 아닌 것은?

① 음성인식 ② 게임 ③ 전문가 시스템 ④ 자연어 처리

25 다음 중 신경망 기반 인공지능에 해당하는 것은?

① 민스키 ② 추론 ③ 딥러닝 ④ 기호주의

26 다음 중 규칙 기반 인공지능과 관련이 있는 것은?

① 연결주의 ② 기호주의 ③ 딥러닝 ④ 패턴인식

27 초기의 신경망 연구와 관련된 주요 분야와 다소 거리가 있는 것은?

① 음성인식 ② 동영상인식 ③ 숫자인식 ④ 문자인식

28 구글의 인공지능 바둑 프로그램으로서 딥러닝 기법의 신경망 학습 소프트웨어는?

① 딥블루 ② 왓슨 ③ 알파고 ④ 마이신

29 인공지능 주제와 관련이 비교적 적은 것은?

① 인간의 지능을 모델링하는 기술

② 인간 두뇌에 도전하는 기술

③ 지능적인 원리를 컴퓨터에 적용하는 기술

④ 현재 대부분의 문제 해결이 가능한 기술

30 다음 중 인공지능 프로그래밍 언어로 별로 사용되지 않는 것은?

① Python ② Lisp ③ Ada ④ Prolog

31 다음 중 약한 인공지능에 해당하는 것은?

① 자아의식과 감정도 가짐 ② 공상소설이나 SF 영화에 등장

③ 미래지향적 인공지능 수준 ④ 시리와 알파고 수준

주관식 문제

1 인공지능이란 무엇인지 각자 나름대로 2줄 정도로 정의해 보시오.

2 인공지능은 컴퓨터공학을 비롯한 여러 학문 분야와 밀접한 관련을 맺고 있다. 그 외 인공지능적인 요소가 도입되어 새로운 활기를 불어넣고 있는 분야들을 아는 대로 적으시오.

3 인공지능이나 인공지능 시대를 나타내는 표현하는 말을 3가지 정도 적으시오.

4 인공지능에서 사용되는 소프트웨어와 하드웨어를 간단히 나타내시오.

5 현재 스마트폰이나 컴퓨터에서 음성인식을 통한 대화를 통해 전자비서 역할을 할 수 있는 주요 인공지능 도우미를 알아보시오.

6 신경망 연구와 관련된 3가지 주요 인식 분야는 무엇인가?

7 세계를 놀라게 한 5개의 인공지능 시스템들을 나열하시오.

8 딥러닝을 지원하는 2가지 주요 소프트웨어를 말하고, 주요 특징을 적으시오.

9 강한 인공지능의 특징을 3가지 정도 적으시오.

10 인공지능 연구 개발과 관련된 인공지능 윤리와 규정에 포함되는 사항들 중 3가지 정도를 적으시오.

Chapter 09

멀티미디어의 세계와 전자상거래

Contents

단원의 주요 목표

멀티미디어의 정의와 다양한 응용을 알아보고 전자상거래 관련 지식을 학습한다.

- 멀티미디어에 대한 기본 지식과 멀티미디어 기술의 발전 동향 등을 분석한다.
- 이미지나 음성과 같은 멀티미디어의 구성 요소와 JPEG/MPEG에 대해 살펴본다.
- 2D와 3D 이미지 도구와 Media Player 등 멀티미디어 활용 도구들을 알아본다.
- 원격의료와 같은 통신과 게임 분야에서 멀티미디어의 폭넓은 활용을 점검한다.
- 키오스크와 같은 멀티미디어의 기타 응용 분야와 멀티미디어 콘텐츠를 분류한다.
- 전자상거래의 개념과 절차, 시장 전망, ERP나 인터넷뱅킹과 같은 응용을 살펴본다.

9.1 SECTION 멀티미디어 개요

멀티미디어(Multimedia)란 미디어(media)에 여러 개라는 뜻을 가진 접두어인 멀티(multi)를 붙인 말로 여러 종류의 미디어를 이용하여 정보를 표현하는 수단을 의미하며, 우리말로 다중 매체라고도 한다. 따라서 여러 가지 형태의 문자, 음성, 음악, 영상 등의 정보를 컴퓨터를 통해 통합된 미디어로 만들어 다양한 영역에서 활용할 수 있도록 해주는 것이 멀티미디어 기술이다.

9.1.1 멀티미디어의 정의

멀티미디어의 구체적인 정의는 다음과 같다.

❶ 멀티미디어는 두 가지 이상의 미디어를 동시에 사용해야 한다.

❷ 멀티미디어를 사용하기 위해 하나의 시스템을 사용해야 한다.

❸ 사용자는 시스템과 대화할 수 있어야 한다.

❹ 시스템을 사용해 정보를 얻을 수 있어야 한다.

21세기에 접어들면서 멀티미디어와 네트워크 기술이 융합되어 새로운 형태의 개념으로 멀티미디어 컴퓨팅에 대한 연구가 활발하게 진행되고 있으며, 인터넷의 확산으로 e-메일, 정보 검색 처리 등 다

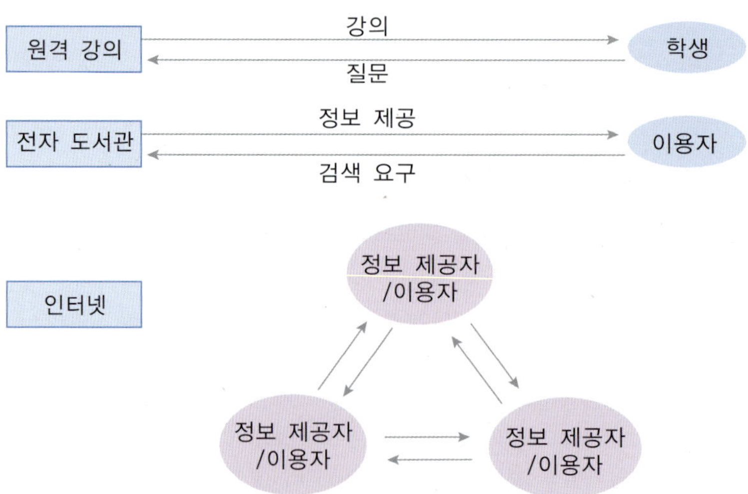

그림 9.1 멀티미디어의 쌍방향성

양한 형태의 쌍방향 멀티미디어 정보 서비스가 개발되고 있다. [그림 9.1]은 원격강의, 전자 도서관, 인터넷에서 멀티미디어의 쌍방향성을 나타낸다.

멀티미디어라는 용어는 애플컴퓨터사의 스티브 잡스(S. Jobs)가 1980년대 초에 처음 사용한 것으로 1990년대에 들어와서 관련 기술의 발전, 정보 욕구 확대, 다양한 응용 등에 힘입어 빈번하게 사용되기 시작했다. 최근에는 관련 산업의 성장 가능성이 집중적으로 조명을 받고 있으며 유명한 첨단 기업들이 경쟁적으로 진출함과 동시에 사용자들의 인식 확대, 주변 컴퓨팅 환경과 네트워크 환경의 발전으로 멀티미디어의 사용이 활성화되고 있다.

[그림 9.2]는 컴퓨터, 방송, 통신이 디지털화 및 상호 연계를 통하여 3가지 영역이 융합된 모델로 나타나고, 그것이 미디어 및 서비스의 융합화를 통하여 통합된 형태의 멀티미디어 서비스와 멀티미디어 산업이 형성됨을 보여준다.

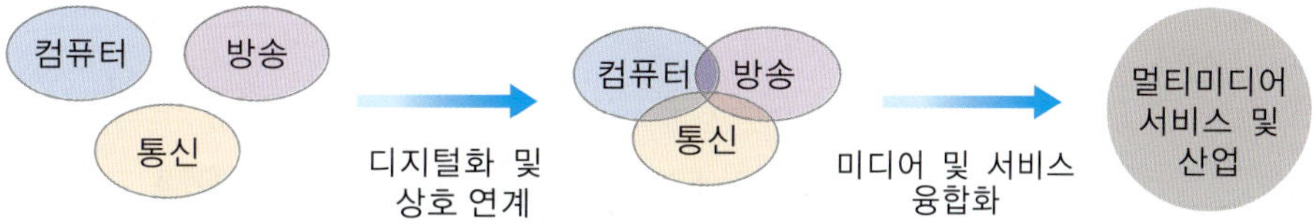

그림 9.2 멀티미디어의 통합

9.1.2 멀티미디어의 발전 동향

멀티미디어 정보는 자료의 분량이 문자 정보에 비해 대단히 큰 편이다. 따라서 멀티미디어를 제대로 이용하기 위해서는 멀티미디어 기능을 충분히 갖춘 컴퓨터가 필요하며, 특히 쌍방향 멀티미디어 정보를 제대로 활용하기 위해서는 초고속 통신망이 필수적이다. 〈표 9.1〉은 영문자, 한글/한자, 신문, 음성 등 자료 형태에 따른 자료의 분량을 나타낸다.

표 9.1 자료의 형태와 분량

- **알파벳**: 한 문자당 1바이트
- **한글(한자)**: 한 문자당 2바이트
- **신문**: 40만 자의 한글과 한문 = 800,000바이트
- **음성, 음악**: 1초 간 음 = 50,000바이트

멀티미디어 관련 기술은 디지털 TV, 인터넷 가전 등의 분야에서 급속도로 발전되고 국제적으로도 경쟁이 매우 치열하다. 〈표 9.2〉는 최근 멀티미디어 기술과 발전 동향을 나타낸다.

표 9.2 멀티미디어 기술과 발전 동향

기술/기기	내역 및 발전 동향
디지털 TV	• 고화질을 중심으로 한 디지털 HDTV와 인터넷 등 네트워크 통신 기능이 통합됨 • 우리나라를 비롯한 서 유럽 및 일본 등 선진 국가들은 2012년을 전후로 디지털로 전환하였으며, 대부분의 국가에서 2015년까지 디지털 TV로 바꾸었음
인터넷 가전 (Internet Appliance)	• 특성상 WinCE 등의 운영체제가 많이 쓰임 • 인터넷이 가능한 냉장고, TV 등이 선보임
패키지 미디어 (Packaged Media)	• 광자기 기록계에서는 ASMO(6.1GB)로부터 NAMMOS(20GB)로의 진행 • 업체 간 규격 주도권 확보를 위한 치열한 경쟁
디스플레이 장치 (Display Device)	• TV 기반 디스플레이는 디지털 전송기술의 향상에 따라 대형화, 초고해상도, 곡면화가 진행 중임
지능형 TV(최근)	• 대형 또는 초대형의 UHD급 초고해상도 TV, 곡면(curved) TV, 3D TV의 활성화와 스마트 TV의 출현

디스플레이 장치 중 멀티미디어 관련 고해상도의 대형 플라즈마 모니터와 UHD급 곡면 TV는 [그림 9.3]에 나타나 있다.

그림 9.3 75인치 플라즈마 모니터와 UHD급 대형 곡면 TV

9.2 SECTION 멀티미디어의 구성 요소와 특징

9.2.1 멀티미디어의 구성 요소

멀티미디어는 텍스트, 이미지, 사운드, 그래픽, 애니메이션, 동영상 비디오 등 다양한 형태의 미디어들로 구성된다.

(1) 텍스트

텍스트(text)는 멀티미디어 데이터 중에서 가장 일반적으로 사용되며 가장 손쉽게 표시할 수 있는 데이터이다. 이것은 주로 키보드를 이용하여 컴퓨터로 입력된다. 문자(character)들로 이루어진 파일 포맷은 HWP(흔글 파일), DOC(마이크로소프트 word 파일), TXT(텍스트 파일), PDF(Adobe Acrobat 파일) 등이 있다.

(2) 이미지

그림이나 그래프와 같은 이미지(image)는 통상 영상 또는 화상이라고 부르는데, 많은 정보를 함축적으로 표현할 수 있으며, 사람들에게 정보를 직관적으로 이해할 수 있게 한다. 대표적인 이미지 표현 방법으로는 비트맵 이미지와 벡터 이미지가 있다. [그림 9.4]는 원래 이미지의 특정 부분을 확대할 경우 비트맵 이미지와 벡터 이미지의 차이를 나타낸다.

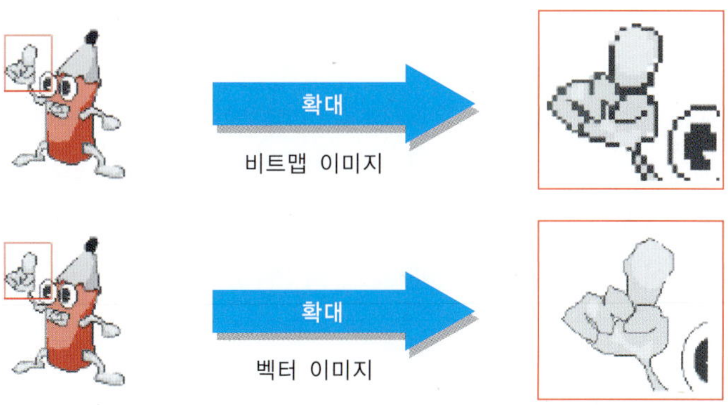

그림 9.4 비트맵 이미지와 벡터 이미지의 대비

❶ 비트맵 이미지(bitmap image)

비트맵 이미지는 2차원 화면 정보를 파일로 저장한 비트맵(bitmap) 형태의 이미지로서 그림의 각 점(dot)들을 픽셀(pixel)의 행렬로 나타내며 래스터 이미지(raster image)라고도 부른다. 비트맵 이미지의

장점으로는 화면에 보여주는 속도가 빠르다는 점이고, 단점으로는 확대와 축소로 인한 배율이 변경되는 순간 화질에 손상이 생기는 점이다.

❷ 벡터 이미지(vector image)

벡터 이미지는 좌표 개념을 도입한 벡터(vector) 형태의 그림을 말하는데, 선과 선의 연결 좌표 및 선의 종류와 그에 따른 여러 가지 변수들을 기억하게 된다. 이러한 벡터 이미지는 이동이나 회전과 같은 변형이 매우 쉽고, 이미지의 확대나 축소 시 화질의 손상이 거의 없는 장점이 있으나 화면에 보여주는 속도가 느린 단점을 가지고 있다.

(3) 이미지 파일의 형식

이미지 파일은 다양한 형태로 표현될 수 있는데 여기서는 몇 가지 주요 형식을 요약하여 고찰한다.

❶ BMP

BMP는 가장 단순한 형태의 파일 포맷으로서 비트맵 방식에서 가장 기본이 되는 포맷이다. Windows용 그래픽 프로그램들이 지원하는 비트맵 파일 형식이다. 데이터의 압축이 지원되지 않아 파일의 크기가 크다는 단점이 있다.

❷ PNG와 Raw

PNG(Portable Network Graphics)는 Internet Explorer 4.0 이상에서 지원되는 포맷으로서 GIF 포맷과 유사하다. 한편 Raw는 어떤 포맷도 가지지 않는 이미지 포맷을 말하는데, 이미지를 저장하기 위해 이미지 정보만을 미리 정해진 순서대로 저장하는 방법이다.

❸ JPEG

JPEG(Joint Photographic Expert Group)는 사진과 같은 정교한 이미지를 표현하기 좋은 방법으로서 1992년에 전문가 그룹에 의해 국제표준으로 확정되었다. [그림 9.5]의 JPEG은 24비트 컬러를 사용하여 1,670만 컬러까지 나타낼 수 있다. JPEG은 압축률이 높으므로 인터넷에서 사진이나 이미지 등을 전송할 때 가장 많이 쓰이는 웹 표준 방식이다. 기존의 PNG, BMP 등은 모두 JPEG으로 변환될 수 있다.

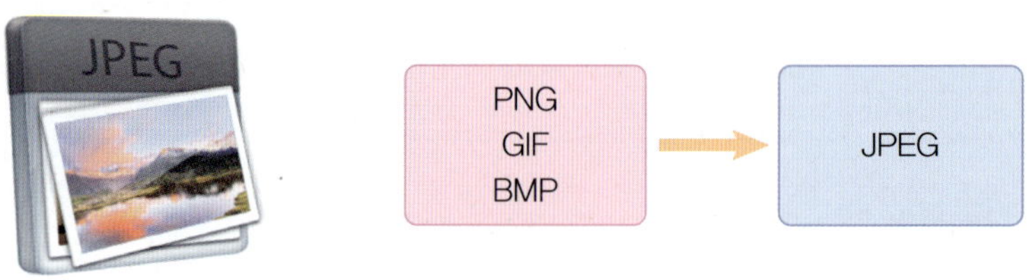

그림 9.5 사진 전문가 그룹 규약인 JPEG과 변환

(4) 사운드

사람의 귀를 통해 들을 수 있는 청각 매체인 소리를 오디오(audio)라고 하며, 사람의 목소리인 음성(voice, speech)과 악기의 소리인 음악(music) 모두를 통칭하여 사운드(sound)라고 한다. 모노 사운드에서 출발한 사운드는 이제 단순한 2D 스테레오 사운드를 벗어나 실제와 거의 유사한 느낌을 주는 3D 사운드로 발전하고 있다.

❶ 디지털 오디오

디지털 오디오(digital audio) 파일은 컴퓨터에서 소리 신호를 효과적으로 처리하기 위해 아날로그 신호를 디지털 신호로 변환한다. 이때 마이크는 소리의 신호를 받아 아날로그 전기 신호로 바꾸어 주며, 이를 디지털 신호로 변환하기 위해서는 표본화(sampling) 기법이 사용된다. [그림 9.6]은 아날로그 신호를 디지털 신호로 변환하는 방법을 나타낸다.

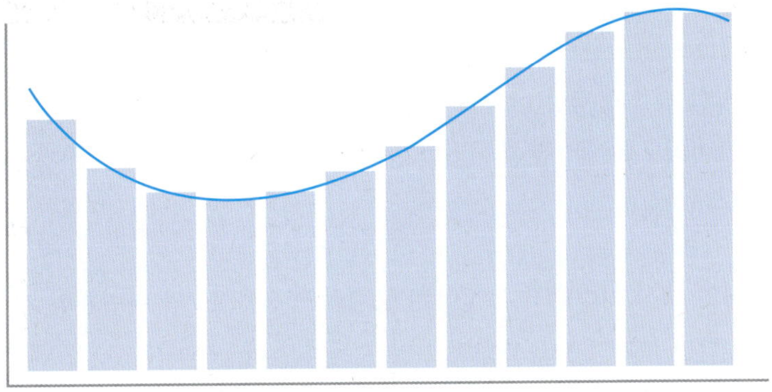

그림 9.6 아날로그 신호의 디지털 변환

❷ MIDI

MIDI(Musical Instruments Digital Interface)는 전자 악기와 컴퓨터 간에 정보를 전송하기 위해 만든 통신 프로토콜로서 음악을 표현하기 위해 사용된다. 이것은 음악을 연주하기 위해 필요한 악기, 음표, 템포 등의 자료를 일정한 코드로 표현한 것이다.

MIDI는 [그림 9.7]과 같이 음을 연주하는 방법과 연주시기 등에 대한 정보를 가지고 있는데 파일 확장자는 mid이다.

그림 9.7 MIDI – 전자악기와 컴퓨터 사이의 인터페이스

❸ 사운드 포맷

▶ **WAV**: WAV는 마이크로소프트사와 IBM이 PC 환경에서 사운드의 표준 포맷으로 개발한 것으로서 Windows의 기본적인 파일 포맷인데 .wav 확장자를 가진다.

▶ **RealAudio**: RealAudio는 실시간으로 사운드를 보내기 위해 만들어진 압축 방식으로서 실시간으로 사운드를 전송하기 위해서는 별도의 서버를 필요로 한다. 이것은 인터넷을 통해 데이터를 계속하여 받으면서 동시에 이미 다운로드받은 데이터를 재생시켜 나간다.

▶ **MP3**: MP3는 동영상 압축 표준인 MPEG에서 오디오 Layer-3을 뜻하는 것으로 평균 10대 1 정도의 높은 압축률을 나타낸다. MP3는 소리에 대한 사람의 청각 특성을 가장 잘 이용한 압축 기법으로서 CD 수준의 음질을 들을 수 있다.

(5) 동영상 비디오

MPEG, DVI, QuickTime 등 아날로그 비디오와 오디오 신호를 디지털 컴퓨터에서 사용할 수 있도록 디지털 데이터로 제작한 것을 동영상(moving image)이라 하며, 컴퓨터를 이용하여 1초에 24~30장의 그림이 연속적으로 보여지도록 제작한 데이터를 애니메이션(animation)이라 한다.

❶ 동영상

동영상은 멀티미디어의 핵심 기술로서 움직이는 물체의 영상을 TV의 화면처럼 컴퓨터로 만든 것이다. 현재 컴퓨터에서 가장 보편적으로 사용되고 있는 동영상 파일 형식은 AVI, MOV, MPEG과 요즘 새롭게 등장하여 많이 활용되고 있는 RM과 ASF 등이 있다. [그림 9.8]은 컴퓨터를 이용한 동영상 화면을 나타낸다.

그림 9.8 컴퓨터 동영상

❷ MPEG

MPEG(Moving Picture Experts Group)는 1988년 동영상 표준 코드 방식의 제정을 위해 출범하였는데, 비디오 전화용과 디지털 저장 매체용 압축 방식으로 구분되고 있다. MPEG은 영화와 CD 수준의 사운드의 동기화를 목표로 진전되어 왔으며, [그림 9.9]와 같이 MPEG-1, MPEG-2, MPEG-3, MPEG-4, MPEG-7, MPEG-21 등의 종류가 있다.

MPEG-1은 VHS 수준의 영상을 CD-ROM에 저장하기 위해 제정되었으며 1993년에 국제 표준으로 채택되었다. MPEG-2는 디지털 TV와 DVD 수준의 영상을 목적으로 제정되었으며, MPEG-3은 MPEG-2의 후속 기술 표준인데 후에 MPEG-2에 흡수 통합되어 없어졌다. MPEG-4는 음성과 비디오 합성을 위해 출발한 영상 압축 표준으로 인정되었다. MPEG-7은 멀티미디어 정보의 신속한 검색을 위해 멀티미디어 정보를 표현하기 위한 표준으로서 1998년에 제안되었다.

가장 최근에 표준화된 MPEG-21은 이전의 MPEG 관련 기술을 통합하여 디지털 콘텐츠의 제작, 유통, 보안 등의 모든 과정을 관리할 수 있게 하는 핵심기술의 표준화이다.

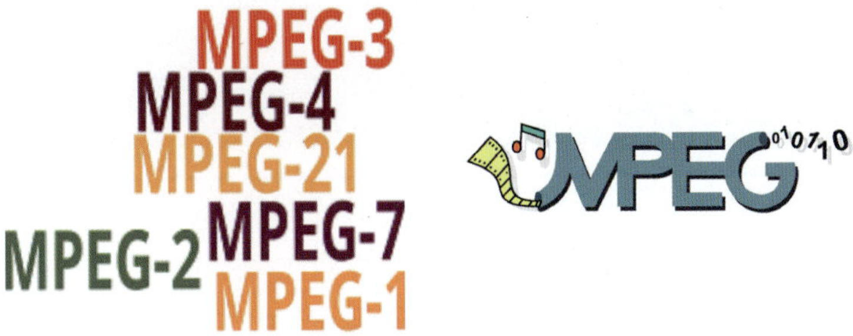

그림 9.9 MPEG의 종류

❸ 애니메이션

애니메이션(animation)은 1961년 존 휘트니 시니어가 세계 최초의 컴퓨터 애니메이션인 '카탈로그(Catalog)'를 제작한 이후 급격히 발전해 왔다. 애니메이션은 이미지 프레임을 연속적으로 보여주어, 보는 사람으로 하여금 움직이는 느낌을 가지게 하는 기법이다. 애니메이션은 제작 방식에 따라 전통적인 애니메이션, 컴퓨터에 의한 애니메이션, 그리고 특수 효과로 나눌 수 있다.

애니메이션은 만화, 영화, 광고, 게임, 사이버 인물 등에 널리 활용되고 있다. [그림 9.10]은 애니메이션의 한 장면을 나타낸 것이고, [그림 9.11]은 컴퓨터 그래픽을 이용한 애니메이션을 나타낸다.

그림 9.10 애니메이션

그림 9.11 컴퓨터 그래픽 애니메이션

알아보기 코너 가상현실과 메타버스 기술을 적용한 혁신적 영화들

K-드라마 열풍이 불고 있다. 미국의 엔터테인먼트 서비스 제공업체인 넷플릭스(Netflix)는 190개가 넘는 국가에 영화와 드라마를 공급하고 있다. 그중에서 흥행 1위를 한 '오징어 게임'은 전 세계를 뒤흔들었다. 그것의 성공 비결은 탄탄한 스토리와 연출, 그리고 연기력을 꼽을 수 있다. 특히 상상력으로 만들어 낸 세트장은 컴퓨터그래픽(CG)과 시각적 특수 효과(VFX-SFX: Visual Effects-Special Effects)를 이용하여 환상적인 게임 공간으로 구현되었다.

또 국내 영화 '한산'에서도 가상현실과 메타버스 기술을 접합한 CG와 VFX-SFX 기술을 바탕으로 물에 배를 띄우지 않고도 고난도의 자연스러운 바닷물 움직임을 슈퍼컴퓨터로 구현하였다. 바야흐로 멀티미디어 IT 기술과 드라마가 융합한 영상제작 기술에 새로운 바람이 불고 있는 셈이다.

9.2.2 멀티미디어 관련 도구

(1) 멀티미디어 저작 도구

멀티미디어 저작 도구(Authoring tool)란 사용자들이 영상, 사운드, 애니메이션, 그래픽 등을 손쉽게 만들어 서로 연결함으로써 하나의 컴퓨터 화면에 다양한 형태의 미디어들을 출력할 수 있도록 해주는 소프트웨어이다.

(2) 그래픽 관련 도구

❶ 2D 이미지 도구: 어도비 포토샵(Adobe Photoshop)

어도비 포토샵은 미국 어도비시스템즈사에서 개발한 2차원 이미지 도구로서 현재의 PC 수준에서 가장 강력한 기능을 가진 디지털 영상 처리 소프트웨어이다. 디지털 이미지를 수정, 합성 또는 변환할 수 있는데, 2D 페인팅 계열에 속한다. 현재 어도비 크리에이티브 클라우드에서 무료로 다운로드하여 사용할 수 있다.

포토샵의 주요 특징은 다음과 같다.

▶ 포토샵은 많은 기능을 제공하면서도 프로그램의 사용 방법이 쉽다. 즉, 다른 프로그램에 비해 인터페이스 디자인이 편리하다.

▶ 프로그램 자체 내에서 제공하는 필터 효과뿐만 아니라 제3의 개발자가 제공하는 수백, 수천 가지가 넘는 다양한 플러그인 필터를 사용하여 프로그램의 기능을 확장할 수 있다.

▶ 다른 프로그램에 비해 우수하고 다양한 이미지 조정 도구를 가지고 있다.

[그림 9.12]는 포토샵의 한 작업 화면으로 [그림 9.13]은 원본 사진을 나타내며, [그림 9.14]와 [그림 9.15]에서는 각각 화사하게 변환시키거나 흑백느낌으로 변환한 사진을 보여준다.

그림 9.12 포토샵에서의 작업 화면

그림 9.13 원본 사진

그림 9.14 화사하게 변환한 사진

그림 9.15 흑백 느낌으로 변환한 사진

❷ 2D 이미지 도구: 어도비 일러스트레이터(Adobe Illustrator)

어도비 일러스트레이터는 어도비시스템즈사에서 개발한 벡터 그래픽 소프트웨어 프로그램이다. [그림 9.16]과 같은 어도비 일러스트레이터는 파일의 용량이 적고 그림을 확대해도 선명한 장점이 있으며, 어도비 포토샵과 더불어 전자출판에서 많이 사용된다. 현재 어도비 크리에이티브 클라우드에서 무료로 다운로드하여 사용할 수 있다.

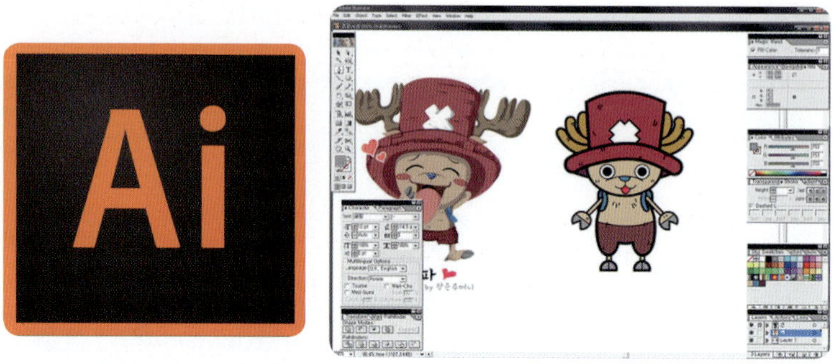

그림 9.16 어도비 일러스트레이터

❸ 3D 이미지 도구: 3DS MAX

3D 이미지를 편집하고 모델링하는 소프트웨어 중 대표적인 것은 3DS MAX(3D Studio MAX)일 것이다. 3DS MAX는 AutoDesk사에서 제작한 3차원 모델링 도구로 현재 가장 널리 사용되고 있는 프로그램이다. [그림 9.17]은 3DS MAX의 화면과 3DS MAX로 모델링한 입체감 있는 자동차를 나타낸다.

3DS MAX의 주요 특징들은 다음과 같다.

- ▶ 3차원 편집의 경우 상당히 복잡하고 어려우나 3DS MAX는 다양한 뷰(view)와 도구를 이용하여 사용자가 사용하기에 편리하다.
- ▶ 3D 모델링뿐만 아니라 애니메이션도 지원한다.
- ▶ 캐릭터 스튜디오와 같은 외부 프로그램과 연동하여 사용할 수 있다.

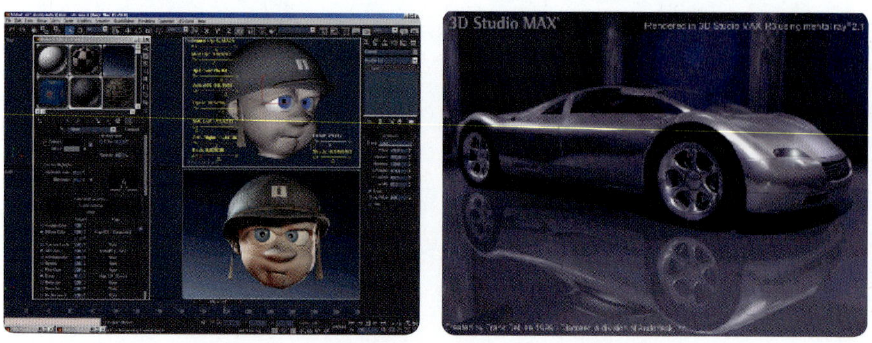

그림 9.17 3DS MAX 화면과 3DS MAX로 모델링한 자동차

❹ 디지털 모션 그래픽 도구: 어도비 애프터 이펙트(Adobe After Effects)

어도비 애프터 이펙트는 어도비시스템즈가 개발한 디지털 모션 그래픽 및 합성 소프트웨어이다. 영화의 영상 편집이나 광고 제작, TV, 게임, 애니메이션, 웹 등의 콘텐츠 제작에 쓰이는데, TV나 영화에서 보는 번쩍이는 화려한 효과나 모션들 중 대부분은 [그림 9.18]과 같은 어도비 애프터 이펙트로 만들어진다.

그림 9.18 디지털 모션 그래픽 도구: 어도비 애프터 이펙트

(3) 사운드 관련 도구

❶ 디지털 사운드 편집 프로그램: Sound Forge

SONY가 개발한 Sound Forge는 사운드 편집의 포토샵이라고 할 수 있는 프로그램이다. [그림 9.19]와 같이 대부분의 음향 변조 및 편집 작업을 손쉽게 수행할 수 있다.

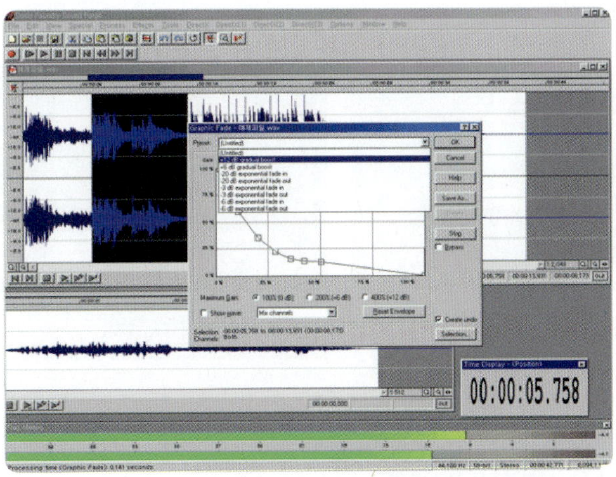

그림 9.19 Sound Forge

❷ MIDI 관련 편집 프로그램: CakeWalk

CakeWalk는 디지털 음악인 MIDI 음악을 만들고 편집하는 프로그램으로서 [그림 9.20]에 나타나 있다. 기본적으로 작곡을 위한 도구로서 여러 가지 MIDI 음원들을 이용하여 작곡과 편곡을 할 수 있는 프로그램이다.

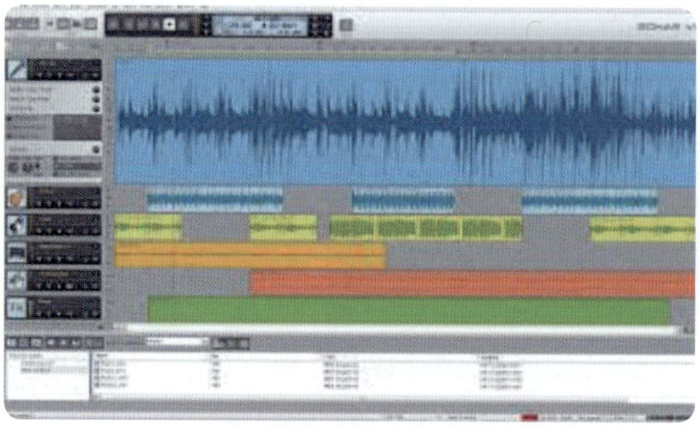

그림 9.20 CakeWalk

(4) 동영상 관련 도구

동영상 편집과 관련된 대표적인 도구로는 Adobe에서 개발한 프리미어 프로(Premiere Pro)를 들 수 있다. 프리미어는 그래픽 디자인, 영상 편집, 웹 개발 응용 프로그램으로서 각종 자막, 화면 이동, 사운드 효과 등의 처리가 모두 지원되는 소프트웨어이다. [그림 9.21]은 프리미어 프로의 화면을 나타낸다.

그림 9.21 프리미어의 초기 화면과 작업 화면

9.2.3 멀티미디어 활용 도구

(1) Media Player

Media Player는 마이크로소프트사의 Windows에 기본으로 포함되어 있는데, 동영상과 디지털 음악을 재생하는 프로그램이다. Windows를 설치하면 자동으로 세팅되기 때문에 가장 많이 사용되고 있는

프로그램 중의 하나이다. 사용 가능한 멀티미디어 파일로는 ASF, WMV, MPEG, AVI, MP3, WAV 등이 있다. [그림 9.22]는 Media Player의 장면들을 보여준다.

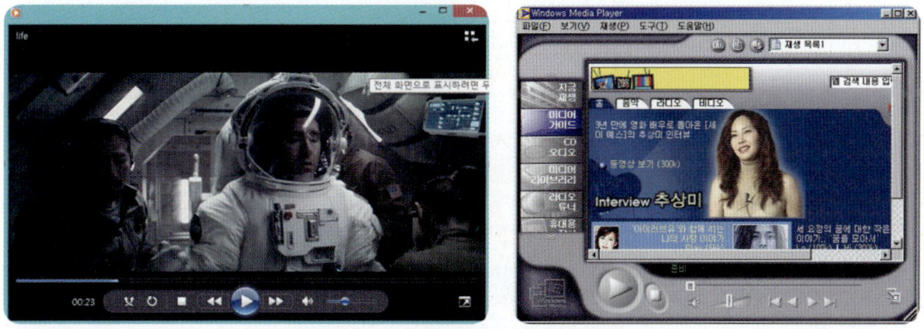

그림 9.22 Media player의 장면들

(2) 곰 플레이어(GOM Player)

곰 플레이어는 Windows에서 작동되는 동영상 재생 프로그램으로, 한국의 (주)그래텍에서 제작한 [그림 9.23]의 곰 발바닥 로고의 소프트웨어이다.

그림 9.23 곰플레이어 로고와 곰플레이어 화면

(3) Real Player

Real Player는 미디어 플레이어와 비슷한 역할을 하는 프로그램인데, [그림 9.24]와 같이 주로 인터넷에서 실시간으로 동영상을 볼 때 사용하는 프로그램이다. 사용하는 파일 형식은 RM, RAM 등이며 RealAudio 재생용으로도 사용된다.

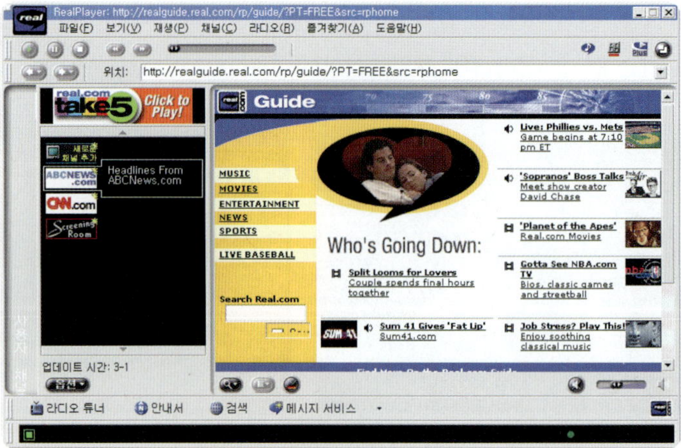

그림 9.24 Real Player

(4) QuickTime Player

QuickTime Player는 주로 애플의 매킨토시에서 동영상을 보기 위해 많이 사용되는 프로그램인데 [그림 9.25]에 나타나 있다. 요즘은 점차 MPEG을 많이 사용하므로 자주 사용하지는 않으나 일반 PC에서도 VR을 보기 위해 QuickTime을 사용한다.

그림 9.25 QuickTime Player

(5) 알송, 곰오디오, 멜론 플레이어

우리나라에서 만든 [그림 9.26]과 같은 알송(ALSong), 곰오디오(Gom Audio), 멜론 플레이어(Melon Player) 등은 음악 재생 소프트웨어로서 실시간 가사 보기 기능을 제공하는 것이 큰 특징이다. 또한 압축파일 재생과 목록 관리, MP3 플레이어 전송, 다양한 음악방송 청취, 자동 태그 등의 기능을 지원한다.

그림 9.26 음악 재생 소프트웨어

(6) MP3 플레이어

MP3 플레이어(MP3 Player)는 MP3 형식의 음악파일을 재생하는 음향기기로서 디지털 오디오 플레이어(Digital Audio Player: DAP)의 한 종류이다. MP3 플레이어는 1998년에 처음으로 개발된 후 빠른 속도로 보급되었으나 스마트폰의 보급으로 입지가 축소되어 플래시 메모리 타입의 MP3 정도만 강세를 보이고 있다. [그림 9.27]은 MP3 플레이어 중의 한 모델이다.

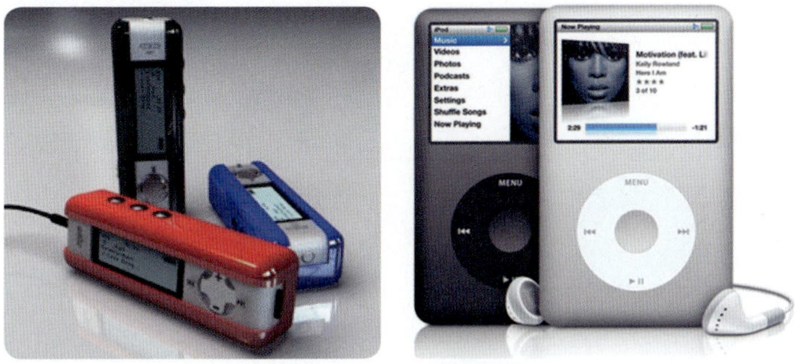

그림 9.27 MP3 플레이어

9.2.4 영상 압축

영상 압축(Image compression)이란 방대한 양의 영상 데이터를 축소하는 작업인데, 영상 압축 후 복원 시 원래 영상의 정보를 거의 모두 유지하면 '무손실 압축' 방법이고 그렇지 않은 경우 '손실 압축' 방법이라 한다. 일반적으로 정지 영상과 동영상의 압축 기술은 JPEG과 MPEG이 표준이다. 손실 압축 방법에는 변환 코딩, 색상 양자화, 프랙탈 압축 등이 있고, 무손실 압축 방법에는 실행 길이 인코딩, 영역 이미지 압축, 예측 코딩 등이 있다. [그림 9.28]은 다소 손실이 있는 손실 압축 방법의 결과 예이다.

그림 9.28 손실 압축 방법의 결과 예

9.2.5 멀티미디어 시스템 구성

멀티미디어 시스템은 통상 〈표 9.3〉과 같은 구조를 가지고 있다. 하부 계층에는 시스템 하드웨어와 추가적인 멀티미디어 주변 장치가, 상부 계층에는 멀티미디어 응용 분야가 존재한다.

표 9.3 멀티미디어 시스템의 구성

<table>
<tr><td colspan="4">응용</td></tr>
<tr><td>그래픽 사용자 인터페이스</td><td colspan="3">멀티미디어 확장</td></tr>
<tr><td>운영체제</td><td colspan="2">소프트웨어 드라이버</td><td>멀티미디어 드라이버 지원</td></tr>
<tr><td colspan="2">시스템 하드웨어</td><td colspan="2">추가적인 멀티미디어 주변 장치</td></tr>
</table>

9.2.6 하이퍼미디어

(1) 하이퍼미디어

하이퍼미디어(hypermedia)는 다음과 같이 정의된다.

❶ 연관된 여러 미디어 데이터들을 링크로 연결하여 사용자가 필요한 정보를 탐색할 수 있게 도와주는 정보 탐색 구조이다.

❷ 하이퍼텍스트(hypertext)의 개념에서 유래되었다.

❸ 여러 미디어들로 표현된 정보들끼리 링크로 서로 연결되어 있는 것을 말한다.

❹ 하이퍼텍스트의 의미가 확대되어 하이퍼미디어를 일컫기도 한다.

(2) 하이퍼텍스트

하이퍼텍스트는 텍스트를 앞에서부터 차례로 보는 방식이 아니라 필요에 따라 텍스트의 페이지를 자유자재로 넘나들며 텍스트를 열람할 수 있는 방식이다. 이것은 멀티미디어의 중요성과 함께 단순한 문장끼리의 연결뿐만 아니라 문자와 그림, 사운드, 비디오 등과의 연결을 강조하는 하이퍼미디어로 발전하는 계기가 되었다.

9.3 멀티미디어 응용 기반

SECTION

9.3.1 멀티미디어 응용의 개념도

멀티미디어 응용의 개념도는 [그림 9.29]에 나타난 바와 같이 정보 소비, 정보 유통망, 정보 생산으로 표현될 수 있다. 예를 들어 쌍방향 TV는 초고속 통신망과 분산 멀티미디어 서버를 통해 방송 매체와 연결된다.

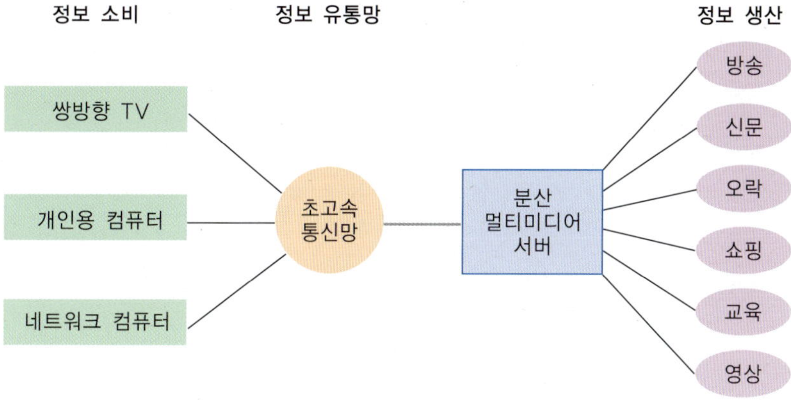

그림 9.29 멀티미디어 응용의 개념도

9.3.2 멀티미디어 응용의 기반 구축

멀티미디어 응용을 위해서는 다음과 같은 4가지의 기반이 먼저 구축되어야 한다.

❶ 초고속 통신망의 완비

멀티미디어 정보의 유통을 위해서는 정보화 사회의 기반으로서 사회간접자본인 초고속 통신망의 구축이 필수적이다.

❷ 분산 멀티미디어 서버의 구축

대규모 투자가 요구되므로 대기업의 적극적인 참여가 요망되는데, 다양한 멀티미디어 서비스의 개발도 필요하다.

❸ 콘텐츠(contents)의 개발

기술 독립적인 분야로 중소기업 위주의 개발이 바람직한데, 문화적 종속을 방지하기 위해서는 자체 개발한 우수한 콘텐츠를 다량 확보해야 한다.

❹ 글로벌(global) 네트워크를 통한 멀티미디어 응용의 개발

세계적인 네트워크를 통한 멀티미디어 응용을 개발한다.

9.4 SECTION 멀티미디어 활용

9.4.1 통신 분야

(1) 영상회의

영상회의 방식은 방송회의, 데스크탑회의, 디지털 영상회의 등 세 가지로 분류한다. 방송회의(Broadcast Conferencing: BC)는 위성망을 이용하는 방식으로 자체적인 TV 스튜디오 설비가 필요하다. 데스크탑회의(Desktop Conferencing)는 상대방의 얼굴이 컴퓨터 화면에 나타나며, 동시에 화면 여백에는 메시지, 자료, 영상 등을 게시할 수 있는 일대일 통신방식이 기본적이다.

[그림 9.30]과 같은 디지털 영상회의(Digital Video Conferencing)는 5~6명이 참가하는 소규모 회의에 적합한 편이다. 이 시스템은 마치 유선 방송과 비슷할 정도로 성능이 우수하여 정부청사 간 또는 기업의 본사와 멀리 떨어져 있는 지사간의 회의에 쓰이고 있다. [그림 9.31]은 실제 영상회의 장면을 나타낸다.

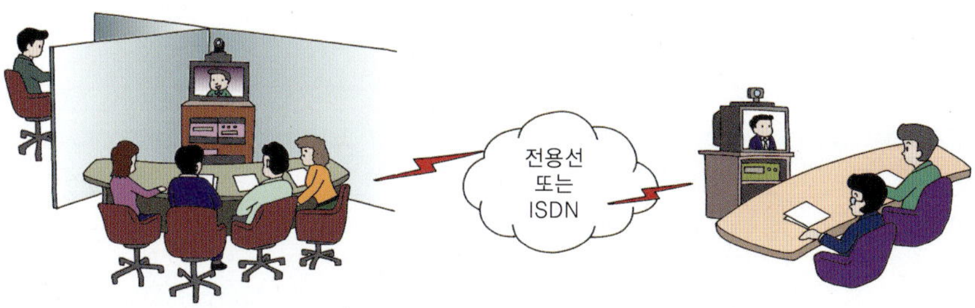

그림 9.30 디지털 영상회의

그림 9.31 실제 영상회의 장면

(2) VOD

VOD(Video On Demand)란 전송선을 이용하여 디지털 데이터 형태로 저장된 각종 영화, 게임, 쇼핑 등 다양한 영상 소프트웨어를 소비자가 선택하여, 원하는 시간에 수신하여 감상할 수 있는 쌍방향 멀티미디어 응용을 말한다. VOD는 [그림 9.32]와 같이 디지털화된 영상 데이터를 비디오 서버를 통해 시간에 구애됨이 없이 가입자가 선택할 때마다 전송하는 완전한 쌍방향 제어 방식을 기본으로 하고 있다.

그림 9.32 VOD 서비스의 예

(3) 홈쇼핑

소비자는 아무 때나 원하는 상품을 저렴한 가격으로 안방에서 쇼핑하고 싶은 욕망을 가지고 있다. 주문형 서비스의 대표적인 홈쇼핑 서비스는 [그림 9.33]과 같이 이미 대부분의 케이블 TV의 채널에서 방영되고 있고 전문적인 홈쇼핑 채널도 있다.

그림 9.33 홈쇼핑 채널에서 방영되는 홈쇼핑

(4) 원격 의료 서비스

원격 의료 서비스는 멀티미디어 통신을 이용하여 가능하다. [그림 9.34]는 인터넷을 통해 멀리 떨어져 있는 의사와 환자 간의 영상을 통한 영상진료를 보여준다.

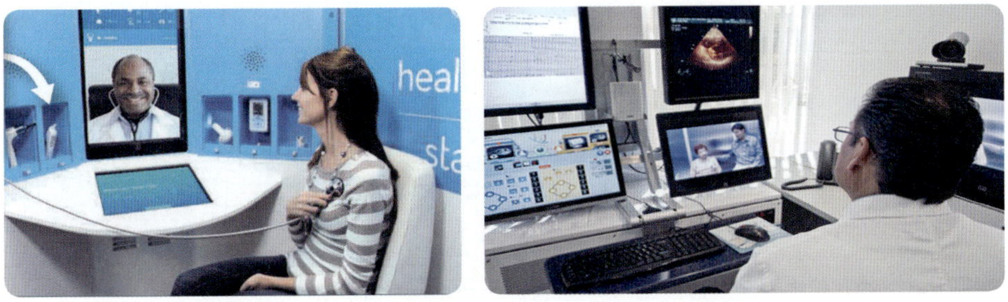

그림 9.34 원격 영상진료

9.4.2 게임 분야

게임 분야는 멀티미디어적인 요소를 상당히 많이 가지고 있다. 보통의 게임에서는 글자보다 이미지나 동영상으로 상황을 나타내는 것이 대부분이고, 사운드 효과와 입체영상 효과 등도 사용한다.

(1) 리듬액션 게임

리듬액션 게임은 플레이어가 리듬이나 음악에 맞춰서 조작하는 게임을 총칭하는데, 사운드 시뮬레이션 게임이라고도 한다. 이 게임은 정확한 타이밍에 지정된 조작을 해야 하는데, 화면에는 행해야 하는 조작의 종류와 행한 조작의 정확성이 표시된다. [그림 9.35]는 리듬액션 게임기와 '태고의 달인' 게임을 나타낸다.

그림 9.35 리듬액션 게임기와 리듬액션 게임

(2) 온라인 게임

대부분의 온라인 게임에서 멀티미디어의 효과를 극대화하기 위한 노력이 시도되고 있다. [그림 9.36]은 '네오 바둑'이라는 온라인 바둑 게임이다. [그림 9.37]은 미국의 유명한 Diablo 3 온라인 게임 화면이고, [그림 9.38]은 League of Legends라는 온라인 게임 화면을 나타낸다.

그림 9.36 '네오 바둑'이라는 온라인 바둑 게임

그림 9.37 Diablo 3 온라인 게임

그림 9.38 League of Legends 온라인 게임

(3) 모바일 게임

모바일 게임(Mobile game)은 휴대폰이나 스마트폰과 같은 모바일 기기를 통해 즐길 수 있는 게임을 두루 이르는 말이다. 휴대폰에 탑재되었던 최초의 모바일 게임은 1997년 노키아가 개발한 '스네이크'로 여겨지는데, 안드로이드의 구글 플레이스토어(Playstore), 애플의 앱스토어, 컴투스, 게임빌 등이 잘 알려진 온라인 장터이다.

[그림 9.39]는 카카오 게임과 애플 앱 스토어 게임에서 랭킹이 높은 '숲속의 앨리스'란 모바일 게임과 지금까지 5억 번 이상의 다운로드된 '앵그리버드'란 인기 모바일 게임이다. [그림 9.40]은 몇 년 전부터 엄청난 인기를 얻은 애니팡 게임들을 나타낸다.

그림 9.39 모바일 게임 '숲속의 앨리스'와 '앵그리버드'

그림 9.40 애니팡, 애니팡 2, 애니팡 3

(4) 웹 게임

웹 게임(web game) 또는 브라우저 게임(browser game)은 웹 브라우저로 즐기는 게임을 말한다. [그림 9.41]과 같은 웹 게임은 인터넷만 연결되어 있으면 웹 브라우저를 통해 쉽게 이용할 수 있고 게임의 구조도 일반적인 PC 게임 소프트웨어에 비해 간단해서 컴퓨터 사양의 제약을 크게 받지 않는다.

그림 9.41 웹 게임

(5) 메타버스를 이용한 게임

메타버스를 이용한 게임의 수요가 매우 크다. [그림 9.42]의 포트나이트 배틀로얄(Battle Royale)의 경우 가입자가 3억5천만 명이 넘으며, 유명한 메타버스 플랫폼인 로블록스에서는 하루에 6,000만 명의 접속자가 가상공간에 모여 영화나 콘서트를 즐기고 있다.

그림 9.42 포트나이트 배틀로얄

9.4.3 영상 분야

(1) 디지털 비디오

영상 분야에서는 기존의 아날로그 형태의 비디오(Video Tape Recorder: VTR)가 디지털 비디오(Digital Video Disk: DVD)로 대체되어 기본적인 영상 매체로 자리 잡았다. DVD는 일반 VTR과는 비교할 수 없을 정도의 고화질에다 고품질의 음향을 가지고 있는데, DVD 시스템과 DVD 스피커는 [그림 9.43]과 [그림 9.44]에 각각 나타나 있다.

그림 9.43 DVD 시스템

그림 9.44 DVD용 5.1 채널 스피커

(2) 메타버스 온라인 공연

메타버스 기술을 활용한 메타버스 플랫폼 공연이 인기를 끌고 있다. 이것은 다양한 멀티미디어 기술과 가상현실 등을 메타버스와 결합한 경우인데, 뛰어난 현장감과 몰입감을 제공한다. K팝 걸그룹 블랙핑크(Blackpink)의 경우 메타버스 플랫폼을 이용하여 팬과의 소통에 활용하고 있다. [그림 9.45]는 블랙핑크가 제페토 메타버스에서 처음 선보인 블랙핑크 3D 아바타를 나타낸다.

그림 9.45 제페토 메타버스에서의 블랙핑크 3D 아바타

9.4.4 기타 응용 분야

(1) CD-ROM 타이틀의 개발

CD-ROM 타이틀은 교육용으로는 멀티미디어 대화식 교육이 가능하고, 음반, 오락, 레저 정보 등을 저장할 수 있으며, 대규모 정보 전달 매체의 역할을 담당한다. [그림 9.46]은 CD-ROM 타이틀을 나타낸다.

그림 9.46 CD-ROM 타이틀

(2) 전자 출판

DTP(Desk Top Publishing)는 책상용 출판 형태로서 초고속 통신망에 의한 원격 인쇄도 가능하다. 장차 멀티미디어 저장 매체에 의해 서적을 대체할 수도 있다.

(3) 키오스크

키오스크(kiosk)란 [그림 9.47]과 같이 공공장소에 설치된 정보 검색 및 처리 단말기를 말하는데, 정보의 공유성과 형평성을 보완할 수 있는 각종 정보 서비스가 가능하다. 현재 주민센터, 주요 지하철역, 항공사 등에 있으며 특히 일본에 많다.

그림 9.47 키오스크

(4) 훈련

공군의 비행기 조종 시뮬레이션이나 군인들의 실전 훈련을 위한 War Game 시뮬레이션 등은 효과가 매우 높은 것으로 알려져 있다. [그림 9.48]은 가상 비행 훈련에 쓰이는 화면을 나타낸다.

그림 9.48 가상 비행 훈련

(5) 교육

멀티미디어 교육 관련 도구들은 [그림 9.49]와 같이 멀티미디어 교실, 학습 게임, 외국어 학습 등 학습의 기본적인 보조 도구로 사용될 수 있다. 특히 학생들에게 보다 효과적인 교육과 함께 실제 실험을 하기에는 장비 면이나 위험성 면에서 어려운 부분(예: 분자 분석 실험 등)들을 가능케 해준다.

그림 9.49 멀티미디어 교육용 타이틀

(6) 하이퍼미디어 응용

디지털 백과사전, 레저용 타이틀(MS Cinemania 95, Complete Baseball, Wine Guide 등), 대화형 박물관, 가상 박물관, 대화형 영화, 대화형 음악, 대화형 유머 등이 있다.

(7) 기타 각종 정보 서비스

TV나 인터넷 TV를 이용한 홈쇼핑, 비디오 가이드, 여행 가이드, 학교나 기관의 안내 등이 있다.

9.4.5 멀티미디어 콘텐츠

멀티미디어 콘텐츠(Multimedia Contents)란 정보 콘텐츠 중에서 디지털화하여 컴퓨터 등 정보 기기용으로 생산, 유통, 소비되는 정보 콘텐츠 및 정보통신망이나 방송망을 통해 송수신되는 정보 콘텐츠를 통칭한다. 또한 멀티미디어 콘텐츠 산업은 멀티미디어 콘텐츠를 개발하여 제작하거나 이를 유통하거나 판매하는 산업을 가리킨다.

멀티미디어 콘텐츠의 예로는 CG/VR(Computer Graphic/Virtual Reality), 사이버 캐릭터, 온라인 게임, 첨단 디지털 영상, 디지털 애니메이션, 온라인 교육 콘텐츠, 디지털 서적 및 간행물, 사이버 드라마 등이 있는데, 〈표 9.4〉는 멀티미디어 콘텐츠의 분류와 정의를 나타낸다.

표 9.4 멀티미디어 콘텐츠의 분류와 정의

<table>
<tr><th colspan="2">품목</th><th>정의</th></tr>
<tr><td rowspan="2">교육용 콘텐츠</td><td>순수 교육</td><td>영상, 음성, 그래픽, 텍스트 등으로 이루어진 쌍방향 학습 프로그램</td></tr>
<tr><td>에듀테인먼트 (Edutainment)</td><td>게임 요소가 가미된 교육용 콘텐츠</td></tr>
<tr><td rowspan="2">멀티미디어 출판</td><td>디지털 서적</td><td>PC 등 멀티미디어 기기에서 활용되는 백과사전, 전문사전, 전자책 등 지식전달을 위한 콘텐츠</td></tr>
<tr><td>웹 제작 및 디지털 간행물</td><td>웹 제작 및 디지털 신문, 온라인 매거진, 영상 소설 등 정기 또는 비정기적으로 연속 출판되는 콘텐츠</td></tr>
<tr><td rowspan="3">게임</td><td>아케이드 게임</td><td>PCB 기판 또는 별도의 전용 하드웨어를 이용하는 업소용 게임</td></tr>
<tr><td>비디오 게임</td><td>TV 모니터나 전용기를 이용한 게임</td></tr>
<tr><td>PC 게임과 모바일 게임</td><td>PC 기반 온라인 게임과 모바일 게임</td></tr>
<tr><td rowspan="3">디지털 영상</td><td>특수 편집 영상물</td><td>방송, 영화, 광고 등에 이용되는 특수 편집 영상 및 컴퓨터 그래픽 작품</td></tr>
<tr><td>디지털 애니메이션 및 만화</td><td>컴퓨터 그래픽을 이용한 애니메이션 및 만화</td></tr>
<tr><td>디지털 캐릭터</td><td>상품화를 목적으로 디지털화된 2, 3차원 형상 모델 및 성격부여 요소 모델</td></tr>
<tr><td colspan="2">멀티미디어 콘텐츠 저작도구</td><td>콘텐츠 제작에 사용되는 응용 소프트웨어</td></tr>
<tr><td colspan="2">기타</td><td>위 내용을 제외한 단순 CG 작업, 효과음향 개발, 데이터 및 이미지 처리 등</td></tr>
</table>

9.5 SECTION 전자상거래

9.5.1 전자상거래 개념과 절차

(1) 전자상거래의 정의

정보통신 기술의 급속한 발전으로 인해 우리의 일상생활도 상당히 변하고 있다. 이러한 변화는 교육, 상거래, 군사, 언론 등 다방면에 걸쳐 진행 중이다. 이 중 정보통신 기술을 이용한 상거래를 총칭하여 전자거래(Electronic Transaction) 또는 전자상거래(Electronic Commerce: EC)라고 한다.

즉 전자상거래란 기업과 기업(Business to Business), 기업과 개인(Business to Consumer), 기업과 정부(Business to Government), 개인과 정부(Consumer to Government), 개인과 개인(Consumer to Consumer) 간에 수행되는 상품 및 서비스 거래에 필요한 모든 정보를 컴퓨터와 사이버 공간을 이용하여 교환하고 결제하는 상거래 방식을 의미한다.

원래 전자상거래라는 용어는 1989년 미국 국방성이 군사 프로젝트를 수행하는 과정에서 처음으로 사용되었으며, 1993년 미국 연방정부가 정부용품의 구매/조달 프로그램에서 이 용어를 공식적으로 채택하면서 전자상거래의 개념이 확산되기 시작하였다.

(2) 전자상거래의 분류 및 구성도

전자상거래는 다음과 같은 5가지의 유형으로 분류될 수 있다.

❶ 기업과 기업 간 거래(Business to Business: B2B)

❷ 기업과 개인 간 거래(Business to Consumer: B2C)

❸ 기업과 정부 간 거래(Business to Government: B2G)

❹ 개인과 정부 간 거래(Consumer to Government: C2G)

❺ 개인과 개인 간 거래(Consumer to Consumer: C2C)

Business to Business의 경우 약자로 'B to B'로 나타내는데, 이것을 간략하게 표현하기 위해 'to'와 비슷한 발음의 '2'를 써서 통상 B2B와 같은 방식으로 표현한다. 현재 B2B 거래와 B2C 거래가 높은 성장세를 보이며 전자상거래 시장을 주도하고 있다. 〈표 9.5〉는 B2C 거래와 B2B 거래에 대한 분류를 나타내며, [그림 9.50]은 전자상거래의 분류도를 나타낸다.

표 9.5 B2C와 B2B의 거래

소비자 전자상거래 (B2C)	• 기업과 소비자 간 전자상거래 • 가정 및 개인에 대한 일 대 일 마케팅 • 소비자 기호 및 구매 패턴 연구가 중요함 (예: 종합 쇼핑몰/전문 쇼핑몰)
기업 간 전자상거래 (B2B)	• 기업과 기업 간 전자상거래 • 기존 전용선 기반 VAN 서비스를 포함한 기업 간 거래 • 기존 업무 프로세스 연동과 문서의 흐름이 중요함 • 표준화, 거래 관행, 정보 공유 등의 제도 개선 중요함 (예: 삼성전자의 부품 조달, 포항제철의 생산 조달)

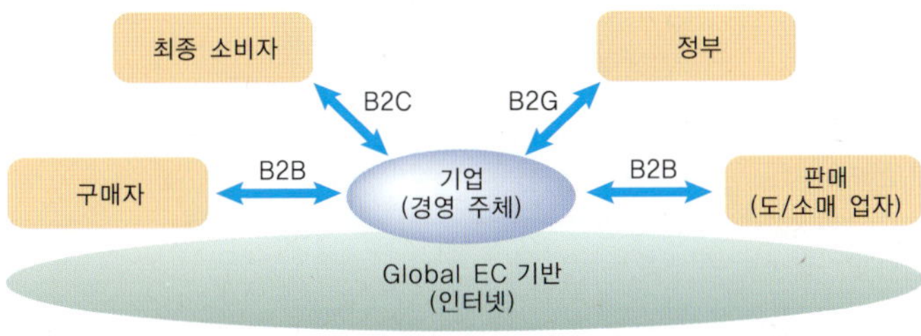

그림 9.50 전자상거래 분류도

(3) 전자상거래의 절차

[그림 9.51]은 전자상거래의 절차를 보여준다. 여기서는 번호 순서대로 소비자는 회원 가입, 상품 검색, 주문을 하게 되고, 인터넷 쇼핑몰은 부가가치망(Value Added Network: VAN)을 통해 신용카드사의 승인을 얻고 상품 공급업체에는 출하 정보를, 물류업체에는 배송 정보를 보낸다. 물류업체는 상품 공급업체로부터 상품을 출하 받아 소비자에게 배송한다. 인터넷 쇼핑몰은 상품 공급업체에게 상품

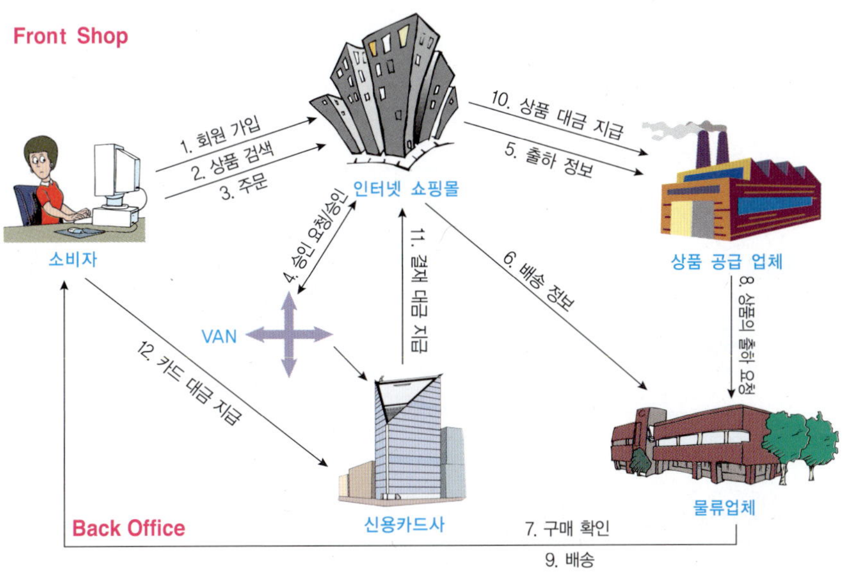

그림 9.51 전자상거래의 절차

대금을 지급하고 신용카드사는 인터넷 쇼핑몰에 결제 대금을 청구한다. 마지막으로 소비자는 신용카드사에게 카드 대금을 지급한다.

(4) 전자상거래의 장점

전자상거래는 〈표 9.6〉과 같이 기업과 소비자 모두에게 매우 유용한 시스템이며, 미래 비즈니스의 중요한 모델이다.

표 9.6 전자상거래의 장점

구분	장점
기업	• 최소의 인원과 최저의 비용으로 운영할 수 있다. • 유통 단계의 축소로 가격 경쟁력을 확보할 수 있다. • 지역적 제한 없이 대규모 소비자 집단을 대상으로 판매할 수 있다. • 24시간 365일 내내 컴퓨터가 고객의 주문을 받을 수 있다. • 다양한 정보의 제공 등 우월한 고객 서비스가 가능하다.
소비자	• 매장에 나가지 않고도 컴퓨터 앞에 앉아서 상품을 구매할 수 있다. • 언제든지 편리한 시간에 상품을 구매할 수 있다. • 다양한 상품을 검색할 수 있으며 원하는 상품을 쉽게 찾을 수 있다. • 저렴한 가격에 상품을 구매할 수 있다. • 상품에 대한 풍부한 정보를 얻을 수 있다.

9.5.2 전자상거래의 요소 기술

전자상거래 시스템은 관련 산업 분야의 주요 요소 기술들을 고려하여 구축되어야 하며, 이와 관련된 기술의 발전에 따라 거래량이 급격히 증가하고 있다. [그림 9.52]는 전자상거래의 5가지 주요 요소 기술을 나타낸다.

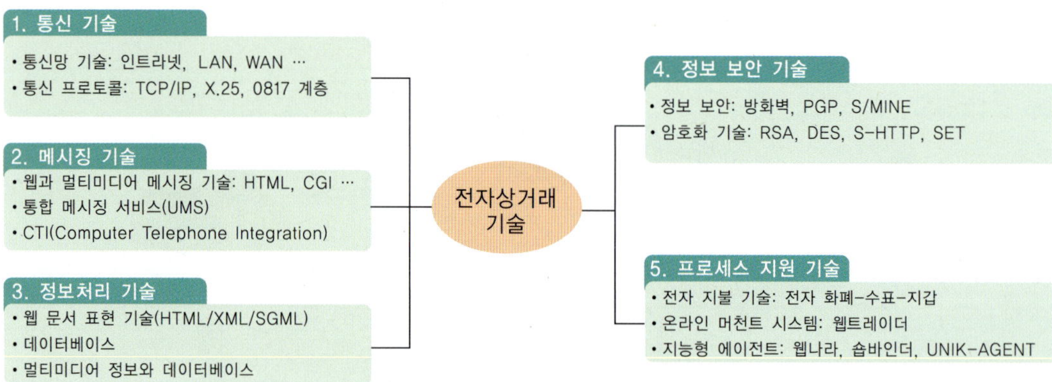

그림 9.52 전자상거래의 주요 요소 기술

9.5.3 전자상거래의 기대 효과

전자상거래를 통한 기대 효과는 〈표 9.7〉과 같다.

표 9.7 전자상거래의 기대 효과

중소/중견 기업 (개인 사업자 포함)	대기업 (국내 30大 기업)	관공서/기관 (시, 구, 군청, 조합 등)
• 신속한 정보화 기반 구축 • 기존 고객에 대한 서비스 확대 • 신규 고객 확대 • 업무 효율성, 생산성 증대 • 지식 정보 공유 • 새로운 비즈니스 창출 – 고객 만족 실현 – COST의 혁신적 절감 – 매출 및 이익 대폭 증대	• 포괄적 전자상거래 시스템 완성 가능 (2–3차 협력사까지) • 글로벌한 아웃소싱 확대 • 기업 이미지 개선 효과 • 새로운 비즈니스 창출 – 기업의 투명성 확보 – 생산성, 효율성 증대 – 조직의 슬림화	• 지역 기업 간 신속한 정보 교류 • 지역 기업 간의 효율적 관리 • 지역 기업의 정보화 조기 달성 • 지역 경제의 활성화 • 지역 기업의 수익 증가 • 신규 고용 창출 – 단체 위상의 제고 – 경비 절감 – 재정 수익 증대

9.5.4 전자상거래의 시장 전망

전자상거래를 통한 거래액은 해를 거듭할수록 급격히 증가하고 있으며, B2B와 B2C를 포함한 최근의 전 세계 전자상거래 금액은 2001년에는 119조 원이었으나 비약적인 발전을 거듭하여, 2015년 말을 기준으로 [그림 9.53]에 나타난 바와 같이 2,000조 원에 이르렀으며, 2020년 말에는 4,130조 원 수준이었다. 특히 2020년 2월부터 시작된 전 세계적인 코로나(COVID−19) 감염 사태로 전자상거래 시장은 더욱 더 확대되어, 2023년 말에는 7,120조 원 정도로 예상된다.

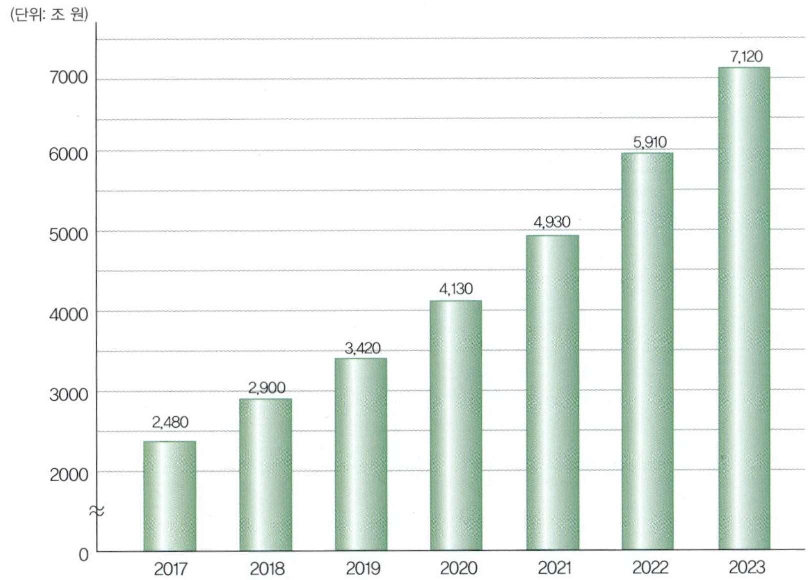

그림 9.53 최근의 전 세계 전자상거래 규모의 추이

9.5.5 전자상거래 관련 기술

(1) EDI

EDI(Electronic Data Interchange)란 무역이나 유통 등의 상거래에 필요한 문서를 서로 합의된 표준을

사용하여 전자적으로 교환하는 것을 말한다. [그림 9.54]의 EDI 개념도는 전자적 교환을 간단하게 보여주고 있다. 즉 문서의 형식과 데이터의 내용을 규정하는 문서 표준 특히 구매, 주문, 송장 발부, 선적 통지 등과 같은 상거래를 위한 컴퓨터 간의 문서 교환 방식을 말한다.

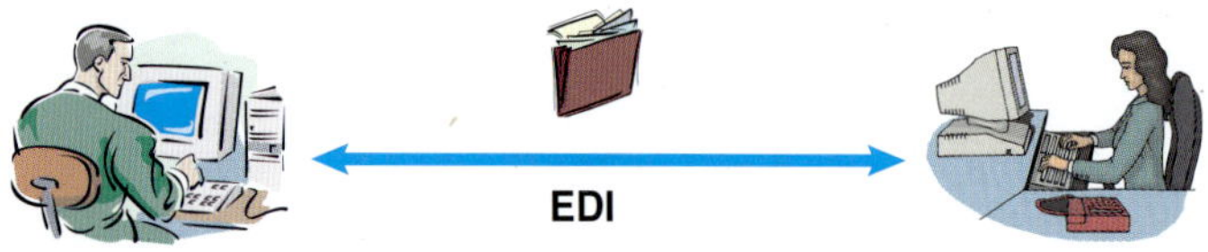

그림 9.54 EDI 개념도

(2) CALS

CALS(Commerce At Light Speed)는 1982년 미국 국방부의 국방 예산 및 운영 관리비 절감을 위한 프로젝트로 시작되었다. 그 당시 낙후된 통신과 서류에 의한 업무 처리 문제를 해결하기 위하여 컴퓨터 기술을 이용하려고 시도한 것이 바로 CALS의 출범 동기이다. 최근에 와서는 광속 거래 개념인 광속과 같이 빠른 전자거래의 개념으로 이용되고 있다.

[그림 9.55]는 CALS의 개념도를 나타내는데, 가상 기업을 통한 전자상거래의 구현이 CALS의 궁극적인 목표이기도 하다.

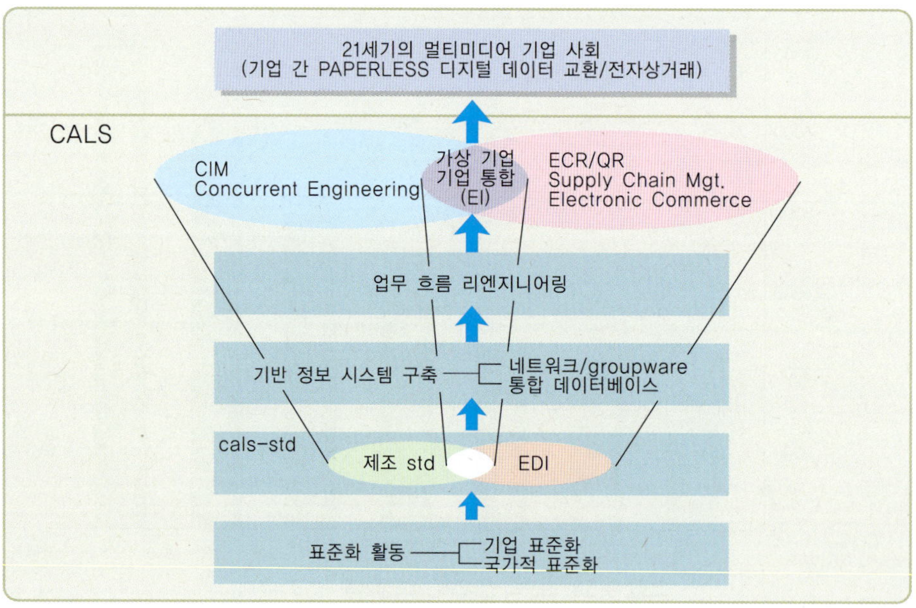

그림 9.55 CALS의 개념도

(3) 전사적 자원 관리(ERP)

1990년대에 등장한 ERP(Enterprise Resource Planning)는 유럽, 미국, 일본 등에서 글로벌 경영 체제가 구축되면서부터 다국적 기업을 경영하기 위한 종합 정보망 차원에서 만들어진 것이다. ERP는 시간과 공간에 구애받지 않고 회사 내의 모든 정보를 통합 관리하여 경영에 이용하는 시스템으로 인사, 생산, 자재, 영업, 개발정보 등 모든 부서의 정보가 기업 내 전산망을 통해 실시간으로 제공되고 또한 해외 공장이나 지사를 연결시켜 글로벌 경영을 가능하게 해주는 것을 말한다.

[그림 9.56]의 ERP 개념도에서는 ERP의 필요성을 잘 말해 주고 있다. ERP는 기업 체질 개선과 비용 절감, 기업 회계의 투명성 제고, 정보 공유로 업무 효율 제고, 실시간 업무 처리, 자원의 선순환 효과, 경영자의 정보력 강화 등의 효과가 있다.

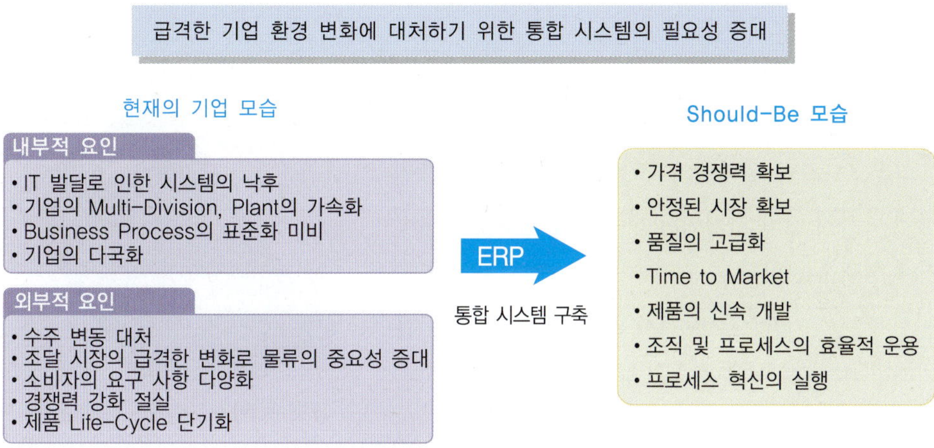

그림 9.56 ERP 개념도

(4) SCM

SCM(Supply Chain Management)은 '공급 체인 관리' 또는 '유통 총공급망 관리'로 불린다. 즉 SCM은 정보통신 기술을 활용하여 제조와 물류, 유통 업체의 상품 흐름을 한눈에 파악할 수 있도록 하는 유통 총공급망 관리를 말하며, 제조, 물류, 유통 업체 등 유통 과정상에 있는 모든 기업들이 공동으로

그림 9.57 SCM의 형태

데이터베이스를 구축함으로써 재고를 최적화하고 납기를 줄이는 전략적 제휴 형태로 운영된다.

SCM은 동적인 공급 활동이 실시간으로 파악되어 전달되는 것으로서 궁극적으로는 공급망 전체의 현금 흐름 효율성을 향상시키는 것이 주요 목적이다. [그림 9.57]은 전체 흐름의 효율성을 증가시키기 위한 SCM의 통합 관리 형태를 보여주고 있다.

9.5.6 전자상거래의 응용

(1) 사이버 증권거래

사이버 증권거래는 컴퓨터에다 증권사가 제공하는 CD나 파일을 다운로드하여 인터넷이나 전화를 이용하여, 증권사 객장에 나가지 않고 가정이나 사무실에서 주식을 사고파는 거래 형태를 말한다.

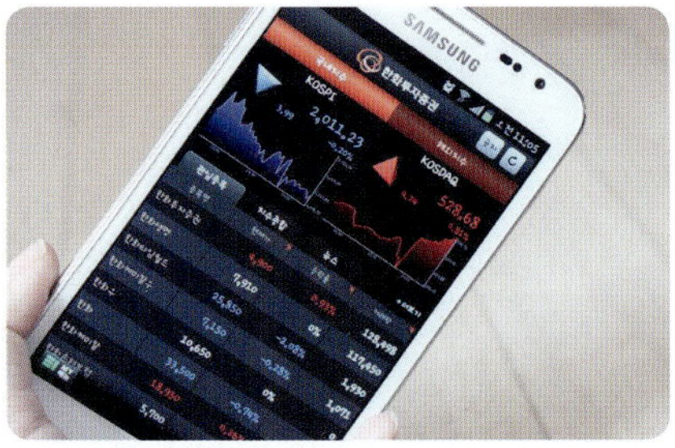

그림 9.58 스마트폰을 통한 사이버 증권거래

주가와 시세를 실시간으로 보면서 주식은 물론, 선물 옵션도 거래할 수 있어 이용량이 크게 늘고 있는 추세이다. 최근 들어 인터넷이나 IPTV 외에 [그림 9.58]과 같이 스마트폰을 통해 주식을 사고팔 수 있는 서비스도 등장했다.

(2) 인터넷뱅킹

인터넷뱅킹(Internet Banking)은 [그림 9.59]와 같이 고객이 은행 점포를 직접 방문하지 않고 인터넷을 통해 각종 금융거래를 할 수 있는 서비스이다.

인터넷뱅킹은 1990년대 중반 인터넷을 통한 각종 금융상품 정보의 제공, 홍보 등을 위해 시작되었는데, 자금이체, 조회 등의 본격적인 금융거래 서비스는 1999년 7월부터 일부 은행들이 공동으로 개발한 인터넷뱅킹 서비스 시스템이 도입되면서 시작되었다. 인터넷뱅킹 서비스로는 주로 조회 서비스, 자금이체 및 대출 신청 등이 있다.

그림 9.59 인터넷 뱅킹과 모바일 인터넷 뱅킹

실습/알아보기

1 포토샵에 대해 알아보고 가능한 사람들은 무료 체험판을 다운받아 실습해보자.

최근 멀티미디어 시대에 스마트폰이 널리 보급되면서 누구나 사진을 찍고 그것을 가공하고 인쇄하는 등의 과정에서 포토샵을 활용하는 경우가 점차 늘어나고 있다. 따라서 포토샵과 관련된 기초적인 지식을 알아보는 것은 상당히 유용하다.

"포토샵 1시간만에 끝내기"(https://www.youtube.com/watch?v=S7CFbDx-yYc)는 Adobe Photoshop에서 다운받아 1달간 무료로 사용하기, 기초부터 맛보기 등을 소개하는 동영상이다. 이 동영상을 바탕으로 포토샵 1주일간 무료 체험판을 다운받아 실습해보자.

https://www.adobe.com/kr/

2 집에서 온라인으로 도서를 구입함으로써 전자상거래를 실습해보자.

교보문고, 인터파크, 예스24 중 어느 사이트에 접속하여 전자상거래로 도서를 구입하는 실습을 해보자. 또 인터파크나 쿠팡 등에 접속하여 필요한 물건을 전자상거래로 구입해보자.

www.interpark.com

참고문헌

9.1 멀티미디어 개요

https://en.wikipedia.org/wiki/Multimedia

http://ko.wikipedia.org/wiki/MP3_%ED%94%8C%EB%A0%88%EC%9D%B4%EC%96%B4

http://www.samsung.com

https://www.tutorialspoint.com/multimedia/multimedia_introduction.htm

https://www.sciencedirect.com/topics/computer-science/multimedia-application

9.2 멀티미디어의 구성 요소와 특징

최윤철, 임순범, 멀티미디어 배움터 2.0, 생능출판사, 2016.

https://namu.wiki/w/JPEG

https://ko.wikipedia.org/wiki/MIDI

https://www.ques10.com/p/31904/the-applications-of-multimedia-system-1/

terms.naver.com/entry.naver?docId=270353&cid=42641&categoryId=42641

9.3 멀티미디어 응용 기반

https://www.researchgate.net/publication/329417059_MULTIMEDIA_AND_ITS_APPLICATIONS

https://www.google.com/

https://www.ques10.com/p/31904/the-applications-of-multimedia-system-1/

9.4 멀티미디어 활용

https://en.wikipedia.org/wiki/Mobile_game

https://ko.wikipedia.org/wiki/%ED%82%A4%EC%98%A4%EC%8A%A4%ED%81%AC

http://game.donga.com/72654/

https://www.linkedin.com/pulse/multimedia-its-applications-muhammad-ikhmal

http://elearning.kocw.net/document/lec/2011/hankyung/ChaJeonghee/11.pdf

https://www.reportshop.co.kr/social/763495

9.5 전자상거래

http://kostat.go.kr/portal/korea/index.action(통계청)

www.interpark.com

http://hopia.net/ries/jes/jes_w_ec/jes_w_ec15.htm

https://www.techtarget.com/searchcio/definition/e-commerce

연습문제

정오식 문제

1 멀티미디어란 미디어에 여러 개라는 뜻을 가진 접두어인 멀티를 붙인 말로 여러 종류의 미디어를 이용하여 정보를 표현하는 수단을 의미한다. (　　)

2 멀티미디어는 하나의 시스템에 두 가지 이상의 미디어를 동시에 사용하는데, 시스템과 사용자가 대화할 수 있어야 하며 시스템을 사용해 정보를 얻을 수 있어야 한다. (　　)

3 음성이나 음악의 1초간의 자료를 저장하는데 100바이트 정도면 충분하다. (　　)

4 텍스트는 멀티미디어의 구성 요소에 포함되지 않는다. (　　)

5 이미지를 표현하는데 있어 비트맵 이미지가 벡터 이미지보다 확대나 축소 시 화질의 손상이 적다. (　　)

6 BMP는 가장 단순한 형태의 파일 포맷으로서 비트맵 방식에서 가장 기본이 되는 포맷이다. (　　)

7 JPEG는 24비트 컬러를 사용하며 손실 압축 방법으로서 압축률이 높다. (　　)

8 사운드 포맷에는 WAV, MP3, MPEG 등이 있다. (　　)

9 MIDI는 전자 악기와 컴퓨터 간에 정보를 전송하기 위해 만든 통신 프로토콜로서 음악을 표현하기 위해 사용된다. (　　)

10 동영상 표준에는 MPEG-1, MPEG-2, MPEG-4, MPEG-7, MPEG-21, MPEG-30 등의 종류가 있다. (　　)

11 애니메이션은 이미지 프레임을 연속적으로 보여주어, 보는 사람으로 하여금 움직이는 느낌을 가지게 하는 기법이다. (　　)

12 디지털 영상회의는 반드시 전용선을 사용해야 가능하다. (　　)

13 음악 CD나 교육용 CD는 CD-ROM 타이틀에 속하지 않는다. (　　)

14 최근 멀티미디어 기술과 가상현실 등을 메타버스와 결합한 메타버스 플랫폼 공연이 인기를 끌고 있는데, 뛰어난 현장감과 몰입감을 제공한다. (　　)

15 ERP란 무역이나 유통 등의 상거래에 필요한 문서를 서로 합의된 표준을 사용하여 전자적으로 교환하는 것을 의미한다. (　　)

단답식/선택식 문제

1 알파벳은 한 문자당 1바이트가 소요되는데 비해, 한글은 한 문자당 (　　　) 바이트가 소요된다.

2 (　　　)은 2차원 이미지 도구로서 현재의 PC 수준에서 매우 강력한 기능을 가진 디지털 영상 처리 소프트웨어이다.

3 (　　　)란 전송선을 이용하여 디지털 데이터 형태로 저장된 각종 영화, 게임, 쇼핑 등 다양한 영상 소프트웨어를 소비자가 선택하여, 원하는 시간에 수신하여 감상할 수 있는 쌍방향 멀티미디어 응용을 말한다.

4 정보 콘텐츠 중에서 디지털화하여 컴퓨터 등 정보기기용으로 생산, 유통, 소비되는 정보 콘텐츠 및 정보통신망이나 방송망을 통해 송수신되는 정보 콘텐츠를 통칭하여 (　　　)라고 한다.

5 (　　　)란 음악을 표현하기 위해 전자 악기와 컴퓨터 간에 정보를 전송하기 위한 프로토콜이다.

6 (　　　) 게임은 플레이어가 리듬이나 음악에 맞춰서 조작하는 게임을 총칭하는데, 사운드 시뮬레이션 게임이라고도 한다.

7 유무선 인터넷을 통해 멀리 떨어져 있는 의사와 환자 간의 영상을 통한 영상진료를 (　　　) 서비스라고 한다.

8 (　　　)란 공공장소에 설치된 정보 검색 및 처리 단말기를 말하며 정보의 공유성과 형평성을 보완할 수 있는 각종 서비스가 가능하다.

9 (　　　)란 텍스트를 앞에서부터 차례로 보는 방식이 아니라 필요에 따라 텍스트의 페이지를 자유자재로 넘나들며 텍스트를 열람할 수 있는 방식이다.

10 웹 브라우저로 즐기는 게임을 브라우저 게임 또는 (　　　)이라 한다.

11 (　　　)은 '숲속의 앨리스'나 '앵그리버드'와 같이 스마트폰과 같은 모바일 기기를 통해 즐길 수 있는 게임을 두루 이르는 말이다.

12 최근 K팝 걸그룹 블랙핑크(Blackpink)의 경우 (　　　) 플랫폼을 이용하여 팬과의 소통에 활용하고 있다.

13 게임 요소가 가미된 교육용 콘텐츠를 (　　　)라고 한다.

14 전자상거래 중 고객이 은행 점포를 직접 방문하지 않고 인터넷을 이용하여 금융 거래를 할 수 있는 거래를 (　　　)이라 한다.

15 전자상거래에서 공급체인 관리를 SCM이라 하며, 전사적 자원 관리 시스템을 (　　　)라고 한다.

16 전자상거래에서 기업과 정부 간의 거래를 약칭으로 B2G라고 하며, 기업과 기업 간의 거래는 (　　　)라고 한다.

17 상당히 큰 양의 영상 데이터를 축소하는 작업을 무엇이라 하는가?

18 정보통신 기술을 활용하여 제조와 물류, 유통 업체의 상품 흐름을 한눈에 파악할 수 있도록 하는 유통 총공급망 관리를 의미하는 영어 약자는 무엇인가?

19 다음 중 멀티미디어의 정의가 아닌 것은?
① 멀티미디어는 두 가지 이상의 미디어를 동시에 사용해야 한다.
② 멀티미디어를 사용하기 위해 하나의 시스템을 사용해야 한다.
③ 멀티미디어는 언제 어디서나 정보를 보내고 받을 수 있는 환경이다.
④ 시스템을 사용해 정보를 얻을 수 있어야 한다.

20 다음 중 멀티미디어 관련 도구에 직접 속하지 않는 것은?
① 텍스트　② 3DS MAX　③ 어도비 포토샵　④ Sound Forge

21 아날로그 비디오/오디오 신호를 디지털 컴퓨터에서 사용할 수 있도록 디지털 데이터로 제작한 것을 무엇이라고 하는가?
① 동영상　② MIDI　③ PNG　④ 사운드

22 다음 중 이미지 파일의 형식이 아닌 것은?
① BMP　② JPEG　③ MPEG　④ PNG

23 다음 중 영상회의 방식에 해당하지 않는 것은?
① 방송회의　② 데스크탑회의　③ 디지털 영상회의　④ VOD

24 다음 중 3DS MAX의 특징이 아닌 것은?
① 다양한 뷰(view)와 도구를 이용한다.
② 3D 모델링뿐만 아니라 애니메이션도 지원한다.
③ 캐릭터 스튜디오와 같은 외부 프로그램과 연동하여 사용할 수 있다.
④ 주로 스캔 받은 이미지를 보정하는 보조 프로그램으로 사용된다.

25 다음 중 멀티미디어 응용을 위해 구축되어야 할 기반과 가장 거리가 있는 것은?
① 초고속 통신망의 완비　② 분산 미디어 서버의 구축
③ 콘텐츠의 개발　④ Kiosk

26 다음 중 전자상거래의 주요 요소 기술과 거리가 있는 것은?
① 인공지능 기술　② 정보처리 기술　③ 정보보안 기술　④ 통신 기술

27 다음 중 동영상과 디지털 음악을 재생하는 프로그램은?
① AL Song　② Media Player　③ GOM Audio　④ Melon Player

주관식 문제

1 멀티미디어란 무엇인가? 또 멀티미디어의 사용이 점차 확대되는 이유는 무엇인가?

2 멀티미디어 활용에서 쌍방향성이 적용되는 예를 몇 가지 들고 간단히 설명하시오.

3 멀티미디어 기술의 발전 동향과 관련하여 최근에 주목받고 있는 멀티미디어 기기들은 무엇이며, 각각의 특징이 무엇인지를 설명하시오.

4 멀티미디어 시스템 구성에 쓰이는 주요 컴포넌트들은 무엇인가?

5 인터넷에서 VOD 서비스를 하는 사이트들을 알아보고 화질과 음질 면에서 평하시오.

6 모바일 게임이 무엇인가를 간단히 설명하고, 그 예를 몇 가지 드시오.

7 원격 의료 서비스란 무엇이며 그 문제점은 무엇인가?

8 멀티미디어 콘텐츠란 무엇인가? 그 의미를 설명하시오.

9 멀티미디어의 기타 응용 분야들의 예를 몇 가지 나열하시오.

10 다음의 용어들을 설명하시오.

(1) 디지털 서적 (2) 디지털 캐릭터

11 전자상거래의 장점들을 기업과 소비자의 측면에서 각각 말하시오.

12 다음 용어의 개념을 간략히 설명하시오.

(1) EDI (2) CALS (3) ERP (4) SCM

Media
Content
Communication
Thumb Drive
RECORD
DATA

Chapter 10

떠오르는 4차 산업혁명 기술

Contents

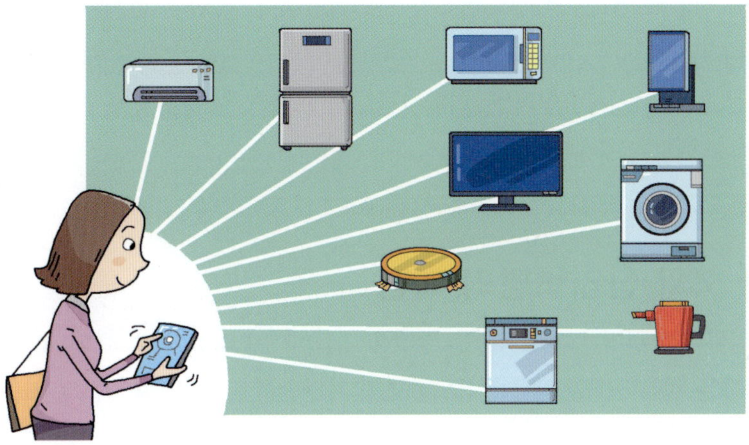

단원의 주요 목표

4차 산업혁명의 핵심 기술들과 관련된 중요한 개념과 주요 응용 예를 학습한다.

- 4차 산업혁명의 시작 배경과 주요 특징, 핵심 요소인 소프트 파워 등을 알아본다.
- 인공지능이 4차 산업혁명의 주요 역할임을 알아보고 로보틱스에 대해 파악한다.
- 3D 프린트의 개념과 응용 및 사물인터넷의 요소 기술들과 응용 예를 살펴본다.
- 빅데이터의 개요와 특징, 기술, 활용 과정과 몇 가지 활용 사례를 점검한다.
- 자율주행차의 기술, 개발 상황 및 드론의 개념과 택배 등에의 응용을 알아본다.
- 광 컴퓨터, 바이오 컴퓨터의 개념과 응용 및 양자 컴퓨터 기술에 대해 학습한다.

10.1 SECTION

4차 산업혁명 시대의 도래

최근 들어 컴퓨터 기술로 대표되는 3차 산업혁명에서 한 단계 앞서가는 '4차 산업혁명(The Fourth Industrial Revolution)'이 시작되었다. 2016년 1월 세계경제포럼에서 처음으로 언급된 4차 산업혁명은 인공지능, 로보틱스, 사물인터넷, 빅데이터, 3D 프린터, 자율주행차, 광 컴퓨터 등을 중심으로 새로운 첨단기술 혁명의 시대를 열어갈 것이다.

10.1.1 4차 산업혁명의 배경

18세기 영국에서 일어난 산업혁명은 발전을 거듭하여 〈표 10.1〉과 같이 4개의 산업혁명으로 분류되는데, 현재는 컴퓨터를 통한 3차 산업혁명을 거치면서 4차 산업혁명으로 가는 길목에 있다고 볼 수 있다.

표 10.1 산업혁명의 분류

분류	핵심 사항
1차 산업혁명	증기기관을 이용한 '기계적 혁명'
2차 산업혁명	전기의 힘을 이용한 '대량생산의 시작'
3차 산업혁명	컴퓨터를 통한 생산과 유통시스템의 '자동화'
4차 산업혁명	소프트웨어를 통한 기계와 제품의 '지능화'

[그림 10.1]부터 [그림 10.4]까지는 1~4차 산업혁명을 각각 나타낸다.

그림 10.1 증기기관의 1차 산업혁명

그림 10.2 전기를 배경으로 한 2차 산업혁명

그림 10.3 컴퓨터의 발명을 계기로 한 3차 산업혁명

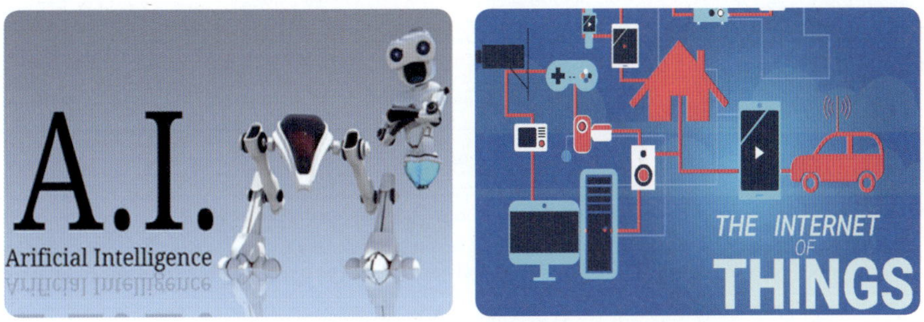

그림 10.4 인공지능과 사물인터넷 등의 4차 산업혁명

4차 산업혁명의 핵심은 '연결(connectivity)'과 '지능(intelligence)'이다. 고도로 발달된 통신기술을 이용한 연결과 인공지능과 같은 지능을 중심으로 새로운 산업혁명이 일어나고 그것이 '초연결(hyper-connectivity)' 사회를 가져오게 된다. 따라서 4차 산업혁명은 기존의 산업혁명에 비해 더욱 빠른 속도로 사회 전반에 크게 영향을 끼쳐 혁신적 변화를 가져올 것이다. [그림 10.5]는 1, 2, 3, 4차 산업혁명의 요약을 나타낸다.

제1차 산업혁명 18세기	제2차 산업혁명 19~20세기 초	제3차 산업혁명 20세기 후반	제4차 산업혁명 2015년~
증기기관 기반의 기계화 혁명	전기 에너지 기반의 대량생산 혁명	컴퓨터와 인터넷 기반의 지식정보 혁명	IoT와 인공지능 기반의 만물초지능 혁명
증기기관을 활용하여 영국의 섬유공업이 거대 산업화	공장에 전력이 보급되어 컨베이어 벨트를 사용한 대량생산 보급	인터넷과 스마트 혁명으로 미국주도의 글로벌 IT기업 부상	사람, 사물, 공간을 초연결 · 초지능화 하여 산업구조 사회 시스템 혁신

그림 10.5 1, 2, 3, 4차 산업혁명의 요약(출처: 정보통신기술진흥센터)

4가지 산업혁명은 바라보는 입장과 견해에 따라 다소 다르게 표현될 수 있다. 여러 산업혁명과 4차 산업혁명과의 또 다른 구분별 비교는 〈표 10.2〉와 같이 요약될 수 있다.

표 10.2 여러 산업혁명과 4차 산업혁명과의 구분별 비교(출처: 현대경제연구원)

구분	1차 산업혁명	2차 산업혁명	3차 산업혁명	4차 산업혁명
시기	18세기 후반	20세기 초반	1970년대 이후	2020년 이후
혁신 부문	증기의 동력화	전력, 노동 분업	전자기기, ICT 혁명	ICT와 제조업 융합
커뮤니케이션 방식	책, 신문 등	전화기, TV 등	인터넷, SNS	IoT (Internet of Things)
생산 방식	생산 기계화	대량생산	부분 자동화	시뮬레이션을 통한 자동생산
생산통제	사람	사람	사람	기계 스스로

그 중에서 사물인터넷(IoT)은 이러한 연결을 가능하게 하는 기반이 되는데, 2025년까지 1조 개 이상의 센서가 인터넷이나 스마트폰에 연결될 것으로 예상된다. 스마트한 센서를 갖춘 기기를 통하여 가정에 있는 가전제품, 액세서리, 도시시설, 교통, 에너지 등 모든 분야가 인터넷으로 연결된다.

그 결과 4차 산업혁명을 통한 인간의 생활은 매우 편리해질 것이고 시간과 공간을 뛰어넘는 혁신의 시대로 접어든다. 가령 더운 날 외부에서 스마트폰을 통하여 에어컨을 미리 작동시킬 수도 있고, 집 밖에서 가스불이 켜진 여부를 알아보고 가스밸브를 잠글 수도 있게 된다. 또한 센서를 통하여 인간의 건강 상태를 항상 모니터해 질병을 예방할 수도 있다.

반면에 인공지능의 발전으로 인간의 일을 로봇에게 빼앗기는 것은 아닌지, 심지어 인공지능에 의해 인류가 지배당하는 것은 아닌지에 대한 우려도 제기되고 있으며, 프라이버시가 침해되거나 빅브라더와 같은 조직이 인간을 감시하는 데 악용할 가능성도 커지고 있다.

10.1.2 4차 산업혁명의 주요 특징

4차 산업혁명의 주요 특징은 다음과 같으며, [그림 10.6]은 4차 산업혁명 기술 분야를 나타낸다.

- 소프트웨어와 제조업의 지능적인 결합
- 고객맞춤형 제품과 서비스
- **관련 기술 또는 개념**: 소프트웨어 파워, 코딩 교육, 컴퓨팅 사고, 알고리즘, 인공지능, 로보틱스, 머신러닝, 사물인터넷, 빅데이터, 자율주행차, 드론, 3D 프린터 등

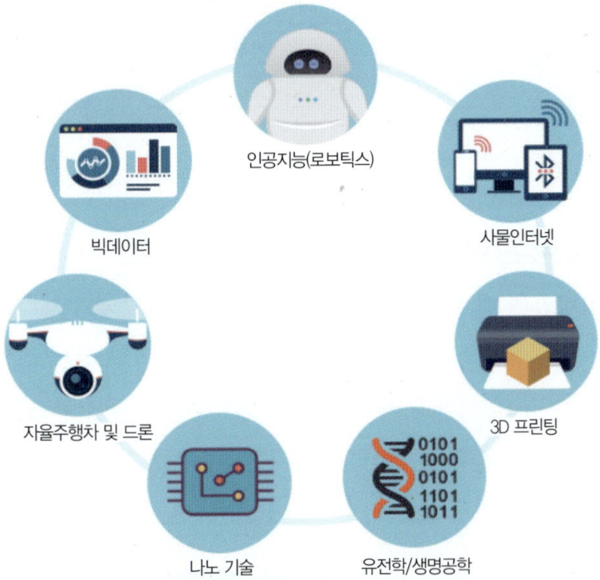

그림 10.6 4차 산업혁명 기술 분야(출처: 작업의 미래(The Future of Jobs) 보고서)

10.1.3 4차 산업혁명과 소프트 파워

4차 산업혁명은 [그림 10.7]과 같이 소프트웨어를 활용한 소프트 파워를 바탕으로 기계와 제품의 지능화를 통해 보다 가치 있고 지능적인 제품을 만들어낼 수 있다. 그 결과는 현재 일부 구현되고 있거나 머지않아 개발될 예정이다.

우리는 컴퓨터가 가진 능력을 인간의 사고에 적용하여 주어진 복잡한 문제들을 단순화 하여 논리적으로 처리할 수 있는 효율적인 방법론을 찾아냈는데, 그것이 바로 '컴퓨팅 사고(Computational thinking)'이다. 컴퓨팅 사고는 문제를 해결할 수 있는 깊은 사고력을 향상시킬 수 있으며, 4차 산업혁명의 핵심 요소의 역할을 할 것이다.

그림 10.7 4차 산업혁명과 소프트 파워

10.2 SECTION 4차 산업혁명과 인공지능

10.2.1 4차 산업혁명에서 인공지능의 역할

최근에 시작된 4차 산업혁명은 매우 획기적이다. 컴퓨터 기술의 발달과 5G 통신기술의 결합은 사물 인터넷 시대를 열기 시작했으며, 자율주행차와 드론 등의 새로운 산업을 발전시키고 있다.

4차 산업혁명에 있어 인공지능의 역할과 기여는 매우 크다. 인공지능을 통하여 지능적인 시스템의 구현이 가능하기 때문일 것이다. 인공지능 바둑 프로그램인 [그림 10.8]의 알파고(AlphaGo)가 보여준 뛰어난 능력과 함께 인공지능과 관련된 응용이 더욱 활성화되고 있다.

그림 10.8 인간 바둑 고수를 뛰어넘는 신경망 소프트웨어 알파고

2016년 3월 알파고는 세기적인 바둑 대결에서 인간 고수 이세돌 9단을 4대 1로 이겨 센세이션을 불러일으켰다. 알파고는 신경망을 이용한 딥러닝 학습 기술로 뛰어난 능력을 보여주었으며, 앞으로의 응용 가능성을 크게 높였다. 그 후 많은 사람들이 인공지능에 대해 큰 관심을 가지기 시작했다.

딥러닝은 [그림 10.9]에서 보는 바와 같이 여러 단계의 훈련을 거쳐 학습하게 된다. 이와 같은 훈련에는 상당한 정도의 처리 시간이 필요한데, 이것을 칩으로 구현함으로써 매우 빠른 학습이 가능하게 되었다.

그림 10.9 딥러닝을 통한 학습 훈련과 칩으로의 구현

인공지능은 현대 사회의 과학, 의학, 교육 및 산업 등을 포함한 전 분야에 깊숙이 관련되어 있고, 인공지능이 4차 산업혁명의 핵심 기술로 중요하게 여겨지고 있다.

IT 분야에서 세계적인 시장조사 기관인 가트너(Gartner)는 인공지능과 신경망의 딥러닝(Deep learning)을 2017년 10대 전략 기술의 첫 번째로 선정했다. 가트너는 인공지능을 활용하여 로봇, 자율 주행차, 가상 개인비서 등과 같이 다양한 종류의 서비스와 지능형 시스템이 머지않아 구현될 것으로 전망하였다.

10.2.2 4차 산업혁명 시대의 로보틱스

최근 들어 인공지능은 지능적인 로봇 기술과 관련된 로보틱스와 밀접한 관련을 맺으면서 발전하고 있다. 로보틱스(robotics)란 로봇(robot)과 테크닉스(technics)의 합성어로서 로봇의 설계, 제작, 응용 기술에 대한 공학적 연구와 더불어 이에 인공지능을 적용하는 연구의 종합적 학문 분야를 말한다. 특히 인공지능과 관련된 로보틱스는 앞의 7장에서 설명한 지능형 로봇(intelligent robot)과 매우 관련이 깊다.

인공지능과 로보틱스 기술을 결합하여 적용한 몇 가지 응용은 다음과 같다.

(1) 인공 시각 로봇과 인공지능 로봇 '도로보쿤'

[그림 10.10]은 빛과 색깔, 물체의 움직임 등을 좇아 스스로 쳐다보는 인공 시각을 가진 로봇을 보여주는데, 이것은 앞으로 인간과 유사한 기능을 가진 로봇을 개발하기 위한 가능성을 보여준다. [그림 10.11]의 도로보쿤은 최근 일본 국립정보학연구소 등이 인공지능개발 프로젝트로 개발 중인 로봇이다. 일본 대학입시 모의시험에서 전국 581개 사립대 중 80%에 해당하는 472개 대학에 합격할 수 있는 우수한 성적을 받았다고 한다.

그림 10.10 인공 시각 로봇

그림 10.11 인공지능 로봇 '도로보쿤'

(2) 농업과 인공지능

얼마 전부터 인공지능의 농업 분야에서의 활용도 늘어나고 있다. 그중에서 인공지능 기술을 적용한 농업용 로봇과 스마트 농업 기술의 활용을 예로 들 수 있다. 인공지능 로봇은 [그림 10.12]와 같이 물이나 영양제를 뿌리고 과일을 수확하는 일에도 활용되고 있다.

그림 10.12 인공지능 로봇과 농업

10.3 SECTION 신기술 입출력 장치 – 3D 프린터

10.3.1 3D 스캐너

3D 프린터를 사용하기 전에 먼저 3D 도면을 제작하는 3D 모델링 단계를 거치게 되는데, 이는 3D 스캐너, 3D CAD(computer aided design), 3D 모델링 프로그램 등을 이용하여 제작하는 단계이다.

3D 스캐너(3D scanner)란 사물이나 제품 등을 레이저 빔을 이용하여 물체 외곽선의 좌표값을 추출하여 3차원의 데이터를 얻을 수 있는 입력 장치를 말한다. 3D 스캐너는 접촉 방식에 따라 접촉식과 비접촉식으로 분류할 수 있는데, 접촉식 3D 스캐너는 [그림 10.13]과 같이 대상물의 표면과 직접 접촉하여 센서의 상대 이동 값으로 3차원의 데이터를 얻는다.

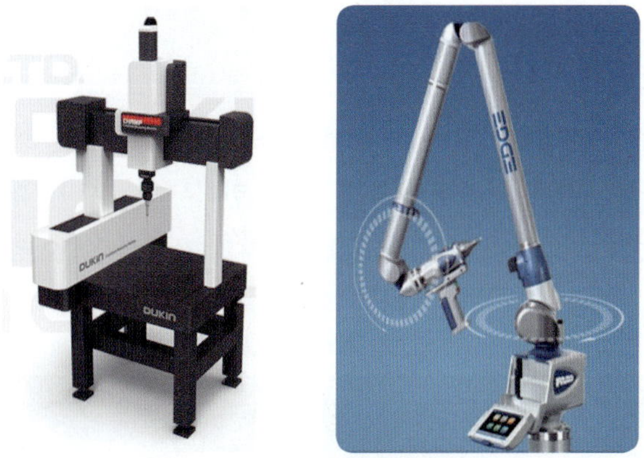

그림 10.13 접촉식 3D 스캐너

한편 비접촉식 3D 스캐너는 [그림 10.14]와 같이 광학적 이미지 처리를 통하여 직접 접촉하지 않아도 3차원 형상 데이터를 획득할 수 있다.

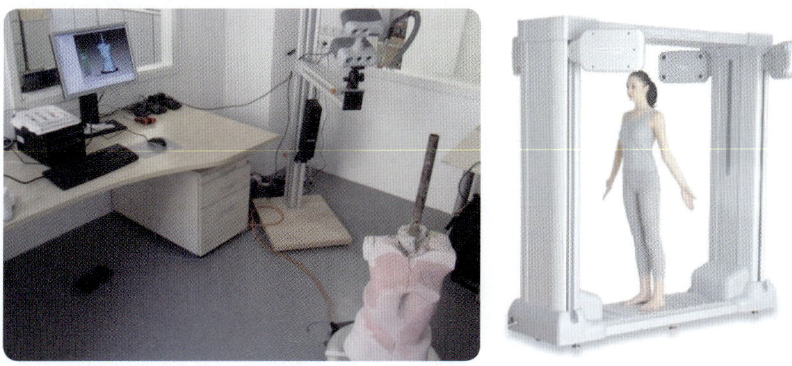

그림 10.14 비접촉식 3D 스캐너

3D 프린터로 어떤 물건을 만들기 위해서는 먼저 3D 스캐너를 이용해 [그림 10.15]와 같이 3D 프린터에서 사용할 수 있는 형상 정보를 만들어야 한다.

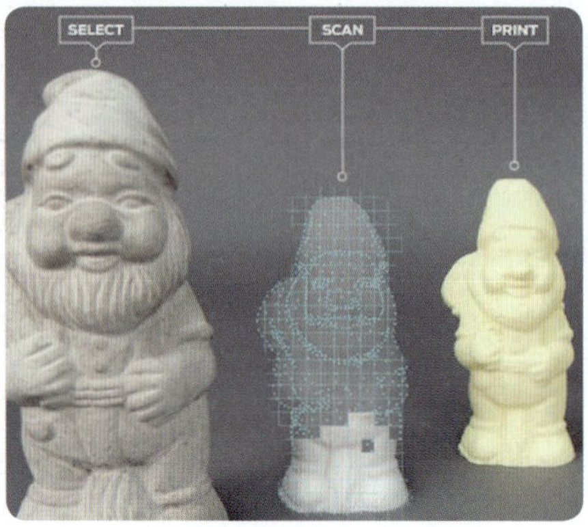

그림 10.15 3D 스캐너와 3D 프린터

10.3.2 3D 프린터

3D 프린터(3D Printer)란 3D 스캐너 또는 3D 모델링 프로그램으로 만든 3차원 도면을 기반으로 실물의 입체 모양을 직접 만들어 내는 기계를 말한다. 3D 프린터는 2D 프린터의 앞뒤 좌우 운동에다 상하 운동을 더하여 입력한 3D 도면을 바탕으로 [그림 10.16]과 같이 3차원으로 작동하여 입체 물품을 만들어낸다.

그림 10.16 3차원으로 작동하는 3D 프린터

3D 프린터는 재료가 가볍고 필요한 소량만 낭비 없이 맞춤 생산할 수도 있으며, 제품 출시가 획기적으로 빠르기 때문에 몇 년 전까지는 기업에서 어떤 물건을 제품화하기 전에 시제품을 만드는데 주로 이용되었다. 21세기 첨단기술의 총아 중의 하나로 손꼽히며 크게 주목 받고 있는 3D 프린트의 특성은 〈표 10.3〉과 같다.

표 10.3 3D 프린트의 특성

개념	3차원 설계도에 따라 한 층씩 소재를 쌓아 올리거나 깎아서 입체물을 만드는 기술
재질	플라스틱, 티타늄, 철강합금 요리재료 등
가격	100만(일반용)~10억 원 수준(산업용)
용도	의학, 우주, 장난감, 자동차, 음식 등 적용 분야 확대 중
효용	맞춤형 제조 용이, 개발시간 현격히 단축

3D 프린터는 현재 3차원 도면만 있으면 어떤 제품이라도 플라스틱, 고무, 금속, 세라믹 등 150여 개 소재로 한 시간 내지 하루 만에 실물로 만드는 상용화 단계에 접어들었다. 시계, 신발, 휴대전화 케이스, 심지어 자전거와 자동차까지도 만들어낼 수 있는 단계로 발전하였다.

유럽항공방위산업체는 [그림 10.17]과 같이 3D 프린터를 이용하여 조립이 필요 없는 맞춤형 자전거를 완성품으로 제작한 바 있는데, 페달을 밟으면 일반 자전거처럼 바퀴가 굴러간다. 영국에서는 [그림 10.18]과 같이 나일론 가루로 시속 160km로 비행하는 무인비행기를 제작하였다.

그림 10.17 맞춤형 자전거

그림 10.18 무인항공기

3D 프린터는 입체를 만드는 방식에 따라 적층형과 절삭형으로 구분된다. 적층형은 석고나 나일론 등의 파우더, 플라스틱 액체 또는 플라스틱 실을 종이보다 얇은 0.01~0.08mm의 층(layer)으로 겹겹이 쌓아 입체 형상을 만들어내는 방식이며, 절삭형은 커다란 덩어리를 조각하듯이 깎아내 입체 형상을 만들어내는 방식이다. [그림 10.19]는 여러 종류의 3D 프린터들을 나타낸다.

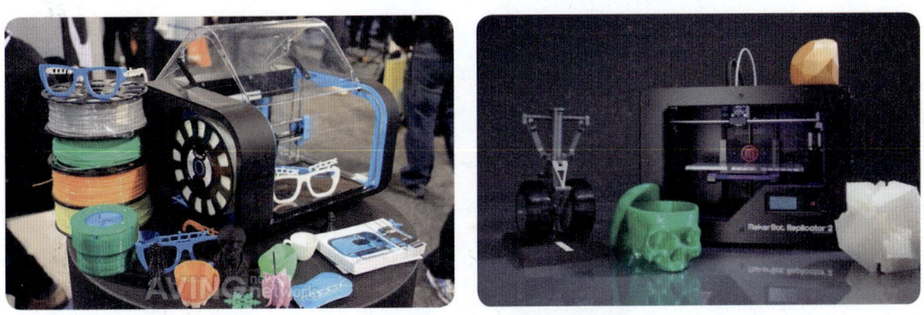

그림 10.19 3D 프린터들

캐나다에서는 [그림 10.20]과 같이 세계 최초로 3D 프린터로 차량 전체를 만든 플라스틱 하이브리드 카 Urbee-2를 생산해 주목 받기도 했다. [그림 10.21]은 최근 미국에서 3D 프린터로 만든 주행 가능한 자동차를 나타낸다.

그림 10.20 Urbee-2

그림 10.21 미국의 3D 프린터 자동차

이외에도 3D 프린터 전문가들은 [그림 10.22]와 같은 음식전문 3D 프린터를 이용하여 밀가루, 설탕, 초콜릿 등의 재료로 과자를 만들거나, 여러 약재료들을 적절하게 섞어 알약 한 알로 압축하거나, 초콜릿 재료로 머그컵을 만드는 등 즐거운 마법을 실현시키고 있다.

그림 10.22 음식전문 3D 프린터와 만들어진 과자들

또한 3D 프린터는 패션 분야에도 활용되고 있는데, 실과 바늘 없이도 복잡한 패턴의 옷을 짓거나, [그림 10.23]과 같이 가벼우면서도 탄성이 있는 신소재를 사용하여 입체감을 듬뿍 살린 다양한 옷과 신발을 만들어낼 수 있다.

그림 10.23 3D 프린터로 만들어낸 다양한 옷과 신발 패션

10.4 사물인터넷

SECTION

10.4.1 사물인터넷의 개념과 발전 전망

사물인터넷(Internet of Things: IoT)이란 흔히 영어 첫 글자들을 따서 '아이오티(IoT)'라 약칭하는데, 생활 속의 사물들을 유무선 네트워크로 연결하여 정보를 공유하는 환경을 말한다. 즉 사물인터넷이란 [그림 10.24]와 같이 인터넷을 기반으로 모든 사물들을 연결하여 사람과 사물, 사물과 사물 간의 정보를 상호 소통하는 지능형 기술 및 서비스를 말한다.

그림 10.24 사람과 사물을 뛰어넘는 사물인터넷

사물인터넷은 [그림 10.25]와 같이 1차 디지털 시대의 온라인 인터넷, 2차 디지털 시대의 모바일 무선통신이나 유비쿼터스 기술보다 훨씬 진화된 단계로서, 2020년부터는 M2M(Machine to Machine) 통신을 뛰어 넘어 본격적인 초연결(hyper-connected) 사물인터넷의 3차 디지털 시대가 전개될 것이다.

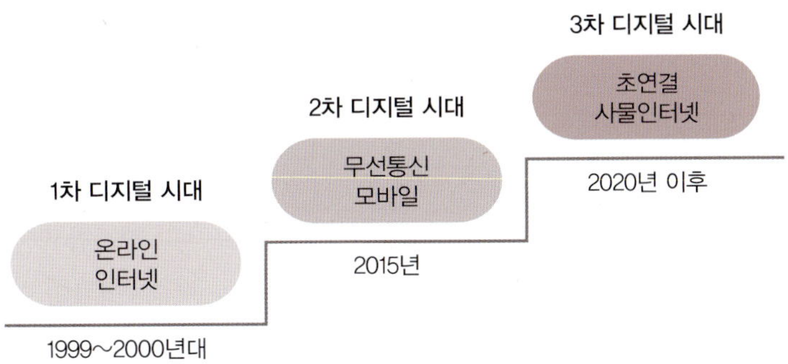

그림 10.25 디지털 시대의 발전

사물인터넷의 핵심은 인간을 둘러싼 사물들이 서로 연결되면서 인간에게 새로운 편의 또는 가치를 부여하는 것이다. 가전제품이나 전자기기뿐만 아니라 헬스케어, 원격검침, 스마트홈, 스마트카 등 다양한 분야에서 사물들을 네트워크로 연결해 정보를 공유할 수 있다.

최근 미국정보위원회에서는 사물인터넷을 2025년까지 미국 국가 경쟁력에 미칠 6대 파괴적 기술 중 하나로 선정했다. 우리나라에서는 2013년 6월 미래창조과학부가 사물인터넷을 인터넷 신산업 분야의 주요 기술로 선정한 '인터넷 신산업 육성 방안'을 발표한 바 있다.

마키나리서치(Machina Research)에 따르면 사물인터넷 세계시장이 2022년에는 1,400조 원, 2024년에는 약 2,340조 원 규모에 도달하고, 사물인터넷 국내시장은 2022년에는 22조 원, 2024년에는 약 42조 원 규모로 전망했다. 한편 한국방송통신전파진흥원에서는 2020년 이후에도 매년 30% 정도의 성장을 예측하고 있다.

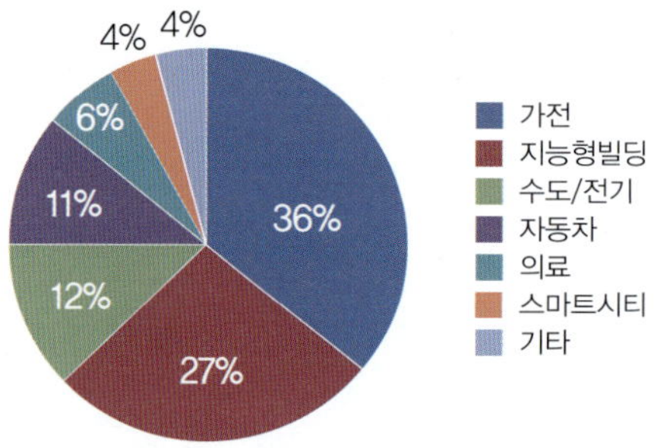

그림 10.26 분야별 사물인터넷 연결 수

사물인터넷이 발달함에 따라 연결기기 수가 해마다 늘어나게 되는데 2025년에는 연결기기 총 수가 950억 개에 이르고, 1인당 연결기기 수도 9.83개로 증가할 전망이다. 또 그 이후에도 꾸준한 증가가 예상된다. 분야별 사물인터넷의 연결 수는 [그림 10.26]에서와 같이 가전제품과 지능형 빌딩에 가장 많이 적용될 전망이다.

10.4.2 사물인터넷의 요소 기술

사물인터넷에서는 온도, 습도, 열, 가스, 빛의 세기 등 다양한 물리적 센서 정보의 획득이 중요하다. 초음파 센서와 영상 센서를 통하여 주위 환경으로부터 감지된 위치, 영상, 모션 등의 정보를 바탕으로 블루투스(Bluetooth)나 근거리 무선통신(NFC)를 통해 사물 간 대화가 이뤄진다.

사물인터넷을 구현하기 위한 요소기술로는 사물과 주위 환경으로부터 정보를 얻는 센싱 기술, 사물과 네트워크의 연결을 지원하는 유무선 통신 및 네트워크 인프라 기술, 정보의 가공처리와 각종 기술을 융합하는 서비스 인터페이스 기술, 그리고 해킹이나 정보 유출을 방지하기 위한 보안 기술 등이 있는데, 세부 내용은 〈표 10.4〉와 같다.

표 10.4 사물인터넷의 주요 3대 기술

기술	내용
센싱 기술	온도, 습도, 열, 초음파 센서 등과 원격 감지, 레이더, 위치, 영상 센서 등의 사물과 주위 환경에서 정보를 얻는 정보 수집 기술
유무선 통신 및 네트워크 인프라 기술	블루투스, 와이파이, RFID, 적외선 통신 등 근거리 무선통신을 비롯하여 LTE 등과 같은 이동통신 기술, 유선통신(이더넷, 광대역 통신) 그리고 GPS 등 모든 통신기술 포함
서비스 인터페이스 기술	서비스 제공을 위해 정보를 저장, 처리, 변환하는 역할을 의미. 정보를 센싱, 가공, 추출, 처리, 저장, 판단, 상황 인식, 인지, 보안, 프라이버시 보호, 인증, 인가, 검색 등의 기술 필요 – 특히 빅데이터 기술도 포함됨

사물인터넷을 활용한 국내외 여러 가지 응용 사례들은 〈표 10.5〉와 같이 매우 다양하고 응용 범위도 급격히 넓어지고 있다.

표 10.5 사물인터넷을 활용한 분야별 응용 사례

구분	분야	사례(업체명)	서비스 내용 및 기대효과
개인 IoT	자동차	커넥티드카 (구글, 테슬라)	• 자동차에 네트워크 연결기능을 탑재하여, 인포테인먼트 등 고도의 편의 제공
	헬스 케어	스마트밴드 (JAWBONE)	• 운동량 등 신체정보 제공을 통해 개인건강 증진 도모
	생활 가전	스마트 가전 (LG 전자 홈챗)	• ICT 기반의 주거환경 통합 제어로 생활편의 제공
	물류	프라임에어 (Amazone)	• 무인비행기를 이용한 택배서비스로 소비자의 이용 편리성 제고 및 원격제어 등을 통한 관리효율 향상
산업 IoT	농업	스마트팜 (SKT)	• 시설물 모니터링, 농지, 작물의 생육과정 관찰을 통해 작업 효율 개선
	공장	스마트 공장 (GE, 지멘스)	• 생산 · 가공 · 유통공정에 ICT 기술 접목으로 생산성 향상 도모
공공 IoT	보안 관제	원격관제, 전자발찌	• CCTV, 노약자 위치정보 등의 정보 제공으로 사전적 사고 예방
	환경	스마트 그린 (LGU+)	• 대기 질, 쓰레기 양의 정보 제공으로 환경오염 최소화 유도
	에너지	스마트미터 (누리텔레콤)	• 에너지 사용량의 원격 검침, 실시간 과금으로 관리 효율성 증대

(출처: 미래창조과학부, 한국정보화진흥원, 산업은행 조사분석부)

10.4.3 사물인터넷의 적용과 응용

사물인터넷은 아직까지는 응용의 초기 단계이지만 조만간 우리 일상생활에 널리 적용될 것이다. 예를 들어 스마트폰으로 집에 있는 보일러, 에어컨, 전기밥솥 등을 자동 컨트롤할 수 있으며, 자동차의 키를 꽂지 않아도 시동을 걸 수 있는 '스마트키', 에너지를 효율적으로 관리하는 '스마트 그리드' 등 그 분야는 엄청나게 넓다.

(1) 가정용 기기에의 적용

스마트폰을 비롯한 무선통신 기기를 이용하여 가정 내의 사물인 TV, 냉장고, 세탁기, 조명기구, 가스 장치, 난방, 취사 등에 널리 활용할 수 있다. 이러한 적용은 날이 갈수록 그 영역이 넓어지고 지능화되어 가고 있다. [그림 10.27]은 가정용 기기에의 사물인터넷 적용을 나타낸다.

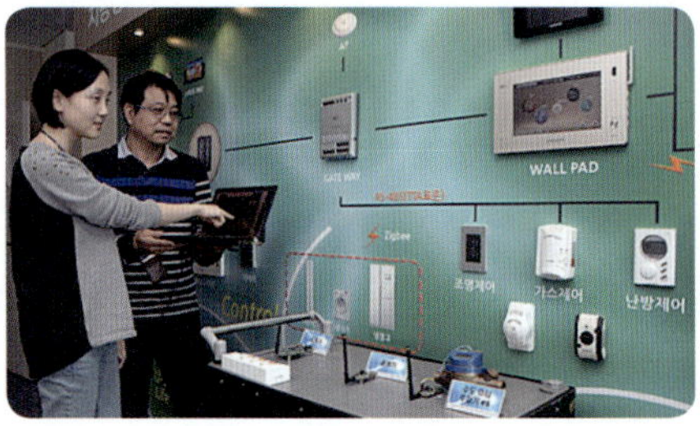

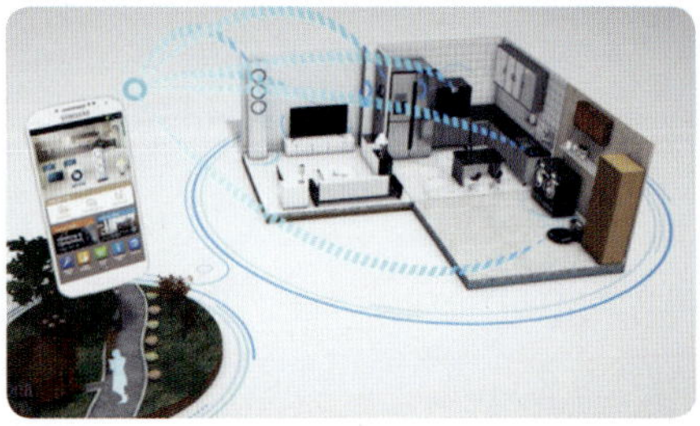

그림 10.27 가정용 기기에의 사물인터넷 적용

[그림 10.28]은 스마트폰 메시지 애플리케이션을 통해 에어컨을 원격으로 조정하는 장면이다. [그림 10.29]는 스마트폰 앱을 통해 홈캠 단말로 촬영되는 영상을 24시간 실시간으로 모니터링 할 수 있는 사물인터넷 홈 CCTV 제품인데, 어린이, 노약자, 반려동물 등을 원격으로 살필 수 있다.

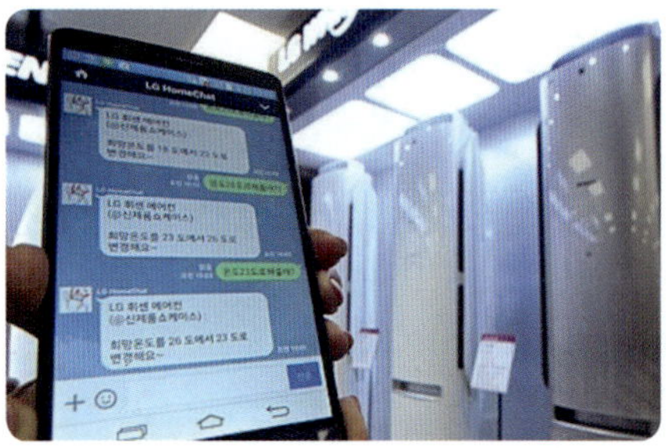

그림 10.28 사물인터넷 에어컨

그림 10.29 사물인터넷 홈 CCTV

(2) 스마트 안경

구글 글래스(Google glass)는 [그림 10.30]과 같이 증강현실 기술을 활용한 스마트 안경(smart glass)으로서 스마트폰처럼 사진도 찍고 인터넷 검색도 가능하며 내비게이션 기능으로 길 안내도 받을 수 있다. 특히 음성 명령을 통해 작동된다는 면에서 많은 관심을 끈다.

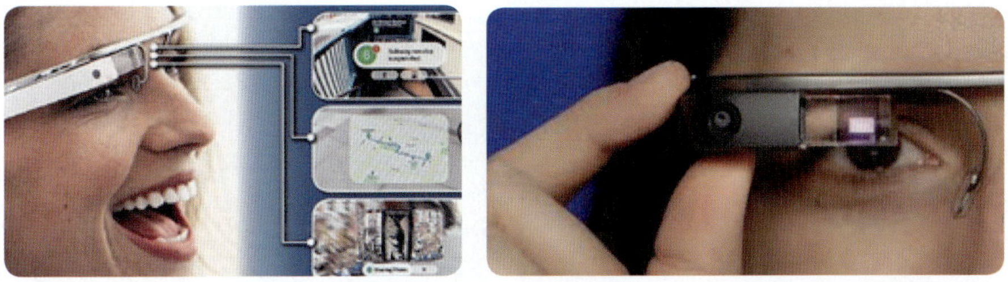

그림 10.30 구글 글래스

(3) 건강관리용 스마트 팔찌

신체 건강 유지 및 운동과 관련된 제품인 Nike의 퓨얼밴드(FuelBand)는 운동량 측정에 특화된 웨어러블 사물인터넷 기기이다. [그림 10.31]과 같은 팔찌로서 사용자의 걷거나 뛰는 거리, 시간, 운동량을 기록하며 몇 달 간의 운동량 추이도 관리할 수 있다.

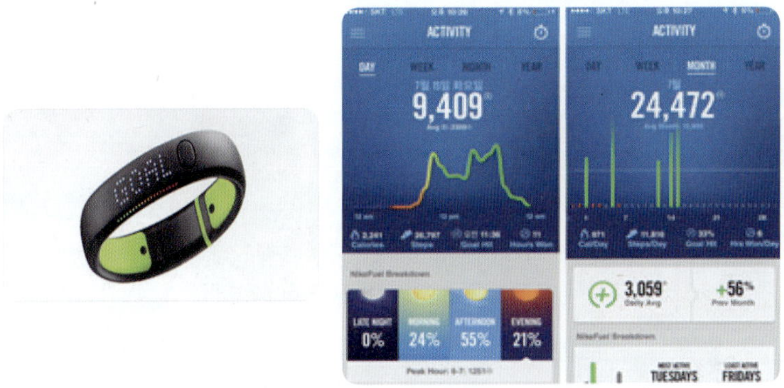

그림 10.31 스마트 팔찌와 운동량 자료 관리

(4) U-헬스와 음악 공유

애플이 개발한 헬스키트(HealthKit)는 [그림 10.32]와 같이 다른 헬스기기와 앱으로부터 받은 데이터들을 통합하는 서비스를 제공하며, 환자와 병원을 실시간으로 이어주는 서비스를 제공한다. 한편 [그림 10.33]은 같은 장소에 있는 사람들과 무선으로 음악을 공유하는 웨어하우스 Arc(Wearhaus Arc)의 블루투스 헤드폰인데, 스마트폰으로 설정해 놓으면 주위에 있는 다른 사람의 헤드폰들도 음악을 공유할 수 있다.

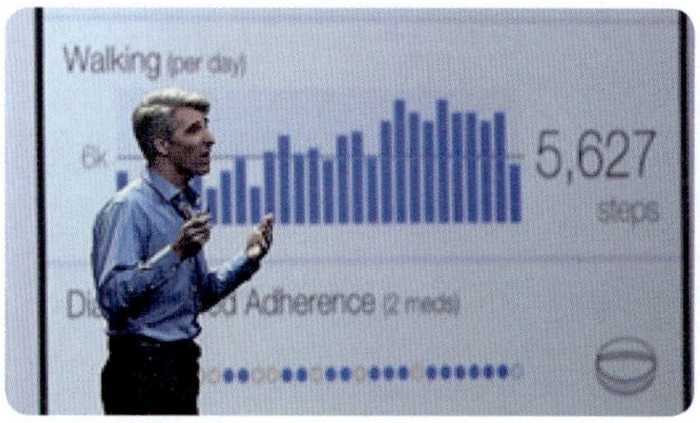

그림 10.32 헬스키트

그림 10.33 웨어하우스 Arc

(5) 스마트팜

스마트팜(Smart Farm)이란 비닐하우스 등에 사물인터넷을 적용하여 스마트폰이나 컴퓨터를 통해 원격으로 생육환경을 적절하게 유지하고 관리할 수 있는 농장을 말한다. 이를 위해서는 [그림 10.34]와 같이 사물인터넷을 이용하여 온도, 습도, 일사량 등의 생육 환경 정보를 자동으로 수집하고 소프트웨어를 통해 수분 공급, 온도 조절, 창문 개방 등을 관리하게 된다.

그림 10.34 사물인터넷을 이용한 스마트팜

10.5.1 빅데이터의 개요

빅데이터(Big Data)란 기존의 데이터베이스 관리 도구를 이용하여 데이터를 수집, 저장, 관리, 분석할 수 있는 범위를 넘어서는 방대한 양의 데이터 집합으로부터 가치 있는 정보를 빠르고 효율적으로 추출하고 결과를 분석하는 최신 기술을 말한다.

빅데이터는 기존의 정형화된 데이터뿐만 아니라 다양한 형태의 사진, 동영상, 행동 패턴, 위치정보, 메타 정보, 센서 데이터 등 멀티미디어 정보와 비정형 데이터들을 망라한다. 빅데이터는 '21세기의 새로운 원유'로도 불리는데, [그림 10.35]와 같이 저장, 분석, 인터넷 등 다양한 기술과 연관성을 가진다.

그림 10.35 빅데이터와 여러 관계들

최근 들어 빅데이터가 IT 10대 핵심기술로 주목받고 있으며, 수많은 기업들이 빅데이터를 통하여 새로운 성장 동력을 찾고 있다. 예를 들어 미국의 포드자동차 회사는 차량에 설치된 센서를 통해 운전자의 주행습관 데이터를 수집하고 분석하여 고객의 숨은 요구(needs)를 찾아내 신제품에 반영하여 좋은 결과를 도출하고 있다.

빅 데이터 기술의 발전은 다변화된 현대 사회를 더욱 정확하게 예측하여 효율적으로 작동케 한다. 또한 정치, 사회, 경제, 문화, 과학 기술 등 전 영역에 걸쳐서 사회와 인류에게 가치 있는 정보를 제공할 수 있는 가능성을 제시하면서 그 중요성이 부각되고 있다. [그림 10.36]은 빅데이터의 몇 가지 활용 분야를 나타낸다.

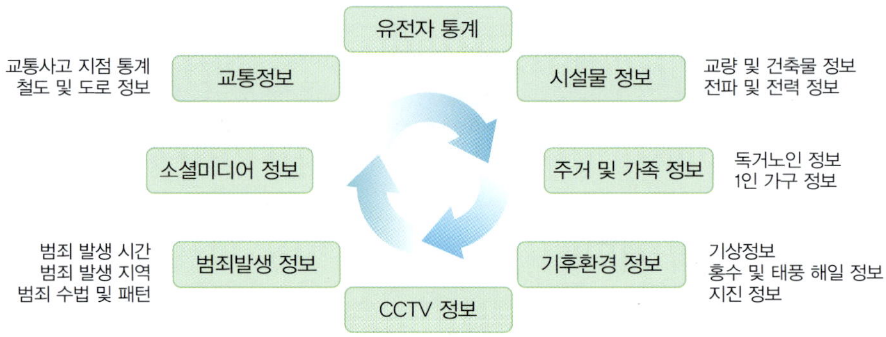

그림 10.36 빅데이터의 활용 분야

그러나 빅데이터는 사생활 침해와 보안 측면의 문제점도 내포하고 있다. 데이터를 수집하거나 분석할 때 개인의 사적인 정보까지 다루는 빅브라더의 모습이 될 수도 있기 때문에 각별한 주의가 필요하다.

국내 빅데이터 시장 규모는 [그림 10.37]에 나타낸 바와 같이 2022년도에는 14억 달러(약 1조 9천억 원) 정도이고, 2024년에는 23.66억 달러 수준으로 전망된다.

빅데이터 기술은 방대한 양의 정보를 빠르게 분석하여 의미 있는 결론을 도출해내는 것으로 이를 통해 항공권 가격부터 웹에 있는 사람들의 의견까지 다양한 현상을 검색 가능한 형태로 바꿀 수 있다. 앞으로 빅데이터는 비즈니스, 정치, 교육, 건강 등 전반에 걸쳐 사람들이 생각하는 방식 자체를 바꾸어 놓을 것이다.

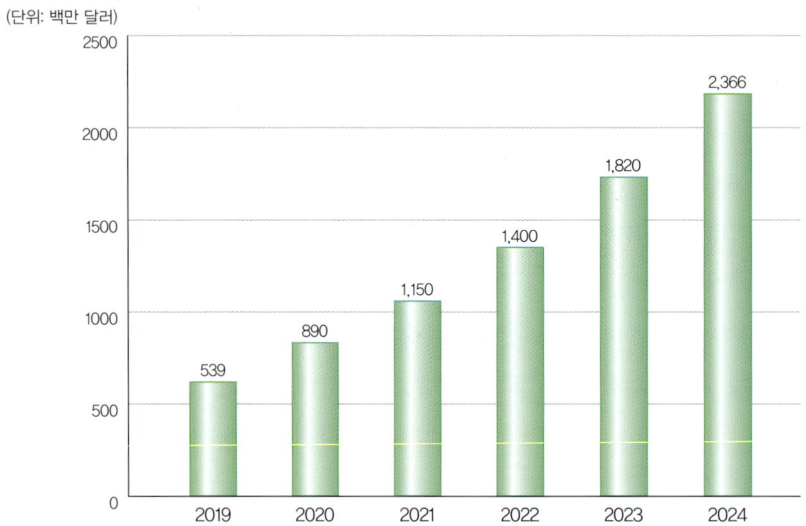

그림 10.37 국내 빅데이터 시장 규모 전망

10.5.2 빅데이터의 특징, 요소 기술, 활용 과정

(1) 빅데이터의 특징

미국의 시장 조사기관인 가트너(Gartner)는 데이터의 부피가 큰 점, 변화의 속도가 빠른 점, 그리고 속성이 매우 다양한 데이터인 점을 빅데이터의 주된 특징으로 꼽았다. 즉, 빅데이터는 크기(Volume), 변화의 다양성(Variety), 속도(Velocity)라는 3가지 특징을 가지고 있는 데이터로부터 효과적인 결과물을 창출해 낼 수 있다. [그림 10.38]은 빅데이터의 3가지 특징(3V)을 나타낸다.

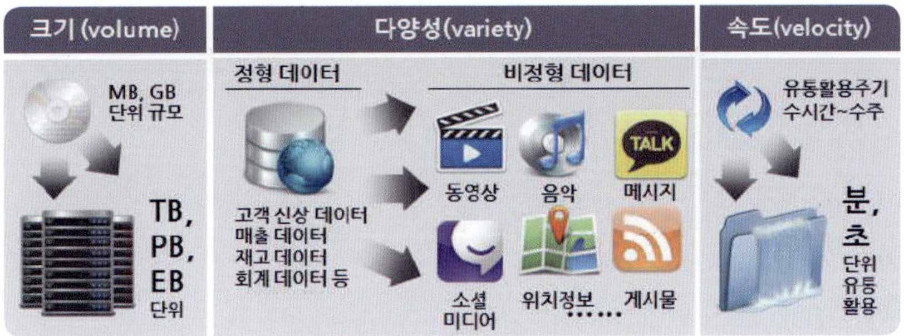

그림 10.38 빅데이터의 3가지 특징

최근에는 의미 있는 정보, 가치 있는 정보를 찾아 활용하는 것이 중요하다는 뜻에서 기존의 3V 요소에 데이터의 진실성(Veracity), 시각화(Visualization), 가치(Value)에 추가하여 빅데이터 기술 요소를 〈표 10.6〉과 같이 '6V'로 확대하였다.

표 10.6 빅데이터 기술의 6가지 요소

구분	내용
크기(Volume)	방대한 양의 데이터(페타바이트(1PB = 1015Byte) 수준)
다양성(Variety)	정형데이터+비정형데이터(소셜 미디어의 동영상, 사진, 대화내용 등)
속도(Velocity)	실시간으로 생산되며 빠른 속도로 분석, 유통
진실성(Veracity)	의사 결정이나 활동의 배경을 고려하여 이용됨으로써 신뢰 제고
시각화(Visualization)	사용자 친화적인 시각적 기능을 통해 빅데이터의 모든 잠재력 활용
가치(Value)	비즈니스에 실현될 궁극적 가치에 중점을 둠

(2) 빅데이터의 활용 과정

빅데이터로부터 사용자가 필요한 지식을 발굴해 활용하는 단계는 다음과 같다.

❶ 기업의 비즈니스 요구사항을 확인한다.

❷ 필요한 다량의 데이터를 검색하여 수집한다.

❸ 수집한 데이터를 적절한 형태로 가공한다.

❹ 처리된 데이터를 분석하고 시각화하여 이용한다.

우리는 빅데이터를 다루고 분석하는 전문가를 '데이터 과학자(Data Scientist)'라고 부르는데, 통계학, 컴퓨터과학, 머신러닝 등 기본적인 데이터 분석에 대한 이해뿐만 아니라 프로그래밍 능력과 특정 도메인에 대한 비즈니스 지식도 갖춘 사람이어야 한다.

빅데이터의 요소 기술은 〈표 10.7〉과 같이 6가지로 분류되어 설명될 수 있다.

표 10.7 빅데이터의 요소 기술 구성과 분류

요소 기술	설명	해당 기술
빅데이터 수집	조직내부와 외부의 분산된 여러 데이터 소스로부터 필요로 하는 데이터를 검색하여 수동 또는 자동으로 수집하는 과정과 관련된 기술로 단순 데이터 확보가 아닌 검색/수집/변환을 통해 정제된 데이터를 확보하는 기술	ETL/크롤링 엔진/로그 수집기/센싱/RSS, Open API 등
빅데이터 공유	서로 다른 시스템간의 데이터 공유	멀티 테넌트 데이터 공유/협업 필터링 등
빅데이터 저장	작은 데이터라도 모두 저장하여 실시간으로 저렴하게 데이터를 처리하고, 처리된 데이터를 더 빠르고 쉽게 분석하여, 이를 비즈니스 의사 결정에 바로 이용하는 기술	병렬 DBMS/하둡(Hadoop)/NoSQL 등
빅데이터 처리	엄청난 양의 데이터의 저장 · 수집 · 관리 · 유통 · 분석을 처리하는 일련의 기술	실시간 처리/분산 병렬 처리/인-메모리 처리/인-데이터베이스 처리
빅데이터 분석	데이터를 효율적으로 정확하게 분석하여 비즈니스 등의 영역에 적용하기 위한 기술로 이미 여러 영역에서 활용해 온 기술임	통계분석/데이터 마이닝/텍스트 마이닝/예측 분석/최적화/평판 분석/소셜 네트워크 분석 등
빅데이터 시각화	자료를 시각적으로 나타내는 기술로 빅데이터는 기존의 단순 선형적 구조의 방식으로 표현하기 힘들기 때문에 빅데이터 시각화 기술이 필수적임	시간 시각화/분포 시각화/관계 시각화/비교 시각화/공간 시각화/인포그래픽

10.5.3 빅데이터의 활용 사례

(1) 한국석유공사의 국내 유가 예측 서비스

한국석유공사는 데이터 분석 전문기업과 협력하여 유가 예보 시스템을 개발하였다. 유가의 미래 가격을 예측하는 오피스넷 시스템을 구축하여 국내 1,300여 개의 주유소로부터 하루 6차례씩 수집된 휘발유 가격 정보를 활용하였다.

국내외 빅데이터를 기반으로 국내 정유사와 주유소의 판매 가격을 추정하는 예측 모델을 개발하여 소비자들이 지역별, 상표별로 상승, 소폭상승, 보합, 소폭하락, 하락으로 구별되는 시각화 자료를 확인하여 유리한 곳에서 구매할 수 있게 하였다. [그림 10.39]와 같은 유가 예보 서비스의 효과로는 사용자에게 현재의 차량 위치를 중심으로 최저가의 유가 서비스를 제공할 수 있고, 인근 주유소들 간에도 유가 정보를 공유하여 건전한 경쟁을 유도하여 유가를 낮출 수 있었으며, 이를 통하여 국제유가에

민감한 국내 물가 안정에도 기여하였다.

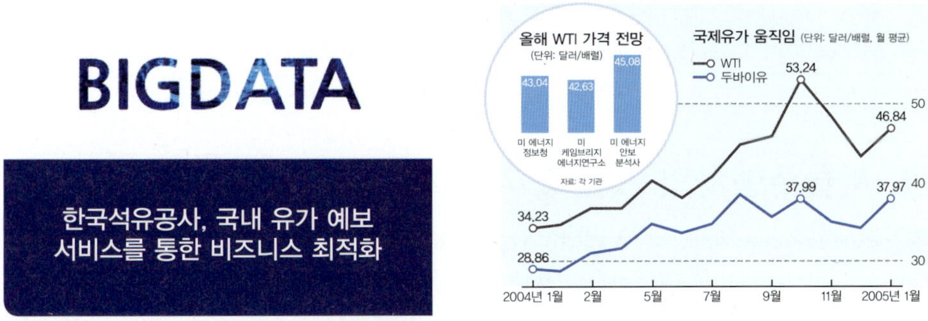

그림 10.39 한국석유공사의 빅데이터에 의한 유가 전망

(2) 구글의 검색어 분석을 통한 독감 예보 서비스

구글(google)은 홈페이지에서 독감이라는 단어를 포함하여 기침, 인플루엔저, 오한 등 독감과 관련된 빅데이터 검색어 분석을 통하여 '구글 독감 동향(Google Flu Trends)'이라는 독감 확산 조기 경보체계를 마련하였다. 이를 통하여 독감 환자의 발병 시간, 분포 및 지역별 확산 정보를 예측하는데, 미국 질병통제 예방센터의 데이터와 비교결과 실제 독감 증세를 보인 환자 수와 매우 밀접한 상관관계가 있는 독감 예보 서비스임이 확인되었다. [그림 10.40]은 구글 독감 동향의 빅데이터 분석을 나타낸다

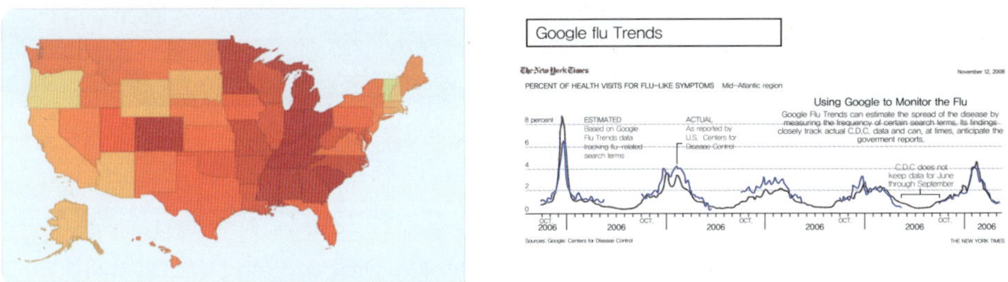

그림 10.40 구글 독감 동향의 빅데이터 분석

자율주행차와 드론

10.6.1 자율주행차의 개념과 기술

자율주행차(Autonomous Vehicle: AV)란 [그림 10.41]과 같이 운전자가 전혀 운전하지 않거나 운전자가 없더라도 다양한 센서들과 네트워크를 통해 주변 환경을 인식하고 주행 상황을 판단하여, 차량을 스마트하게 제어함으로써 스스로 목적지까지 주행하는 자동차를 말한다.

자율주행차는 우리나라에서 무인자동차라 부르기도 하는데, 일반인용뿐만 아니라 장애인을 위한 보조수단, 군사용, 화물운송을 비롯하여 상업용 등 광범위한 분야에서 사용될 전망인데 향후 자동차 산업을 이끌 핵심 기술로 주목을 받고 있다.

그림 10.41 스스로 운전하는 자율주행차

자율주행차에는 유리창 안쪽에 도로표지판 인식이 가능한 영상카메라와 위성항법장치(Global Positioning System: GPS)가 들어간다. 또한 자동차 지붕에는 레이저 스캐너를 부착하여 자기 차와 주위에 지나가는 자동차의 속도를 측정할 수 있다. 이 밖에도 고속 주행을 위한 차간 거리를 조정하거나 도로에 있는 차선, 신호등, 도로표지판 등을 인식하는 기술이 필요하다.

특히 안전성의 확보와 돌발 상황에 제대로 대처하기 위해 다양한 종류의 센서들을 활용하는 것이 필요하고, GPS를 통해 현재의 위치를 10cm 이내 오차 수준으로 정밀하게 파악해야 한다. 또한 진로 및 장애물의 인식기술, 감속 및 가속, 조향 등의 명령을 내리는 중앙제어 장치가 필요하다. [그림 10.42]는 교차로에서의 자율주행차의 센서 상황을 나타낸다.

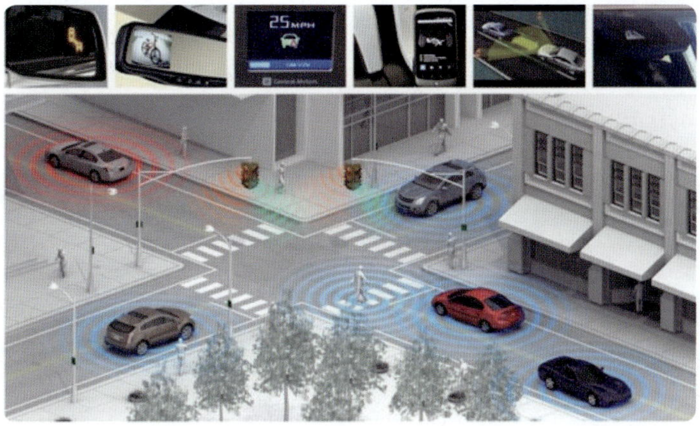

그림 10.42 스스로 상황을 판단하는 자율주행차

자율주행차에 적용되는 시스템 기술은 다음과 같이 요약할 수 있다.

❶ 지능형 순항제어 시스템은 운전자가 페달 조작을 하지 않아도 스스로 속도를 조절하여 속도의 유지, 감속, 가속, 정지를 통하여 앞차 또는 장애물과의 거리를 유지시켜 준다.

❷ 차선 이탈방지 시스템은 차선 이탈 상황을 감지하여 운전자에게 알려주는데, 내부에 달린 카메라가 차선을 감지하고 도보와 중앙선을 구분하여 안전하게 주행하는데 사용된다.

❸ 주차보조 시스템은 후진 일렬주차를 도와주는데, 자동주차를 할 경우에는 운전자가 주차장 앞에 차를 정지시킨 뒤 리모컨 잠금 스위치를 2회 연속으로 누르면 된다.

❹ 사각지대 정보안내 시스템은 자동차 양 측면에 장착된 센서가 사이드미러로 보이지 않는 사각지대에 사물이 있는지를 판단하여 운전자에게 알려준다.

10.6.2 자율주행차의 개발 상황

세계 굴지의 소프트웨어 기업인 구글(Google)이 자율주행차의 상용화에 나섰는데, 구글의 자율주행차 자회사인 '웨이모(Waymo)'가 최근 제한된 고객과 범위 내에서 세계 최초로 자율주행차 서비스를 시작했다고 발표했다. [그림 10.43]은 구글의 초기 자율주행차와 최근 웨이모의 자율주행차를 나타낸다.

그림 10.43 구글의 초기 자율주행차와 최근 구글 웨이모의 자율주행차

최근에는 구글의 자율주행차 외에도 대부분의 유명 자동차 회사의 자율주행차가 거리를 달리며 시험주행을 하고 있다. [그림 10.44]는 도로를 달리며 시험주행 중인 현대의 '아이오닉' 자율주행차와 시험운행 중인 벤츠의 자율주행차이다.

그림 10.44 시험운행 중인 현대차와 벤츠의 자율주행차

자율주행차는 2025년 이전에 상용화가 시작되고, 2035년에는 도로를 주행하는 4대 중 적어도 1대는 자율주행차가 될 것이라는 예측이 많다. 그 후 2050년 경에는 대부분의 자동차가 자율주행차로 대체될 전망이다. 그때 만약 자율주행차들끼리 교통사고가 난다면 운전하지도 않은 사람의 책임일지, 아니면 소프트웨어와 하드웨어를 판매한 자동차 회사의 책임일지가 궁금해진다.

10.6.3 드론의 개념과 응용

드론(Drone)은 무선전파로 조종할 수 있는 무인 항공기로서 카메라, 센서, 통신시스템 등이 장착되어 있으며, 경우에 따라 고도로 지능적인 인공지능 소프트웨어가 탑재되기도 한다.

드론은 정찰이나 적기를 대신한 표적기 등의 군사용도로 처음 생겨났지만 [그림 10.45]와 같이 항공촬영, 농약 살포, 공기질 측정, 택배 배달 등으로 확대되고 있다. 정글이나 오지, 화산지역, 자연재해지역, 원자력 발전소 사고지역 등 인간이 접근할 수 없는 지역에 드론을 투입하여 운용하기도 한다. 최근에는 초소형 드론도 활발하게 개발되고 있으며, 개인의 취미활동으로 개발되어 상품화된 것도 많다.

그림 10.45 항공 촬영용 드론과 농업용 드론

드론을 이용한 상업적 택배 배달도 진행되고 있다. 세계적인 쇼핑몰이자 전자상거래 기업인 미국의 아마존(amazon)은 오래 전부터 '프라임 에어(prime air)'라는 드론 택배 프로젝트를 진행 중이다. 아마존은 2016년 12월 첫 상업용 드론 택배에 성공한 후 지속적으로 개발 중이다. [그림 10.46]은 아마존의 택배 드론과 우리나라에서 개발 중인 택배 드론을 나타낸다.

그림 10.46 아마존의 택배 드론과 우리나라의 택배 드론

드론의 개발이 4차 산업혁명의 영역에 포함되는 이유는 아직까지 드론에서 개발되어야 할 핵심기술들이 너무나 많기 때문이다. 특히 비행중의 돌발적인 사태에 대비하기 위해서는 인공지능 기술 확충이 필수불가결하다.

알아보기 코너 4차 산업혁명 시대에 변화하는 직업들

4차 산업혁명은 인공지능과 사물인터넷 등의 혁신적인 기술들의 구현을 통하여 장차 우리의 직업에도 큰 변화를 일으킬 것이다. 먼저 유망 직업으로는 소프트웨어 개발자, 인공지능 전문가, 로봇 관련 직업, 데이터 분석가, 빅데이터와 사물인터넷 관련 직업, 고령층 대상의 실버산업 종사자 등이다. 한편 인간의 감성과 관련된 예술 분야 직업들은 별 영향이 없을 것이다.

앞으로 점차 줄어드는 직업으로는 로봇과 인공지능 기술의 발달로 업무가 자동화됨에 따라 텔레마케터, 은행원, 회계사와 같은 직업들을 꼽을 수 있다. 또 무인자동차와 무인버스의 출현으로 운전기사 직업이 위협받을 수 있고, 드론의 발달로 택배기사도 줄어들 수 있다.

10.7 기타 핵심 기술들

SECTION

10.7.1 광 컴퓨터

광 컴퓨터(Optical Computer)는 광 신호로 작동하는 논리소자를 이용한 신호를 통하여 빛에 의해 연산하는 컴퓨터를 말한다. 즉 현재의 디지털 컴퓨터에서 흔히 볼 수 있는 산술 연산과 논리 연산을 빛을 이용하여 수행하는 컴퓨터이다. 빛이라고 해서 우리가 보는 일반적인 빛은 아니고 특수하게 처리된 레이저(razor)를 쓰는 것이다.

이러한 광 컴퓨터는 기억, 연산, 제어 등을 일반 회로가 아닌 광 회로를 사용한다. 이 분야는 제한된 속도와 정확도를 가진 기존의 전자적 컴퓨터에서 장애가 되어온 계산상의 문제점들을 해결하기 위한 대안으로 연구되고 있으나 가까운 시일 내에 구현되기는 어려울 것으로 여겨진다. [그림 10.47]은 광 컴퓨터의 개념도와 현재 개발 중인 광소자이다.

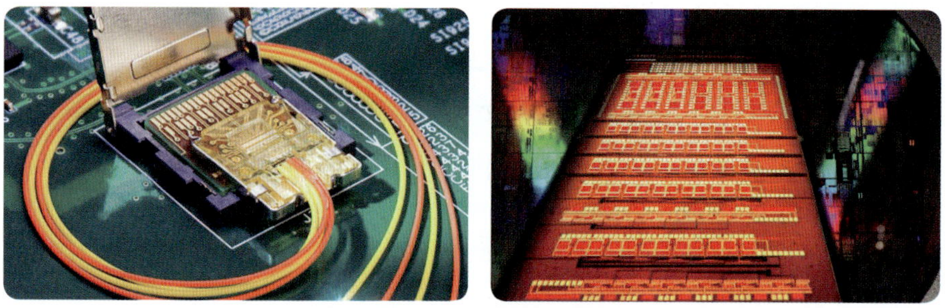

그림 10.47 광 컴퓨터 개념도와 광소자

광 컴퓨터가 실용화되기 위해서는 전자 회로와 같은 수준의 광 집적 회로가 실제로 만들어져야 한다. 아직은 실험실 단계이지만 머지않은 미래에 광 컴퓨터가 개발될 것이다. 광 컴퓨터는 기존의 컴퓨터에 비해 다음과 같이 뛰어난 장점들을 가지고 있으므로 미래의 컴퓨터로 주목받고 있다.

❶ 처리 속도가 현재의 슈퍼컴퓨터보다 최소한 1,000배 이상 빨라진다.

❷ 하나의 칩에 집적되는 정보가 실리콘 소재보다 10배까지 높아질 수 있다.

❸ 전자기파의 유도 장애를 받지 않으므로 시스템이 안정적이다.

❹ 기본 소재가 모래이므로 자원이 풍부하고 값이 싸다.

❺ 빛 자체의 속성 때문에 2차원 또는 3차원의 병렬 처리가 쉽다.

❻ 영상 정보처리가 쉽다.

광 컴퓨터를 구현하기 위해서는 광 재료 및 디바이스, 기억소자, 상호 연결된 네트워크, 산술 및 부호 알고리즘과 새로운 프로그램 분야에 크나큰 진전이 이루어져야 한다. 그 결과 신호 및 영상 처리, 컴퓨터 비전, 패턴 인식, 로봇의 제어, 과학적인 시뮬레이션용 슈퍼컴퓨터, 신경망 컴퓨터, 기계의 지능화와 최적화에 있어서 계산상의 큰 문제점들이 [그림 10.48]과 같은 광 디바이스와 광 컴퓨터에 의해 효과적으로 해결되기를 많은 관련자들이 기대하고 있다.

그림 10.48 광 디바이스와 광 컴퓨터

10.7.2 바이오 컴퓨터

바이오 컴퓨터(Bio Computer)는 생물학적 메커니즘을 연구하는 분야로서 생물학적인 시스템이 어떻게 작용하는지를 규명하고, 생물학적인 시스템에서 일어나는 작용을 시뮬레이션함으로써 생물체의 기능을 규명하고자 하는 분야이다.

바이오 컴퓨터에 관한 지금까지의 가시적인 연구 성과는 바이오 센서(sensor)이다. [그림 10.49]와 같은 바이오 센서는 신호를 통한 기존의 감지 장치와는 달리 효소나 항체를 이용한 센서로 볼 수 있으며, 그 종류로는 효소 센서와 항체 센서 등이 있는데 이들은 이미 여러 분야에서 응용되고 있다.

효소 센서로는 혈액 내의 포도당 측정을 통하여 당뇨병을 검사할 수도 있으며 콜레스테롤 측정을 통한 동맥경화증의 검사도 가능하다. 면역 센서를 통해서 지금으로서는 해결하기 어려운 불치병에 대한 항원의 개발 등에 매우 유용할 것으로 기대된다.

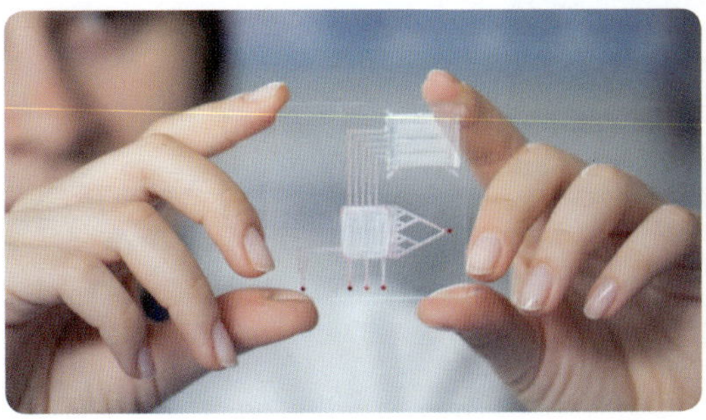

그림 10.49 바이오 센서

바이오 컴퓨터의 주요 응용 분야는 바이오 칩과 관련된 분야이다. 게놈 프로젝트(Genome project)로 DNA 구조를 분석한 이후 관련 업체에서는 여러 패턴의 DNA 구조를 [그림 10.50]과 같이 하나의 칩 위에 집적하여 수천 가지의 유전자 특성들을 동시에 분석하였다. 이를 활용하여 DNA 패턴을 만들고 난치병의 치료나 환자의 상태 등을 검사할 수 있도록 할 것이다. 이러한 바이오 칩도 바이오 컴퓨터의 발달과 함께 엄청난 속도로 발전하여 가까운 미래에는 우리 생활에 널리 활용될 수 있을 것으로 기대된다.

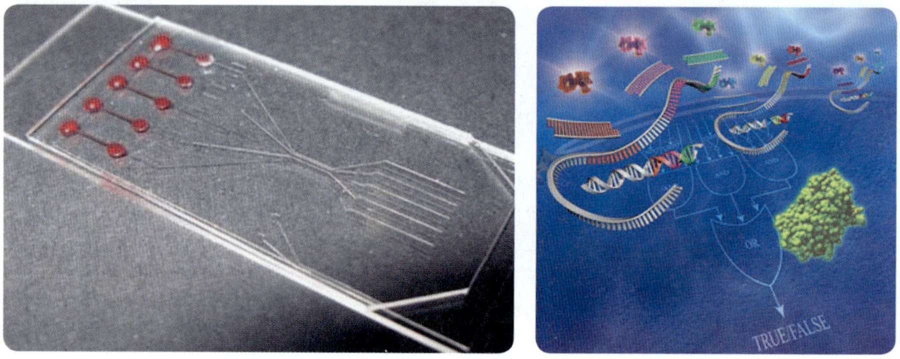

그림 10.50 바이오 칩의 내부

10.7.3 양자 컴퓨터

양자 컴퓨터(Quantum Computer)는 1995년도에 처음으로 그 가능성이 타진되었던 개념인데 현재 양자 컴퓨터와 관련된 연구가 빠르게 진행되고 있는 중이다. 아직은 연구실 단계이지만 그 기대도 상당히 높은 편이다. 양자 컴퓨터는 기존의 컴퓨터와는 달리 중첩의 원리(Principle of Superpositon of States)에 의해 작동되며, 여기에 [그림 10.51]과 같은 큐비트(qbit)라는, 우리가 통상 사용하는 비트와 비슷한 개념을 도입한 것이다. [그림 10.52]는 거울을 이용한 양자 컴퓨터의 기본 원리를 나타낸다.

그림 10.51 전자를 띠고 있는 이온-큐비트

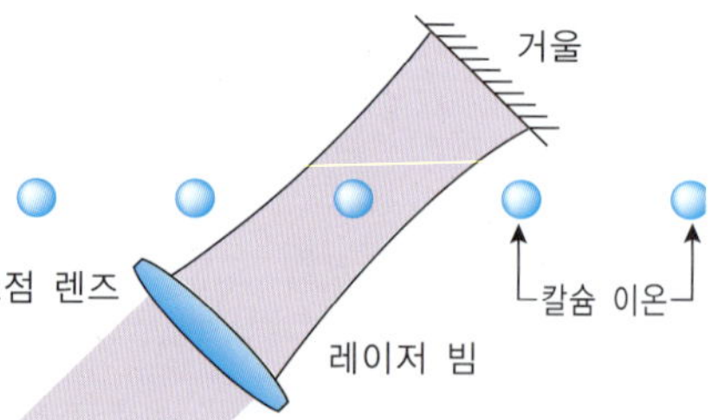

그림 10.52 양자 컴퓨터의 기본 원리

양자 컴퓨터의 두드러진 장점은 엄청나게 빠른 연산 속도에 있다. 지금까지의 일반 컴퓨터는 전기가 연결되면 1이고 전기가 연결되지 않으면 0이라는 개념으로 비트 단위로 동작하는 데 비해 양자 컴퓨터는 여러 비트들을 한꺼번에 연산할 수 있다. 이렇게 함으로써 일반 컴퓨터에 비해 엄청나게 빠른 속도로 연산이 이루어진다. 이 차이는 일반 컴퓨터가 5천 8백억 년 동안 계산해야 될 문제를 양자 컴퓨터는 단 1초 만에 풀어낼 수 있다.

양자 컴퓨터의 활용 분야로는 매우 복잡하면서도 빠른 계산이 필요한 다양한 분야에 유용하게 사용될 수 있다. 예들 들어 최근에 각광 받고 있는 인공지능 분야, 복잡한 암호의 해독 관련 분야, 매우 복잡한 시뮬레이션이 필요한 제약, 바이오, 화학 등의 분야, 항공기 설계와 우주항공 분야 등에 매우 유용할 것이다. 〈표 10.8〉은 슈퍼컴퓨터와 양자 컴퓨터를 비교한 것이다.

표 10.8 슈퍼컴퓨터와 양자 컴퓨터의 비교

슈퍼컴퓨터	양자 컴퓨터
비트(bit) 기반 디지털 기술 사용	큐비트(qbit) 기반 양자 기술 사용
현대 암호체계 분석 불가능	초고속 연산으로 신속한 계산 가능
612자리 정수 암호 해독: 100만 년	612자리 정수 암호 해독: 몇 분 이내
세계 1위 슈퍼컴퓨터 전력 소모량 15MW	D-Wave 양자 컴퓨터 전력 소모량은 슈퍼컴퓨터의 1/600에 불과

(자료: 미래창조과학부)

미국을 비롯한 여러 나라에서 양자 컴퓨터 개발에 박차를 가하고 있지만 실제로 활용되기까지는 다소 시일이 걸릴 것으로 예상된다. [그림 10.53]은 구글이 개발한 양자 칩과 D-Wave 2X 양자 컴퓨터인데, 특정 영역에서 기존 컴퓨터보다 1억 배 빠른 성능을 구현했지만 보다 초고속의 처리를 위한 노력이 진행 중이다.

그림 10.53 구글이 개발한 양자 칩과 양자 컴퓨터

실습/알아보기

1 4차 산업혁명이 한창 진행되고 있는 이때 각자의 스마트폰에서 인공지능 비서 역할을 하는 소프트웨어들을 알아보고, 편리한 기능들을 직접 실습해보자.

삼성전자의 인공지능 비서인 빅스비(Bixby), 구글 어시스턴트, 애플의 시리(Siri)

2 사물인터넷은 이미 우리들의 생활 속에 스며들고 있다. 우리 집의 에어컨, 난방 조절기, TV, 가스 시설 등에 적용 가능한 것들을 알아보고, 사물인터넷으로 연결하는 방법을 알아보고 실천해보자.

3 빅데이터는 사생활 침해와 보안 측면에서 문제점을 내포하고 있다. 빅데이터의 수집과 공표에 있어서 이런 문제점들의 해결 방안을 알아보자.

4 우리나라에서 드론 택배가 어려운 이유에 대해 알아보자.

우리나라에서 드론 택배가 어려운 가장 큰 이유는 아파트 거주 문화일 것이다. 미국 같은 경우에는 단독주택이 많아 택배 드론이 자유롭게 날아다닐 수 있지만, 우리나라의 경우 아파트로 진입하는 것이 어렵기 때문이다.

그 외 다른 이유들은 무엇일지 알아보자. 또 어떻게 하면 이런 문제점들을 해결할 수 있는지 그 대책도 알아보자.

참고문헌

10.1 4차 산업혁명 시대의 도래

김대수, 소프트웨어와 컴퓨팅 사고, 생능출판사, 2016.

https://www.weforum.org/agenda/2016/01/the-fourth-industrial-revolution-what-it-means-and-how-to-respond/

10.2 4차 산업혁명과 인공지능

http://medicalfuturist.com/artificial-intelligence-will-redesign-healthcare/

http://www.ciokorea.com/news/31675

https://www.analyticsforliving.org/

10.3 신기술 입출력 장치 – 3D 프린터

https://www.amazon.com/3d-printer/s?k=3d+printer

https://all3dp.com/1/best-3d-printer-reviews-top-3d-printers-home-3-d-printer-3d/

https://en.wikipedia.org/wiki/3D_printing

10.4 사물인터넷

https://www.sap.com/korea/insights/what-is-iot-internet-of-things.html

https://www.redhat.com/ko/topics/internet-of-things-570051

https://aws.amazon.com/ko/what-is/iot/

https://www.oracle.com/kr/internet-of-things/what-is-iot/

10.5 빅데이터

https://en.wikipedia.org/wiki/Big_data

https://www.sas.com/en_us/insights/big-data/what-is-big-data.html

10.6 자율주행차와 드론

https://www.synopsys.com/automotive/what-is-autonomous-car.html

https://en.wikipedia.org/wiki/Drone

10.7 기타 핵심 기술들

https://www.geeksforgeeks.org/introduction-of-optical-computing/

https://news.mtn.co.kr/news-detail/2022061307195722716

연습문제

정오식 문제

1 4차 산업혁명은 주로 하드웨어 파워를 바탕으로 기계와 제품의 지능화를 통하여 보다 가치 있고 지능적인 제품을 만들어낼 수 있다. ( )

2 전기의 힘을 이용한 대량생산의 시작은 2차 산업혁명에 속한다. ( )

3 컴퓨터가 인간의 지능적인 활동을 대신하도록 하는 인공지능은 최근 4차 산업혁명의 시작과 함께 처음으로 시작되었다. ( )

4 왓슨은 암 환자의 데이터와 각종 의료 데이터를 이용하여 암 발견과 최적의 암 환자 치료를 수행하는 인공지능 시스템으로 발전하고 있다. ( )

5 일본의 인공지능 로봇인 '도로보쿤'은 일본 대학입시 모의시험에서 절반 이상의 대학에 합격할 수 있는 우수한 성적을 받았다고 한다. ( )

6 딥러닝은 3차 산업혁명에 속한다. ( )

7 3D 스캐너는 접촉 방식에 따라 접촉식과 충돌식으로 분류할 수 있다. ( )

8 3D 프린터로는 작동되는 자전거나 자동차는 물론 우리가 먹을 수 있는 과자도 만들 수 있다. ( )

9 산업 IoT 중에는 공장 분야의 스마트 공장을 포함하지 않는다. ( )

10 Nike의 퓨얼밴드는 운동량 측정에 특화된 웨어러블 사물인터넷 기기이다. ( )

11 빅데이터를 분석하면 현재의 기술 수준으로 독감 동향이나 유가 전망 등이 가능하다. ( )

12 빅데이터를 다루고 분석하는 전문가를 데이터 과학자라 부른다. ( )

13 소프트웨어 기업인 구글은 시각 장애인이 탑승한 자율주행차를 이용하여 고속도로를 거쳐 출퇴근하는 실험에 성공했다고 발표한 바 있다. ( )

14 미국에서는 자율주행차가 2017년부터 상업적 운행을 본격적으로 시작하였다. ( )

15 우리나라에서 이미 드론의 상업화 서비스가 시작되고 있다. ( )

16 광 컴퓨터는 기억, 연산, 제어 등의 회로로 일반 반도체 회로를 사용한다. ( )

17 미국의 구글이 이미 양자 칩을 개발하였는데 실제로 일반 컴퓨터가 5천 8백억 년 동안 계산해야 되는 문제를 양자 컴퓨터는 현재 단 1초 만에 풀어내고 있는 수준이다. ( )

단답식/선택식 문제

1 4차 산업혁명의 핵심은 연결과 ( )이다.

2 3차 산업혁명은 ( )를 통한 생산과 유통 시스템의 자동화이고, 2차 산업혁명은 (전기)의 힘을 이용한 대량 생산의 시작이다.

3 이세돌 9단을 4대 1로 이긴 인공지능 바둑 프로그램인 ( )는 신경망을 이용한 딥러닝 학습 기술로 뛰어난 능력을 보여주었다.

4 컴퓨터를 통한 ( )인식은 2차원이나 3차원의 엄청난 양의 영상 정보를 처리해야 한다.

5 식당에서 음식을 날라다 주거나 바(bar)에서 맥주나 커피를 따르는 등의 역할을 하는 등의 인공지능 로봇을 인공지능 ( ) 로봇이라 한다.

6 3D 프린터는 입체를 만드는 방식에 따라 적층형과 ( )으로 구분한다.

7 사물인터넷을 구현하기 위한 요소 기술로는 사물과 주위 환경으로부터 정보를 얻는 ( ) 기술, 유무선 통신 및 네트워크 인프라 기술, 융합하는 서비스 인터페이스 기술, 그리고 ( )기술 등이 있다.

8 ( )는 증강현실 기술을 활용한 스마트 안경으로서 스마트폰처럼 사진도 찍고 인터넷 검색도 가능하며 내비게이션 기능으로 길 안내도 받을 수 있다.

9 드론에서 개발되어야 할 핵심 기술 중 비행 중의 돌발적인 사태에 대비하기 위해서는 ( ) 기술 확충이 필수불가결하다.

10 ( )이란 IoT라 약칭하는데, 인터넷을 기반으로 모든 사물들을 연결하여 사람과 사물, 사물과 사물 간의 정보를 상호 소통하는 지능형 기술 및 서비스를 말한다.

11 방대한 양의 데이터 집합으로부터 가치 있는 정보를 빠르고 효율적으로 추출하고 결과를 분석하는 최신 기술 분야를 ( )라고 한다.

12 빅데이터는 ( ) 침해와 보안 측면의 문제점도 내포하고 있다. 데이터를 수집하거나 분석할 때 개인의 사적인 정보까지 다루는 빅브라더의 모습이 될 수도 있기 때문에 각별한 주의가 필요하다.

13 빅데이터의 3가지 특징은 크기, 변화의 다양성, ( )인데 방대한 데이터로부터 효과적인 결과물을 창출해 낼 수 있다.

14 ( )이란 비닐하우스 등에 사물인터넷을 적용하여 스마트폰이나 컴퓨터를 통해 원격으로 생육환경을 적절하게 유지하고 관리할 수 있는 농장을 말한다.

15 ( ) 컴퓨터는 중첩의 원리에 의해 작동되는데 여기에다 큐비트라는, 우리가 통상 사용하는 비트와 비슷한 개념을 도입한 것이다.

16 (　　　) 컴퓨터의 중요한 응용 분야는 바이오 칩과 관련된 분야인데, 면역 센서를 통해서 지금으로서는 해결하기 어려운 불치병에 대한 항원의 개발 등에 매우 유용할 것으로 기대된다.

17 (　　　)의 활용 사례 중 구글 홈페이지에 자주 나타나는 구글의 검색어 분석을 통한 독감 예보 서비스가 있다.

18 (　　　)는 일반용 차량뿐만 아니라 장애인을 위한 보조수단, 군사용, 화물운송을 비롯하여 상업용 등 광범위한 분야에서 사용될 전망인데 향후 자동차 산업을 이끌 핵심 기술로 주목을 받고 있다.

19 슈퍼컴퓨터는 bit 기반 디지털 기술을 사용하고, 양자 컴퓨터는 (　　　) 기반 양자 기술을 사용한다.

20 (　　　) 컴퓨터를 구현하기 위해서는 광 재료 및 디바이스, 기억소자, 상호 연결된 네트워크, 산술 및 부호 알고리즘과 새로운 프로그램 분야에 크나큰 진전이 이루어져야 한다.

21 컴퓨터를 통한 생산과 유통 시스템의 자동화와 밀접한 관련이 있는 것은?
① 1차 산업혁명　② 2차 산업혁명　③ 3차 산업혁명　④ 4차 산업혁명

22 소프트웨어를 통한 기계와 제품의 지능화는 다음 중 어느 것과 관련이 있는가?
① 1차 산업혁명　② 2차 산업혁명　③ 3차 산업혁명　④ 4차 산업혁명

23 다음 중 인공지능 소프트웨어와 가장 가까운 것은?
① 바텐더 로봇　② 도로보쿤　③ 농업 로봇　④ 자동 번역기

24 3D 프린터와 별로 관련이 없는 것은?
① 광학적 처리　② 개발시간 단축
③ 재료가 비교적 가벼움　④ 소량의 맞춤 생산 가능

25 다음 중 사물인터넷의 응용에 속하지 않는 것은?
① 스마트 그리드　② 원격 에어컨　③ 퓨얼밴드　④ 빅데이터

26 다음 중 4차 산업혁명의 관련 기술이 아닌 것은?
① 인공지능　② 빅데이터　③ 자율주행차　④ 노트북

27 4차 산업혁명이 발달함에 따라 수요가 줄어들 직업은?
① 소프트웨어 개발자　② 실버산업 종사자
③ 인공지능 전문가　④ 택배기사

28 다음 중 사물인터넷의 요소 기술과 관련이 적은 것은?
① 저장 기술　② 네트워크 기술
③ 센싱 기술　④ 서비스 인터페이스 기술

29 다음 중 빅데이터 기술의 6가지 요소에 속하지 않는 것은?

① 다양성 ② 공유 ③ 크기 ④ 속도

30 다음 중 양자 컴퓨터의 활용과 가장 관련이 적은 것은?

① 복잡한 암호의 해독 관련 분야

② 항공기 설계와 우주항공 분야

③ 대기업의 복잡한 월급 계산

④ 복잡한 시뮬레이션이 필요한 제약, 바이오, 화학 등의 분야

주관식 문제

1 4차 산업혁명을 통해 인간의 생활이 편리해지는 경우를 에어컨, 가스의 경우 2가지를 예를 들어 설명해 보시오.

2 알파고에 대해 아는 바를 적으시오.

3 사물인터넷을 이용한 스마트팜에 대해 설명하시오.

4 3D 스캐너와 3D 프린터의 상관관계를 적으시오.

5 현재 응용되고 있는 사물인터넷 제품들을 나열해 보시오.

6 최근 드론은 다양한 분야에 활용되고 있는데 그 활용 분야들을 말하시오.

7 빅데이터의 역기능을 몇 가지 적으시오.

8 우리나라에서 무인자동차를 연구 개발하고 있는 기관을 3군데 정도 알아보시오.

9 광 컴퓨터의 장점 몇 가지를 적으시오.

10 양자 컴퓨터의 가장 획기적인 장점을 설명하시오.

Chapter 11

IT 융합 기술 응용과 모바일 컴퓨팅

Contents

단원의 주요 목표

IT 융합 기술의 개념, 모바일 컴퓨팅과 블록체인 및 암호화폐 기술 등을 학습한다.

- IT 융합 기술이 서로 다른 산업 간의 결합이므로 IPTV와 같은 응용을 알아본다.
- RFID, ITS, BIS 등과 같은 여러 가지 IT 기술이 융합된 응용 예들을 점검해본다.
- 모바일 컴퓨팅의 개념과 배경, 그리고 앱, 클라우드 컴퓨팅 등의 개념을 파악한다.
- 주요 SNS 서비스인 카카오톡, 밴드, 페이스북, 인스타그램, 유튜브를 알아본다.
- 블록체인의 개념, 중앙 관리자가 필요 없는 등의 특징, 발전과 활용을 분석한다.
- 암호화폐의 개념, 대표적인 암호화폐 비트코인과 NFT의 개념과 응용을 살펴본다.

11.1 SECTION IT 융합 기술의 개념

11.1.1 융합 기술

융합(convergence)의 의미는 서로 다른 두 개 이상의 기술들이 하나로 합쳐지는 것인데, 각 기술들이 각자 고유의 성질을 유지하면서 시너지(synergy) 효과를 일으켜 신기술의 개발이나 보다 향상된 성능을 발휘하게 하는 것이다. [그림 11.1]은 다양한 분야의 결합을 통한 융합을 나타낸다.

그림 11.1 다양한 분야의 결합인 융합

11.1.2 IT 융합 기술

최근 들어 IT(Information Technology) 융합(convergence or fusion) 기술에 대한 관심과 개발이 가속화되고 있다. 컴퓨터 기술과 유무선 통신 기술, 방송 기술 등의 분야에서 핵심 기술들이 융합하여 서로 다른 기술이나 산업분야 간에 효율과 성능 개선 등을 목적으로 결합됨으로써, 기술 및 산업 차원에서 지금까지 존재하지 않았던 새로운 기술이나 서비스를 창출하는 현상이 그 중의 한 예이다.

최근에는 여러 가지 정보 기술들을 융합함으로써 새로운 기술들이 개발되고 있는데, 대표적인 응용 예로는 DMB, IPTV, RFID/USN, ITS, U-City, BIS, U-헬스 등이 있다.

[그림 11.2]는 IT 융합을 통해 휴대폰, 내비게이션 등에 탑재돼 언제 어디서나 방송을 볼 수 있게 해주는 DMB(Digital Multimedia Broadcasting)를 나타낸다.

그림 11.2 IT 융합을 적용한 DMB

11.2 SECTION IT 융합 기술의 응용 예

IT 융합 기술은 현재 다양한 분야들에 응용되고 있으며 그 폭은 날이 갈수록 확대되고 있는데 주요 응용 분야는 다음과 같다.

11.2.1 IPTV

IPTV(Internet Protocol Television)는 인터넷을 이용하여 방송 및 기타 콘텐츠를 TV 수상기로 제공하는 서비스 방식으로, 방송과 IP 기술을 융합시킨 디지털 컨버전스(Digital Convergence) 서비스의 한 유형이다.

IPTV는 IP 기반의 플랫폼이기 때문에 단방향의 정보 전달에 그치는 기존의 방송 서비스와는 달리 통신의 양방향 특성을 결합하여 다양한 응용 서비스를 제공한다. 주문형 서비스를 비롯한 양방향 서비스들이 이미 개발되어 IPTV 서비스의 일부로서 제공되고 있다.

차세대 IPTV(IPTV 2.0) 기술로 유무선 통합형 IPTV 서비스가 도입되었고, 현재 모바일 서비스를 이용하여 언제 어디서든 IPTV를 시청할 수 있는 단계에 이르고 있다. [그림 11.3]은 IPTV의 한 장면을 나타낸다.

그림 11.3 IPTV의 한 장면

11.2.2 RFID와 USN

RFID(Radio Frequency Identification System)는 무선 주파수를 이용한 비접촉 인식장치로서 태그와 리더기로 구성된 시스템인데, 자동 인식과 데이터 수집용 무선통신 시스템이다. RFID는 바코드(Bar Code)를 대체하는 기술로서 데이터를 다중으로 인식 처리할 수 있다.

USN(Ubiquitous Sensor Network)은 무선 식별 시스템으로서 대상 물체에 부착된 지능칩과 다양한 센서들을 통하여 언제 어디서나 원하는 정보를 수집하고 통신할 수 있는 전략 기술이다.

RFID와 USN은 바코드의 대체 차원을 넘어 유통, 물류, 국방, 농수산, 건설 등 국가와 사회 전 분야의 효율과 비용 절감 및 투명성을 획기적으로 높일 수 있을 것으로 기대된다. [그림 11.4]는 바코드로부터 RFID로의 발전 과정을 나타내며, [그림 11.5]는 교육용 USN Mote를 나타낸다.

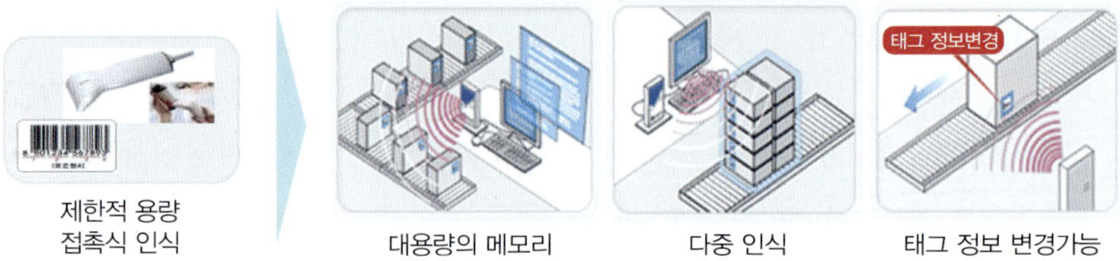

그림 11.4 바코드로부터 RFID로의 발전 과정

그림 11.5 교육용 USN Mote

RFID는 바코드와는 달리 동시에 여러 개를 읽을 수 있고, 거리가 다소 떨어져 있어도 인식이 가능하며, 수백 자 분량의 정보저장도 가능하다. 또한 읽고 쓰기가 가능하며, 개별제품에도 고유 일련번호를 부여할 수 있는 장점들을 가지고 있다.

국내 RFID/USN의 활용 사례로는 서울시에서는 신교통카드 시스템에 RFID를 적용하여 수도권 일대의 교통을 관리하고, 홈플러스에서는 쇼핑카트에 RFID 태그를 부착하여 매장의 혼잡도 분석과 효율적인 매장 관리를 하며, 연세대 의료원에서는 환자의 혈액과 약에다 RFID 태그를 부착하여 수혈이나 투약 시 활용하는 등 수많은 분야로 응용이 점차 확대되고 있다.

11.2.3 ITS와 텔레매틱스

ITS(Intelligent Transport Systems: 지능형 교통시스템)란 도로, 차량, 화물 등 기존 교통체계의 구성 요소에다 첨단의 전자, 정보, 통신, 제어 기술들을 적용시켜 교통시설을 효율적으로 운영하고, 인간에게 유용한 정보를 제공하여 보다 안전하고 편리한 통행과 전체 교통체계의 효율성을 높이도록 하는 교통 분야의 미래형 정보화 사업이다.

텔레매틱스(Telematics)는 통신(telecommunication)과 인포매틱스(informatics)의 합성어로서 자동차 내의 단말기를 통하여 자동차와 운전자에게 다양한 종류의 정보 서비스를 제공해 주는 기술인데, 자동차에 위치측정 시스템(GPS)과 지리정보 시스템(GIS)을 장착하고 운전자와 탑승자에게 교통 정보, 응급 상황 대처, 원격 차량 진단, 인터넷 이용 등 각종 모바일 서비스를 제공한다.

텔레매틱스의 주요 서비스들로는 교통정보 서비스, 안전 서비스, 엔터테인먼트, 원격 고객관리, 원격 차량관리, 보안서비스, 생활정보 서비스 등이 있다. [그림 11.6]은 자동차에 적용되는 텔레매틱스의 한 예이며, [그림 11.7]은 텔레매틱스 서비스의 발전 과정을 나타낸다.

그림 11.6 자동차에서 적용되는 텔레매틱스

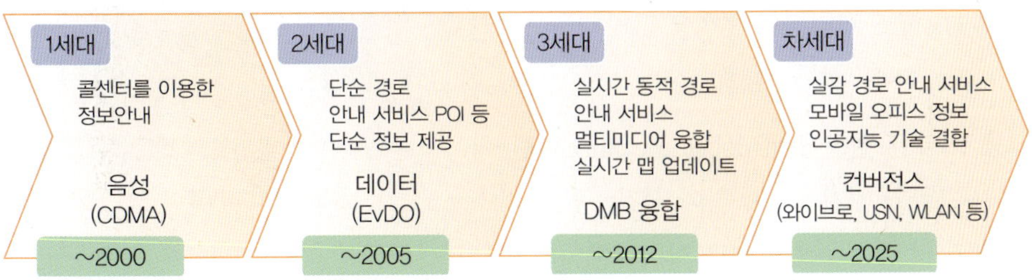

그림 11.7 텔레매틱스 서비스의 발전 과정

11.2.4 U-헬스 분야

U-헬스(U-Health)란 의료기기 및 서비스 산업에 IT, BT, NT 융합 기술을 활용하여 기존의 서비스 및 기기 수준을 높이거나 새로운 기술 및 산업을 창출하여 삶의 질을 높일 수 있는 신기술이다.

U-헬스의 추진 배경은 기존 치료 중심의 의료기관의 역할로부터 사전 예방과 진단까지 서비스 범위가 확대되고, 보다 편리하고 정밀한 의료 서비스를 제공하기 위한 고급화가 추진되고 있다는 점과 첨단의료 분야에 대한 의료 소비자의 높은 수요로부터 태동되었다.

U-헬스 산업에는 U-헬스케어 서비스, U-헬스 기기, 바이오센서, 바이오 칩 등 매우 넓은 범위의 산업들이 포함된다. U-헬스의 핵심 기술 영역은 근거리 무선통신, 센서, MEMS, 소형 컴퓨팅 칩 등이 될 것으로 예상된다.

표 11.1 U-헬스 서비스의 유형

활용 영역 \ 목적	예방과 건강증진	진료와 사후 관리
보건의료기관 내부정보화	RFID를 응용한 의료기관 자산관리 시스템, 환자/대상자 정보 시스템	
보건의료기관과 기관의 연결	• 의료텔레매틱스 • 건강정보 보험사 이용시스템	• 전자 처방전 서비스 • 원격 EDI 부가 서비스
보건의료기관과 이용자의 연결	• 건강관리 포털서비스 • 온라인 휘트니스 서비스 • 모바일 건강관리 서비스 • 노약자 보호 서비스	• 화상상담 • 예약관리 에이전트 시스템 • 의료 스마트카드 서비스 • 모바일 간호관리 서비스 • 적외선 응급구호 서비스

사회적 측면에서의 급속한 고령화 현상과 웰빙 열풍, 시장 환경 측면에서의 보건비 지출 증가, 만성질환자 증가, 바이오 산업의 활성화, 그리고 IT 인프라의 급속한 발전의 영향으로 U-헬스 산업의 미래는 매우 밝다. 〈표 11.1〉은 U-헬스 서비스의 유형을 나타내며, [그림 11.8]은 U-헬스 관련 첨단 의료기기이다.

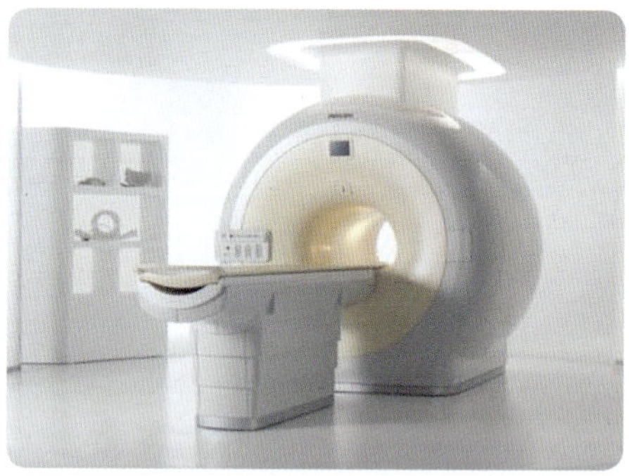

그림 11.8 U-헬스 관련 첨단 의료기기

U-헬스 중 모바일 헬스케어(Mobile Healthcare)란 환자와 의사가 모바일 기기를 이용하여 시간, 공간, 장소 등에 구애받지 않고 자유롭게 의료 서비스를 주고받는 시스템을 말한다. 따라서 스마트폰, 태블릿 PC 등의 이동 컴퓨팅 장치, 생체 신호계측 및 자동 진단, 응급 경보가 가능한 휴대형 무선 생체계측 시스템, 의료 정보 시스템 등의 인프라가 유기적으로 연동되어 모바일 헬스케어 환경을 구성한다.

11.2.5 인공신경 시스템

인공신경(Neural Prosthesis)이란 반도체 및 전자기술을 이용하여 손상된 신경을 회복시킴으로써 잃어버린 기능을 되살려주는 생체 전자공학 기술이다. 인공신경 시스템은 인체에 적용되는 전자 기술로서 듣지 못하는 사람을 듣게 하고, 보지 못하는 사람을 보게 하며, 걷지 못하는 사람을 걷는데 도움을 주는 기술이다.

대표적인 예로는 인공 청각(귀), 인공 시각(눈), 인공 근육(팔, 다리), BCI(Brain Computer Interface) 등이 있다. 인공신경 시스템은 인체에 이식되는 전자 장치이므로 기존의 전자제품들과는 몇 가지 다른 조건들을 만족시켜야 하는데, 반도체 칩의 내구성과 소모 전력의 최소화 등이다.

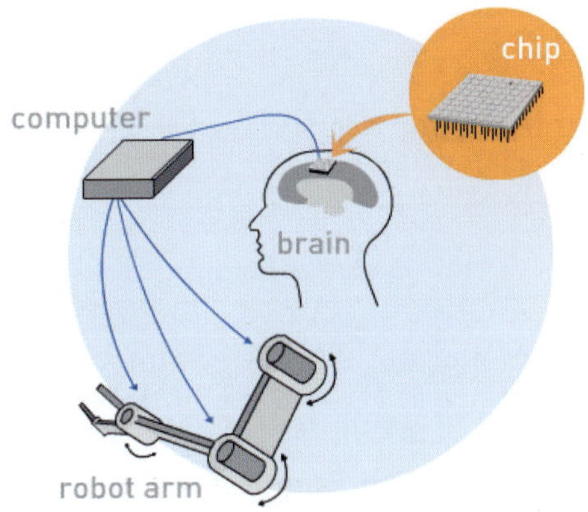

그림 11.9 융합 기술을 적용한 인공신경 시스템

융합 기술을 적용한 인공신경 시스템은 [그림 11.9]에 나타나 있으며, [그림 11.10]은 인공신경 시스템 적용의 한 예를 나타낸다.

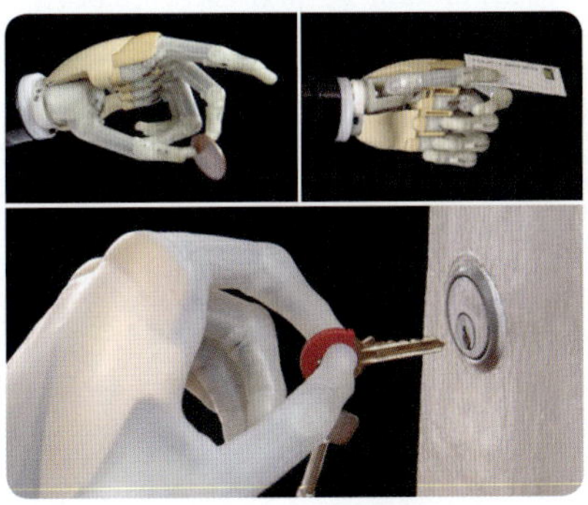

그림 11.10 인공신경 시스템의 적용 예

11.2.6 M-커머스

M-커머스(M-Commerce)는 휴대전화를 이용하여 상품을 구매하거나 금융거래를 하는 서비스를 통칭한다. 휴대전화나 인터넷 전자상거래와 연동하여 다양한 상품을 구매하는 데에 사용되고 있으며 은행 거래, 증권 거래 등에도 이용되고 있다.

M-커머스의 응용 분야로는 모바일뱅킹 서비스, 모바일증권 서비스, 소액결제 서비스, 기프티콘, 버스카드 등 다양하며 그 범위가 점차 확대되고 있다. 특히 모바일 전자상거래에서는 이동통신사의 오픈마켓 진출과 더불어 본격적인 시장 융합이 시작될 것으로 전망된다.

[그림 11.11]은 휴대폰을 이용한 M-커머스 결재 장면을 보여준다.

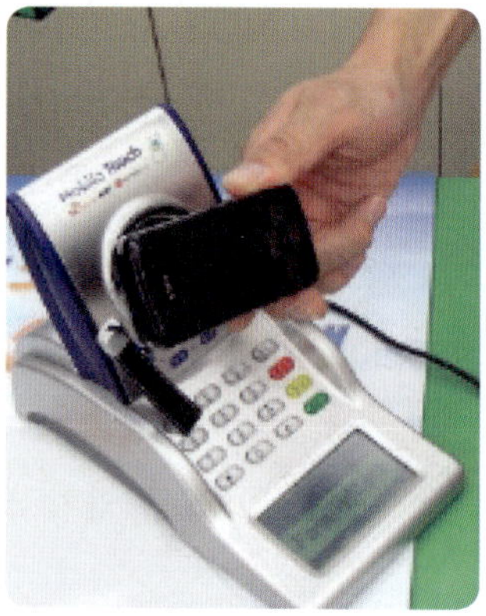

그림 11.11 휴대폰을 이용한 M-커머스 결재 장면

11.2.7 U-City

U-City는 기존의 도시 형태에다 IT 인프라와 유비쿼터스 서비스를 도시 공간에 접목시켜 시간과 장소에 구애 받지 않고 다양한 서비스를 제공하며, 도시 내에 발생하는 모든 업무를 실시간으로 처리하여 주민들에게 보다 편리하고 풍요로운 생활을 제공하는 미래형 최첨단 도시라고 말할 수 있다.

U-City를 활성화하기 위해서는 RFID, USN 등의 기술을 활용한 자동화 기술, 가상현실 기술뿐만 아니라 무선 네트워크를 활용한 건설인프라 기술, 네트워크, 관제센터, 교통 시스템, 홈 네트워킹 기반 기술 등의 주요 핵심 기술을 활용해야 한다.

[그림 11.12]는 U-City 구축 목적에 따른 분류의 내용 및 특징을 나타내며, [그림 11.13]은 U-City의 형상화된 그림이다.

구축 목적	내 용	특 징
비즈니스 활성화	금융, 유통, 물류, 관광, 문화산업 등 서비스 산업의 활성화 지원	• 각 지역의 특색 및 장점을 활용하여 비즈니스 활성화
편리한 주거생활	친환경, 복지, 첨단자족 등 디지털 주거단지를 기반으로 쾌적하고 편리한 주거환경 지원	• 디지털 주거단지는 통신 인프라가 수도권에 편중된 것을 반영
산업혁신	생산, 연구거점도시로 기업들의 혁신활동 지원	• 기업의 생산시설이나 연구 집적단지가 인접해서 연계활동 가능

그림 11.12 U-City 구축 목적에 따른 분류의 내용 및 특징

그림 11.13 U-City의 형상화

11.2.8 BIS

BIS(Bus Information System: 버스 정보시스템)는 버스 정류장 안내기 및 인터넷 등을 통하여 버스 이용 승객에게 운행 상황을 실시간으로 제공하기 위해 구축한 시스템으로서, 버스 이용 승객에게 버스의 위치, 도착 예정시간 등을 실시간으로 제공한다. BIS는 보다 편리한 대중교통 서비스를 제공하며, 버스 운영자에게는 센터를 통해 버스의 운영 상태, 배차 간격 등을 조절함으로써 정시성과 효율성을 향상시킬 수 있다.

BIS는 지능형 교통시스템(ITS: Intelligent Transport System)의 일부로서 개발이 활발히 추진되어 왔으며 [그림 11.14]와 같이 현재 서울의 일부 버스 정류장에서 실시되고 있다.

그림 11.14 서울의 버스 정류장 BIS

11.3 모바일 컴퓨팅의 개념과 배경

SECTION

11.3.1 모바일 컴퓨팅의 개념

모바일(mobile)이란 움직일 수 있다는 의미를 가지며, 모바일 기기란 휴대폰, PDA, 태블릿 PC, 스마트폰 등과 같이 이동성을 가진 것들을 일컫는다. 따라서 모바일 컴퓨팅(mobile computing)은 [그림 11.15]와 같은 여러 가지 휴대형 컴퓨터, 디지털 무선통신장치, 스마트폰 등의 모바일 기기를 사용하여, 언제 어디서나 이동하면서도 자유롭게 컴퓨터 업무와 네트워크에 접속할 수 있는 환경의 이동식 컴퓨팅을 말한다.

그림 11.15 다양한 모바일 기기들

휴대용 컴퓨터는 일반적으로 이동을 한 후 정해진 장소에서 사용하는 컴퓨터를 말하는 데 비해, 모바일 컴퓨팅은 이동 중에도 컴퓨터를 사용할 수 있다는 점에서 차이가 있다. 노트북 컴퓨터에 무선랜카드를 달아서 달리는 열차 안에서 인터넷을 하는 것 역시 모바일 컴퓨팅으로 볼 수 있다. [그림 11.16]은 모바일 기기 중 하나인 태블릿 PC를 이용하여 인터넷에 연결하는 것을 나타낸다.

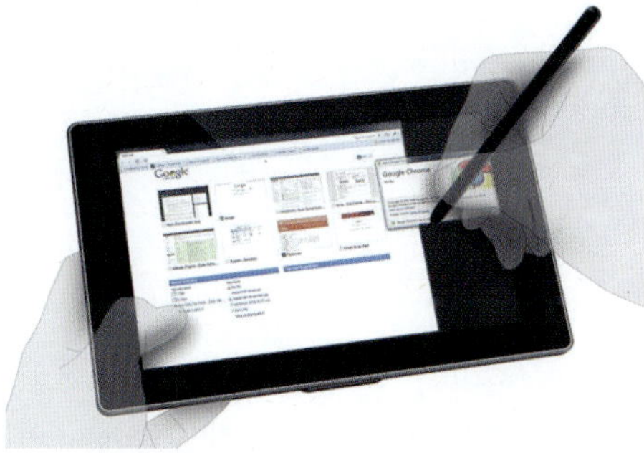

그림 11.16 태블릿 PC를 이용한 인터넷

11.3.2 모바일 컴퓨팅의 배경과 응용

모바일 컴퓨팅은 필요에 따라 언제든지 새로운 정보를 획득할 수 있는 환경을 제공해 줌으로써 개인이나 회사에 경쟁력을 확보할 수 있게 해 준다.

모바일 컴퓨팅은 휴대폰이나 랩탑컴퓨터, PDA, 팜탑컴퓨터, 노트북, 스마트폰과 같이 가지고 다니면서 이용할 수 있는데, 다양한 영업 활동, 유통 분야의 A/S, 의료기관, 보험, 이동 금융서비스, 택배 업무 등 다양한 분야에 폭넓게 활용된다. 예를 들면 [그림 11.7]과 같이 스마트폰으로 주식시장 상황이나 날씨를 검색할 수 있다.

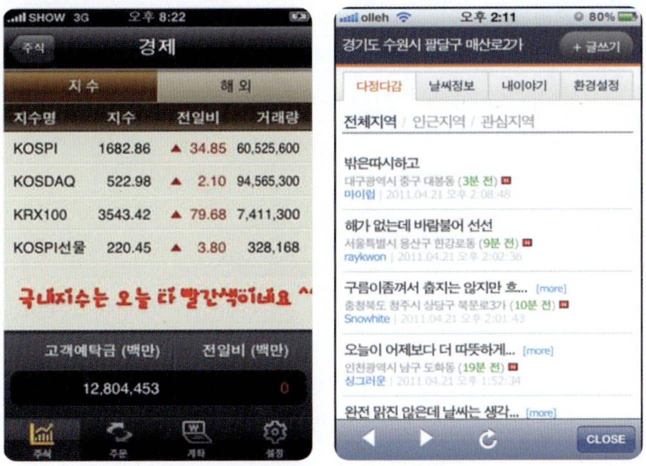

그림 11.7 스마트폰으로 주식시장이나 현재 날씨 검색

11.4 SECTION 스마트폰과 태블릿 PC

11.4.1 스마트폰

스마트폰(Smart phone)은 모바일 컴퓨터의 일종으로, 휴대전화에다 인터넷과 정보검색 등 컴퓨터 지원 기능을 추가한 지능형(intelligent) 단말기를 말한다.

스마트폰과 일반 휴대폰의 두드러진 차이점은 스마트폰은 자체 운영체제(OS)가 있고, 인터넷을 손쉽게 할 수 있으며, 다양한 애플리케이션을 다운로드 받아서 활용할 수 있다는 점이다. 보다 구체적으로 표현하면, 스마트폰은 무선인터넷을 이용하여 인터넷에 직접 접속할 수 있을 뿐만 아니라 여러 가지 브라우징 프로그램을 이용하여 다양한 방법으로 접속할 수 있다는 점 등이다.

한편 스마트폰의 단점으로는 보안에 취약하다는 점이다. 해킹을 당하거나 분실했을 경우 정보들이 노출되기 쉽고, 범죄에 악용될 여지도 있다. [그림 11.18]은 다양한 형태의 스마트폰을 나타내며, [그림 11.19]는 스마트폰의 내부를 나타낸다.

그림 11.18 다양한 형태의 스마트폰

그림 11.19 스마트폰의 내부

11.4.2 태블릿 PC

태블릿 PC(Tablet PC)는 통상 7~10인치 화면의 터치스크린으로 작동되는, 크기가 작고 휴대가 간편한 소형의 컴퓨터를 말하는데, 키보드나 마우스 대신 손가락 또는 터치펜으로 간편하게 작동시킬 수 있는 특징을 가지고 있다.

태블릿 PC는 일반적으로 스마트폰보다 화면이 다소 크며, PC처럼 사용할 때마다 부팅하는 것이 아니라 휴대폰과 같이 대부분 켜놓고 사용하므로 인터넷 등을 빠르게 이용할 수 있다는 장점이 있다.

태블릿 PC는 노트북보다 크기가 작고 휴대하기에 편리하다는 점과 통화 기능까지 갖추고 있기 때문에 최근 들어 상당히 높은 인기를 누리고 있다. 그러나 복잡한 업무나 그래픽, 워드프로세싱, 프로그램 작업 등의 업무에는 불편한 단점을 가지고 있다. 다양한 형태의 태블릿 PC는 [그림 11.20]에 나타나 있다.

삼성 갤럭시 탭

애플 아이패드

RIM 7인치 태블릿

책처럼 반으로 접히는 SONY의 태블릿 PC

그림 11.20 여러 가지 형태의 태블릿 PC

태블릿 PC 시장은 애플의 아이패드 시리즈와 삼성의 갤럭시탭 시리즈를 비롯한 다양한 제품들이 쏟아져 나오면서 급격히 확대되고 있다. 태블릿 PC는 [그림 11.21]과 같이 인터넷 검색, DMB 시청, 앱의 활용, 휴대용 게임 등 다양한 분야에 활용된다.

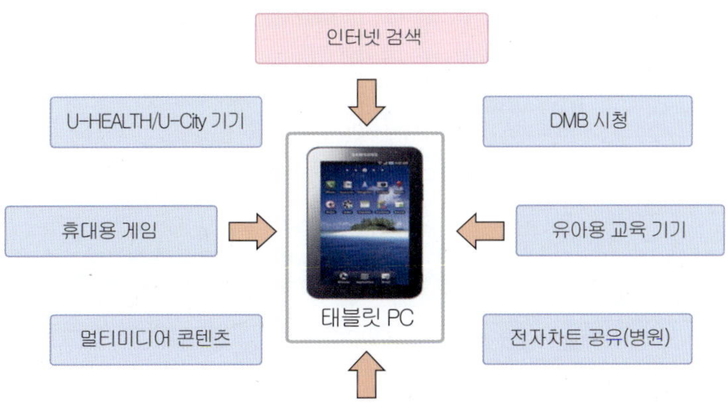

그림 11.21 태블릿 PC의 다양한 활용

11.4.3 애플리케이션(앱)

스마트폰의 급속한 보급과 더불어 스마트폰의 효용성과 가치를 높이는 내부 프로그램들인 애플리케이션이 크게 주목받고 있다. 스마트폰 애플리케이션(Application)이란 스마트폰 내에서 활용할 수 있는 응용 프로그램을 말하는데, 간단하게 줄여서 어플 또는 앱(App) 등으로 불리기도 한다.

스마트폰 애플리케이션은 이미 게임, 지도, 음악, 금융, 스포츠, 맛집, 날씨 애플리케이션 등 수만 개 이상이 개발되어 유료 또는 무료로 이용되고 있다. [그림 11.22]는 다양한 애플리케이션 메뉴를 나타내고, [그림 11.23]은 버스의 위치와 지도를 보여주는 애플리케이션을 적용했을 경우를 나타낸다.

그림 11.22 다양한 애플리케이션 메뉴

그림 11.23 버스 위치와 지도를 보여주는 애플리케이션

또한 [그림 11.24]와 [그림 11.25]는 스마트폰 인기 게임 앱인 '앵그리버드'와 얼굴인식 앱인 '푸딩'을 각각 나타낸다.

그림 11.24 인기 게임 앱–앵그리버드

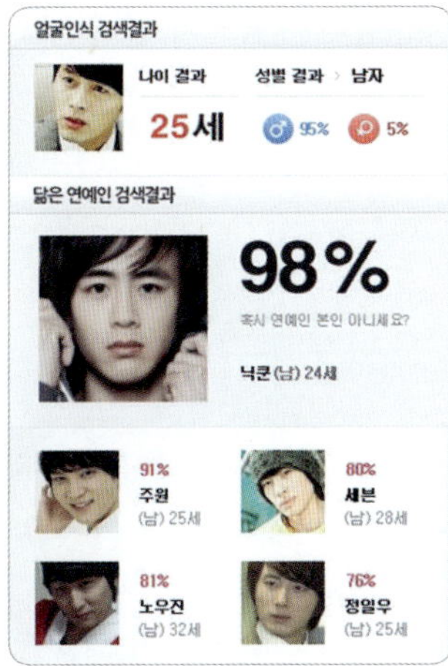

그림 11.25 얼굴인식 앱–푸딩

[그림 11.26]은 세계적으로 1억 명 이상이 사용하고 있는 인기 사진 앱인 SNOW의 장면을 나타낸다.

그림 11.26 사진 앱 SNOW의 장면

11.4.4 클라우드 컴퓨팅

클라우드 컴퓨팅(Cloud computing)이란 인터넷상의 유틸리티 데이터 서버(Server)에다 정보를 저장해 두고 필요에 따라 컴퓨터나 스마트폰 등에 불러와서 사용하는 웹 기반의 소프트웨어 서비스이다.

다시 말하면 개인용 컴퓨터(PC), 벽걸이 TV, 스마트폰 등에 개별적으로 저장해 두었던 모든 자료와 소프트웨어들을 슈퍼컴퓨터와 같은 대규모 서버(클라우드: cloud)에 옮겨놓은 뒤, 사용자들은 인터넷을 통해 대규모 서버에 접속하여 필요한 자료들을 언제든지 옮겨와서 사용할 수 있는 시스템을 말한다. 이런 경우 PC의 기능이 휴대전화처럼 단순해지는 대신 초고속 처리 기능과 대규모 저장장치를 가진 서버 컴퓨터를 효율적으로 활용할 수 있는 장점을 가지게 된다.

클라우드 컴퓨팅의 개념도와 클라우드를 이용하는 개념도는 [그림 11.27]과 [그림 11.28]에 각각 나타나 있다.

그림 11.27 클라우드 컴퓨팅의 개념도

그림 11.28 클라우드를 이용하는 개념도

클라우드 컴퓨팅은 그리드(Grid) 컴퓨팅, 유틸리티(Utility) 컴퓨팅 등으로도 불리는데, 2000년대 초반에 구글(Google)이 처음으로 사용하였으며, 그 후 야후(Yahoo), 아마존(Amazon) 등으로 확대되었다. 우리나라에서는 2006년부터 도입을 시작하여 2010년에는 국내 3대 대기업이 도입을 완료하였고, 정부기관에서도 2010년부터 도입하기 시작했다.

[그림 11.29]는 클라우드 컴퓨팅 환경에서 파일을 올리고 필요시 파일을 받는 장면을 나타내고, [그림 11.30]은 모바일로 인터넷에 접속하여 노래와 동영상을 받는 화면을 나타낸다.

클라우드 컴퓨팅의 주요 장점으로는 클라우드를 활용함으로써 사용자 컴퓨터의 처리 기능과 저장 장치의 사양이 값싸도 된다는 점이다. 또한 다양한 기기를 통한 일치된 사용자 환경이 가능하고, 사용자의 데이터를 신뢰성 높은 서버에 안전하게 보관할 수 있다는 점이다.

그림 11.29 클라우드 컴퓨팅 환경에서의 파일 올리기와 받기

그림 11.30 모바일로 인터넷에 접속하여 노래와 동영상을 받는 화면

표 11.2 업체별 클라우드 컴퓨팅 동향

구분	추진내용
아마존	• 스토리지 서비스인 아마존 S3 • 웹 호스팅 서비스인 아마존 EC2 • 데이터베이스 서비스인 심플DB
마이크로소프트	• 윈도우즈 라이브 메일, 윈도우즈 라이브 포토 갤러리, 5GB 스토리지 서비스 '스카이드라이브' 등 윈도우즈 라이브 서비스 강화 • 기존 소프트웨어들의 온라인 제품 전환
IBM	• '블루 클라우드' 프로젝트 상용화
구글	• 구글 캘린더 등 개인정보, 자료 공유 서비스
페이스북	• 문서작성기 등 6,000여 가지 응용 프로그램 인터넷 제공
어도비	• 주력 소프트웨어인 포토샵 온라인 버전 출시
삼성전자	• 음악, 동영상 클라우드 서비스 • 스마트 TV, 클라우드 프린터, 갤럭시 클라우드 카메라 개발

반면에 주요 단점으로는 서버가 공격당하면 개인정보가 유출될 수 있다는 점과 통신환경이 원활하지 않을 경우 서비스의 제한을 받게 된다는 점 등을 들 수 있다. 주요업체별 클라우드 컴퓨팅 동향은 〈표 11.2〉와 같다.

11.4.5 스마트폰에서의 QR 코드(Quick Response Code) 이용

QR은 'Quick Response'의 약자로 '빠른 응답'을 얻을 수 있다는 의미인데, 1994년 일본 덴소사에 의해 개발되었다. QR 코드는 기존의 바코드와는 달리 [그림 11.31]과 같이 가로와 세로를 활용하는 2차원적으로 구성되어 있으므로, 인터넷 주소(URL)나 사진 및 동영상 정보, 지도 정보, 명함 정보 등을 한꺼번에 담을 수 있으므로 최근에는 다양한 형태의 홍보나 상품의 유통 등에 폭넓게 활용되고 있다.

그림 11.31 QR 코드의 기본 형태

QR 코드의 장점으로는 기존 바코드에 비해 많은 양의 데이터나 정보를 넣을 수 있으며, 오류 복원 기능이 있다는 점이다. 더군다나 [그림 11.32]와 같이 스마트폰에서 QR 코드 리더 애플리케이션을 이용하면 QR 코드에 담긴 정보를 스마트폰으로 손쉽게 담아서 편리하게 읽을 수 있다. 최근 코로나 사태에서는 본인 식별을 위해 쓰이기도 하였다.

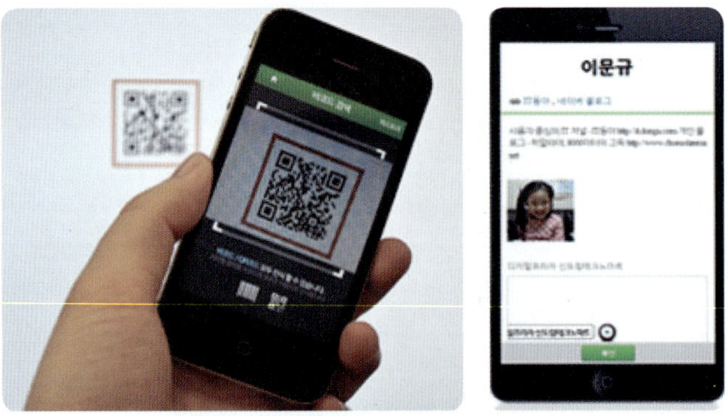

그림 11.32 스마트폰을 이용한 QR 코드의 인식

11.5 SECTION 최근의 모바일 정보통신 문화

11.5.1 소셜 네트워크 서비스

개인의 표현 욕구가 점차 강해지면서 가상공간을 통하여 사람들 사이의 사회적 관계를 맺게 하고, 친분 관계를 유지시키는 소셜 네트워크가 생겨났다. 소셜 네트워크(Social Network)란 개인 또는 집단이 친분, 친족, 취미, 비즈니스, 종교, 전공, 학연 등 다양한 공통점으로 연결되어 만나는 상호의존적인 관계에 의해 형성되는 사회적 관계 구조를 말한다.

그림 11.33 다양한 소셜 네트워크 서비스

한편 소셜 네트워크 서비스(Social Network Service: SNS)란 친구, 선후배, 동료 등 친분 관계가 있는 소셜 네트워크를 인터넷이나 스마트폰을 통하여 연결해주는 서비스를 말하는데, 간단히 영어 약자로 SNS라 부르기도 한다. 이를 통하여 개인의 정보를 지인들과 공유할 수 있게 하고 의사소통을 도와준다.

[그림 11.33]은 다양한 소셜 네트워크 서비스를 나타내고, [그림 11.34]는 대표적 소셜 네트워크인 페이스북과 트위터 로고를 나타낸다.

그림 11.34 페이스북과 트위터

SNS는 초기에는 주로 친목 도모나 엔터테인먼트 용도로 활용되었으나 점차 비즈니스, 각종 정보공유 등 다양한 용도로 활용되고 있다. SNS는 대부분 아는 사람의 아는 사람으로 연결되어 있기 때문에 웹상의 검색을 통한 정보보다 정보의 신뢰성이 높고 또 간결하게 전달되기 때문에 인기가 높다.

주요 소셜 네트워크 서비스 사이트로는 트위터, 페이스북, 카카오톡, 라인, 인스타그램, 블로그, 싸이월드, 밴드, 유튜브 등이 있다. 한국의 대표적인 소셜 네트워크 서비스로는 카카오톡과 밴드를 들 수 있다.

SNS는 사람들 간의 정보 교류를 쉽게 해주는 장점이 있는데, 친구들과 가족뿐만 아니라 만날 기회가 거의 없는 외국인들과의 문화적 · 사회적 교류도 가능하게 한다. 그러나 대화하는 개인정보들이 손쉽게 남에게 읽힐 수 있다는 점에서 개인의 프라이버시가 침해될 수 있는 단점도 내포하고 있다.

11.5.2 페이스북

페이스북(Facebook)은 2004년 2월에 당시 하버드 대학생이었던 마크 주커버그(Mark Zuckerberg)가 설립하였는데(현재 회사명은 메타(Meta)), 최근에는 20억 명 이상의 월간사용자가 활동 중이고, 우리나라 사용자가 1,500만 명에 육박하는 세계 최대의 소셜 네트워크 서비스이다.

페이스북은 처음에는 대학생들 간의 교류를 촉진시키기 위해 만들어졌는데, 점차 인기를 얻어 전 세계적으로 널리 사용되고 있다. 페이스북은 간단한 디자인과 손쉬운 업데이트 등 다양한 기능으로 소셜 네트워크의 중요한 부분을 차지하고 있으나, 개인 간의 대화가 다른 사람들에게 쉽게 노출되는 단점도 가지고 있다. [그림 11.35]는 페이스북 사용 화면을 나타낸다.

그림 11.35 페이스북 화면

11.5.3 트위터

트위터(Twitter)는 블로그의 인터페이스와 미니홈페이지의 친구맺기 기능과 신속한 메신저의 기능을 통합한 소셜 네트워크 서비스로서 2006년 3월 개설되었다. 트위터란 '지저귀다'라는 뜻으로, 재잘거리듯이 하고 싶은 말을 그때그때 짧게 올릴 수 있는 공간인데, 한 번에 쓸 수 있는 글자 수는 최대 140자로 제한되어 있다.

트위터는 관심 있는 상대방을 뒤따르는 '팔로(follow)'라는 독특한 기능을 중심으로 소통한다. 이는 다른 SNS의 '친구맺기'와 유사한 개념이지만 상대방이 허락하지 않아도 일방적으로 '뒤따르는 사람' 곧 '팔로어(follower)'로 등록할 수 있는 점이 가장 큰 차이점이다. 요즘에는 유명 정치인이나 연예인들에게는 수십만 명 이상의 팔로어가 따르기도 한다. [그림 11.36]은 트위터 로고와 대화 장면을 나타낸다.

그림 11.36 트위터 로고와 대화 장면

11.5.4 인스타그램

인스타그램(Instagram)은 온라인 사진 공유 및 소셜 네트워크 서비스인데, 2010년 10월 케빈 시스트롬(Kevin Systrom)과 마이크 크리거(Mike Krieger)가 만들어서 개설하였다. 인스타그램 사용자들은 [그림 11.37]의 인스타그램을 통해 사진 촬영과 동시에 여러 가지 디지털 필터를 적용하여 페이스북이나 트위터 등 다양한 소셜 네트워킹 서비스에 사진을 공유할 수 있다.

인스타그램 사진의 특징은 정사각형으로 보통의 모바일 기기에서 사용하는 16:9 비율과는 다르다. 2018년도에 이미 국내 이용자 수가 1,000만 명을 돌파했으며 세계 월간 활동 사용자(MAU)가 7억 명을 넘어섰다.

그림 11.37 인스타그램 로고와 화면

11.5.5 카카오톡

카카오톡(KakaoTalk)은 데이터를 이용하는 문자대화 서비스 애플리케이션으로서, (주)카카오가 2010년 3월부터 서비스를 시작한 글로벌 모바일 인스턴트 메신저인데, 우리나라 대부분의 휴대폰 가입자가 이용하고 있다. 카카오톡은 와이파이 영역에서나 무료 데이터 한도 내에서는 무료로 제공되며, 아이폰 사용자는 애플 앱스토어에서, 안드로이드 스마트폰 사용자는 안드로이드 마켓에서 내려받아 사용할 수 있다.

카카오톡의 주요 특징으로는 기존의 휴대폰 메신저와 인터넷 SNS의 장점을 결합했다는 점, 일대일 채팅과 더불어 여러 친구들이 동시에 이야기하는 그룹 채팅이 가능하다는 점, 그리고 문자, 사진, 동영상 등의 전송이 가능하다는 점이다. [그림 11.38]은 카카오톡 그룹 대화 장면을 나타낸다.

그림 11.38 카카오톡의 그룹 대화 장면

11.5.6 라인

라인(LINE)은 우리나라 NHN(Naver)의 일본 내 자회사인 라인주식회사가 2011년 6월에 출시한 글로벌 모바일 메신저이다. [그림 11.39]와 같은 라인은 사진과 동영상들의 공유는 물론 음성 메시지와 연락처 등을 주고받을 수 있는 스마트폰 앱이다. 가입자들끼리 국가나 이동통신사와 관계없이 무료 메시지는 물론 무료 영상 및 음성 통화 서비스가 가능하다.

라인은 일본, 중국, 중동, 동남아시아 지역을 중심으로 전 세계 200여 개국에서 이용되며 국외 이용자가 월등히 많다. 현재 우리나라를 비롯한 전 세계 각국의 약 10억 명이 사용하고 있으며 한국어 서비스는 2011년 8월부터 시작되었다.

그림 11.39 라인의 로고와 대화창

11.5.7 밴드

밴드(BAND)는 2012년에 NHN(Naver)이 개발한 새로운 개념의 모바일 소셜 네트워크 서비스이다. 밴드는 학교, 회사, 동호회, 동창회 모임에서부터 가족, 커플, 친구들 모임까지 끈끈한 관계를 유지해 나갈 수 있는 사이버 사랑방의 역할을 한다.

밴드는 초대 받은 멤버들만 참여할 수 있기 때문에 폐쇄적 커뮤니티 서비스로 여겨진다. 주요 서비스로는 멤버들에게 알리는 게시판 기능과 더불어 모임의 날자, 장소, 시간 등을 쉽게 결정할 수 있는 투표 기능도 가지고 있다. 또한 좋은 글과 사진을 공유하고 채팅까지 할 수 있는 '우리끼리 모이는 곳'인 셈이다. [그림 11.40]은 밴드의 로고와 대화창을 나타낸다.

그림 11.40 밴드의 로고와 대화창

11.5.8 유튜브

유튜브(YouTube)는 구글이 운영하는 동영상 공유 서비스로서, 당신(You)과 브라운관(Tube, 텔레비전)이라는 단어의 합성어이다. 유튜브는 2005년에 설립되었는데 2006년 구글이 유튜브사를 인수하여 2007년부터 국가별 현지화 서비스를 시작하였다.

유튜브는 전 세계적으로 동영상에 댓글을 달아 소통할 수 있으므로 소셜 미디어 서비스의 일종으로 분류된다. 유튜브는 [그림 11.41]과 같이 전 세계 네티즌들이 올리는 동영상 콘텐츠를 공유하는 웹사이트로서, 사용자가 동영상을 업로드하고 시청하며 공유할 수 있도록 한다. MPEG-4를 비롯한 대부분의 동영상 파일을 업로드할 수 있다.

그림 11.41 유튜브의 로고와 화면

알아보기 코너 SNS 활성화로 인한 변화

요즘 들어 많은 사람들이 SNS를 통해 자주 소통하고 있다. 지하철을 타면 대부분이 스마트폰을 통해 카카오톡과 밴드 등의 SNS로 대화하거나 유튜브 영상을 보기도 한다. 코로나 시대에 사람들을 직접 만나는 대신 SNS를 통한 교류가 많아진 원인일 수도 있다. 그러나 그 대열에 끼지 못하는 일부 소외층도 있으며, SNS에서 기본적인 예의조차 지키지 않아 상처받는 경우도 생겨나고 있다.

요즘 새롭게 부상한 직업으로 유튜브를 만드는 유튜버(YouTuber)에 대한 인기가 높다. 국세청에서도 세금신고 코드를 따로 만들었다고 한다. 유튜브의 구독자가 많고 영상 조회수가 많은 경우 1년 수익이 수천만 원에서 수십억 원에 이르는 유튜버들도 있다고 한다. 여행, 먹방, 건강, 취미 등을 주제로 하는 아이디어와 특정 영역에서의 능력이 중요한 시대인 것 같다.

11.6 SECTION 블록체인

11.6.1 블록체인의 개념

블록체인(Block chain)이란 여러 개의 블록(block)을 연결한 체인(chain)을 활용하는 시스템이다. 블록은 개인과 개인의 거래(P2P: Peer to Peer) 데이터가 기록되는 장부인 셈으로 일정 시간 동안 거래된 내역이 저장되어 온라인에서의 거래 내용이 담긴 블록이 형성되게 된다. [그림 11.42]와 같은 이런 블록들은 형성된 후 시간의 흐름에 따라 차례대로 연결된 사슬 모양의 체인 구조를 가지게 된다.

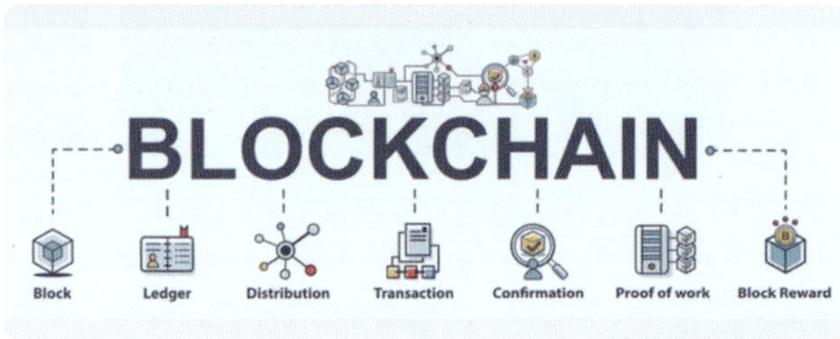

그림 11.42 블록으로 연결되는 블록체인과 주요 기능

블록체인에서는 거래 시 네트워크에 있는 모든 참여자에게 거래 정보가 전송되므로 모두가 거래 내역을 보유하게 된다. 따라서 거래 내역을 확인할 때는 모든 사용자가 보유한 장부들을 대조하고 확인해야 한다. 이러한 이유로 블록체인은 데이터 분산 처리 기술을 활용한 '공공 거래장부' 또는 '분산 거래장부'로도 불리기도 한다.

[그림 11.43]의 왼쪽은 기존 거래방식은 금융 거래에 있어서 은행이 모든 거래장부를 관리하는 통일된 거래인데 비해, 오른쪽의 블록체인 방식에서는 분산된 장부를 통해 거래 내역을 유지한다는 점을 나타낸다.

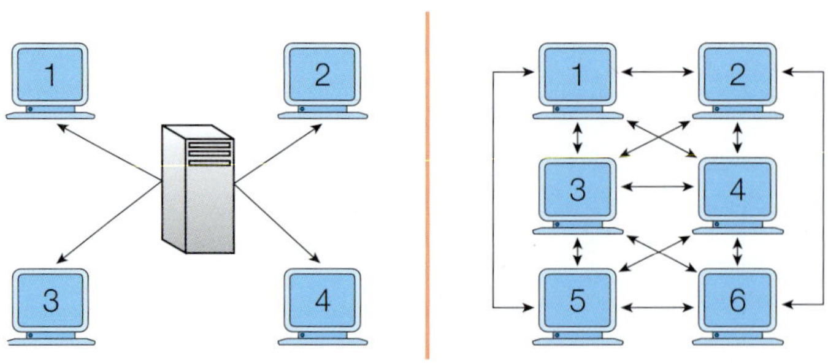

그림 11.43 기존 거래방식과 블록체인 거래방식의 차이점

11.6.2 블록체인의 특징

❶ 중앙 관리자가 필요 없다. 은행과 같이 인증이 필요란 기관과는 달리 블록체인의 경우 여러 참여자가 체인으로 데이터를 저장하고 증명하기 때문에 중앙 관리자가 따로 필요 없다.

❷ 해킹이 거의 불가능하다. 기존 거래방식에서는 은행의 중앙 서버를 공격하면 데이터 해킹이 가능하나, 블록체인에서는 모든 참여자의 거래 데이터를 공격해야 하기 때문에 [그림 11.44]와 같이 해킹은 사실상 불가능하다.

❸ 참여자 동의에 의해 규칙을 설정한다. 블록체인 시스템에서는 거래 기록을 위한 네트워크상의 참여자 동의에 관한 규칙을 설정하는데, 참여자의 과반수가 동의한 경우에만 새로운 거래를 기록할 수 있다.

그림 11.44 해킹에 매우 강한 블록체인

11.6.3 블록체인의 발전과 활용

블록체인의 개념은 1970년대 후반에 처음 형성되어 2008년 말에 등장하였으며, 그 후 현대적인 개념으로 발전하였다. 블록체인은 비트코인 등의 암호화폐에 매우 중요한 역할을 하고 있으며, NFT 발전에도 상당히 기여하고 있다. 최근에는 블록체인 기술을 활용해 제3의 인증기관 없이 개인 간 계약이 이루어질 수 있도록 하는 [그림 11.45]와 같은 스마트 계약 등 다양한 응용에도 활용되기 시작했다.

그림 11.45 스마트 계약

11.7 SECTION 암호화폐와 NFT

11.7.1 암호화폐

암호화폐는 P2P 네트워크, 해시(hash), 암호화 등의 기술을 다차원적으로 종합하여 만든 프로그램인데, 기존의 가상화폐들과는 달리 암호(cryptography)와 해시를 이용한다는 점에서 암호화폐(crypto currency)로 불리고 있다.

비트코인을 비롯한 대부분의 암호화폐 거래에는 블록체인 기술이 사용된다. 암호화폐의 거래 과정은 탈중앙화된 전자장부에 기록이 저장된다. 따라서 블록체인 소프트웨어를 실행하는 사용자들의 각 컴퓨터에서 기록되므로 중앙에 존재하는 은행 없이도 개인 간의 자유로운 거래가 가능하다.

주요 암호화폐로는 [그림 11.46]과 같이 비트코인 외에 이더리움(Ethereum), 리플(Ripple) 등 수없이 많으며 거의 매일 새로운 암호화폐가 생겨나고 있다.

그림 11.46 주요 암호화폐

11.7.2 암호화폐의 대표인 비트코인

암호화폐 중에는 비트코인(bitcoin)이 대표적인데, 비트코인은 2009년 사토시 나카모토란 예명으로 알려진 한 명 또는 여러 명의 개발자들이 고안하였다. 비트코인은 컴퓨터 네트워크를 통해 상당히 매우 복잡한 수학 연산문제를 풀면 매매를 기록하는 '블록'이 만들어진다. 이와 같이 비트코인을 생성하여 획득하는 것을 흔히 '채굴(mining)'한다고 한다.

비트코인은 중앙화된 관리 주체가 없이 운영되는데, P2P로 참여하는 사용자들이 주체적으로 화폐를 발행하고 이체 내역을 관리한다. 따라서 계좌 동결, 강제 인도, 강제적인 신원 공개 및 서비스 정지 등이 불가능하다. [그림 11.47]은 비트코인과 그것을 채굴하는 장치를 나타낸다.

그림 11.47 비트코인과 비트코인 채굴장치

11.7.3 비트코인이 특징

❶ 보안과 안전성이 뛰어나다. 비트코인은 블록체인의 작동방식 덕분에 이체 내역의 변조가 거의 불가능하므로 해킹 등으로부터 매우 안전하다.

❷ 세계 전역에서 24시간 이체가 가능하다. P2P 네트워크로 시스템이 유지되기 때문에 [그림 11.48]과 같이 전 세계 어디에서나 시간에 구애받지 않고 빠른 이체가 가능하다.

❸ 거래의 투명성과 익명성이 있다. 모든 거래는 블록을 통해 전 세계에 공개되며, 이체 내역, 발신자, 수신자, 각 지갑의 잔액 내역과 이체 기록까지 전부 조회가 가능하다. 또 익명으로도 모든 거래가 가능하다.

❹ 리스크가 크고 사용이 불편하다. 비트코인의 달러 표시 가격의 변동성은 리스크가 크며, 아직까지 덜 보편적이라서 사용되기에는 불편한 점이 많은 편이다.

그림 11.48 비트코인의 거래

11.7.4 NFT의 개념

NFT(Non-Fungible Token)는 '대체 불가능 토큰'인데 블록체인 기술을 이용하여 디지털 자산의 소유주를 증명하는 가상의 토큰(token)이다. NFT는 같은 물건이 존재할 수 없는 고유성을 가지며 인간의 주민등록증과 비슷한 역할을 한다. 따라서 그림이나 영상 등의 디지털 파일을 가리키는 주소를 토큰

안에 담음으로써 그 고유한 원본성과 소유권을 나타내는 용도로 사용되는데, 일종의 가상 진품 증명서라고 볼 수 있다.

디지털 자산을 NFT로 만드는 것을 '민팅(Minting)'이라 표현하는데, 토큰이 가상화폐를 의미하는 것에 착안하여 '화폐를 주조한다'란 뜻을 지닌다. 최근에는 메타버스와 NFT, 암호화폐를 결합한 상품도 출시되고 있다. [그림 11.49]는 NFT 플랫폼의 예를 나타낸다.

그림 11.49 NFT 플랫폼의 예

11.7.5 NFT의 특징

❶ 종류가 매우 다양하다. 각 플랫폼은 각각 자체 NFT를 생성하므로 NFT의 종류는 하나가 아니라 수천 또는 수만 개가 존재할 수 있다.

❷ 다양한 분야에 활용된다. NFT 기술이 발전될수록 다양한 분야에 이용될 수 있다. NFT 기술의 활용은 [그림 11.50]과 같은 게임 캐릭터, 음원의 소유, 증권 투자 상품, 주택 대출 등 다양한 분야로 확산되고 있다.

❸ 투기성이 존재한다. NFT는 다른 어떤 것으로 대체될 수 없으므로 희소성이 있고 가격을 산정하기가 어려우며, 안정화되기까지는 일정 기간 투기성이 존재한다.

그림 11.50 게임 캐릭터 NFT

11.7.6 NFT 거래 사례

NFT는 블록체인 기술을 이용해 누구의 통제도 받지 않으며 복제 불가능한 고유성을 가지고 있기 때문에 희소성과 안전성이 있다. 따라서 각종 예술품을 위시한 다양한 디지털 자산들이 다음과 같이 NFT로 생산되고 거래가 이루어지고 있다. NFT는 이더리움 암호화폐를 통해 거래된다.

(1) 바둑 기보와 트위터 NFT

은퇴한 바둑기사 이세돌 9단과 알파고의 바둑 대국을 담은 NFT가 [그림 11.51]과 같이 NFT 경매시장에서 2억 5천만 원에 낙찰되었다. 이세돌과 알파고의 대국 당시 바둑판 위에 흑돌과 백돌이 차례로 놓이는 모습이 영어 알파벳과 아라비아 숫자를 이용해 디지털로 구현돼 있다. 또 특정 트위터 한 줄이 약 35억 원에 팔린 경우도 있고, 그림 파일 하나가 800억 원에 팔리기도 한다.

그림 11.51 NFT 바둑 기보 경매

(2) 디지털 아트 NFT

디지털 아트 NFT는 그림이나 사진, 음악, 동영상 등을 NFT화 한 것인데, 2D나 3D 등 다양한 형태로 출시된다. 세계적인 경매업체 크리스티가 처음으로 실시한 NFT 경매에서 [그림 11.52]의 마이크 윈켈만의 디지털 콜라주인 "Everydays: First 5000 Days"가 6,900만 달러(약 950억 원)에 낙찰되었다.

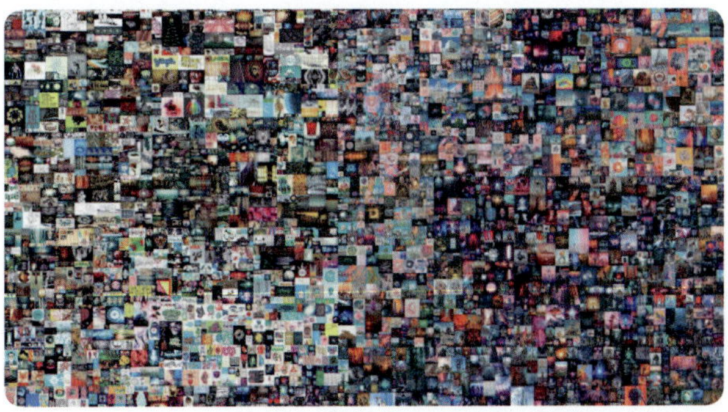

그림 11.52 디지털 콜라주의 NFT 그림 경매

(3) 아바타 게임 NFT

고양이 아바타의 거래를 위해 NFT를 이용한 크립토키티즈(CryptoKitties)가 2017년에 만들어졌다. [그림 11.53]의 크립토키티스는 가상의 애완동물(pet)을 키우는 게임으로 고양이 캐릭터를 수집하고 암호화폐를 이용하여 사고 팔 수 있는 게임이다.

그림 11.53 NFT를 이용한 크립토키티즈 게임

실습/알아보기

1 KakaoTalk, BAND, Facebook 등의 SNS 접속과 사용법을 실습해보자.

정보화 사회의 발전에 따라 SNS(소셜 네트워크 서비스)는 우리 생활과 밀접한 관계에 있다. 대표적인 SNS인 카카오톡, 밴드, 페이스북 중 본인이 잘 모르는 SNS의 접속과 사용법을 알아보고 실습해보자.

https://www.kakaocorp.com/service/KakaoTalk?lang=ko
https://band.us/home
www.facebook.com

2 최근에 등장한 IT 융합 기술 응용 분야들을 조사하고 알아보자.

컴퓨터 관련 기술의 발달로 IT 융합 기술은 다방면에 걸쳐 활용되고 있다. 여기에 소개된 IPTV, RFID와 USN, ITS, BIS, 텔레매틱스, U-헬스 외에 어떤 IT 융합 기술의 응용들이 최근에 활용되고 있는지의 동향을 조사하고 알아보자.

참고문헌

11.1 IT 융합 기술의 개념

https://nectoday.com/it-convergence-key-technology-trends-that-are-driving-smart-enterprises-to-modernize-towards-converged-it-infrastructure/

11.2 IT 융합 기술의 응용 예

https://www.it-fusion.org/

https://www.linkedin.com/company/it-fusion-software-house

11.3 모바일 컴퓨팅의 개념과 배경

https://www.tutorialspoint.com/mobile_computing/mobile_computing_overview.htm

https://en.wikipedia.org/wiki/Cloud_computing

11.4 스마트폰과 태블릿 PC

https://en.wikipedia.org/wiki/QR_code

https://www.lenovo.com/kr/ko/faqs/laptop-faqs/what-is-a-tablet-pc/?orgRef=https%253A%252F%252Fwww.google.com%252F

11.5 최근의 모바일 정보통신 문화

https://www.facebook.com/

https://twitter.com/?lang=ko

http://www.kakao.com/talk

https://band.us/home

https://line.me/ko/

11.6 블록체인

https://aws.amazon.com/ko/what-is/blockchain/

https://www.patriotsoftware.com/blog/accounting/what-is-blockchain/

11.7 암호화와 NFT

https://brunch.co.kr/@mobiinside/866

https://www.appsinvo.com/blog/top-characteristics-of-bitcoin

https://www.eugenefn.com/common/files/amail//20211005_B4530_kyoungkt_643.pdf

https://www.mk.co.kr/news/economy/view/2022/09/839685/

연습문제

정오식 문제

1 IT 융합은 각 기술이 각자 고유의 성질을 유지하면서 시너지 효과를 일으켜 신기술의 개발이나 보다 향상된 성능을 발휘하게 하는 것이다. (　　)

2 IT 융합 기술은 컴퓨터 기술과 통신 기술 등의 분야의 핵심 기술들이 서로 융합하여 서로 같은 산업 분야 간에만 성능 개선 등을 목적으로 결합된다. (　　)

3 U-헬스 산업은 사회적 측면에서의 급속한 고령화 현상과 웰빙 열풍, 만성질환자 증가, 그리고 IT 인프라의 급속한 발전으로 산업 발전 전망이 밝다. (　　)

4 U-City란 유비쿼터스 컴퓨팅, 정보통신 기술 등을 기반으로 도시 전반의 영역을 융합하여, 통합되고, 지능적이며, 혁신을 이루게 되는 도시를 말한다. (　　)

5 모바일 헬스케어란 환자와 의사가 시간과 공간, 장소 등에 구애받지 않고 자유롭게 의료 서비스를 주고받는 시스템을 말한다. (　　)

6 애플리케이션은 앱이라고도 불리는데, 스마트폰 응용 프로그램도 포함된다. (　　)

7 모바일 컴퓨팅이란 휴대용 컴퓨터, 디지털 무선 통신 장치 등을 사용하여, 정해진 장소에서 컴퓨터 업무와 네트워크에 접속할 수 있는 환경의 컴퓨팅을 말한다. (　　)

8 스마트폰은 해킹을 당하거나 분실했을 경우 정보가 노출되기 쉽고, 범죄에 악용될 여지도 있다. (　　)

9 클라우드 컴퓨팅은 정보가 인터넷상의 서버에 일시적으로 저장되고, 데스크탑이나 휴대용 스마트폰과 같은 클라이언트에는 영구적으로 보관된다. (　　)

10 QR 코드는 가로 배열에 최대 20여 자의 숫자 정보만을 넣을 수 있는 1차원적인 구성이다. (　　)

11 소셜 네트워크는 초기에는 주로 친목 도모, 엔터테인먼트 용도로 활용되었으나, 이후 비즈니스 등 생산적 용도로 활용하는 경향이 생겨나고 있다. (　　)

12 카카오톡, 밴드, 트위터는 모두 우리나라에서 개발된 소셜 네트워크 서비스이다. (　　)

13 블록체인은 비트코인 등의 암호화폐에 매우 중요한 역할을 하고 있으며, NFT 발전에도 상당히 기여하고 있다. (　　)

단답식/선택식 문제

1 (　　　)은/는 IP 기반의 플랫폼이기 때문에 단방향의 정보 전달에 그치는 기존의 방송 서비스와는 달리 통신의 양방향 특성을 결합하여 다양한 응용 서비스를 제공한다.

2 (　　　)는 통신과 인포매틱스의 합성어로서 자동차 안의 단말기를 통해서 자동차와 운전자에게 다양한 종류의 정보 서비스를 제공해 주는 기술이다.

3 무선 주파수를 이용한 비접촉 인식장치로서 태그와 리더기로 구성된 시스템인데, 데이터를 다중으로 인식 처리할 수 있는 것은 (　　　)이다.

4 (　　　)란 기존 교통체계의 구성 요소에 첨단기술들을 적용시켜, 보다 안전하고 편리한 통행과 전체 교통체계의 효율성을 높이도록 정보화 사업이다.

5 (　　　)이란 반도체 및 전자기술을 이용하여 손상된 신경을 회복시킴으로써 잃어버린 기능성을 되살려주는 기술이다.

6 (　　　)란 IT 융합 기술을 활용하여 기존의 의료기기 및 서비스 수준을 높이거나 새로운 기술 및 산업을 창출하여 삶의 질을 높일 수 있는 신기술이다.

7 대상 물체에 부착된 지능 칩과 다양한 센서들을 통하여 언제 어디서나 원하는 정보를 수집하고 통신할 수 있는 무선 식별 시스템은 무엇인가?

8 사용자 주변의 환경을 기반으로 상황을 판단하고 해당 상황에 적절한 서비스를 제공하기 위하여 접속 가능한 여러 기능이나 서비스를 커뮤니티로 유기적으로 구성하여 자율 협업을 통해 문제를 지능적으로 해결하는 컴퓨팅 환경은 무엇인가?

9 목적에 따른 응용 프로그램으로서 스마트폰에서 실행이 가능한 프로그램을 무엇이라고 하는가?

10 구글이 운영하는 동영상 공유 서비스로서, 전 세계 네티즌들이 동영상을 업로드하고 시청하며 공유할 수 있는 SNS는 무엇인가?

11 블록체인 기술을 이용하여 디지털 자산의 소유주를 증명하는 가상의 토큰으로, 같은 물건이 존재할 수 없는 고유성을 가지며 인간의 주민등록증과 비슷한 역할을 하는 것은?

12 (　　　) 컴퓨팅이란 PC에 개별적으로 저장해 두었던 모든 자료와 소프트웨어를 대용량 컴퓨터에 옮겨 놓은 뒤, 사용자들이 인터넷을 통해 이 컴퓨터에 접속해 자료를 이용하는 시스템을 말한다.

13 사진 촬영과 동시에 여러 가지 필터를 적용하여 페이스북이나 트위터 등에 사진을 공유할 수 있는 온라인 사진 공유 및 소셜 네트워크 서비스는 (　　　)이다.

14 (　　　)란 친구, 선후배, 동료 등 친분 관계가 있는 소셜 네트워크를 인터넷을 통하여 연결해주는 서비스를 말하는데, 그냥 간단히 SNS라 부르기도 한다.

15 (　　　)는 학교, 회사, 동호회, 동창회 모임에서부터 가족, 커플, 친구들 모임까지 끈끈한 관계를 유지해나갈 수 있는 모바일 소셜 네트워크 서비스이다.

16 마크 주커버그가 설립한 전 세계 최대의 소셜 네트워크 중의 하나는 (　　　)이다.

17 블록체인은 데이터 분산 처리 기술을 활용한 '공공 거래장부' 또는 (　　　)로도 불리기도 한다.

18 비트코인은 (　　　)의 작동방식 덕분에 이체 내역의 변조가 거의 불가능하므로 해킹 등으로부터 매우 안전하다.

19 NFT는 (　　　) 기술을 이용해 누구의 통제도 받지 않으며 복제 불가능한 고유성을 가지고 있기 때문에 (　　　)과 안전성이 있다.

20 NFT는 (　　　)이란 암호화폐를 통해 거래된다.

21 다음 중 M-커머스의 응용 분야가 아닌 것은 무엇인가?
① 모바일 뱅킹 서비스　② MP3 재생
③ 소액결제 서비스　④ 버스카드

22 다음 중 바코드를 대체하는 기술로서, 라디오 주파수를 이용한 비접촉 인식장치로서 태그와 리더기로 구성된 시스템인데, 자동 인식과 데이터 수집용 무선통신 시스템은?
① USN　② IT　③ GPS　④ RFID

23 다음 중 소셜 네트워크 서비스가 아닌 것은?
① 트위터　② 벤드　③ 바다　④ 페이스북

24 태블릿 PC의 특징이 아닌 것은?
① 휴대가 용이하다.
② 마우스나 키보드 없이도 조작이 가능하다.
③ 스마트폰보다 화면이 크고 인터넷하기가 쉽다.
④ 상당히 복잡한 업무에도 적합하다.

25 다음 중 블록체인의 특징이라 보기 어려운 것은?
① 해킹이 거의 불가능하다.
② 클라우드 컴퓨팅과 관련이 있다.
③ 참여자 동의에 의해 규칙을 설정한다.
④ 중앙 관리자가 필요 없다.

26 다음 중 비트코인의 특징과 거리가 먼 것은?
① 보안과 안전성이 뛰어나다.
② 거래의 투명성과 익명성이 있다.
③ 세계 진역으로의 이체가 어렵다.
④ 리스크가 크고 사용이 불편하다.

27 다음 중 NFT의 특징이라 보기 어려운 것은?
① 종류가 매우 다양하다.
② 다양한 분야에 활용된다.
③ 투기성이 존재한다.
④ 비트코인을 통해 거래된다.

주관식 문제

1 BIS의 개념과 특징을 설명하시오.

2 M-커머스의 개념을 설명하고, 현재 자신이 사용하고 있는 M-커머스는 어떠한 것이 있는지 조사해 보시오.

3 U-헬스 서비스의 유형을 목적에 따라 2가지로 분류하고 해당 서비스들을 나열하라.

4 U-City의 개념에 대해 설명하시오.

5 스마트폰이 일반 휴대폰에 대해 가지고 있는 차별성을 말하시오.

6 모바일 컴퓨팅과 휴대용 컴퓨터의 차이점을 설명하시오.

7 태블릿 PC가 활용되는 분야 4가지만 나열하시오.

8 클라우딩 컴퓨팅의 장 · 단점에 대해 설명하시오.

9 우리의 일상생활과 밀접한 관계에 있는 앱의 종류들을 나열하고 각각 간단히 설명하시오.

10 소셜 네트워크에 대해 설명하고, 그 종류를 나열하시오.

11 블록체인의 발전과 활용에 대해 설명하시오.

12 NFT 거래 사례를 몇 가지 제시하시오.

BLOCKCHAIN

Chapter 12

컴퓨터와 소통하는 프로그래밍 언어

Contents

단원의 주요 목표

프로그래밍 언어의 기반 지식과 현재 사용되는 주요 언어들에 대한 지식을 학습한다.

- 프로그래밍 언어의 특성, 고급 언어와 저급 언어, 컴파일러를 통한 번역을 고찰한다.
- FORTRAN부터 인공지능 언어에 이르는 주요 프로그래밍 언어의 특징들을 파악한다.
- 파워빌더, Delphi, Visual Basic 등의 4세대 언어(4GL)의 특징과 근황을 살펴본다.
- 객체지향의 개념을 파악하고, Java를 비롯한 객체지향 언어들의 특징을 알아본다.
- UNIX 기반의 ProC, Shell 프로그래밍과 PHP 등의 Linux 기반 언어들을 살펴본다.
- HTML과 JSP와 같은 웹 기반, C#과 같은 닷넷 기반 언어의 핵심 기술을 파악한다.

12.1 SECTION 프로그래밍 언어

12.1.1 프로그래밍 언어

프로그래밍 언어(Programming Languages: PL)란 주어진 어떤 문제를 해결하기 위해 인간과 컴퓨터 사이에서 의사소통을 가능하게 하는 인공적인 언어를 말한다. 프로그래밍 언어는 우리가 일상생활에서 사용하는 자연어(Natural language)와는 달리 미리 정해진 규칙에 따라 엄밀하게 정의되는데, 그 규칙에 따라 작성된 프로그램은 컴퓨터 내의 번역기를 거쳐 구현되고 그 결과가 사용자에게 전달된다.

우리가 프로그래밍 언어들을 공부해야 하는 주된 이유는 다음과 같이 요약될 수 있다.

❶ 효율적인 알고리즘을 개발할 수 있는 능력을 향상시킬 수 있다.

프로그램 언어들은 그 특징을 적절하게 사용할 경우 프로그래머가 효율적인 알고리즘을 개발할 수 있는 능력을 향상시킨다.

❷ 현재 사용하고 있는 프로그래밍 언어의 사용 능력을 향상시킨다.

우리가 사용하고 있는 언어들의 특징들을 이해함으로써 효율적인 알고리즘을 작성하는 능력이 향상된다.

❸ 주어진 과제를 해결할 수 있는 최적의 프로그래밍 언어를 선택할 수 있다.

우리가 특정한 일을 수행하고자 할 때 그 일을 잘 해결할 수 있는 적절한 프로그래밍 언어를 선택할 수 있도록 한다.

❹ 새로운 프로그래밍 언어를 쉽게 배울 수 있도록 한다.

여러 가지 다양한 프로그래밍 언어들의 특징과 구조를 알고 있는 프로그래머는 새로운 프로그래밍 언어를 보다 쉽게 배우고 익힐 수 있다.

현재 지구상에는 수천 가지 종류의 프로그래밍 언어가 존재하고 있으며 지금 이 순간에도 새로운 프로그래밍 언어가 만들어지고 있다. [그림 12.1]의 프로그래밍 언어의 집합은 언어마다 각각 다른 컴파일러와 훈련된 프로그래머를 필요로 하는 수많은 언어들을 보여주고 있다.

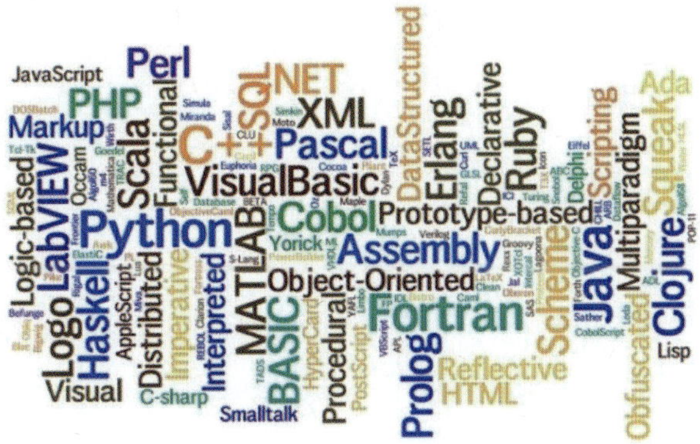

그림 12.1 프로그래밍 언어의 집합

12.1.2 프로그래밍 언어의 특성

프로그래밍 언어의 주요 특성들은 다음과 같다.

❶ 간결성(simplicity)

간결성이란 프로그램을 쉽게 작성하고, 이해하고, 읽을 수 있도록 간결하게 표현할 수 있는 특성이다.

❷ 직교성(orthogonality)

직교성이란 언어의 각 구성 요소가 상호 독립적이고 어떤 환경에서도 그 구성 요소가 같은 의미로 사용된다는 의미를 가진다.

❸ 가독성(readability)

가독성 있는 프로그램은 작성하기도 쉽고 다른 사람이 읽기에도 매우 편리하다. 적절한 주석(comment) 또한 가독성을 높여준다.

❹ 정확성(preciseness)

엄밀하게 정의된 문법에 따라 작성된 프로그램은 정확성을 보장하며 예측 가능한 결과를 보장해준다.

❺ 기계 독립성(machine independence)

주어진 프로그래밍의 수행 시 기계에 따른 차이가 없이 서로 다른 컴퓨터 상에서도 운용이 가능해야 하고, 똑같은 결과를 도출해야 한다.

12.1.3 저급 언어와 고급 언어

프로그래밍 언어는 형태와 기능에 따라 [그림 12.2]와 같이 저급 언어(low-level language)와 고급 언어(high-level language)로 나눌 수 있다. 저급 언어에는 기계어와 어셈블리 언어가 있으며, 고급 언어에는 FORTRAN, Pascal, C, C++, Java 등이 있다.

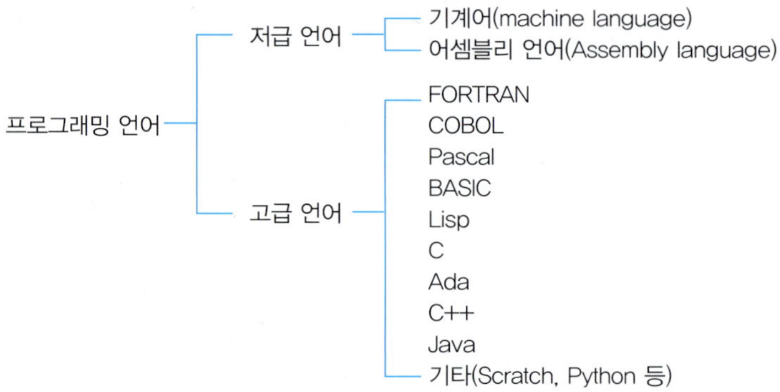

그림 12.2 프로그래밍 언어의 분류

여기서는 X와 Y의 합을 Z에 넣고 출력하는 예를 통해 저급 언어와 고급 언어의 차이점을 고찰한다.

❶ 저급 언어 프로그램 방식

▶ 데이터를 입력하고, 기억 장치의 어떤 장소 X에 넣어라.

▶ 데이터를 입력하고, 기억 장치의 어떤 장소 Y에 넣어라.

▶ X의 내용을 임시기억 장치인 레지스터 R1에 넣어라.

▶ Y의 내용과 R1의 내용을 가산기에 입력하고, 가산기의 가산 결과를 R1에 넣어라.

▶ R1의 내용을 기억 장치의 어떤 장소 Z에 넣어라.

▶ Z의 내용을 출력하라.

❷ 고급 언어 프로그램 방식

▶ 2개의 데이터를 입력하여, 변수 X, Y에 넣어라.

▶ X와 Y를 더하여, 결과를 변수 Z에 넣어라.

▶ Z의 내용을 출력하라.

저급 언어로 프로그램을 작성하기 위해서는 ①의 방식과 같이 하드웨어 내의 물리적 동작을 인식하고 각 동작에 대응하는 명령어들을 모두 이해해야 한다. 그에 비해 고급 언어 프로그램 방식은 ②에서와 같이 변수의 표현만으로도 원하는 결과를 출력할 수 있다. 이 경우에는 고급 언어를 번역해 주는 프로그램을 거치게 된다.

일반적으로 고급 언어로 작성되어 있는 원래의 프로그램을 원시 프로그램(source program)이라 하고, 기계어로 번역된 후의 프로그램을 목적 프로그램(object program)이라 한다.

(1) 저급 언어

저급 언어는 기계어와 어셈블리 언어를 의미하는데, 이를 통하여 컴퓨터의 주기억 장치, 레지스터, 마이크로프로세서, 입출력 포트와 같은 하드웨어에 대한 직접적인 제어가 가능하다. 그러나 저급 언어를 원활하게 구사하기 위해서는 하드웨어에 관한 풍부한 지식이 필요하므로 초보자가 저급 언어로 프로그램을 작성하기는 쉽지 않다.

어셈블리 언어(Assembly language)는 기계어의 명령(instruction)들을 알기 쉬운 기호(symbol)로 표시해서 사용하며, 이 기호 언어는 기계어는 물론 사용하고자 하는 컴퓨터의 내부 구성과 밀접한 관계를 가지고 있다. 어셈블리 언어의 명령은 통상 ADD R1, R2의 형태로 이루어진다. 어셈블리 언어의 출현에 따라 프로그램을 작성하는 작업은 기계어를 사용하는 작업보다 훨씬 더 간편해졌다. 그러나 어셈블리 언어는 기계어에 가까운 저급 언어로 분류되며, 지금도 고급 언어로 프로그래밍하기 어려운 분야에 이용되고 있다. 〈표 12.1〉은 어셈블리 언어로 표현된 명령어들을 보여준다.

표 12.1 어셈블리 언어로 표현된 명령어들의 예

연산 코드 기호	의미
LOAD X	CON(X) → R
STORE X	R → CON(X)
CLEAR X	0 → CON(X)
ADD X	R + CON(X) → R
INCREMENT X	CON(X) + 1 → R
SUBTRACT X	R − CON(X) → R
DECREMENT X	CON(X) − 1 → CON(X)
COMPARE X	if CON(X) R then GT = 1(on)

(2) 고급 언어

고급 언어는 프로그래머가 하드웨어와 관련된 사항을 인식하지 못하더라도 프로그램의 작성이 쉬우며 변수, 파일, 배열 등의 기본 구조를 제공한다. 대다수의 고급 언어는 컴퓨터 하드웨어를 프로그래머로부터 완전히 분리시키지만 C, C++와 같은 고급 언어는 고급 언어의 기능을 유지하면서도 저급 언어의 효율적인 면도 제공하므로 지금도 널리 쓰이고 있다.

고급 언어의 공통적인 특징은 다음과 같다.

❶ 일상 언어에서 쓰이는 단어나 표현을 적극적으로 이용한다. 덧셈은 '+', 뺄셈은 '−' 등 우리가 통상 사용하는 일반적인 표현을 그대로 쓸 수 있다.

❷ 데이터를 기억 장치에서 쓰거나 읽을 경우, 기억 장소의 구체적인 번지 대신에 변수 이름의 사용이 가능하다. 따라서 사용자는 기억 장소의 주소를 일일이 기억할 필요가 없다.

❸ 하나의 명령으로 다수의 동작을 지시할 수 있다. 예를 들어 A = B + C × D란 명령어의 경우 먼저 C와 D를 곱하고, 그 결과와 B를 더하고, 그 결과값을 A에 대입하라는 것과 같이 다수의 연산이 하나의 명령에 의해 이루어진다.

〈표 12.2〉는 프로그래밍 언어의 개요를 표로 정리한 것이다.

표 12.2 프로그래밍 언어의 개요

프로그래밍 언어	연도	창시자	큰 영향을 받은 선행 언어	주요 개발 목적
FORTRAN	1957	J. Backus(IBM)	–	수치 계산
COBOL	1960	위원회	FORTRAN	상업 자료 처리
Lisp	1962	J. McCarthy(MIT)	–	기호연산 리스트 처리
BASIC	1965	Kemeny(Dartmouth)	–	교육용 프로그래밍
SNOBOL	1966	R. Griswold	–	문자 처리
Pascal	1971	N. Wirth(ETH Zurich)	ALGOL68 BCPL	범용 및 교육용, 구조적 프로그래밍
C	1974	D. Ritchie(Bell Labs)	ALGOL68 BCPL	시스템 프로그래밍
Ada	1979	J. Ichbiah 등 (CII Honeywell Bull)	Pascal, Simula 67 Modula	범용 및 응용 실시간 프로그래밍
C++	1983	B. Stroustrup	C, Simula 67 ALGOL 68	범용 및 시스템 프로그래밍
Java	1994	James Gosling	C	범용 및 인터넷 프로그래밍
C#	2000	Anders Heilsberg 등 (Microsoft)	Java, C++ Visual Basic	객체지향적 웹 응용 프로그램
Python	1991	Rossum	C, Java Lisp	초보자에게 친근한 C와 Java 타입
Scratch	2007	MIT	–	시각적 교육용 프로그래밍

12.1.4 컴파일러 언어와 인터프리터 언어

고급 언어는 어셈블리 언어와 같이 최종적으로는 기계어로 번역되어 실행되지만, 번역과 실행의 방법에 있어서 컴파일러 방식과 인터프리터 방식으로 구분된다. 각각의 번역 프로그램을 컴파일러와 인터프리터라고 한다.

컴파일러(compiler) 방식의 경우 한 프로그램을 한꺼번에 번역한 뒤 실행하는 데 비해, 인터프리터(interpreter) 방식의 경우에는 명령어 단위로 한 행씩을 번역해 가면서 실행하는 차이점을 가지고 있다.

컴파일러는 번역을 하여 목적 프로그램을 얻은 다음에는 원시 프로그램에 대한 추가 번역이 필요 없으나, 인터프리터를 이용할 경우에는 수행할 때마다 매번 번역해야 한다. 〈표 12.3〉은 컴파일러 방식과 인터프리터 방식의 특성들의 비교를 나타내며, [그림 12.3]은 고급 언어 프로그램의 전체 실행 순서를 표현한 것이다.

표 12.3 컴파일러 방식과 인터프리터 방식의 특성 비교

방식 특징	컴파일러 방식	인터프리터 방식
번역 방법	프로그램 전체를 한꺼번에 번역	실행될 행 단위마다 번역
장점	번역 후 빠른 시간 내에 전체를 실행가능	큰 기억 장치가 필요하지 않으며 번역 과정이 비교적 간단함
단점	프로그램의 일부를 수정하는 경우에도 전체를 다시 컴파일해야 함	반복문이 많은 경우 매 반복 때마다 번역해야 함
결과물	목적 언어로 된 프로그램	실행의 결과
적용 언어	FORTRAN, Pascal,COBOL, Ada, C 등	Lisp, SNOBOL, Prolog, Python 등

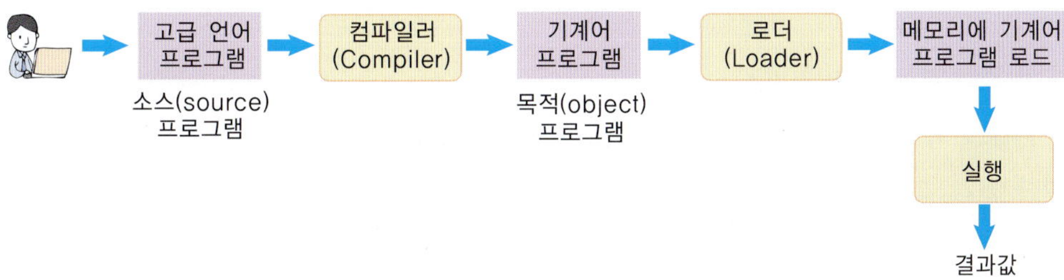

그림 12.3 고급 언어 프로그램의 전체 실행 순서

12.2 SECTION 주요 프로그래밍 언어

12.2.1 FORTRAN

포트란(FORTRAN)은 엔지니어, 수학자 및 과학적 알고리즘의 작성자나 사용자들을 위해 설계된 제2세대 프로그래밍 언어로서 고급 언어의 시작을 열었던 언어이다. 포트란은 1957년 IBM의 존 배커스(John Backus)에 의해 설계되었으며 매우 간결하고 엄격한 구문 형식을 가지고 있다. 1966년에 표준적 포트란인 FORTRAN IV가 완성되었는데, 그 후 1977년에 FORTRAN 77이 발표되어 매우 많이 사용되었다.

(1) FORTRAN의 주요 특징

FORTRAN의 주요 특징들은 다음과 같이 요약될 수 있다.

❶ 최초의 고급 언어 중 하나이다.

최초의 고급 언어 중 하나였으므로, 그 후에 만들어진 다른 많은 언어들의 기술적 배경과 참조 모델이 되었다.

❷ 매우 단순하며 간결하다.

기본적인 수치 처리와 계산을 위주로 만들어진 언어이기 때문에 단순하면서도 간결한 프로그래밍 언어이다.

❸ 실행 시간에 동적 배열이나 재귀 호출(recursion) 등을 지원하지 않는다.

초창기에 개발되었으므로 모든 자료 구조가 고정된 크기로 설계되었기 때문에 생기는 문제이다.

❹ 같은 기억 장소에 서로 다른 변수 이름을 가지게 할 수 있다.

같은 기억 장소에 서로 다른 변수 이름을 가지게 함으로써 프로그램상의 효용성을 제공하였다. 그러나 이 경우 프로그래밍 오류를 범할 소지가 많다.

(2) FORTRAN의 근황

요즘은 FORTRAN보다 기능이 훨씬 뛰어나고 사용하기 편리한 언어들이 많이 있으므로 꼭 필요한 경우가 아니면 거의 사용되지 않는다. [그림 12.4]는 화씨온도를 섭씨온도로 변환하는 간단한 FORTRAN 예제를 나타낸다.

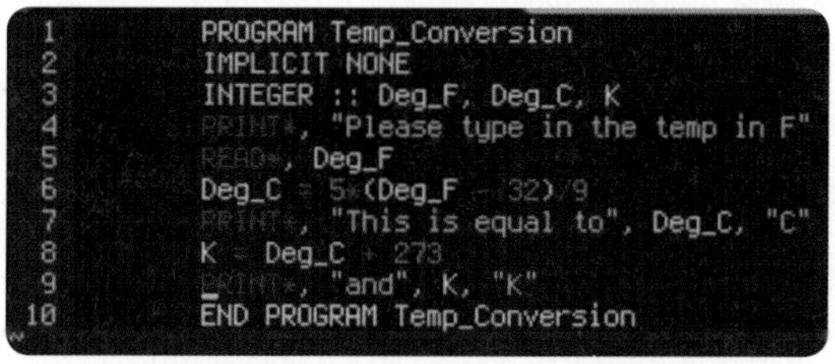

그림 12.4 FORTRAN 프로그램의 예

12.2.2 COBOL

코볼(COmmon Business Oriented Language: COBOL)은 사무 처리에 적합한 프로그래밍 언어로서 1960년 4월에 COBOL-60이란 이름으로 개발되어 널리 사용되어 왔다. 그 후 1968년에는 표준화된 ANSI COBOL이 승인되었고, 1974년에는 새로운 여러 가지 기능들을 추가한 최종 버전인 ANSI COBOL이 완성되어 사무용으로 널리 사용되었다.

(1) 코볼의 특징

코볼의 주요 특징들은 다음과 같이 요약될 수 있다.

❶ 코볼은 컴퓨터의 내부적인 특성과는 독립적으로 설계되었다.
❷ 파일 처리 면에서 다른 언어에 비해 강력한 장점을 가지고 있다.
❸ 누구나 쉽게 작성할 수 있고, 완성된 프로그램이 영어 문장 구조로 되어 있다.
❹ 프로그램이 길어서 프로그램 작성이 불편하고 효율이 떨어지는 단점이 있다.

(2) COBOL의 근황

코볼은 사무용 언어의 필요성이 커진 1960년도에 등장하여 많은 사람들의 사랑을 받아 왔던 사무 처리 위주의 언어이다. 요즘 들어 C 언어 등에 자리를 내주고 현재는 거의 사용되지 않는다. [그림 12.5]는 COBOL 프로그램의 예를 나타낸다.

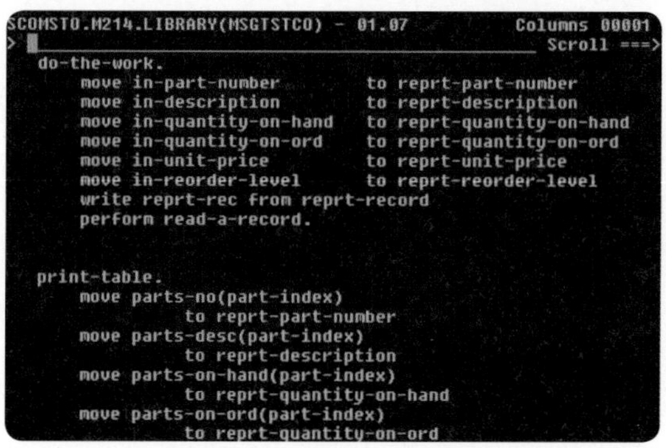

그림 12.5 COBOL 프로그램의 예

12.2.3 BASIC

초보자를 위한 언어인 베이직(Beginner's All-purpose Symbolic Instruction Code: BASIC)은 1965년 케메니(John Kemeny)와 쿠르츠(Thomas Kurtz)에 의해 개발된 프로그래밍 언어이다. 대화형 방식을 사용한 BASIC은 1960년대 후반부터 각 대학에서 널리 사용되었다. 그 후 BASIC의 단점들을 보완한 Quick Basic 등으로 계속하여 발전해 오다가 현재는 마이크로소프트사의 Visual Basic이나 EXCEL 등에서 사용하는 VBA의 언어로 사용되고 있다.

(1) BASIC의 특징

BASIC의 주요 특징들은 다음과 같이 요약될 수 있다.

❶ 프로그래밍 초보자들도 누구나 쉽게 배워서 여러 가지 작업에 이용할 수 있다.

❷ 코볼처럼 대화체의 프로그래밍 언어이면서도 작업량이 코볼보다 작다.

❸ 대부분의 운영체제들에서 BASIC을 지원한다.

❹ 마이크로소프트사와 같은 유명회사가 Quick Basic을 출시하고, Visual Basic과 VBScript 등의 형태로 BASIC을 계속 발전시키고 있다.

(2) BASIC 프로그램

1부터 100까지의 합을 구하는 간단한 BASIC 프로그램 예는 〈표 12.4〉에 나타나 있다.

표 12.4 BASIC 프로그램 예제

```
10 J=0
20 S=0
30 S=S+J
40 J=J+1
50 IF J<=100 THEN 30
60 PRINT "SUM = "; S
70 END
OK
RUN
SUM = 5050
OK
```

12.2.4 Pascal

파스칼(Pascal)은 1971년 스위스의 니클라우스 워스(Nicklaus Wirth) 교수에 의해 만들어졌는데, 구조적(structured) 프로그래밍과 알고리즘 학습에 적합한 교육용 프로그래밍 언어이다. 파스칼은 교육적 목적이 강했기 때문에 1990년대 초반까지만 해도 대부분의 컴퓨터 관련 교재에서 파스칼을 표준 언어로 채택하였으며, 언어의 기능이 뛰어나 업무용 프로그램을 작성하는 데도 많이 쓰였다. 또한 최근 들어 각광받고 있는 Delphi에서 Object Pascal을 기본 언어로 사용함으로써 Pascal은 여전히 관심을 끌고 있다.

(1) Pascal의 특징

Pascal의 주요 특징들은 다음과 같이 요약될 수 있다.

❶ 프로그램을 작성할 수 있는 모든 명령어를 갖춘 교육용 프로그램언어이다.

❷ 구조적인 프로그램을 작성할 수 있도록 한다.

❸ 명확한 구조와 정의를 가지고 있는 언어이므로 컴파일러가 최적화되어 있다.

❹ 객체지향 개념 등 새로운 개념들이 계속적으로 추가되고 있다.

(2) Pascal의 근황

파스칼 언어는 C언어에 비해 보다 엄격하게 짜여진 구조를 가지고 있기 때문에 2000년 이후 대부분의 전문 프로그래머들이 좀 더 유연한 C나 C++언어로 이동하여 지금은 별로 쓰이지 않는다. [그림 12.6]은 Pascal 프로그램의 한 예를 나타낸다.

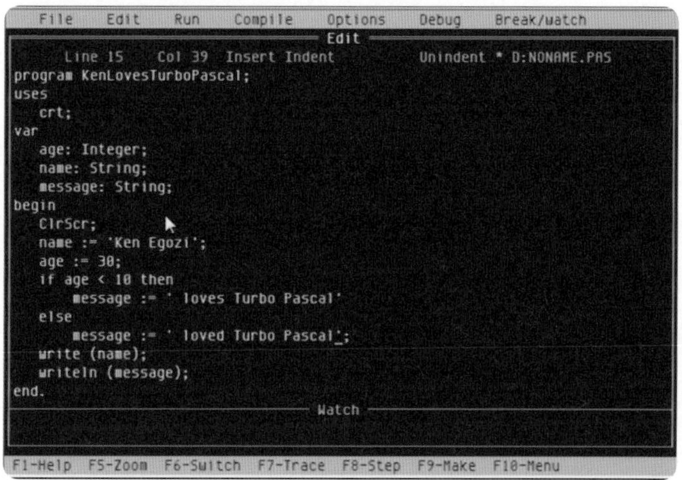

그림 12.6 Pascal 프로그램의 한 예

12.2.5 Lisp

Lisp 언어는 1960년 MIT의 존 매카시(John McCarthy)에 의해 개발된 언어이다. 이 언어를 만들게 된 처음 목적은 게임이나 자연어 처리 등 인공지능 분야에 사용하기 위한 것이었는데, 지금도 인공지능 언어로 많이 사용되고 있다. Lisp은 기본적인 자료형을 List형으로 보는 등 여타 언어들과는 다른 독특한 특징들을 많이 가지고 있다.

(1) Lisp의 특징

Lisp의 주요 특징들을 요약하면 다음과 같다.

❶ 대화식으로 구성되어 있는 인터프리터 방식의 언어이다. 사용자가 프로그램 한 줄을 넣으면 그 즉시 결과값이 나오는 방식으로 되어 있다.

❷ 임의의 자료형을 만들어 그 값을 결과값으로 사용할 수 있다.

❸ 프로그램과 자료가 동일한 형태로 취급된다. 그러므로 다른 Lisp 프로그램을 처리하기 쉽게 되어 있다.

❹ 메모리를 동적으로 관리하는 기능이 있다. 사용자가 메모리를 사용할 때만 할당해 주고 모든 처리가 끝나면 다시 할당을 해제하는 식의 동적 메모리 관리가 지원된다.

(2) 객체와 함수

Lisp의 객체는 원자(atom) 또는 리스트(list)이다. 원자는 문자열로서 A, MAN, FOOD 등이 그 예이다. 리스트는 원자 또는 리스트의 열로서, 공백(blank)에 의해 원소가 분리되며 전체는 괄호의 쌍으로 이루어진다. 따라서 Lisp에서는 A+B 대신에 (PLUS A B)로 나타낸다.

12.2.6 Prolog

프롤로그(Prolog)는 PROgramming in LOGic에서 따온 말로서 1972년 영국의 코왈스키(R. Kowalski)와 프랑스 연구진에 의해 개발된 논리형 인공지능 언어이다. 우리가 보통 사용하는 C나 Pascal 등은 절차적인 언어이고, C++와 같은 것은 객체지향 언어인 반면에 Prolog의 경우는 비절차적 논리형 언어이다. 프롤로그는 일본의 제5세대 컴퓨터(Fifth Generation Computer) 프로젝트에 사용된 주요 인공지능 언어라는 사실이 알려지면서 유명해지게 되었다.

(1) Prolog의 특징

Prolog의 주요 특징들을 요약하면 다음과 같다.

❶ 프로그램이 사실(fact), 규칙(rule), 질문(question)들로 이루어진다.

❷ 인터프리터 언어이며 대화식의 명령 방식으로 작동한다.

❸ 사실과 규칙들의 데이터베이스로 구성되며, 질문에 응답하는 형식으로 진행된다.

❹ 사용자의 질문에 답하기 위해 추론 엔진(inference engine)을 사용한다.

(2) Prolog 프로그램

Prolog는 색다른 형태의 언어로서 인공지능 분야에서 논리적 판단을 위한 프로그램의 구현에 있어 매우 중요한 역할을 담당한다. Prolog 프로그램은 사실과 규칙들만 기술하고 프로그램의 실행 순서는 명시하지 않으므로 제5세대 컴퓨터 언어라고도 불린다.

〈표 12.5〉는 삼단 논법으로 유명한 '소크라테스의 죽음'을 Prolog로 프로그램한 것이다. 프롤로그의 모든 문장은 마침표로 끝나며, X와 같은 변수는 대문자로 시작한다. 사실들과 규칙들을 입력한 후 질의어를 입력하면 가능한 모든 결과들을 도출해 낸다. 이 예제의 경우에는 socrates, daesukim, wurry의 3가지가 해당되는 것으로 나타났다.

표 12.5 '소크라테스의 죽음'을 삼단 논법화한 Prolog의 예제

human(socrates).	- 소크라테스는 사람이다. (사실)
human(daesukim).	- 김대수는 사람이다. (사실)
animal(wurry).	- 워리는 동물이다. (사실)
animal(X):-human(X).	- 모든 사람은 동물이다. (추론규칙, X는 변수)
die(X):-animal(X).	- 모든 동물은 죽는다. (추론규칙)
?-die(socrates).	- 소크라테스는 죽는가를 질의함
yes	- 시스템의 대답: yes
?-die(X).	- 모든 죽는 것의 이름 X를 질의함
X=socrates.	- 시스템의 3가지 대답
X=daesukim	
X=wurry.	

12.2.7 C

C언어는 1972년에 미국 벨연구소의 데니스 리치(Dennis Ritchie)가 설계하여 PDP-11에서 구현시킨 언어이다. C는 UNIX 운영체제의 작성을 위한 시스템 프로그래밍 언어로 설계되었고, 벨연구소에서는 C언어를 사용하여 UNIX 운영체제를 작성하였다.

C언어의 사용이 급증하게 된 이유는 C언어가 단순히 기능적인 면보다는 신뢰성, 규칙성, 간소성 등의 사용상 장점을 가지고 있다는 점이다. 또한 C언어가 프로그램을 읽기 쉽고 작성하기도 쉬운 구조화(structured)된 프로그래밍 기법을 채택하고 있기 때문이다.

C언어는 이와 같이 저급 언어와 유사한 기능뿐만 아니라 융통성과 이식성(portability)이 높으며, 풍부한 연산자와 데이터 형(data type)을 가지고 있기 때문에 범용 고급 프로그래밍 언어로서 응용 소프트웨어의 개발 속도를 향상시키는 데 크게 기여하였다.

(1) C언어의 특징

C언어의 주요 특징들을 요약하면 다음과 같다.

❶ 매우 유연한 구조로 되어 있는 언어이다.

C언어는 파스칼의 엄격함과는 달리 프로그래머의 입장에서 매우 유연하고 자유롭게 프로그래밍할 수 있는 장점을 가지고 있다.

❷ 대부분의 운영체제에서 지원하는 기본적인 언어이다.

UNIX의 영향으로 인해 대부분의 운영체제에서 C언어를 기본적으로 지원하고 있다. 따라서 각각의 운영체제에 대한 이식성도 우수하다.

❸ 고급 언어와 저급 언어의 양쪽 장점을 모두 가지고 있다.

시스템을 직접 제어할 수 있는 많은 기능들을 지원함으로써 운영체제를 만들 수 있을 정도로 저급 언어적인 특징도 가지고 있는 언어이다.

❹ 모든 실행 단위가 함수로 구성되어 있다.

C언어의 모든 실행 단위는 함수(function)로 되어 있다. main이라는 함수가 기본적인 실행 함수가 되고 그 이외에 모든 실행 단위는 함수를 기준으로 실행된다. 이렇게 함으로써 코드를 재사용할 수 있는 장점이 있고, 전체적으로 프로그램이 모듈화되는 장점이 있다.

(2) C언어의 근황

C언어는 등장 이후부터 컴퓨터 언어의 역사에 매우 큰 영향을 끼친 언어이고 현재까지도 가장 중요한 언어 중의 하나인데, 대부분의 운영체제가 기본적으로 C언어를 지원하고 있다. 요즘은 C++의 등장으로 C가 쓰이는 비율이 다소 줄었으나 아직도 C++ 프로그램에서 C 스타일로 프로그램을 작성하는 사람들이 많은 것으로 보아 상당한 기간 동안은 C의 영향력이 계속될 것으로 보인다. [그림 12.7]은 C 프로그램의 예들을 나타낸다.

그림 12.7 C 프로그램의 예

12.2.8 C++

C++는 1983년 스트로우스트럽(Bjarne Stroustrup)이 항해를 모델링하는 시뮬레이션을 프로그래밍하는 데 도움이 되는 편리한 방법을 생각하던 중 고안한 언어이다. C++는 오늘날 컴퓨터 프로그래밍의 새로운 경향인 객체지향 프로그래밍(Object-Oriented Programming: OOP)을 지원하기 위해, C언어에다 객체지향과 관련된 여러 가지 기능을 추가하여 만들어진 언어이다. C++는 기능 면에서 융통성이 있으면서도 강력하고 사용하기에도 매우 편리한 언어로 여겨지고 있다.

(1) C++의 특징

C++는 그 이름에서 알 수 있듯이 C의 모든 특징들을 내포하고 있으며 다음과 같은 특징들을 추가로 가지고 있다.

❶ C++는 C의 유연성을 그대로 이용하면서 객체지향의 편리성을 접목시켰다. 이러한 점은 C++언어가 C언어의 확장이라는 점에 기인한다.

❷ C언어로 개발된 기존의 모든 프로그램들을 활용할 수 있다. 기존에 작성되어 있는 검증된 프로그램을 약간 수정하여 객체화시킴으로써 엄청난 라이브러리(library)를 얻을 수 있다.

❸ C언어에 익숙하기만 하면 금방 적응이 가능하다. 비교적 짧은 기간의 개념 교육만으로도 기존의 C 프로그래머가 객체지향의 장점들을 쉽게 흡수할 수 있다.

❹ 대부분의 운영체제에서 C++를 지원한다. C++언어는 C를 지원하는 거의 모든 운영체제에서 기본적으로 지원하는 언어가 되었다.

(2) C++언어의 근황

최근 들어 Java와 같은 객체지향 개념에서 시작하는 언어들의 숫자가 많아지고 인기도 커짐에 따라, C++ 사용자들도 C++의 절차적이고 구조적인 프로그래밍의 장점뿐만 아니라 객체지향적인 특성에 더욱 큰 관심을 보이고 있다. 〈표 12.6〉은 "Hello World"를 화면에 출력하는 C++의 예이다.

표 12.6 "Hello World"를 출력하는 C++ 예제

```
#include <iostream.h>

// Hello World를 출력하는 Class
class Hello
{
  public:
  // printme(void): Hello World를 출력
  void printme(void)
  {
    cout << "Hello World" << endl;
  }
};

// main 함수
int main(int argc, char* argv[])
{
  // hlo라는 Hello 형태의 객체를 생성
  Hello hlo;
  hlo.printme();

  // 0을 반환
  return 0;
}
```

12.3 SECTION 제4세대 언어

제4세대 언어(Fourth-Generation Programming Language: 4GL)란 제4세대 컴퓨터가 사용된 시기에 개발된 프로그래밍 언어를 말하는데 통상 4GL(Four GL)이라고 한다.

12.3.1 Power Builder

파워빌더(Power Builder)는 사이베이스(Sybase)사에서 만든 객체지향 언어로서, 주로 데이터베이스용 응용 프로그램을 작성하는 데 쓰이는 언어이다. 파워빌더는 Visual Basic이나 Delphi와 같은 언어와 함께 원하는 작업을 최소한의 프로그램 작성으로 그림을 그리듯이 화면을 디자인할 수 있는 효율적인 언어이다.

(1) 파워빌더의 특징

파워빌더의 주요 특징들을 요약하면 다음과 같다.

❶ 클라이언트/서버 응용 프로그램 개발 환경

파워빌더는 Windows와 같은 그래픽 환경에서 클라이언트/서버 응용 프로그램을 작성할 수 있는 개발 환경을 가지고 있다.

❷ 4GL의 RAD Tool

파워빌더는 4세대 언어를 채용한 RAD(Rapid Application Development) 도구라고 할 수 있다. 그래픽 사용자 인터페이스 환경에서 도구 바(tool bar)를 클릭하고 드래그함으로써 응용 프로그램을 빠르고 간단하게 작성할 수 있다.

RAD Tool

Rapid Application Development Tool의 약자로서 마우스로 그림을 그리듯 화면을 만들고, 작업하기 원하는 부분에만 프로그램을 짜 넣으면 하나의 프로그램이 구현되는 방식을 말한다. RAD Tool의 대표적인 언어로는 Visual Basic, Delphi, Power Builder가 있다.

❸ 다양한 운영체제를 지원하는 개발 환경

파워빌더는 한 운영체제에서 응용 프로그램을 개발한 다음 새로운 운영체제에서 이를 재컴파일하여 사용할 수 있고 실행도 물론 가능하다.

(2) 정리

파워빌더의 주요 장점은 특정 작업에 사용하는 업무용 프로그램을 여러 운영체제에서 사용할 수 있도록 한다는 점과 편리한 데이터베이스 관련 기능으로 많은 사용자를 가지고 있다는 점이다. 그러나 일반적인 프로그램보다는 특정한 상황에서 사용하는 업무용 프로그램에 더 많이 사용된다.

12.3.2 Delphi

Delphi는 객체지향을 지원하는 파스칼 언어인 Object Pascal을 사용하는 RAD Tool의 한 제품으로 1995년에 처음으로 출시되었다. Delphi의 경우 기본적으로 구조적 형태로 작성하기 편리한 Pascal에 객체지향의 개념을 도입한 Object Pascal을 사용하고, 추가적으로 Windows의 각종 컨트롤이나 도구들을 VCL(Visual Component Library)이라는 개념으로 쉽게 사용할 수 있도록 해주는 편리하고 강력한 언어이다.

(1) Delphi의 특징

Delphi의 주요 특징들을 요약하면 다음과 같다.

❶ Object Pascal 언어를 사용한다.

❷ VCL이라는 편리한 컨트롤을 제공한다.

❸ C나 C++로 만들 수 있는 모든 프로그램들을 만들 수 있다.

(2) Delphi의 근황

Delphi는 대부분의 상업용 프로그램에서 Visual C++ 등과 함께 상당히 많이 쓰이고 있다. 그러나 사람들에게 익숙하지 않은 Object Pascal을 사용한다는 점과 통합 환경이나 도움말들이 한글화되지 못한 점 등이 문제점으로 지적되고 있다.

12.3.3 Visual Basic

Visual Basic은 마이크로소프트사에서 만든 BASIC을 사용하는 RAD Tool이다. Delphi나 다른 RAD Tool과 마찬가지로 Visual Basic도 사용하기 쉬운 환경과 빠른 시간 안에 원하는 프로그램을 작성할 수 있도록 만들어진 언어이다.

(1) Visual Basic의 특징

Visual Basic의 주요 특성들은 다음과 같다.

❶ 가장 배우기 쉽고 접하기 쉬운 언어인 BASIC을 사용한다.

초보자들의 경우나 프로그램을 아주 빠른 시간 내에 작성해야 하는 경우에는 Visual Basic이 상당히 편리하고 좋은 도구가 된다.

❷ 한글 지원이 우수하다.

Visual Basic의 개발 환경은 모두 한글화되어 있다. 도움말, 변수 이름, 컨트롤 이름 등에도 한글의 사용이 가능하므로 우리나라에서 Visual Basic의 인기는 상당히 높다.

❸ 인터프리터 언어와 컴파일러 언어 양쪽의 장점을 모두 가지고 있다.

Visual Basic은 개발 단계에서는 인터프리터 언어로서 동작을 하고, 개발이 끝나면 컴파일러 언어처럼 컴파일을 한다.

❹ 다른 마이크로소프트사의 도구들을 가장 간편하게 적용할 수 있다.

마이크로소프트사는 Windows에서 새로운 기능을 만들거나 기능을 확장하는 도구들을 자주 발표한다.

(2) Visual Basic의 근황

Visual Basic은 마이크로소프트사에서 상당한 지원을 하고 있고, 또한 전 세계적으로도 상당히 많은 사람이 사용하고 있는 언어이다. 그러나 Visual Basic은 포인터와 객체지향의 지원 부족으로 다른 언어에 비해 언어적인 성능이 다소 떨어지는 단점이 있다. [그림 12.8]은 Visual Basic 6의 개발 환경을 나타낸다.

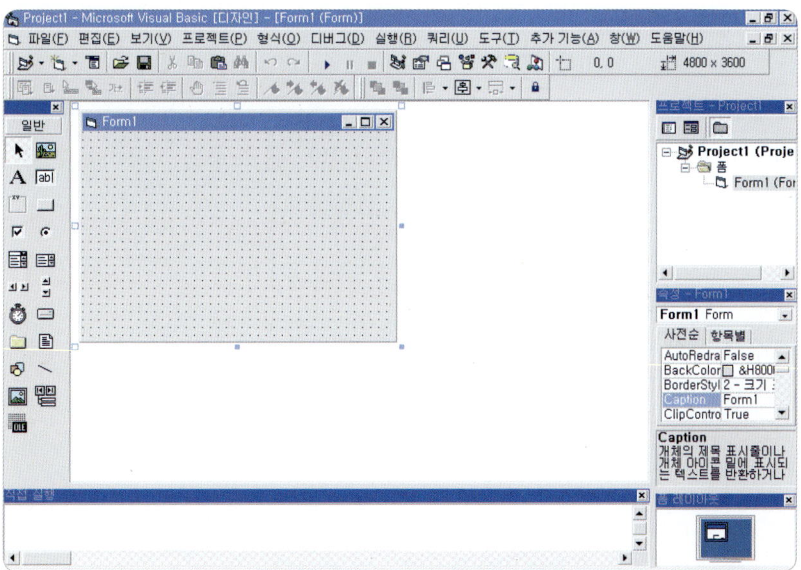

그림 12.8 Visual Basic 6 개발 환경

12.3.4 Visual C++

Visual C++는 마이크로소프트사에서 만든 C++ 컴파일러의 이름이다. C++에서 지원하는 대부분의 기본적인 기능들을 지원하면서 그 외 여러 가지 Windows의 기능들을 추가적으로 지원하기 때문에 요즘 많은 인기를 누리고 있다.

(1) Visual C++의 특징

Visual C++의 주요 특징들은 다음과 같다.

❶ MFC라는 강력한 클래스 라이브러리를 지원한다.

MFC(Microsoft Foundation Class)는 Visual C++로 프로그래밍을 쉽게 하기 위하여 대부분의 기능을 C++ 클래스로 만들어 놓은 라이브러리이다. 거의 모든 Windows의 기능들이 이 MFC 하나만 잘 사용하면 될 정도로 방대한 양과 편리한 기능을 제공한다.

❷ Windows의 모든 기능들을 가장 강력하고 자연스럽게 사용할 수 있다.

마이크로소프트사는 Windows가 발표된 이후에도 새로운 기능이 추가될 때마다 해당 기능을 개발자가 사용할 수 있도록 SDK라는 형태로 배포한다. 이 때 기본이 되는 개발 언어가 바로 Visual C++이다.

❸ 편리한 통합 환경을 제공한다.

Visual C++는 Delphi나 Visual Basic처럼 화면에 그림을 그리듯 화면을 디자인하는 요소는 아주 적다. 하지만, 프로그램을 코딩하는 차원에서 볼 때 Visual C++는 프로그래머가 원하는 작업을 손쉽게 할 수 있도록 상당히 배려되었다.

❹ 객체지향 설계 도구가 포함되어 있다.

비주얼 모델러라는 강력한 객체지향 설계 도구를 포함한다. 이 도구를 사용하여 프로그래머들은 클래스를 디자인하고 서로 간의 관계나 각각의 기능을 설정한다.

(2) Visual C++의 근황

Visual C++는 Windows에서 사용하기 좋은 언어이자 강력한 프로그래밍을 할 수 있는 언어이다. 그러므로 대부분의 상업적인 프로그램이나 복잡한 작업을 해야 하는 프로그램에 많이 쓰인다. 그러나 Visual C++를 잘 사용하기 위해서는 우선 C++에 익숙해야 한다.

알아보기 코너 프로그래머와 소프트웨어 개발자

프로그래머(programmer)와 소프트웨어 개발자란 소프트웨어 프로그램의 논리나 알고리즘을 설계하고 프로그램을 작성하며 테스트를 수행하는 사람을 말한다. 따라서 일반 프로그램 작성, 웹 개발, 게임 개발, 보안 개발, 모바일 개발, 프로젝트 업무관리 등 활동하는 분야가 다양하다. 많이 사용하는 프로그래밍 언어로는 C, C++, Java, Python, HTML 등이 있다.

그들은 보통 IT 관련 회사에 근무하는데, 미국에서는 4차 산업혁명 시대에 각광 받는 직업 중 하나로서 매우 높은 연봉과 대우를 받는다. 우리나라에서는 일반 연봉을 거쳐 능력에 따라 억대 연봉을 받기도 한다. 유능한 프로그래머가 되기 위해서는 우선 적성에 맞아야 하고 코딩의 수준을 넘어 주요 컴퓨터 언어들에 익숙해야 하며, 컴퓨터공학 등 IT 관련 핵심 이론들을 익히고 이해해야 한다.

12.4 SECTION 객체지향 언어

12.4.1 객체지향

요즘 들어 객체지향(object-oriented)이란 말이 빈번하게 등장하고 있으며 그 중요성이 점차 커지고 있다. 여기서는 객체와 클래스의 의미를 분석하고 클래스의 특성들을 고찰한다.

(1) 객체

객체(object)란 우리가 주변에서 흔히 볼 수 있는 물체 또는 생각할 수 있는 그 어떤 것을 말하며, 객체 지향 프로그래밍이란 객체를 중심으로 하여 프로그램을 작성하는 방법을 말한다. 기존의 C나 Pascal과 같은 언어는 절차를 중심으로 해서 만들어진 언어인 반면, C++나 Java와 같은 언어는 절차보다는 문제의 대상들 즉 객체를 중심으로 프로그램을 만드는 언어라고 볼 수 있다.

(2) 객체의 구성

❶ **객체의 상태**: 현재 객체가 어떤 상황에 있으며 객체의 특성은 어떤 것이 있는지에 대한 상태가 들어 있다. 볼펜을 예로 들어서 설명하면 볼펜의 상표, 남은 잉크의 양, 잉크의 색깔 등이 객체의 상태가 될 것이다. 객체지향 언어에서는 이것을 멤버 변수, 속성 등으로 표현한다.

❷ **객체가 할 수 있는 일**: 객체가 할 수 있는 일들을 표시할 수 있다. 위의 예처럼 볼펜을 중심으로 살펴보면 '쓰기'라는 일을 할 수 있는 기능이 있다고 볼 수 있다. 객체지향에서는 이러한 것을 멤버 함수 또는 메소드(method) 등으로 표현한다.

(3) 클래스의 특징

클래스는 다음과 같은 3가지 주요 특성들을 가지고 있다.

❶ 캡슐화(Encapsulation)

캡슐화란 외부로 알릴 필요가 없는 클래스 내부에 있는 자료들을 감추어서 하나의 캡슐로 만든다는 의미를 가지고 있다. 이렇게 함으로써 외부에서 클래스 안에 있는 자료에 대해 함부로 접근하거나 변경할 수 없게 된다.

❷ 다형성(Polymorphism)

다형성이란 클래스 외부에서는 하나의 작업으로 생각하게 하고 내부에서는 각기 다른 방법으로 구현이 되는 것을 말한다. 간단한 예를 들어 설명하면 다음과 같다. 우리가 사용하는 자동차에는 디젤로 가는 자동차와 가솔린으로 가는 자동차와 LPG로 가는 자동차가 있다. 이들 각각은 움직이는 방식이 조금씩 다르지만 우리가 이러한 차들을 운전할 때에는 액셀레이터를 밟으면 차의 속도가 올라가고, 브레이크를 밟으면 차의 속도가 내려가는 것을 알 수 있다. 이렇듯 결과는 같지만 내부의 움직이는 방법이 서로 다르게 구현되는 것을 다형성이라고 한다.

❸ 상속성(Inheritance)

상속성은 말 그대로 클래스가 멤버 함수나 멤버 변수 등 자신의 모든 특성을 기준으로 자신의 자식 클래스를 작성할 수 있는 특성을 말한다. 위의 예와 같은 자동차 연료에 따른 구분을 들면, 각각의 연료는 다르지만 자동차가 가져야 하는 것은 모두 그대로 가지고 있어야 한다. 그러므로 우리는 자동차라는 부모 클래스를 만들고 각 자동차의 특이한 점만을 구분해서 상속하면 간단하게 각 자동차를 나타낼 수 있다.

[그림 12.9]에서는 연료에 따른 자동차의 상속성을 나타내고 있다. 그림 맨 위에 자동차의 기본이 되는 모든 것을 정의하고 나머지 노드에서 디젤이나 가솔린, 가스 자동차들의 경우 연료에 대한 부분만 다시 정의하면 된다. 또한 차후에 전기 자동차가 생기면 연료 부분을 전기로 바꾼 새로운 클래스를 쉽게 만들 수 있을 것이다. 이러한 특징을 가지는 것이 클래스의 상속성이다.

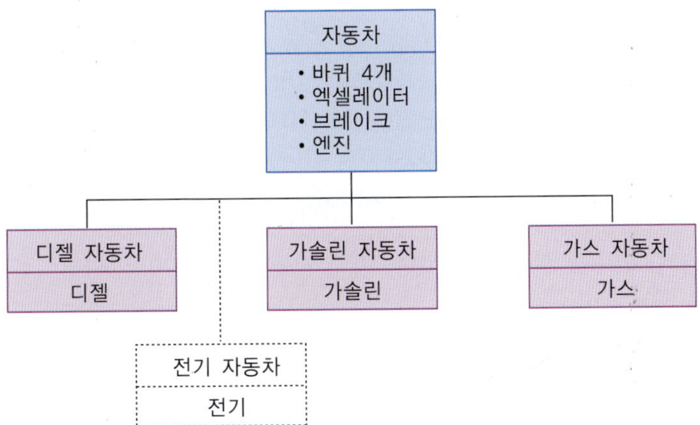

그림 12.9 자동차의 상속성

12.4.2 Java

Java 언어는 1994년 제임스 고슬링(James Gosling)이 주축이 되어 미국의 Sun사에서 가전제품들을 제어하기 위한 언어로 개발한 것이다. Java는 가전제품들을 대상으로 작동시키는 것이었으므로 기본적으로 작은 메모리와 느린 중앙처리 장치에서도 이상 없이 잘 동작하도록 만들어졌다. [그림 12.10]과 같이 Java의 로고는 Java를 개발한 팀원들이 즐겨 마시던 커피에서 따온 것이다.

그림 12.10 JAVA의 로고

이러한 Java의 탄생 배경 때문에 Java는 안정적이면서도 운영체제나 중앙처리 장치에 관계없이 실행 가능한 호환성을 가지는 특징을 가지고 있다. Java는 대부분의 운영체제에서 실행 가능하며, Java 언어는 설치하고 실행하기만 하면 운영체제에 관계없이 실행이 가능하다.

(1) Java 언어의 특징

Java의 주요 특징들을 요약하면 다음과 같다.

❶ Java는 객체지향 언어이다. Java는 프로그램상의 모든 것을 객체로 표현하며, 이것은 클래스라는 것으로 구현된다.

❷ Java는 단순한 언어이다. Java는 기본적으로 C나 C++와 비슷한 모양을 가지고 있기 때문에 C나 C++에 익숙한 사용자라면 쉽게 익힐 수 있는 언어이다.

❸ 실행 시간에 호출할 함수를 결정할 수 있다. 이런 기능은 객체지향의 다형성을 지원하기 위해 반드시 있어야 하는 기능이기도 하다.

❹ 동적이고 편리한 메모리 관리를 지원한다. 사용되지 않은 채로 있는 메모리를 수거하여(garbage collection) 메모리 사용의 효율성을 높인다.

(2) Java의 근황

Java는 최근에 많은 사람들이 사용하는 매우 활동성 있는 언어인데, C나 C++에 익숙하지 않은 사람들은 상당한 정도의 노력을 기울여야 한다. 〈표 12.7〉은 외부에서 Java 프로그램으로 전달된 정보를 출력하는 프로그램이다.

표 12.7 외부에서 Java 프로그램으로 전달된 정보를 출력하는 프로그램

```
/**
** PrintParam: 외부에서 프로그램으로 전달되어 args[]에 저장되는 정보를
** 출력한다.
*/

class PrintParm {
  public static void main(String args[]) {
    if (args.length == 0) // args.length는 args[ ] 배열의 원소 개수를
                          // 저장하는 맴버변수
      System.out.println("프로그램 전달 정보가 없습니다");
    else
      for (int i=0; i<args.length; i++) {
        System.out.print(i+1+ "번째 프로그램 전달정보는 ");
        System.out.println(args[i] + "이다.");
      }
  }
}
```

12.5 UNIX와 Linux 기반 언어들

SECTION

12.5.1 UNIX 기반의 언어

UNIX 기반 언어들은 다음과 같다.

❶ **ProC**: C언어의 UNIX 확장판이다. 현재도 UNIX에서 C언어를 사용하여 데이터베이스 등을 관리할 때 많이 사용하는 언어이다.

❷ **C언어**: UNIX에서 가장 많이 쓰이는 언어이고 중심적인 언어이다. UNIX 자체를 만든 언어이기도 하므로 UNIX 프로그래밍에서는 빠질 수 없는 언어이다.

❸ **Shell 프로그래밍**: 쉘(shell)은 UNIX 커널(운영체제)과 사용자 사이에 명령어를 해석해 주는 해석기라고 생각하면 된다. 이러한 쉘을 이용해 여러 쉘 명령어들을 순차적으로 수행하게 하는 것을 쉘 프로그래밍이라 한다.

12.5.2 Linux 기반의 언어

Linux에서 자체적으로 지원하는 프로그래밍 언어는 상당히 많은데, 원래 UNIX에서 지원하는 언어들의 대부분이 Linux에 그대로 적용된다고 생각할 수 있다.

❶ **Perl**: 인터넷의 등장과 함께 인기를 누렸던 작은 스크립트 언어이다. 기본적으로 Perl 언어라는 표현보다는 Perl 스크립트라는 이름으로 많이 불리며, 초보자도 쉽게 배워서 쓸 수 있는 언어이다.

❷ **Python**: 기본적으로 초보자들이 배우기 쉬운 수준의 인터프리터 언어이면서도 응용 프로그램을 개발할 수 있을 정도로 강력한 언어이다. 최근에 코딩 교육용으로 인기가 높다.

❸ **PHP**: 인터넷에서 사용되는 스크립트 언어로서 웹과 데이터베이스를 연결하는 대표적인 언어이다. 객체지향적인 요소를 다소 지원하면서도 사용하기 쉬운 장점을 가지고 있다.

❹ **Tcl**: Tcl은 주로 X-Window 프로그래밍에 많이 쓰이는 스크립트 계열의 언어이다. Tk라는 GUI TookKit과 함께 X-Window의 작은 프로그램 등을 개발할 수 있는 능력을 가지고 있다. 초보자도 쉽게 사용할 수 있으며 객체지향적인 특징은 제공하지 않는다.

12.6 SECTION 웹 기반 언어

12.6.1 HTML

HTML(HyperText Markup Language: 하이퍼텍스트 마크업 언어)은 SGML에서 비롯된 하이퍼텍스트를 표기하는 언어이다. 일반적으로 인터넷에서 웹 페이지를 표시하기 위해 쓰이는데 문법은 HTML 태그(tag)로 구성된다. 일반 웹 브라우저를 통해 읽을 수 있으며 HTTP를 통해 전송된다.

HTML은 간단한 동작을 위하여 자바 스크립트를 비롯한 각종 언어들을 내장할 수 있으며, 각 언어에서는 DOM을 통해 각 개체에 접근한다. HTML의 후속 하이퍼텍스트 언어로는 XML 기반의 XHTML을 들 수 있다.

12.6.2 XML

XML(eXtensible Markup Language: 확장가능 마크업 언어)은 W3C(WWW 컨소시움)에서 다른 특수 목적의 마크업 언어를 만드는 용도로 권장하는 다목적 마크업 언어이다. XML은 SGML의 단순화된 부분집합이지만 수많은 종류의 데이터를 기술하는데 적용할 수 있다. XML은 주로 다른 시스템, 특히 인터넷에 연결된 시스템들끼리 데이터를 쉽게 주고받을 수 있게 하여 HTML의 한계를 극복할 목적으로 만들어진 웹 콘텐츠 개발 언어이다.

XML의 기본 개념은 다음과 같다.

- XML은 다소 HTML처럼 보이며 구조적인 데이터를 위한 것이다.
- XML은 텍스트이며 읽혀지는 것만을 뜻하지 않는다.
- XML은 모듈식이며 크기가 커진다.
- XML은 새로운 기술이 아니라 발전된 기술이다.
- XML은 HTML에서 XHTML로 이끌었다.
- XML은 라이선스 제약이 없고 플랫폼 독립적이다.

12.6.3 JSP

JSP(Java Server Pages: 자바 서버 페이지)는 HTML 내에 자바 코드를 삽입하여 웹 서버에서 동적으로 웹 페이지를 생성하여 웹 브라우저에 돌려주는 언어이다. Java EE 스펙 중의 일부로 웹 애플리케이션과 서버에서 작동한다.

12.6.4 ASP

ASP(Active Server Page: 액티브 서버 페이지)는 마이크로소프트사에서 개발한 서버 측의 웹 스크립트 환경이다. Visual Basic에 바탕을 두고 있으므로 마이크로소프트 데이터베이스의 접근이 매우 편리하다.

12.7 SECTION 닷넷 기반 언어

12.7.1 닷넷 플랫폼과 닷넷 프레임워크

최근 들어 C#과 닷넷(.NET)이라는 새로운 패러다임의 프로그램 환경이 전개되고 있다. 닷넷 플랫폼은 기존의 윈도우즈 운영체제 서비스와 새로운 API(Application Programming Interface)를 제공하는 개발 프레임워크이다.

마이크로소프트사는 2000년 7월에 C# 언어와 함께 닷넷 플랫폼을 발표하였다. 닷넷 플랫폼은 마이크로소프트사의 수많은 신기술을 포함하여 활용하고 있으며, 마이크로소프트사는 닷넷 플랫폼의 개발과 정착을 위해 거액의 연구비를 집중적으로 투입하고 있다. 닷넷 프레임워크는 여러 가지 윈도우즈 운영체제에서 작동되는데, 닷넷 프레임워크의 구조는 [그림 12.11]에 나타나 있다.

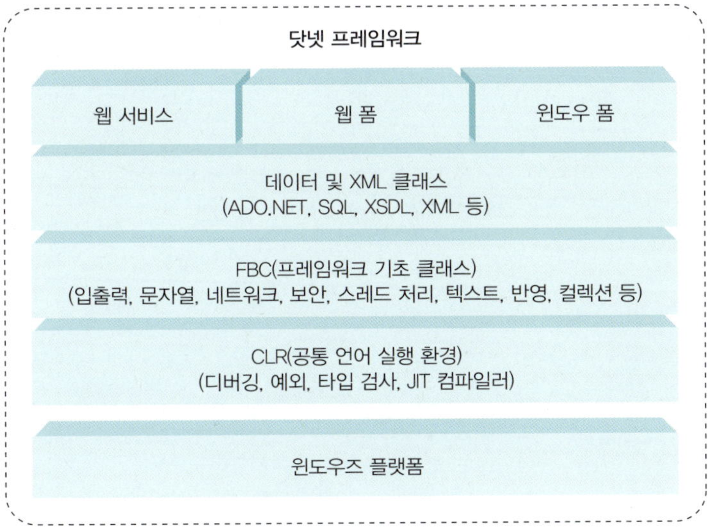

그림 12.11 닷넷 프레임워크

12.7.2 C#

C#은 닷넷 환경의 응용 프로그램을 개발하기 위한 프로그래밍 언어로서 간결성, 안전성, 현대성, 객체지향, 인터넷 중심이라는 목표에 맞춰 설계되었다.

C#은 2000년도에 마이크로소프트사의 엔지니어인 앤더스 헤일스버그와 스콧 윌타무스를 중심으로 개발되었는데, C, C++, Java, Visual Basic 등의 언어로부터 많은 영향을 받았다.

C#은 C의 빠른 속도, C++의 객체지향 구조, Java의 보안, Visual Basic의 빠른 개발 시간 등 기존 언어의 장점들을 바탕으로 설계되었고, 컴포넌트 기반의 다층 웹 응용 프로그램 개발에 매우 유용한 언어로 여겨지고 있다. C#은 컴포넌트 기반, 객체지향, 구조적 프로그래밍 등의 개념을 지원한다. [그림 12.12]는 Visual C#.NET의 한 화면을 나타낸다.

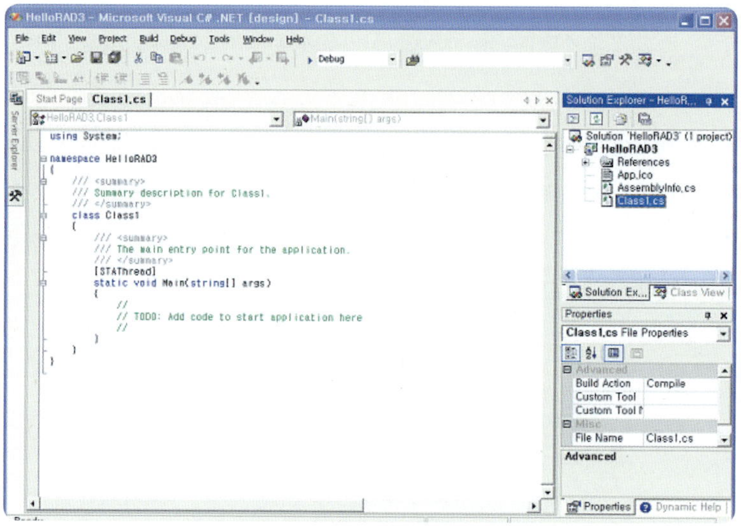

그림 12.12 Visual C#.NET의 한 화면

실습/알아보기

1 4장에서 다운로드 받은 Python 인터프리터인 IDLE (python 3.10 64bit)를 이용하여 다음과 같이 계산하는 간단한 파이썬 프로그래밍을 실습해보자.

```
a = 3
b = 5
print(a+b, a-b, a*b, a/b)
print('Oh! This is my first program!!!!!')
```

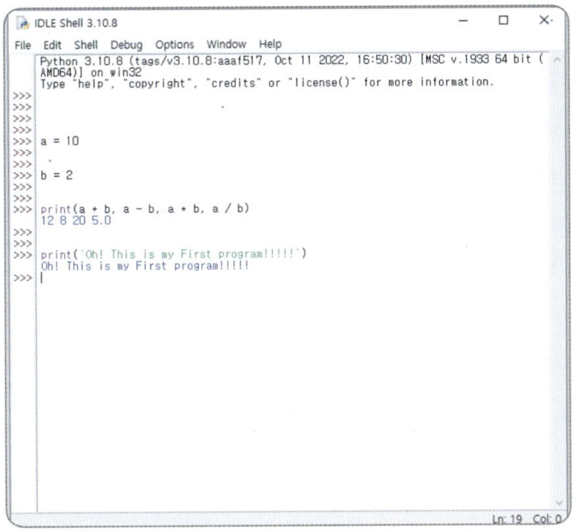

2 파이썬 언어가 많이 쓰이는 용도나 분야를 조사하고, 주요 객체지향 언어들에 대해서도 알아보자.

3 프로그래밍 언어 하나를 제대로 익히는데에도 많은 시간과 노력이 필요하다. 요즘 이런 시간을 줄이는 화두인 노코딩과 로코딩에 대해 알아보자.

참고문헌

12.1 프로그래밍 언어

Pratt &Zelkowitz, Programming Languages, 4th Edition, Prentice Hall, 2001.

https://www.britannica.com/technology/computer-programming-language

https://www.computerhope.com/jargon/p/programming-language.htm

12.2 주요 프로그래밍 언어

https://en.wikipedia.org/wiki/C_(programming_language)

https://en.wikipedia.org/wiki/Prolog

12.3 제4세대 언어

https://hmn.wiki/ko/Fourth-generation_programming_language

https://infocenter.sybase.com/help/index.jsp?topic=/com.sybase.infocenter.dc37772.1250/html/pbgs/CBBBJIEB.htm

https://www.entity.co.kr/entry/%ED%8C%8C%EC%9B%8C%EB%B9%8C%EB%8D%94%EA%B0%80-%EB%AC%B4%EC%97%87%EC%9D%B8%EA%B0%80%EC%9A%94

12.4 객체지향 언어

김성기, 새로운 Java 세계를 향하여, 배움터, 2001.

https://victorydntmd.tistory.com/117

https://docs.oracle.com/javase/tutorial/java/concepts/ 자바™ 튜토리얼

12.5 UNIX와 Linux 기반 언어들

https://coding-factory.tistory.com/315

https://www.linux.org/

12.6 웹 기반 언어

https://www.w3schools.com/html/

https://www.w3schools.com/xml/ XML Tutorial

12.7 닷넷 기반 언어

https://g.co/kgs/XsQamm

https://www.google.com/

https://learn.microsoft.com/ko-kr/dotnet/

연습문제

정오식 문제

1 프로그래밍 언어란 주어진 어떤 문제를 해결하기 위해 인간과 컴퓨터 사이에서 의사소통을 가능하게 하는 인공적인 언어를 말한다. (　　)

2 프로그래밍 언어의 특성 중 간결성이란 주어진 프로그래밍의 수행 시 기계에 따른 차이가 없이 서로 다른 컴퓨터 상에서도 운용이 가능해야 하고, 똑같은 결과를 도출해야 한다. (　　)

3 저급 언어를 원활하게 구사하기 위해서는 하드웨어에 관한 풍부한 지식이 필요하다. (　　)

4 BASIC은 모든 사람들이 배우기 쉽도록 만든 언어인데, 언어의 분류 중 저급 언어에 해당한다. (　　)

5 사용자가 작성한 프로그램을 실행할 때, 컴퓨터가 이해할 수 있는 형태로 번역하는 것을 컴파일한다고 한다. (　　)

6 Python은 1991년에 발표되었으며 C 언어보다는 초보자에게 훨씬 더 어렵다. (　　)

7 Prolog와 Lisp은 둘 다 인공지능 언어에 속한다. (　　)

8 C언어는 중간언어라고 불릴 정도로 고급언어와 저급언어의 양쪽 장점을 모두 가지고 있다. (　　)

9 Python과 같은 인터프리터 방식의 번역은 실행할 행 단위마다 번역한다. (　　)

10 FORTRAN, Pascal, COBOL 등은 현재에도 매우 많이 사용되는 편이다. (　　)

11 Power Builder, Delphi, Java는 모두 제4세대 언어에 속한다. (　　)

12 RAD Tool이란 반복되는 부분을 최소한으로 줄이고, 코딩의 양을 최대한 줄이는 프로그래밍 언어의 종류로서, 대표적인 RAD Tool에는 Visual Basic, Delphi 등이 있다. (　　)

13 C++는 객체지향 프로그래밍을 전혀 할 수 없는 언어이다. (　　)

14 Java는 운영체제나 중앙처리 장치에 따라 실행 가능 여부가 결정된다. (　　)

15 HTML은 다목적 마크업 언어로서 SGML의 단순화된 부분집합이지만 수많은 종류의 데이터를 기술하는데 적용할 수 있다. (　　)

16 닷넷 플랫폼은 기존의 윈도우즈 운영체제 서비스와 새로운 API를 제공하는 개발 프레임워크이다. (　　)

단답식/선택식 문제

1 고급 언어에는 FORTRAN, BASIC, C, C++ 등이 있으며, 저급 언어에는 기계어와 (   )가 있다.

2 주요 인공지능 언어로는 (   )와/과 Prolog가 있다.

3 (   ) 언어는 UNIX 운영체제의 작성을 위한 시스템 프로그래밍 언어로 설계되었고, 벨연구소에서는 이 언어를 사용하여 UNIX 운영체제를 작성하였다.

4 제4세대 언어란 4세대 컴퓨터가 사용된 시기에 개발된 프로그래밍 언어를 말하는데, 통상 영어 약자로 (   )이라 한다.

5 (   )는 Object Pascal을 사용하며 VCL이라는 편리한 컨트롤을 제공한다.

6 (   )은/는 닷넷 환경의 응용 프로그램을 개발하기 위한 프로그래밍 언어로서, 2000년도에 마이크로소프트사의 엔지니어인 앤더스 헤일스버그와 스콧 윌타무스를 중심으로 개발되었는데, C, C++, Java, Visual Basic 등의 언어로부터 많은 영향을 받았다.

7 객체지향에서 (   )이란 클래스 외부에서는 하나의 작업으로 생각하게 하고 내부에서는 각기 다른 방법으로 구현되는 것을 말한다.

8 클래스의 특성 중 (   )는 사용자는 내부를 알 필요가 없이, 드러난 인터페이스만으로 그 객체를 사용할 수 있으며, 외부의 자료 접근이나 변경 등의 위험을 줄일 수 있다.

9 객체지향 프로그래밍이란 (   )를 중심으로 하여 프로그램을 작성하는 방법을 말한다.

10 (   )는 미국의 Sun사에서 가전제품들을 제어하기 위해 개발한 언어이다.

11 Java는 객체지향 언어이므로 프로그램상의 모든 것을 객체로 표현하며, 이것은 (   )라는 것으로 구현된다.

12 (   )는 Visual C++로 프로그래밍을 쉽게 하기 위하여 대부분의 기능을 C++ 클래스로 만들어 놓은 강력한 클래스 라이브러리인데, 방대한 양과 편리한 기능을 제공한다.

13 UNIX 운영체제의 작성을 위한 시스템 프로그래밍 언어로 설계된 언어는 무엇인가?

14 프로그래밍 언어를 공부해야 하는 주된 이유가 아닌 것은?
① 효율적인 알고리즘을 개발할 수 있는 능력을 향상시킬 수 있다.
② 주어진 과제를 해결하는데 최적의 프로그래밍 언어를 선택할 수 있다.
③ 새로운 언어를 쉽게 배울 수 있다.
④ 컴퓨터 내부 구조를 쉽게 알 수 있다.

15 다음 중 프로그래밍 언어의 주요 특성들이 아닌 것은?
① 간결성 ② 직교성 ③ 가변성 ④ 가독성

16 다음 중 저급 언어에 해당하는 것은 무엇인가?

① Python ② C

③ Assembly language ④ Java

17 다음 프로그래밍 언어들이 개발된 연도의 순서가 올바른 것은?

① BASIC → C → Java → Python ② BASIC → Python → C → C++

③ C → C# → BASIC → Java ④ Java → BASIC → C → Python

18 다음 중 컴파일러 방식의 언어가 아닌 것은?

① Lisp ② Pascal ③ COBOL ④ C

19 다음 중 Linux 기반의 언어와 관계가 거의 없는 것은?

① Perl ② ALGOL ③ Python ④ PHP

20 다음 중 컴파일러 방식과 가장 관계가 먼 것은?

① 프로그램 전체를 한꺼번에 번역한다.

② 번역 후 빠른 시간 내에 전체를 실행 가능하다.

③ 반복문의 경우 반복 시마다 매번 번역해야 한다.

④ 프로그램의 일부를 수정하는 경우에도 전체를 다시 번역해야 한다.

21 다음 중 인터프리터 방식의 번역 언어인 것은?

① C++ ② Pascal ③ C ④ Python

22 다음 중 객체지향 언어에 해당하는 것은 무엇인가?

① Lisp ② C ③ Pascal ④ Java

23 다음 중 클래스의 주요 특성이 아닌 것은?

① 캡슐화 ② 다형성 ③ 가독성 ④ 상속성

24 SGML에서 비롯된 하이퍼텍스트를 표기하는 언어로서 일반적으로 인터넷에서 웹 페이지를 표시하기 위해 쓰이고, 일반 웹 브라우저를 통해 읽을 수 있는 언어는 무엇인가?

① HTML ② JSP ③ ASP ④ C++

25 다음 중에서 현재 전 세계적으로 가장 많이 쓰이는 프로그래밍 언어는?

① Pascal ② C ③ ASP ④ FORTRAN

26 다음 중 웹 기반 언어와 관계가 별로 없는 것은?

① ASP ② JSP ③ HTML ④ C#

주관식 문제

1 컴파일러 방식과 인터프리터 방식의 차이점을 번역 방법, 장점, 단점, 결과물, 적용언어 등의 관점에서 비교하시오.

2 주요 고급 언어들의 특징들을 설명하시오.

3 한때 COBOL로 작성되었던 많은 프로그램들이 4GL이나 C언어에 서서히 자리를 내주었다고 한다. 그 주된 이유는 무엇인가?

4 C언어의 장점들을 설명하고 C언어의 최근 근황을 간략히 설명하시오.

5 UNIX 기반의 언어들을 나열하시오.

6 객체지향 프로그래밍 언어로 잘 알려진 C++의 주요 특징들을 서술하시오.

7 4GL이란 무엇인가? 4GL에 속하는 프로그래밍 언어들을 나열하시오.

8 객체지향 언어와 절차 중심언어의 각각의 장단점과 대표적인 언어를 설명하시오.

9 다음의 단어들을 설명하시오.
(1) 객체 (2) 상속성 (3) 캡슐화 (4) 다형성

10 요즘 들어 큰 관심을 받는 인공지능 언어들은 무엇인가?

VB
C#
C++
Programming
JAVA
PHP
XML
SQL
HTML
AJAX
CSS

Chapter 13

데이터베이스와 컴퓨터 보안

Contents

단원의 주요 목표

데이터베이스에 대한 지식 함양과 컴퓨터 보안과 관련된 주제 등을 학습한다.

- 데이터베이스의 개념과 DBMS를 알아보고 데이터베이스의 특징들을 살펴본다.
- 관계형 데이터베이스의 개념을 파악하고 기본 구조와 구성 요소들을 알아본다.
- 비교적 간단한 DB 소프트웨어인 MySQL을 설치하고 간단한 예를 실습한다.
- 컴퓨터 보안과 관련된 주요 해킹 사건들을 살펴보고 암호화에 대해 이해한다.
- 컴퓨터 바이러스와 해킹 관련 동향을 파악하고 디도스, APT 등을 파악한다.
- 컴퓨터 보안 전략에 대한 지식을 함양하고, 정보 보호와 정보 윤리를 살펴본다.

데이터베이스의 개념

데이터베이스(Database)란 서로 관련 있는 데이터들을 효율적으로 관리하기 위해 수집된 데이터들의 집합체를 말하며, 각 데이터들은 상호 유기적인 관계에 의해 구성되어 있다. 데이터베이스는 〈표 13.1〉과 같이 도서 관리, 항공기 좌석 예약, 인터넷 응용, 공학, 교육, 의료, 특허 등 광범위한 분야에서 매우 중요한 역할을 담당하고 있다. 데이터베이스를 보다 편리하게 정의하고, 생성하며, 조작할 수 있도록 해주는 범용 소프트웨어 시스템을 데이터베이스 관리 시스템(DataBase Management System: DBMS)이라 한다.

표 13.1 데이터베이스 활용 분야

분야	활용 분야
비즈니스	• 인터넷 기반: 쇼핑몰, 홈페이지 • 금융: 은행, 증권, 보험 정보 • 예약: 항공기, 철도, 버스 예약
생활 및 문화	• 기상: 일기 예보 • 교통: 실시간 고속도로 교통정보, 시내버스 도착 정보 • 공연: 공연 정보 및 예약
학술	• 학술: 논문 및 학술 정보 검색 • 연구: 바이오 인포메틱스 • 특허: 지적 재산권 정보 검색 • 통계: 국가 기관 통계 정보 검색

13.1.1 정보처리와 데이터베이스

정보처리란 사용자에게 유용한 정보를 생성하기 위해 컴퓨터로 데이터를 처리하는 작업을 말하는데, 데이터베이스 시스템은 바로 이러한 정보처리 시스템의 기능을 효과적으로 지원하는 기본적인 도구이다. 한 조직체의 활동에 필요한 데이터를 수집하고, 조직적으로 저장해 두었다가 필요할 때 처리하여 의사 결정에 도움이 되는 정보를 생성하는 도구를 일반적으로 정보 시스템(information system)이라고 하는데 [그림 13.1]과 같이 나타낼 수 있다.

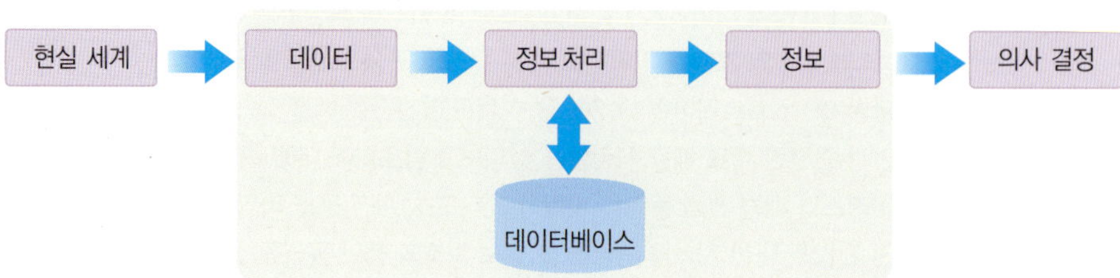

그림 13.1 정보 시스템

13.1.2 정보 시스템과 DBMS의 처리 방법

(1) 정보 시스템 처리

초기의 정보 시스템에서 데이터를 가공하고 처리하여 유용한 정보를 얻기 위한 파일(file) 단위의 데이터 저장 및 처리 시스템을 파일 시스템(file system)이라 한다. 파일은 [그림 13.2]와 같이 다수의 레코드(record)들로 구성되며 각 레코드는 여러 개의 필드(field)를 가진다. 파일 시스템은 기본적으로 한 종류의 데이터 파일에 접근하는 프로그램으로서 데이터 파일 구조에 대한 정보도 파일 시스템 자체가 가지고 있다.

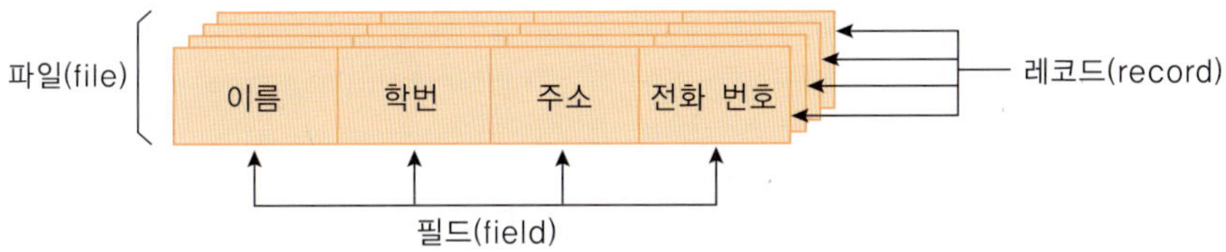

그림 13.2 파일의 구성 요소

데이터베이스 관리 시스템이 사용되기 이전에는 파일 시스템을 이용하여 재고 관리나 인사 관리 등의 업무를 수행하였다.

[그림 13.3]은 파일 시스템을 이용한 3가지 서로 다른 업무 처리를 보여준다. 학적 업무 처리 프로그램은 '학적' 파일을 처리하여 성적표를 만들기 위해 사용되며, 학생 업무 처리 프로그램은 '학생' 파일을 처리하여 학생 활동표를 만들기 위해 사용된다. 또한 강좌 업무 처리 프로그램은 '강좌' 파일을 처리하여 강의 시간표를 만들기 위해 사용된다.

이와 같이 파일 시스템에서 각 프로그램은 특정한 하나의 파일과 연관되어 수행하게 된다. 즉 학생 성적과 학생의 학교 활동 및 수강하는 강의의 과목 등 복잡하고 통합된 질의(query)는 수행할 수가 없다. 따라서 사용자는 각각의 파일 시스템을 거친 처리 결과를 가지고 수작업으로 통합해야 한다.

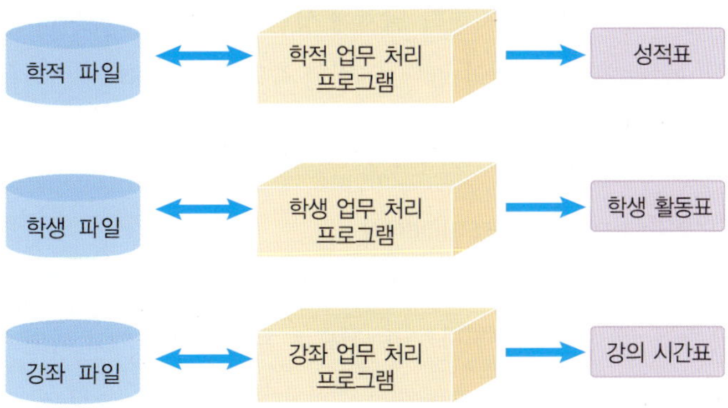

그림 13.3 파일 시스템을 통한 처리

(2) DBMS 처리

파일 시스템의 문제점들을 해결하기 위해 등장한 데이터베이스는 하나의 데이터가 다른 목적을 가진 응용에 중복적으로 사용될 수 있다는 데이터 공동 사용의 개념에 기초를 두고 있다. 이러한 관점에서 '데이터베이스는 어느 한 조직체의 여러 응용 시스템들이 공동으로 사용할 수 있도록 통합되고 저장된 데이터들의 집합'으로 정의될 수 있다.

[그림 13.4]는 [그림 13.3]의 업무를 DBMS로 처리하는 예를 보인 것이다. 파일 시스템을 통한 처리와 비교할 때의 두드러진 차이점은 학적 업무, 학생 업무, 강의 업무 등의 업무를 DBMS가 통합 관리한다는 점이다. 하나의 데이터베이스 내에 '학적', '학생' 및 '강좌' 데이터가 공유되어 공존하면서 주어진 질의를 통합적으로 처리한다.

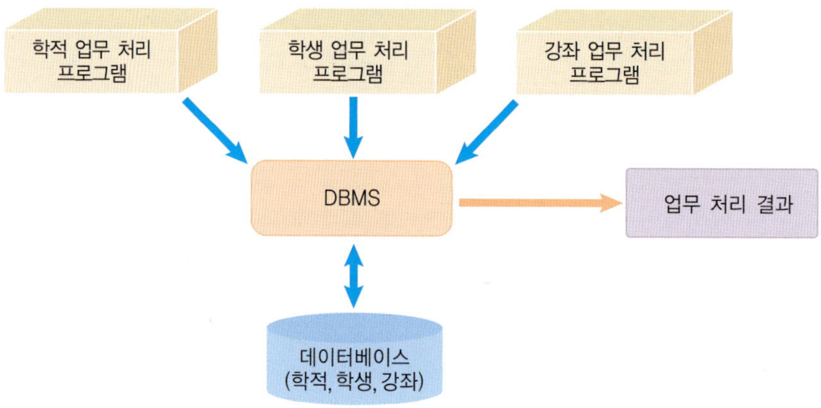

그림 13.4 DBMS를 통한 처리

13.1.3 데이터베이스의 특징

데이터베이스의 응용 분야에서는 수많은 데이터들이 수시로 변화되고 있다. 예를 들어 기차표 예매나 항공기 좌석 예약 등의 분야에서는 지리적 위치에 상관없이 수시로 데이터베이스에 접근하여 즉석에서 데이터를 갱신(update)할 수 있어야 한다. 그러한 측면에서 데이터베이스는 다음과 같은 몇 가지 특징을 가지고 있다.

(1) 실시간 접근성(real-time accessibility)

데이터베이스는 언제 어디서나 주어진 질의를 실시간에 처리할 수 있어야 한다. 따라서 실시간에서의 응답 시간은 단 몇 초를 넘지 않아야 된다. 일반적으로 온라인 처리라고 하면 통상 이와 같은 실시간 처리를 의미한다.

(2) 계속적 변화(continuous evolution)

데이터베이스 내의 데이터는 시시각각으로 변화하기 때문에 동적인 상태라고 할 수 있다. 데이터베이스는 새로운 데이터의 삽입(insertion), 기존 데이터의 삭제(deletion), 갱신(update)을 통해 현재의 정확한 데이터를 항상 유지하여야 한다.

(3) 동시 공유(concurrent sharing)

데이터베이스는 여러 사용자들이 동시에 접근하여 이용할 수 있어야 한다. 같은 내용의 데이터를 여러 사람들이 서로 다른 방법으로 동시(concurrent)에 공유한다는 것은 매우 복잡하지만 데이터베이스에서는 항상 동시 공유가 가능하도록 관리되어야 한다.

(4) 내용에 의한 참조(content reference)

데이터베이스 환경 하에서 데이터의 참조는 데이터의 내용, 즉 데이터가 가지고 있는 값에 따라 참조된다. 일반적으로 참조하기를 원하는 데이터의 조건을 명세하면 이 조건을 만족하는 모든 레코드들은 하나의 논리적 단위로 취급되고 접근된다.

예를 들어, "중간고사 성적이 95점 이상인 학생을 검색하라"는 요청이 있다고 하면, 학생 레코드의 중간고사 성적 속성값이 95점 이상이 되는 학생 레코드들은 그 수나 위치에 관계없이 모두 하나의 논리적 단위로서 검색된다는 의미이다.

13.1.4 DBMS의 장점

데이터베이스 관리 시스템은 시스템의 복잡도 및 비용 증가와 같은 단점들도 가지고 있으나 데이터를 저장하고 처리하는 데 있어서 다음과 같은 여러 가지 장점들을 가지고 있다.

❶ 데이터의 공유(data sharing) 기능

같은 내용의 데이터를 응용 분야의 요구에 맞게 여러 가지 구조로 지원해 줄 수 있다.

❷ 데이터의 중복성 최소화

데이터베이스 관리자가 데이터를 데이터베이스에 집결시켜 관리하기 때문에 각각의 응용에서 개별적인 파일을 유지할 필요가 없다.

❸ 데이터의 일관성 유지

데이터의 중복을 제거할 수 있으므로 데이터의 불일치는 발생하지 않을 것이다. 또한, 중복 데이터가 존재하는 경우도 DBMS가 이러한 중복 데이터의 존재 유무를 인식하고 있기 때문에 값이 일치하지 않는 경우가 발생할 확률이 최소화된다.

❹ 데이터의 무결성 유지

무결성(integrity)이란 데이터베이스에 저장된 데이터가 정확하다는 것이다. DBMS는 데이터베이스가 생성 조작될 때마다 제어 기능을 통해 그 유효성을 검사함으로써 데이터의 무결성을 유지할 수 있다.

❺ 데이터의 보안 유지

DBMS는 데이터베이스를 중앙 집중식으로 총괄하여 관장함으로써 데이터베이스의 관리 및 접근을 효율적으로 통제할 수 있으며, 모든 데이터에 대해 철저한 보안을 제공한다.

❻ 표준화 기능

데이터베이스에 저장된 모든 데이터를 데이터베이스 관리자가 전체적으로 관리하기 때문에 해당 조직체에 적합한 데이터 표준 체계를 정립할 수 있다.

13.2 데이터 모델

SECTION

데이터를 컴퓨터에 저장하기 위해서는 그 데이터가 가지고 있는 의미를 충분히 표현할 수 있어야 하며, 사용자들도 그 데이터를 표현한 사람의 의도대로 해석할 수 있어야 한다.

데이터 모델은 현실 세계를 데이터베이스에 표현하는 중간 과정, 즉 데이터베이스 설계 과정에서 데이터의 구조를 논리적으로 표현하기 위해 사용하는 모델이다. 데이터 모델은 개념들의 유형에 따라 개념적 데이터 모델, 논리적 데이터 모델로 분류할 수 있다.

상위 계층인 개념적 데이터 모델(conceptual data model)은 엔티티(entity), 속성(attribute), 관계(relationship)와 같은 개념들을 사용하며, 컴퓨터에 데이터를 구성하는 방식에 대해서는 고려하지 않고 개념적으로만 나타낸다.

엔티티는 데이터베이스에 표현되는 사원이나 부서와 같은 실세계의 객체나 개념을 나타낸다. 속성은 사원번호, 이름, 급여와 같은 엔티티의 특성을 나타내며, 관계는 사원과 부서 사이의 소속 관계처럼 두 개 이상의 엔티티들 사이의 연관성을 나타낸다. 대표적인 개념적 데이터 모델로는 개체-관계(Entity-Relationship: E-R) 모델이 있다.

하위 계층에 해당되는 논리적 데이터 모델은 컴퓨터에 데이터를 구성하는 방식과 연관이 있으며, 상용 DBMS에서 사용하고 있는 모델로는 관계형 데이터 모델, 객체-관계형 데이터 모델 등이 있다.

여기서는 관계형 데이터 모델과 더불어 관계형 데이터 모델에 객체지향 개념들을 수용하여 확장한 객체-관계형 데이터 모델도 살펴본다.

13.2.1 관계형 데이터 모델

1970년에 에드가 코드(Edgar Codd)에 의해 제안된 관계형 데이터 모델은 수학적 배경에 입각한 이론의 명료성과 자료의 독립성으로 인한 데이터베이스 설계의 간편성 때문에 1980년대 이후 지금까지 가장 널리 이용되고 있는 모델이다.

관계형 데이터 모델에서 데이터는 2차원 테이블 형태로 저장된다. 한 테이블은 다수의 열(column)로 구성되고, 각 열에는 정해진 범위의 값이 저장된다. 이와 같은 한 줄의 값의 모임을 레코드(record)라고 하며, 각 레코드는 기본 키(primary key)로 구분이 되며 하나 이상의 열로 구성된다. 관계형 데이터 모델에서는 앞의 계층형 모델이나 네트워크형 모델과는 달리 미리 정의된 연결이 존재하지 않으며, 그 대신에 연결에 필요한 열을 중복시킨다.

[그림 13.5]는 '개인 신상' 데이터베이스를 관계형으로 표현한 것으로 사원 테이블의 사원 번호와 업무 일지 테이블의 사원 번호가 중복되어 표현되어 있음을 알 수 있다. 보다 자세한 사항들은 13.3절의 관계형 데이터 모델을 기반으로 한 관계형 데이터베이스 시스템에서 구체적으로 설명된다.

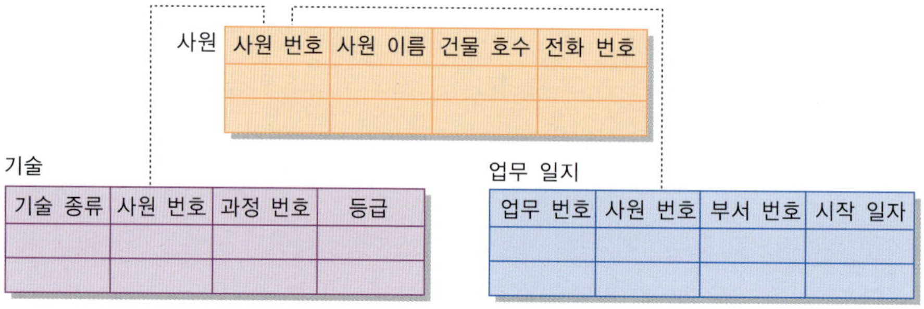

그림 13.5 '개인 신상'의 관계형 데이터 모델 표현

13.2.2 객체-관계형 데이터 모델

객체-관계형 데이터 모델(Object-Relational Data Model)은 관계형 데이터 모델에 객체지향 데이터 모델을 혼합한 것이다. 1990년대 초반부터 객체지향 데이터 모델이 발표되었으나, 표준이라고 제시할 만한 모델이 없고 상업적으로 성공한 시스템도 없어 요즈음은 대부분 객체-관계형 데이터 모델로 정착되고 있다.

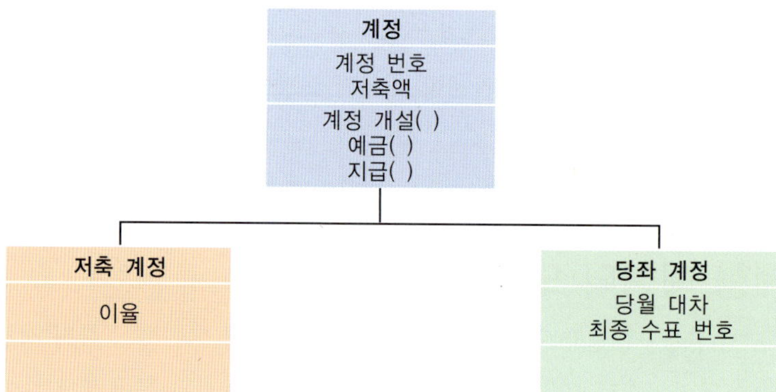

그림 13.6 객체-관계형 데이터 모델

여기서는 객체-관계형 데이터 모델이 가져야 할 특성들을 간단히 정리하고 구체적인 예를 들어 객체-관계형 데이터 모델의 장점을 소개한다. [그림 13.6]은 객체-관계형 데이터 모델의 예이다.

객체-관계형 데이터 모델이 가져야 할 대표적인 특성은 다음과 같다.

❶ 클래스도 도메인이 될 수 있다.

❷ 클래스의 한 속성값이 한 개 이상 존재할 수 있다.

❸ 클래스는 메소드(method)를 가진다.

❹ 계층적 클래스 구조를 가진다(inheritance).

객체-관계형 데이터 모델의 장점인 메소드의 역할을 살펴보자. [그림 13.7]은 계정이라는 클래스의 한 객체의 인스턴스(instance)이며, 이자 계산이라는 이자 지급에 관한 메소드를 가지고 있다. 이 객체의 저축액이 900만 원이고, 계정 번호는 100번이다.

다음과 같은 가정을 해보자. 이자 지급에 관한 규정이 바뀌어 기존에는 모두 6%를 일괄적으로 지급하였으나, 새 규정에 따르면 1,000만 원 미만은 5%이고, 1,000만 원 이상은 6%를 지급해야 한다. 따라서 기존 모델에서는 이 데이터베이스를 이용하는 모든 응용 프로그램을 새로운 규정에 맞게 다시 프로그래밍해야 한다. 그러나 객체-관계형 데이터 모델에서는 메소드만 수정하면 된다. 응용 프로그램은 메소드의 내용을 알 필요가 없으며, 단지 이자 계산 메소드를 호출하여 이자 지급만 요청하면 된다.

그림 13.7 메소드의 사용 예

13.2.3 개체-관계 모델

데이터베이스를 활용하기 위해서는 우선 데이터베이스를 설계한 후 데이터를 입력해야 한다. 데이터베이스 설계는 한 조직체의 운영과 목적을 지원하기 위해 데이터베이스를 생성하는 과정이다. 데이터베이스 구축은 DBMS에서 제공하는 SQL 언어를 사용하여 설계된 내용을 구현하고 데이터를 적재하여 사용가능하게 만드는 것이다. 여기서는 데이터베이스 설계에 가장 많이 이용되는 개체-관계(Entity Relationship: E-R) 모델을 설명하고 간단한 예제를 만들어 본다.

E-R 모델은 현실 세계를 개념적으로 표현하기 위해 가장 널리 사용되는 모델이다. 개체는 자동차, 사람, 집, 사원 등과 같이 실제로 존재하는 개체들이며, 관계는 개체와 다른 개체 간의 연관 관계를 나타내는 것이다. E-R 모델은 [그림 13.8]과 같은 E-R 다이어그램 표기법으로 나타낼 수 있다.

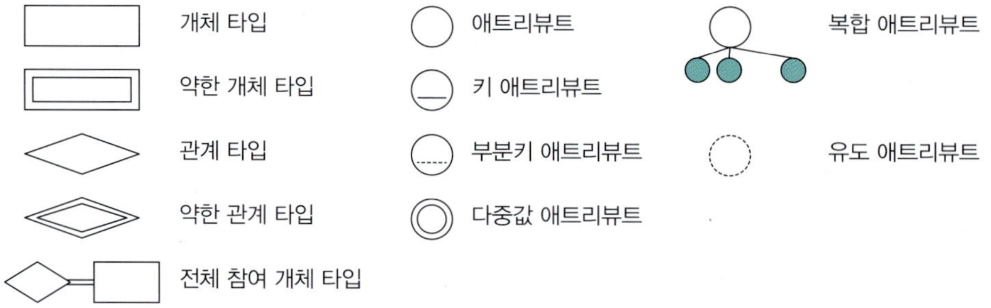

그림 13.8 E-R 표기법

간단한 '회사' 데이터베이스를 설계한다고 가정하자. 회사는 여러 개의 부서와 여러 명의 직원들이 근무하며 직원은 각 부서에 소속되어 있다고 하자. 그러면 '회사' 데이터베이스는 기획부, 생산부, 영업부와 같은 '부서' 개체 집합(또는 개체 타입)과 박종호, 이준원, 한병엽, 박원규 등과 같은 '직원' 개체 집합이 존재할 수 있다. 또한 박종호는 영업부에, 이준원은 기획부에 근무하다는 관계 정보를 [그림 13.9]와 같이 관계 집합(또는 관계 타입)으로 표현할 수 있다.

그림 13.9 '회사' 데이터베이스에 대한 E-R 다이어그램

13.3 SECTION 관계형 데이터베이스 시스템

관계형 데이터베이스(Relational Database: RDB)는 관계형 데이터 모델을 기반으로 한다. 그러므로 데이터들은 우리들에게 친숙한 2차원의 테이블 형태로 표현되고, 데이터베이스는 테이블들의 집합체로 나타난다. 이 모델은 1970년대 후반부터 최근까지 대부분의 데이터베이스 시스템이 채택한 모델로 현재도 널리 사용되고 있다.

관계형 데이터베이스에서 데이터베이스의 구조는 데이터 정의어(Data Definition Language: DDL)를 이용하여 정의될 수 있다. 또한 각 응용은 자기 자신의 뷰(view)를 전체 데이터베이스의 부분 집합으로 구성할 수 있으며, 뷰를 구성할 때는 테이블의 일부분 또는 여러 테이블을 조인(join)하여 구성한다. 실제 데이터에 접근할 때는 데이터 조작어(Data Manipulation Language: DML)를 이용하며, DML은 비절차적 질의에 기반을 두고 있다. 사용자는 검색하려고 하는 데이터 값이나 이와 관련된 테이블 이름만 명시하면 된다.

이와 같이 비절차적이면서 데이터베이스 구축이나 조작 및 검색에 편리한 언어가 SQL(Structured Query Language)이다. 이 언어는 IBM에서 처음 개발되었으나 지금은 ISO 국제 표준으로 대부분의 상용 데이터베이스 개발 업체들이 표준으로 수용하고 있다. SQL의 등장은 관계형 데이터베이스 시스템이 널리 보급되는 데 결정적인 역할을 하였다.

13.3.1 기본 구조

[그림 13.10]은 관계형 데이터베이스 모델의 기본 구조를 학생 릴레이션(relation)을 통하여 간략하게 보여준다. 학생 번호는 기본 키를 나타내며, 기본 키는 테이블에서 유일한 식별자 역할을 수행한다. 따라서 하나의 릴레이션 내에 존재하는 모든 행(row)들은 기본 키에 대해 서로 다른 값을 갖는다. 릴

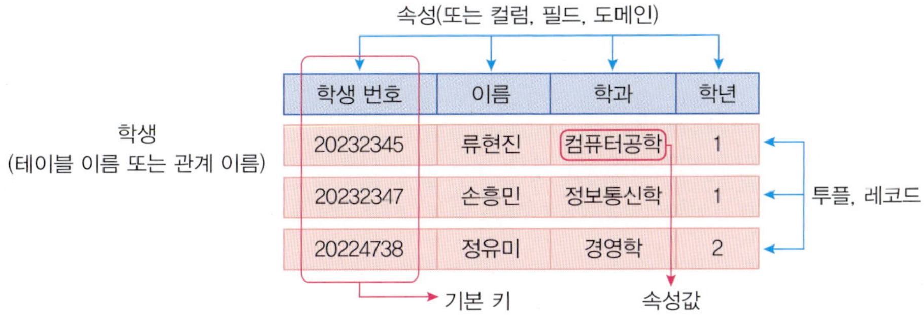

그림 13.10 관계형 데이터베이스 모델의 기본 구조

레이션에서 투플(tuple)은 테이블의 행과 같으며, 속성은 열에 해당하며, 도메인은 속성들이 가질 수 있는 값들의 범위를 의미한다. 여기서 소속학과 도메인은 다양한 학과 이름의 집합체이다.

13.3.2 구성 요소

관계형 데이터베이스는 릴레이션, 투플, 속성으로 구성된다.

(1) 릴레이션

관계형 데이터 모델에서 사용하는 릴레이션(relation)이라는 용어는 다음과 같이 몇 가지 특성을 가진 2차원의 테이블을 나타낸다.

❶ 투플 내의 각 속성값으로 원자값을 갖는다. 원자값이란 값이 더 이상 나누어질 수 없는 단일값을 의미하며, 그룹 항목(repeating group)이나 배열(array)이나 집합은 허용하지 않는다.

❷ 각 속성은 유일한 이름을 가지며 속성의 순서는 큰 의미가 없다. 관계형 데이터베이스에서는 속성 이름으로 참조되며, 또한 필요하면 원하는 속성의 순서로 재배열하여 데이터를 검색할 수 있기 때문에 속성의 순서는 큰 의미가 없다.

❸ 테이블에서 모든 투플은 서로 다른 값을 가지며, 투플의 순서는 없고, 릴레이션은 투플들의 집합으로 정의된다. 수학적으로 집합에는 동일한 원소도 존재하지 않고 원소들 간에 순서가 존재하지 않는다. 따라서 릴레이션에서는 "첫 번째 투플을 검색하시오"와 같은 요구는 존재하지 않는다.

(2) 투플

테이블의 행을 투플(tuple)이라고 한다. 파일의 레코드와 유사한 개념으로 [그림 13.10]의 학생 릴레이션에서 볼 수 있듯이 행이 투플에 해당되며 열이 속성에 해당된다. 그리고 릴레이션에서 n개의 속성을 가지는 행을 n-투플이라 하고, 그러한 릴레이션을 n차 릴레이션 또는 n차 테이블이라고 한다.

(3) 속성

속성(attribute)은 데이터의 가장 작은 논리적 단위로서 파일 시스템에서는 데이터 아이템(item), 필드(field)라고 하며 테이블에서는 열(column)이라고 말한다. 속성은 각 개체의 특성을 나타내는 값을 표현하는 것으로 그 자체만으로는 중요한 의미를 가지지 못하며 단독으로 존재하기 어려운 특성을 가지고 있다. 예를 들면, 학생 번호나 이름, 학과 또는 학년 등이 속성인데, 이것만으로는 우리에게 어떤 의미를 주기가 어렵다. [그림 13.10]에서 학생 번호, 이름, 학과, 학년 등이 학생 개체들의 속성들이다.

13.3.3 E-R 모델을 관계형 데이터베이스 스키마로 변환하기

앞에서 언급한 [그림 13.9]의 '회사' E-R 다이어그램은 최종적인 데이터베이스로 구축하기 위해 관계형 데이터 모델로 변환되어야 한다. 개략적인 변환 방법은 다음과 같다.

[1단계] '부서'나 '직원'과 같은 개체 타입은 관계형 데이터 모델의 릴레이션으로 바뀐다.

[2단계] '소속'과 같은 관계 타입은 별도의 릴레이션이 되거나, 대응 관계가 1:N인 경우 1 측의 기본 키를 N측의 외래 키로 사용한다.

[3단계] 각 개체에 포함된 속성은 릴레이션의 속성으로 변환한다.

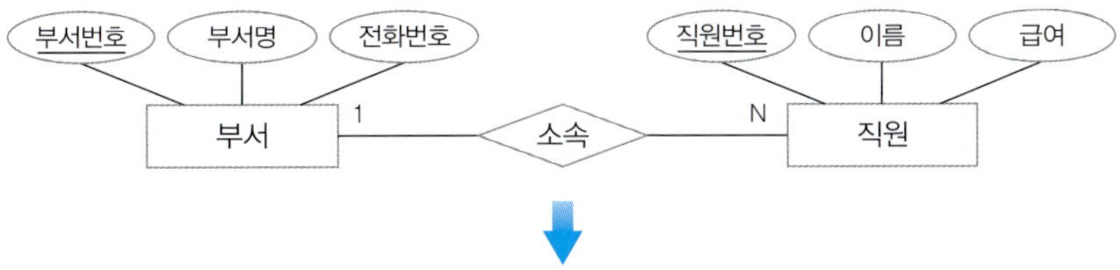

부서(부서번호, 부서명, 전화번호)
직원(직원번호, 이름, 급여)
소속(부서번호, 직원번호)

(a)

또는

부서(부서번호, 부서명, 전화번호)
직원(직원번호, 이름, 급여, 부서번호)

(b)

그림 13.11 E-R 모델을 관계형 데이터베이스 스키마로 변환

[그림 13.11]은 [그림 13.9]의 '회사' E-R 다이어그램을 관계형 데이터베이스 스키마(schema)로 변환한 것이다. [그림 13.11]의 (a)는 '소속' 관계를 별도의 릴레이션으로 변환한 것이고, (b)는 '직원' 릴레이션에 외래 키를 포함하여 두 개의 릴레이션으로 변환한 것이다.

관계형 데이터베이스 스키마가 완성되었으면 데이터베이스 관리 시스템(DBMS)을 이용하여 데이터베이스를 구축하면 된다.

13.4 SECTION MySQL 실습*

13.4.1 MySQL 설치

데이터베이스를 구축하려면 우선 데이터베이스를 만들고 관리해주는 소프트웨어가 필요하다. 이러한 소프트웨어를 데이터베이스 관리시스템(DBMS)이라고 하며, 이것은 SQL이라는 데이터베이스 언어를 이용하여 데이터베이스를 생성 또는 삭제하거나 검색하는 등 다양한 기능을 제공한다.

현재 널리 사용되고 있는 DBMS 제품으로는 오라클, MS SQL Server, MySQL 등이 있다. 여기서는 누구나 무료로 쓸 수 있는 공개 소프트웨어인 MySQL을 이용하여 실습한다. MySQL을 설치하여 간단한 '대학' 데이터베이스를 생성하고, 그 데이터베이스에 '학생' 테이블을 만들어 데이터를 입력한 후 간단한 검색을 해본다.

MySQL 설치하기

MySQL 홈페이지인 https://www.mysql.com/에 접속하여 설치한다. 설치파일을 클릭하여 주어진 기본값 위주로 순서대로 따라가면서 설치하면 된다. 설치 과정 중에 주의할 점은 암호(password) 입력 부분이 있는데, 이때 설정한 암호는 MySQL 실행 때 사용되니 반드시 기억해야 한다.

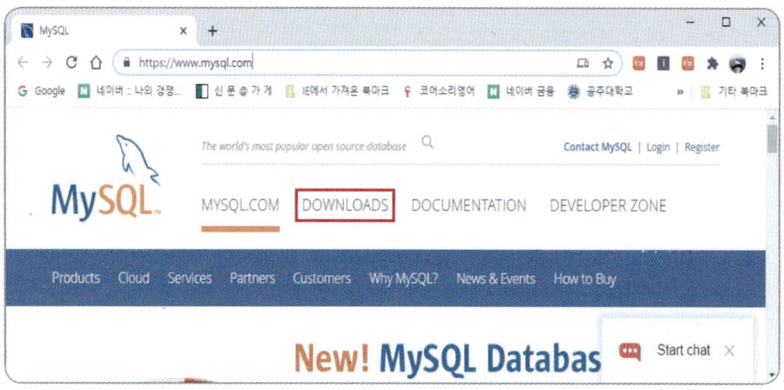

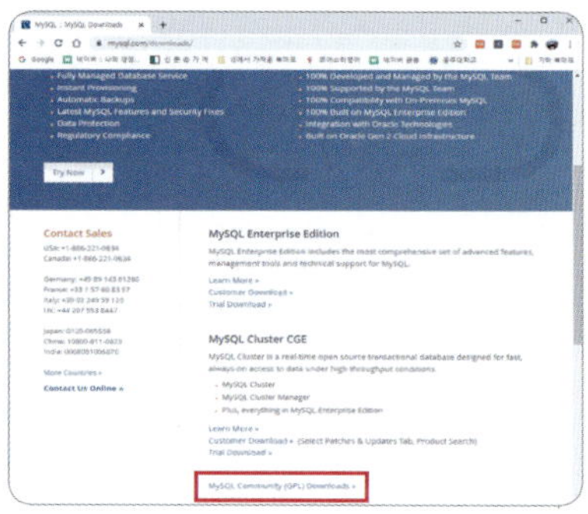

* 13.4절은 강의자의 판단에 따라 건너뛸 수도 있음

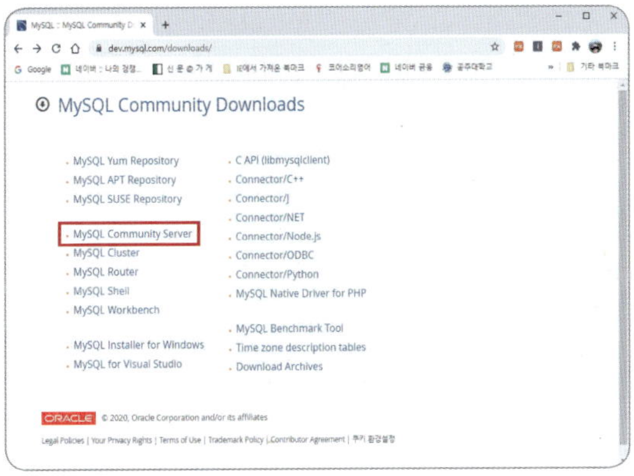

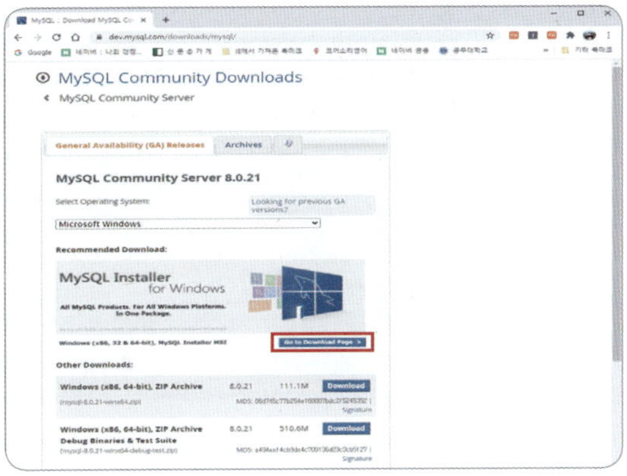

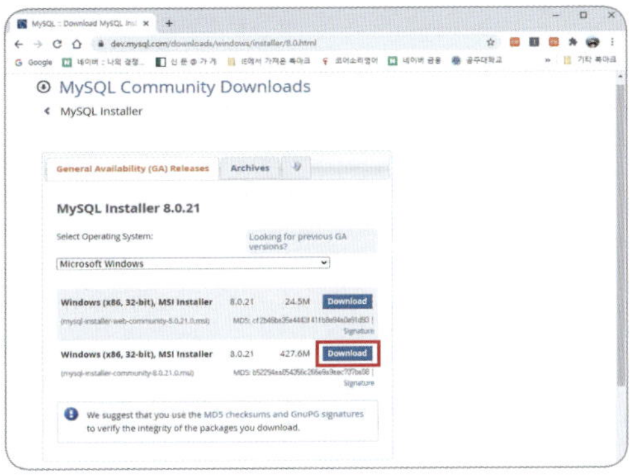

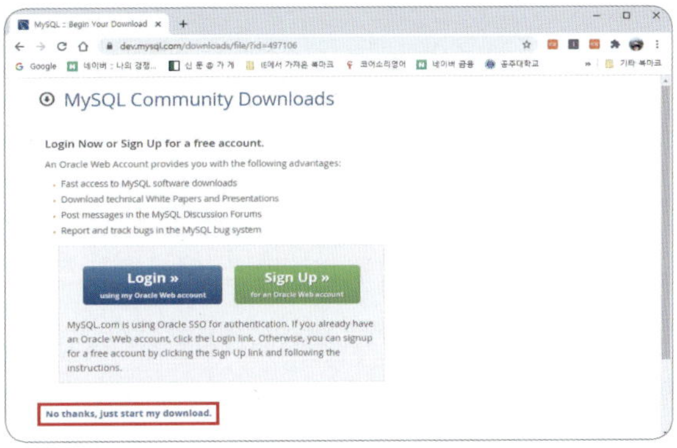

MySQL 설치가 완료되었으면 윈도우즈 시작 버튼에서 MySQL을 클릭하여 MySQL 8.0 Command Line Client를 클릭한다.

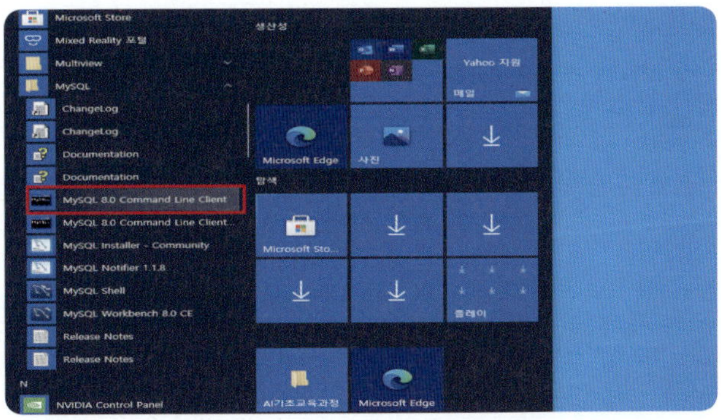

다음과 같은 MySQL 실행 창이 나오면 설치할 때 입력했던 암호를 입력한다.

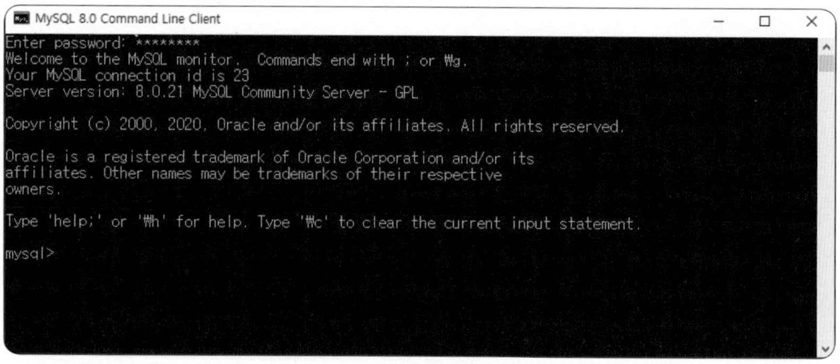

MySQL 실행 창에서 빠져나오려면 quit을 입력한다. 즉 MySQL 실행 창으로 들어가기 위해서는 암호가 필요하고, 작업이 모두 끝나고 마칠 때는 quit으로 나온다.

13.4.2 데이터베이스 구축하기

MySQL로 구축하려면 데이터베이스 언어 SQL을 알아야 한다. 여기서는 기본적인 SQL 명령어로 간단한 데이터베이스를 구축해 본다. 우선 구축하려는 데이터베이스 이름을 정해야 한다. 여기서는 데이터베이스 이름을 '대학'이라고 하자. 데이터베이스는 일반적으로 저장할 데이터들을 여러 개의 테이블들로 나누어 저장한다. 여기서는 간단하게 학생 테이블 1개만 있다고 가정한다.

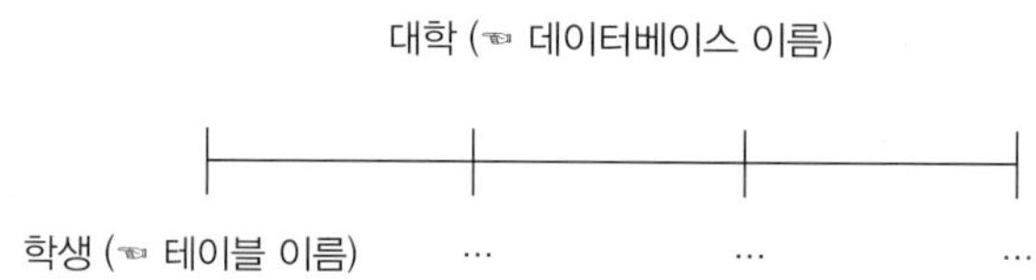

❶ 데이터베이스 생성하기

우선, 학생 테이블을 포함하는 대학 데이터베이스를 만든다.

create database 대학;　　☞ 대학 데이터베이스를 만든다.

(주의: 여기서 문장의 끝은 세미콜론(;)으로 끝나야 한다.)

❷ 데이터베이스 선택하기

데이터베이스를 생성했으면 대학 데이터베이스를 선택해야 한다.

use 대학;　　☞ 대학 데이터베이스를 선택한다.

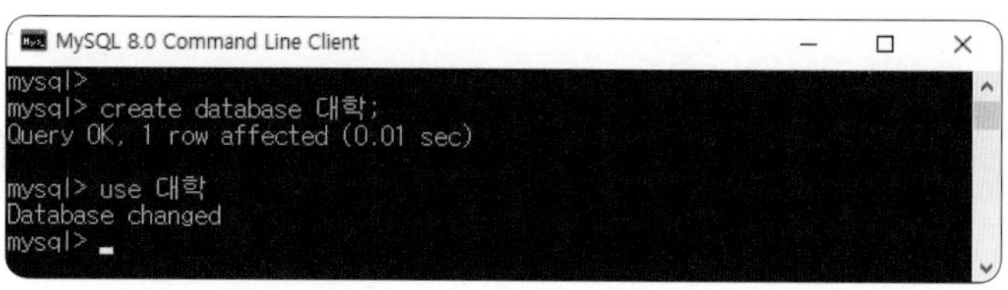

❸ 테이블 생성하기

대학 데이터베이스가 만들어졌으니, 이제 대학 데이터베이스를 구성하는 테이블을 생성해야 한다. 학생 테이블을 생성하는 SQL문은 다음과 같다.

```
create table 학생 (학번   char(8)  not null,
                  이름   char(20),
                  학과   char(20),
                  학년   int,
                  primary key(학번));
```

> **〈참고〉**
>
> 위의 SQL 명령문을 입력할 때는 다음과 같이 연속적으로 한 줄로 입력해야 한다. 중간에 엔터키(Enter key)가 입력되면 오류가 난다.
>
> ☞ create table 학생 (학번 char(8) not null, 이름 char(20), 학과 char(20), 학년 int, primary key(학번))

다음은 테이블이 정확하게 생성되었는지를 알아보자.

show tables;   ☞ 존재하는 테이블들을 보여준다.

테이블의 구조(스키마)를 확인하려면 explain 명령어를 사용한다.

explain 학생;   ☞ 학생 테이블의 구조를 보여준다.

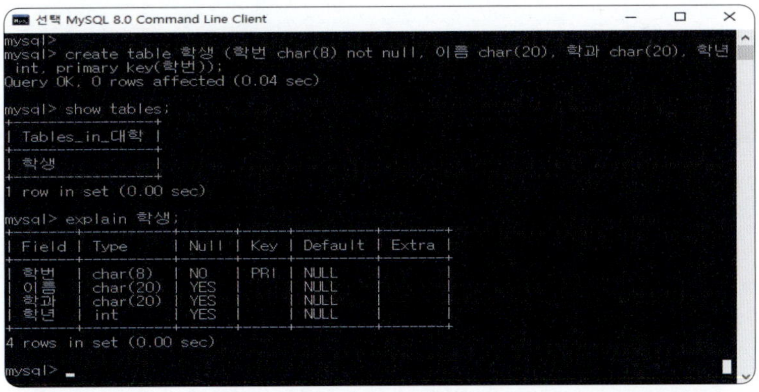

❹ 테이블에 데이터 삽입하기

생성된 빈 학생 테이블에 3명의 학생 정보를 삽입해본다.

insert into 학생 values ('20212345', '류현진', '컴퓨터공학', 1);
insert into 학생 values ('20202347', '김수지', '경영', 2);
insert into 학생 values ('20204738', '손연재', '정보통신', 2);

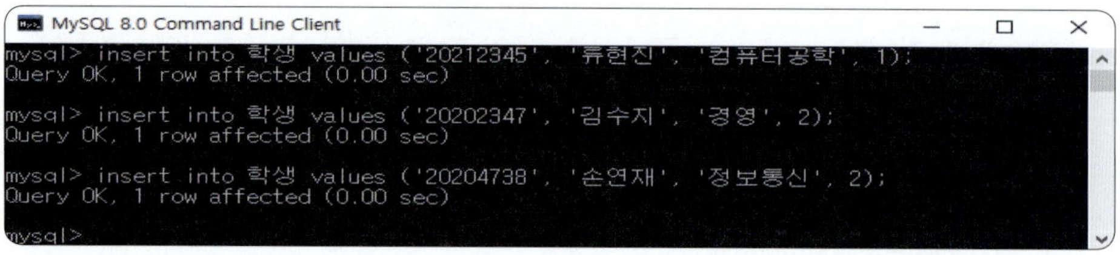

❺ 테이블의 데이터 검색하기

삽입된 데이터를 확인하기 위해 select 문장을 수행한다.

select * from 학생;

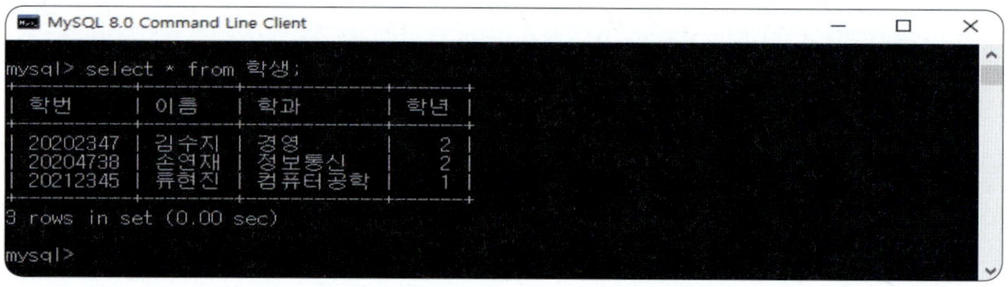

데이터베이스는 다양한 조건을 만족하는 데이터 검색을 가능하게 한다. 다음은 조건 검색의 몇 가지 사례이다.

☞ 1학년 학생들을 검색하라. (단순 조건 검색 사례)
select * from 학생 where 학년=1;

☞ 1학년이면서 컴퓨터공학과 학생들을 검색하라. (AND 조건 검색 사례)
select * from 학생 where 학년=1 and 학과='컴퓨터공학';

☞ 학번이 2020으로 시작하는 학생들을 검색하라. (문자열의 일부에 대한 비교 조건 검색)
select * from 학생 where 학번 like '2020%';

〈참고〉 select 문 이해하기

select *	☜ * 는 테이블의 모든 칼럼의 값을 출력하라는 의미
from 학생	☜ from 다음에는 해당 테이블 이름을 쓸 것
where 학년=1;	☜ where 다음에는 검색할 조건을 쓸 것

실행결과는 다음과 같다.

```
MySQL 8.0 Command Line Client
mysql>
mysql> select * from 학생 where 학년=1;
+----------+--------+------------+------+
| 학번     | 이름   | 학과       | 학년 |
+----------+--------+------------+------+
| 20212345 | 류현진 | 컴퓨터공학 |    1 |
+----------+--------+------------+------+
1 row in set (0.00 sec)

mysql> select * from 학생 where 학년=1 and 학과='컴퓨터공학';
+----------+--------+------------+------+
| 학번     | 이름   | 학과       | 학년 |
+----------+--------+------------+------+
| 20212345 | 류현진 | 컴퓨터공학 |    1 |
+----------+--------+------------+------+
1 row in set (0.00 sec)

mysql> select * from 학생 where 학번 like '2020%';
+----------+--------+----------+------+
| 학번     | 이름   | 학과     | 학년 |
+----------+--------+----------+------+
| 20202347 | 김수지 | 경영     |    2 |
| 20204738 | 손연재 | 정보통신 |    2 |
+----------+--------+----------+------+
2 rows in set (0.00 sec)

mysql> _
```

13.5 컴퓨터 보안의 개요

SECTION

컴퓨터의 폭넓은 보급과 인터넷을 비롯한 컴퓨터 통신 기술의 발달로 컴퓨터 보안 분야가 점점 복잡하고 다양해져 가고 있다. 여기서는 컴퓨터 보안, 인터넷 해킹, 암호를 통한 보안 기술, 컴퓨터 바이러스, 피싱과 스미싱 등 최근의 해킹 동향, 컴퓨터 보안 전략, 그리고 정보 보호와 정보 윤리에 대해 알아본다.

13.5.1 컴퓨터 보안

보안(security)이란 쉽게 말해서 자신의 정보를 지키는 것이라고 할 수 있다. 이 때 어떤 것을 어떠한 대상으로부터 지키느냐에 따라 컴퓨터 보안과 인터넷 보안으로 나눌 수 있다. 컴퓨터 보안(Computer Security)이란 개인이나 기관이 사용하는 컴퓨터와 관련된 모든 것을 안전하게 보호하는 것을 말하는데, 대부분의 경우 컴퓨터 안에 들어 있는 중요한 정보를 보호하는 행위를 말한다.

그림 13.12 정보 보호를 위한 노력

한편 인터넷 보안(Internet Security)은 인터넷의 주요 통신 프로토콜인 TCP/IP를 통해 연결된 수많은 호스트들 사이에서 정보의 유출과 불법적인 서비스 이용을 방지하는 것이다. [그림 13.12]는 경찰청의 사이버 테러 대응과 정보 보호 워크샵 장면을 나타낸다.

컴퓨터 보안 중 하드웨어를 지키는 가장 기초적인 방법은 컴퓨터가 있는 곳의 출입을 통제하는 것이고, 컴퓨터 정보를 지키는 가장 간단한 방법은 컴퓨터에 암호를 걸어두는 것이다. 즉 우리가 사용하는 컴퓨터를 아무나 사용할 수 없도록 암호를 지정해둔 후 허가된 사람만 사용할 수 있게 하는 것이다. 인터넷 보안도 이와 비슷한 맥락으로 생각할 수 있는데 e-메일의 비밀 번호를 혼자서만 알도록 비밀을 유지하는 것이 중요하다.

[그림 13.13]은 사이버테러 침해 발생 건수와 경찰청의 사이버테러대응센터를 나타낸다. 이에 따르면

우리나라의 2018년부터 3년 사이에 약 2배가 증가한 것으로 나타났다. 해킹, 악성 프로그램, DDos 공격 등이 주요 사례였다.

연도	발생 건수
2018	2,888건
2019	3,638건
2020	4,344건
2021	5,221건
2022	6,343건(추정)

(출처: 경찰청)

그림 13.13 사이버테러 침해 발생 건수와 사이버테러대응센터

한편 과학기술정보통신부에 따르면 개인정보 프라이버시 침해 유형으로는 복수응답자의 절반 이상은 사업자 관리소홀로 인해 개인정보 유출 피해를 경험하였으며, 그 다음은 사업자가 동의 없이 개인정보를 이용하여 제3자에게 제공, 사업자가 개인정보 무단 수집하여 텔레마케팅 목적으로 이용, 무단으로 회원가입 등의 순서로 피해를 경험한 것으로 나타났다.

사실 "열 사람 도둑 하나 못 막는다."는 우리 속담과 같이 아무리 잘 지키려고 노력해도 남의 컴퓨터에 억지로 침투하려는 것을 막기는 쉽지 않다. 따라서 이에 대처하기 위한 여러 가지 컴퓨터 보안 대책들이 연구 개발되고 있다.

❶ 외부에서 침입하는 것을 막기 위해 벽을 쌓거나(방화벽), 침투해 오는 징후를 포착한다(IDS: Intrusion Detection Systems, 침입탐지 시스템).

❷ 정보를 훼손하는 바이러스를 예방하거나 치료하기도 하고(안티 바이러스), 때로는 정보에 암호를 걸어 놓고 사전에 약속한 사람들만 그 정보에 접근할 수 있게 하기도 한다(암호 인증).

❸ 최근에는 인터넷에서 독점적으로 사용할 수 있는 사설 네트워크를 이용하기도 한다(VPN: Virtual Private Network, 가상사설망).

❹ 의심스러운 웹사이트에는 접속하지 않고 의심스러운 이메일에 첨부된 파일은 열지 않는다.

❺ 암호화된 USB 메모리를 사용하고, 이용자별로 ID를 부여한다.

[그림 13.14]는 우리나라 네티즌들이 컴퓨터 보안을 위해 염두에 두고 실천하려는 대책들을 조사한 현황을 비율로 나타낸 것인데, 복수 응답을 허용한 중요도의 비율로 표시한 것이다.

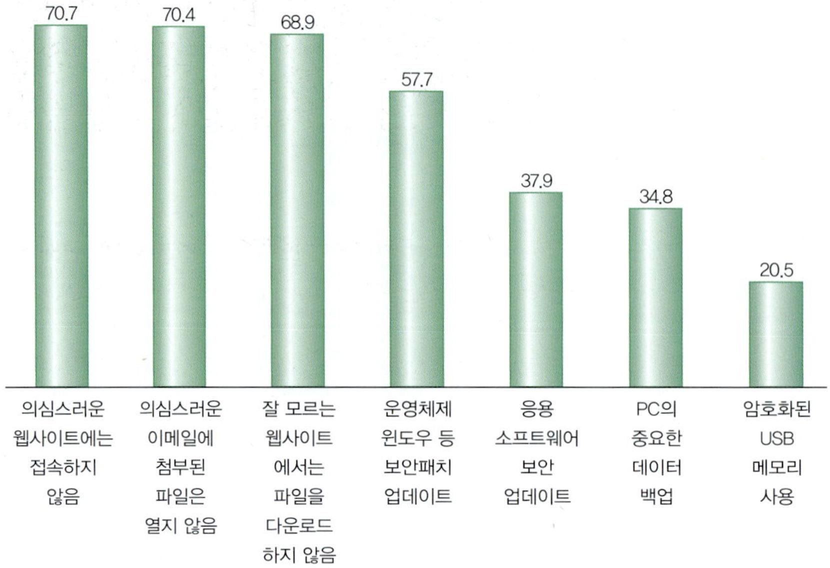

그림 13.14 컴퓨터 보안을 위한 대책 현황

13.5.2 인터넷 해킹

보안을 철저히 지키지 않을 경우 자신의 중요한 자료가 훼손되거나 다른 사람들에게 공개되어 버리는 일이 발생할 수 있다. 특히 인터넷에서 기본적으로 사용하는 프로토콜인 TCP/IP의 경우 본래부터 보안에 취약한 구조로 설계되어 있기 때문에 더욱 유의해야 한다.

(1) 국내의 주요 해킹 사건

우리나라에서 발생한 주요 해킹 사건들을 요약하면 다음과 같다.

❶ 시스템공학연구소의 슈퍼컴퓨터센터에 해커들이 침입하여 장애를 일으킨 사건(1992년)

❷ 원자력연구소에 영국 해커 소년의 침투로 인한 정보 유출 사건(1994년)

❸ 체르노빌 바이러스(CIH 바이러스)로 110만대 이상의 PC가 감염된 사건(1999년)

❹ DDoS 공격으로 인해 주요 기관 및 포털 사이트들이 다운된 사건(2009년 10월)

❺ 농협 전산망과 서버가 공격을 당한 사건(2011년 4월)

❻ SK커뮤니케이션즈 해킹 사고로 3,500만 명에 이르는 네이트와 싸이월드 회원의 개인정보가 유출된 사건(2011년 7월)

❼ 지능형 지속 공격(APT)에 의한 언론기관과 금융기관 사이버 테러 사건(2013년 3월)

❽ 국민카드, NH농협은행, 롯데카드 등의 1억 건 이상 개인정보 유출 사건(2014년)

❾ 랜섬웨어와 신종 랜섬웨어의 공격 사건(2016년)

❿ 암호화폐 거래소인 빗썸 해킹으로 암호화폐 탈취 사건(2017년, 2019년)

(2) 외국의 주요 해킹 사건

외국에서 발생한 주요 해킹 사건들을 요약하면 다음과 같다.

❶ 서독 간첩 사건

서독의 간첩 해커들이 1989년 KGB의 사주로 전 세계 200여 곳의 주요 군사 정보를 탈취하였는데 이를 미국의 한 연구소에서 1년 반 동안 끈질기게 추적한 끝에 확인하였다.

❷ 인터넷 웜 사건

1988년 미국 코넬대학의 대학원생 모리스(Morris)가 네트워크에 뿌린 인터넷 웜(Internet worm)은 약 7,000여 대의 대형 호스트들을 다운시키며 큰 파장을 일으켰다.

❸ NASA WANK(Worm Against Nuclear Killers) 사건

미국의 NASA 연구소에 침입한 해커들이 연구 개발 프로젝트 문서를 열람한 후 NASA가 군사용 연구 개발에만 치중한다고 폭로하며 비난한 사건이다.

❹ 오퍼레이션 오로도 사건

2011년 8월 APT 공격의 일종인 '오퍼레이션 오로도' 사건으로 구글과 미국 정부기관을 비롯한 70여 곳이 해킹당해 큰 파장을 일으킨 해킹 공격 사건이다.

❺ 연방 인사관리국 해킹 사건

2015년 6월 한 해커 그룹이 미국 연방 인사관리국을 공격했다. 이 공격으로 미국 연방 정부의 전 직원과 현 직원과 관련된 약 400만 명의 개인정보가 해킹 당한 사건이다.

(3) 해커와 크래커

해커(hacker)는 컴퓨터를 광적으로 좋아하고 그들의 이상을 컴퓨터에 건 사람들을 칭한다. 해커 집단은 처음에는 정보 공유와 시스템에 대한 학습, 모험심을 기반으로 다른 시스템에의 침투와 공격 등을 하였으나, 그 후 일부 해커들이 경제적 이익이나 공격 그 자체를 목적으로 다른 시스템들을 파괴하거나 침투하는 경우가 생겨났다. 이와 같이 악의적인 의도로 다른 시스템에 침투하여 파괴활동을 하는 사람들을 특히 크래커(cracker)라고 부른다. 〈표 13.2〉는 컴퓨터의 해킹 분야들을 나타내고, 〈표 13.3〉은 해커의 동기에 의한 분류를 나타낸다.

표 13.2 컴퓨터 해킹 분야

해킹 분야	설명	비고
시스템 해킹	전산망과 시스템의 취약점 해킹	일반 해킹
하드웨어 해킹	상용시스템 하드웨어의 해킹	신용 카드 등
무정부주의 해킹	파괴와 혼란을 노리는 공격	사이버 테러
바이러스 해킹	웜, 바이러스 등의 제작과 배포	자료 파괴, 작동 정지
전화망 해킹	전화망의 과금 조작과 파괴	프리킹(Phreaking)

표 13.3 해커의 동기에 의한 분류

해커의 종류	동기	비고
단순 해커	호기심과 영웅심리	대부분의 해커
내부 불순분자 해커	특정 개인이나 집단의 이익 추구	내부 직원
범죄적 해커	금전적 이익 추구	금융망 등 대상
테러리스트/그룹	개인과 그룹의 이상 추구	혼란과 파괴 목적
기업체 고용 해커	기업의 이익 추구	기업 정보 유출
국가 고용 해커	국가 이익 추구	경쟁국의 정보 유출

암호 보안 기술

자신의 컴퓨터를 다른 사람들이 사용하지 못하게 하는 가장 간단한 방법은 자신의 컴퓨터에 암호를 걸어 놓는 것이다. 이와 비슷한 맥락으로 네트워크에서 자기의 e-메일을 확인하기 위해서는 아이디와 암호를 확인하는 방법을 사용한다. 이와 같이 보안을 위해 가장 기본적으로 생각할 수 있는 것이 암호이다. 암호는 네트워크상에서 전송되는 문자들에 암호를 거는 것뿐만 아니라 다른 사람들이 암호를 풀기 어렵도록 만드는 일도 매우 중요하다.

13.6.1 암호의 역사와 배경

세계 어느 나라에서나 군사적인 활동은 물론 정치, 경제, 사회적인 활동에 있어서도 암호의 이용이 빈번하다. 냉전 시대가 붕괴되어 군사적 이용이 줄어들었을 수도 있겠지만 국제화의 촉진으로 교신이 급격히 늘어남에 따라 암호의 중요성과 이용도는 오히려 커지고 있는 추세이다.

영국은 16세기 헨리 8세 때부터 '비밀정보 활동부'와 '암호 해독부'가 활동해 왔다. 2차 세계대전 종전 무렵에 영국은 독일의 암호를 해독하고 있었으며, 1939년에는 일본의 외교 암호와 군사 암호를 전체적으로 해독하고 있었다는 것이 종전 후에 밝혀진 바 있다.

고대 그리스의 스파르타 군대가 사용한 스키테일 암호기는 [그림 13.15]에 나타나 있으며, [그림 13.16]은 제2차 세계대전 때 독일군이 사용한 기계식 암호기 '에니그마'(Enigma I)이다. 이 후 영국의 천재 수학자 앨런 튜링(A. Turing)은 에니그마를 해독하는 장치를 발명하여 연합군이 독일군에 승리하는데 크게 기여하였다.

그림 13.15 그리스의 '스키테일' 암호기

그림 13.16 독일군의 '에니그마' 암호기

13.6.2 암호의 개념

암호를 사용하는 가장 기본적인 목적은 허가되지 않은 사용자의 접근을 막는 것이다. 또한 자기가 인터넷으로 전송하는 글이나 자료의 내용을 다른 사람이 보아도 알 수 없도록 하는 기능도 포함한다.

자기가 어떤 문장을 썼을 때 다른 사람이 이것을 보고 알아보지 못하고 자기가 원하는 사람들만 알아볼 수 있도록 하는 것이 암호화(encryption)의 기본이다. 다음 예의 경우를 살펴보자.

안녕하세요 → 암호화 → dkssudgktpdy

여기서 '안녕하세요'는 평문이고 암호화로 처리되는 과정을 거쳐, 마지막의 'dkssudgktpdy'라고 나온 부분이 암호문이다. 관찰력이 좋은 사람이라면 위의 예가 '안녕하세요'를 단지 영어 자판으로 타이핑한 것임을 알았을 것이다.

암호화란 평문의 메시지를 암호화시켜 특정 키(key)를 가지고 있는 사람만이 그 내용을 알아볼 수 있게 하는 것이라고 할 수 있으며, 이와 같이 암호 내용을 풀어내는 것을 복호화(decoding)라고 한다.

안녕하세요 → 암호화 → dkssudgktpdy → 복호화 → 안녕하세요
(평문) (암호문) (평문)

13.6.3 암호를 만드는 방법

암호를 만드는 방법은 크게 환자식과 전치식의 두 가지로 나눌 수 있다.

(1) 환자식이란 원문의 글자 순서는 그대로 두고 문자를 다른 문자로 바꾸는 방법이다.

원어	A	B	C	D	E	F	G	H	I	J	K	L	M	N	O	P	Q	R	S	T	U	V	W	X	Y	Z
암호	z	y	x	w	v	i	t	s	r	q	p	o	n	m	l	k	j	i	h	g	f	e	d	c	b	a

예를 들어 위와 같이 대응시켰을 때 원문이

"I LOVE YOU"라면 암호문은

"r olev blf"로 바뀐다. 반대로 암호문이

"prhh nv"이면 원문은 "KISS ME"가 되는 방식이다.

(2) 전치식은 문자는 그대로 두고 문자의 순서만 바꾸는 방법이다.

가령 키워드를 SUNDAY로 정하고 "OH MY MAMA HELP ME"란 원문을 암호화하려고 하면 우선 SUNDAY를 1열에 쓴다. 그 아래에 원문을 〈표 13.4〉의 암호표와 같이 적는다. 그런 다음 SUNDAY란 6글자 위에 알파벳순으로 1에서 6까지의 번호를 매긴다.

그리고 우선 1의 위치에 있는 원문의 글자를 쓴다. 이 경우는 Y M이다. 이어서 2의 위치에 있는 원문의 글자 MA를 쓰고 2칸을 띄운다. 이렇게 해서 1에서 6까지를 순서대로 쓰면 다음과 같다.

"Y MMA MPOMEHAL HE"

이것을 받은 쪽에서는 이와 반대로 된다. 즉,

4 5 3 2 1 6

표 13.4 암호표

4	5	3	2	1	6
S	U	N	D	A	Y
O	H		M	Y	
M	A	M	A		H
E	L	P		M	E

SUNDAY로 써 놓은 다음 암호문의 글자수가 18개라면 그것을 6으로 나누어서 3자씩, A 밑에 먼저 3자, D 밑에 3자, N 밑에 3자 … 씩을 세로로 써나가면 앞의 표와 같이 만들어진다. 물론 빈칸은 당연히 하나의 글자로 간주하여 정확하게 적는다. 그 다음 가로로 읽으면 된다.

키워드를 바꾸면 곧장 새로운 암호 방식이 되어 아주 편리하다. 키워드를 더 길게 하기도 한다. 위의 환자식과 전치식을 변화하거나 또는 두 가지 방식을 섞어서 사용하면 매우 복잡하고 더욱 풀기 어려운 암호가 될 수 있다.

13.6.4 암호화 기술

암호화 기술이란 평문을 암호문으로 바꾸는 것과 암호문을 다시 평문으로 바꾸는 기술을 말한다. 암호화 기술은 크게 2가지로 구분될 수 있다. 첫 번째는 비밀키(대칭키) 암호화이고 다른 하나는 공개키(비대칭키) 암호화이다. 이 2가지 방법의 가장 큰 차이점으로는 대칭키 암호의 경우 암호화할 때 사용하는 키와 복호화할 때 사용하는 키가 같다는 점이고, 공개키 암호화는 암호화하는 키와 복호화하는 키가 서로 다르다는 점이다. [그림 13.17]은 암호 기법의 분류 체계를 도식화한 것이다.

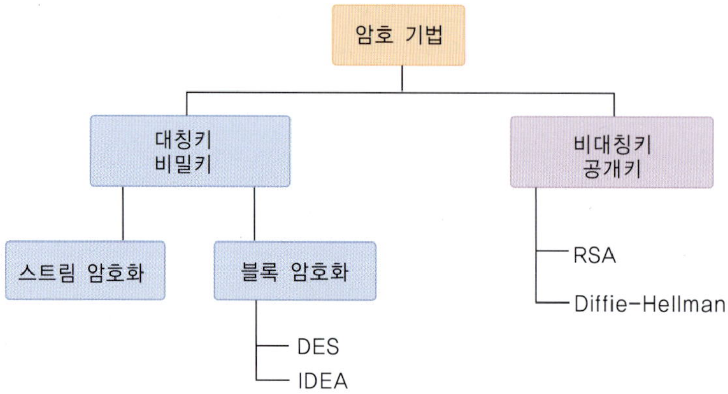

그림 13.17 암호 기법의 분류 체계

(1) 비밀키(대칭키) 암호화

비밀키 암호화 방식은 앞에서 말한 대로 암호화할 때의 키와 복호화할 때의 키가 같은 경우를 말하는데, 대부분의 사람들이 기본적으로 생각할 수 있는 암호화 방식이다. 간단한 예를 하나 들면

12345 → 각 자리에 10을 더해 붙임 → 1112131415

이렇게 변환된 결과와 암호키 10을 상대방에게 보내 주면 상대방은 암호키 10을 이용하여 다시 12345로 복호화할 수 있다. 대칭키 암호화는 이와 같이 간단하면서도 빠른 속도로 암호화와 복호화를 할 수 있다는 장점으로 널리 사용되었다.

대칭키 알고리즘을 사용하는 대표적인 방법으로는 DES 알고리즘이 있다.

❶ DES(Data Encryption Standard: DES) 알고리즘

DES 알고리즘은 1973년 미국 국방성의 암호 표준화 요구에 대해 IBM이 DES를 제안하였고, 안전성에 대한 평가를 거친 후 1977년에 표준화되어 현재까지도 널리 사용되고 있다. 기본적인 방식은 '키'를 사용하며 블록 암호라고도 한다. 관용 암호화 방식 중 가장 널리 쓰이는 기법인 DES 알고리즘은 원래의 평문 메시지(message)를 64비트 단위의 블록들로 분할하고 키를 사용하여 64비트 블록들을 암호화하는데 16번의 반복 과정을 거쳐 암호화하는 방식을 취하고 있다.

DES 알고리즘은 가능한 조합이 너무나 많기 때문에 해독이 사실상 거의 불가능하다. DES의 평문 처리는 [그림 13.18]과 같이 초기 순열, 16단계의 반복 처리 과정, 역초기 순열의 3단계의 과정으로 이루어진다.

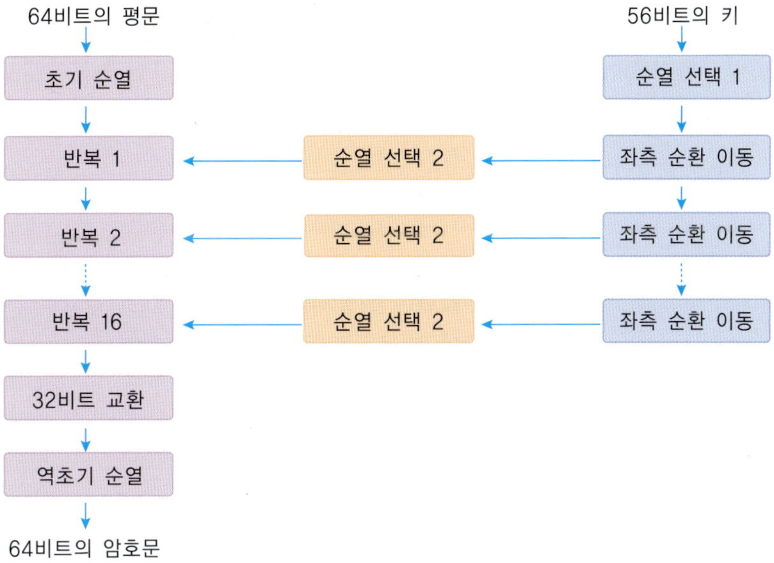

그림 13.18 DES 알고리즘의 평문 처리 과정

DES는 암호화 단계와 복호화 단계에서 같은 키를 사용하기 때문에 보안의 정확도에 대해 의심이 제기되었지만, 빠르고 간단한 암호화와 복호화가 가능하고 지난 30여 년 동안 DES를 해독하는 방법을 아무도 찾아내지 못했기 때문에 키의 전송만 신경 쓰면 효율적인 암호화 체계라고 할 수 있다.

(2) 공개키(비대칭키) 암호화 방식

공개키 암호의 원리는 비밀키 암호의 문제점들을 해결하고자 하는 시도로부터 발전된 개념으로서, 이 방식은 수학적으로 약간 복잡한 과정을 거치는 암호화 방법이다.

기본적인 방식은 평문을 암호화한 키와 복호화하는 키가 서로 다르다는 것이다. 이 두 개의 키 중 하나를 공개키(public key)라 하고 다른 하나를 비밀키(private key)라고 한다. 공개키 암호화는 이 두 키 모두로 평문을 암호화 또는 복호화할 수 있고, 단지 수학적인 계산이나 유추를 통해 하나의 키로부터 다른 키를 알 수 없도록 하는 것이다. [그림 13.19]는 공개키 암호화 과정을 보여준다.

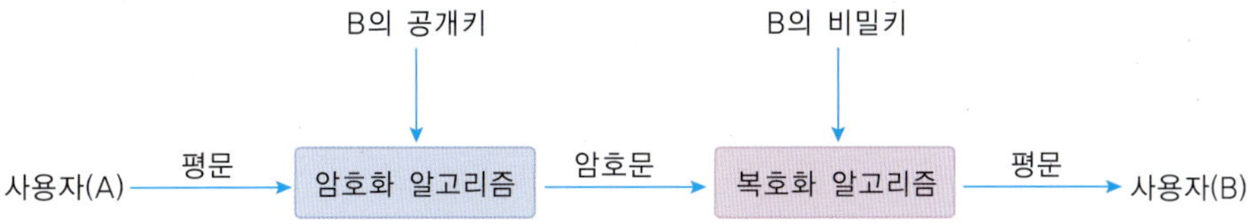

그림 13.19 공개키 암호화 과정

공개키 암호화 기법을 이용하는 방식은 다음과 같다.

❶ Diffie-Hellman 키 교환 방식

Diffie-Hellman 방식은 1976년 스탠포드 대학의 Diffie와 Hellman이 발표한 논문에서 제안되었다. 처음에 이 두 사람은 공개키 암호화 방식을 의도했으나 실제로 이 방식은 암호화 방식이라기보다는 키를 안전하게 전달하는 방법이었다.

❷ RSA 알고리즘

RSA 암호는 MIT의 R. Rivest 등에 의해 1977년에 개발되었다. RSA는 DES 알고리즘과는 달리 암호화할 때의 키와 복호화할 때의 키를 각각 다른 것으로 취하는 원리로서, 공개키 암호를 위한 접근 방법에 응용되었다.

❸ 암호 알고리즘

컴퓨터가 발달하면서 이전에는 군용이나 중대한 사업용으로만 쓰이던 암호가 일상생활에도 널리 활용되게 되었다. 단순한 개인 게시판을 시작으로 대형 DBMS까지 다양한 분야에서 암호학이 실제로 쓰이며, 이러한 암호의 보급화는 전자상거래가 시작되는데 결정적인 역할을 하기도 했다.

(3) 암호화 방식의 장단점과 최근의 암호화

암호화의 방식 중 비밀 키 방식은 빠른 속도와 간편한 사용법으로 주로 대량의 자료를 암호화하고 복호화 하는데 사용되며, 공개키 방식은 암호화 수준은 비밀 키에 비해 일반적으로 높지만 속도가 느리고 많은 연산을 해야 하므로 비교적 소량 자료의 암호화에 많이 사용되고 있다. 또한 최근 들어 전자상거래나 전자 결제에 대한 결제 방식으로는 공개키 방식을 응용한 DSA(Digital Signature Algorithm) 등도 많이 쓰이고 있다.

13.7 컴퓨터 바이러스

SECTION

컴퓨터 바이러스(virus)란 다른 사람의 컴퓨터나 프로그램에 침입하여 타인의 파일에다 자신을 복제하는 등의 피해를 입히는 행동을 하는 프로그램을 말한다. 대표적인 것으로는 세계적으로 많은 피해를 입힌 CIH 바이러스, 멜리사 바이러스, Love 바이러스, 코드레드 웜 바이러스, 님다(nimda) 바이러스 등이 있다.

13.7.1 컴퓨터 바이러스의 역사

세계 최초의 컴퓨터 바이러스를 만들어서 퍼뜨린 사람은 파키스탄에서 PC를 수리하면서 소프트웨어를 복제하던 암사드 형제로 알려져 있다. 그들은 1986년에 컴퓨터의 기능을 마비시킬 목적으로 바이러스를 만들어서 널리 퍼뜨린 것이다.

한편 체르노빌 원자력 사건이 발생한 4월 26일에 매년 발생하는 CIH라는 악성 바이러스(일명 체르노빌 바이러스)는 컴퓨터의 시스템 자체를 못 쓰게 하는 기능도 가지고 있어서 [그림 13.20]과 같이 CIH 바이러스 때문에 많은 컴퓨터가 고장 나서 못쓰게 되는 등 우리나라뿐만 아니라 전 세계적으로 문제가 된 적도 있었다.

그림 13.20 CIH 바이러스 감염

그 후 인터넷의 확산으로 비교적 간단하게 만들 수 있는 스크립트와 e-메일을 이용하여 감염시키는 Love 바이러스 등이 나타나 큰 문제를 일으킨 적도 있다.

알아보기 코너 창과 방패의 싸움이었던 웜 바이러스 사건

웜(worm) 바이러스 사건은 1988년 11월에 발생했다. 이날 저녁 미국의 주요 대학과 연구 기관에 설치된 인터넷망의 10%가 웜 바이러스에 감염되었는데, 급속도로 번져나가 미국 전역의 7천여 대의 초대형 컴퓨터 서버를 감염시켰다. 그 당시 저자가 미국에서 연구용으로 사용 중이던 슈퍼컴퓨터도 다운되었는데, 다음날 이 바이러스의 정체가 드러났다. 당시 코넬대학 전산학과 대학원생인 로버트 모리스(Morris)가 자기복제 웜 바이러스 프로그램을 퍼뜨렸다가 겁이 나서 친구를 통해 FBI에 신속하게 신고하여 마무리되었다. 모리스의 아버지는 국방성의 바이러스 등을 막아내는 최고 보안책임자였으니 아들의 창이 방패를 뚫을 기세였던 셈이다. 1990년 법원은 모리스에게 보호감호 등의 가벼운 유죄 판결을 내렸는데, 현재 그는 MIT 교수로 재직 중이다.

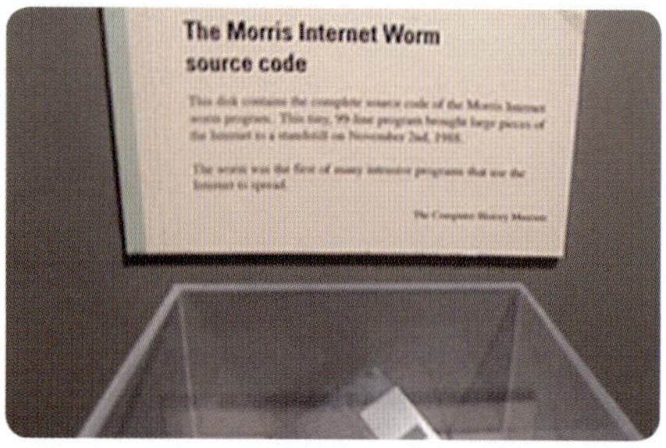

13.7.2 컴퓨터 바이러스에 대한 기초 지식

컴퓨터 바이러스란 일반적인 형태의 프로그램인데, 바이러스라는 이름은 단지 자기증식을 한다는 이유에서 붙은 것이지 특별한 프로그램이란 의미는 아니다. 그러나 악성 바이러스는 사용자의 시스템 자체를 못 쓰게 만들고, 또한 다른 사용자에게도 전염시키는 심각한 결과를 초래한다.

바이러스는 주로 바이러스에 감염되는 부위에 따라 구분되는데, 컴퓨터 바이러스의 종류는 부트 바이러스, 파일 바이러스, 매크로 바이러스, e-메일 바이러스 등 매우 다양하다.

❶ 부트(Boot) 바이러스는 MS-DOS에서 디스크의 제일 첫 부분인 부트(boot)라는 부분에 바이러스의 코드를 넣어 놓는 방식이다. 이렇게 하면 그 디스크가 읽히는 순간 바이러스 코드가 실행되고 다른 디스크들을 감염시키게 된다. 이러한 바이러스의 대표적인 것이 최초의 컴퓨터 바이러스라고 불린 브레인 바이러스이다.

❷ 파일 바이러스는 지금까지 알려진 바이러스 중 가장 많은 수를 차지하고 있는데, 대표적인 예로는 메모리에 상주해 있다가 13일의 금요일에 발병하는 예루살렘 바이러스가 있다.

❸ 매크로 바이러스는 다양한 매크로 기능을 이용하여 컴퓨터에 피해를 입힌다. 이것은 주로 e-메일을 통해 전파되는데, [그림 13.21]의 멜리사(melisa) 바이러스가 이 유형에 속한다.

❹ e-메일 바이러스는 e-메일을 기반으로 일단 감염되면 Outlook 등의 프로그램에 있는 모든 주소록

의 e-메일 주소로 바이러스가 담긴 e-메일을 보내므로 엄청난 전파 능력을 가지고 있다. 대표적인 예로는 Love 바이러스가 있다.

⑤ 그 외에도 트로이(Troy) 계열의 프로그램과 인터넷 웜(worm) 등이 있다.

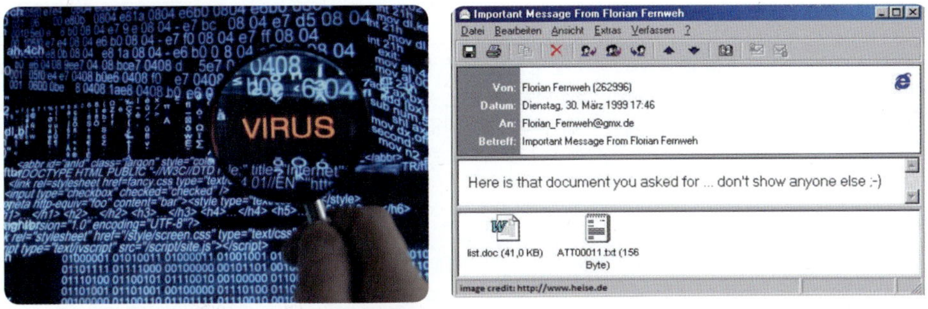

그림 13.21 멜리사 바이러스

13.7.3 예방 및 피해 복구법

컴퓨터 바이러스의 침입에 대한 가장 안전한 예방법은 정품 소프트웨어와 같이 안전한 프로그램만 쓰는 것이다. 또한 인터넷으로 다운 받은 프로그램을 설치하고 실행할 때에는 반드시 바이러스 검사를 한 후 실행하는 것이 좋다. 그리고 가능한 자주 [그림 13.22]와 같은 최신의 백신 프로그램으로 시스템에 바이러스가 있는지를 검사해야 하며 윈도우즈 보안 업데이트를 설치해야만 한다. 또한 의심스러운 사이트나 프로그램 등은 실행 전 충분한 경계가 요구된다.

최근에는 백신도 잡아내지 못하는 바이러스가 종종 등장하는데, 시스템 파일 중 하나로 위장하여 침투한 후 원래의 시스템 파일을 먹통으로 만드는 바이러스도 있다. 시스템 파일은 삭제하기도 힘들고 잘못 건드리면 컴퓨터를 먹통으로 만들기도 하므로 예방과 치료에 각별히 주의해야 한다.

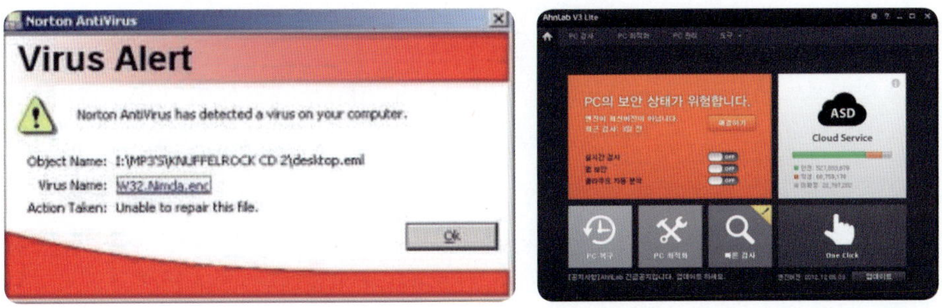

그림 13.22 Norton의 안티바이러스와 AhnLab V3

만약 시스템이 바이러스에 감염되었을 경우에는 깨끗한 부팅 디스크로 부팅한 후 최신 버전의 백신 프로그램으로 바이러스를 치료해야 한다. 이러한 방법으로 바이러스를 치료했는데도 계속적으로 바이러스가 생긴다면 일단 컴퓨터의 모든 자료 파일만 백업을 받고 포맷하는 것도 좋은 방법이다.

13.8 최근의 해킹 동향과 컴퓨터 보안 전략

SECTION

1980년대 중반에 처음 발생한 바이러스는 [그림 13.23]과 같이 1990년대에 Worm과 Trojan에 이어 2000년대 이후에는 DDoS, Phishing, Pharming, Smishing, APT, Hacktivism 등으로 변천하고 있다.

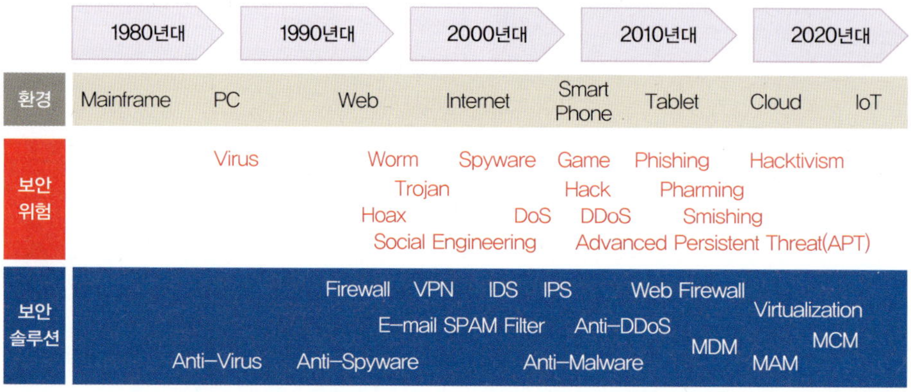

그림 13.23 연대별 컴퓨터 환경에 따른 보안 위험과 솔루션

13.8.1 디도스 공격

디도스(Distributed Denial of Service: DDoS)는 '분산 서비스 거부'의 약자인데, 여러 대의 컴퓨터에다 서비스 공격 도구들을 분산 배치해놓고 공격 목표 사이트의 컴퓨터가 처리할 수 있는 용량을 초과하는 정보를 한꺼번에 보내 과부하로 순식간에 서버를 다운시키는 공격 방식을 말한다.

공격은 통상 악성코드나 e-메일 등을 통하여 일반 사용자의 PC를 감염시켜 이른바 '좀비 PC'로 미리 만들어 놓은 후, 서버의 명령 제어를 통하여 특정한 시간대에 집중적으로 수행된다. 그 결과 이용자는 정상적으로 접속할 수 없는 것은 물론 심한 경우에는 컴퓨터의 기능에 치명적 손상을 입을 수 있다. 2009년 7월 한국과 미국의 주요 정부기관과 포털 사이트 등에 가해진 공격으로 인해 큰 장애를 일으킨 사례를 들 수 있으며, 최근에도 디도스 공격이 끊임없이 이루어지고 있다.

표 13.5 최근의 악성코드 유형(출처: 한국인터넷진흥원 2020 보고서)

유형	상반기	하반기
원격제어	31%	13%
정보유출(계정정보)	22%	27%
다운로더	15%	8&
랜섬웨어	14%	4%
정보유출(기기정보)	10%	39%
가상통화 채굴	4%	3%
기타	4%	6%

2020년에 발간된 한국인터넷진흥원의 '19년 하반기 악성코드 은닉사이트 탐지 동향 보고서에 의하면 탐지된 악성코드 유형은 〈표 13.5〉와 같으며, 경유지 업종별 현황은 건강/의학(27%), 쇼핑(20%), 커뮤니티(16%), 게임(8%), 제조(6%) 등으로 나타났다.

DDoS의 예방책으로는 최신 버전의 보안 시스템을 유지하고, 인터넷 로그인 계정의 패스워드를 자주 변경하고, e-메일을 확인할 때 발신인이 불분명하거나 수상한 첨부파일은 모두 삭제할 것, 그리고 항상 최신 버전의 보안제품을 유지할 것 등이 권장된다.

[그림 13.24]는 중국에서 제작된 CommandLine DDoS 공격 도구 일부를 나타내며, [그림 13.25]는 DDoS 공격으로 인한 정보전산망 마비 및 경찰청의 대응을 나타낸다.

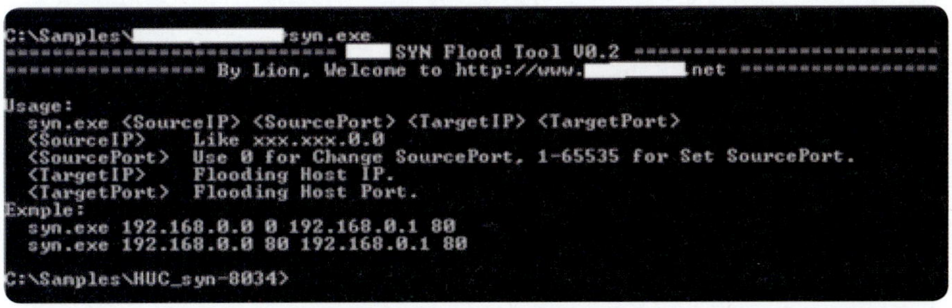

그림 13.24 DDoS 공격 도구

그림 13.25 DDoS 공격으로 정보전산망 마비 및 사이버 수사대의 대응

13.8.2 피싱, 파밍, 스미싱, 랜섬웨어

(1) 피싱

피싱(Phishing)이란 금융기관 또는 공공기관을 사칭하여 불특정 다수에게 전화나 e-메일로 인터넷 사이트에 보안카드 일련번호와 코드번호 일부 또는 전체를 입력하도록 요구해 금융 정보 등을 몰래 빼가는 금융사기 수법으로서, 개인정보(Private data)와 낚시(Fishing)의 합성어로 '개인정보를 낚는다'는 의미를 가지고 있다.

특히, e-메일에 링크된 가짜 홈페이지를 이용한 피싱을 통해 획득한 개인정보는 인터넷뱅킹이나 텔레뱅킹 등으로 고객계좌에서 현금을 인출하거나, 전자상거래를 통해 고가의 상품이나 서비스를 구입하는 등 주로 온라인 금융범죄에 사용된다.

최근 들어 피싱 피해는 지속적으로 증가하고 있는 추세로서, 2020년을 기준으로 금융감독원에 접수된 피싱 관련 사기 건수는 해마다 20% 이상 증가하고 있다. [그림 13.26]은 경찰청에 출두하라는 가짜 출두요구서로 피싱하는 예와 피싱의 상징적인 그림을 보여준다.

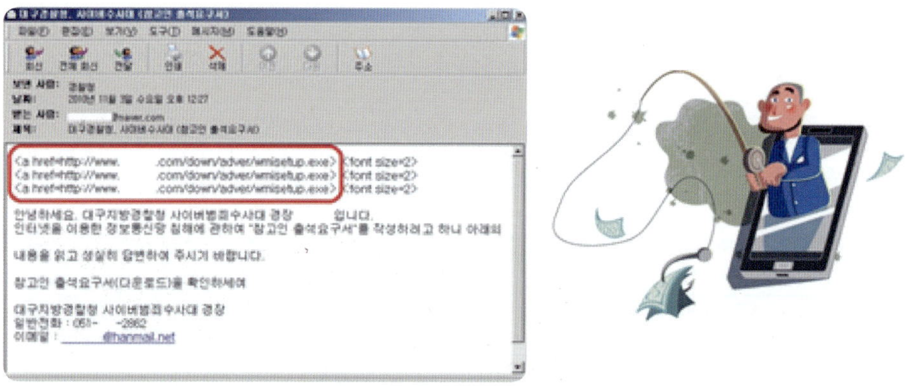

그림 13.26 경찰서 출두 요구서 피싱의 예

(2) 보이스 피싱

보이스 피싱(Voice Phishing)은 흔히 전화를 통한 금융사기를 말하는데, 음성(voice), 개인정보(private data), 낚시(fishing)를 합성한 신조어로서 전화를 이용하여 개인정보를 불법적으로 빼내 금융사기를 저지르는 신종 범죄이다. [그림 13.27]은 보이스 피싱의 상징적인 그림을 나타낸다.

그림 13.27 보이스 피싱

보이스 피싱 예방법은 다음과 같다.

❶ 계좌번호, 카드번호, 인터넷 뱅킹 정보 등을 묻는 전화에는 일절 응대하지 않는다.

❷ 통화 중에 현금지급기로 유인하면 100% 보이스 피싱으로 판단한다.

❸ 납치협박 보이스 피싱에 대비해 가족의 친구나 선생님, 회사번호 등을 미리 알아둔다.

❹ 보이스 피싱으로 확인되면 경찰(전화 112)로 신속하게 신고한다.

(3) 파밍

파밍(Pharming)은 피싱의 한 유형으로서 피싱보다 한 단계 진화한 형태의 인터넷 사기 수법이라 할 수 있다. 파밍은 합법적인 도메인을 탈취하거나 도메인 네임 서버의 주소를 변조함으로써 사용자가 진짜 사이트의 주소를 입력해도 가짜 사이트로 접속하도록 유도한 뒤에 개인정보를 훔치는 사기 수법이다.

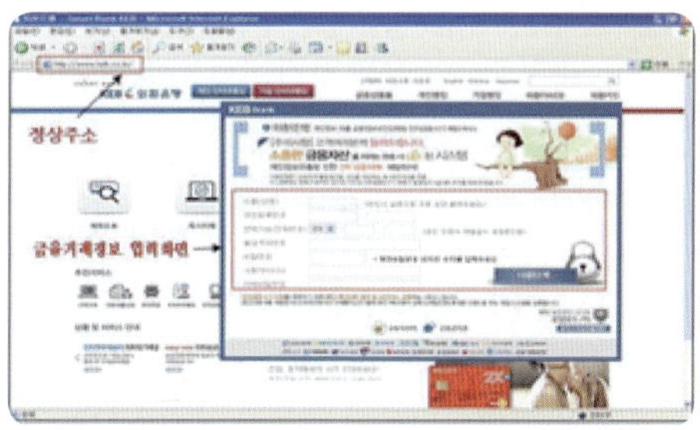

그림 13.28 파밍에 의한 정보 노출

파밍에 의한 피해를 방지하기 위해서는 브라우저의 보안성을 강화하고, 웹사이트를 속일 수 있는 위장 기법을 차단하는 장치를 마련해야 하며, 전자서명 등을 이용하여 사이트의 진위 여부를 확실하게 가릴 수 있도록 하여야 한다. 또 사용하고 있는 DNS 운영 방식과 도메인 등록 등을 수시로 점검해야 한다. [그림 13.28]은 파밍에 의한 정보 노출을 나타낸다.

(4) 스미싱

스미싱(Smishing)은 문자메시지를 이용한 새로운 휴대폰 해킹 수법으로서, SNS와 피싱(Phishing)의 합성어이다. 해커가 보낸 메시지를 받는 휴대폰 사용자가 해당 웹사이트 주소를 클릭하는 순간 악성코드가 깔리게 되고, 해커는 이를 통해 피해자의 스마트폰을 원격 조종하며 개인정보를 빼내간다. [그림 13.29]는 택배를 이용한 스미싱을 나타낸다.

그림 13.29 택배를 이용한 스미싱

스미싱의 대표적인 예로는 이벤트 당첨이나 신용등급 변경 등의 메시지를 보내 악성코드로 스마트폰을 감염시킨 후 주민등록번호와 같은 개인정보를 빼내는 일이다. 해커는 그 정보를 이용하여 게임에서의 아이템 구매나 사이버머니 결제 등 소액결제를 통해 돈을 빼간다.

스미싱 피해를 막기 위해서는 휴대전화 소액결제 차단을 신청하고, 승인번호를 타인에 제공하는 행위를 삼가며, 인터넷 주소가 포함된 문자메시지는 삭제하고 필요 시 해당 사이트로 직접 접속하는 것이 좋다.

(5) 랜섬웨어

랜섬웨어(Ransomware)는 컴퓨터 시스템을 감염시켜 접근을 제한하고 일종의 몸값을 요구하는 악성 소프트웨어의 한 종류이다. '크립토락커(CryptoLocker)' 바이러스에 PC가 감염돼 모든 데이터가 암호화 된 탓으로 컴퓨터에의 접근이 제한되기 때문에 컴퓨터를 사용하려면 해당 악성 프로그램을 개발한 자에게 금전적 지불을 강요받게 된다.

최근 들어 랜섬웨어를 이용한 사기는 점차 증가하고 있다. 2016년 '워너크라이(WannaCry)'라는 랜섬웨어에 이어 2017년 5월에는 사상최대 규모의 랜섬웨어 공격이 발생하기도 했으며, 지금도 계속되고 있다. [그림 13.30]은 랜섬웨어에 걸린 상태의 모습인데, 컴퓨터의 상태와 언제까지 비트코인으로 지정된 대금을 지급하지 않으면 파일을 잃을 것인지 등이 나타나 있다.

그림 13.30 랜섬웨어에 감염된 상태의 모습

13.8.3 지능형 지속 공격

지능형 지속 공격(Advanced Persistent Threat: APT)이란 특정 기업이나 조직 네트워크에 침투해 활동 거점을 마련한 뒤 정보를 외부로 빼돌리는 형태의 해킹 공격들을 말한다. 보다 구체적으로 표현하면 다음과 같다. 먼저 공격자가 악성코드를 심은 e-메일을 보내 사용자가 e-메일을 열어보도록 하여 PC를 감염시킨다. 그 후 여러 대의 PC들을 감염시켜 좀비 PC를 늘려 서버가 파괴되도록 만들고 난 후 내부 시스템에 잠복한 악성코드들이 데이터베이스 정보를 빼내게 된다. APT는 2013년 3월 언론기관과 금융기관의 내부망을 뚫은 사이버테러에 사용된 것으로 알려져 있는데, [그림 13.31]은 APT 공격 코드와 APT 시뮬레이션 대회 장면을 나타낸다.

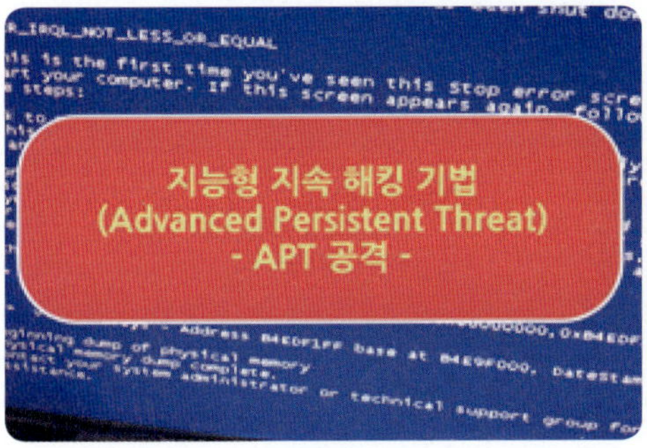

그림 13.31 APT 공격 코드와 시뮬레이션 대회 장면

13.8.4 2020년 7대 사이버 공격 전망

과학기술정보통신부와 한국인터넷진흥원(KISA)이 2020년에 발표한 2020년 7대 사이버 공격 전망은 다음과 같다.

❶ 일상 속으로 파고든 보안 취약점, 보이지 않는 위협

❷ 랜섬웨어, 개인에서 공공기관과 기업으로 피해 확대

❸ 취약한 가상통화 거래소, 반복되는 해킹 사고

❹ 문자 메시지, 이메일 안으로 숨어드는 악성코드

❺ 은밀하고 정교하게 진화하는 지능형 표적 공격

❻ 모바일까지 확대되는 소프트웨어 공급망 공격

❼ 융합 서비스를 노리는 새로운 보안 위협의 등장

13.8.5 컴퓨터 보안 전략

컴퓨터를 해킹으로부터 막는 보안 전략 중 가장 기본적인 것은 자기의 시스템에 외부로부터 침투할 수 있는 허점이 있는지를 수시로 점검하는 것이다. 또한 사용자는 〈표 13.6〉에 있는 해킹 방지 관련 기술들에 대한 지식을 토대로 바이러스나 해킹에 대비해야 한다.

표 13.6 해킹 방지 관련 기술 분류

해킹 방지 관련 기술 분류	설명	대표적 관련제품과 활동 등
전사망 방화벽	전산망 불법침입 방지	Fire Wall 시스템 다수
바이러스 방지	바이러스 침투방지와 예방	바이러스 백신, 스캐너
침입 탐지 기술	침입 실시간 확인	IDES, RealSecure, NetStalker 등
접근 제어 기술	사용자와 자원 간 통제	Multilevel Secure OS
향상된 사용자 인증 기술	강력한 사용자 신분 인증	Secure ID(One Time Paddword)
취약성 점검관리 기술	취약점 점검 · 분석 · 관리	ISS Suite, SATAN, OmiGuard 등
로그와 감사 평가	시스템 부당 사건 감시 등	Tripwire, MD5 등
보안 컨설팅	보안성 진단, 설계	CSI, NCSA, SRI 등
침입자 분석, 추적, 지원	침입 흔적 분석, 추적 지원	CERT, CIAC, ASSIST 등

(1) 대표적인 보안 도구 – 방화벽

방화벽(Fire Wall)은 혹시라도 있을 외부의 침투에 대비하여 사용하는 가장 대표적인 보안 관련 도구인데, 원래는 건물 내에서 화재가 발생했을 때 더 이상의 확산을 막기 위한 벽이나 문을 말한다.

방화벽은 인터넷 등 외부 네트워크를 통한 불법적인 침입으로부터 내부 네트워크의 중요한 정보와 자원들을 안전하게 보호하기 위해 설치되는 보안 시스템이다. 외부망 사용자가 내부망에서 제공하는 서비스를 사용하려면 [그림 13.32]와 같이 두 네트워크 사이의 방화벽 시스템을 반드시 통과해야만 한다. 이을 통해 보안 관리자가 불법침입을 탐지하고 방어할 수 있는 시간을 벌 수 있으며 근본적으로 공격 자체를 어렵게 만드는 역할을 한다.

그림 13.32 방화벽의 기본 구조

(2) 보안 통제

방화벽을 통해 컴퓨터 시스템의 보안을 유지한다고 해도 가장 문제가 되는 것은 바로 정보를 다루는 사람의 문제이다. 사람이 직접 컴퓨터 앞에 앉아서 자료를 빼가거나 파괴할 경우에는 아무런 대책이 없다. 따라서 중요한 시스템이나 기밀을 취급하는 사람들에게는 보안에 대한 여러 가지 통제가 필요하다.

(3) 보안에 대한 올바른 방향

보안 관리자와 사용자의 협력을 통한 보안 관리는 매우 중요하다. 보안 관리자가 보안에 대해 아무리 철저하게 대비하더라도 사용자의 보안 의식이 희박하다면 자신의 계정을 다른 사람에게 알려 주거나 중요한 자료를 외부로 유출시킬 수도 있다. 한편 사용자 개개인이 투철한 보안 의식을 가지고 있다고 하더라도 보안 관리자가 그의 책무를 소홀히 하면 모든 것이 허사가 될 수 있다.

13.9 SECTION 정보 보호와 정보 윤리

초고속통신망의 보급으로 인터넷 사용자가 급격히 증가하고 있다. 따라서 이에 걸맞게 사이버 공간에서 기본적인 예의와 윤리인 네티켓(netiquette)을 지키는 것 또한 매우 중요하며, 개인 정보를 잘 지키기 위한 노력도 병행되어야 할 것이다.

13.9.1 개인정보 침해 유형

지난 1년간 가장 많이 침해된 개인정보는 한국인터넷진흥원의 통계에 따르면 〈표 13.7〉과 같이 다음의 3가지인 것으로 나타났다.

표 13.7 개인정보 침해 유형

유형	세부 내용
개인정보 무단 수집 · 이용	개인정보처리자가 동의를 받지 않고 고객의 개인정보를 수집하거나 수집한 고객의 개인정보를 동의 없이 활용(홍보문자 전송 등)
개인정보 도용	타인의 개인정보를 이용하여 홈페이지에 가입하거나 온라인 뱅킹을 이용하는 등 도용하는 것
개인정보 유출	관리자 과실, 해킹 등으로 고객의 개인정보가 외부인에게 노출되거나 이용되는 것

개인정보 침해 비율은 [그림 13.33]과 같이 개인정보 유출, 개인정보 무단 수집과 이용, 개인정보 도용의 순서였다.

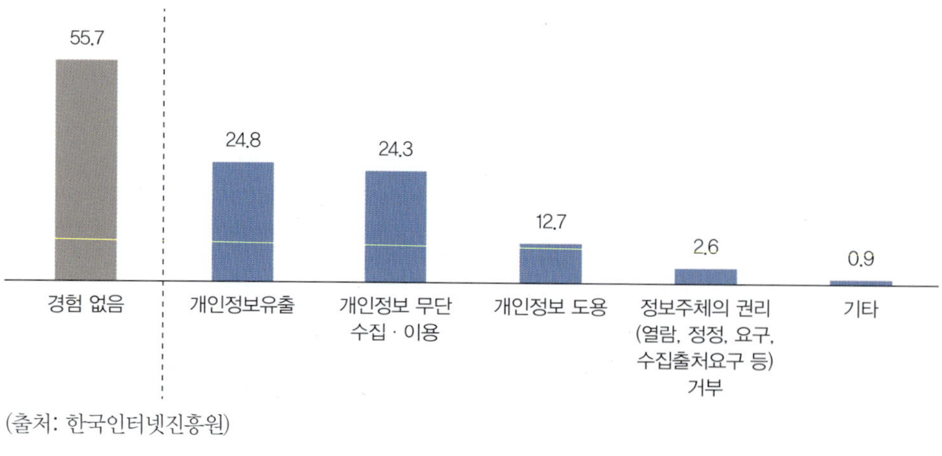

그림 13.33 개인정보 침해 비율

13.9.2 네티켓의 기본 원칙

품위 있는 네티즌이 가져야 할 네티켓의 10가지 기본 원칙은 다음과 같다.

[제1 원칙] 인간임을 상기하라.
[제2 원칙] 실제 생활에서 적용된 것처럼 똑같은 기준과 행동을 고수하라.
[제3 원칙] 현재 자신이 접속해 있는 곳의 문화에 어울리게 행동하라.
[제4 원칙] 다른 사람의 시간을 존중하라.
[제5 원칙] 온라인 상의 당신 자신을 근사하게 만들어라.
[제6 원칙] 전문적인 지식을 공유하라.
[제7 원칙] 논쟁은 절제된 감정 아래 행하라.
[제8 원칙] 다른 사람의 사생활을 존중하라.
[제9 원칙] 당신의 권력을 남용하지 말라.
[제10 원칙] 다른 사람의 실수를 용서하라.

13.9.3 개인 정보 보호를 위한 5계명

개인 정보는 정보화 사회의 기본 인권이며 인터넷 시대의 모든 경제 활동과 일상생활을 위해 필요한 기본 수단이다. 그런데 최근 회원 데이터베이스가 마케팅 수단으로 자리 잡으면서 인터넷상의 개인 정보 유출에 대한 우려가 더욱 커지고 있다. 기업들의 회원 정보 유출을 방지하기 위한 노력도 필요하며 자신의 정보는 자기 스스로 지키려는 노력도 필요한 실정이다. 다음은 인터넷상에서 개인 정보를 보호하기 위한 몇 가지 주요 방법들이다.

인터넷상에서 개인 정보를 보호하기 위한 5가지 방법은 다음과 같다.

❶ 회원 가입 시 서비스 이용 약관을 꼼꼼히 읽어 본다.

❷ 정체불명의 스팸(spam) 메일에는 반드시 수신 거부 의사를 밝힌다.

❸ 가입하기 전에 탈퇴 방법에 대한 설명이 있는지 확인한다.

❹ 탈퇴하면 개인 정보를 파기하는지 확인한다.

❺ 정보가 유출되었다고 의심되면 관련 기관이나 단체에 신고한다.

실습/알아보기

1 MySQL을 이용하여 간단한 데이터베이스를 만들며 실습해보자.

13장에서 소개된 데이터베이스 소프트웨어인 SQL 실습 부분을 따라 책에 있는 간단한 데이터베이스를 만드는 과정까지만 시도해보자. 다소 난이도가 있으니 관심 있는 사람이나 가능한 사람의 경우 책과 같이 따라 하며 구현하며 실습해보자.

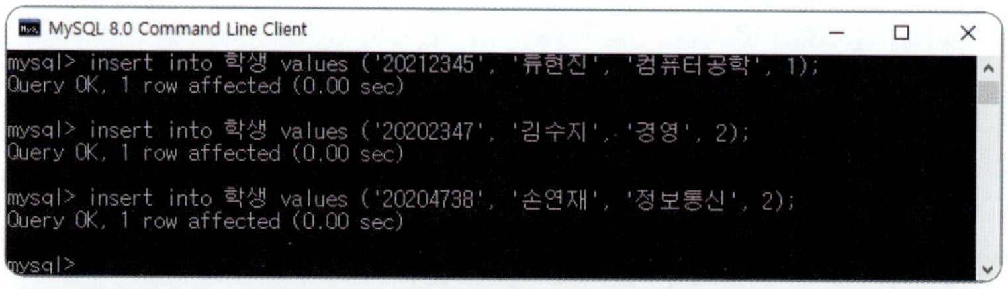

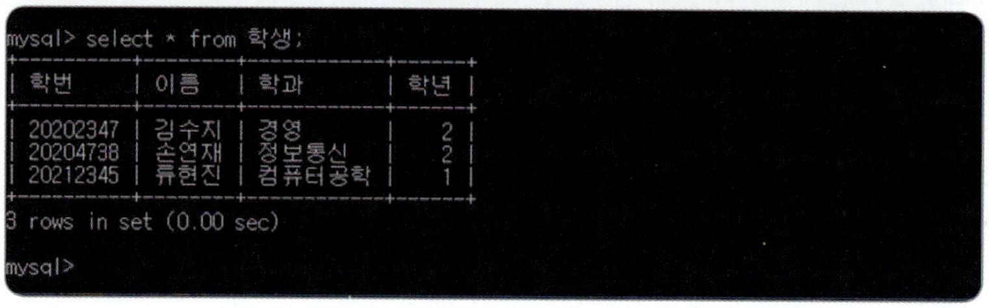

2 해킹을 방지할 수 있는 대책들에 대해 알아보자.

최근 들어 해킹 등 컴퓨터 보안 문제는 날로 지능적으로 시도되고 있다. 특히 개인정보의 유출은 매우 심각한 문제점을 내포하고 있다. 이와 같은 맥락에서 해킹을 방지할 수 있는 대책들에 대해 알아보자.

3 요즘 스마트폰을 통해 피싱, 파밍, 스미싱 등을 통해 금전적 손실이 큰 경우가 있다. 가령 피싱이나 스미싱을 당하고 난 후에 신속히 해야 할 조치들을 알아보자.

참고문헌

13.1 데이터베이스의 개념

이석호, 데이터베이스 시스템, 정익사, 2014.

홍의경, 데이터베이스 배움터, 생능출판사, 2012.

13.2 데이터 모델

김창석 외, 데이터베이스관리 시스템 구조, 한국전자통신연구원, 1997.

http://james_parku.blog.me/110175725843

13.3 관계형 데이터베이스 시스템

이석호, 데이터베이스 시스템, 정익사, 2014.

김창석 외, 데이터베이스관리 시스템 구조, 한국전자통신연구원, 1997.

13.4 MySQL 실습

https://www.mysql.com/

13.5 컴퓨터 보안의 개요

https://www.krcert.or.kr/main.do

http://krcert.krcert.or.kr/consult/ransomwarePer.do

13.6 암호 보안 기술

암호문 알고리즘의 실시간 판별 시스템 개발, 연구보고서, 김대수, 최종욱, 2000.

http://terms.naver.com/entry.nhn?docId=984473&cid=42093&categoryId=42093

13.7 컴퓨터 바이러스

http://www.ahnlab.com/kr/site/main/main.do

https://www.fortinet.com/resources/cyberglossary/computer-virus

13.8 최근의 해킹 동향과 컴퓨터 보안 전략

www.kisa.or.kr(한국인터넷진흥원)

2019년 하반기 악성코드 은닉사이트 탐지 동향 보고서, 한국인터넷진흥원, 2020.

13.9 정보 보호와 정보 윤리

개인정보 보호 실태조사, 한국인터넷진흥원, 2021.

https://www.imperva.com/learn/data-security/information-security-infosec/

연습문제

정오식 문제

1 데이터베이스란 관련 있는 데이터들을 효율적으로 관리하기 위해 수집된 데이터들의 집합체를 말한다. (　　)

2 데이터베이스의 주요 특징으로는 실시간 접근성, 계속적 변화, 동시 공유 등이 있다. (　　)

3 관계형 데이터 모델에서 데이터는 3차원 테이블 형태로 표현된다. (　　)

4 파일 시스템은 필드와 레코드, 그리고 기본 키로 구성된다. (　　)

5 릴레이션에서 투플들의 순서는 별로 중요하지 않다. (　　)

6 관계형 데이터베이스는 릴레이션, 투플, 메소드로 구성된다. (　　)

7 E-R 모델은 DBMS의 종류와 관계없이 적용될 수 있다. (　　)

8 보안을 위한 대표적인 기술로 방화벽, 암호인증, 안티바이러스, 침입탐지 시스템, 가상 사설망 등의 기술이 있다. (　　)

9 해커는 컴퓨터를 광적으로 좋아하고 그들의 이상을 컴퓨터에 건 사람을 칭하고, 크래커는 악의적인 의도로 다른 시스템에 침투하여 파괴 활동을 하는 사람들을 칭한다. (　　)

10 방화벽이란 컴퓨터를 화재로부터 안전하게 보호하기 위한 장치이다. (　　)

11 인터넷 보안이란 인터넷의 주요 통신 프로토콜인 TCP/IP를 통해 연결된 수많은 호스트들 사이에서 정보의 유출과 불법적인 서비스 이용을 방지하는 것이다. (　　)

12 정보에 암호를 걸어놓고 사전에 약속한 사람들만 그 정보에 접근할 수 있도록 하는 방식을 암호인증이라 한다. (　　)

13 암호를 만드는 방법은 크게 대치식과 전치식의 두 가지로 나눌 수 있다. (　　)

14 매크로 바이러스는 주로 다양한 매크로 기능을 이용하여 컴퓨터에 피해를 입힌다. (　　)

15 우리나라에서 발생한 주요 해킹 사건 중에는 암호화폐 거래소인 빗썸 해킹으로 암호화폐 탈취 사건도 있다. (　　)

16 사이버공간에서 기본적인 예의와 윤리를 네티켓이라 한다. (　　)

단답식/선택식 문제

1 초기의 정보 시스템에서 데이터를 가공하고 처리하여 유용한 정보를 얻기 위한 파일 단위의 데이터 저장 및 처리 시스템을 (   ) 시스템이라 한다.

2 파일은 다수의 레코드들로 구성되며 각 레코드는 여러 개의 (   )를 가진다.

3 데이터의 가장 작은 논리적 단위를 (   )이라 한다.

4 관계형 데이터 모델에서 데이터는 (   )차원 테이블 형태로 저장된다. 한 테이블은 다수의 열로 구성되고, 각 열에는 정해진 범위의 값이 저장된다.

5 1970년에 에드가 코드에 의해 제안된 (   ) 데이터 모델은 수학적 배경에 입각한 이론의 명료성과 자료의 독립성으로 인한 데이터베이스 설계의 간편성 때문에 1980년대 이후 지금까지 가장 널리 이용되고 있는 모델이다.

6 데이터의 (   ) 기능은 관리자가 중앙 집중적으로 관리하기 때문에 데이터를 데이터베이스에 표현하고 저장하는데 조직체에 적합한 데이터 표준 체계를 정립할 수 있다.

7 관계형 데이터베이스에서 데이터베이스의 구조는 데이터 정의어인 (   )을 이용하여 정의될 수 있다.

8 IBM에서 처음 개발하였고 지금은 ISO 국제 표준이 되었는데, 질의가 비절차적이면서 데이터베이스 구축이나 조작 및 검색에 편리한 언어는 무엇인가?

9 컴퓨터 보안 대책에서 외부에서 침입하는 것을 막기 위해 (   )을 쌓거나, 침투해 오는 징후를 포착하는 (   ) 시스템을 활용한다.

10 암호화 기술 중 (   ) 알고리즘은 1973년 IBM이 제안하였고, 1977년에 표준화되어 현재까지도 널리 사용되고 있는데, 해독이 사실상 거의 불가능하다.

11 (   ) 피싱은 흔히 전화를 통한 금융사기를 말한다.

12 전산망이나 시스템의 취약점을 해킹하는 것을 시스템 해킹이라고 한다. 한편 웜이나 바이러스 등의 제작과 배포와 관련된 해킹을 (   ) 해킹이라고 한다.

13 1988년 미국의 한 대학원 학생이 네트워크에 뿌린 (   )은 약 7,000여 대의 호스트를 다운시켰다.

14 매년 4월 26일에 발생하는 (   )라는 악성 바이러스는 컴퓨터의 시스템 자체를 못 쓰게 하는 기능도 가지고 있다.

15 컴퓨터 시스템을 감염시켜 접근을 제한하고 일종의 몸값을 요구하는 악성 소프트웨어의 한 종류는 (   )이다.

16 (　　　)은/는 특정 기업이나 조직 네트워크에 좀비 PC를 이용하여 침투해 활동 거점을 마련한 뒤 정보를 외부로 빼돌리는 형태의 해킹 공격을 말한다.

17 최근 개인정보 침해 비율은 개인정보 (　　　), 개인정보 무단 수집과 이용, 개인정보 도용의 순서였다.

18 다음 중 데이터 모델에 해당하지 않는 것은?

① 계층형 데이터 모델　② 지능형 데이터 모델
③ 관계형 데이터 모델　④ 네트워크형 데이터 모델

19 다음 중 객체-관계형 데이터 모델이 가져야 할 특성과 거리가 있는 것은?

① 클래스도 도메인이 될 수 있다.
② 클래스는 메소드를 가진다.
③ 클래스는 한 속성값이 한 개 이상 존재할 수 없다.
④ 계층적 클래스 구조를 가진다.

20 다음 중 데이터베이스의 주요 특징이 아닌 것은?

① 실시간 접근성
② 계속적인 변화
③ 동시 공유
④ 각 프로그램은 특정 파일 하나만 연관되어 수행됨

21 다음 중 DBMS의 장점과 거리가 있는 것은?

① 데이터의 공유 기능　② 독립적인 데이터 생성 가능
③ 데이터의 일관성 유지　④ 표준화 기능

22 다음 중 관계형 데이터베이스 시스템의 구성 요소가 아닌 것은?

① 릴레이션　② 투플　③ 개체　④ 속성

23 다음의 관계형 데이터베이스 모델의 기본 구조에서 다른 개념 하나를 고른다면?

① 투플　② 컬럼　③ 필드　④ 속성

24 데이터베이스는 다양한 분야에서 활용되고 있다. 데이터베이스가 하루 정도 멈춘다면 가장 심각하게 타격을 입을 분야는 어느 것인가?

① 연구 논문 검색　② 특허 정보 검색　③ 은행의 거래　④ 통계 정보 검색

25 다음 중 데이터베이스 내의 3가지 주요 데이터 변화에 해당하지 않는 것은?

① 새로운 데이터의 삽입　② 기존 데이터의 삭제
③ 기존 데이터의 갱신　④ 속성의 공유

26 다음에서 가장 오래전 나타난 해킹의 종류는 무엇인가?

① Worm　② DDoS　③ Smishing　④ APT

27 끊임없이 자기 자신을 복제하며 증식시켜나가는 소프트웨어를 무엇이라 하는가?
① 테스트 소프트웨어 ② 자기증식 소프트웨어
③ 자가진단 소프트웨어 ④ 분산 소프트웨어

28 다음 중 네티켓의 기본 원칙으로 볼 수 없는 것은?
① 인간임을 상기하라.
② 다른 사람의 시간과 사생활을 존중하라.
③ 접속하는 공간의 분위기에 맞게 행동하라.
④ 보이지 않는 공간이기 때문에 말로 스트레스를 해소한다.

주관식 문제

1 파일의 구성 요소를 설명하시오.

2 DBMS란 무엇인지 설명하고 3가지 장점을 서술하시오.

3 관계형 데이터베이스 모델의 기본 구조를 설명하시오.

4 다음은 관계형 데이터 모델의 용어들이다. 간략하게 설명하시오.
(1) 릴레이션 (2) 투플 (3) 속성

5 암호화 기법은 크게 2가지로 구분할 수 있다. 두 가지 방법에서 가장 두드러진 차이점은 무엇인가?

6 우리가 흔히 보는 인터넷 쇼핑몰 사이트들이 어떤 암호 방식을 사용하는지 알아보고, 그 방식은 어떤 원리로 이루어지는지를 설명하시오.

7 자신의 컴퓨터가 바이러스에 감염되어 파괴되었다고 가정하고 복구할 수 있는 방법들을 제시하시오.

8 컴퓨터 바이러스는 여러 가지 유형으로 나뉜다. 그 종류로는 파일 바이러스, 부트 바이러스, 매크로 바이러스, e-메일 바이러스 등이 있다. 이들 유형의 주요 특징들은 무엇인가?

9 디도스의 공격 방식을 설명하시오.

10 스미싱을 정의하고 어떤 방식으로 개인정보를 빼 가는지 설명하시오.

찾아보기